mutlu bir yuva için

kadın ve aile ilmihali

MEHMED PAKSU

*Bana mutlu bir yuva ve huzurlu bir çalışma ortamı hazırlayan eşim **Fatma Paksu** Hanımefendiye...*

mutlu bir yuva için

kadın ve aile ilmihali

MEHMED PAKSU

Yayın Yönetmeni: *Selahattin Arslan*
Editör: *Ömer Faruk Paksu*
Mizanpaj: *Nurullah Bilekli*
Kapak: *Mesut Sarı*
Üretim: *Ali Osman Macit*
ISBN: *975-269-074-2*
Baskı: *Kasım 2006*
Baskı: *Nesil Matbaacılık*
Mermerciler San. Sit. 2. Cd.
No: 23 Yakuplu / İstanbul
Tel: (0212) 876 38 68
Cilt: *Acar Matbaacılık*
Tel: (0212) 422 18 34

NESİL YAYINLARI
Sanayi Cd. Bilge Sk. No: 2 Yenibosna
34196, Bahçelievler / İstanbul
Tel: (0212) 551 32 25 pbx
Faks: (0212) 551 26 59

İnternet: www.nesilyayinlari.com
e-posta: nesil@nesilyayinlari.com

NESİL

mutlu bir yuva için

kadın ve aile ilmihali

MEHMED PAKSU

NESİL

1953 Haziran'ında, bir Ramazan gününde Gaziantep'te doğdu. Temel dinî eğitimini ilk hocası olan babasından aldı. İlkokuldan sonra üç yıl kadar Gaziantep Ahmet Çelebi Kur'ân Kursunda okudu, iki yıl kadar da özel hocalardan Arapça dersler aldı. Eğitimini Gaziantep İmam Hatip Lisesi'nde sürdürdü (1970-1977). İstanbul Üniversitesi Edebiyat Fakültesinden mezun oldu (1981).

Yayın hayatına, 1980'de Yeni Asya Yayınlarında başladı. Can Kardeş çocuk dergisinin yazı işleri müdürlüğünü yaptı (1981-1982). Yedek subay olarak askerliğini tamamladı (1982-1983). Askerlik dönüşü Yeni Asya Yayınlarında editör-yazar olarak çalışmaya devam etti, 400 kadar kitabı yayına hazırladı (1983-2000).

Nesil Yayınlarında araştırmacı-yazar olarak çalışıyor. 1992'den bu yana Moral FM'de hafta içi hergün Moral Kuşağı adlı dinî içerikli programı hazırlayıp sunuyor. İki yıl kadar "Dünden Bugüne Tercüman" gazetesinde yazılar yazdı. Hâlen "Bugün" gazetesinde köşe yazarlığı yapıyor ve dinî sorulara cevaplar veriyor. İlk yazısı 1978'de, ilk kitabı 1984'te yayınlandı.

1982'de Fatma Hanımla evlendi. Zeynep Sevde, Saide Nur ve Melda Nur adlarında üç evladı var.

MEHMED PAKSU

mehmetpaksu@moralfm.com

YAYINLANMIŞ ESERLERİ

- Açıklamalı İslâm İlmihali
- Helâl–Haram
- Kadın, Evlilik ve Aile
- İbadet Hayatımız
- Meseleler ve Çözümleri/1-2
- Çağın Getirdiği Sorular
- Sünnet ve Aile
- Aileye Özel Fetvalar
- Açıklamalı Dua Kitabı
- Cennete Koşan On Arkadaş
- Cep İlmihali
- Cep Lügati
- Gençliğe Sesleniş
- Açıklamalı Namaz Tesbihatı
- Kur'ân-ı Kerim ve Açk. Meali (heyet)
- Sahabiler Ansiklopedisi/1-2 (heyet)
- Gençlik İlmihali
- Kudüs ve Mescid-i Aksa
- Namaz Rehberi
- Nur Dede
- Nur Dede Anlatıyor/1-2-3
- Ölüm ve Sonrası
- Peygamberimizden Günlük Dualar
- Peygamberimizin Dilinden Hac ve Umre
- Peygamberimizin Örnek Ahlâkı
- Vesvese: Sebepleri ve Kurtuluş Yolları
- Peygamberimi Seviyorum/1
- Mübarek Aylar, Günler ve Geceler
- Hayatımızdaki Kur'ân
- İman Hayata Geçince
- Sahabiler ve Biz (bitti)
- İman Fedaileri (bitti)
- Kırk Hadisle Ramazan ve Oruç (bitti)
- İslâm Dünyası/ 1-2 (bitti)
- Kadın ve Aile İlmihali
- Olayların Kur'ânca Yorumu
- Peygamberimizin Ramazan'ı ve Oruçları
- İnsanı Uçuruma Götüren Sözler

İÇİNDEKİLER

HARAMA BAKMA VE ZİNA

EVLİLİK ÖNCESİ HAZIRLIK

MEHİR VE BAŞLIK PARASI

NİŞAN VE NİKÂH

DÜĞÜN VE EVLİLİK

BOŞANMA, ÖLÜM VE VASİYET

بِسْمِ اللّٰهِ الرَّحْمٰنِ الرَّحِيمِ

اَلْحَمْدُ لِلّٰهِ رَبِّ الْعَالَمِينَ ❀ وَالصَّلٰوةُ وَالسَّلَامُ
عَلٰى سَيِّدِنَا مُحَمَّدٍ وَعَلٰى اٰلِهِ وَصَحْبِهِ اَجْمَعِينَ

ÖNSÖZ

Aile hayatında mutluluğu ve huzuru nasıl yakalayabiliriz? Neler yaparsak mutlu ve huzurlu oluruz? Başkalarında görüp de imrendiğimiz bir aile hayatını nasıl elde edebiliriz?

Öncelikle her şeyin başında ilim gelir, bilgi aranır. İlim tükenmez hazinedir, bilgi saadetin anahtarı, huzurun kaynağıdır. En kalıcı bilgi de dinî bilgidir, Kur'ân'ın verdiği ve öğrettiği bilgidir. Bu bilgiye ulaşan, bu ilmi elde herkes saadetin kapısını aralamıştır.

Efendimizin (a.s.m.) yaşadığı asır, saadet asrıydı, mutluluk yüzyılıydı, huzur iklimiydi. Peygamberimizin (a.s.m.) ve sahabilerinin dünya malı adına fazla bir şeyleri yoktu. Bazı günler aç kaldıkları bile oluyordu. Sade bir hayat yaşıyorlardı. Ama mesut ve huzurluydular.

Onlara huzur veren, dünyadayken Cennet hayatı yaşatan ve mutlu kılan tek bir sır vardı. O da Kur'ân'ın öğrettiği bir hayatı yaşamalarıydı. Doğrudan doğruya Kur'ân'dan aldıkları ve Peygamberimizden (a.s.m.) gördükleri iman ilmini, ahlâk ve edep bilgisini hemen hayatlarına geçirmeleriydi.

Sahabiler, Peygamberimizin (a.s.m.) haliyle halleniyor, onun sünnetine tutunarak güzelleşiyor ve şekilleniyorlardı. Problemlerini kolayca çözüyor, rahatlıkla sıkıntılarının üstesinden gelebiliyorlardı.

Başta Peygamberimiz (a.s.m.) olmak üzere bazı sahabiler de aile sıkıntısı çekmişlerdi. Hanımlarından ve çocuklarından birtakım üzücü haller görmüşler, akraba ve yakınlarından gelen çeşitli eziyetlere uğramışlardı.

Ama bütün bunların üstesinden gelmesini bilmişler, çıkış yolunu bulmuşlar, en dayanılmaz eza ve cefalara karşı durmasını öğrenmişlerdi. Yerine göre sabır göstermişler, duruma göre tahammül etmişler; ama her zaman ve her fırsatta her şeyi tevekkülle karşılamışlardı.

Çünkü onlar biliyorlardı ki, her şeyin dizgini O sonsuz kudretin elindeydi, her şey Onun emriyle halledilirdi. Ona bulan her şeyi bulur, hadsiz minnetlerden ve korkulardan kurtulurdu.

Bu açıdan sahabiler hal ilmini iyi öğrenmişlerdi. Nerede, nasıl davranacaklarını anlamışlardı. Gerek aile hayatlarında, gerekse iş hayatlarında, nerede neyi yapacaklarını iyi biliyorlardı. Bunun için onlar kalben rahattılar, ruhen müsterihtiler.

• • •

İlmihal, hal ilmi demektir, davranış bilgisi demektir. Nerede, nasıl hareket edileceğini bilme yoludur. Karşılaşılan meseleler hakkında bir çözüme ulaşmaktır. Yılmadan, usanmadan, bıkkınlık ve bitkinlik göstermeden ayakta kalmaktır.

Bizi yoktan var eden, bizi sonsuz nimetleriyle besleyen ve yaşatan Rabbimiz, bizimle ilgili her şeyi vahiy yoluyla Peygamberimize (a.s.m.) bildirmiş, o da doğumdan ölüme kadar bize lâzım olacak her şeyi hem anlatmış, hem de bizzat uygulayarak göstermişti.

Bu kitapta yer alan bütün bilgiler, cevaplar, çözüm önerileri birinci derecede Kur'ân'dan ve sünnetten alınmış, ikinci derecede ise İslâm âlimlerinin yorum ve açıklamalarından derlenmiştir. Anlaşılır, sade, rahat ve olabildiğince akıcı bir dil kullanılarak konular anlatılmaya ve takdim edilmeye çalışılmıştır.

Kitaba **"Kadın ve Aile İlmihali"** ismini verdik. Bunun da sebebi, başta anne-babalar olmak üzere aile fertlerine, özellikle gençlere, genç kızlara ve hanımlara dinî hayatlarında yardımcı olmaktır.

Kitapta yer alan konuların tamamına yakını birinci derecede aile bireylerini ve kadınları ilgilendiriyor, hanımların karşılaştıkları meselelere cevaplar veriyor, çözümler üretiyor. Hanımların her zaman herkese soramadıkları, sorsalar da tam olarak cevap bulamadıkları konular hakkında açıklayıcı bilgiler veriyor.

• • •

Buradaki konuların tamamı başta radyo ve gazete kanalıyla olmak üzere, telefon ve mektup aracılığıyla veya bizzat bize yöneltilen, hayatın içinden sorulara verilen cevaplardan meydana geldi. Böylece ihtiyaç görülen meselelere temas edildi. Bu açıdan hemen herkesin sıklıkla karşılaştığı soru ve sorunlara cevaplar hazırlanmış oldu.

Kitabın ilk bölümlerinde yer alan konular, doğrudan aileyi ilgilendiren konulardır. Karı koca arasında yaşanan geçimsizlik ve anlaşmazlıklar, dertler, sıkıntılar, çocuk eğitiminde karşılaşılan zorluklar, akraba ve yakınlar arasında yaşanan problemler, sosyal hayatta karşılaşılan çeşitli açmazlar ve çıkmazlar imkan nispetinde ele alındı.

Bu arada sık karşılaşılan haram ve helalle ilgili meseleler, başta abdest, namaz, oruç, zekat ve hac gibi konularda sık sorulan sorular, toplum hayatında görülen nazar, büyü gibi gündemi işgal eden konular üzerinde de duruldu.

Kitapta yer alan yazıların bir kısmı **"Fıkıh Ölçüleri"** serisinde yer alan kitaplarımızdan seçildi. Bu yazılar yeni baştan ele alındı, güncelleştirildi, gözden geçirildi ve kitaba girdi.

Kadın ve aileyi ilgilendiren her konuyu, takdir edersiniz ki, bu sınırlı sayfalar içinde anlatmamız mümkün olmazdı. Bu kitap bir ilk müracaat kitabı özelliğini taşıyor.

Bu vesileyle kitabın bu hale gelmesinde büyük emeği geçen sevgili kardeşim **Ömer Faruk Paksu**'ya en kalbî teşekkürlerimi sunuyorum.

Size mutlu ve huzurlu bir aile hayatı, sevgi ve saygıya dayalı bir gelecek dilerken, Yüce Rabbimizin hepimizi Kendi rızası istikametinde yaşatmasını niyaz ediyorum.

Mehmed Paksu
Bahçelievler, Mart 2005

AİLE SAADETİ:
EŞLER ARASI YAKLAŞIMLAR

Ailenin saadeti için erkek nasıl davranmalı, kadın nasıl davranmalı?

"Eşler birbiri hakkında önyargılı olmamalı. Olayların hep iyi tarafını görmeli. Eşinin hoşuna giden huylarını takdir etmeli, tasdik etmeli, böylece mutlu etmelidir. Hoşuna gitmeyen huyları için de, 'Şu şu huyların hoşuma gitmiyor,' demelidir. 'Şayet senin de bende beğenmediğin huylarım varsa, söyle bileyim' diyerek kapıyı açık tutmalıdır."

Bir radyo programında bu konuyu tartışmaya açtım:

İçimizdeki, küçük dünyamızdaki barışı nasıl temin edeceğiz?

Ailede, karı-koca arasındaki şikâyete konu olan meseleleri barış yoluyla nasıl halledeceğiz?

Barışçı bir yolu mu seçeceğiz, yoksa savaşçı bir yapıyı mı sürdüreceğiz?

Konu hakkında dinleyicilerimizin düşüncesini sordum, katılımlarını istedim. Birbirinden ilginç cevaplar geldi.

İlk katılan otuz beş yaşlarında görme özürlü bir beydi. Konuyu şöyle dile getirdi:

"Yirmi üç yaşında evlendim. Otuz beş yaşına kadar aile reisi bendim, ben çalışıyor, ben kazanıyor, ben çocuklara bakıyordum. Otuz beş yaşında iken gözlerimi kaybettim. Bundan sonra hanım iş buldu, bu sefer o bize bakmaya başladı."

Daha sonra şu tespitlerde bulundu:

"Eşler birbiri hakkında önyargılı olmamalı. Her işe kötü tarafından bakmamalı, olayların hep iyi tarafını görmeli. Reddedici olmamalı. Eşinin hoşuna giden huylarını takdir etmeli, tasdik etmeli, böylece mutlu etmelidir.

"Hoşuna gitmeyen huyları için de, 'Şu şu huyların hoşuma gitmiyor,' demelidir. 'Şayet senin de bende beğenmediğin huylarım varsa, söyle bileyim' diyerek kapıyı açık tutmalıdır.

"Böylece karşılıklı anlayışla biz devam edip gidiyoruz. Ben görme özürlü olmama rağmen evin içinde üç ay tatbikat yaptım. Bazen kafamı duvara çarptığım da oldu. Kendi işimi kendim görmeye alıştım.

"Eşler birbirlerine fazla yük olmamalı. Bir bardak suyu bile çocuklarımdan istemem, kalkar kendim alırım. Gözlerim sağlamken de öyle yapardım, şimdi de öyle.

"Şimdilerde hanım işten geliyor. Bir hanımın beyi işten geldiğinde nasıl karşılıyorsa, ben de hanımı öyle karşılıyorum. Yerine göre sofrayı bile hazırlıyorum.

"Eşler birbirlerine karşı çok açık olması lâzım, aile içi meseleleri birlikte müzakere etmeliler. Anlaşamadığınız konular varsa ertelemeli, sonraya bırakmalı. Baktınız ki, kafa patlatıyor, 'Hanım kafa patlatacağına bir mısır patlat da yiyelim' diyebilmeli."

• • •

Başka bir dinleyici konuya daha farklı bir yönden yaklaştı:

"Bir Allah dostu, 'Ben kullukta hata ettiğimi, merkebimin huysuzluğundan anlarım' dermiş. Bunun gibi öncelikle kusuru kendimizde aramalıyız.

"Bugünkü ortamda ailelerin huzursuzluğu ekonomik kaynaklıdır, bitip tükenmek bilmeyen isteklerden kaynaklanmaktadır.

"Bunun için bir hadiste, 'İktisat eden muhtaç olmaz, istişare eden de mahcup olmaz' buyurulduğu gibi aile ekonomisinde iktisatlı yaşamaya çalışmalı.

"İş hayatında, iş yerinde olan sorunları eve taşımamalı. Bir uzman şöyle diyor:

"Ben akşam eve gittiğim zaman kapıda durur dikilirim, derim ki, bugün dışarıda olup biten olumsuzluklardan çoluk çocuğum sorumlu değildir. Bu düşünceyle evime girerim.

"**İnsanlar zaman zaman kendilerini tabii ortamlara atmalılar.** Bu ortam bir ormanlık alan veya bir su kıyısı da olabilir. Böyle yerlerde tefekküre zaman ayırmalıdır."

• • •

Bir diğer dinleyicimiz de daha kalıcı çözümler sundu:

"Kadere razı olanın kederden emin olacağına inanmamız lâzım. Yunus Sûresi 99. âyette, 'Eğer Rabbin isteseydi yeryüzünde kim varsa hepsi iman ederdi' buyuruluyor.

"Böyle olsaydı, insanlar tek fıtratta, tek yaratılışta, tek karakterde, tek kişilikte olurlardı. Demek ki insanların farklı kişilik ve karakterde olmaları hak ve gerçektir.

"Biz başkasını değiştirmeye değil, kendimizi değiştirmeye çalışmalıyız. Bize gelen kötülükleri iyilikle savarsak, iyiliğe ulaşacağımızın müjdesini alırız.

"Hayırlı işler geciktirilirse belki bizi şerre götürebilir. Ama kalp kırma, kötü bir davranış, bir kusuru yüze vurma gibi şerler geciktirilirse, bu da bizi hayra ulaştırır.

"Bu ilkeleri benimseyebilirsek Rabbimiz bile imhal eder, geciktirir; fakat ihmal etmez, yeri geldiği zaman onu devreye sokar.

"Hazırda olanı veya sahip olduğumuz şeyleri amacına uygun kullanmasını bilmeliyiz. Cesaretimizin bittiği yerde esaret başlar. Allah ve Resulüne teslim olmadığımız zaman cesaret biter. Bu da bilgiyle olur.

"İnsanlar bildiğinin efendisi, bilmediğinin kölesidir. Bunun için günlük hayatımızda hep köle hayatı yaşıyoruz.

"Çünkü hep efelik taslıyoruz, efendiliğe geçişi beceremiyoruz. Gerçek anlamda efelikten efendiliğe geçiş yapabilirsek, başkalarını değil, kendimizi değiştirmeye çalışırsak, sanıyorum gerçek huzuru yakalarız."

Ailede kadın mı haklı, erkek mi?

Aile ile hayatında öncelikle, birisinin ayağı kayıp da düşünce, diğeri onu kolundan tutup kaldırmalı. Birisi bir çıkmaza ve aşmaza saplanmışsa, öbürü ona yeni bir çığır açmalı ve çıkış yolu göstermeli. Hastalanması halinde kendisi de aynı dertle dertlenmeli, ona çaresizlikler sunup derdini bir iken ikiye katlamamalı.

Aile içi problemler nerede olur? Az çok herkeste, her evde; akrabada, komşuda, dostlarımızda, arkadaşlarımızda; hasılı insan olan her yerde problem yaşanır.

Açıkçası, bu problemleri yaşıyoruz, görüyoruz, duyuyoruz, haberdar oluyoruz. Bazen şu veya bu şekilde içinde kendimizi de buluyoruz.

Ne yapmamız lâzım? Aklımıza neler geliyor?

Hele bir de inanan, inandığını yaşamaya çalışan insan olunca, hemen paylaşım devreye girmeli.

Aile içinde nasırlaşmış, müzminleşmiş, taşlaşmış dertlerden söz ediyorum. Somut bir yaklaşım olsun diye konuya bir mektuptan bazı alıntılarla başlamak istiyorum.

"Ben evli bir bayanım. Üç oğlum var. Çekmediğim dert, görmediğim sıkıntı kalmadı. Bir buçuk yıl mutlu bir hayatım oldu. Eşim o kadar iyiydi ki, bana karşı söz söylemeye kıyamazdı. Birbirimizi çok seviyorduk ve saygılı idik. Bu arada askere gitti, ben kayınvalidemlerle kaldım. Ve eşimin askerden dönüşüyle sefaletim başladı.

"Ona karşı hiçbir saygısızlık etmezdim. Hizmette, hürmette, saygıda kusur etmezdim, güler yüzlü, nazik bir bayandım. Bağırır azarlardı, hiç sesimi çıkarmaz, boyun bükerdim. 'Kaderim buymuş' der, razı olurdum. Her gün, 'Yarın iyi olur' diye umutla hep beklerdim, ama gün geçtikçe azıyor. Her gelen gün yeni bir dert getiriyor. Her şeye sabrediyorum. Kimseye halimi şikâyet etmiyorum.

"Eşim yirmi dört saat başımızda duruyor, işi de evin içinde. Hiç mi hiç huzurum yok. Çocuklarımı da terbiyeli, namuslu yetiştirdim.

"Evin içinde esir hayatı yaşattı bana. Kardeşlerime, anama-babama göndermez, gelmelerini istemez. Komşuya göndermez, gelsinler istemez.

"Evin dışında ise sanki bir melek. Başkalarının her işine koşar, onlara yardım eder, iyi davranır. Ben birine bir iyilik yapsam azarlar, aşağılar...

"Nasıl davranacağımı bilemez hale geldim. Ama içkisi yok, kumarı yok, sigara bile içmez. Beş vakit namazında. Allah'a şükür dayağı da yok. Ama dili zehir gibi...

"Beni başkalarının yanında aşağılaması, küçültmesi çok zoruma gidiyor. Yapamadıklarımla suçluyor. Maksadı beni sinirlendirip kavga çıkarmak... Her gece kendimi yargılıyorum. 'Nerede hata yaptım, suçum ne?' diye...

"Bizi herkese şikâyet etti. Ne yapacağımı şaşırdım. Gece kalkıp namaz kılıyorum, dua ediyorum, 'Allah'ım, hakkımda hayırlısını ver!' diyorum, eşim için iyilikler istiyorum, yuvasında hayırlı baba olsun diye... Artık hiçbir iş yapamaz hale geldim."

• • •

Şikâyet edilen, bey olduğuna göre...

İyi tarafları: Hanımının ve evin ihtiyaçlarını karşılıyor. Dayak atmıyor. Askere giderken hanımını anasına babasına emanet etmiş. Namazında, niyazında birisi; içkisi, kumarı ve sigarası yok. Evin dışında başkalarına karşı iyi davranıyor.

Kötü tarafları: Hanımını başkalarının yanında azarlıyor, küçük düşürüyor, yapmadıklarıyla suçluyor. Akrabasına, komşusuna göndermiyor. Ailesini başkalarına şikâyet ediyor.

Mektupta yazılanlar ve yazılabilenler, sadece taraflardan birisinin beyanı ve açıklamalarıdır. Acaba yazılmayanlar, yazılamayanlar nelerdir?

Bu hanım duygularını katmadan, karıştırmadan yeniden bir mektup yazsa nasıl yazardı? Yahut kendisini beyinin yerine koysa, aynı rahatlıkta bu sözleri söyleyebilir, kalemini serbestçe kullanabilir miydi?

Ayrıca, beyi bu uzunlukta bir mektup yazacak olsaydı, acaba neler anlatırdı? Bu suçlamaları kabul eder miydi? Kendini haklı gösterecek gerekçeler sıralar mıydı?

Veya hanımının yazdığı bu mektup eline geçseydi, nasıl bir cevap döşenirdi? Yahut mektup yazmaya ihtiyaç duymaz da, fiili bir cevap vermeye mi kalkardı? Bütün bunlar birer tahminden, varsayımdan ibaret, "Şöyle olsaydı, böyle olurdu" deme imkanına sahip değiliz.

"Bana karşı söz söylemeye kıyamazdı. Birbirimize çok sevgili ve saygılı idik" diyor.

Acaba hangi hataları yaptınız da incitmeye kıyamadığı hayat arkadaşını yerden yere vurmaya başladı?

İlk bir-iki yıl nasıl bir yaklaşım sergilediniz de karşıdan müsbet cevaplar aldınız, şimdi aynı neticeyi neden göremiyorsunuz?

Şöyle yıllar öncesine bir gitseniz, nişanlılık dönemindeki hayallerinizi, evliliğin ilk aylarındaki sıcaklığın, samimiyetin ve fedakârlığın aynısını hiçbir karşılık beklemeden şimdi sergileyecek olsanız, acaba kötü muamele aynen devam eder mi?

- Erkekte akıl ve hikmet, kadında sabır ve yumuşaklık, geçinmenin devamını sağlayan başlıca özelliklerdir.
- Akıllı ve tedbirli bir kadın asla evini yıkmaz.
- Kocasının titizliğine ve sertliğine karşı yumuşak davranmayan, sabır ve tahammül etmeyen hanımlar, menekşenin ayaklar altında çiğnenmek korkusuyla diken altına sığınmasına bakmalı, geleceklerini tehlikeye atmamalıdır.
- Yıllarca pişmanlık acısı çekmek istemeyen, her gününü akıllıca geçirmek zahmetine katlanır.
- Bir kadında şu özellikler bulunmalıdır:

a. Fazilet kalbini meşgul etmeli.

b. Yumuşaklık alnında parlamalı.

c. Nezaket ve anlayış onda taşmalı.

d. İş, ellerine süs vermelidir.

- Bir kadının şöhreti, hiç tanınmaması; şerefi, eşine bağlı olması, saadeti de aile fertlerini sevinçli bir halde görmesidir.
- Ev işleri, büyük küçük birtakım teferruat şeylerden ibaret olduğundan, en küçüklerinin ihmal edilmesi, en büyük feda edilmesine sebep olur.[1]

---

1 Mehmed Fâik, Aile Saadeti, s. 53.

Birbirinize sevgi ve saygı dolu imişsiniz. Sevginin ve saygının yıkılması tek taraflı mı oldu? Buna kimse evet diyemez.

Karşı taraf sevgi köprüsünün bir ayağını yıkmışsa, siz de nasıl olsa bu köprü işe yaramaz diyerek, öbür ayağını da yıkmış olmayasınız.

Nasıl oldu da birbirinizden soğudunuz? Buzları eritmek için yeniden bir sevgi ateşi tutuşturmaya ne dersiniz?

Birbirinize duvarlar örmüşsünüz, duvarlar yükselmiş, kalınlaşmış, bir gün gelir buradan çıkmam gerekebilir diye en küçük bir menfez ve kapı dahi bırakmamışsınız.

Bu hayalî ve havaî duvarı berhava edemez misiniz? Kendinizi surlar içinde değil de, güllük gülistanlık bir bahçe içinde görmek istemez misiniz?

Bunu yapmak içinizden gelmeyebilir, nefsinize ağır gelebilir, ama ne kaybedersiniz? Nefsinizi ayağınızın altına almaktan başka bir kaybınız olur mu? Bu da bir kayıpsa şayet...

Kendinizi bir sıfırlayabilir misiniz? Bir an için geçmişi unutup, o kara ve karanlık hatıraları silip, dünyaya yeniden gelmiş gibi bir yeniliğe adım atsanız, atabilseniz, kendinizi yinelemeden yenileseniz, en azından şimdiki halden daha iyi bir halde olacağınız şüphesiz...

Mektubun bir yerinde, **"Ailemden İslâm terbiyesi almıştım. Her şeye sabrediyorum. Kimseye halimi şikâyet etmiyorum. O kadar güzel ahlâkım vardı ki, arkadaşlar bana sen meleksin derdi"** ifadeleri yer alıyor.

Bu özelliğiniz hâlâ var. Çeyrek asır yuvayı buraya kadar getirmişsiniz. Kendinizi İslâm terbiyesi içinde, sabırlı, halini kimseye açmayan, güzel ahlâklı bir melek olmaya devam etmekte bir engel var mıdır?

Başkaları yüzünden kendi şahsiyetinizi değiştirmeniz size bir şey kazandırmayacak, daha çok kayba uğratacak, kayıplara karışacaksınız.

Terbiyeniz, sabrınız, ahlâkınız, melekliğiniz size ömür boyu yeter.

Bu halinizi çocuklarınıza da yansıtmışsınız. Demek ki yalnız değilsiniz. Güzelliklerinizi paylaştığınız güzelleriniz var ve yaşıyorlar; yanınızda ve yakınınızda duruyorlar.

Derdinizi, sıkıntınızı paylaşabileceğiniz, sizi anlayan, tanıyan ve olduğunuz gibi kabul eden sevdikleriniz var.

Bu sevdikleriniz arasında birisi değişime uğramışsa, onu sevgi çemberine almak, bütün aradıklarını, beklentilerini ve taleplerini karşılamak için hâlâ imkanınız var.

Acaba kendi kendimizi çürütüyor da iş yapamaz hale mi getiriyoruz?

İnsanları değiştirmek elimizde değil, ama elimizden geleni son sınırına varıncaya kadar yapmak elimizdedir

Neticeye ulaşmak ve istediğimiz sonuca varmak, gücümüzü ve kulluğumuzu aşar; ama neticeye yaklaşmak, sonucu görür gibi hareket etmek imkanımız dahilindedir.

Bunun içinde yılgınlık göstermemek, bıkkınlığa düşmemek, ümitsizliğe kapılmamak, bitkinliğe sığınmamak, böylece yenilgiyi ilan etmemek hayatın birer zarureti ve gereğidir.

"Kötünün kötüsü var, beterin beteri var, başkalarında neler görüyoruz, çevremizde ne olaylar oluyor, başımıza gelse dayanmakta güçlük çekeceğimiz, hatta düşünmek bile istemediğimiz kötü haller var" demek değildir bu; sadece her halükârda iyi durumdasınız.

En büyük musibet olan imansızlıktan uzaksınız, en çirkin yaşantı olan hayasızlıktan uzaktasınız.

Aklınız, zihniniz, hafızanız, güzel bir gelecek ümidiniz, Cennet hayaliniz size o kadar değerler katıyor ki, aslında eksi tarafları, menfilikleri bile düşünmeye zaman kalmaz.

Acaba nimet anlayışımız farklı mı? Nimet olarak bildiklerimiz elimizde olmayanlar mı?

İçinde bulunduğumuz imkânlar, varlıklar, sahip olduğumuz değerler: Sağlığımız, sağlamlığımız, evlâdımız, yakınlarımız...

Nefes alışımız, görmemiz, işitmemiz, aklımız, idrakimiz, sabredebilmemiz; ezan okununca Yüce Yaratıcımızın huzuruna çıkışımız, halimizi, derdimizi, üzüntümüzü, şikâyetimizi Ona arz edişimiz...

Bizi bizden daha iyi bilen Birisinin var oluşundan haberdar oluşumuz, en büyük nimet olarak yetmez mi?

Mümkünse bunları tekrar gözden geçirmelidir.

• • •

Meseleyi evin beyi tarafından düşünecek olursak; insan, hanımını itham ve ona hakarette bulunma hakkını nereden alıyor dersiniz?

Evinin ve malının bekçisi, çocuklarının terbiyecisi, huzur ve saadetinin kaynağı, bir yerde onu günahlardan koruyucusu, şeref ve haysiyetinin sigortası, sırlarının muhafızı, kusur ve eksiklerinin tamamlayıcısı, dert ortağı, yalnızlığının gidericisi, acılarını ve tatlılarını paylaştığı hayat ortağı, din kardeşi, iman arkadaşı, Cennet yoldaşı, aynı Allah'ı Rab tanıyan, aynı Peygambere gönül veren, aynı kıbleye yönelen, aynı Kur'ân'ı eline alan, kullukta eşit, hukukta eşit, insanlıkta eşit, hayatta eşit bir insana, eşine nasıl olur da ağzına geleni söyler, diline geleni geri çevirmez?

Hanımıdır ama, kölesi değil ya!

Acaba insan içindeki despotizmi bu şekilde tatmin ettiğine mi inanıyor?

Çocukların yanında, annelerine hakaret ettiği zaman kendisinin de onların yanında değerinin düştüğünün farkına varmıyor mu?

Gün olur, harman olur, düşmez kalkmaz bir Allah'tır. Yarın o darılttığı, dil uzattığı insanlara muhtaç hale gelmeyecek mi?

Hastalandığında, yaşlandığında, başına bir dert ve bir sıkıntı geldiğinde, derdini onlara açıp çözüm üretmede yardımlarını istemeyecek mi?

Evde huzursuzluk çıkaran bir insan olarak, o eve tekrar hangi gönül rahatlığı, hangi iç huzuru ile gelecek, sofrayı sevinçle nasıl paylaşacak, hangi yüzle sohbet ve muhabbet edecek?

Diyelim ki, bayram geldi, mutlu bir gününüz oldu, bu bayram havasını, mutluluğunuzu en yakınlarınızla değil de, sokaktaki insanlarla mı paylaşacaksınız?

Gerçekten siz bir bey olarak iç huzuru denen o sırrı yaşıyor musunuz, yoksa kendi kendinizi mi aldatıyorsunuz?

Kendi huzurunuzu başkalarının sıkıntısında mı arıyorsunuz?

Yok yok, yaptığınız bunların hiçbiri değildir. Nereye varacağınızı baştan tahmin etmeden aykırı bir yola girmişsiniz.

İyisi mi, yol yakınken anayola dönün de, siz de rahat edin, rahatınızı rahatlarında gördüğünüz insanlar da rahat etsin. Bunlar, eşiniz, oğlunuz, kızınız...

Ve asıl olarak sesine kulak verdiğinizde sizi şaşırtmayan vicdanınız rahat etsin.

Aile bireyleri sofrada bir araya geliyor mu?

Bu zamanda sofra o kadar büyük bir fonksiyon icra ediyor ki, onun yerine başka bir âdeti getirip koysanız, imkânı yok, onun yerini tutmaz. Nasıl tutar ki? Ailenin edebi, nezaketi, hassasiyeti, şefkati, fedakârlığı, diğergâmlığı, sevgisi ve sadakati sofrada bir araya gelir.

Aile iletişiminde "sofra" çok önemli bir işlev görür. Dinî ve millî kültürümüzde sofra hep baş köşeye oturur. Bizi biz yapan değerlerin birçoğu sofra başında toplanır.

Ailenin edebi, nezaketi, hassasiyeti, şefkati, fedakârlığı, diğergâmlığı, sevgisi, sadakati ve karakter yapısı sofrada bir araya gelir.

Hatta imanı, inancı, ahlâkı, hayata bakışı, umutları, beklentileri hep bu beraberlikte öne çıkar. Sorular ve sorunlar burada cevap bulur, çözüme kavuşur. Dertler ve sıkıntılar burada konuşulur, derman ve çare aranır.

Her şeyden önce sofra bir paylaşım, bir etkileşme, her bireyin kendi özelliklerini fark edişi, ifade edişi ve dile getirişidir.

Ailenin mutluluğu veya mutsuzluğu, huzuru veya huzursuzluğu, saadeti veya sefaleti, anlayışı veya anlayışsızlığı hep bu ortamda görülür.

Aile fertleri birbirlerine karşı ne kadar soğuklar, ne kadar sıcaklar; ne kadar içtenler, ne kadar resmîler; birbirlerini ne kadar seviyorlar, ne kadar sevmiyorlar, burada anlaşılır.

Çünkü her fert göz göze, diz dize, omuz omuza, yan yana ve iç içedir. Annenin fedakârlığı, babanın çilekeşliği ve vefâkârlığı, çocukların ve kardeşlerin kadirbilirliği ve terbiyesi bu esnada gün yüzüne çıkar. Herkes bir ortak inancı yaşar.

Aynı zamanda sofra bir tefekkür yeridir. Bütün bitkisel ve hayvansal gıdalar bize toprak aracılığıyla gönderilir. Toprak ana aldığı emir gereği bütün yiyeceklere ve içeceklere saksılık görevi yapar. Bahar gelince ayrı ayrı nimetler, yazın farklı meyve ve sebzeler, sonbahar günlerinde daha değişik rızıklar önümüze serilir.

Bütün bu nimetleri ve rızıkları göndereni her mevsimde daha yakından tanıma imkânına kavuşuruz. Ona olan şükrümüz, hamdimiz, minnetimiz ve imanımız her vesileyle artar da artar.

Kur'ân'ın ifadesiyle her varlık kendine özgü bir dille Yaratıcısını zikreder, anar ve Onu tesbih eder. **Her varlık "Bismillah" der, Allah adına hareket eder, Allah adına çalışır, Allah adına iş görür, böylece gücüne güç katar.**

Ağaçların o incecik kökleri ve damarları sert toprağı ve kayayı deler geçer, ayakta ve hayatta kalır. Başta üzüm bağları ve asmaları olmak üzere yaz boyu kavurucu güneşin altında su yüzü görmesi mümkün olmayan ağaçlar yemyeşil kalır ve kasalar dolusu üzümü bize takdim ederler.

Buna diğer bütün sebze ve meyve ağaçlarını kıyas edebiliriz. Nasıl bir kudret eliyle bize ulaştırıldığını anlarız.

Sofra bereketi bu düşüncelerle, bu bakış açısı ve idrakle canlanır, içimizdeki ufûnet ve karamsarlık, yerini aydınlık bir âleme bırakır.

Bütün varlıkların ortak zikrine ve tesbihine biz de "Bismillah" diyerek katılır, bu canlı sevgi sofrasını bir aile saadetine taşırız.

Ayak üstü atıştırmaların, açlığı yatıştırmanın yaygınlaştığı, aile mahremiyetindeki bu huzurun sokağın kargaşasına karıştığı günümüzde, bu güzelliğe hasretimiz gün geçtikçe daha da artış gösteriyor.

Aile bireylerini bir araya toplayan sofrada, şakanın, neşenin, saygının, sevginin ve o güzelim sıcak bakışların zevkini ve lezzetini hangi burger salonunda bulabiliriz?

Bir de sofrada aile büyüklerimiz, dostlarımız ve on çeşit bereketle gelerek dokuzunu bırakıp giden misafirlerimiz de varsa, bu tadı dünyanın hangi mutluluğu ile kıyaslayabilirsiniz?

Osmanlı kültürünün yapısında, özünde ve ruhunda sofra kültürünün ve sofra bereketinin birbirinden güzel, sayılamayacak kadar zenginliği vardı.

Batılılaşma histerisinin ucundan kıyısından hemen herkesi sarıp sarmaladığı günümüz toplumunda bu güzellikleri canlandırmak ve yaşatmak ve tekrar evimize taşımak için hepimize o kadar büyük görevler düşüyor ki, herhalde yitirmek üzere olduğumuz aile saadetinin ve sağlıklı iletişimin sırrı burada yatıyor.

Fedakârlıkta karı-koca ikilisi

Evsiz barksızdı. Ne başını sokacak bir evi, ne de sığınacak bir yuvası vardı. Kara kara düşünüyor, çaresizliğin kıskacında kıvranıp duruyordu. Derdini kime açabilirdi? Kimden gidip de bir şey isteyebilirdi?

İstemek çok zordu. İlk gittiği kimse, ya "Hayır" derse, ne yapacaktı? İkinci bir kişiye gidebilecek yapıya sahip değildi. İyice cesareti kırılacak, ümitleri suya düşecekti.

Düşündü, taşındı, "En kötü karar kararsızlıktan iyidir" diyerek kararını verdi. Oturduğu yerden kalktı, doğru Mescid'in yolunu tuttu.

Başını kapıdan şöyle bir uzattı. İçeride Resulullah (a.s.m.) sahabileri ile sohbet halindeydi. Zaten kendisini onlardan ayrı görmüyordu. Dâvâ arkadaşlarıydı, can yoldaşlarıydı. Cihat meydanlarında omuz omuza kılıç sallamışlardı. Düşündüğünü, aklından geçeni onlardan gizlemesine gerek yoktu. Hele Resulullah'tan gizli tutmasının hiç mânâsı yoktu. Zira Resulullah, sahabilerinin şahsî meseleleri ile de bizzat ilgilenirdi.

Kapıdan adımını attı. Fakat ayağının biri gidiyor, biri geri çekiliyordu. Halbuki sair zamanlarda gayet rahat girerdi bu kapıdan. Hiç de böyle bir tereddüde kapılmazdı. Aklına gelen meseleyi de hiç çekinmeden Resulullah'a sorardı, cevabını alırdı. Fakat bu seferki mesele doğrudan şahsını ilgilendiriyordu.

Çekildi, bir köşeye oturdu. Nurlu sohbet tatlı tatlı devam ediyordu. Sohbetin sonuna gelinmişti. Artık derdini açabilirdi. Günlerdir kafasında tasarladığı, düşündüğü şeyi açtı.

"Yâ Resulallah," dedi, "müsaade buyurursanız bir meselemi arz etmek istiyorum. Benim evim yok, bir ev yapmak istiyorum, fakat arsam da yoktur. Falan zâtın bir hurma bahçesi var. Onun bir kenarına bir ev yapmak istiyorum. Acaba razı olur mu?"

Sözünü ettiği zât orada hazır bulunuyordu. Peygamberimiz, ihtiyaç sahibi bu sahabisinin dileğini bahçe sahibine sordu:

"Cennette bir hurmalık karşılığında bu adama arsayı verir misin?"

Ancak adam ihtiyacının olduğunu ileri sürerek rıza göstermedi. Aklına gelen başına gelmişti. İlk müracaat ettiğinden red cevabı almıştı. Fakat Cenâb-ı Hak bir kapıyı kapatırsa öbürünü açardı.

Cömertliğiyle tanınan Ebu Dahdah orada hazırdı. Resulullah'ın müjdesini kaçırmak istemiyordu. Varı yoğu oturduğu eviydi. Hemen ileri atıldı, bahçe sahibine şu teklifte bulundu:

"Evimin karşılığında hurma bahçeni bana verir misin?"

Bu teklif adama cazip geldi ve "Evet, kabul" dedi.

Ebu Dahdah çok sevinmişti. Böylece hem Resulullah'ı memnun edecek, hem de o ihtiyaç sahibi kardeşini sevindirecekti. Az sonra, "Yâ Resulallah" dedi, "evimle değiştiğim bu hurma bahçesini size veriyorum. Siz de o kardeşime verin."

Resulullah çok memnundu. Ebu Dahdah'a ebedî müjdeyi verdi: "Ebu Dahdah'ın Cennetteki evi ne kadar büyük!"

Bu sözlerini birkaç defa tekrarladılar. Ebu Dahdah sevinçten uçuyordu. Dünya evini vermiş, âhiret evini satın almıştı. Fakat içine bir kurt düşmüştü. Eve gittiğinde hanımına meseleyi nasıl açacaktı? Acaba o ne diyecekti? Ya karşı çıkar da, "Biricik evimizi niye verdin?" diye reddederse, ne yapacaktı? Bu düşünce ile evin yolunu tuttu.

Kapıyı vurdu, içeri girdi. Fazla zaman geçirmeden, eğip bükmeden yaptığı işi doğrudan hanımına açtı:

"Ya Ümmü Dahdah," dedi, "evi boşalt, çünkü ben onu Cennetteki bir ev karşılığında satıverdim."

Cennetteki ebedî sarayı duyan imân kahramanı yüce kadın, sahabi hanımı olduğunu gösterdi ve sevincini dile getirmekte gecikmedi: "Ne kadar kârlı bir satış, Allah senden razı olsun."[1]

Ebu Dahdah'ı bu fedakârlığa sevk eden unsur şu İlâhî teşvikti:

"Malını Allah rızası için harcayıp da Allah'a güzel bir borç verecek kim var? İşte onun karşılığını Allah kat kat verecektir."[2]

Evet, aynı ideali, aynı ebedî hedefi paylaşan o bahtiyar karıkocalardır ki, imân dâvâsı bugüne kadar gelebilmiştir.

---

1 Hayatü's-Sahâbe, Terc. 2:275; İbni Kesir, Hadislerle Kur'ân-ı Kerim Tefsiri, 3:970.

2 Bakara Sûresi, 245.

Karı-koca birbirlerine nasıl seslenmeli?

Evin reisi olan bey, çocuklarının annesi, hayat arkadaşı ve dert ortağı olan hanımını ismiyle çağırırken ona olan sevgisini hissettirirse; hanım da beyini çağırırken, samimi, sevgi dolu ifadeler kullanırsa birbirlerine olan saygı ve bağlılık mânâları açık bir şekilde görülür.

Aile hayatının huzurlu ve mutlu bir şekilde devam etmesi, hayatlarını ortaklaşa yürüten hanımla beyin birbirlerine karşı saygılı, merhametli ve şefkatli olmalarıyla mümkündür.

Hanımına karşı şefkatli, anlayışlı ve tatlı davranan bey, o haneyi nasıl bir saadet yuvası haline getirirse; kocasına saygılı, itaat eden, samimi olarak bağlı olan hanım da bu saadeti kat kat arttırır.

Karı-kocanın ideal bir eş oldukları her hallerinden belli olur. Bu durum kalben birbirlerine olan bağlılıklarından, aile bütçesini birlikte düzenlemeye; genel davranışlarından çocukların terbiyesine; evde yapılması gereken işlerin ortaklaşa halledilmesine ve hattâ birbirlerini çağırırken, yekdiğerlerinden söz ederken hitap tarzlarına ve bahsediş şekline kadar her yerde kendisini gösterir.

İşte, aile denen cennet yuvasının uyumunu temine yardımcı olan bir nokta da, eşlerin birbirlerini çağırırken, birbirlerinden söz ederken kullandıkları hitap tarzıdır.

Meselâ, evin reisi olan bey, hanesinin bekçisi, çocuklarının annesi, hayat arkadaşı ve dert ortağı olan hanımını ismiyle çağırırken ona olan sevgisini hissettirirse veya sevgi-muhabbet ifade eden hitap şekilleriyle çağırırsa; hanım da beyini çağırırken, samimi, sevgi dolu ifadeler kullanırsa birbirlerine karşı olan saygı ve bağlılık, merhamet ve itaat mânâları daha açık bir şekilde görülür.

İşte bu sır içindir ki, meşhur fıkıh âlimlerimizden İbni Âbidin, hanımın, kocasını ismiyle çağırmasını mekruh sayar ve hitap ederken "efendi" diye çağırmasını tavsiye eder.[1]

[1] Hukuk-u İslâmiyye ve Istılâhât-ı Fıkhiyye Kamusu, 2:151; el-Ahvâlü'ş-Şerîati'l-İslâmiyye, s. 187.

Hanımın, kocasını ismiyle çağırmasında her ne kadar dinî bir sorumluluk yoksa da, bu şekilde bir hitap tarzı az da olsa saygı hissini zedeleyen bir hal değil midir? Çünkü bu ifadeler İslâmî bir terbiye ve görgü kuralıdır. Uyulmasında büyük hikmet ve faydalar vardır.

Zaten daha önceki İslâm toplumunda, bilhassa Osmanlıda bu görgü kurallarının en güzel şekilde yaşandığını görürüz.

Evlât, babasına, **"Bey babacığım"**, annesine, **"Hanım anneciğim"**; hanım, kocasına **"Efendi, efendiciğim"**; bey de hanımına **"Hanım sultan"** vs. saygı ve iltifat dolu sözlerle hitap ederlerdi.

Ne zaman ki, Avrupa ile temaslarımız başladı, onların saygıdan, merhametten uzak âdetleri yer etmeye, kendi toplumları için geçerli olan görgü kuralları bizim toplumumuzda da yaşanmaya başladı.

İşte o zaman benliğimize nakşolmuş olan güzel örf ve âdetlerimizden vazgeçer olduk. Farkında olmadan onlara uyduk.

Şimdi de kendi esas âdetlerimizi ve görgü kurallarımızı kendi dünyamızda yaşatmamızda hiçbir engel yoktur.

O güzel esaslar kişisel hayatımızda, ailemizde, nihayet bütün bir toplum içinde yaşanır hale gelirse, şüphesiz, ahlâk dünyamızda arzu ettiğimiz seviyeye gelmiş olacağız.

Kadın kimin için süslenmeli?

İslâm, kadınların süslenmesine karşı değildir, tam tersine bunun, onların yaratılışlarının bir gereği olduğunu, kocalarına karşı yapmaları gereken vazifeler arasında bulunduğunu kabul eder. Ancak, sadece kocalarını memnun etmek için süslenmeli ve kullanılan süs malzemeleri israfa kaçacak nitelikte olmamalıdır.

Güzel koku, karı-koca arasındaki samimiyetin ve yakınlığın artmasına yardımcı olan faktörlerden birisidir. Bunun içindir ki, **Peygamberimiz, dünya nimetleri arasında hoşuna gidenlerden birisinin de "güzel koku" olduğunu belirtir.**

Bir aile bütünlüğü içinde hayatlarını devam ettirme kararında olan eşler bu hususa dikkat ettikleri takdirde birbirlerine olan sevgi ve alâkaları daha da gelişecektir. Bunu ihmal eden eşler ileride birtakım tatsızlıkların bundan kaynaklandığını da göreceklerdir.

Böyle bir rahatsızlığın önüne geçilmesi için Peygamber Efendimiz, erkeğin hanımını bu hususta ihmalkâr gördüğünde onu uyarabileceğini tavsiye eder.

Kadın da bu eksikliği kocasına karşı giyinip kuşanarak, süslenip koku sürerek giderirse sünnetin kendisinden beklediği görevi yerine getirmiş olur.

Hanımların kocalarına karşı "cazip" ve süslenmiş olarak görünmeleri tavsiyesinde bulunan Peygamberimiz, mesleği kadınları süslemek olan ve bu işe devam edip etmeyeceğini soran Ümmü Râle'ye şu cevabı verir:

"Onları kocaları için güzelleştirip süslemeye devam et."[1]

Görüldüğü üzere İslâm, kadınların süslenmesine karşı değildir, tam tersine bunun, onların yaratılışlarının bir gereği olduğunu, kocalarına karşı yapmaları gereken vazifeler arasında bulunduğunu kabul eder.

Ancak süslenmede iki husus vardır: Birisi, bu süslenmeyi, koku kullanmayı sadece kocalarını memnun etmek için yapmaları; diğeri de kullanılan süs malzemelerinin israfa kaçacak nitelikte olmamasıdır. Bu, meselenin doğru ve uygun olanıdır.

Bir de sakıncalı ve hatalı olan yönü vardır ki, o da kadınların bu süs malzemelerini ve parfüm ve deodorantları evlerinin dışında, çarşı pazarda gezerken, yabancı erkeklere güzel ve câzip görünmek, onların dikkatini üzerlerine çekmek maksadıyla kullanmalarıdır.

Hattâ değil çarşı pazara çıkarken, camiye ibadet niyetiyle giderken bile güzel kokular sürünerek çevrelerinin dikkatlerini çekmelerine izin verilmez.

Bu husustaki hadis-i şeriflerin meâlleri şöyledir:

"Herhangi bir kadın koku sürünürse, o halde iken yatsı namazında cemaatimize gelmesin."[2]

---

1 El-İsâbe, 4:449.

2 Neseî, Ziynet: 36.

Ebû Hüreyre'nin yanına çok keskin bir koku sürmüş bir kadın geldi.

Ebû Hüreyre ona, "Nereye gidiyorsun ey Cebbar olan Allah'ın kulu?" diye sordu.

Kadın, "Mescide gidiyorum" dedi.

Ebû Hüreyre, "Koku mu süründün?" diye sordu.

Kadından, "Evet" cevabını alınca, "Hemen evine dön ve yıkan. Çünkü ben Resulullah'ı (a.s.m.) şöyle buyururken işittim:

"Allah Teala, koku saçarak mescide giden bir kadından, dönüp yıkanmadıkça hiçbir namazı kabul etmez."[1]

Bu hadis-i şerif, koku süründükten sonra mescide gidecek kadının gusleder gibi iyice yıkanmasını ister.

Buradaki ifâdeler koku sürünen kadının gusletmesi gerektiğini değil de, kokunun etkisi bulunan yerleri, gusüldeki gibi kokunun eseri kalmayıncaya kadar yıkayarak gidermeye çalışmasını anlatır.

Kadının koku sürünerek evinden dışarı çıkmasının sorumluluğuna gelince; kolonya, parfüm, deodorant kullandıktan sonra sokağa, yabancı erkeklerin yanına çıkan bir kadının ilk dikkati çeken yönü, süründüğü kokunun başkaları üzerinde yaptığı etkidir.

Kadından böyle ilgi çekici bir kokunun geldiğini hisseden erkek, ona karşı değişik bir duygu ile bakar. Bu duygu şüphesiz şehevidir.

Bu husus sadece kokuyla sınırlı kalmaz, diğer süslenme çeşitlerini de içine alır.

Meymûne binti Sâ'd'in rivayetine göre Peygamber Efendimiz şöyle buyururlar:

"Kocasından başkasına kendisini süsleyip dışarıya çıkan bir kadın kıyamet gününde nursuz bir karanlığa benzer."[2]

Evet, bir kadının yabancı erkeklerin ilgisini çekecek bir tavır içine girmesi, başkalarının dikkatini üzerinde toplayacak, herkesin kendisine bakmasına sebep olacak bir halde bulunması dinî sorumluluk gerektiren bir davranıştır.

Çünkü, bu sebeple başkaları kendisi yüzünden; bakmak, şehevî bir duyguya kapılmak gibi günaha girmiş oluyor.

---

1 Et-Tergîb ve't-Terhîb, 367.

2 et-Tâc, 2:351.

Kendisi ise hem yapmış olduğu bu hoş olmayan davranışı yüzünden günah işliyor, hem de başkalarının haram işlemelerine sebep olduğundan iki kat günah işlemiş hale geliyor.

Bu sorumluluğun ağırlığını ve günahın "bir" olarak kalmayıp birden fazla kimseyi kapladığından dolayıdır ki, bir hadis-i şerifte Peygamberimiz şöyle buyururlar.

"Hangi kadın koku süründükten sonra sokağa çıkar, üzerindeki kokuyu duymaları için bir topluluğun yanına uğrar geçerse, zinâ etmiş olur."[1]

Hadiste, bu hareketin "zinâ" gibi nitelendirilmesi, zinâdan sayılmasının sebebi; zinâya doğru giden bir yol, açılan bir kapı olmasıdır.

Zinâya giden bu yol hakiki olmayıp mecâzîdir. Yâni, kadın süslenip püslenerek, kokulanıp tütsülenerek sokağa çıkar, yabancı erkeklerin dikkatini çekmek niyetini taşırsa, bir günaha giden bir çığıra girmiş olur.

"Gözlerin zinâsı bakmak, kulakların zinâsı dinlemek, dilin zinâsı konuşmak, elin zinâsı tutmak, ayağın zinâsı yürümek"[2] mealindeki hadis, adım adım zinâya sebep olan yollara dikkatimizi çeker.

Zinâ gibi aileyi, toplumu içten çökerten günahların da öncüleri vardır. Cinsel bir istek duyarak bakmak, konuşmak, beraber yürümek, tokalaşmak bunlardan sadece birkaçıdır.

Koku sürünerek dışarı çıkan bir kadın da "koklama" yoluyla bu günaha bir öncülük etmiş olur.

Dolayısıyla zinâ yapmış gibi büyük günaha girmese de, yine bir günah işlemiş olur; **işlemiş olduğu günah "zinâ" sınıfına girer.**

Her koku sürünen, yabancı kadına bakan, onunla tokalaşan, konuşan her erkek mutlaka zinâya gidecek diye bir kural da yoktur.

Burada İslâmiyet esas olarak, büyük günahlara vesile olacak, büyük suça götürecek sebep ve yolları kapatmış, onlara tevessül etmeyi de önlemeye çalışmıştır.

---

1 Neseî, Ziynet: 35.

2 Müslim, Kader: 21.

Kur'ân'ın övdüğü karı-koca

Sevgili Peygamberimizin (a.s.m.) mübarek nesli iki bahtiyar zâtın evlâtlarıyla devam etmiştir: Hz. Hasan ve Hz. Hüseyin.

Hz. Hasan'ın neslinden gelenlere "Şerif", Hz. Hüseyin'in evlâtlarından çoğalan nurlu silsileye de "Seyyid" namı verilir.

Peygamberimizin (a.s.m.) engin şefkatine mazhar olan hakikat incisi bu iki yüce insan, Peygamberimizin (a.s.m.), "Cennet kadınlarının efendisi" buyurarak methettiği Hz. Fatıma'nın iki göz bebeğidir.

Bir ara, bu Peygamber torunları hastalandılar. Onların rahatsızlığını duyan Fahr-i Cihan Efendimiz, yanına dostları Hz. Ebû Bekir, Hz. Ömer ve bazı sahabileri alarak ziyaretine gitti. Hz. Ali, Hz. Fatıma ve hizmetçileri Hz. Fıdda'nın da bulunduğu evde, sahabiler Hz. Ali'ye bir teklifte bulundular:

"Ey Hasan'ın babası, çocukların iyileşirse Allah rızası için bir vaadin var mı? Onlar için bir adak düşünmüyor musun?"

Allah'ın Arslanı, büyük insan şöyle dedi: "Evet, yavrularıma Allah şifa ihsan ederse, Allah rızası için üç gün oruç tutacağım."

Kocası Hz. Ali'nin adağını işiten şefkat timsali anneleri Hz. Fatıma da, "Eğer gözümün nurları iyileşirse ben de Allah rızası için üç gün oruç tutacağım" dedi. Hizmetçileri Hz. Fıdda da aynı fedakârlıkta bulunarak, efendilerinin adaklarına iştirak etti.

Duaları kabul olmuştu. Kısa zamanda iki yavru sıhhate kavuştular. Ailece adaklarını yerine getirmeye başladılar. Sahura kalkıp oruç tuttular. Fakat ehl-i beytin evinde akşama iftarlarını açacakları bir parça kuru ekmekleri dahi bulunmuyordu.

Hz. Ali bir Yahudi tüccarı olan Şem'un el-Hayberi'ye giderek dört kilogram kadar arpa ödünç aldı. Eve getirdi, hanımı Hz. Fatıma'ya teslim etti. Ekmek yapmasını söyledi.

Hz. Fatıma arpanın bir kısmından ekmek yaparak sofraya koydu. Tam yemeğe başlayacakları sırada kapı vuruldu. Kapıya gelen bir fakirdi: "Ey Muhammed'in evlâtları, ben Müslüman bir fakirim. Çocuklarıma yedirecek bir şeyim yok. Bir parça yiyecek verin de, Allah da sizlere Cennet nimetlerinden ihsan etsin."

Fakirin bu sözlerini duyan Hz. Ali sofradaki ekmeklerin fakire verilmesini söyledi. Hepsi de gönül rızasıyla aynı teklife katıldılar. Ekmekleri sadaka olarak verdiler. Kendileri de iftarlarını suyla yaptılar.

Ertesi gün Hz. Fatıma geriye kalan arpanın bir kısmından da ekmek yaptı. Sofraya getirdi. Yine tam yiyecekleri sırada kapı vuruldu. Bu sefer gelen, bir yetimdi:

"Ben Muhacirlerden, babası savaşta şehit düşmüş bir yetimim. Ne olur, bir parça ekmek verin."

Aynı tarzda önlerindeki ekmekleri bu sefer de yetime verdiler. Kendileri oruçlarını suyla açtılar.

Üçüncü günün akşamında Hz. Fatıma arta kalan arpadan ekmek pişirerek önlerine getirdi. Bu defasında kapıyı çalan, müşrik bir esirdi:

"Ey Müslümanlar, çok açım, bana bir parça yiyecek verin" diye yardım istiyordu. Hakiki imanın zirvesinde taht kuran bu gönül erleri, önlerindeki ekmekleri bu defa da ona sadaka olarak verdiler, kendileri iftarlarını o gün de suyla yaptılar.

Dördüncü günün sabahı olmuştu. Hz. Ali, ciğerparelerinin ellerinden tutarak bahtiyar dedelerinin yanına götürdü. Resulullah'ın huzuruna vardılar.

Peygamber Efendimiz canı kadar sevdiği "gözbebeklerinin" halsiz, mecalsiz vaziyetlerini görünce gözleri dolu dolu oldu. Açlığın şiddetinden güvercin yavruları gibi titriyorlardı:

"Ya Ali, nedir bu haliniz, beni bu kadar üzen şey nedir?" diye sorduğunda Hz. Ali hadiseyi anlattı.

Evdekilerin de aynı durumda olduğunu öğrenen Resul-i Ekrem Efendimiz kalkarak kızının evine gitmeye hazırlandı. Eve geldiklerinde Hz. Fatıma'nın karnının sırtına geçtiğini gördü. Üzüntüsü daha da artmıştı. Fakat öbür taraftan da onların mânevî mertebelerini düşünüyordu.

Tam bu halde iken, Hz. Cebrail gelerek Peygamberimizin (a.s.m.) yanına yaklaştı. Bir İlâhî müjde takdim etti:

"Onlar kendi canlarının çekmesine rağmen, yemeği fakire, yetime ve esire yedirdiler." (İnsan Sûresi, 8)

Bu fedakârlıklarını Cenâb-ı Hak övüyordu.

Kadın dövülür mü?

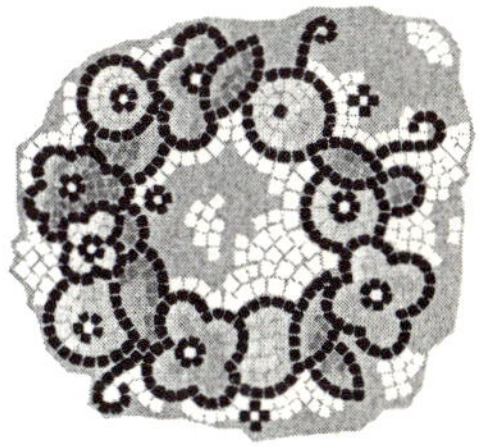

Hz. Âişe, Peygamberimizin (a.s.m.) hayatı boyunca hiçbir hizmetçiyi dövmediğini, hiçbir hanımına tokat atmadığını, hatta hiçbir şeye eliyle vurmadığını söyler. Kadın dövmek bir yana, kocasının ona küsmesini bile doğru bulmayan Peygamberimiz, "İnsan hanımının bir huyunu beğenmezse, bir başka huyundan memnun olur" derdi.

Bir erkek karısını dövme hakkını nereden alır? Bu yetkiyi kendisine kim vermiş?

Yöresinden ve çevresinden gördüğü kötü bir alışkanlıksa, bu bir çevre problemidir, bir yetişme sorunudur, bir eğitim eksikliğidir, bir şefkat ve bir sevgi yoksunluğudur.

Fakat mesele dinî boyuta taşınır da, "Kadını dövme meselesi dinde de var, Kur'ân'da da geçiyor" denirse, bu alışkanlık bir emir gibi anlaşılır ki, o zaman iş farklı bir mecraya taşınmış olur.

Dini bize getiren, Kur'ân'ı tebliğ eden ve onu harfi harfine yaşayarak anlatan Sevgili Peygamberimizdir.

Kur'ân'da "Namaz kılın, zekât verin" gibi emirler var, ama namazı nasıl kılacağımızı, zekâtı nasıl ve ne kadar vereceğimizi Peygamberimizden (a.s.m.) görerek öğrendik ve uyguluyoruz.

• • •

Eşlerin birbirlerine nasıl davranmaları gerektiğini ve kadının aile içinde ve kocasına karşı durumunu da yine Peygamberimizden (a.s.m.) öğreniyoruz.

Ve onun hanımlarından ve kendisine yakın olan sahabilerinden öğreniyoruz.

"En hayırlınız, eşlerine karşı en hayırlı olanınızdır. Ben, aranızda eşine karşı en iyi davrananınızım."[1]

---

[1] İbni Mace, Nikâh: 50.

"Müslümanların iman yönünden en üstünü, ahlâkı en güzel olanı, hanımına, en iyi, en lütufkâr davranandır."[1]

Hz. Âişe, Peygamberimizin (a.s.m.) hayatı boyunca hiçbir hizmetçiyi dövmediğini, hiçbir hanımına tokat atmadığını, hatta hiçbir şeye eliyle vurmadığını söyler. Kadın dövmek bir yana, kocasının ona küsmesini bile doğru bulmayan Peygamberimiz, **"insan hanımının bir huyunu beğenmezse, bir başka huyundan memnun olur"**[2] derdi.

Karı koca arasındaki insanî yönü de öne çıkaran Peygamberimiz, karısına şiddet gösteren erkeğin tezatlarını, davranışlarındaki çelişkiyi de dile getirerek şu hususa dikkat çeker:

"Herhangi biriniz hanımını tıpkı köleyi döver gibi dövmeye kalkışıyor. Belki de o akşam onunla aynı yatakta yatacaktır!"[3]

• • •

Bir şefkat ve merhamet timsali olan, bütün davranışları lütuf, iyilik ve anlayış üzerine kurulu olan Peygamberimiz, **"Kadınlarınıza eziyet etmeyin! Onlar, Allah'ın sizlere emanetidir. Onlara yumuşak olun, iyilik edin"** derken, asıl olarak onun hayatını şu Kur'ân âyeti belirliyordu:

"Onların haklarını gözeterek ve güzellikle geçinin. Eğer siz onlardan hoşlanmayacak olsanız bile, olur ki sizin hoşunuza gitmeyen bir şeyde Allah pek çok hayır yaratır."[4]

Uygulamayı sahabilerin hayatında da görüyoruz.

Peygamberimizin (a.s.m.) çocuklarının ebesi ve dadısı olan Hz. Selmâ, bir gün Peygamber Efendimizin huzuruna girerek kocası Ebû Râfi'nin kendisini dövdüğünü söyleyerek şikayet eder.

Peygamber Efendimiz hemen Ebû Râfî'yi çağırtır, "Hayrola Ebû Râfî, Selmâ ile aranızda ne var? Niçin dövdün onu?" diye sorar.

Ebû Râfî de, "Beni küçük düşürüyor, yâ Resulallah!" der.

Bu defa Peygamberimiz Selmâ'ya, "Ne yaptın da onu üzdün, Selmâ?" diye sorar.

Selmâ da, "Ben onu üzecek bir şey yapmadım yâ Resulallah. Namaz kılarken yellenmişti. Ben de ona, 'Ebû Râfi! Abdestli iken bir a-

---

1 Müsned, 2:185.
2 Müslim, Nikâh: 61.
3 Müslim, Cennet: 49.
4 Nisa Sûresi, 4:19.

damdan yel çıkarsa, abdest almasının gerektiğini Resulullah Müslümanlara emretti' dedim. Bunun üzerine, gelip beni dövdü."

Bu sözleri duyan Peygamberimiz gülmeye başladı. Bir taraftan gülüyor, bir taraftan da Ebû Râfi'e şöyle diyordu:

"Ebû Râfi! O sana kötü bir şey söylememiş ki, doğru olanı söylemiş. Bir daha Selmâ'yı dövme."[1]

Hz. Ömer, hanımını niçin dövmedi?

"Sevgi dinidir benim dinim ve imanım diyen" Muhyiddin-i Arabi uzun süre evlenmemiş, kadınlardan uzak yaşamıştı.

Ama bir gün kararını değiştirir. Hayatındaki bu değişikliği kendisi şöyle anlatır:

"Tasavvufa yeni girdiğim sıralarda kadınlar ve cinsel yakınlık en sevmediğim bir şeydi. Bu hal bende 18 sene devam etti. Kadınların Hz. Peygamber tarafından sevildiklerine dair hadisi öğrenince şöyle düşündüm:

"Hz. Peygamberin kadınları sevmesi tabiatı gereği değildi. Onları, Allah kendisine sevdirdiği için seviyordu. O halde Allah'a yönelmede samimi isem, Allah'ın, Peygamberine sevdirdiğini sevmeliyim, eğer onlardan nefret edersem Onun gazabına uğrarım.

"Bu noktayı kavrayınca benden nefret gitti ve kadınlar bana da sevdirildi. Bundan böyle insanlar içinde kadınlara karşı en fazla şefkat besleyen ve haklarını gözeten ben oldum.

"Burada sözünü ettiğim sevgi, nefisten gelen bir sevgi değil, Allah'tan gelen bir sevgidir."[2]

İbn Arabi, dersini hiç kimseden değil, doğrudan doğruya Peygamberimizden (a.s.m.) almıştı.

■ ■ ■

Peygamber Efendimizin en yakın arkadaşlarından olan Hz. Ömer de her konuda olduğu gibi, aile içinde hanımına gösterdiği anlayış ve sevgiyi de bizzat ondan öğrenmişti.

---

1 Ahmed bin Hanbel, Müsned, 6:272; Üsdü'l-Gâbe, 7:147-148.

2 Süleyman Uludağ, İbn Arabi, s. 51.

Hz. Ömer'i, haksızlığa tahammül etmeyen, her konuda adalet ve hakkaniyeti esas tutan özelliği ile biliriz. Bu açıdan o, haksızlık karşısında sert ve hazımsızdır. Fakat aile hayatındaki tutumu ve durumu, eşine karşı davranış ve muamelesinde farklı bir görünüm arz ederdi.

Hz. Ömer halifedir, devlet başkanıdır. Adamın birisi, bazı davranışlarından dolayı rahatsız olduğu hanımını şikayet etmek üzere gelir, halifenin huzuruna çıkmak ister. Kapının önüne oturur ve Hz. Ömer'in çıkmasını bekler.

Derken içeriden bir gürültü kopar. Hazret-i Ömer'in hanımı, koca halifeye bağırıp çağırmaktadır, fakat Hz. Ömer ağzını açıp da hanımına tek kelime bile söylememektedir.

Bu hali gören kapıdaki adam boynunu bükerek, "Bütün hiddetine ve izzetine rağmen, üstelik de Mü'minlerin Emîri iken Ömer'in hali böyle olursa, benim halim nice olur?" diyerek kalkıp gitmeye yeltenirken Hz. Ömer dışarı çıkar. Adamın arkasından, "Hayrola, derdin neydi?" diye seslenir.

Karşısında birden bire Hz. Ömer'i gören adam der ki: "Ey Mü'minlerin Emîri! Karımın kötü huylarını ve bana karşı haddini aşıp ileri gittiğini size şikâyet etmek üzere gelmiştim. Fakat hanımınızın size karşı olmadık sözler söylediğini duyunca vazgeçip geri döndüm ve kendi kendime dedim ki: 'Mü'minlerin Emîri hanımıyla böyle olunca, benim derdime nasıl deva bulacak?"

Bu sözleri dinleyen Hz. Ömer, adama şunları söyler:

"Kardeşim, eşimin benim üzerimdeki hakları sebebiyle ona tahammül etmeye çalışıyorum. Zira o benim hem aşçım, hem fırıncım, hem çamaşırcım, hem de çocuklarımın süt annesidir. Halbuki o bütün bunları yapmak zorunda değildir. Üstelik gönlümün harama meyletmesine engel olan da odur. Bu sebeple onun yaptıklarına katlanıyorum."

Adamcağız, "Ya Mü'minlerin Emîri!" der, "Benim eşim de aynen öyle."

Bunun üzerine Hz. Ömer şu güzel dersi verir ve gönderir:

"Haydi kardeşim, eşine katlanmaya bak! Hayat dediğin göz açıp kapayıncaya kadar geçiyor."[1]

---

[1] Zehebî, el-Kebâir, 179.

Kadının ilk yaratılışı nasıl olmuştur?

Kur'ân-ı Kerimin açık ifadesiyle ilk insan Hz. Âdem'dir. Cenâb-ı Hak onu yaratırken toprak unsurunu tercih etmiş, ondan yaratmış ve ona ruh vermiştir. Daha sonra da hem Hz. Âdem'e bir can yoldaşı olması, hem de insanlık türünün üreyip çoğalması için de Havva annemizi yaratmıştır.

Kadının yaratılışı, Nisâ Sûresinin 1. âyetinde, "**O insandan eşini vücuda getirdi**" şeklinde ifade edilir.

Meşhur tefsirlerde bu âyet açıklanırken şöyle denilir:

Cenâb-ı Hak, Havva'yı Hz. Âdem'in sol kaburga kemiğinden yarattı. O sırada Hz. Adem'i hafif bir uyku tuttu. Bir müddet sonra uyandığında Hz. Havva'yı gördü.

İlk anda şaşırdı, sonra çok sevdi. Kalbi hemen ona ısındı ve aralarında bir dostluk ve yakınlık meydana geldi.

Bu mesele hadis-i şeriflerde açıkça beyan edilir ki, bu da aynı zamanda âyet-i kerimenin tefsiri konumundadır. Bu hususta rivayet edilen iki hadis-i şerifin meâli şöyledir:

Ebû Hüreyre (r.a.) rivayet ediyor. Resul-i Ekrem Efendimiz (a.s.m.) şöyle buyurmuşlardır:

"Kadın kaburga kemiğinden yaratılmıştır. O memnun olacağın bir tarzda dosdoğru devam edemez. Eğer ondan faydalanmak istiyorsan bu eğri haliyle birlikte faydalanırsın. Tam arzuna göre düzeltmeye kalkarsan onu kırarsın. Onun kırılması da boşanmasıdır."

Hz. Ebû Hüreyre'nin başka bir rivayetinde de Peygamber Efendimiz (a.s.m.) şöyle buyururlar:

"Allah'a ve âhiret gününe iman eden, bir meseleye şahit olduğunu gördüğü zaman, ya hayır konuşsun veya sussun. Kadınlar hakkında iyilik ve hayır tavsiye ediniz. Çünkü onlar kaburga kemiğinden yaratılmışlardır. Kaburga kemiğinin en eğri tarafı da üst tarafı, uç kısmıdır. Eğer onu doğrultup düzeltmeye kalkışırsanız, onu kı-

rarsınız. Kendi halinde bırakırsanız daima eğri kalır. Öyle ise birbirinize, kadınlara iyi davranmayı tavsiye ediniz"[1]

Hadis-i şerif, ilk kadın olması itibariyle Hz. Havva'nın, dolayısıyla bütün kadın sınıfının hem maddî bakımdan yaratılışına, hem de huy, karakter, tabiat, mizaç ve bünyesine işaret eder.

Hz. Havva ilk kadındı. Cenâb-ı Hak onu bir hikmet eseri olarak Hz. Âdem'in bir parçasından yaratmıştı. Daha sonraki bütün kadın ve erkekler bu iki insandan türemiş, çoğalmıştır.

Gerek Hz. Âdem'in yaratılışında, gerekse daha sonra Havva validemizin yaratılışında nasıl bir yaratılış kanunu, hangi hikmetlere göre cereyan etmiştir, bilemiyoruz.

Bu, Allah'ın kudretini göstermesi yanında, aynı zamanda insanın yaratılışında babayı birinci derecede, anneyi de ikinci derecede gösteriyor.

Yani çocuğun oluşumuna sebep olan sperm erkekten geldiğinden, baba birinci derecede rol oynuyor.

Ayrıca ilk erkek olan Hz. Âdem'in, ilk kadın olan Havva'nın yaratılışı tamamen istisnâî ve özel bir durumdur. Daha sonraki insanlar ne onun gibi yaratılmış, ne de yaratılışta öyle bir yol takip edilmiştir.

Hadis-i şerifte kadının kaburga kemiğinden yaratıldığının ifade edilmesindeki asıl önemli hikmet, kadınla erkek arasındaki mizaç farklılığıdır.

Aile kadın-erkek beraberliğini sonuç veren bir yuvadır. Bu yuvanın yaşaması ve yaşatılması her iki cinsin birbirlerine olan davranışlarının belli bir düzen içinde devamı ile mümkündür.

Evin idaresi, geçimi, büyük ölçüde erkeğin üzerindedir. Erkek bu yükümlülüğü sağlıklı bir şekilde yürütmekle görevlidir. Bu ağır görevi yerine getirirken, kendisine en büyük yardımcı ve destek ise hanımıdır.

Ailenin hem maddî, hem de mânevî bütün meselelerinde kadın da söz sahibidir, onun da fikri alınmalıdır.

Her durumda erkek, kadının görüş ve düşüncesine başvurmalı, yuvayı birlikte yaşatmak için el ve gönül birliği içinde olmalıdır.

Fakat bu arada evin beyi kadının yaratılıştan sahip olduğu birtakım özelliklerini de unutmamalı, göz önünde tutmalıdır.

---

[1] Müslim, Rada: 59-60.

Kadın erkeğe göre daha heyecanlı, yaratılış itibariyle daha acelecidir. Bir "şefkat kahramanı" olmasından dolayı da duygusal tarafı daha fazladır. Bu arada birtakım farklı ve değişik düşünce ve değerlendirmelerde bulunabilir.

İşte erkek, kadını bu haliyle kabul etmeli, onu kendi arzusuna göre davranmaya zorlamamalıdır.

Hadis-i şerif, kadını, yaratılıştan gelen özellikleri ile kabul etmeyi, onu değiştirmek için zor kullanmamayı, nazik ve anlayışlı olmayı tavsiye eder.

Kadının gerçek güzelliği nedir?

Bir kadın nasıl bir yaşantı içinde olursa olsun, rahatsız edici bakışlardan mutlaka sıkılacaktır. Fıtrî güzellik bir nimettir, Allah'ın bir ihsanı ve ikramıdır. Nimet ise muhafaza edilmek ve şükredilmek ister. Her nimette olduğu gibi güzellik de korunduğu sürece bir değer kazanır.

Apartman girişindeki posta kutusuna bakarken gözüme bir el ilânı ilişti. İlân, yeni açılan bir **"güzellik salonu"**nu tanıtıyordu.

Bu bakış açısına göre bütün kadınlar "çirkin"di. Başka bir ifadeyle, her kadının güzelleşmesi için mutlaka "güzellik salonu"ndan geçmesi gerekiyordu.

Bu anlayışta, kadın sadece bir vitrin mankeni, maddi bakışı okşayan canlı bir heykel görünümündeydi.

Bu "salon"lara ilgi duyan hanımlar daha çok ev içinde değil de, kapı dışında güzel ve cazip görünme eğilimini taşıyorlardı.

Beyinin hanımıydı, ama mevcut görüntü monotonluğu değişmeli, fark edilmeli, başkaları da onu farklı görmeliydi.

Oysa farklı görünmenin sonu gelmez, oluşturulan çevrenin talepleri bitmez, sektörün ürün ve model sunuşu sınır tanımaz; bir arz-taleptir sürer gider.

Çünkü felsefe aynıdır: **"Kadın gündemde ve gözde kalmak istiyorsa, güzelleşmek ve değişmek zorundadır. Bunun için de mutlaka 'güzelleşme' muamelesine tabi tutulmalıdır."**

Böylece, suret ve şekil güzelliği, estetiği sadece dış görünümde arama düşüncesi, kadını heves ve arzuların "malzemesi" olarak görme mantığı oluşmaktadır.

Kadının da kendini mecbur hissedip yürüyen çarka ayak uydurma telâşı, çizilen karmaşık tabloyu meydana getirmektedir.

Güzelliğini sergileyen kadın bir de şayet giyim kuşamına dikkat etmiyor, serbest hareket ediyorsa, bir yerde kendini göz hapsine mahkûm etmiş olmakta, bu davranışın sıkıntısını peşin olarak çekmektedir:

"Açık saçıklık kıyafetine giren güzel bir kadın nazik ve serîütteessür olduğundan, maddeten tesiri tecrübe edilen, belki semlendiren pis nazarlardan elbette sıkılır." *(Lem'alar)*

Yani, açık saçık gezen bir kadın yaratılışı itibariyle nazik ve çabuk etki altında kaldığından, insanı psikolojik olarak zehirleyen çirkin bakışlardan çok sıkılır. Zaten yaşanan hayatta bu çeşit olaylara sıkça rastlanır.

Bir kadın nasıl bir yaşantı içinde olursa olsun, rahatsız edici bakışlardan mutlaka sıkılacaktır. Bunun için güzelliğini sergilemek yerine, kendine çekidüzen vermeye gayret eder.

Fıtrî güzellik bir nimettir, Allah'ın bir ihsanı ve ikramıdır. Nimet ise muhafaza edilmek ve şükredilmek ister.

Her nimette olduğu gibi güzellik de korunduğu sürece bir değer kazanır. Güzelliğin hep güzel olarak kalmasının yolunu birkaç madde halinde sıralamak mümkündür:

1. Gerçek güzellik, nimeti nimet olarak bilmek ve Verene şükretmektir.

Çünkü hiçbir insan güzelliğini bir yerden satın almış değildir, bunun için ona sahiplenmeye hakkı yoktur.

Gerçek anlamda sahiplenecek olsa, güzelliğin gitmesine engel olabilmeli, yaşlanmanın ve yıpranmanın önüne geçebilmelidir.

Bunun da önüne geçemeyeceğine göre tek bir şey kalıyor, o da şükürdür. Şükür unutulursa ne olur? Nimet olmaktan çıkar, çirkinleşir.

2. Güzellik birkaç şekilde çirkinleşebilir. Birincisi ve en tehlikelisi, kişinin kendisinin günaha girmesi; ikincisi ve farkında olunmayan yönü, başkalarını günaha sokmasıdır.

Çünkü güzelliğini, cazibesini ve çekiciliğini sergilemekten çekinmeyen bir kadın, başkalarını da vebal altına almaktadır.

Yani böyle bir kadın hem günah kazanmakta, hem de günah kazandırmaktadır. Sonuçta nimet çirkinleşmekte ve zehirli bir hal almaktadır.

3. Güzellik korunmadığı zaman, bu nimete karşı küfran-ı nimet edilmekte, nankörlük yapılmaktadır.

Çünkü güzellik gibi mühim bir özelliğin kimden geldiği, gerçek sahibinin kim olduğu bilinmezse, üzerine nankörlük perdesi çekilmiş ve manen reddedilmiş olur.

4. Güzellik korunmadığı takdirde, bir nimetken, bir azap ve işkence aleti olur.

Günaha giren ve başkalarını günaha sokan insan her şeyden önce huzursuzdur, vicdan azabı çekmektedir. Rahat değildir ve ifade etmese de mutsuzdur.

Yüzü gülse de, içi kan ağlamaktadır. Topluluk içinde şen şakrak ise de, iç dünyasında fırtınalar yaşamaktadır.

Bu haldeki bir insan mutlaka bir çıkış yolu arayacak ve sıkıntıdan kurtulma çarelerini araştıracaktır.

Çaresi ise; öncelikle o geçici, beş-on senelik güzelliği, bâki ve sonsuz bir hale getirmek için meşru yolda kullanarak fiilî bir şükre girmeye çalışacaktır.

Kendisine biraz daha çekidüzen vermek için İslâm terbiyesi dairesinde kalacak, Kur'ân edebinin ziynetiyle cemalini güzelleştirecektir.

Böylece o geçici güzellik mânen bâki ve sonsuz kalacaktır. Cennette ise hurilerin cemalinden daha şirin ve daha parlak bir tarzda o güzellik kendine yeniden ihsan edilecektir.

Diğer taraftan, kadın bir insan olması hasebiyle yapay bir müdahale olmadan hem şekil olarak **"ahsen-i takvim"**dedir, hem kişilik ve iç estetik itibariyle en güzel bir kıvamdadır. Hem de his, duygu, lâtife zenginliğiyle zirvededir.

Mükemmel bir varlık olan kadın, bir sanat eserini inceler gibi kendini seyretse, üzerinde o kadar çiçekli nakışlar görecek, kader kaleminin çizdiği o kadar ince çizgi ve detay fark edecektir ki, kendinden önce, o kalem sahibine hayran kalacaktır.

"Beni var eden sanatkâr üzerimde her türlü sanat inceliklerini göstermiş, Kendini tanımam ve göstermem için beni yaratmış" deme kadirşinaslığını dile getirecektir.

O **Müzeyyin**'dir; beni tezyin etmiş, nazik ve narin yaratmış, süslemiştir.

O **Musavvir**'dir; bana en güzel sureti ve şekli vermiş.

O **Mülevvin**'dir; beni mükemmel bir renkte var etmiş... gibi isimleri okuma gibi gerçek bir güzellik yaşayacaktır.

Bu bakış açısı, iç güzellik anlamına gelen "sîret"in özünü ve aslını oluşturmaktadır.

Yaratılış ve duygu bakımından kadını erkekten ayıran en önemli özellik, iç güzelliğiyle birlikte üstün bir şefkat ve merhametle donanmış olmasıdır.

Kadının hanımlık ve annelik görevini sürdürebilmesi için zaten bu fıtrî özelliği taşıması gerekir.

Kadının gerçek huzuru neredededir?

Evdeki kadın ailenin direğidir. Beyinin hanımı, çocuklarının annesi, torunlarının ninesidir. Herkes ona muhtaçtır. Herkes onun eline bakmaktadır. Herkes onun şefkatini beklemektedir. Bunun içindir ki, devamlı saygıya ve sevgiye lâyıktır. Gerçek huzuru da yuvasındadır.

Batıyla temasımız başlayınca, daha doğrusu Batı medeniyeti hayatımıza girince, ilk büyük değişiklik ailede, yani kadında görüldü.

Kur'ân medeniyeti ile yücelen, İslâm ahlâkı ile süslenen, vahyin esasları ile bezenen İslâm kadını kendi benliğinden sıyrılarak yepyeni bir şekle büründü. Tanınmaz ve ayırt edilmez bir hale girdi.

Bu çöküşü, bu düşüşü, bu alçalışı ilk fark edenlerin başında Bediüzzaman gelir. Asrın başlarında kaleme aldığı *Lemeât* isimli eserinde, kadınlara şöyle sesleniyor:

"Kadınlar yuvalarından çıkıp beşeri yoldan çıkarmış, yuvalarına dönmeli."

Bu yuva, İslâmın sıcacık, müşfik yuvasıdır. Bu yuvadan düşünce, sadece kendisi zarar görmekle kalmadı; genciyle, yaşlısıyla, çocuğuyla bütün bir insanlığı da yoldan çıkardı.

Çünkü bütün bu kesimi muhafaza eden, şefkat kanatları altında koruyan kadındı:

Ablaydı, gelindi, anneydi, nineydi, halaydı, teyzeydi, evlâttı. Devamlı hürmete, sevgiye ve saygıya lâyıktı.

Fakat, **"Mimsiz medeniyet tâife-i nisaiyeyi yuvalarından uçurmuş, hürmetlerini de kırmış."**

İlk harfi olan "mim" kaldırılınca "deniyet", yani alçalış, düşüş ve çöküş haline gelen Batı medeniyeti; modasıyla, sokak hayatıyla, eğlence yerleriyle, müziğiyle ve dansıyla kadın taifesinin yuvasını dağıtmış, uçmak zorunda kalan kadın da itibarını kırarak ortada kalmıştır: Sahipsiz, yetim, yuvasız ve yurtsuz.

"Şer'-i İslâm onları rahmetten dâvet eder eski yuvalarına."

İslâm şeriatı, şefkat ve merhametinden dolayı, kadınları tekrar yuvalarına çağırıyor. Yuvasından ayrılan bir kuşun tekrar dönebileceği tek yeri yine eski yuvasıdır.

Çünkü, **"Hürmetleri orada, rahatları evlerde, hayatı ailede."**

Evdeki kadın devamlı hürmete lâyıktır.

Çünkü o ailenin direğidir: Beyinin hanımı, çocuklarının annesi, torunlarının ninesi, kardeşlerinin ablasıdır.

Herkes ona muhtaçtır. Herkes onun eline bakmaktadır. Herkes onun şefkatini beklemektedir.

Bunun içindir ki, devamlı saygıya ve sevgiye lâyıktır. Kadın, sokakta, çarşıda, eğlencede olursa, çoğu zaman bu hürmeti göremez.

Kadın evinde rahattır. Onun için ev bir hapishane değildir. O çocuğuna bakarken, çamaşır yıkarken, yemek yaparken zahmet çekse de, bunu rahatı için yaptığının farkındadır.

Bu rahatlık sadece kendisini değil, bütün aile fertlerini de rahat ettirecektir. İşinden dönen koca, okulundan dönen çocuk, temiz bir yuva, sıcak bir çorba, huzurlu bir hava görünce nasıl rahat etmez?

Zaten **"temizlik ziynetleri"**dir kadının... Onun, sun'i, yapay süs aramaya da ihtiyacı yoktur.

Bir de kadının iç güzelliği vardır ki, asıl güzellik budur.

Bunları da Bediüzzaman şöyle sıralar:

"Haşmetleri, hüsn-ü hulk, lütf-u cemâli ismet, hüsn-ü kemali şefkat, eğlencesi evlâdı."[1]

Yani huyunun güzelliği, edebi ve nezaketi; kadının büyüklüğü ve haşmetidir. Namusu, iffeti ve hayası da güzelliğinin lâtifliğidir. Şefkati ise, kemâlidir, üstünlüğüdür, olgunluğudur.

En güzel eğlencesi ise evlâdıdır. Bu eğlence yıllarca sürer. Bu, onun için kesinlikle zahmet değildir.

Emzirirken, yemeğini yedirirken, üzerini giydirirken, bağrına basarken, sallayıp uyuturken tarifi imkânsız bir haz duyar.

Bir kadına çocuktan daha güzel, daha lâtif, daha devamlı ve hep değişen bir eğlence verebilir misiniz?

Bu güzelliklerin çok düşmanı vardır:

"Bunca esbab-ı ifsat, demir sebat kararı, lâzımdır tâ dayansın."

Bunca bozguncu hallere karşı kadının dayanması için iyi bir sebat ve kararlılık göstermesi, Batıdan esen rüzgârlara itibar etmemesi gerekir.

Kur'ân'ın ve İslâmın himayesi altına girerek ebedî güzelliklerle yetinmesini bilmesi gerekir.

---

1 Sözler, s. 678.

Erkek, hanımına nasıl bir gözle bakmalı?

"Hayat arkadaşını, İlâhi rahmetin cana yakın, ince ruhlu, yumuşak, lâtif bir hediyesi olduğu için sev. Çabuk bozulan sûretine, sadece maddi güzelliğine gönlünü bağlama. Kadının en çekici, en tatlı güzelliği, kadınlığa özgü bir incelik ve nezaket içindeki iç güzelliği, gönül zenginliğidir."

Kadın **"refika-i hayattır."** Yani beyinin hayat arkadaşı...

Bu arkadaşlığın sağlıklı, huzurlu ve mutlu bir şekilde devam etmesi ise kocasının kendisine bakış tarzına bağlıdır.

Bakış tarzında ise öne çıkan iki unsur vardır: Sûret ve sîret.

Yani erkek, hanımına fizikî güzelliği, dış görüntüsü, birtakım hazlarına cevap veren mânasında sûretine mi bakacak; yoksa diğer insanî özellikleri yanında nezaketi, letâfeti ve en önemlisi şefkat madeni olması manasında sîretine mi bağlanacak?

Üstad Bediüzzaman'ın şu ifade ve tavsiyeleri, bir erkeğin hanımına nasıl bakması gerektiğine dikkatlerimizi çekiyor:

"Refika-i hayatını rahmet-i İlâhiyenin mûnis, lâtif bir hediyesi olduğu cihetiyle sev ve muhabbet et. Fakat çabuk bozulan hüsn-ü sûretine muhabbetini bağlama."

Hayat arkadaşını, İlâhi rahmetin cana yakın, ince ruhlu, yumuşak, lâtif bir hediyesi olduğu için sev. Fakat çabuk bozulan sûretine, sadece maddi güzelliğine gönlünü bağlama.

"Belki kadının en câzibedar, en tatlı güzelliği, kadınlığa mahsus bir letâfet ve nezaket içindeki hüsn-ü sîretidir."

Kadının en çekici, en tatlı güzelliği, kadınlığa özgü bir incelik ve nezaket içindeki iç güzelliği, gönül zenginliğidir.

"Ve en kıymettar ve şirin cemâli ise; ulvi, ciddi, samimi, nurani şefkatidir. Şu cemal-i şefkat ve hüsn-ü sîret âhir hayata kadar devam eder, ziyadeleşir."

En değerli ve en şirin güzelliği ise, yüksek, ciddi, samimi ve apaydınlık ve berrak şefkatidir. Bu şefkat ve sîret güzelliği hayatının sonuna kadar devam eder.

"Ve o zaîfe, lâtife mahlukun hukuk-u hürmeti o muhabbetle muhafaza edilir. Yoksa hüsn-ü suretin zevaliyle, en muhtaç olduğu bir zamanda, biçare hakkını kaybeder."

Ve o zayıf, lâtif ve ince varlığın saygınlığı ve hukuku ancak böyle bir sevgiyle korunur. Yoksa dış güzelliğin kaybolmasıyla o biçare insan, en muhtaç olduğu bir zaman olan öbür âlemde o hakkını kaybedecektir.

Evet, kadın güzeldir ve hep güzeldir: Sîretiyle, letâfetiyle, nezâketiyle, şefkatiyle, şükrüyle, hayasıyla, iffeti ve tevhidî bakışıyla...

Râbiatü'l-Adeviyye ve bizim Râbialar...

Hz. Râbia, gönlünde Allah sevgisinden başka bir sevgi olmayan bir mâna insanıdır. İslâm tasavvufunun ilk kadın meyvelerindendir.

Hicrî 100 ile 180 yılları arasında yaşamıştır. Basra'da doğmuş, büyümüş, mânevî hayatını burada geçirmiştir. Künyesi "İyiliğin annesi" anlamında Ümmü'l-Hayr'dır.

Doğduğunda bebeğe saracak bir bez, yakacak bir kandil bulamayacak kadar fakir bir ailenin dördüncü kızıdır. Bunun için "dördüncü" anlamında "Râbia" adı verilmiştir.

Hz. Râbia küçük yaşta babasını kaybeder. Henüz çok genç bir yaşta iken Basra'da kıtlık baş gösterir. Kardeşleri ile birlikte yiyecek bir şey bulmak için gelişi güzel dolaşırlarken, zalim bir adam onu evine getirir, 6 akçeye katı yürekli bir adama satar.

Hz. Râbia burada tam bir köle hayatı yaşar. Bu sırada manevî tecellilere mazhar olur. Onun bir kerametini gören efendisi kendisini serbest bırakır.

Hz. Râbia hürriyetine kavuşur kavuşmaz dünya hayatına dalarak birtakım günahlara girer. Bu sırada büyük veli Rebah bin Amr ile tanışır. Ondaki cevheri gören Hz. Rebah onu dünya âleminden çeker, Allah yolunda ilerlemesine yardımcı olur.

Tevbe istiğfar ederek sevgi yolunda yürümeye başlayan Hz. Râbia kendini bütünüyle Rabbinin dostluğuna verir.

Kalbinde hep O vardır

Sabaha kadar ibadet ettikten sonra Rabbine sorar: "Acaba Rabbim ihya ettiğim bu geceyi kabul etti mi?" Sonra kendisi cevap verir:

"İzzetin hakkı için beni kapından kovsan da zikrini yapacağım. Kalbime Senin sevginden başka bir sevgi girmeyecektir."

Namaza şükür için oruç

Süfyan-ı Sevri anlatıyor:

Bir gece Hz. Râbia sabaha kadar namaz kıldı, sabahleyin de şöyle dedi: "Bu gece kıldığımız namazlara şükür için bugün de oruç tutalım."

Namazdaki hali

Hz. Râbia namaz kılarken tam bir huşu içindeydi, tıpkı Hz. Ali gibi. Secde ettiği yerdeki hasırın çöpü gözüne girmişti, ama farkına varmamıştı. Namazı kıldıktan sonra gözündeki hasır çöpünü çıkarıp atmıştı.

Hırsızın namazı

Hırsızın biri Hz. Râbia'nın evine girer. Bir su ibriğinden başka bir şey bulamaz. İbriği alıp götüreceği sırada Hz. Râbia seslenir:

"Bana bak, hırsızlık yapıyorsan bir şey almadan gitme."

"Alınacak bir şey bulamadım ki..."

"Bari şu ibrikteki su ile abdest al ve şu köşeye gir, iki rekat namaz kıl, o zaman bir şey bulur gidersin."

Hırsız denileni yapar ve namaza durur. Hz. Râbia da ellerini kaldırarak şöyle dua eder:

"Rabbim, bu adam benim kapıma geldi, bir şey bulamadı. Onu Senin kapına gönderiyorum, lütfundan mahrum etme."

Hırsız iki rekat namaz kıldıktan sonra ibadetten zevk almaya başlar ve gece yarısına kadar namaz kılmaya devam eder.

Cenneti neden istemiyorsun?

Hz. Râbia'ya sordular:

"Niçin Allah'tan sana Cennet ihsan etmesini istemiyorsun?"

Şöyle cevap verdi:

"Dâr'dan evvel câr gerek." (Yani, evden önce komşu gerek)

Bunun mânâsı Kur'ân'da geçtiği gibi şöyledir: "Yâ Rabbi, bana Senin katında Cennetin içinde bir ev ver."

Niçin evlenmedi?

Hz. Râbia'ya sordular: "Niçin evlenmiyorsun?"

"Üç şey var ki beni kaygıya düşürüyor, bunlardan beni kurtaran bulunursa evlenirim."

"Nedir bunlar?"

"Birinci kaygım: Öldüğüm zaman imanımı kurtarabilecek miyim?

"İkinci kaygım: Kıyamet günü defterim sağımdan mı verilecek, solumdan mı?

"Üçüncü kaygım: İnsanların kimi Cennete, kimi Cehenneme çağrıldığında ben bunların hangisinin arasında bulunacağım?"

Kötü zan

Hz. Râbia, Rabbine yaptığı bir münacatında şöyle diyordu:

"İlâhî! Seni seven bir kalbi ateşte yakar mısın?"

Cevap geldi: "Biz bunu yapmayız? Hakkımızda kötü zanda bulunma."

Kaç saat uyudun, kaç saat namaz kıldın?

Hz. Râbia'nın hanım hizmetçisi Abde binti Şevval anlatıyor.

Hz. Râbia geceyi namazla geçirirdi. Sabah olduğunda seccadesinin üzerinde ansızın ürperir şöyle derdi kendi kendine:

"Ey nefis! Ne kadar uyudun? Ne kadar dikilip namaz kıldın? Bir daha hiç kalkamayacağın, sadece kıyamet çığlığı ile diriltileceğin o uykuya dalman öyle yaklaştı ki! Kalk, kendine gel!"

Kulluğun iki yönü

Hz. Râbia'ya sordular:

"Kul ne zaman hoşnut olur?"

Cevap verdi:

"Nimetten haz duyduğu kadar musibetten de haz duyduğu zaman..."

AİLE VE EKONOMİ

Ailenin geçimi için çalışmak nasıl ibadet olur?

İnsan, üzerine farz olan ibadetlerini yerine getirir, günahlardan da çekinirse, geriye kalan çalışması ve istirahatı hep sevap dolu vakitler haline gelir. Fakat hırs gösterip kazancının azalacağından korkarak kulluk vazifesini bırakırsa, "bütün çalışmasının neticesi yalnız dünyevî ve ehemmiyetsiz ve bereketsiz bir nafakayla sınırlı kalır."

Yardımlaşma, kâinatta var olan çok önemli bir kanundur. Bu kanun insanlar arasında da yerini almış ve onları birlikte yaşamaya mecbur etmiştir. Sonuçta ise aile gerçeği ortaya çıkmıştır.

Toplumun en küçük yapı taşı olan aile içinde de yardımlaşma ön sırayı alır. Aile ise çalışabilen ve çalışamayan bireylerden meydana geldiğine göre, çalışamayanların geçimini sağlamak aile reisine düşer.

Aile fertlerinin rızıklarını temin etmeyi İslâm dini babaya yükler.[1]

Peygamberimiz (a.s.m.) bir hadisinde, **"Geçimi üzerine vâcip olanları ihmal etmesi bir kimseye günah olarak yeter"**[2] buyurarak bu sorumluluğa dikkat çeker.

İslâm dini nafaka teminini bir görev olarak insanlara bildirmekle kalmaz, aynı zamanda bu görevin sevap yönüne de dikkat çekerek insanları ona teşvik eder.

[1] Bakara Sûresi, 23.
[2] İbni Mâce, Ticaret: 1.

Peygamberimiz bir hadisinde, **"Erkeğin kendi nefsi, ailesi, çocuğu ve hizmetçisinin geçimi için harcadığı mal (onun için) sadakadır"**[1] buyurarak buna işaret buyurur.

Bir başka hadisinde ise, **"Allah yolunda harcadığın para, bir köle azad için verilen para, bir biçare fakire sadaka olarak verdiğin para ve çoluk çocuğuna sarf ettiğin paralar yok mu; işte bunların sevap bakımından en büyüğü ailene harcadığın paradır"**[2] buyurarak ailenin geçimi için harcanan paranın çok sevaplı bir hizmet olduğunu bildirir.

Yine bu şekilde çalışan bir mü'minin hak yolunda olduğunu da şu hadis-i şeriften öğreniyoruz.

"Bir adam küçük çocuğu için çalışıyorsa Allah yolundadır. Yaşlı anne-babası için çalışıyorsa Allah yolundadır. Ailesi için çalışıyorsa Allah yolundadır."[3]

Sözü edilen bu sevapları kazanmak ve dünyevî çalışmaların ibâdet saati içinde sayılabilmesi için, kişinin kendi şahsî ibadetinde ve hizmetinde bir gevşeklik ve tembellik göstermemelidir.

İki namaz vakti arasında kalan diğer saatlerin, vakit namazları kılındığı takdirde, bir ibadet şekline geleceği ve bu arada işlenen günahların affolacağı, verilen müjdeler arasındadır.[4]

Nitekim Bediüzzaman Hazretleri kendisini ziyarete gelen bazı işçi ve memurların çalışmalarının bazı şartlarda ibadet sayılacağı hususunda hatırlatmalarda bulunmuştur.

Meselâ, şeker fabrikasında çalışan işçilere, **"Siz farz namazlarınızı kılsanız, o zaman fabrikadaki bütün çalışmalarınız ibadet hükmüne geçer. Çünkü milletin zarurî ihtiyacını temin eden mübarek bir hizmette bulunuyorsunuz"** demiştir.

Yine tren yolunda çalışan işçilere, **farzları eda edip büyük günahlardan kaçınmak şartıyla, bütün çalışmalarının ibadet olacağını söyleyerek teşvik etmiştir.**

Bir defasında elektrik işçilerine de şöyle nasihatte bulunmuştur: **"Bu elektriğin umum millete büyük menfaati var. O umumî menfa-**

---

1 İbni Mâce, Ticaret: 1.
2 Müslim, Zekât: 39.
3 Taberânî, 2:60.
4 İbni Mace, İkame: 79.

atten hissedar olabilmeniz için farzınızı kılınız. O zaman bütün sa'-yiniz (çalışmanız) uhrevî bir ticaret ve ibadet hükmüne geçer."[1]

Bu durumda insan, üzerine farz olan ibadetlerini yerine getirir, günahlardan da çekinirse, geriye kalan çalışması ve istirahatı hep sevap dolu vakitler haline gelir.

Fakat hırs gösterip kazancının azalacağından korkarak kulluk vazifesini bırakırsa, "bütün çalışmasının neticesi yalnız dünyevî ve ehemmiyetsiz ve bereketsiz bir nafakayla sınırlı kalır."[2] Yani, sadece basit ve dünyaya ait bir çalışmadan öteye geçmez.

Çoluk çocuğun geçimi için çalışmayı tek başına ibadet şeklinde değerlendirmek hatâlı ve eksik bir düşünce olur. Çünkü dinî görevlerinde gevşeklik gösteren ve günahlardan sakınmayan kimse kusur ve haramlardan yakasını zor kurtarır. Bu düşünce, olsa olsa bir aldatmacadır ve insanı tehlikeye sürükleyen bir anlayıştır.

Çocuk eğitiminde helâl lokma ne kadar önemlidir?

Nasıl ki, çocuğumuzu bozuk ve zararlı gıdalardan korumak için gayret gösteriyorsak, aynı şekilde haram ve şüpheli gıdalardan muhafaza etmek için de aynı özeni göstermek durumundayız. Çünkü birisi maddî hayatının sağlığını bozarken, öbürü de mânevî hayatın dengesini alt üst eder.

İnsanı diğer varlıklardan ayıran en belirgin özelliği, sorumluluk duygusu taşımasıdır.

Bu sorumluluk, önce kişinin kendi nefsinden başlar, en dar daire olan aileden, en geniş çevre olan ülke sınırları ve hattâ kâinata kadar uzanır.

1 Tarihçe-i Hayat, s. 406.
2 Sözler, s. 253.

Çünkü insan yaratılışı gereği her şeye ilgi duyar. Fakat insan asıl olarak Rabbine karşı sorumludur. Bir gün gelecek bütün yaptıklarının, yapmayıp geride bıraktıklarının hesabını Ona verecektir.

Bir mü'minin sorumluluk yükü daha ağırdır. Çünkü nasıl bir hayat çizgisi takip edeceğini Kur'ân çizmiş, ona dünya ve âhiret saadetinin yolunu göstermiştir.

İnanan insan, Kur'ân'ın değişmez ölçülerine kendini uydurabildiği sürece huzura kavuşur.

Bir kere insan önce kendi şahsından sorumludur. Sonra yakınlık durumuna göre ailesinden ve çocuklarından sorumludur.

Kendi dünyasını ne kadar düşünüyor, çeşitli tehlikelerden korumak için ne kadar gayret gösteriyorsa, aynı şekilde çoluk çocuğunu koruyup kollamak için de aynı gayreti gösterir.

Bu hususu Kur'ân-ı Kerim şöyle ifade eder:

"Ey iman edenler, kendinizi ve ailenizi öyle bir ateşten koruyun ki, onun tutuşturucusu insanlarla taşlardır."[1]

Bu âyetin açıklamasını Peygamberimizden (a.s.m.) isteyen Hz. Ömer'in, **"Ya Resulallah, nefislerimizi tehlikelerden koruruz, fakat aile fertlerimizi nasıl koruyalım?"** demesi üzerine, Resul-i Ekrem (a.s.m.) şöyle buyurur:

"Allah'ın sizi yasakladığı şeylerden onları da uzak tutarsanız, size emrettiği şeyleri onlara da emrederseniz, işte o zaman onları korumuş olursunuz."[2]

İmam-ı Gazali de bu konuyu açıklarken şöyle der:

Çocuğu iyi bir şekilde yetiştirmek, ona güzel ahlâkı öğretmek, kötü arkadaşlardan korumak, zevk için yemeye alıştırmamak, süsü ve - lüksü sevdirmemek de, çocuğu tehlikelerden koruma sınıfına girer.[3]

Herkesi sürüsünden sorumlu çoban olarak değerlendiren Peygamberimiz, "Kişi çoluk çocuğunun çobanıdır, onlardan sorumludur. Kadın da kocasının evinin ve çocuklarının çobanıdır, o da onlardan sorumludur"[4] buyurarak, ana-babanın çocukları üzerindeki önemli vazifesine işaret buyururlar.

---

1 Tahrim Sûresi, 6.

2 Hak Dini Kur'ân Dili, 7:5122-23.

3 İhya, 3:71.

4 Müslim, İmare: 20; Buharî, Cum'a: 11.

Bir çoban kurda kaptırdığı koyunun hesabını mal sahibine nasıl veriyorsa, mü'min de çoluk çocuğunu mânevî kurtlara kaptırdığı zaman gerçek mal sahibi olan Rabbine öyle hesap verecektir.

• • •

Kur'ân'ın aile reisine yüklediği görevlerden birisi de çoluk çocuğunun maddî geçimini helâl yoldan sağlamasıdır. Onların midesine haram lokma sokmamaya çalışmasıdır.

Nasıl ki, çocuğumuzu bozuk ve zararlı gıdalardan korumak için gayret gösteriyorsak, aynı şekilde haram ve şüpheli gıdalardan muhafaza etmek için de aynı özeni göstermek durumundayız.

Çünkü birisi maddî hayatının sağlığını bozarken, öbürü de mânevî hayatın dengesini alt üst eder.

Geçim şartlarının ağırlaştığı, genellikle gelirin giderleri karşılamadığı günümüzde, geçim derdi bahanesiyle helâl olmayan yollara başvurmak telafisi imkansız büyük kayıplara yol açar.

Dikkatle düşünecek olursak, zorunlu saydığımız pek çok "ihtiyacın" gerçekten bir ihtiyaç olmadığını görürüz.

Çünkü görenek ve gösteriş için yaptığımız o kadar harcamalar var ki, saymakla bitmez.

Öncelikle bütçemizi bu açıdan kontrol etmemiz gerekiyor.

Helâl dairenin her zaman zorunlu sayılan ihtiyaçlara kafi geldiği unutulmamalıdır. Dinimiz ancak ölüm tehlikesiyle yüz yüze gelen kimsenin ölmeyecek kadar haramdan istifade edebileceğine izin verir. Bunun dışında hiçbir gerekçe haramı helâl kılmaz.

Biz her ne kadar çocuğun karnını doyurmayı düşünürsek, nereden gelirse gelsin, maddi ihtiyaçlarının giderilmesi için haram helâl demeden her türlü yola başvurursak, böylece onun ileride toplum için zararlı bir unsur haline gelmesini kendi elimizle hazırlamış oluruz.

Ayrıca onu kendi elimizle bir derece dünya rahatına kavuştururken öbür taraftan âhiret ateşine atarız.

Diğer taraftan insanın ruhî yapısının gelişmesinde aldığı gıdaların büyük rolü vardır.

Şah Veliyullah Dehlevî, insan bedeninin ve ahlâkının değişmesinde ve şekillenmesinde en güçlü faktörlerden birisinin aldığı gıda olduğunu belirtir.[1]

Haram gıdanın insanın ibadetine ve mânevî hayatına verdiği zararı Sevgili Peygamberimiz şöyle ifade eder:

"Allah'a yemin ederim ki, kişi haram lokma yediğinde kırk gün duası kabul olmaz. Eti zulüm ve faizden meydana gelen kimseye ise ateş daha lâyıktır."[2]

Demek ki, geçim sıkıntısını ileri sürerek faiz, rüşvet ve kumar gibi gayr-ı meşru kazanç yollarına başvurmak hiçbir şekilde normal karşılanmamalıdır.

Hareketimizde Allah rızasını esas almışsak, davranışlarımızın da o çizgide yürümesine çalışmalıyız

Babanın haram kazancından hanımı ve çocukları yiyebilir mi?

Helâl kazançla yetinmeyip, geçim derdini bahane ederek harama yönelen, hattâ kazancının tamamını haram yoldan karşılayan kimse, başta kendisi olmak üzere, aynı kazançtan yedirdiği aile fertlerinin sorumluluk ve günahını da üzerine almış sayılır.

Annenin ve çocukların geçimi babanın üzerinedir. Bu, onun doğal bir görevi olduğu gibi, aynı zamanda dinî bir yükümlülük olarak omuzuna yüklenmiştir.

Bakara Sûresinin 233. âyet-i kerimesinde şöyle buyurulur:

"Annelerin yiyecek ve giyeceği, gücünün yettiği ölçüde çocuğun babasına aittir."

---

1 Hüccetullahü'l-Bâliğa, 1:806.

2 Muhtasar-ı İbni Kesîr, 1:149.

Müfessir İmam-ı Kurtubî, zayıflığından ve güçsüzlüğünden dolayı çocuğun geçiminin babanın üzerine düşen bir görev olduğuna bu âyeti delil olarak gösterir.[1]

Yani, çocuk kendi geçimini temin edecek yaşa gelinceye kadar babanın onun ihtiyaçlarını karşılaması gerekir. Baba olarak bu iş onun zaten yaratılıştan gelen bir vazifesidir.

Bazı âyet ve hadis-i şeriflerde babanın bu vazifeyi yaparken meşru ve helâl dairede kalması emredilir. **Yani aile reisi olan baba, başta kendisi olmak üzere hanımının, çocuklarının ve geçimleri üzerine olan –babası ve annesi gibi– kimselerin rızıklarını da helâl yoldan kazandığı para ile karşılamak durumundadır.**

Helâl kazançla yetinmeyip geçim derdini bahane ederek harama yönelen, hattâ kazancının tamamını haram yoldan karşılayan kimse, başta kendisi olmak üzere, aynı kazançtan yedirdiği aile fertlerinin sorumluluk ve günahını da üzerine almış sayılır.

Çünkü bakmakla yükümlü olduğu fertlerin bu meselede bir sorumluluğu ve suçu yoktur.

Dolayısıyla, onlar mecbur kaldıkları için haram kazançtan yemektedirler. Bu sebepten, günaha girmiş olmazlar.

İbni Âbidin bu hususta şöyle bir kayda yer verir:

"Kocasının, aslen meşru olmayan bir yoldan temin ederek getirmiş olduğu bir yiyeceği yemesinde, bir elbiseyi giymesinde hanım için bir günah yoktur. Günah, kocanın kendisinedir. Yalnız, kocası tarafından kendisine verilen nafaka bizzat gasp edilmiş bir şey ise, kadının ondan yemesi caiz olmaz."[2]

Çocukların durumu da bundan farklı değildir. Çünkü hanımın geçimi nasıl kocasının üzerine ise, çocukların geçimi de babaya âittir.

Çocuklar da babalarının kendilerine haramdan getirmiş olduğu nafakadan faydalanmak zorunda kaldıkları için, o haramdan doğacak günah babalarına aittir, kendilerine ait değildir.

Ne zaman ki çocukların eli iş tutar, kendi ihtiyaçlarını kendileri temin edecek seviyeye gelir, helâl yoldan para kazanma durumuna ulaşırlarsa, artık kendi kazançlarını yemeleri gerekir.

---

[1] et-Tefsirü'l-Kurtubî, 1:163.

[2] Reddü'l-Muhtar, 5:247.

Geliri haramdan olan bir kimsenin davetine gidilir mi?

Kazancının çoğu haramdan meydana gelen, faiz, rüşvet gibi gayr-ı meşru yollardan kazanan kimsenin davetine gitmek, hediyesini kabul etmek, bir çeşit haram yeme sayılacağından, çok dikkatli olmak gerekir. Hiçbir şekilde araştırmaya gerek duymadan, inceleme yapmadan ikramların kabul edilmesi, veren kadar alanı da sorumlu duruma düşürür.

Meşru ve helâl dairede rızkını temin etmek herkesin doğal bir hakkı ve aynı zamanda görevidir.

İslâm dini insanın kendi geçimi ve çoluk çocuğunun geçimi için çalışmasını bir ibadet olarak görür.

Bu vesileyle kazanç yollarından meşru olanları belirlediği ve teşvik ettiği gibi, gayr-ı meşru ve haksız kazanç yollarını da yasaklamıştır.

Bilindiği gibi, sanat, ticaret, tarım gibi geçim yolları akla gelen ilk kazanç yollarıdır. Faiz, rüşvet, karaborsacılık gibi yollar ise gayr-ı meşru yollardır.

Helâlle haram arasındaki mesafenin daraldığı, düzgün bir hayatın güçleştiği zamanımızda, mü'minin çok dikkatli ve titiz davranması gerekir.

İlâhî bir emanet olan midesine haram ve şüpheli lokmanın girmemesine çok dikkat etmelidir.

Bunun yanında insanı harama çağıranların çok ve çeşitli olması, helâle ve kanaate davet edenlerin de o oranda az olması zamanımızın çok ciddi bir problemidir.

Çevrenin etkisinde kalarak veya hırs aldatmacasıyla tadılan haram lokma bir seferliğine bağlı kalmaz. Bazen düşülen hatâya bahane uydurulur, yorumlar yapılır. Zamanla haramla iç içe bir hayat devam eder gider.

Harama teşvik eden, tatlı gösteren vesileler çoktur. Başta şeytan ve nefsimiz bizi o yola sürükleyip durur.

Bazen geçim sıkıntısı ve ailevî sebepler insanı harama bulaştırabilir. Bazı durumlarda da harama kendimiz girmediğimiz ve çekindiğimiz halde, bir yakınımız vasıtasıyla bulaşabiliriz.

Bu, bir davete katılma şeklinde olabildiği gibi, bir hediye ve bir miras halinde de olabilir.

Bir yakınımız ve dostumuz tarafından yapılan davete katılmak sünnet, bazı hallerde de vaciptir.

Aynı şekilde, verilen hediye ve ikramları da reddetmemek dinî ve insanî bir vazifedir. Ancak bu gibi hallerde, veren kimsenin kazancının helâl ve haram olması yönünün göz önünde bulundurulması gerekir.

Hiçbir şekilde araştırmaya gerek duymadan, inceleme yapmadan ikramların kabul edilmesi, veren kadar alanı da sorumlu duruma düşürür.

Bu bakımdan büyük günahları apaçık işleyen ve yaptıklarından hiçbir şekilde pişmanlık duymayan kimselerin davetine icabet etme durumunda değiliz.

Kazancının çoğu haramdan meydana gelen, faiz, rüşvet gibi gayr-ı meşru yollardan kazanan kimsenin ikram ve davetine gitmek, hediyesini kabul etmek, bir çeşit haram yeme sayılacağından, çok dikkatli olmak gerekir.

Eğer hazırlanan yemek, helâl bir mirastan ve borçtan alınarak hazırlanmışsa, bunda bir engel yoktur.

Bu meselede davet sahibinin kazancının helâl ve haram olması çoğunluğa göredir. Yani gelirinin çoğu haram yoldan temin edilmişse haram hükmündedir, helâl kısmı fazlaysa o zaman da helâl hükmündedir. Böylelikle helâl kısmından istifade edilmiş olur.

Bu arada Hanbelî mezhebine göre, kazancında hem helâl, hem de haram bulunan kimsenin davetine gitmek mekruhtur.

Ravda'da yer verilen bir rivayete göre, **"fâsıkın davetine icabet edilir"** denilmektedir. Fakat bütün bunlarla birlikte, mezhep imamlarının ve müçtehitlerin ortak görüşü, çoğunluğu haram olan bir kazançtan istifade edilmeyeceği noktasındadır.[1]

---

[1] Fetâvâ-yı Hindiyye, 5:343.

Mirasta da durum farklı değildir. Ölümünün ardından miras bırakan kimse, şayet o malı haramdan kazanmış, faiz, rüşvet, gasp ve karaborsacılık gibi yollardan temin etmişse, mirasçısı o malı yiyemez.

Eğer o mal gasp edilmiş, haksız yere başkalarından alınmışsa, bir an önce sahiplerine iade edilmesi gerekir. Eğer bilmiyor, bulamıyor ve ulaşamıyorsa o takdirde de bir hayır kurumuna hibe eder.

Eğer mirasçıya düşen malın haramdan geldiği söyleniyor, fakat nereden ve ne şekilde olduğu kesin olarak bilinmiyorsa, bu durumda mirasçı onu yiyebilir. Fakat takvaya en uygun olanı, o malı sahibi niyetine sadaka vermektir.[1]

Haram yoldan kazanç temin eden bir kimseden gelen hediyeyi geri göndermek ve iade etmek mümkün olmuyorsa, bu gibi halde de onu kendi istifademiz dışında bir hayır kuruluşuna vermemiz gerekir.

Bu dinî hükümleri hayatımıza uygularken medenî ve insanî ilişkileri de kesmemeye, muhatabı rencide etmemeye dikkat etmelidir.

Çünkü gayr-ı meşru kazanç sahibi birisinin davetini ve ikramını kabul etmemekteki esas nokta, öncelikle o kişiyi öyle bir kazançtan vazgeçirmek olmalıdır.

Hanım kocasının malından ne kadar harcayabilir?

Bir ev hanımı, kocasının harcaması için verdiği parayı, ancak onun uygun gördüğü, rıza gösterdiği yerlere harcayabilir. Beyinin hoş karşılamayacağı, kabul etmeyeceği, bir yere kadının harcamada bulunması câiz değildir.

Dinimiz, hanımın ve çocukların geçimini erkeğe yüklerken, kadına da erkeğin evinin, malının sorumluluğunu yükler.

1 Reddü'l-Muhtar, 4:130.

Yani evin beyi, ev ihtiyaçlarını karşılamakla görevliyken, kadın da kocasının kazancını israf etmemek ve telef etmemekle yükümlüdür.

Bu zorunlu ihtiyaçlar için yapılan harcamaların yanında, kadının yapacağı ikram, vereceği sadakalar için de geçerlidir. Her iki halde de zaten kadın israf ve yanlış kullanmaya yol açmayacak bir tutum içinde bulunur.

Bu hususta Peygamber Efendimiz şöyle buyururlar:

"Evin hanımı evindeki yiyeceklerden israf etmeyerek, örf ve âdete göre ailesine, misafirlerine ikram edip harcadığında, bundan dolayı sevap alır.

"Bu malı kazandığı için kocası, muhafaza ettiği için de hizmetçisi bir o kadar sevap kazanır. Bunlardan bazısının sevabı, diğerlerinin sevaplarından bir şey eksiltmez."[1]

Bu hadisin izahında şöyle bir açıklamaya yer verilir:

Erkeğin kazancından kadının tasarruf sahibi olması en nazik toplumsal meselelerden birisidir.

Kadın, kocasının kazancından gelenek ve göreneğin izin verdiği ölçüde misafirlerine ikramda bulunabilir, fakir fukaraya sadaka verebilir. Zaten bu, kocanın hayat arkadaşına tanıması gereken bir izin ve hoşgörüdür.

Kadının, kocasının parasından harcamasına gelince, kadının harcamaları kocasının izni ve rızasının bulunduğu tarzda olmalıdır.

Fakat bazı durumlar vardır ki, bunun sınır ve ölçüsünü gelenek ve görenekler belirlememiştir.

Mesela kocasının rızasının olup olmadığı şüpheliyse veya cimriliği sebebiyle kadının vereceği dâvet ve ziyafete kocası taraftar değilse yahut hoşnutsuzluğunu davranışlarıyla belli etmişse, bu gibi hallerde hanımın harcamada bulunması câiz olmaz.

Bu esaslardan netice olarak şu hüküm çıkıyor:

Bir ev hanımı, kocasının harcaması için verdiği parayı, ancak onun tespit ettiği, uygun gördüğü, rıza gösterdiği yerlere harcayabilir. Beyinin hoş karşılamayacağı, kabul etmeyeceği, duyunca canının sıkılacağı bir yere kadının harcamada bulunması câiz olmayan bir sınıra dayanır.

---

1 Reddü'l-Muhtar, 5:269.

Bu konuda Ebû Ümame, Peygamberimizin (a.s.m.) Vedâ Haccında okuduğu hutbesinden şu sözlerini rivayet eder:

"Hiçbir kadın kocasının izni olmaksızın, kocasının evinden, kazancından bir şey harcamasın, sadaka vermesin."

Cemaatten birisi sordu:

"Yâ Resulallah, bir yiyecek de mi infak etmesin?"

Resul-i Ekrem (a.s.m.) şöyle cevap verdi:

"Evin azığı en aziz malınızdır."[1]

Hadis-i şerif, kocasının izni olmadığı takdirde, hanımın evdeki yiyeceklerden bile kimseye bir şey vermemesini tavsiye ediyor.

Bu hadis yukarıdaki hükümlere ters düşmez. Burada hanımın, harcamalarına dikkat etmesi, her meselede olduğu gibi bu meselede de kocasıyla birlikte hareket etmesi gerekir. Eşlerin birbirlerine olan itimat ve güvenlerinin önemli bir yönü buradan kaynaklanmaktadır.

Kocasından zorunlu ihtiyaçları görmek için para alan bir hanım, bu parayı götürür zorunlu olmayan yerlere harcar, pratikte iş görmeyen, vitrin süslemeden öteye geçmeyen benzeri yerlere sarf ederse bundan hem sorumlu olur, hem de huzursuzluğa kapı açar.

Baba, evlâdının malının ne kadarını harcayabilir?

Evlâdın işi ve evi ne kadar ayrı olsa da ihtiyaç halinde anne-babasının nafakasını temin etmesi gerekir. Baba, oğlunun malını ondan izin almadan da yiyebilir, kendi malından tasarruf ettiği gibi onun malından da harcamada bulunabilir.

Bir gün Resul-i Ekrem Efendimize bir adam gelerek şöyle dert yandı: **"Ya Resulallah, babam malımın hepsini tüketiyor."**

1 Ebu Dâvud, Büyu: 86.

Bunun üzerine Peygamberimiz (a.s.m.) **"Sen de, malın da babana âitsiniz (Sen babanın kazancısın, senin malın da ona helâldir)"** buyurdu ve devamla sahabilere şöyle dedi:

"Şüphesiz, evlâdınız sizin en helâl kazancınızdandır. Bundan dolayı, onların mallarından yiyiniz."[1]

Bu hadis-i şerifi inceleyen hadis bilginleri şöyle bir açıklama yaparlar:

Adamın niyeti şu olabilir:

"Benim malım zaten az, üstelik çocuklarım da var. Babam ise malımı kendi malı gibi kullanmak istiyor. Çoluk çocuğumun ihtiyaçlarından artmaz ki, babama da kâfi gelsin. Eğer babamın her istediğini verecek olsam o zaman elimde bir şey kalmaz."

Peygamber Efendimiz, adamın bu mazeretini kabul etmeyerek, **"Sen de, malın da babana âitsin"** buyurmuşlardır.

Hadisten şu mânâ da çıkarılabilir:

"Baban kendi malı gibi senin malından da ihtiyacı kadar alır. Eğer muhtaç durumda ise çalışıp onun da nafakasını temin etmen gerekir."

Bu hadis-i şerif ve yapılan açıklamalar açıkça göstermektedir ki, evlâdın işi ve evi ne kadar ayrı olsa da ihtiyaç halinde anne-babasının nafakasını temin etmesi gerekir. Zaten Şâfiî mezhebine göre baba fakir ve çalışamaz durumda olursa, evlâdın ona bakıp nafakasını karşılaması üzerine vaciptir.

Hattâ bu hadisten hareket eden pek çok mezhep imamları hiçbir şart koşmadan evlâdın babasının nafakasını temin etmesini bir evlâtlık görevi olarak görürler.

Bu durumda, **baba oğlunun malını ondan izin almadan da yiyebilir, kendi malından tasarruf ettiği gibi onun malından da harcamada bulunabilir. Ancak israf etmeye ve sefahatte harcamaya hakkı yoktur.**

Böyle bir durumda evlât, babasının ancak zarurî ihtiyacını görür, diğerlerinden sorumlu değildir.

Bu meselede şu hususa da temas eden âlimler, bu hadisten, "Evlâdın malının mülkiyeti babaya âit değildir" hükmünün çıkarılmamasını ifade ederler.

---

[1] İbni Mâce, Ticaret: 64.

Eğer çocuğun malının mülkiyeti babanın olmuş olsaydı, evlât ölünce malını alması gerekirdi. Halbuki baba, ölen oğlunun malının ancak altıda birini miras hakkı olarak alabilmektedir.

Ancak evlât sağ oldukça babanın onun kazancından yemesi câizdir ve evlâdın da babasının ihtiyacını görmesi lâzımdır.

Şayet baba ile oğul birlikte aynı işte çalışıyorlarsa, kazanç ve servet babanındır. Çünkü gelenek ve göreneklere göre oğul babasının yardımcısı hükmündedir.

Meselâ babasının ticarethanesinde veya arazisinde çalışan oğulun elde ettiği gelir ve kâr tamamen babanın demektir.[1]

Bu durumda evlâdın büyük ve küçük olması hükmü değiştirmez.

Fakat evlât ayrı bir işte, baba da kendi işinde çalışıyorsa, çalıştıkları iş ayrı olduğu için kazançları da ayrıdır. Bu haliyle evlâdın kendisi ayrıca servet ve mülk edinebilir.

Eğer baba-evlât ortak çalışıyorlarsa, bu durumda ortaklık kaidelerine göre hareket etmeleri gerekir. Herkes hissesine ve sermayesine göre kâr alır.

Çalışamayan yaşlı bir kadın parasını faize yatırabilir mi?

Bütün imkân ve ihtimalleri denemeden faizli kazanca çare olarak tutunmak hiçbir zaman makul olarak karşılanamaz. Zaten şu da bilinen bir gerçektir ki; kişi harama düşmemek için gayret eder, iktisat ve kanaatle yaşarsa, Cenab-ı Hak da onun rızkına bereket ihsan edecektir.

Bir evlât, annesine bakmakla, onun geçimini sağlamakla yükümlüdür. Çünkü, anne-baba muhtaç olunca, çocukların onlara bakması vaciptir.

1 el-Fetevâ'l-Hindiyye, 2:329.

Şayet çocukları hayırsız çıkmış, kendisine bakmıyorlar ve hiçbir maddî yardımda bulunmuyorlarsa, **kadın, parayı faize yatırmak zorunda değildir.**

Çünkü, burada herhangi hayatî bir zorunluluk yoktur. Eldeki para bitmedikçe bitmiş gibi düşünmek mümkün değildir.

Diğer yandan hiçbir kimse, elindekini yiyecek kadar yaşayacağını kestiremez. Bunun için öncelikle eldeki para harcanır. Ayrıca bu para kâr ve zararda ortaklık usulü ile güvenilir bir tüccar ve iş adamına verilip değerlendirilerek elde edilen gelirle geçinmek de mümkündür.

Bugün artık böyle bir zarurette kalmamıştır. **Çünkü kâr-zarar esasına uygun olarak çalışan faizsiz finans kurumları vardır.** Böylece hem para meşru dairede bir kâr sağlamış olur, hem de anapara uzun süre elde kalmış olur.

Diğer taraftan, devletin bakıma muhtaç kimseler için –tam olarak ihtiyaca yeterli cevap vermese de– birtakım sosyal kurumları vardır.

Zor duruma düşmüş kimseler oradan da yararlanabilir. **Bütün imkân ve ihtimalleri denemeden faizli kazanca çare olarak tutunmak hiçbir zaman makul olarak karşılanamaz.**

Zaten şu da bilinen bir gerçektir ki; kişi harama düşmemek için gayret eder, iktisat ve kanaatle yaşarsa, Cenab-ı Hak da onun rızkına bereket ihsan edecektir.

ÇOCUK VE ANNE-BABA İLİŞKİSİ

"Evdeki yangın"ı nasıl söndürebiliriz?

"Ey iman edenler, kendinizi ve ehlinizi (evlâdınızı, yakınlarınızı, çevrenizi) ateşten koruyun." Hangi ateşten? İmansızlık ateşinden, fitne ve küfür ateşinden... Hayasızlık ve iffetsizlik ateşinden, isyan ve tuğyan ateşinden... Tembellik ve dünyevileşme ateşinden, zevk ve keyf ateşinden...

"İmdat! Kurtarın! N'olursunuz, kurtarın!"

Böyle bir durum karşısında ne yaparız? Yerimizde oturur muyuz? Yolumuza devam eder miyiz? Kahvemizi yudumlayıp seyirci kalır mıyız?

Çünkü bu çığlıklar alevlerin arasından gelir, kaza geçirmiş bir arabanın içinden gelir, suyun içinde çırpınan bir insandan gelir.

Ne yaparız? İşimizi gücümüzü bırakır koşarız. O anda ne yapılması gerekiyorsa onu yaparız.

Bir de sizden başka kimsenin olmadığını, tek başınıza olduğunuzu düşünün, en olmadık çarelere başvurursunuz. Maksat, o sese cevap vermektir.

Hamiyet ve insaf ehli böyle yapar.

Bu çığlıklara kimse bîgâne kalamaz. Ama nedense asıl büyük çığlıklar, imdat sesleri, SOS sinyalleri cevapsız kalıyor; kulağımızı patlatırcasına, beynimizi çatlatırcasına geldiği halde...

İmansızlık alevleri içinde cayır cayır yanan, ahlâksızlık denizinde çırpınıp duran, edepsizlik keşmekeşinde şeref ve haysiyetini ayaklar altına alan koca bir nesil, binlerce genç kavruluyor, savruluyor, bunalıyor, boğuluyor, sesleri ayyuka çıkıyor; imdat eli uzatacak hamiyet sahiplerini bekliyor.

Eğitim kurumları, eğlence yerleri, yazlıklar, sahiller, caddeler, sokaklar, çarşı pazar; uzağa gitmeye gerek yok, evimizin içi, harîm-i ismetimiz bu tehlikeyi soluk soluğa yaşıyor.

Bunun için himmet ehlinin, hizmet ehlinin, gayret ehlinin görevi gittikçe artıyor. Tam teçhizatlı, tam donanımlı, her zaman eli tetikte bir durum söz konusu.

Bu görev herkesin, kendini mü'min bilen her ferdin üstünde bir vecîbe, bir farz; muzaaf farz-ı ayn (kat be kat farz-ı ayn)...

Hayatını iman kurtarmaya adamış, mahkemede ne iş yaptığı sorulduğunda **"İman kurtarmak"** diyerek mesleğini açıklayan o bahtiyar ihtiyar, Üstad Bediüzzaman hicranını dile getirirken hepimizi göreve çağırıyor:

"Karşımda müthiş bir yangın var, alevleri göklere yükseliyor, içinde evlâdım yanıyor, imanım tutuşmuş yanıyor, o yangını söndürmeye, imanımı kurtarmaya koşuyorum.

"Milletimin imanını selâmette görürsem Cehennemin alevleri içinde yanmaya razıyım. Çünkü vicdanım yanarken gönlüm gül gülistan olur."

Aslında bu vazife bir Peygamber mirası ve görevidir.

Şefkat ve merhamet timsali o yüce insan kendi durumunu ve bizim halimizi güzel bir benzetmeyle gözler önüne seriyor:

"Benim misalim ateş yakan bir adamın misali gibidir. Ateş, etrafındaki şeyleri aydınlatınca pervaneler ve şu ateşteki hayvanlar içine düşmeye başlarlar. Adam onlara engel olmaya çalışsa da, onlar kendisini aşarak ateşe atılırlar.

"İşte benimle sizin misaliniz budur. Ben ateşten korumak için sizin eteğinizden tutuyorum, 'Ateşten beri gel! Ateşten beri gel!' diyorum. Siz beni aşarak onun içine atılıyorsunuz."[1]

Efendimiz, hayatı boyunca insanlardan, ümmetinden bu şefkati esirgemedi. Hep eteğimizden tuttu, cehennemden çekti; kendini sıkıntıya, eziyete, meşakkate sokarak, aç kalarak, yaralanarak ve yurdundan çıkarılma pahasına...

Kur'ân da aynı görevi yüklemiş hepimize: **"Ey iman edenler, kendinizi ve ehlinizi (evlâdınızı, yakınlarınızı, çevrenizi) ateşten koruyun."**

---

[1] Müslim, Fadâil:18.

Hangi ateşten?

İmansızlık ateşinden... Fitne ve küfür ateşinden... Hayasızlık ve iffetsizlik ateşinden, isyan ve tuğyan ateşinden... Tembellik ve dünyevileşme ateşinden, sınırsız bir zevk ve keyf ateşinden... Oturduğumuz yerde tembelce cennet hayali kurma ateşinden...

Komşunun mutfağında başlayan yangına duyarsız kalmamak ne kadar önemli ise, öz evlâdımızın, kardeşimizin, arkadaşımızın, yakınımızın, sokağımızdaki, mahallemizdeki gençlik yangınına duyarsız kalmamak da ondan daha fazla öncelikli ve daha âcil bir vak'adır.

İş bir tane ve sürekli: Önce kendi imanımızı kurtarmak ve güçlendirmek, daha sonra başkalarının imanını kurtarmak ve güç vermek...

İşte o zaman cennetleşiriz. Çünkü iman cevheri gözle görülecek olsa ondan özel bir cennet çıkar. Ve iman insana dünyada da bir cennet hayatı yaşatır.

Evdeki uyuşturucudan nasıl kurtulabiliriz?

Uyuşturucu denince, akla ilk olarak esrar, eroin gibi bağımlılık yapan maddeler geliyor. Fakat adı konmamış veya yasak uyuşturucular listesine girmemiş öyle uyuşturucular var ki, bunlar onlardan daha zehirli, daha tehlikeli, daha acımasız ve daha çok bağımlılık yapıyor.

Evdeki uyuşturucular neler mi? Bunlar o kadar meşhur ki, bir ipucu verecek olsak, devamını sizler peş peşe sıralarsınız. İsterseniz, önce bir kısmını sıraya dizelim:

İçerideki uyuşturucular, dışarıdaki uyuşturucular.

Resmî uyuşturucular, yarı resmî uyuşturucular.

İçerdeki uyuşturucular, bir başka ifade ile evimizdeki uyuşturucular:

Bu tarife girenlerin başında televizyon birinciliğe oturur.

Evin en baş köşesine kurulur. Zaten ev onun konumuna göre dizayn edilmiştir. Vitrin, koltuk, kanepe, sandalye ve masa onun etrafında dizilmiştir. Kumandaya basılır basılmaz perde açılır.

Bütün sesler kesilir, konuşmalar biter, sohbetler durur, misafirler unutulur, büyükler sıradan kişiler olur, anne-baba görevi bırakır, evde ne kadar göz, kulak, akıl ve beyin varsa hepsi ona kilitlenir, sihirli kutuya büyülenip kalırlar.

Fertte, ailede ve toplumda bütün gündemi o belirler, konuları o tespit eder, markaları o lanse eder, bakış açısını o sınırlar, hükmü o verir, kaideyi o koyar, hatta hükümeti o düşürür, o kurar. "Kitle iletişim aracından" ziyade "kitle uyuşturucu aracı" haline gelmiştir.

Bu alet bir zamanlar tek kanaldı ve TRT idi, resmî himaye altında görev yapardı. Şimdilerde açtığı çığırda yol alanlar onu da gölgede bıraktı. Bir iki kanalı istisna tutmak gerekir mi, bilmiyorum.

Evimizdeki uyuşturucuların arasında gazete ve dergiler ikinci sırayı alır.

Ailenin en müsait olduğu, birbirleriyle ilgilenmek için fırsat buldukları Pazar günlerinde eve giren gazeteler ekleriyle birlikte sehpanın, koltuğun üzerlerini doldurur. Ailenin en küçüğünden en büyüğüne kadar her ferdi meşgul edecek bir sayfa ve bir ek mutlaka vardır. Çünkü plan ve sayfa düzeni ona göre düşünülmüştür.

Para verilerek eve sokulan gazeteler ve dergiler, şayet ar ve haya damarını çatlatıyor, edep ve terbiye sınırlarını zorluyorsa zaten "madde" etkisini göstermeye başlamış demektir. Bu ifadelerden gazete ve dergiye karşı çıktığım anlaşılmasın, ben "seyirlik" olanlarından söz ediyorum.

Bir de dışarıdaki uyuşturucular var ki, onlar zaten sıradanlaşmıştır. Tabii ve normal bir boyut kazanmıştır.

Mağaza vitrinleri mi dersiniz, birbiriyle yarışan tabelâlar mı dersiniz, gazete bayilerinin önünde dizilmiş sadece göze ve nefse hitap eden mevkuteler mi dersiniz, özellikle yaz günlerinde giyinmek için değil, sırf teşhir maksadıyla giyinerek cadde ve sokakları yürünmez hale getiren kaldırım mankenleri mi dersiniz?

Her biri kendi fonksiyonunu ve görevini eksiksiz yapar, akıl ve beyinleri uyuşturur, tek bir cepheye yönlendirir, üstelik bu "uyuşturucular" parasızdır da...

Resmî uyuşturucular:

Tek yönlü, alternatifsiz, mecburiyete dayanan, baskıyla ayakta duran, düşünceyi susturan, akıl ve mantığı çalıştırmayan, çağın dışında kalmış, hantallaşmış, öğrencinin ne dünyasına, ne de âhiretine hiçbir getirisi olmayan, "sistem" kelimesinden nasibini almayan, inandırıcılığını yitirmiş eğitim düzeni.

Öğrencinin aklı alsın almasın, mantığı kabul etsin etmesin, dayatmaya dayalı tarih, biyoloji gibi dersler; gerek okul hayatında, gerekse okul dışında hiçbir fayda sağlamayan lüzumsuz kitapların okutulması ve derslerin verilmesi, bazı kişileri gerçekten sevmese de sevmeye zorlanması, eğitim süresince öğrencinin ailesi ile okul ve öğretmeni arasında ikilem yaşaması; kabiliyet ve becerilerine göre değil de, telkin ve mecburiyete dayanan branş seçimi gibi adı konmamış "uyuşukluk-uyuşturucu"lar öğrencinin hem aklını köreltiyor, hem beynini, hem de kabiliyet ve geleceğini dumura uğratıyor.

Kendisine, ailesine, topluma ve milletine bir şey veremeyen milyonlara varan öğrenci kitlesi, acaba gerçek maddi uyuşturucu alsalar farklı mı olacaklardı?

Uyuşturucu bağımlısı bir genç sonunda kendi kendini mahvederken, böyle düzensiz bir eğitimle yetişen insan zincirleme zarar veriyor.

Yarı resmî uyuşturucuyu hepiniz biliyorsunuz. Futbol, piyango, loto-toto gibi oyunlar sadece ilk anda akla gelebilenler.

Birer "milli" uyuşturucu özelliği taşıyan bu oyunlar kitleleri toplu bir şekilde uyuşturuyor, bağımlılık derecesine getiriyor, zaman oluyor maddi olarak cinayete dahi sebep oluyor.

Herkesin malûmudur: On binlerce insanı beşik gibi sallayan taraftarları birbirine düşman haline getiriyor, kendinden geçen kişiler birbirlerine ağza alınmadık en müptezel laflarla saldırabiliyorlar, sadece takımların renk farklılığı, en küçük şakalar ve sataşmalar insanların gözlerini kan bürüyebiliyor.

Galip takım taraftarları gece yarılarında cadde ve sokakları geçilmez hale getiriyor, şehrin huzur ve sükununu kaçırıyor, trafiği alt üst ediyor. Bu kadar aşırılıklara ne polis müdahale ediyor, ne kanun bir yasaklama getiriyor. Herkesin ettiği kendi yanına kâr kalıyor.

Ya toptan bir milleti uyuşturanlara, körpecik dimağları uyuşturanlara, gözümüzün içine baka baka halkı uyutan ve uyuşturan, hükümeti, devleti ve koca ülkeyi bir asra yakın bir süredir uyuşturan, Müslümanları uyuşturan, hatta dünyayı uyuşturan vicdansız uyuşturuculara nasıl tedbir almalı? Her halde bunlar için "Yaşasın zalimler için Cehennem" demeli.

Şu hükmü vermek sanırım erken olmaz:

Asıl uyuşturucular, adı uyuşturucu olmayan uyuşturuculardır. Uyuşturanlar, uyuşturucudan tehlikelidir. Uyuşturucunun değil, uyuşturanların kökünü kesmeli, böylece sadece müptelalar değil, bütün bir millet, hatta insanlık kurtulur.

Gerek asıl uyuşturucular, gerekse adı uyuşturucu olanlar olsa olsa altmış yetmiş yıllık bir hayatı tehdit ediyor, geçici bir hayatın mahvına çalışıyor. Ama içimizde, benliğimizde ve bünyemizde öyle bir uyuşturucu var ki, hem dünyamızı mahvetmeye çalışıyor, hem de ebedî hayatımızı tehlikeye atıyor.

Aslında bu uyuşturucu, hepimizi uyutuyor, uyuşuk hale getiriyor: **Nefis.**

Evet, nefsine uyan, nefsinin emrinde çalışan, nefsiyle barışık yaşayan, hiçbir sınır ve yasak tanımadan nefsinin her isteğini yerine getiren, kumandayı nefsinin eline veren, her şeyi nefsini tatmin etmek için seven insan farkında olmadan uyuşmuştur, madde almadan uyumuştur ve uyanması için Azrail bile yetmez.

Evet, Kur'ân hepimizi uyarıyor:

"Ey insanlar! Rabbinizin emir ve yasaklarına karşı gelmekten sakının. Ve öyle bir günden korkun ki, ne babanın evlâdına, ne evlâdın babasına hiçbir faydası olmaz. Allah'ın vaadi şüphesiz haktır. Sakın dünya hayatı sizi aldatmasın. O çok aldatıcı şeytan da Allah'ın azabını unutturup sadece affına güvendirerek sizi isyana sürüklemesin."[1]

"Ey iman edenler! Allah'ın emir ve yasaklarına karşı gelmekten sakının. Herkes yarın için ne yaptığına baksın. Muhakkak ki, Allah ne yaptığınızdan hakkıyla haberdardır."[2]

"Allah'ın dinine sarılıp birlik olduğunuz gibi, içinizden bir de öyle bir topluluk bulunsun ki, onlar insanları hayra çağırsın, iyiliği tavsiye edip kötülükten sakındırsın. İşte onlar kurtuluşa erenlerin ta kendisidir."[3]

1 Lokman Sûresi, 33.
2 Haşir Sûresi, 18.
3 Âl-i İmran Sûresi, 104.

Son olarak namluyu kendimize mi çevirsek acaba?

Kimseyi suçlamaya hakkımız yok, biz kendi kendimizi uyuşturuyoruz aslında. Çoğunlukla uyuşturulmaya hazır gibiyiz. Tepkisiz, nemelâzımcı, vurdumduymaz, çıkarcı, gemisini kurtaran kaptan yapılı bir vasıf taşıyorsak bizi kimsenin uyuşturmasına gerek yok...

Rabbim, hepimizi, uyuşturucudan, uyuşturuculardan, uyuşmuşluktan, uyuşukluktan korusun.

Baba-oğul ilişkiniz nasıl?

Kur'ân'ın aile hayatına getirdiği en önemli düzenlemelerden birisi de aile fertlerinin birbirlerine hitap şekilleridir. Babanın evlâdına, evlâdın babasına nasıl hitap edeceği, nasıl sesleneceği, konuşurken nasıl bir üslup kullanacağıdır.

Bu konuda peygamberlerle oğulları arasındaki ilişkiler örnek olarak verilir. Çünkü Yüce Allah, her konuda örnek olarak insanların önüne peygamberleri çıkarır.

Nuh Aleyhisselâmı bilirsiniz. Bin seneden fazla yaşamış. Kur'ân'ın ifadesiyle 950 sene peygamberlik yapmış. İnsanlara hak dini, Allah'ın varlık ve birliğini, ölümden sonra sonsuz bir hayatın geleceğini anlatmış.

Bu süre içinde kendisine sadece seksen kişi iman etmiş. İman etmeyenlerin başında da hanımı ve oğlu geliyor.

Peygamberlerinin sesine kulak vermeyen, onu yalanlayan, onunla alay eden eski kavimlerin başına belâ ve felâketler gelir ve çoğu kereler de yok edilirlerdi.

Nuh tufanını hatırlayın. Azap gelip çatmadan önce Cenâb-ı Hak Nuh Aleyhisselâma büyük bir gemi yapmasını ilham eder.

Geminin yapımı bittikten sonra Hz. Nuh, kendisine iman edenlerden başka her canlıdan birer çift gemiye alır.

Yerden fışkıran sular, gökten inen şiddetli ve sürekli yağan yağmur sonunda her taraf su altında kalır.

İnananlar gemide, direnenler, inanmayanlar ise dışarıda kalır.

Gemiye binmeyenlerin arasında Hz. Nuh'un oğlu Kenan da vardır.

Yıllarca hak dine davet ettiği halde, baba yüreği oğlundan vazgeçecek değildir. Son olarak tekrar yalvarır, yakarır, gemiye binmesini ister.

"Haydi, yavrum, oğulcuğum, bizimle beraber gemiye bin ve kafirlerden olma."

Kenan yine, "Ben bir dağa sığınacağım, o beni sudan korur" diyerek direnir, gemiye binmeye yanaşmaz. Baba ile oğlu arasına azgın bir dalga gelir ve Kenan sulara kapılır gider. (Hud Sûresi, 42-43)

Her hareketiyle babasının karşısında yer alan, ona karşı gelen, dinlemeyen, aleyhinde olanlarla birlikte hareket eden oğluna, Hz. Nuh bir baba olarak hiçbir zaman nezaketini bozmuyor, yalvarır bir üslupla selâmet gemisine davet ediyordu.

Ona karşı sert bir tavır ve tutum takınmıyor, Kur'ân'ın ifadesiyle, "Evlâdım, yavrucuğum, oğulcuğum" anlamında, "Yâ buneyye" diyor.

Kur'ân, gerek baba oğul, gerekse anne oğul, baba kız ve anne kız arasında uyulması gereken bu üsluba dikkatimizi çekiyor.

▪ ▪ ▪

Evlât ile baba arasındaki güzel bir örnek de İbrahim Aleyhisselâmla, babası Âzer arasında geçer.

Âzer, tanrılık iddia eden Nemrut'un putçusu idi. Put yapıp, satıyor, puthanede çalışıyordu. Hz. İbrahim Allah tarafından peygamber olarak görevlendirilince, babasını da hak dine, tek bir Allah'a davet etmeye başladı.

Babası belli bir konumda, belli bir mevkideydi. Kralın yanında önemli bir yerdeydi.

Bir peygamber olması hasebiyle Hz. İbrahim'in, babasını bu kötü halden kurtarması gerekirdi.

Kur'ân'ın ifadesiyle babasına şöyle yalvarıyordu:

"Babacığım, işitmez, görmez ve hiçbir ihtiyaçtan seni kurtarmaz şeylere niçin tapıyorsun?

"Babacığım, sana gelmeyen bir ilim bana erişmiştir. Gel bana uy da, seni doğru bir yola eriştireyim.

"Babacığım, şeytana tapma. Muhakkak ki şeytan Rahman'a isyan etmiştir.

"Babacığım, korkarım ki, Rahman'dan sana bir azap erişir de, Cehennemde şeytana arkadaş olursun."

Bir evlât olarak Hz. İbrahim, babasına bu şekilde nazik bir ifade ile yalvarıp yakarırken, onu kurtarmaya çalışırken, inançsızlıkta direnen baba şöyle karşılık veriyordu:

"Ey İbrahim! Sen benim ilâhlarımdan yüz mü çeviriyorsun? Eğer bu işe son vermezsen seni taşlarım. Uzun bir süre benden uzak dur."

Hz. İbrahim, müşrik babasının bu tehditlerine ve sert karşılık vermesine rağmen yine aynı üslubu devam ettirdi:

"Sana selâm olsun. Rabbimden senin için af dileyeceğim. Muhakkak ki, O bana karşı çok lütufkârdır." (Meryem Sûresi, 42-47)

Çocuklar anne-babalarının yatak odasına ne zaman girebilir?

Anne-baba hem büyük çocuklarından, hem de karı-koca münasebetlerine aklı erebilecek yaşa gelen çocuklarından ayrı bir odada yatarlar. Bu çocuklar Kur'an'da belirtilen üç vakitte veya anne-babanın üzerlerini değiştirdikleri zamanlarda yatak odasına izin almadan giremezler.

Evdeki çocuklar, yaşları itibariyle ergenlik çağına girenler ve girmeyenler olmak üzere ikiye ayrıldığı gibi; küçük yaşta olanlar da, iyiye-kötüye, hayra-şerre aklı erenler ve ermeyenler olarak ayrı bir sınıflandırmaya tabi tutulabilirler.

Bu meseleye esas teşkil eden şaşmaz ölçü Nur Sûresinin 58. ve 59. âyetlerinde yer alır. Şöyle ki:

"Ey iman edenler! Köle ve cariyeleriniz ve sizden olup da henüz büluğ çağına ermemiş çocuklarınız, yanınıza girmek için şu üç vakitte sizden izin istesinler:

"Sabah namazı öncesi, öğle vakti elbiselerinizi çıkardığınız zaman ve yatsı namazı sonrası sizin için üç mahrem vakittir.

"Bu vakitlerin haricinde yanınıza izinsiz girmelerinde ne size, ne de onlara bir günah yoktur. Çünkü onlar sizin yanınıza sık sık girmek zorunda kalırlar, siz de birbirinize sıkça dolaşırsınız. Âyetlerini Allah size böyle açıklıyor. Allah her şeyi hakkıyla bilen, her işi hikmetle yapandır.

"Çocuklarınız büluğ çağına erdiklerinde, kendilerinden önceki büyüklerin izin istemeleri gibi, bu üç vaktin dışında yanınıza girmek için izin istesinler. Âyetlerini Allah size böyle açıklıyor. Allah her şeyi hakkıyla bilen, her işi hikmetle yapandır."

Âyet-i kerimede anlatılan üç vakit şunlardır: Sabah namazı öncesi, yataktan kalkıp giyinme zamanı. Öğle vakti, özellikle sıcak memleketlerde kaylule adı verilen gündüz uykusu zamanı. Yatsı namazı sonrası ise, yatmak için soyunulduğu zaman.

Demek ki, anne-baba hem büyük çocuklarından, hem de karı-koca münasebetlerine aklı erebilecek yaşa gelen çocuklarından ayrı bir odada yatarlar.

Bu çocuklar da bu üç vakitte veya anne-babanın üzerlerini değiştirdikleri zamanlarda yatak odasına izin almadan giremezler.

Büyük çocukların anne-babalarıyla olan münasebetlerine gelince; bu hususa şu hadis-i şerif ışık tutmaktadır:

Atâ bin Yesar anlatıyor: Resulullah'a (a.s.m.) bir zât gelerek sordu:

"Yâ Resulallah, annemin yanına girerken izin isteyeyim mi?"

Peygamberimiz, "Evet" cevabını verince, o zât tekrar, "Ama ben onunla beraber evde oturuyorum" dedi.

Resulullah ise, "Ondan izin iste" buyurdu.

O zât, "Ben onun hizmetini görüyorum" deyince, Resulullah, "Annenden izin iste, onu çıplak olarak görmek hoşuna gider mi?" diye sordu.

O zât, "Hayır" dedi.

Bunun üzerine Resulullah, "Öyle ise her seferinde yanına girerken annenden izin iste" buyurdu.[1]

Evet, mesele âyet ve hadislerde özetle böyle yer alıyor. Bu ölçü ve âdaba ne kadar uyabilirsek, o oranda rahat ve huzur buluruz.

Kız çocuklarını mı çok seviyorsunuz, erkek çocuklarını mı?

Peygamberimiz (a.s.m.) erkek ve kız çocukları arasında ayırım yapanları hiç hoş görmezdi. Bu şekilde bir davranış sergileyenleri uyarır, hatalarını düzeltmelerini sağlardı. Onun gözünde çocuğun erkeği kızı yoktu. İkisi de şefkate ve sevgiye muhtaçtı.

Erkek olsun kız olsun, çocuğun en büyük ve en önemli mânevî gıdâsı şefkat, sevgi ve alâkadır.

Hayata gözlerini açan çocuk bu gıdâsını daha çok anne-babasından bekler. Bu da onun en doğal hakkıdır.

Çocuk her ne kadar günün çoğu saatinde annesiyle birlikte olsa da babasına ayrı bir bağlılığı vardır.

Gün boyu annesiyle beraber olan çocuk akşam işten dönen babasını karşılamak üzere kapıya gitse, kucağına atılmak için davransa da çocuk kız olduğu için baba hiç alâka göstermese, kalbindeki sevgisini dışa vurmasa, çocuğa soğuk davransa, manzaranın ne kadar hazin ve garip olacağını düşünebiliyor musunuz?

Bu hususta en şaşmaz bir ölçü olan ve hiç çekinmeden uygulayabileceğimiz Sevgili Peygamberimizin (a.s.m.) hareket tarzına, sünnetine bakalım.

Her şeyden önce Peygamberimiz hiçbir ayrım gözetmeksizin **"Küçüklerimize şefkat göstermeyen bizden değildir"**[2] buyurarak çocuk-

1 Muvatta, İstîzan:1.

2 Ebû Dâvud, Edeb: 66.

ların en doğal hakları olan şefkatin onlardan esirgenmemesini tavsiye ederdi.

Peygamberimiz başta kendi çocukları olmak üzere bütün çocukları sever, çeşitli yollarla onları sevindirirdi.

• • •

Peygamberimizin (a.s.m.) dört kız, üç de erkek olmak üzere yedi evlâdı, üç de torunu bulunuyordu. Sevgi ve şefkatini gösterme bakımından bu çocuklardan hiçbirini diğerine tercih etmez, ayrı tutmazdı.

Kız çocuklarının evlâttan sayılmadığı, şefkatten öte, evde kız çocuğunun bir ayıp kabul edildiği bir devirde Peygamberimiz her vesileyle bu bâtıl âdeti yıkmış, mübârek hayatlarında da göstermişlerdi.

"Ebü'l-benât," yâni "kızlar babası" olmakla iftihar eden Peygamberimiz; bir, iki veya üç kızı olan ve bunlara sevgi ve şefkat göstererek büyütenlere Cenneti müjdelemişti.

Bu husustaki hadislerin mealleri şöyledir:

"Kim iki kız çocuğu ergenlik çağına vardıktan sonra yanında kaldıkları veya o kimse onların yanında kaldığı müddetçe, onlara iyi davranıp ihsanda bulunursa, kızları onun Cennete girmesine vesile olurlar."[1]

"Kim ki üç tane kız çocuğu olur da buna sabreder (yani çocuklarının kız olduğundan şikâyetçi olmaz) varlığından onları yedirir, içirir ve giydirirse kıyamet günü o kız çocukları onun Cehennem ateşine perde olurlar."[2]

• • •

Peygamberimizin (a.s.m.) Zeynep, Ümmü Gülsüm, Rukiyye ve Fâtıma adında dört kızı vardı.

Hz. Fâtıma Peygamberimizle daha çok birlikte idi. Çünkü, diğer üçü daha önce vefat etmişlerdi. Peygamberimizin (a.s.m.) âhirete irtihaline kadar hayatta kalan Hz. Fâtıma idi.

Bundan dolayı Peygamberimizin (a.s.m.) kızlarına karşı nasıl muâmele ettiğini Hz. Fâtıma'nın şahsında görüyoruz.

---

1 İbni Mace, Edeb: 3.

2 İbni Mace, Edeb: 3

Hz. Fâtıma Peygamberimizi ziyâret ederdi. Huzuruna varınca Peygamberimiz sevgili kızının ellerinden tutar, alnından öper ve yanına oturturdu.

Peygamberimiz bazen de Hz. Fâtıma'yı ziyaret eder; Hz. Fâtıma da ayağa kalkar, muhterem babasını karşılar, ellerinden tutar, öper ve kendi yanına oturturdu.[1]

• • •

Peygamberimizin (a.s.m.) kendi çocuklarına gösterdiği şefkati diğer çocuklardan da esirgemezdi. Cemre binti Abdullah anlatıyor:

"Babam elimden tutup beni Resulullah'a götürdü ve 'Şu kızım için Allah'a bereket duâsı edin' dedi. Resulullah da beni kucağına aldı, sonra elini başıma koydu ve bereketle duâ etti."[2]

• • •

Halid bin Said, Peygamberimizi ziyârete geldiğinde yanında küçük kız çocuğu da vardı. Habeşistan'da doğduğu için Peygamberimiz ona ayrı bir yakınlık gösterirdi. Bir ara çocuk kalktı, Peygamberimizin (a.s.m.) peygamberlik mührüyle oynadı. Babası müdâhale etmek istedi; fakat Peygamberimiz çocuğun kalbinin kırılmaması için babasına engel oldu. Serbest bırakmasını istedi.

Bir seferinde Peygamberimizin (a.s.m.) eline işlemeli bir kumaş geçmişti. Hz. Halid'in kızını çağırttı ve ona verdi, sevindirdi.[3]

• • •

Erkek ve kız çocukları arasında ayırım yapanları Peygamberimiz hiç hoş görmezdi. Bu şekilde bir davranış sergileyenleri uyarır, hatalarını düzeltmelerini sağlardı. Onun gözünde çocuğun erkeği kızı yoktu. İkisi de şefkate ve sevgiye muhtaçtı.

Enes bin Malik anlatıyor:

Peygamberimizin (a.s.m.) yanında bir adam oturuyordu. Bir ara adamın erkek çocuğu geldi. Adam çocuğu aldı, dizlerine oturttu. Az sonra bir de kız çocuğu geldi. Onu da yanına oturttu.

Peygamber Efendimiz adama sordu:

"Niçin ikisini bir tutmadın?"

• • •

---

1 İbni Mace, Edeb: 155.

2 el-İsâbe, 4:260.

3 Mehmed Paksu, Peygamberimizin Örnek Ahlâkı, s. 76.

Peygamber Efendimizden çocuk sevgisinin nasıl gösterilmesi gerektiğini gören sahabe-i kiram da çeşitli şekilde yavrularına sevgi ve merhametlerini gösterirlerdi. Hz. Ebû Bekir'in bu husustaki bir davranışını Berâ bin Azîb şöyle anlatıyor:

"Ebû Bekir'le Medine'ye ilk gelişlerinde bir gün evine beraber girdik. Kızı Âişe sıtmaya tutulmuş yatıyordu. Ebû Bekir kızının yanına geldi, 'Kızım nasılsın?' dedi ve yanaklarından öptü."[1]

Peygamber Efendimizin ve sahabilerin kız çocuklarına nasıl davrandığı bizim için en güzel ölçüdür. Başka türlü beyan ve görüşlere itibar edilmemelidir.

Bilhassa, yaratılışı gereği kendilerini sevdirmek için çalışan kız çocuklarımızı kucağımıza alarak, hediye vererek, yüzlerine gülerek, öperek, okşayarak sevgi ve şefkatimizi belirtelim.

Kız çocuğu sahibi olmak utanılacak bir şey mi?

Dört kız babası olan, mübarek nesli "ehl-i beyt", kızı Hz. Fâtıma'dan devam eden ve kendisini "Kızlar babası" olarak tanıtan Peygamberimiz (a.s.m.), bu inancı bizzat kendi hayatıyla yıkmış, "Allah'tan korkun, çocuklarınız arasında eşit davranın" buyurarak Müslümanların da dikkatini çekmişti.

Adamcağızın üst üste altı kız çocuğu olmuştu. Yakınları, akrabaları, çevresi kendisini dışlamış; o da yurdunu, yuvasını terk etmiş, gitmiş büyük şehre yerleşmişti.

Derdini şöyle açmıştı soran bir gazeteciye:

"Erkek çocuğum olmadığı için bunda benim suçum ne? Erkek çocuğumuz olsun bekledik, ama hepsi kız oldu. Erkek çocuğu olan

[1] Ebû Davud, Edeb: 158.

kardeşimle kavga edince memleketi terk etmemiz için bize baskı yaptılar."

Aynı dertten bir Karadenizli vatandaş da mustaripti. Yedi kızı olmuş, ama bir türlü erkek çocuğu olmamıştı. Çevresi ona takılmıştı, "Daha oğlanı yakalayamadın mı?" diye.

"Kız babası" boynunu bükmüş, mahcup ve suçlu bir eda içinde, "Nasipse o da olur" diye kendi kendini teselli etmişti.

Bu konuda gazetelerde yayınlanan bir başka haber daha ilginçti. Hanımı kız çocuğu dünyaya getirdiği için, baba birkaç gün hastaneye uğramamıştı.

Sonunda yakınlarının ısrarıyla gitmiş, hanımını hastaneden çıkarmış, evine getirmişti.

• • •

Kız erkek ayırımı sadece bizim toplumumuzda yapılmıyor. Bütün Doğu toplumlarında, Çin'de, Hindistan'da ve bütün Asya ülkelerinde de mevcut.

İslâm toplumlarında ise yaygın bir şekilde bulunan bu ayırım, Arap toplumunda daha farklı olarak yaşanıyor.

Kız evlâdı, ya evlâttan sayılmıyor veya "Nasıl olsa gidicidir" diye erkek evlâdı gibi eğitim ve öğretimine önem verilmiyor.

İslâm öncesi Arap toplumunda, bir babanın kız çocuğu olması, onun için çok büyük bir ayıp ve utanç verici bir durumdu.

Kız çocuklarını evlât saymamanın ötesinde insandan bile kabul etmezler, bir an önce vücudunu ortadan kaldırmak için bazı babalar, kız çocuklarını canlı canlı toprağa gömme gibi bir vahşeti gözlerini kırpmadan işlerlerdi.

Cahilce âdetleriyle öne çıktığı için "Cahiliye toplumu" olarak bilinen bu inançtaki insanlar, kız çocuklarını Allah'a verirler, erkek çocuklarına da kendileri sahip çıkardı.

Bu toplumdaki bir babaya, "Kız çocuğun oldu" diye bir haberin gelmesi onun yıkılması için yeterdi. Çünkü onun için bundan büyük bir musibet olamazdı.

• • •

Kur'ân hem o zamanın insanlarını, hem de aynı anlayışta bulunan günümüz insanlarını çok çarpıcı bir şekilde anlatır:

"Bir de, Allah evlât edinmekten münezzeh olduğu halde, Ona kız çocuklarını yakıştırırlar. Canlarının istediği erkek çocukları ise güya kendilerinindir!

"Halbuki onlardan biri, kız çocuğu ile müjdelendiği zaman öfkeden yüzü simsiyah kesiliverir.

"Müjdelendiği şeyin utancıyla kavminden gizlenir. Onu sağ bırakıp zilletine mi katlansın, yoksa toprağa mı gömsün? Bakın, ne kötü bir şeydir o hükmettikleri!

"Âhirete inanmayanların böyle çirkin sıfatları vardır. En yüce sıfatlar ise Allah'ındır. Kudreti her şeye galip olan ve her işi hikmetle yapan da Odur."[1]

Günümüz insanı âhirete inanıyor, ama bile bile aynı kanaati içinde yaşatıyor.

• • •

Kur'ân bu meseleye bir başka yerde de temas eder ve aynı ikazı hatırlatır:

"Yoksa O, yarattıklarından kendisine kızlar edindi de, sizin için erkek çocukları mı seçti?

"Halbuki onlardan biri Rahman'a yakıştırdığı kız evlâtla müjdelenince öfkeyle dolup yüzü simsiyah kesilir.

"Onlar, süs için yetiştirip de mücadelede erkekler gibi kendisini savunamayan kız çocuklarını mı Allah'a yakıştırıyorlar?

"Rahman'ın kulları olan melekleri de dişi saydılar. Yoksa onların yaratılışına şahit mi oldular? Bu sözleri, elbette yazılacak ve hesabı kendilerinden sorulacaktır."[2]

Bunun yanında dört kız babası olan, mübarek nesli "ehl-i beyt", kızı Hz. Fâtıma'dan devam eden ve kendisini "Kızlar babası" olarak tanıtan Peygamberimiz (a.s.m.), bu inancı bizzat kendi hayatıyla yıkmış, "Allah'tan korkun, çocuklarınız arasında eşit davranın" buyurarak Müslümanların da dikkatini çekmişti.

---

1 Nahl Sûresi, 16:57-60.

2 Zuhruf Sûresi, 43:16-19.

Peygamberimiz (a.s.m.) çocukları nasıl seviyordu?

Peygamberimizin (a.s.m.) çocuklara olan şefkati ve sevgisi bambaşkaydı.

Bir çocuk gördüğü zaman Peygamberimizin (a.s.m.) mübarek yüzünü neşe ve sevinç kaplardı. Onu tutar, kollarının arasına alır, kucaklar, okşar, sever ve öperdi.

Gördüğü ve karşılaştığı her çocuğa selâm verir, halini hatırını sorardı. Binekli bulunduğu zaman çocukları atın terkisine alır, gidecekleri yere kadar götürürdü.

Çocuklarla arkadaşça konuşur, onların yanında çocuklaşır, anlayış seviyelerine göre sohbet eder, öğütler verirdi.

Çocuklarla o kadar iç içe olmuştu ki, bir defasında yarış yapan çocukları görmüştü de, onların neşesine katılmak için birlikte koşmuştu.

Peygamberimiz özellikle kendi çocuk ve torunlarına çok düşkündü. Onlar için şefkatli bir baba, merhametli bir dedeydi.

Peygamberimiz, kızı Fatıma'yı çok severdi. Bir sefere çıkacağı zaman en son ona uğrar, dönüşünde ise önce onun yanına giderdi.

Hz. Fatıma babasını ziyarete geldiğinde ise, Peygamberimiz sevgili kızını karşılamak için ayağa kalkar, alnından öper ve yanına oturturdu.

■ ■ ■

Hazret-i Fatıma'nın iki oğlu vardı: Hasan ve Hüseyin. Peygamberimiz bu torunlarını çok severdi. Onları kucağına alır, omuzuna çıkarır, okşar, sırtında taşır, oyun oynar, isteklerini yerine getirirdi.

Bir gün peygamberimiz minberde hutbe okurken Hasan ve Hüseyin düşe kalka mescide girdiklerini görür. Konuşmasını yarıda keserek aşağı iner, onları tutar, bağrına basar.

"Cenâb-ı Hak, 'Mallarınız ve çocuklarınız sizin için birer imtihan vesilesidir' buyururken ne kadar doğru söylemiştir. Onları görünce dayanamadım" dedikten sonra konuşmasına devam etti.

Ebû Hüreyre anlatıyor:

"Peygamber Efendimiz bir gün bir omuzunda Hasan, diğer omuzunda Hüseyin olduğu halde geldi. Yanımıza varıncaya kadar bir onu öpüyor, bir de diğerini öpüyordu."

"Yâ Resulallah, anlaşılan onları çok seviyorsunuz" dedik.

"Evet, severim. Kim onları severse beni sevmiş, kim onlara kin tutmuşsa, bana kin tutmuş olur" buyurdular.

Peygamberimiz bir yere davet edilmişti. Yolda Hz. Hüseyin'i gördü. Hüseyin kollarını açıp koşarak dedesine geleceği anda birden bire yön değiştirip bir tarafa kaçtı.

Bu hareketi birkaç defa tekrarladı. Peygamberimiz de peşinden koşuyordu. Sonunda yakaladı, bağrına bastı:

"Hüseyin bendendir, ben de Hüseyin'denim" buyurdu.

Bazen Hz. Hasan'ı da omuzuna alır ve "Allah'ım bu çocuğu seviyorum, Sen de onu sevenleri sev" buyururdu.

▪ ▪ ▪

Peygamber Efendimiz çocukların ağlamalarına dayanamaz, onların susturulmasını, yorulmamasını isterdi. Sevgisi ve şefkati çocukların ağlamasına dahi müsaade etmezdi.

Hanımlarını sıkı sıkıya tembih eder, Hüseyin'den söz ederek, "Bu çocuğu ağlatmayın" der, ağlayan çocuğun susturulması konusunda da şöyle buyururdu:

"Kim ağlayan çocuğunu susturuncaya kadar gönüllerse, Cenâb-ı Hak ona Cennette memnun olacağı kadar nimet verir."

Öyle ki, bazen ağlayan bir çocuk sesi duysa namazını bile kısaltır, annenin çocukla meşgul olmasına imkan verirdi.

▪ ▪ ▪

Çocuğa en çok annesi şefkat gösterir. Bir hadis-i şerifte annenin çocuğuna gösterdiği şefkatten dolayı büyük sevap kazanacağı müjdelenir. Olay şöyle gelişir:

Bir gün fakir bir kadın iki kızı ile Hz. Âişe'yi ziyarete gelmişti. Hz. Âişe'nin de evde onlara ikram için bir tek hurmadan başka verecek bir şey bulamamıştı. O hurmayı anneye verdi. Anne de hurmayı ikiye bölerek çocuklarına yedirdi.

Hz. Âişe bu durumu Peygamberimize anlatınca, Peygamberimiz o kadın için şu müjdeyi verdi:

"Çocukları hakkıyla sevmek ve onları korumak cehennemden kurtuluşa vesiledir."

■ ■ ■

Peygamberimiz çocuklarla olan şefkatinde bir ayırım gözetmezdi. Kendi çocuklarına ve torunlarına gösterdiği aynı sevgi ve merhameti, diğer sahabi çocuklarına da gösterirdi.

Peygamberimizin (a.s.m.) hizmetçisi Hz. Zeyd'in oğlu Üsame anlatıyor:

Resulullah bir dizine beni, bir dizine de torunu Hasan'ı oturtur; sonra ikimizi birden bağrına basar ve "Ya Rabbi, bunlara rahmet et. Çünkü ben bunlara karşı merhametliyim" diye dua ederdi.

■ ■ ■

Peygamberimiz çocuklar arasında sevgide eşit davranılmasını istediği gibi, bağış, hediye, ikram ve hibe konularda da eşit davranılmasını isterdi.

Numan bin Beşîr anlatıyor:

Babam malından bir şeyler hibe etmişti. Annem, "Bu hibeye Peygamberimizi şahit tutmazsan kabul etmem" dedi.

Bunun üzerine bana yaptığı hibeye şahitlik yapması için babam beni alarak Peygamberimize gittik.

Durumu öğrenen Peygamberimiz:

"Başka çocukların var mı" diye sordu.

Babam, "Evet, var" dedi.

"Bütün çocuklarınıza aynı şekilde hibede bulundun mu?"

Babam, "Hayır" dedi.

"Allah'tan korkun, çocuklarınız arasında eşit davranın."

Babam Peygamberimizin (a.s.m.) huzurundan çıktıktan sonra bana yaptığı hibeden vazgeçti.

Yeni doğan çocuğa öncelikle neler yapılmalı?

Peygamberimizin (a.s.m.) uygulamasında gördüğümüz gibi, çocuğa yapılması gereken ilk görev, Müslüman olarak yaşaması için dua etmektir. Sonra kulağına ezan ve kamet okuyarak güzel bir isim koymaktır. Çocuk erkek ise sünnet ettirmek, imkanlar müsaitse de kurban kesmektir.

Anne-babanın çocuğuna karşı görevleri, esas olarak doğumdan sonra başlasa da; çocuğun ana rahmine düşmesinden, hattâ babanın, anne adayını tercihi gibi evlilik öncesine kadar uzanır.

Doğumdan sonraki ilk günlerde, anne-babanın çocuk için yapması gereken görevleri, Peygamber Efendimizin uygulamaları doğrultusunda ana hatlarıyla vermeye çalışalım:

1. Dua: Dünyaya gözlerini açan çocuğa yapılması gereken ilk iş duadır. Çocuğun Müslüman olarak yaşaması, Allah'ın rızası dairesinde ömür sürmesi, şeytanın şerrinden korunması ve hayırlı bir evlât olması için hayır duada bulunmak, onun hem dünya, hem âhiret saadeti için büyük önem taşır.

Hz. Âişe Vâlidemizin rivayetine göre, yeni doğan çocuklar getirildiğinde Resul-i Ekrem Efendimiz (a.s.m.) onlara hayır ve bereket duasında bulunurlardı. Aynı âdeti daha sonra sahabe-i kiram da devam ettirmişlerdir.

2. Kulağına ezan ve kamet okuyarak çocuğa isim koymak: Bu âdet bizzat Peygamber Efendimizden gelmektedir. Hz. Hasan dünyaya gelince Peygamberimiz onun sağ kulağına ezan okumuştur.[1]

Hz. Hüseyin'in rivayetine göre ise Peygamberimiz bu âdetlerinin hikmeti hususunda da şöyle buyurmuşlardır:

[1] Tirmizi, Edâhâ: 15.

"Kimin bir çocuğu olur da, sağ kulağına ezan, sol kulağına kamet okursa, o çocuğa ümmüsıbyan hastalığı zarar vermez (cin zarar vermez)."[1]

Ezan ve kamet çocuğa yapılan ilk iman telkinidir. Çünkü ezanın mânâ ve muhtevasında tekbir, tevhid, nübüvvet ve namaz gibi dinin esasları bulunmaktadır ki, böylece çocuğun ruhu bu mânâlarla aydınlanmış olmaktadır.

Bu esnada isim verilirken, çocuğa güzel, İslâmî isimlerin verilmesi de ihmal edilmemelidir. Bu konuda Peygamberimizin (a.s.m.) birçok tavsiye, ikaz ve uygulaması vardır.

Meselâ bu hadislerden birisinin meâli şöyledir:

"Kıyamet gününde kendi isimleriniz ve babalarınızın isimleriyle çağrılacaksınız. Öyle ise isimlerinizi güzel koyun."[2]

Çocuğa ismin doğduğu günün akşamında verilmesi tavsiye edilmektedir; fakat yedinci güne kadar da ertelenebilir.

3. Çocuğun sünnet edilmesi: Kelime-i şehadet gibi Müslümanla kâfiri birbirinden ayıran sünnet, bazı âlimlerce vacip, bazılarınca da farz olarak kabul edilmiştir. Çocuk sünnet etme zamanına gelince; bulüğ çağına kadar izin varsa da, müstehap olan vakit doğumun yedinci günüdür.

4. Kurban kesilmesi ve başının tıraş edilmesi: Çocuğun doğumu üzerine kesilen kurbana akika kurbanı denmektedir. Peygamber Efendimiz, çocuğu olan kimsenin akika kurbanı kesmesini tavsiye etmişlerdir.

Hz. Fatıma ise, çocukları Hasan, Hüseyin, Zeynep ve Ümmü Gülsüm'ün doğumları üzerine birer koç kesmiştir. Akika kurbanının müstehap olan zamanının yedinci gün olduğu bildirilmektedir.

Bazı âlimler, bilhassa Hanefi âlimleri akika kurbanını mendup olarak görmüşlerdir. İmkânı olan kimse bunu kesmekle, Allah'a olan şükrünü fiilî olarak da göstermiş olur.

Yine sünnette yer aldığına göre, akika kurbanı kesildiği günlerde, çocuğun başının tıraş edilip, kesilen saçın ağırlığınca altın veya gümüş sadaka verilmesi tavsiye edilmektedir.

---

[1] Feyzü'l-Kadîr, 6:237.

[2] Buharî, Edeb: 108.

Çocuğa iman eğitimi kaç yaşında verilmeli?

Allah'ı tanıma ve tanıtma, Rabbini sevme ve sevdirme, Yaratıcıyla ilişki kurma ve kurdurma, kâinata ve olaylara Allah adına bakma ve baktırma eğitimi demek olan "iman dersi" küçük yaşlarda verilmezse, ileriki yaşlarda çok zor ve zahmetli olur, neredeyse imkânsız duvarına dayanır.

Çocuğa iman dersini anne-baba verir. Bu ders çok küçük yaşlarda, henüz okuma yazma bilmediği, kalemle tanışmadığı zamanlarda başlar.

Hatta bebek yaşında, yeni dillenmeye başladığı, sağını solunu yeni fark ettiği aylarda bu ders verilir.

Anne bir taraftan kendi kanından kan, kendi canından can katarak emzirdiği çocuğuna iman dersini de vermeyi ihmal etmez.

Sadece anne değil, bu derste diğer hoca babadır. Bu eğitime o da katkıda bulunacak, üzerine düşeni ihmal etmeyecek, zaman ayıracak, anneye destek olacaktır.

"Ne ile, nasıl?" derseniz?

Bu yaşlarda verilen dersler anlatma, yazma, çizme, okuma şeklinde olmaz.

Anne ve babanın öncelikle kendi inançlarını yaşamaları, bildiklerini uygulamaları, imanlı bir hayatı hayatlarına yansıtmaları, inandıkları gibi yaşantılarını düzene sokmaları gerekir.

Çünkü bu çeşit derste çocuk çok küçük olduğu için anlatmaktan ve okumaktan bir şey anlayacak değildir. Buradaki dil, konuşan dil değil, beden dilidir, davranış dilidir.

Bir başka deyişle, **bu yaştaki çocuk anne-babasının anlattıklarını değil, yaptıklarını; söylediklerini değil, hal ve hareketlerini izler ve dinler.**

Anne-baba, gerçek anlamda yaşadıklarını, uyguladıklarını ve kendi hayatına geçirdiklerini anlatabilir, dile getirebilirler. Yoksa yaşamadıklarını anlatmaya kalkarsa, her şey sözde ve lafta kalır, öze ve ruha inmez.

Zaten bu yaştaki eğitim akıldan ziyade ruhadır, kafadan ziyade kalbedir, gözedir ve gönüledir.

Sonuç yüzde yüzdür; su üstüne değil, taş üstüne yazı kazımak gibidir, kalıcıdır ve süreklidir.

Allah'ı tanıma ve tanıtma, Rabbini sevme ve sevdirme, Yaratıcıyla ilişki kurma ve kurdurma, kâinata ve olaylara Allah adına bakma ve baktırma eğitimi demek olan **"iman dersi"** küçük yaşlarda verilmezse, ileriki yaşlarda çok zor ve zahmetli olur, neredeyse imkânsız duvarına dayanır.

Yerinde bir tespitle, **"Âdetâ gayr-ı müslim birisinin İslâmiyeti kabul etmesi derecesinde zor olur, yabani düşer."**

Başka bir dine ve inanca mensup birisinin Müslüman olması ne kadar zorsa, çocuk yaşta iken iman dersini almayan bir insanın da iman esaslarını ruhuna sindirmesi, kalbine yerleştirmesi, hayatına geçirmesi, hücre ve duygularına kabul ettirmesi de o ölçüde zordur.

Kalbine ve ruhuna imanı bir **"yasakçı"** olarak yerleştiremeyen, **"Yapma, Allah görüyor"**, **"İşleme hesap vereceksin"**, **"Harama ve günaha yanaşma, cezasını çekeceksin"** şeklinde vicdanının sesine kulak veremeyen bir insan hep isyanlardadır, mânevî tatminsizlikte ve ruhsal boşluktadır.

Bu duruma gelmesinin asıl sebebi, anne-babanın ilk başlardaki ihmali, umursamazlığı, görevini yerine getirmemesi ve çocuğu tek taraflı yetiştirmesi, onu dünya hayatına hazırlarken, sonsuz hayatını göz ardı etmesidir.

Sonuç itibariyle, çocuk dünyada iken anne-babasının varlığından rahatsız olacak, hatta ölümlerini isteyecek, başlarına belâ olacaktır.

Âhirette ise onlara şefaatçi olması gerekirken, "Beni neden İslâmî terbiyeyle yetiştirmediniz, imanımı kurtarmadınız" diye davacı olacaktır.

Çocuk eğitiminde geç mi kaldınız?

Çocuklar küçük ve sevimli haldeyken anne-babalar onlara zaman ayırmaz, ilgilenmez, ellerini boyunlarına atmaz, kucaklamazlarsa, büyüdüklerinde daha fazla zaman ayırmak zorunda kalırlar, ama bu da çok acılı olur. Sevgi dövünme haline dönüşür.

Radyoda çocuk eğitimi üzerine konuşan iki eğitimciyi dinlemiştim. Elli yaşın üstünde, binlerce insan yetiştirmiş, kendi çocuklarını da belli bir yere getirmiş iki insanı. Her ikisi de sevgi aşılıyor, etraflarına sevgi saçıyorlardı.

Biri diğerine sordu: **"Çocuklarınızı yetiştirdiniz, onlar şimdi büyüdüler. Diyelim ki, şimdi evlenmiş olsaydınız, hangi hataları yapmam derdiniz?"**

Şu iki tespiti ifade etti diğeri:

"Bazı dualar belirlerdim. Hep beraber ezberlerdik, birlikte belli zamanlarda okurduk."

"Şu anda okumuş olduğum imanî eserleri (Risale-i Nur gibi) oturur, birlikte okurduk. Bu zamana kadar hep başkalarına okuduk, başkalarıyla okumaya çalıştık. Vatan kurtarmak için didindik durduk, bir de baktık ki, kendi ailemizi, çocuklarımızı ihmal etmişiz."

Sohbet şöyle devam etti.

12-15 yaş arasındaki çocuklar zaman içinde anne-babalarını usandırabiliyor, bizi caydırabiliyorlar, ilgilenmeyince de uzaklaşmaya çalışıyorlar. Bu durumda ne yapacağız?

O kaçtıkça biz yaklaşmalıyız. İletişim kurmalıyız. **İletişimin kaynağı da sevgidir.**

Çocuk babadan uzaklaştıkça baba yaşında birisine yaklaşabiliyor. Anneden uzaklaştıkça anne yaşında birine yaklaşıyor, onun yanlış telkinleriyle kendini şekillendiriyor.

Anne-baba ile çocuklar arasında güvenin yerleşmesi lâzım. Çocuklar anne-babalarına güvenemiyorlar. Sırlarını vermiyorlar. Böyle olunca da başkalarının kucağına düşüyorlar. Bunun için anne-babanın çocuğun hatalarına karşı daha anlayışlı ve soğukkanlı olmalıdır.

Güven unsurunun kurulması için de mutlak surette şartsız sevgi olmalı. Her ne pahasına olursa olsun sevmeliler birbirlerini.

Çocuklarımıza sevgiyi nasıl göstermeli?

- Arkadaş olacak kadar, çekinmeden, korkmadan, endişe duymadan sırlarını bize açacak kadar bir samimiyet kurmalı.

- Çocukları sıkmamalı. Onlarla beraber olmalı, birlikte yemek yemeli, gezmeli, oynamalı, gülmeli.

- Çocuk avucunuzun içindeki serçe gibi olmalı, fazla sıkınca canını çıkarırsınız. Avucunuzun içini yuva gibi görmeli, güven duymalı size, ısınmalı. Öyle bir zaman gelmeli ki, artık size güvenmeli, avucunuzu açsanız bile uçup gitmemeli.

- Sır tutacak, güven duyacak kadar çocuğu ciddiye aldığınızı göstereceksiniz. Daha açık söylemek gerekirse, onu adam yerine koyacaksınız.

- Evdeki eğitimi kontrol altına almalı. Mesela televizyonu denetim altına almak gerekir. Çünkü bu alet entrikacı bir hırsız gibi çocuklarımızı çalıyor.

- Sevgi ortamının oluşması için her ailede bir okuma saati olmalı. En az on beş dakika birlikte okumalısınız. En küçüğün anlayabileceği bir kitabı seçmelisiniz. Kitabı sırayla okumalısınız. Çocukların düşüncelerini, ne anladıklarını sormalısınız. Onların getirecekleri yorumlara siz de şaşıracaksınız. Böylece birbirlerinizi keşfedersiniz. Birbirinizi seversiniz. Bu ortamdan sevgi ilimle birlikte çıkar.

- Çocuklar küçük ve sevimli haldeyken anne-babalar onlara zaman ayırmaz, ilgilenmez, ellerini boyunlarına atmaz, kucaklamazlarsa, büyüdüklerinde daha fazla zaman ayırmak zorunda kalırlar, ama bu da çok acılı olur. Sevgi dövünme haline dönüşür.

Aile içinde kopukluklar nasıl oluşuyor veya nasıl görülüyor?

Beraberken ayrı yaşamak şeklinde görülüyor. Eşler aynı yastığa baş koyarlar, ama zihinler ayrı şeyleri düşünür, başka dünyaların insanı olurlar. Kafalar yan yana, ama düşünceler apayrı. Bunun için gözlerimizle, kulaklarımızla bir araya gelelim.

Çocuk küçük yaşta iken vücutları küçük, ama kulakları bir testi kadar büyüktür. Her şeyi dinler, anlar, fakat ifade edemez.

Asıl eğitim, evlenir evlenmez başlıyor. Çocuğumuzu doğuma kadar hazırlayacağız. Ana karnındaki yedi aylık bebek annesinin hal ve hareketlerinden etkileniyor.

Her şeyin başı sevgi eğitimi. Bu nasıl gerçekleşecek?

Bir baba veya anne olarak:

"Benim yüzüm gülüyor mu?"

"Bağırıp çağırıyor muyum?"

Seven bir insan bağırarak sevgiyi öğretemez, öğretse de tesir etmez, yapmacık kalır.

İnsan eşini sevdiğini belli etmeli. Çocuklar bunu hissetmeli, görmeli. Çünkü eşine sevgi gösteremeyen bir insan çocuğunu sevemez.

Çocuk ne kadar asi olursa olsun, anne-baba ona sevgi sözcükleriyle hitap etmeli.

İman etmeye yanaşmayan, gemiye binmeye yaklaşmayan oğluna Nuh Aleyhisselâm "Yâ büneyye" diye hitap ediyordu. "Yavrucuğum, oğlum!" diye davet ediyordu.

İbrahim Aleyhisselâm, put yapıp satan ve oğlunun iman telkinlerine yanaşmayan babasına "Yâ ebetî" diyordu. "Babacığım!" diyerek hitap ediyordu.

Yine İbrahim Aleyhisselâmdan bir örnek. Aldığı İlâhî emir üzerine oğlu İsmail'i kurban etmek ister. Konuyu oğluna açar, nasıl karşılayacağını öğrenmek ister. Gencecik İsmail, "Yâ ebetif'al mâ tu'mer" cevabını verir. "Babacığım! Emredileni yap!"

Teslimiyetin zirvesi. İbrahim Aleyhisselâm babasına nasıl hitap etmişse, yıllar sonra oğlu da kendisine aynı şekilde hitap ediyor. Sevgi eğitimi babadan oğula geçen en güzel ve en kalıcı bir miras...

Baba anlayışlı olmuyorsa, çocuk anlayışlı olmalı.

Aile fertleri içinde anlayan anlayışlı olmalı. Sevgiyi hisseden, hissettirme çabasına girmeli.

Ne pahasına olursa olsun sevgi.

Her şeyden önce insan kendini yetiştirmeli. Başkasından bir şey beklemeden, "Okul beni yetiştirsin, annem babam beni yetiştirsin" demeden...

Açıkçası ve kestirme yoldan **"Bu dünya nefreti götürmüyor."**

Çocuğa cinsel bilgi nasıl verilmeli?

Peygamberimiz sırası geldikçe çeşitli vesilelerle aile hayatına ait hususlarda ashabını aydınlatırdı. Bu meseleleri öğrenmeleri için soru sormalarına imkân verir ve zemin hazırlardı. Peygamberimizin (a.s.m.) bu halini kavrayan Müslümanlar, içinden çıkamadıkları, bilemedikleri konuları edep ve terbiye sınırları içinde rahatlıkla sorar öğrenirlerdi.

Cinsel hayat, insanın yaratılışında var olan bir hal, doğal bir hadisedir. Rabbimiz, **"Sizi bir erkekle bir kadından yarattık"**[1] buyuruyor.

Âdem Aleyhisselâmdan günümüze kadar meydana gelen insanlar aynı yaratılış kânununa uygun olarak vücut bulmuştur.

Kur'ân'da insanın ilk yaratılış maddesi olan "sperm"den başlayarak anne karnındaki aldığı haller, doğumu, ne kadar emzirileceği açık açık anlatılır, Allah'ın kudret ve hikmetine dikkat çekilir.

Yine insanın anne rahmine düşmeden önceki halleri, eşlerin birbirine karşı olan tutumları, durumları âyetlerde yer alırken, **"Kadınlarınız sizin için bir örtü, siz de onlar için bir örtüsünüz"**[2], **"Hanımlarınız sizin ekin tarlanızdır. Öyle ise tarlanıza dilediğiniz şekilde varın"**[3] buyurulur.

Bu ifadeler Kur'ân'ın, insan hayatının bütününü içine aldığını gösterir.

Çünkü Kur'ân kâinatı okuyor, sırlarını çözüyor. Kâinatla birlikte insanı da anlatıyor. Onun bütün cihetlerini anlatır da, bir tarafını ihmal eder, noksan bırakır mı?

Cinsel hayatı, insanın yaratılışını esas olarak bu şekilde beyan eden Allah kelâmı, **"Allah gerçeği açıklamaktan çekinmez, hakkı öğ-**

1 Hucurât Sûresi, 13.
2 Bakara Sûresi, 187.
3 Bakara Sûresi, 223.

renmede, sormada Allah size hayâ etmenizi emretmez"[1] âyetini zikreder ki, insanı ilgilendiren meseleleri öğrenmede utangaçlığın yersiz olduğunu bildirir.

Ne var ki, eskiden beri insanın yaratılış seyri, cinsel hayatı ile ilgili bazı bilgiler utandırıcı bir hal olarak değerlendirilmiş, sorulmaktan, anlatılmaktan kaçınılmıştır.

Bu da İslâmı, sünneti bir bütün olarak anlayamamaktan; nerede nasıl davranılacağını ve nerede nasıl konuşulacağını bilememekten kaynaklanan bir zaaftan, eksiklikten başka bir şey değildir.

İnsanlara bir öğretici olarak gönderildiğini ifade eden Peygamber Efendimizin hayatını incelediğimizde, bu meselelerde nasıl hassas hareket ettiğini açıkça öğreniyoruz.

Peygamberimiz sırası geldikçe çeşitli vesilelerle aile hayatına ait hususlarda bilgi verir, ashabını aydınlatırdı. Bu meseleleri öğrenmeleri için soru sormalarına imkân verir ve zemin hazırlardı.

Peygamberimizin (a.s.m.) bu halini kavrayan kadın-erkek Müslümanlar, içinden çıkamadıkları, bilemedikleri konuları edep ve terbiye sınırları içinde rahatlıkla sorar öğrenirlerdi.

Bu sorulu cevaplı eğitim bazen bizzat, arada bir vasıta olmadan gerçekleşir, çoğu defa da Hz. Âişe ve diğer annelerimiz vâsıtasıyla yürürdü.

Kendisine cinsel hayatla ilgili sualler yöneltildiğinde Peygamber Efendimiz, "Allah gerçeği açıklamaktan vazgeçmez" meâlindeki âyet-i kerimeyi okur, ondan sonra cevap verirdi.

Burada örnek olması bakımından birkaç misâl zikretmekte fayda vardır.

• • •

Bir gün Resulullah Efendimiz, Ebu Zer'e, **"Hanımınla cinsel ilişkide bulunmanda senin için mükâfat vardır"** buyurdu.

Ebu Zer **"Şehvetimi tatmin etmede nasıl bir mükâfat olur?"** diye sorunca da, **"Eğer bir çocuğun olsa, yetişse, ondan hayır görsen, vefat ettiği zaman onu nazara alır mısın?"** şeklinde cevap verdikten sonra, onu Allah'ın yarattığını ve rızıklandırdığını belirtti.

En sonunda şöyle buyurdu:

---

[1] Ahzâp Sûresi, 53.

"O halde şehvetini helâl yoldan gider, haramdan sakın. Allah isterse ona hayat verir, isterse vermez, fakat mükâfatını alırsın."[1]

• • •

Ümmü Seleme, Peygamberimizin (a.s.m.) mübarek hanımlarındandı. Şehit düşen eski kocası Ebû Seleme'den dört çocuğu vardı. Birisi de Ömer'di.

Ömer bin Ebû Seleme bir gün Peygamberimize sorar:

"Yâ Resulallah, oruçlu kimse hanımını öpebilir mi?"

Resulullah (a.s.m.) annesi Ümmü Seleme'yi göstererek, **"Buna sor"** der.

Ümmü Seleme, **"Yâ Resulallah, senin yapmanda bir beis yoktur, zira Allah senin geçmiş ve gelecek günahlarını affetmiştir"** şeklinde cevap verir.

Bunun üzerine Peygamberimiz, **"Hayır, Allah'a yemin ederim ki, yasak olanı yapmada Allah'tan en çok korkanınızım"** şeklinde cevap verir.[2]

• • •

Bu iki misâl, bu meseledeki Peygamberimizin (a.s.m.) hareket şeklini gösterir ki, cinsel meselelerde gerektiğinde sorup öğrenmek, bilgi edinmek ayıp olmaz, sakınca taşımaz, edebe aykırı düşmez. Yeter ki, anlatış tarzı, üslubu uygun olsun.

Aynı eğitim tarzını Peygamberimizden (a.s.m.) sonraki zamanlarda da görüyoruz. Bir gün Mesruk, Hz. Âişe'ye gelir, selâmdan sonra, **"Ben size bir şey sormak istiyorum, ancak utanıyorum"** der.

Meselenin cinsel hayatla ilgili olduğunu anlayan Hz. Âişe, **"Neden utanıyorsun, ben senin annenim, sen de benim oğlumsun"** der ve gereken cevabı verir.[3] Çünkü Peygamberimizin (a.s.m.) bütün hanımları mü'minlerin annesi hükmündedir.

---

1 Müsned, 5:169.
2 Müslim, Sıyam: 74.
3 Müslim, Hayz: 88.

Çocuğa cinsel bilgi kaç yaşında verilmeli?

Çocuklar kendi cinsel durumunu iki buçuk - üç yaşlarından itibaren fark etseler de, asıl cinsel duygular bedenî ve ruhî gelişmenin belli bir seviyeye geldiği ergenlik çağından sonra verilmelidir. Bu çağa gelinceye kadar bazı önemli terbiye usulleri de ihmal edilmemelidir. Çünkü çocuklarda bazı anormalliklerin temeli erken yaşlarda atılmış olabilir.

Erkek olsun kız olsun, her çocuğa belli yaşlarda bazı bilgiler verilir. Bu bilgilerin bir kısmı da yaşadığı sürece kendisine lâzım olacak edep, ahlâk ve görgü kurallarını içine alır.

Cinsel hayatla ilgili bilgiler birinci kısma girmesi bakımından önemlidir. Çünkü bu bilgilerin önemli bir tarafı ibâdet hayatıyla alâkalıdır.

Her çocuk gençlik çağına büluğ dediğimiz ergenlikle girer. Gusül abdestini bilmesi, hangi hallerde yıkanmasının farz olduğunu öğrenmesi gerekir.

İşte sadece bu yönden bakıldığı zaman temel cinsel bilgilerin verilmesinin ne kadar büyük bir önem taşıdığı anlaşılır.

Çocuklar kendi cinsel durumunu iki buçuk - üç yaşlarından itibaren fark etseler de, asıl cinsel duygular bedenî ve ruhî gelişmenin belli bir seviyeye geldiği ergenlik çağından sonra verilmelidir.

Bu çağa gelinceye kadar bazı önemli eğitim usulleri de ihmal edilmemelidir. Çünkü, gerek kız çocuğunda, gerekse erkek çocuğunda bazı anormalliklerin temeli erken yaşlarda atılmış olabilir.

Bu yaşlarda çocuğun merak edip sorduğu hususlar anlayabileceği şekilde, yalana yer vermeden, doğru olarak cevaplandırılır. Azarlamak, geçiştirici cevaplar vermek hiçbir fayda sağlamaz, aksine zararlı olur.

Çocuk ergenlik öncesi ve sonrasında bedeninde ve duygularında birtakım değişiklikleri ve gelişmeleri fark eder. Kendisinin artık çocukluktan çıktığını, bir delikanlı veya genç kız olduğunu idrak etmeye başlar. Bu değişiklikler genci bazı psikolojik hallere sokar. Bu rahatsızlığı telafi edemediği zaman bunalımlara girebilir.

İşte anne-babaya asıl vazife bu devrede düşmektedir. Onları kendi problemleriyle baş başa bırakmayıp bazı bilgiler verilmelidir.

Gerekli bilgiler, kızsa anne tarafından, erkekse baba tarafından uygun ve doğru bir şekilde anlatılmalıdır.

Bu arada ebeveyn, çocuklarıyla ciddi bir diyalog kurmalı, rahat bir sohbet havası içinde karşılıklı konuşarak meseleleri açıklamaya çalışmalıdır.

Gencin açılmasına, karşılaştığı sorunları anlatmasına imkân tanımalıdır. Anne kızına, baba da oğluna, bu hallerin belli yaştaki her insanın başına geldiğini, normal olduğunu ifâde etmelidir.

Anne, 10 yaşına gelen kızına âdet-hayız bilgilerini vermeye başlamış olacağından, ileriki yıllarda aynı durumu yaşarken izah etmesi daha kolay olacaktır.

Bu süre içinde dikkat edeceği noktalar çocuğa birer birer anlatılır. Nasıl temizleneceği, ne zaman gusledip namaza başlayacağı, orucunu tutması gerektiği gibi yeterli bilgiler verilir.

Bu arada her iki cinste bedenî birtakım değişiklikler de görüleceğinden, kasıkta ve koltuk altında biten kılların kırk günü geçmeden giderilmesinin gerektiği hatırlatılır. Baba, oğluna guslü gerektiren halleri, ihtilâmı, boy abdestini öğretir.

Bu arada anne-babanın anlayışlı olması, gencin bazı duygusal tutumlarını hoş karşılaması hiç ihmal etmemesi gereken bir husustur.

Burada ebeveynin, o yaşlarda kendisinin nasıl bir hal içinde olduğunu hatırlaması, çocuğun meselesine yaklaşmasını kolaylaştıracaktır.

Genç, gerekli cevabı babasından alamadığı zaman bir büyüğüne, hocasına sorarak da öğrenebilir. Bunun güzel bir örneğini sahabilerde görüyoruz.

Hz. Enes anlatıyor:

"Ben ihtilâm olduğum günün sabahı Resul-i Ekremin huzuruna gittim, durumumu anlattım. Bunun üzerine, 'Kadınların içine karışma' buyurdu. Bana bundan daha zor bir gün gelmemişti."[1]

---

1 Mucemü's-Sağîr, 1:94.

• • •

Burada anne-babanın, büyüklerin dikkatten uzak tutmaması gereken önemli bir nokta, gence faydalı olacağım diye ihtiyaç olmadan bazı cinsel bilgilerin verilmemesidir.

Sözünü ettiğimiz bu durum, daha çok karı-koca münasebeti ile ilgilidir. Çünkü, kullanılmayacak bilgilerin vaktinden önce verilmesinin ve öğrenilmesinin hiçbir anlamı ve gereği yoktur.

Bilindiği gibi, bu çeşit bilgiler gencin evlenme çağına geldiği zaman verilmelidir.

Bu aşamada da, evlilik hayatı hakkında gerekli ve doğru bilgiler usûlu dâiresinde öğretilir ve öğretilmesi de gereklidir.

Yoksa, anne-baba bu bilgiyi ihmal ederse, genç, yanlış ve sapık yollardan bunu öğrenmeye kalkar ki, ileride ailenin büyük sıkıntılara girmesine sebep olur.

Çocukların yatakları kaç yaşında ayrılmalı?

On yaşına gelmiş olan erkek ve kız çocukların yataklarının ayrılması ve ayrı ayrı yataklarda yatmaları gerekir. Sadece kızların erkeklerden değil, kızların kızlardan, erkeklerin de erkeklerden ayrılması; yataklarının, mümkünse odalarının ayrı olması gerekir. Bunun sayılamayacak kadar çok hikmet ve faydaları vardır.

Bu meselenin esasını Peygamber Efendimizin (a.s.m.) açıklamalarından öğreniyoruz. **Bazı hadislerde 7 yaşında, bazı hadislerde de 10 yaşında ayrılmaları gerektiği emredilir.**

Ebû Râfî (r.a.), Peygamberimizin (a.s.m.) âhirete irtihalinden sonra kılıcının kabzasında bulunan bir sayfada besmeleden sonra şu hadisin okunduğunu bildirir:

"Yedi yaşındaki erkek ve kız çocuklarının, erkek ve kız kardeşlerin yataklarını ayırın."[1]

Aynı meâlde Müstedrek'te şu hadis-i şerif rivayet edilir:

"Çocuklarınız yedi yaşına geldiklerinde yataklarını ayırınız."[2]

Dârekutnî'de yer alan hadis-i şerifte ise bu yaş sınırı farklı bir şekilde bildirilir:

"Çocuklarınız on yaşına gelince yataklarını ayırınız."[3]

Aliyyü'l-Kari, **"Çocuk yedi yaşında yataktan uzaklaştırılır"** hükmünü verirken şu açıklamayı da getirir:

"Yani annesinin, kız kardeşinin ve diğerlerinin yatağından uzaklaştırılır. Çünkü bu yaş, çocuğun, kadın ve diğerlerini ayırt etme yaşıdır."

İmam Nevevî ise bu hadisleri yorumlarken şu hükümleri ifade eder:

"Kız ve erkek çocuklar on yaşına basınca onların yataklarını anne, baba, kız ve erkek kardeşlerinin yataklarından ayırmak vaciptir. Erkeğin erkekle, kadının kadınla aynı yatakta yatmaları aslâ caiz değildir; her biri yatağın birer kenarında olsa bile..."[4]

Günümüz eğitimcileri bu konuda biraz daha sıkı hareket ederek çocukların yataklarının ayrılması yaşını bir yaşına kadar indirmektedirler.

Ancak sünnetin ölçüsü hiçbir zaman şaşmaz ve en isabetli olanıdır.

Buna göre on yaşına gelmiş olan erkek ve kız çocukların yataklarının ayrılması ve ayrı ayrı yataklarda yatmaları gerekir.

Sadece kızların erkeklerden değil, kızların kızlardan, erkeklerin de erkeklerden ayrılması; yataklarının, mümkünse odalarının ayrı olması gerekir.

Bunun sayılamayacak kadar çok hikmet ve faydaları vardır.

---

1 Cem'ül-Fevâid, 1:139.
2 el-Müstedrek, 1:201.
3 Sünenü'n-Dârekutnî, 1:230.
4 Feteva'n-Nevevî, s. 215; İbrahim Canan, Hz. Peygamberin Sünnetinde Terbiye, s. 309.

Hangi isimleri değiştirmek gerekir?

Peygamberimizin (a.s.m.) değiştirmiş olduğu isimlerde esasta iki husus görülmektedir. Birisi çirkin ve hoş olmayan mânâya gelenleri değiştirmek, diğeri de ismin sahibini kötü zanlardan kurtarmaktır. Bir hadis-i şerifin meâli şu şekildedir: "Sizler kıyâmet gününde kendi isimleriniz ve babalarınızın ismi ile çağrılacaksınız. Öyle ise isimlerinizi güzelleştiriniz."

Bir çocuk dünyaya gelir gelmez ilk yapılacak işlerden birisi de ona bir isim bulup koymaktır. Bu görev başta anne-baba tarafından üstlenildiği gibi, bazen de aile büyüklerine bırakılır. Artık ondan sonra o çocuk ölünceye kadar o isimle anılır, çağırılır.

Genellikle herkes kendi ismini sever ve kendisine ismiyle hitap edilmesinden hoşlanır.

Bazı kimseler de vardır ki, belli bir yaşa geldikten ve toplumda önemli bir konuma ulaştıktan sonra, kendisine verilen ismi veya aile tarafından alınan soyadı beğenmez değiştirir.

Bu meselede herkesin kendisine göre bir gerekçesi vardır. İsim ve soy isim ya hoş olmayan bir şeyi hatıra getirmektedir veya duyulunca, söylenince gülünecek bir hal almaktadır.

Dinimizde de ismin ve soy ismin önemli bir yeri vardır. Bu konuda Peygamberimizin (a.s.m.) pek çok tavsiye ve ikazları ile birlikte, fiilî olarak uygulamaları da bulunmaktadır. Bu konuda bir hadis-i şerifin meâli şu şekildedir:

"Sizler kıyâmet gününde kendi isimleriniz ve babalarınızın ismi ile çağrılacaksınız. Öyle ise isimlerinizi güzelleştiriniz."[1]

Bilindiği gibi, Cumhuriyetten önce soy isim olarak baba ismi kullanılıyordu. Bazı İslâm ülkeleri bu âdeti hâlâ devam ettirmektedirler.

Ancak daha sonra Avrupa'yı takliden birer soy isim sahibi olduk. Bunlara rağmen kıyamet gününde babamızın ve kendimizin ismi ile birlikte çağrılacağız. Ali oğlu Hasan, Ahmet kızı Ayşe gibi...

---

1 Ebu Dâvud, Edeb: 70.

Sevgili Peygamberimiz, İslâmla şereflenen sahabilerinden bazılarının kötü mânâya gelen veya yadırganan isimlerini daha güzelleriyle değiştirmiştir. Bunların içinde hem erkekler, hem de kadınlar vardır.

Meselâ, Hz. Ebû Bekir'in Müslüman olmadan önce ismi Abdülkâbe idi. Bu, "Kâbe'nin kulu" mânâsına geliyordu. Bunu Peygamberimiz Abdullah olarak değiştirdi.

Selmân-ı Fârisî Hazretlerinin eski ismi Mâbe bin Bozahşan idi. Peygamberimiz bu ismi Selmân ibni'l-İslâm olarak değiştirdi.

Yine Peygamberimize bir gün bir zât geldi. Ona ismini sordu "Asram" dedi. Bu isim "akrabalarıyla alâkayı kesen" mânâsına geliyordu. Bunu Peygamberimiz, "Senin adın Zür'a olsun" buyurdu. "Zür'a" ekip biçen demekti.

"Keder, sertlik" mânâsına gelen "Hazn" isimli bir zâtın ismini "kolaylık, yumuşaklık" olan "Sehl" ile, "Hakem, Gurab (karga), Hubab (yılan)" isimlerini "Hişam"la, "Harb"i "Silm (barış)" ile değiştirmiştir.

Kadınlarda şu şekilde isim değişiklikleri olmuştur: Peygamberimiz, Âsıye'yi Cemile ile, Berre'yi Zeynep ile değiştirmiştir.

"İsyan eden" anlamına gelen ve Arapça "ayın" harfiyle yazılan Âsıye ile "elif"le yazılan Âsiye aynı değildir. "Âsiye" Kur'an'da sözü edilen Firavun'un karısı olduğu halde mü'min olarak kalan Cennetlik hanımlardan birisidir. Bu açıdan "Asiye" ismini koymak caizdir.

Berre, iyilik ve itaat mânâsına gelen bir kelimedir. Bu ismi de, bir kadın dışarı çıkarken, "Berre (iyilik) çıktı" denmesin diye değiştirmiştir.

Bazen Peygamberimiz İslâm düşmanlarına da birtakım lâkaplar veriyor, vermiş olduğu o lâkap artık o adamın isminin de önüne geçiyordu. Bunlardan en meşhuru Ebû Cehil'dir (cahilliğin babası).

Yine Cenâb-ı Hak, Cehenneme lâyık olduğu için Ebû Lehep lâkabını bir din düşmanına veriyordu.

Peygamberimizin (a.s.m.) değiştirmiş olduğu isimlerde esasta iki husus görülmektedir. Birisi çirkin ve hoş olmayan mânâya gelenleri değiştirmek, diğeri de ismin sahibini kötü zanlardan kurtarmaktır.

Günümüzde çocuklara, "Çiğdem" ve "Meltem" güzel mânâları hatıra getiren isimler konulmaktadır. Bunlarda bir sakınca yoktur. Nitekim bazı sahabi hanımların buna benzer isimleri vardır: "Rakika" (ince, narin), "Nedbe" (zarif) gibi...

Oyuncak bebekleri evde bulundurabilir miyiz?

Canlıları temsil eden oyuncakların üretilmesi, alınıp satılması, çocukların onlarla oynaması caizdir, haram değildir. Oyuncaklar çocuğun eğitimine doğrudan etki eden unsurlardır. Özellikle kız çocukları için büyük önem taşır. Çünkü, annelik duygusu kızların fıtratında mevcuttur.

Resul-i Ekrem Efendimiz, Hayber Savaşı dönüşü Medine'ye girdi ve Hz. Âişe'nin odasına geldi. Evin ön kısmında bir perde bulunuyordu. Rüzgâr esince perde açıldı ve ortaya bazı oyuncaklar çıktı.

Hz. Âişe yanındaydı. **"Bunlar nedir yâ Âişe?"** diye sordu.

"Oyuncak kızlarım, yâ Resulallah!"

Bu oyuncaklar arasında bez parçasından yapılmış iki kanatlı bir de at bulunuyordu. Peygamberimiz onu göstererek, **"Ya aralarında gördüğüm şu şey nedir?"** diye tekrar sordu:

"O bir attır, yâ Resulallah!"

"Ya üzerindekiler nesi oluyor?"

"Onlar da kanadıdır ya Resulallah!"

"Ey Âişe, hiç kanatlı at olur mu?"

"Duymadınız mı? Süleyman Aleyhisselâmın kanatlı atı vardı."

Bunun üzerine Sevgili Peygamberimiz, mübarek azı dizleri görününceye kadar tebessüm buyurdu.[1]

Buharî'de yer alan başka bir hadiste de yine Hz. Âişe şöyle anlatır:

"Ben Resulullah'ın yanında bebeklerimle oynardım. Benimle oynayan arkadaşlarım da vardı. Resulullah içeri girince onlar kaçtı. Fakat o, onların tekrar gelmesini söyledi. Geldiler, benimle oynadılar."[2]

1 Ebû Dâvud, Edeb: 54.

2 Buharî, Edeb: 81.

İşte bu hadis-i şerifleri delil olarak zikreden fıkıh âlimleri, çocukların oynadığı oyuncak bebek, kedi, at gibi oyuncak hayvanlarda bir sakınca görmezler.

Buna göre, canlıları temsil eden oyuncakların üretilmesi, alınıp satılması, çocukların onlarla oynaması caizdir, haram değildir.

Oyuncaklar çocuğun eğitimine doğrudan etki eden unsurlardır. Özellikle kız çocukları için büyük önem taşır. Çünkü, annelik duygusu kızların fıtratında mevcuttur.[1]

Kız çocuğu için bebek; giydirdiği, yedirip içirdiği, öğüt verdiği, azarladığı, dövdüğü bir çocuktur. Annesi kendisine nasıl davranırsa, o da bebeğe öyle davranır.

Kız çocuğu için bebeği; ders verdiği bir talebesi, oynadığı veya ziyaretine gittiği bir arkadaşıdır. Sırlarının ortağı, üzüntülerinin tesellîsidir.

Bunun için, anne-babalar, oyuncakların sağladığı bu uygulamalı eğitimden kız çocuklarını mahrum etmemelidir.

Çocuğu daha küçükten anneliğe hazırlayan, annelik duygularını aşılayan, evine bağlayan, yuvasına alıştıran, şefkat ve merhamet duygularını uyandıran bu tür oyuncaklara karşı çıkılmamalıdır.

Kedi, köpek ve at gibi oyuncak hayvanlarla oynayan çocuk da zamanla bu hayvanlara ısınır, onların canlısını âniden görecek olsa korkmaz.

Onları insanın hizmetine verilmiş bir yaratık olarak görmesine vesile olur. Bu oyuncaklar da çocuğun yetişmesine, hayata hazırlanmasına yardımcı olur.

Bu çeşit oyuncaklara karşı çıkmak, çocukları onlardan uzak tutmak, ellerinde görünce kaldırıp fırlatmak meselenin aslını bilmemekten ve bağnazlıktan başka bir şey değildir.

Oyuncak bebek ve hayvanların "haramlığını" iddia eden kimselerin bu konudaki Peygamberimizin (a.s.m.) tavrını bilmeleri, bu tür oyuncakları görünce nasıl hareket ettiğini öğrenmeleri yeterlidir.

---

1 Nevevî, Şerhu Sahih-i Müslim, 15:204.

İslâmda evlât edinmek var mıdır?

Dinimiz evlâtlık almayı tavsiye etmemiştir. Ancak, evlâtlık meselesinden ayrı olarak, insanın bir yakınının, bir dostunun çocuğunu himayesine alması, kimsesiz ve yetim bir çocuğu alıp evlâdı gibi onu sevmesi, yedirip içirmesi, terbiye edip okutması bir fazilettir. Nitekim, Peygamberimiz birçok hadislerinde kimsesiz çocuklara ve yetimlere bakanlara Cenneti müjdelemiştir.

Evlât edinme, bir başkasının çocuğunu kendi ailesi içine katma âdeti, tarihin her devrinde uygulanan bir husustur.

Özellikle İslâmdan önceki Cahiliye Devrinde bu âdet daha yaygındı. İsteyen kimse, seçtiği herhangi bir kimseyi öz çocukları arasına katarak onu evlâtlık aldığını ilân ederdi.

Aldığı çocuğa "Sen benim oğlumsun, ben sana vârisim, sen de benim mirasçımsın" derdi.

Böylece, o çocuk öz oğlu sayılırdı. Ailenin bir ferdi olduğu gibi, aynı zamanda aile fertlerinin sahip olduğu hak ve sorumluluklara da ortak olur, ailenin ismini alırdı.

Evlâtlık edinen kimse bu çocuğun babası sayılırdı. Evlât edinenin hanımı da, çocuğun annesi yerine geçerdi. Oğlanın hanımı da bu babanın gelini kabul edilir, dolayısıyla, boşandıktan sonra gelini ile evlenmesi mümkün olmazdı.

Peygamberimiz de (a.s.m.) Zeyd bin Sâbit'i kendisine evlâtlık olarak almıştı.

Hz. Zeyd küçük yaşta köle olarak satılmış, Hz. Hatice de onu satın almıştı. Daha sonra onu Peygamberimize hediye etmişti. Hz. Zeyd, Peygamberimizin (a.s.m.) hizmetinde bulunurdu.

Babası ve amcası, kurtarma akçesi karşılığında onu Peygamberimizden (a.s.m.) istemeye geldiklerinde Peygamberimiz Hz. Zeyd'i serbest bıraktı. Fakat Zeyd, Peygamberimizi babasına ve amcasına tercih ederek onun yanında kalmayı kabul etti.

Bundan sonra Peygamberimiz onu kölelikten azad etti. Hazır bulunan cemaate hitap ederek, **"Şahit olunuz, Zeyd benim oğlumdur, ben onun vârisiyim, o da benim vârisimdir"** buyurdu.

Bunun üzerine babası ve amcası memnun olarak ayrıldılar. Bundan sonra Hz. Zeyd Peygamberimizin (a.s.m.) evlâtlığı oldu. **"Muhammed'in oğlu Zeyd"** diye çağrılmaya başlandı.[1]

Hak din gelince, Cahiliye devrinde yapılan ve uygulanan âdet ve alışkanlıklar birer birer değişiyor, insanlara meşru olan yol gösteriliyor, bâtıl ve haksızlıkların yerini hak ve adalet esasları alıyordu.

Cahiliye âdetlerinden birisi de o zamanki uygulanış şekliyle evlâtlık kurumuydu.

İnsan tabiatına aykırı düşen bu uygulamayı Cenâb-ı Hak hem açık emirle, hem de Peygamberi üzerinde fiilî uygulamayla kaldırdı.

Bu konudaki âyetin meali şöyledir:

"Allah, evlâtlıklarınızı oğullarınız gibi tutmanızı meşru kılmadı. Bunlar, sizin dillerinize doladığınız boş sözlerdir. Allah ise gerçeği söyler ve doğru yola O eriştirir. Onları (evlât edindiklerinizi) babalarına nisbet ederek çağırın. Allah yanında en doğrusu budur. Eğer babalarının kim olduğunu bilmiyorsanız, bu takdirde onları din kardeşleriniz ve görüp gözettiğiniz kimseler olarak kabul edin. Yanılarak yaptıklarınızda size vebal yoktur."[2]

İşte bu âyet-i kerime ile evlâtlık âdeti kaldırılmış oldu. Meşru olmayan bu âdet haram kılındı. Çünkü, evlâtlıkla ne hakiki bir evlât olunur, ne de evlâtlık edinen kişi gerçek bir baba olur.

Bu yasaklama ve **"Sen benim oğlumsun"** demekle hiçbir çocuğun gerçek bir evlât olmadığı hususunda Peygamberimize Allah'ın emirleri bildirildi. Evlâtlığın boşadığı hanımın **"babalık"** tarafından nikâhlanmasının meşru sayıldığı açıklandı.[3]

Evlâtlık kurumunda şu sakıncalar bulunduğu için dinimizce yasaklanmıştır.

---

1 Üsdü'l-Gâbe, 2:225.
2 Ahzâp Sûresi, 4-5.
3 Ahzâp Sûresi, 37.

Önce meşru olmayan bir yolla başkasının çocuğunu kendi evlâdı yerine getirerek haksız ve sahte bir uygulama yapılmaktadır. Yabancı bir çocuğu evlât kabul etmek fıtratı değiştirmektir. Mukaddes olan nesil meselesini bozmak, çocuğun asıl ana babasının unutulmasına sebep olmaktır.

İkinci olarak, bu çocuk büyüyünce aile içerisinde mahremiyet hususlarına dikkat edilmeyecektir. Tesettür, bakma ve temas gibi durumlara uyulmayacaktır. Erkekse ailenin bütün kadınlarıyla bir arada bulunacak, kızsa ailenin bütün erkekleriyle birlikte yaşayacaktır.

Halbuki, ister kız olsun ister erkek; evin hanımı annesi olmadığı gibi, o ailenin akrabası da evlâtlığın ailesi sayılmaz, bir yabancıdan farksızdır. Bunlar büyüyünce aile içinde bulundukları sürece devamlı haramla yüz yüze bulunacaklardır.

Başka bir sakınca da, evlâtlık olarak alınan çocuk mirasa ortak olacaktır. Böylece daha yakın akrabalar kısmen veya tamamen mirastan mahrum kalacaklardır.

Hakları çiğnenen mirasçılar bu çocuğa bir düşman gözüyle bakacaklardır. Çünkü, evlâtlık gerçekte miras hakkına sahip değildir.

İşte bütün bu sakıncalardan dolayı dinimiz evlâtlık almayı tavsiye etmemiştir.

Ancak, bahsi edilen bu evlâtlık meselesinden ayrı olarak, insanın bir yakınının, bir dostunun çocuğunu himayesine alması, kimsesiz ve yetim bir çocuğu alıp evlâdı gibi onu sevmesi, yedirip içirmesi, terbiye edip okutması bir fazilettir.

Fakat, bu durumda da onu kendisine tescil etmemesi, evlât haklarını ona devretmemesi, mahremiyet meselesine dikkat etmesi gerekmektedir.

Ancak, kişi isterse, hayatta iken malının bir kısmını o çocuğa bağışlayabilir. Veya ölmeden önce malından bir miktar verilmesini vasiyet edebilir. Nitekim, Peygamberimiz birçok hadislerinde kimsesiz çocuklara ve yetimlere bakanlara Cenneti müjdelemiştir.[1]

---

1 Müslim, Zühd: 42.

İslâmda kirvelik var mıdır?

Kirvelik, bir çocuğun sünnet işlemlerini yapan, sünnet edilirken tutan ve masraflarını karşılayan kimse demektir. Böyle bir yolla, yani bir kimsenin kirve olmasıyla, çocukla kendisi arasında dinî mânâda bir akrabalık meydana gelmiş olmaz.

Dinimize göre, akrabalık iki şekilde oluşur: Birisi kan bağı ile, diğeri süt emme yoluyla...

Kan bağıyla ortaya çıkan akrabalıkta ve süt emme yoluyla meydana gelen akrabalıkta mahremiyet söz konusudur.

Yani erkeğin anne, kız kardeşi, hala ve teyzesi; kadının da baba, erkek kardeş, amca ve dayısı gibi yakın akrabaları arasında mahremiyet meydana gelir. Her iki cins de sözü edilen bu yakınları ile evlenemez.

Aynı şekilde, süt cihetiyle de emen çocuk ile emziren kadın ve çocukları arasında mahremiyet vardır. Kişi, süt emdiği kadınla evlenemediği gibi, süt kardeşleriyle de evlenemez. Aynen öz kardeşi gibi nikâhın haramlığı ortaya çıkar.

Bu iki şıkkın dışında başka bir surette akrabalık ve mahremlik meydana gelmez.

Kirvelik, bir çocuğun sünnet işlemlerini yapan, sünnet edilirken tutan ve masraflarını karşılayan kimse demektir. **Böyle bir yolla, yani bir kimsenin kirve olmasıyla, çocukla kendisi arasında dinî mânâda bir akrabalık meydana gelmiş olmaz.**

Ayrıca, sünnet edilen çocuğun kirvesi olan kişinin çocukları arasında da bir mahremiyet ve akrabalık söz konusu değildir.

Zaten **kirvelik diye bir şey İslâm literatüründe yoktur.** Bu tamamıyla bazı bölgelerdeki örf ve âdetlere dayanan bir meseledir.

Çocuk, kirvesi sayılan kişinin kızıyla evlenebilir, bunda herhangi bir mahremiyet meydana gelmiş olmaz. Diğer taraftan, kirvenin hanımı ve kızı, çocuğa diğer yabancı kadınlardan farksızdır.

Babası bilinmeyen çocukların durumu ne olacak?

Yüce dinimize göre, her çocuk İslâm fıtratı üzerinde ve günahsız olarak doğar. Çocuk ister gayr-ı meşru bir ilişkiden doğsun, isterse nikâhlı karı-kocadan dünyaya gelsin, bir fark yoktur. Anne-babasının işlediği suçtan dolayı çocuğu sorumlu tutmak ve o günah sebebiyle onu da cezalandırmak mümkün değildir.

Açık saçıklığın yaygın bir hale gelmesi, müstehcenliğin her tarafta kol gezmesi, zamanla nikâha giden helâl yolun kapanması, beraberinde ağır sonuçları getiriyor.

Bu acı halleri ne yazık ki görüyor ve duyuyoruz. Zavallı kadınlar ve alçak duyguların mağlubu sefih erkekler toplumun bu hassas dengesi olan aile kurumunu yıkmaya, iffet ve hayâ duygularını köreltmeye çalışıyorlar.

Sonunda toplum için bir "yara" haline gelen nesebi meçhul çocuklar ortaya çıkıyor.

Yüce dinimize göre, her çocuk İslâm fıtratı üzerinde ve günahsız olarak doğar. Çocuk ister gayr-ı meşru bir ilişkiden doğsun, isterse nikâhlı karı-kocadan dünyaya gelsin, bir fark yoktur.

Anne-babasının işlediği suçtan dolayı çocuğu sorumlu tutmak ve o günah sebebiyle onu da cezalandırmak mümkün değildir.

Dinimize göre, işlenen günah anne-babadan çocuklara miras kalamayacağı gibi, bir kimseden başka birisine de geçmez. Nitekim şu mealdeki âyet-i kerimede bunu açıkça görmek mümkündür:

"Herkesin kazandığı yalnız kendisine âittir. Hiçbir günahkâr başkasının günahını çekemez."[1]

Bir hadis-i şerifte de aynı hakikate işaret edilerek şöyle buyurulur:

1 En'am Sûresi, 164.

"Hiçbir baba oğlunun günahından, hiçbir oğul da babasının günahından sorumlu tutulamaz."[1]

Ayrıca Hz. Âişe (r.a.) anne ve babasının işlediği günahtan çocuk için bir günah bulunmadığına işaretle, **"Anne ve babasının işlediği günahtan çocuğa bir şey yok"** demektedir.[2]

"Gayr-ı meşru" bir çocuk, anne ve babasının günahından dolayı bir cezaya uğratılamaz. Suçlanamaz ve ayıplanamaz. İslâm hukukuna göre, diğer çocuklardan ayırt edilmez. Şahitliği geçerlidir.

Kendisine zina iftirasında bulunulduğunda, bu suçlamayı yapan kimse şahit getirmediği takdirde, namuslu bir kimseye zina iftirasında bulunanlara verilen cezaya çarptırılır.

Serahsî, zina iftirasında bulunan kimselere verilecek cezaları zikrederken buna da yer verir ve şöyle der:

"Zira adam namuslu ve iffetlidir. Günah anne-babasına ve işledikleri kötü fiilleredir. Onların günahkârlığı çocuğun iffetine zarar vermez."[3]

Âlimlerin çoğunluğuna göre, gayr-ı meşru olarak dünyaya gelen biri, cemaate imam olabilir ve onlara namaz kıldırabilir.

Bunun yanında İmam Mâlik, Şâfiî ve İmâm-ı Azam, gayr-ı meşru çocuğun imamlık yapmasını mekruh görürken, Hanefiler, "Arkasında namaz kılınabilir" derler.

İmamlığını mekruh görmeleri, halk arasında dedikoduya sebep olacağından ve bu sebeple halkın günaha gireceğinden kaynaklanır.[4]

Bilinmesi gereken bir diğer konu da, çocuğun anne ve babası sonradan evlenmedikleri takdirde, çocuğun sadece annesine ve annesinin yakınlarına akrabalığının geçerli olduğudur.

Böyle bir çocuk, İslâm hukukuna göre annesine mirasçı olsa da babasına mirasçı olamaz. Bir hadiste Peygamberimiz bu hususa şöyle işaret buyururlar:

"Kim bir cariye veya hür bir kadınla zina ederse, ondan olma çocuk, zina çocuğudur. Çocuk o kimseye mirasçı olamaz ve kendisine mirasçı olunamaz."[5]

---

1 İbni Mâce, Diyet: 26.
2 Tecrit Tercemesi, 2:668.
3 el-Mebsut, 9:127.
4 Tecrit Tercemesi, 2:668.
5 İbni Mace, Ferâiz: 14.

Netice olarak söylemek gerekirse, anne ve babasının günahından dolayı sorumlu tutulmayan gayr-ı meşru bir çocuk, şayet anne ve babasının yolundan giderse şu hadis-i şerifin muhatabı olmaktan kurtulamaz:

"Zina yoluyla meydana gelen çocuk, (ikisi zina eden anne ve baba olmak üzere) üçten en şerlisidir."[1]

Gayr-ı meşru bir çocuk kimsesiz kalacağından, haliyle anne ve baba terbiyesinden mahrum olarak büyür. Üstelik her zaman toplum içerisinde psikolojik bir baskıya uğrar.

Neticede aşağılık kompleksine kapılır. Üzerindeki ayıbı her ne kadar gidermeye ve silmeye çalışsa da, iç dünyasında devamlı ezikliğini ve mânevî baskısını hisseder.

Ancak, çocuğun çok değerli bir insan olması da pekâlâ mümkündür. Bu çocukların içinde millete ve insanlığa faydalı hizmetlerde bulunanlar da görülebilir.

Onun için, bu gibi insanların gururlarını incitici hareketlerde bulunmamalı, onları topluma faydalı bir hale getirmeye çalışmalıdır.

Ölü doğan çocuk için neler yapılır?

"Ölü olarak doğan çocuk yıkanır ve isim verilir. Fakat cenaze namazı kılınmaz." Bununla birlikte bazı rivâyetlerde ölü doğan çocukların diğer çocuklar gibi anne ve babalarına şefaatçi olacakları da kaydedilmektedir.

Kur'ân-ı Kerimde insan hayatının gelişimi anlatılırken, ana karnındaki gelişiminden de söz edilir.[2]

Bir çocuk ana rahminde özellikle canlandıktan sonra artık varlık sahasına, başka bir ifadeyle, insanlığa ilk adımı atmış olur.

---

1 Ebû Davud, Itk: 12.

2 Hac Sûresi, 5.

Bazı hadis-i şeriflerde çocuğun ana rahminde bulunuş safhasına dikkat çekilir ve şöyle buyurulur:

"Her birinizin yaratılışı annenizin karnında kırk günde toplanır. Bir o kadar günde kan pıhtısı, bir o kadar günde et parçası olur. Sonra bir melek gönderilerek ruh üflenir. Sonra meleğe rızkını, ecelini, amelini, mesut veya bedbaht olacağını yazması emredilir."[1]

Hadis-i şeriflerde ifade edildiği gibi, çocuğa ruh üfürüldüğünde artık belirli bir insanlık mertebesine gelmiştir.

Hattâ bilimsel olarak da, çocuk anne karnında iken yedinci aydan itibaren dış tesirlere karşı duyarlılık kazandığı ifade ediliyor. Bazı klinik çalışmaları, çocuğun bu esnâda bile sese karşı hareketlerini arttırdığını göstermesinden dolayı, cenin devrinde dahi bir tarz "eğitim" uygulamasından bahsediliyor.

İşte, bu durumda çocuk canlı olarak dünyaya geldiğinde ve arkasından hemen ölmesi halinde, Cennette anne-babasına yine çocuk olarak varacağı ve onların çocuk sevgisine sahip olacağı anlaşılmaktadır. Dünyevî muameleler bakımından hükmü de normal bir insana uygulanan hükümlerden farklı değildir.

Ölü olarak doğan çocuğa uygulanması gereken muameleler hakkında da bazı açıklamalar fıkıh kitaplarımızda yer alıyor.

Kâsânî gibi büyük bir Hanefî âlimi, İmam Ebû Yusuf'tan naklen der ki: **"Ölü olarak doğan çocuk yıkanır ve isim verilir. Fakat cenaze namazı kılınmaz."**[2]

Bununla birlikte bazı rivâyetlerde ölü doğan çocukların diğer çocuklar gibi anne ve babalarına şefaatçi olacakları da kaydedilmektedir.

---

[1] Buharî, Bedu'l-Halk: 6.

[2] Bedaylu's-Sanayl, 1:302

ANNE-BABA VE AKRABA İLİŞKİLERİ

Anne hakkı

Kur'ân'ın ifadesiyle insan üzerinde Allah ve Resulünden sonra en çok hakkı olan anne-baba olduğu gibi, en çok sayılması ve sevilmesi gerekenler de onlardır. Anne-babaya gereken iyilik ve itaati gösteren, onları seven, sayan ve başı üzerinde tutan çocuk mesut, mutlu ve huzurlu olacağı gibi; onları üzen, kıran ve mağdur eden çocuk da kendi eliyle hayatını zehir eder ve âhiretini tehlikeye atar.

"Anne" veya "Ana"... İçimizi ısıtan, benliğimizi saran, bütün duygularımızı coşturan kelimeler.

Üç-beş harflik kelimeden öte merhamet, şefkat, sevgi, fedakârlık, kahramanlık gibi birbirinden güzel duyguları içinde barındıran canlı birer kavramdır.

Anne her zaman annedir. Bir tek hücre iken anne rahmine gelişimizden, dünyaya gözümüzü açışımızdan, hayatımızı noktalayıncaya kadar anne hep annedir. Bu güçlü bağ ne azalır, ne eksilir, ne de belli bir sınıra girer.

Anne sevgisi, sevgilerin en güzeli; anne şefkati şefkatlerin en berrağı; anne hakkı hakların en kudsîsidir.

Bu güzelliğe Kur'ân'ın ifadeleri ayrı bir güzellik ve mânâ kazandırıyor:

"Rabbin şunu da emretti: Ondan başkasına ibâdet etmeyin; anne ve babaya da iyilikte bulunun. Onlardan biri veya her ikisi senin yanında ihtiyarlık çağına erişecek olursa, onlara sakın 'Öf' bile deme, onları azarlama, onlara güzel söz söyle.

"Onlara merhamet ve tevâzu kanadını ger ve de ki: Ey Rabbim, nasıl onlar beni küçükken besleyip büyüttülerse, Sen de onlara öylece merhamet buyur."[1]

Bu davranışın sebep ve hikmeti Lokman Sûresinde ise şöyle ifade edilir:

"Biz insana, anne-babasına iyi davranmasını tavsiye ettik. Annesi onu kat kat sıkıntı içinde karnında taşımıştır. Çocuğun sütten kesilmesi ise iki yıl içinde olur. Biz insanlara, Bana ve anne-babana şükret, dedik. Kıyamet gününde dönüş ancak Banadır."[2]

Cenab-ı Hak bizi annemizin şefkatine emanet etmiş, onun merhametli eline teslim etmişti. Bizi onun kucağında, onun bağrında büyüttü.

Biz de o şefkat madeni olan annemizi Cenab-ı Hakkın rahmet ve hikmeti hesabına severiz. Bu sevgi aynı zamanda Ona âittir. Bu sevgi Allah içindir. Çünkü yaşlandığı, artık bize bir faydası kalmadığı, hatta zahmet ve meşakkate attığı halde bile sevgimiz, saygımız ve şefkatimiz daha da artar.

Bu sevgi Allah rızası için olduğundan bir ibadet sayılır. Bu ibadet duygusudur ki, hiçbir karşılık beklemeden onun yardımına koşar, uzun bir ömür sürmesini gönülden arzu ederiz.

Çünkü, "Onun yüzünden daha ziyade sevap kazanayım" düşüncesi bizi bu hale sevk eder. Bu sevgi ve hürmetlerimizi elini öperek "ulvî bir lezzet" alırız ki, bu hem bizi, hem de onu sevindirir.

Bunun aksi olan, yaşlandığında onu bir yük olarak görmek, varlığından rahatsız olmak, insanın dünyaya gelişine ve hayatına sebep olan o muhteremin ölümünü arzu etmek, ancak vahşî bir duygunun sonucudur.[3]

Anne sevgisi, Allah sevgisi; anneye eziyet, Allah'a eziyettir. Bu gerçeği şefkat Peygamberi şöyle vecizeleştiriyor:

"Allah'ın rızası annenin rızasına; Allah'ın gazabı da annenin gazabına bağlıdır."[4]

Bu sevgi ve "rıza" bazen cihadın da önüne geçer. Yerine göre cihattan daha faziletli olur. Çünkü cihatta da Allah rızası esas alındığı

---

1 İsrâ Suresi, 23-24.
2 Lokman Suresi, 14.
3 Sözler, s. 597-601.
4 Tirmizi, Birr: 3.

için, bu rıza annenin gönlünü yapmak, yardımına koşmakla da gerçekleşir.

Sahabe-i Kiramdan Hz. Cuhame, bir gün Peygamberimizin (a.s.m.) huzuruna gelir:

"Yâ Resulallah, cihada katılmak istiyorum. Sizinle istişare etmeye geldim. Ne buyurursunuz?"

Resulullah (a.s.m.) sorar:

"Annen var mı?"

"Evet, var."

"Öyleyse, git ona hizmet et. Çünkü, Cennet onun ayaklarının yanındadır."[1]

Yâni anneye karşı alçakgönüllü davranmak, onun rızâsını kazanmak Cennete girmeye sebeptir.

Annenin hakkı babaya nazaran daha fazla ve üstündür. Lokman Sûresindeki âyet-i kerime buna işaret ettiği gibi, bir hadis-i şerifte de Peygamberimiz gayet açık bir şekilde bildirmektedir.

Sahabîden birisi gelerek Peygamberimize (a.s.m.) sorar:

"Ya Resulallah, insanlardan kendisine iyi muamele yapmama en layık olan kimdir?"

Resul-i Ekrem Efendimiz:

"Annendir."

"Ondan sonra kim?"

"Annen."

"Ondan sonra kim?"

"Annen."

"Ondan sonra kim?"

"Ondan sonra babandır."[2]

Özetle, bir Müslüman, Rabbine nasıl iman edip ibadet ediyorsa; o şuur içinde de anne-babasına evlâtlık vazifesini yapar, ihtiyacını görür, ihsan eder, başının üstünde tutar. Bunun ne belli bir günü vardır, ne de saati.

---

1 Tefsirü İbni Kesir, 2:373.

2 Müslim, Birr: 1.

Bu vazife dünya ile de sınırlı kalmaz. Âhirete göçtükleri zaman da devam eder. O zaman da yapılması gerekenler vardır.

Ensardan bir zât gelerek Peygamberimize (a.s.m.) sorar:

"Ya Resulallah, ebeveynim öldükten sonra kendilerine yapmam gereken bir iyilik kaldı mı?"

Resulullah (a.s.m.), **"Evet"** diyerek şu vazifeleri sayar:

"Onlara duâ etmek, onlar için istiğfarda bulunup günahlarının affını dilemek, vasiyetlerini yerine getirmek, onlar vasıtasıyla akrabalığın bulunan kimselere karşı iyi münasebetleri devam ettirmek, dostlarına ikram ve iyilikte bulunmaktır."[1]

Ne mutlu, anne babasına evlâtlık vazifesini yapabilenlere!

Adamın biri Peygamber Efendimize (a.s.m.) geldi, şöyle dedi:

"Allah'tan sevap ve mânevî karşılık beklemek niyetiyle cihat etmek ve hicret etmek üzerine sizinle bîat etmeye geldim."

Peygamber Efendimiz (a.s.m.):

"Anne-babandan birisi sağ mı?"

"Her ikisi de sağdır."

"Allah'tan sevap ister misin?"

"Evet, yâ Resulallah."

"Öyle ise anne-babanın yanına dön, onlara hizmet et."

■ ■ ■

Hazret-i Âişe rivayet ediyor:

Bir gün Peygamber Efendimizin (a.s.m.) yanına bir adam geldi. Beraberinde yaşlı birisi vardı. Peygamberimiz (a.s.m.) adama, "Bu ihtiyar kim?" diye sordu.

Adam, "Babamdır" dedi.

Peygamber Efendimiz (a.s.m.):

"Öyle ise önüne geçme, o oturmadan sen oturma. Onu adıyla çağırma ve ona kimseyi küfrettirme."

1 İbni Mace, Edeb: 2

Anne-baba, evlâdının dinî yaşantısına engel olabilir mi?

İnsan, anne-babası razı olmasa da dinini yaşamalı ve dinî hizmette bulunmalıdır. Fakat, onları incitecek, kalplerini kıracak, karşı gelecek bir tutum içine girmemelidir. Sadece güzellikle anlatmalı, mahiyetini bilmediği konuları onlara izah etmeli, gönüllerini almaya çalışmalıdır.

Peygamberliğin ilk günleriydi. Resul-i Ekrem Efendimiz Hz. Hatice ile birlikte namaz kılıyordu. Henüz on yaşlarında bulunan Hz. Ali hayran hayran onları seyretti.

Namaz bittikten sonra merak edip sordu:

"Nedir bu yaptığınız?"

Peygamberimiz, **"Ey Ali, bu Allah'ın seçtiği, beğendiği dindir. Seni bir olan Allah'a iman etmeye çağırıyorum. İnsana fayda ve zararı dokunmayan putlara tapmaktan sakındırıyorum"** buyurdu.

Bir an için duraklayan Hz. Ali, **"Bu, benim bu zamana kadar duyup işitmediğim bir şey. Babamın iznini almadan bir şey yapamam"** diye konuştu.

O gün kimseye bu meseleyi açmadı. Geceyi düşünerek geçirdi.

Şafak aydınlığıyla kalbine bir ışık doğdu. Doğruca Resulullah'ın (a.s.m.) huzuruna vardı, şöyle konuştu:

"Allah beni yaratırken babam Ebû Talib'e sormadı. Ben neden Allah'a iman edip ibadet etmek için gidip ona danışıp iznini alayım?"

Böylece ilk Müslüman çocuk şerefini aldı.

Evet, Hz. Ali kendisini Yaratanı tanıyacak, Ona iman edecek, ibadette bulunacaktı. Bunun için gidip ayrıca babasına danışması, onun fikrini alması bir mânâ ifade etmezdi.

Bundan dolayı, insan, anne-babası razı olmasa da dinini yaşamalı ve dinî hizmette bulunmalıdır. Fakat, onları incitecek, kalplerini kıracak, karşı gelecek bir tutum içine girmemelidir.

Çünkü bir anne veya baba ne kadar haksız olursa olsun, evlâdın onlara karşı gelmeye hakkı yoktur.

Sadece güzellikle anlatmalı, mahiyetini bilmediği konuları onlara izah etmeli, gönüllerini almaya çalışmalıdır.

Çünkü hiçbir anne-baba evlâdının kötü olmasını istemez, onun hep ahlâklı, temiz ve terbiyeli olmasını arzu eder.

Sahabi, annesine niçin karşı geldi?

İslâm güneşi doğduğunda Sa'd bin Ebî Vakkas 17 yaşında bir gençti. Peygamberimiz gizli olarak İslâmiyeti anlatıyordu. O zaman daha Müslümanların sayısı ancak yedi-sekiz kişi kadardı.

Hz. Sa'd, Müslüman olmadan üç gün önce bir rüya gördü. Rüyasında kap karanlık bir yerde bulunuyordu. Hiçbir şey göremiyordu.

Derken ay doğdu. Ayın aydınlığında yolunu buldu. Daha sonra Müslüman olan Hz. Ebu Bekir, Hz. Ali ve diğerlerini gördü.

Bu rüyadan sonra araştırdı. Peygamberimizin (a.s.m.) gizli olarak İslâmiyeti anlattığını öğrendi.

Onu görmek istiyordu.

Sonunda Mekke'nin dışında bir yerde namaz kılarken gördü.

Hiç tereddüt etmeden yanına varıp Müslüman olacağını söyledi. İlk Müslümanların arasına girdi.

Oğlunun Müslüman olduğunu duyan annesi çok kızdı. Oğlunun puta tapmayı bırakıp da İslâmiyeti seçmesine dayanamadı. Onu vazgeçirmek istedi.

Hz. Sa'd annesini çok seviyordu. Sözünden hiç çıkmazdı. Bir dediğini iki etmezdi.

Bunu bilen annesi bir gün ona çıkıştı:

"Ey Sa'd, sen bu yeni çıkan dini bırakmayacak olursan, ne yemek yerim, ne de bir şey içerim. Aç susuz kalır, ölürüm. Sen de ondan sonra 'Ey anne katili!' diye çağırılırsın."

Hz. Sa'd, annesinin gönlünü almaya çalıştı:

"Anne," dedi, "Böyle yapma. İyi bil ki, ben dinimi bırakmam. İnandıklarımdan vazgeçmem."

Fakat annesi hiç dinlemedi. İki gün, iki gece bir şey yeyip içmedi, aç susuz kaldı. Halsiz düşmüştü, perişandı. Bayılmıştı.

Allah'a inanmayan diğer oğlu gitti, susuzluktan bayılan annesini ayılttı.

Ayılan anne, oğlunun döndüğünü sanıyordu. Fakat dediğini yapmadığını duyunca oğluna bedduâ etmeye başladı. Bunun üzerine Hz. Sa'd şöyle dedi:

"Vallahi anne, iyi bil ki, senin bin tane canın olsa, her gün birer birer çıksa, ben bu dinimden yine dönmem. İster ye, istersen yeme!"

Bu kararından sonra annesi yemeye içmeye başladı. Çünkü umudu kesilmişti.

Hz. Sa'd, Allah'a ve Onun Peygamberine iman etmişti. Haklıydı. Ana-baba hakkı Allah ve Peygamber hakkından sonra gelirdi.

Ana-baba, Allah'ın ve Peygamberin emrine aykırı bir şey söylerse, onlara itaat edilmeyeceğini de biliyordu. Fakat yine de içi rahat etmiyordu. Annesinin bedduâsından korkuyordu.

Çok geçmeden Cenâb-ı Hak, Peygamberimize bir âyet gönderdi. Bu âyette Hz. Sa'd'ın haklılığı bildiriliyordu.

Cenâb-ı Allah şöyle buyuruyordu:

"Biz, insana ana-babasına iyi davranmasını tavsiye ettik. Eğer onlar, seni, hakkında bilgin olmayan bir şeyi (körü körüne) Bana ortak koşman için zorlarlarsa onlara itaat etme (sözlerini dinleme). Dönüşünüz ancak Banadır. O zaman size yapmış olduklarınızı haber vereceğim." (Ankebut Sûresi, 8.)

Bu âyet indikten sonra Hz. Sa'd rahatladı. Yanlış bir iş yapmadığını anladı.

Baba evlâdını mirastan mahrum edebilir mi?

İnanç bakımından bir insanın mirastan mahrum bırakılabilmesi için her şeyden önce, o kişinin –Allah korusun– dinden çıkmış, irtidat etmiş olması lâzımdır. Yoksa bir insanın günahkâr olması, birtakım dinî vazifelerini ihmal etmesi, mirastan mahrum bırakılmasını gerektiren bir durum değildir.

Miras hukuku çok önemli bir konudur. Her şeyden önce miras meselesinde hassas ve titiz davranmak, hak kaybına sebep olmamak gerekir.

Miras meselesinde ilk önemli vazife, malını miras olarak bırakacak kimseye düşmektedir. İlk olarak dikkate ve hakkaniyet prensiplerine riayet etmek bu insana aittir.

Bu kimsenin adaletsizliği de birkaç şekilde olur.

Hayattayken malının bir kısmını veya kıymetli tarafını çocuklarından birisine bağışlayarak, kardeşler veya diğer mirasçılar arasında bir kin ve nefretin doğmasına sebep olmak...

Diğeri de malının büyük bir kısmını ya sağlığındayken veya vasiyet ederek bir hayır kurumuna bırakmak...

Bu durumda mirasçılar mağdur olmakta, hakkı olan malın eline geçmemesiyle çaresiz halde kalmaktadır.

Bu husustaki Kur'ân'ın emirleri açık ve anlaşılır şekildedir:

"Yapılacak vasiyet ve borç ikrarı hiçbir sûrette mirasçıları zarara sokmaksızın yapılmalıdır. Bütün bu emir ve hükümler Allah'tan birer fermandır. Allah Alîmdir, her şeyi hakkıyla bilendir; Halîmdir, kullarına hilimle muamelede bulunur, ceza vermekte acele etmez."[1]

---

[1] Nisâ Sûresi, 12.

Bu âyeti takip eden diğer âyette ise Allah'a ve Peygamberine itaat ederek, Allah'ın koyduğu sınırlar içinde hareket edenlere ebedî saadet müjdesi verilir.

Bir hadis-i şerifte ise, **Peygamberimiz (a.s.m.) mirasçıları mağdur düşürecek şekilde vasiyet edilmemesini tavsiye eder.**[1] Bu çeşit bir hareketin Allah'a itaatin bir işareti olduğunu ifade buyurur.

İnanç bakımından bir insanın mirastan mahrum bırakılabilmesi için her şeyden önce, o kişinin —Allah korusun— dinden çıkmış, irtidat etmiş olması lâzımdır.

Yoksa bir insanın günahkâr olması, birtakım dinî vazifelerini ihmal etmesi, mirastan mahrum bırakılmasını gerektiren bir durum değildir.

Şayet bu gerekçe ile çocuklar babalarının mirasından faydalanamazlarsa, pek çok sakıncalar birbirini takip eder.

İlk olarak, böyle bir niyette olan kimsenin, çocuklarına gereken dinî bilgileri, İslâmî ve imânî şuuru vermiş olma rahatlığını taşıması gerekir.

Yâni, onları yetiştirirken, çocukluklarından itibaren onlara İslâmî bir eğitimi vermiş olması lâzımdır. Böyle bir eğitimi verememişse, kendi açısından hak olarak gördüğü bu uygulamayı da yapmamalıdır.

Diğer taraftan mirastan mahrum bırakmaya sebep olabilecek böyle bir yaşayış insanda her zaman devam etmeyebilir. Öyle zaman olur ki, sefahet içinde yüzen bir insan, hidâyete gelir, dininin gerekliliklerini yapma gayretinin içine girebilir.

Kişinin çocuklarına böyle bir ceza vermesi, doğru bir ıslah yolu değildir. Böyle bir şey olursa, o çocukların babalarına olan saygılarının devam edeceği kestirilebilir mi?

Diğer taraftan mirası hak edecek kimseler ne kadar varlıklı olursa olsunlar, bu zenginlikleri, onları mirastan uzak kılacak bir gerekçe olamaz.

Ancak, insan, servetinde istediği gibi tasarruf etme hakkına da sahiptir. Lâkin, yukarıda da belirttiğimiz gibi, bazı haksızlıklara meydan vermemesi de gerekir.

Bu meselede şu şekilde hareket etmek mümkündür:

---

[1] Tirmizi, Vasâya: 1, İbni Mâce, Vasâya: 3.

İnsan, malının üçte bir nisbeti gibi bir kısmını tayin ettiği bir şahsa veya hayır kurumuna sarf edilmek üzere vasiyet edebilir.

Böylece düşüncesindeki hayrı yapmış olur. Geriye kalan malını da mirasçılarına bırakır. Onların da hidâyetleri için duâ eder, elinden geldiği kadar babalık vazifesini yapmaya gayret eder.

Erkek ve kız kardeşlerimizle durumumuz nasıl?

Bazı dünyevî meseleleri bahane ederek kardeşlerle olan bağı kesmek, yabancılaşmak, uzak durmayı tercih etmek hiçbir şekilde hoş karşılanmayan bir davranıştır. İnanç yönünden bazı kusurları, İslâmî yaşayış bakımından birtakım eksiklikleri varsa, onları gidermeye çalışmak yine bize düşer.

Kişinin anne-babasından sonra kendisine en yakın olan kardeşidir. Aynı anne-babadan gelme, aynı çatı altında büyüme, hattâ çok zaman aynı his ve duyguları paylaşma gibi, diğer akrabalardan farklı olarak pek çok ortak taraflar bulunur.

Bunlarla birlikte insan hissen anne-babası ile birlikte kardeşlerine bağlıdır. Bunun için şayet küçüklerse şefkatle himaye edip sevgi gösterir, kendisinden büyüklerse hürmet gösterip iyilikte bulunur.

Öyle ki, babasını kaybeden insan ağabeyini baba gibi bilir; annesini kaybeden de ablasını anne gibi kabul eder.

İşte bu gerçeği Peygamberimiz şu hadisleriyle çok veciz bir şekilde ifâde buyurarak, ağabeylerin hak ve hukukunu şu şekilde bildirir:

"Büyük kardeşlerin küçük kardeşlerin üzerindeki hakkı, babanın çocukları üzerindeki hakkı gibidir."[1]

Bunun için insanın ağabey ve ablasını baba ve annesi gibi kabul edip ona göre davranması gerekir.

---

[1] İhyâ, 2:219 (İbni Hibban'dan rivayetle).

Anne-babada olduğu gibi, dine ters düşmeyen tavsiyelerini dinlemek, hak ve hukuklarını gözetmek, yardımlarına koşmak, ziyaret edip ellerini öpmek, şüphesiz İslâmî bir vazifedir.

Küçük kardeşler için de aynı sevgi ve şefkatin gösterilmesi bir insanlık ve Müslümanlık borcudur. İnsanın, onları evlâdı gibi koruyup gözetmesi, yetişmeleri için elinden gelen gayreti göstermesi önemli bir hizmettir.

Bazı dünyevî meseleleri bahane ederek kardeşlerle olan bağı kesmek, yabancılaşmak, uzak durmayı tercih etmek hiçbir şekilde hoş karşılanmayan bir davranıştır.

İnanç yönünden bazı kusurları, İslâmî yaşayış bakımından birtakım eksiklikleri varsa, imkân nisbetinde onları gidermeye çalışmak, onları hakka ve hakikata ısındırmaya gayret etmek yine bize düşer.

Cenâb-ı Hakkın da Peygamberimize tavsiyesi açıktır: **"Önce en yakın akrabalarına hakkı tebliğ et."**[1]

Bu İlâhî tavsiye hepimiz için geçerli değil midir?

Akraba ilişkilerinde ihmalimiz var mı?

Hiçbir sebep yokken akraba ziyaretini kesen ve bunu helâl sayan kimsenin Cennete giremeyeceğini, girse de en son girenler arasında bulunacağını bildiren Peygamberimiz (a.s.m.) sıla-i rahmin zaruretini ifade buyurmaktadır. Çünkü bu, farz bir ibadettir.

İnsanın çevresi bir çekirdek olarak başlar, yakın ve uzak akrabalar, komşular ve arkadaşlarla genişler, bir bütünlük oluşturur.

Toplumsal hayatın bir gereği olarak, kendi gücümüzü aşan pek çok meseleyle karşılaşırız. Problemimizin giderilmesi için özellikle akrabalarımızın yardımına başvururuz.

[1] Şuarâ Sûresi, 114.

Düğün hazırlığında, doğum ânında, bir iş kurma konusunda veya bir ölüm olayında ilk aklımıza gelen yakın akrabalarımızdır.

Zaten toplu halde yaşadığı için birbirine muhtaç olma bakımından, insanı, diğer canlılardan ayıran özelliklerden birisi de bu değil midir?

Günümüzde, özellikle kişisel çıkarlar ön planda tutuluyor ve herkes "kendi yağıyla" kavruluyor.

Böyle bir devirde İslâmiyetin sıla-i rahmi, yani akrabalar arasındaki münasebetlerin sağlıklı bir şekilde devamını farz kılmasının ne kadar hayatî bir önem taşıdığı bir defa daha ortaya çıkıyor.

Kur'ân-ı Kerimde akrabaya iyilik etmek, Allah'a, Resulüne ve anne-babaya itaatten sonra zikredilir. Bu ise, mü'minin üzerine büyük bir sorumluluk getirir.[1]

Akraba ziyaretlerini değişik şekillerde devam ettirmek mümkündür.

Yakında ise fırsat buldukça ziyaretlerine gitmek, hal ve hatırlarını sormak, gerektiğinde yardımlarına koşmak, ihtiyaçları varsa elden geldiği kadar gidermeye çalışmak; uzakta ise telefonlaşmak, mektuplaşmak veya selâm göndermek gibi yollarla ilişkiyi devam ettirmek gerekir.

Bu bağ, kişinin hem dünyası, hem de dini için önemlidir. İnsanın rızkının bereketlenmesi ve ömrünün nurlanması[2] bakımından apayrı bir yeri olduğu gibi, âhirete ait mükâfatı ve sorumluluğu açısından da ihmal edilmemesi gereken bir görevdir.

Hiçbir sebep yokken akraba ziyaretini kesen ve bunu helâl sayan kimsenin Cennete giremeyeceğini, girse de en son girenler arasında bulunacağını bildiren Peygamberimiz (a.s.m.) sıla-i rahmin zaruretini ifade buyurmaktadır.[3]

Pekçoğumuz akraba ziyaretlerinin ve irtibatın tek taraflı oluşundan şikâyet ederiz. Veya karşı taraftan karşılık görmediğimizden yakınırız.

Ayrıca bizler bir iki defa gidip geldiğimiz veya telefonlaşıp aradığımız halde muhatabımızın ihmalini bahane ederek arayı soğutmakta zarar görmeyiz.

---

1 İsrâ Sûresi, 26.
2 Buharî, Edeb: 12.
3 Müslim, Birr: 19.

Başımıza gelen veya gelmesi muhtemel olan bir hadise Asr-ı Saadette geçmiştir. Bir sahabi gelerek Peygamberimize şöyle dert yanar:

"Yâ Resulallah! Benim akrabalarım var. Ben onları ziyarete gidiyor, sıla-i rahmi yapıyorum, fakat onlar bunu kesiyorlar. Ben onlara iyilik ediyorum, onlar bana kötülük ediyor. Ben onlara yumuşak davranıyorum, onlar bana karşı cahilce hareket ediyor."

Durumu dinleyen Peygamberimiz şöyle buyurdu:

"Eğer dediğin gibi isen, sanki onlara sıcak kül yediriyor gibisin. Sen bu şekilde devam ettikçe Allah tarafından onlara karşı, seninle dâima bir yardımcı bulunacaktır."[1]

"Sıcak kül yedirme" tabiri, **"Sen onlara iyilik etmekle kendilerini mahcup ediyorsun. Yaptıkları aşağılıktan dolayı sıcak kül yemiş gibi acı duyuyorlar"** demektir.

Bir hadiste de karşılık beklemeden akraba ziyaretini devam ettirmenin önemi şöyle açıklanır:

"Karşılık bekleyerek iyilikte bulunan kişi gerçekte sıla-i rahim etmiş değildir. Lâkin hakiki sılacı, kendisinden akrabalık bağı ve iyiliği kesildiği halde ziyaret ve ihsanda bulunan kimsedir."[2]

Yakın akrabalar arasında bazı can sıkıcı durumların çıkması, olabilen bir durumdur.

Bu soğukluk, başta miras olmak üzere, birbirlerine kız alıp vermede veya gerektiğinde yardımına koşmama gibi durumlarda meydana gelebilir. Hattâ ciddi mânâda bir kırgınlık da olabilir.

Bu halde dahi, akrabalar arasındaki ilişkinin kesilmemesi gerekir.

Peygamberimiz, **"En faziletli sadaka, kırgın olan akrabaya yapılan sadakadır"**[3] buyurarak, akrabayı unutmamayı tavsiye eder. Çünkü bu, farz bir ibadettir.

İnsanın dini hayatına bir zarar vermediği sürece yakın akrabaları küstürmenin hiçbir haklı sebebi olamaz.

Ancak insanın dinî hayatını olumsuz etkileyecek bir hal veya inancına aykırı bir hareket akrabadan da gelse hoşgörü ile karşılanmamalıdır.

---

1 A.g.e., Birr: 22.

2 Buharî, Edeb: 15.

3 Dârimî, Zekât: 38.

Çünkü burada Allah'ın rızası öne çıkmaktadır. Bu durumda kırıcı olmamak şartıyla ilişkiler sınırlandırılabilir. Fakat bütün bütün irtibat kesilmemeli.

Gelmesi muhtemel zararları hesaba katarak, onu gidermeye çalışmadan arayı açmak, akla uygun bir davranış değildir.

Konusu geçen sahabi gibi bizim tarafımızdan hep iyilik olmalı, fakat ihtiyatı da elden bırakmamalıdır.

Televizyona nasıl söz geçirebiliriz?

Televizyon; evimizin "davetsiz" misafiri, ailenin "yaramaz, şımarık, bazen de muzır" çocuğu...

Bu âletin "kendi başına buyruk" hareket etmesinden dolayıdır ki, pek çok insanımız, bu medeniyet nimetinden tam anlamıyla istifade edemiyor.

Çünkü, bir-ikisi hâriç, ekrana gelen program ve görüntüler, Müslüman milletimizin arzu ve isteği rağmınadır.

Filmleriyle Batının dejenere olmuş aile düzenini sevdirmeye çalışıyor. Magazin programlarıyla birtakım sefih kimselerin yaşayışlarını meşrû göstermeye, gençleri onlara özendirmeye, reklâm yayınlarıyla milleti sefahet ve israfa yönlendirmeye gayret ediyor.

İşte bu yüzden inanç, ahlâk ve âdetlerine bağlı olan pek çok kimse, bu âlete ya hiç iltifat etmeden ondan "mahrum" kalıyor veya kerhen evde bulunduruyor.

Bazen de, sadece haberler olmak üzere, zararsız gördüğü bazı yayınları seyretmek üzere ara sıra düğmesine basıyor.

Evet, onu baş köşeye oturttuktan sonra bir daha indiremiyoruz. O konuşuyor, biz dinliyoruz; o oynuyor, biz seyrediyoruz.

Milletin hislerine hitap eden programlar, genel yayın akışının küçük bir kısmını oluşturuyor, tamamına yakını ise kalbe ve ruha anlatılamayacak derecede zarar veriyor.

Hava unsurunu Allah'ın varlık ve birliğine delil olarak gösteren Bediüzzaman Hazretleri, bu vesile ile şu tespite yer veriyor:

"Evet, beşer, hakikate muhtaç olduğu gibi, bazı keyifli hevesata da muhtaçtır. Fakat bu beşte birisi olmalıdır. Yoksa havanın sırr-ı hikmetine münafi olur (aykırı düşer)."

"Hem beşerin tembelliğine ve sefahatine ve lüzumlu vazifelerinin noksan bırakılmasına sebebiyet verip, beşere büyük bir nimet iken büyük bir nikmet (azap) olur. Beşere lâzım olan sa'ye (çalışmaya) şevki kırar."

Yıllar önce radyo için söylenmiş olan bu sözler, radyonun "gelişmişi" olan televizyon için de geçerlidir şüphesiz.

Çünkü televizyon, aynı olumsuz neticeyi daha fazla doğuruyor.

Televizyonun başımıza açtığı dertlerden birisi de, insan ilişkilerini azaltması, komşular arasındaki irtibatı eksiltmesidir.

Akraba ziyaretlerinin tadını tuzunu kaçırarak bu ziyaretlerin sıradan bir gelip gitmelere bağlı kalmasına sebep olması, bazen de iyice kesilmesini netice vermesidir.

Evet, bütün insan ilişkilerinde olduğu gibi, buna benzer durumlarda da, Müslümana yakışan akıllı davranmak, aşırılığa varmadan hareket etmek, davranışlarının dozunu iyi ayarlamak, meşru çâreler aramaktır.

Çünkü, iyiliği tavsiye, kötülükten sakındırma, hiçbir zaman üzerimizden atamayacağımız dinî bir vazifedir.

Hele ilişkiler akrabalarla olunca iş daha da farklı bir durum arz etmektedir.

Zirâ, çok ciddi bir gerekçe olmadan akraba ve komşularla olan alâka kesilmez.

Yani, gittiğimiz zaman İslâmî yaşayışımızla alay ediliyor, mahremiyet meselelerine hiç aldırış edilmiyor veya tatsız birtakım davranışlar oluyorsa; yine de irtibat bütün bütün kesilmez, bazı belli günlere has kılınarak seyrekleştirilir.

Ziyâretler esnâsında ise, televizyon programları sohbetlerimize engel oluyorsa, ev sahibi nazımızın geçtiği birisi ise, uygun bir dille hatırlatır, sohbetin devamını sağlarız.

Şayet durum müsâit değilse, sohbetin seyri içinde televizyon câzibesini zaten kaybeder.

Çünkü, konuşmamız veya açılan mesele, muhatabımızın da ilgisini çeker.

Ailece yapılan ziyâretlerde mahremiyet meselelerine dikkat etmek, birbirine yabancı olan kadınlarla erkeklerin ayrı odalarda oturmalarına imkân tanımak ve istemek hiç de zor bir durum değildir.

Zaten birkaç sefer gidip gelinmişse ev sahibi misafirini hissen ve kalben rahat ettirme gayreti içine girecektir.

Televizyonun bu kadar olumsuz yönlerinin olması; mutlak olarak âletin ve icadın kendisine düşman olmamız mânâsına gelmemelidir.

Başta bütün yeni icatlar olmak üzere, televizyonun kendisine düşman olamayız. Çünkü bu bir bıçak gibidir. Kasabın elinde et keserken, câninin elinde cana kıymaktadır.

Televizyonun bizi rahatsız eden tarafı yayınlarıdır, kullanımındaki yanlışlıklardır.

Acıyı sevmiyorsak, acı yemekten kaşığımızı nasıl çekebiliyorsak, kalp ve ruh midemizi rahatsız eden programları da o kolaylıkla izlemeyebiliriz.

"İyisini al, kötüsünü bırak" kuralınca hareket edersek, rahatlayacağımız şüphesizdir.

GELİN, DAMAT, KAYINVALİDE, KAYINPEDER İLİŞKİLERİ

Kayınpederin ve kayınvalidenin eli öpülebilir mi?

Esas itibariyle damat kayınvalidesinin, gelin de kayınpederinin elini öpebilir, tokalaşabilir. Ancak bir tedbir olarak "hurmet-i musahare", yani akrabalığa benzeyen bir yakınlığın ortaya çıkmaması için tarafların birbirlerinin tenine dokunmaması uygun görülmüştür.

Nur Sûresi 31. âyette geçen **"kocalarının babaları"** ifadesi ile Nisa Sûresinde geçen **"hanımlarınızın anneleri"** ifadeleri bu meselenin aslını oluşturuyor.

Yani bir hanım için kayınpederi, bir erkek için de kayınvalidesi gerçek baba ve annesi gibidir, aralarında ebedî mahremiyet vardır.

Hiçbir şekilde oğlu ölse veya hanımını boşasa de kayınpeder geliniyle, damat da kayınvalidesi ile evlenemez.

Fıkıh dilinde **"hurmet-i müsahare"** şeklinde bir tabir vardır ki, **"akrabalığa benzeyen bir yakınlık"** demektir.

Yani kişi, bu insanlarla evlilik yoluyla akraba olmuştur. Hanefi mezhebine göre, bir damat kayınvalidesinin, bir gelin de kayınpederinin elini öper veya tenine dokunursa, her iki taraftan birinde cinsel haz ortaya çıkarsa gelin-damat diğer bir ifade ile karı-koca birbirlerine haram olurlar.

Yani esas itibariyle damat kayınvalidesinin, gelin de kayınpederinin elini öpebilir, tokalaşabilir; ancak yukarıda sözü edilen mahzur ortaya çıkmaması için bir tedbir olarak taraflar birbirlerinin tenine dokunmaması uygun görülmüştür.

Ancak bu hüküm Hanefi ve Mâlikî mezhebine göredir. Şâfiî ve Hanbelî mezhebine göre bu yolla haramlık sabit olmaz. Böyle bir halle karşılaşılmış olsa bile Şâfiî mezhebini taklit etmek mümkündür.

Onun için bu konularda hoşgörülü olmak en güzelidir. Çünkü bazı bölge ve ailelerde erkeğin kayınvalidesinin, hanımın da kayınpederinin elini öpmemesi çok yanlış anlaşılmakta ve aile bağlarını koparacak tartışma ve münakaşalara kadar varmaktadır.

Kayınvalideye "anne", kayınpedere "baba" denebilir mi?

Kayınvalide ve kayınpedere "anne-baba" denmesinde bir sakıncadan söz edilemez. Kayınvalide ve kayınpedere "anne-baba" demekle, onlar gerçek anne-baba olacak değillerdir. Bu sadece bir hürmet ve bir saygı ifadesidir. Nitekim bir akrabalık söz konusu olmadığı halde yaşça bizden büyük insanlara "ağabey, abi, amca, dayı; abla, teyze, hala" dememiz gibi.

Yakın akrabalara hitap şekli daha çok bizim gelenek ve göreneklerimizde bulunuyor. Başta Araplar olmak üzere diğer İslâm milletlerinde bu mesele bizdeki kadar yaygın değildir.

"Anne, baba, amca, hala ve teyze" gibi hitap şekilleri, meselâ Araplarda vardır, ama "ağabey, abi, abla" gibi hitap şekilleri sadece bize mahsus bir âdet olduğu gibi, kayınvalide ve kayınpedere "anne, baba" demek de yine bize has bir âdettir.

Zaten Batı ülkelerinde böyle bir şey hiç mevcut değildir. Bu âdetin bizde yerleşmesinin en mühim sebebi, Osmanlıdan kalma bir edep, bir nezaket ve bir terbiye şekli olmasıdır.

Bunun için hadislerde ve fıkıh kitaplarında bu mesele hakkında açıklayıcı, hüküm bildirici bir bilgi bulunmaz.

Bilindiği gibi, Hz. Ebû Bekir'in kızı Hz. Âişe ve Hz. Ömer'in kızı Hz. Hafsa Peygamber Efendimizin (a.s.m.) hanımları idiler.

Böylece Hz. Ebû Bekir ile Hz. Ömer Peygamberimizin (a.s.m.) kayınpederleri sayılıyordu.

Bunun yanında Hz. Ali Hz. Fâtıma ile, Hz. Osman da önce Hz. Rukiyye, onun vefatı üzerine daha sonra Hz. Ümmü Gülsüm ile evlenmekle Peygamberimizin (a.s.m.) birer damadı idiler.

Hal böyle iken, ne Peygamberimizin (a.s.m.) Hz. Ebû Bekir ile Hz. Ömer'e; ne de Hz. Ali ile Hz. Osman'ın Peygamberimize "baba" dedikleri bilinmemektedir.

Diğer bütün sahabiler gibi bu zâtlar da Peygamberimize, "Yâ Resûlallah!" şeklinde hitap ediyorlardı.

Diğer taraftan, Kur'ân'ın ifadesiyle Peygamberimizin (a.s.m.) hanımları "mü'minlerin annesi" olduğu gibi, Peygamberimiz de mü'minlerin mânen babası hükmündedir. Bunun için Peygamberimizin (a.s.m.), kendi hanımlarının babalarına, "baba" demesi uygun düşmezdi.

Buna göre hadis ve sünnette kayınvalideye "anne," kayınpedere de "baba" denmeyeceğine dair bir işaret çıkarılabilir.

Fakat kelimenin kendisinden de anlaşılacağı gibi, "kayınpeder"in aslı "kaimipeder"; "kayınvalide" de "kaimivalide"dir ki, "baba ve anne yerine geçen, baba ve anne mevkiinde bulunan" demektir. Yani hiçbir şekilde gerçek baba değildir, olamaz da...

Meselenin bir de fıkhî ciheti vardır. Şöyle ki:

Herhangi bir sebeple karı-koca boşanacak olsalar, daha sonra hiçbir şekilde erkek kayınvalidesi ile, gelin de kayınpederi ile evlenemez. Bu şahıslar gerçek anne-baba ve evlât gibi birbirlerine ebediyen haramdır. Bu durumda da anne-baba konumundadırlar.

Bu arada şu hususu da belirtmeden geçmeyelim: Kayınvalide ve kayınpedere "anne-baba" demekle, onlar gerçek anne-baba olacak değillerdir. Bu sadece bir hürmet ve bir saygı ifadesidir.

Nitekim bir akrabalık söz konusu olmadığı halde yaşça bizden büyük insanlara "ağabey, abi, amca, dayı; abla, teyze, hala" dememiz gibi.

Diğer taraftan karı-kocanın birbirlerine nâzik ve yumuşak davranmaları, birbirlerinin yakınlarını onların hoşuna gidecek hitaplarla çağırmaları ve saygılı hareket etmeleri karşılıklı haklardan sayılmaktadır.

Bunun yanında bazı bölgelerimizde kayınvalide ve kayınpederler kendilerine "anne-baba" denmediği zaman rahatsızlık duyuyorlar, hattâ bunu bir "mesele" haline getiriyorlar.

Bütün bu açıklamalar ışığında kayınvalide ve kayınpedere "anne-baba" denmesinde bir sakıncadan söz edilemez.

Kayınvalide hakkını helâl etmezse ne olur?

Kayınvalide, ne kadar hakkı geçerse geçsin, gerçek anne kadar hakkı geçmez ve olmaz ve ona âsi olma gibi bir durum da söz konusu değildir. Siz bir insan olarak üzerinize düşen hizmet ve görevi yaparsınız, başkalarının hakkını üstünüze geçirmemeye çalışırsınız, vicdanen de rahat ettikten sonra mesele yoktur.

Kayınvalideniz, beyinizin annesi olduğu gibi, aynı zamanda çocuklarınızın babaannesidir. Siz ayrılacak olsanız, kocanız vefat etse dahi, akrabalığınız en azından çocuklarınız aracılığıyla devam edecektir.

Aile içinde şu veya bu şekilde, az veya çok, görüşmelerinizin sıklığı ve sâkinliği oranında hak-hukuk mutlaka olacaktır ve zaten vardır.

Bu gibi konularda hürmet ve saygı başta olmak üzere, dinî ölçüleri zorlamamak kaydıyla anlayış ve hoşgörü ortamı içinde münasebetleri sürdürürsünüz. Kendinizi dinen ve vicdanen rahat hissediyorsanız mesele yoktur.

Ancak kayınvalide olup olmaması bir tarafa, insan olarak kalbini kırma, gıybetini yapma, soğuk davranma, meşru istek ve arzularını yerine getirmeme gibi hallerde bulununca mutlaka hak geçer.

Bunun için özür dileme, helâllik isteme gibi telâfi yollarını tercih etmelidir.

Yalnız bütün bunlarla birlikte her olur olmaz şeye karışıyor, her meseleye müdahale ediyor, beyinizle aranızın soğumasına yönelik davranışlarda bulunuyor, geçimsizliği arttırıyor ve çekilmez hale getiriyorsa, aşırıya kaçmamak kaydıyla hakkınızı ve haklılığınızı arayacaksınız.

Ama bu hususta eğer yapabilirseniz, meseleleri büyütmemek ve çoğu zaman susmayı tercih etmek gerekir.

"Hakkımı helâl etmem" meselesine gelince; bir defa hak geçmesi tek taraflı bir olay değildir. Onun size hakkı geçtiği gibi, sizin de ona hakkınız geçiyordur.

Çünkü ne kadar hakkı geçerse geçsin, gerçek anne kadar hakkı geçmez ve olmaz ve ona âsi olma gibi bir durum da söz konusu değildir.

Siz bir insan olarak üzerinize düşen hizmet ve görevi yaparsınız, başkalarının hakkını üstünüze geçirmemeye çalışırsınız, vicdanen de rahat ettikten sonra mesele yoktur.

Kadın, kocasının izni olmadan anne-babasına gidebilir mi?

Fıkıh kitaplarında kocanın, hanımının anne-baba ve akrabalarını ziyaretini yasaklayamayacağı kaydedilir. Çünkü sıla-i rahim farz olduğundan, erkek, hanımının bu farzı işlemesini engelleyemez. Kadının yakın akrabası annesi veya babası olunca —bunlar Müslüman olmasalar dahi— kocanın onları ziyaret etmek için çıkmasına izin vermelidir.

Anne-baba en değerli varlığımızdır. Onların hayatımızda apayrı bir yeri vardır. Kaç yaşında olursak olalım, hep bir anne-baba özlemi içinde olduğumuzu hissederiz.

Zaman olur, çoluk çocuğa kavuşur, iş güç sahibi oluruz. Araya ne girerse girsin, ne onlara sevgimizde bir azalma olur, ne de o mübarek insanlara olan ihtiyacımız azalır. Âdeta hayatımız onların varlığı ile hayat bulur.

Kendimiz de anne-baba oluruz. Fakat hep onların hasreti burnumuzda tüter, fırsat buldukça gidip görmek, varsa ihtiyaçlarını gidermek, gönüllerini almak, ellerini öpmek isteriz.

İşte bu doğal ihtiyacın, bu kopmaz sevginin ve bitmez hukukun Kur'ân ve sünnette önemli bir yeri vardır.

Kur'ân, anne-babaya itaati Allah'a kulluktan sonra sayar. Peygamberimiz de hadislerinde Allah'ın rızasının anne-babasının rızasına bağlı olduğunu bildirerek onların haklarına riayet etmeyi tavsiye buyururlar.

Gerek kadın, gerek erkek, kim olursa olsun her ikisinin de anne-babasına yapması gereken görevleri ve hizmetleri vardır.

Bu hukuk, kişiler bekârken devam ettiği gibi, erkek veya kız evlendikten sonra da kopmadan sürüp gider.

Erkek ev bark sahibi olduğu için anne-babasını ihmal edemez. Aynı şekilde kadın da kendi evini, kocasına olan hizmetini veya kocasının izin vermemesini ileri sürerek anne-babasını ziyaretten uzak kalamaz.

Dünyaya ait hiçbir iş ve meşguliyet anne-babayı ziyaretin önüne geçemez, onların hukukunu ihmale sürükleyemez.

Sılâ-i rahim dediğimiz akraba hukuku farz bir ibadettir. Yani namaz kılmak, oruç tutmak, haram işlememek nasıl bir farz ise, akraba hukukunu gözetmek de öyle bir farzdır.

Bunun içine anne-baba girerse işin önemi daha da artar. Erkek olsun, kadın olsun, bu farzı ihmal ettikleri sürece çok önemli bir hukuku çiğnemiş, kulluk vazifesini hakkıyla yapmamış olur.

Böyle bir konuda erkek hanımının engellemelerine sığınamayacağı gibi, kadın da beyinin izin vermemesini bahane olarak gösteremez.

Çünkü Müslüman erkek ve kadın bunları önemli bir görev ve hak olarak bilir, herhangi bir engelleme yoluna gidemez.

Fıkıh kitaplarında kocanın, hanımının anne-baba ve akrabalarını ziyaretini yasaklayamayacağı kaydedilir.

Çünkü sıla-i rahim farz olduğundan, erkek, hanımının bu farzı işlemesini engelleyemez.

Kadının yakın akrabası annesi veya babası olunca -bunlar Müslüman olmasalar dahi- kocasının onları ziyaret etmek için gitmesine izin vermelidir. Bugün, bazı kitaplarda Cuma günü olarak belirtilir.

Bu haftalık ziyaret, anne-babanın oturdukları yerin gidip gelinecek kadar yakın bir mesafede olduğu sürecedir. Aynı köy, kasaba ve şehir gibi...

Böyle bir ziyaret anne-babanın bakıma muhtaç olmayacak bir durumda olmaları halindedir.

Anne-baba bakıma muhtaçsalar, hasta veya düşkün bir durumda iseler, bakacak başka birisi de yoksa, kadın, kocası izin versin veya vermesin gidebilir. Ve ihtiyaç olduğu kadar kalabilir.

Bu durumda zor kullanarak engel olan erkek büyük bir günah işlemiş olacağından ağır bir sorumluluk altına girmiş olur.

Normal zamanlarda kadın anne-babasını ziyarete gittiği zaman kocası izin vermedikçe yatıya kalamaz. Gündüzleyin gidip tekrar gelebilir. Aksi halde kadın sorumlu duruma düşmüş olacaktır.

Çünkü bu takdirde evini ve kocasını ihmal etmiş, onların hizmetini aksatmış olur.

Anne-baba için böyle olduğu gibi, benzer bir durum diğer yakın akrabalar için de geçerlidir.

Yine kadın kocasının izni olmasa da, yani izin istediği halde vermese de, kardeşi, amcası, teyzesi, halası gibi yakın akrabalarını yılda bir, başka bir görüşe göre ayda bir gidip ziyaret edebilir.

Çünkü âyetlerde haklarını gözetme sırası, anne-babadan sonra yakın akrabaya gelir. Onlara gidip gelmek, bağları devam ettirmek aynı şekilde farz bir ibadettir. İhmal edildiği takdirde kulluk vazifesi tam mânâsıyla yapılmamış olur.

MAHREMİYET VE KADIN-ERKEK İLİŞKİLERİ

Akrabalar arasında kim mahremdir, kim nâmahremdir?

Mahrem: Haram olan, yani bir kadının evlenmesi dinen caiz olmayan erkek akrabaları demektir. **Nâmahrem:** Haram olmayan, yani bir kadının evlenmesinde dinen bir mahzur olmayan erkek demektir.

Cenâb-ı Hak, Kur'ân-ı Kerimde şöyle buyurmaktadır: "Size şu kadınları nikâhlamak haram kılındı: Anneleriniz, kızlarınız, kız kardeşleriniz, halalarınız, teyzeleriniz, erkek kardeşlerinizin kızları, kız kardeşlerinizin kızları, sizi emzirmiş olan süt anneleriniz, süt kardeşleriniz, hanımlarınızın anneleri, aranızdan zifaf geçmiş olan kadınlarınızdan doğan üvey kızlarınız.

"Eğer zifaf geçmemişse onların kızlarını nikâhlamakta size günah yoktur. Öz oğullarınızın hanımlarını nikâhlamanız ve iki kız kardeşi birden nikâhınız altına almanız da size haram kılındı. Ancak geçmiş olan müstesnâdır. Muhakkak ki Allah çok bağışlayıcı, çok merhamet edicidir."[1]

Âyet-i kerimede kan bağı, süt ve evlilik yönünden mahrem olanlar sayılmaktadır. Kan bağı dolayısıyla mahrem sayılan ve ebedî olarak bir mahremlik meydana getirenler şöyle sınıflandırılır:

1. Analar: Kişinin kendi anası, anasının anası, babasının anası ve bunların yukarı doğru yükselen analarıdır.

1 Nisâ Sûresi 23.

2. Kızlar: Kişinin kendi kızları, oğlunun ve kızının kızları, yani bütün torunları.

3. Kız kardeşler: Gerek ana baba bir; gerekse yalnız ana ve yalnız baba bir kız kardeşler.

4. Halalar: Bunlar da kişinin babalarının ve dedelerinin kız kardeşleri.

5. Teyzeler: Kişinin anasının ve ninelerinin büyük ve küçük kız kardeşleri.

6. Erkek kardeş kızları: Bunlar da kişinin gerek ana baba bir; gerekse yalnız ana veya yalnız baba bir olan erkek kardeşin kızları, ne kadar aşağı inerse insin bütün yeğenleri.

7. Kız kardeş kızları: Kişinin gerek ana baba bir; gerekse yalnız ana ve yalnız baba bir olan kız kardeşin kızları, ne kadar aşağı inerse insin bütün yeğenleri.

Bu yakın akrabalar arasında nikâhın haram oluşunun bir hikmeti, devamlı birbiriyle dayanışma ve yardımlaşma içinde bulunan kimselerin aralarındaki birliğin ve sevginin zedelenmemesidir.

Ayrıca, aile hayatında eşler arasında zaman zaman tartışma ve anlaşmazlıklar çıkabilir.

Eğer bu sayılanlardan birisiyle nikâh câiz olsaydı, kişinin bunlara olan saygı ve şefkati azalacak, samimiyeti ve sevgisi eksilecekti.

Sütten dolayı, yani emişme ile de ebedî bir mahremiyet söz konusudur. Peygamber Efendimiz (a.s.m.), **"Nesep birliğinden haram olanlar sütten dolayı da haram olur"**[1] buyurarak bu meseleye ışık tutmuştur.

Böylece, süt ana ile süt babanın akrabası süt evlâdın da akrabasıdır. Emziren ananın kendi oğul ve kızları, emzirdiği çocuğun süt kardeşleri olur.

Fakat bu çocuğun emzirilmeyen diğer kardeşleri o kadınla ve onun çocuklarıyla evlenebilirler.

Kişinin süt dolayısıyla da kendisine mahrem olan kadınlar vardır. Bunlarla olan münasebeti, diğer mahremleri ile olan münasebeti gibidir.

---

1 Buharî, Nikâh: 20.

Sütanne, çocuğun hayatına ve bünyesinin gelişmesine hizmet ettiğinden her zaman saygıya lâyıktır. Bundan dolayı emişme ile ebedî bir mahremiyet meydana gelmiş olur.

Evlilik dolayısıyla meydana gelen mahremiyet ile kişi hanımının annesi, üvey kızı, oğlunun hanımı (gelini) ile ebedî olarak evlenemez.

Hanımı hayatta iken de hanımının kız kardeşi (baldızı) ve bunun kızı, hanımının halası, teyzesi ile evlenemez. Bunlarla arasında geçici olarak bir mahremiyet vardır.

Amca, hala, dayı ve teyze kızları arasında bir yakınlık varsa da kişinin mahremi değildir.

Mahrem olan akrabalar arasında nelere dikkat etmeli?

Erkeğin ve kadının birbirlerine göstermesi câiz olmayan kısımlara avret denmektedir. Avret sayılan yerleri açmak ve başkalarına göstermek haramdır. Açan da, bakan da sorumlu olur. Bir kadının kendisine nikâhı düşmeyen mahremleri dışındaki erkeklere yüz ve ellerinden başka her tarafı avrettir. Bir kadının şehvet duygusu dışında yalnız yüz ve ellerine bakılabilir.

Aile hayatının sağlıklı ve pürüzsüz bir şekilde devam etmesi için bazı noktalara dikkat etmek gerekir.

Aile içi ve yakın akrabalarla ilgili münasebetlere dikkat edilmediği zaman bazı sıkıntı ve rahatsızlıklar meydana gelebilir.

İşte bu çeşit üzücü durumlara yol açmamak için aile içindeki erkek ve kadınlarla olan meşru münasebetleri hatırlamakta fayda vardır.

Dinimizin bu konuda titizlik göstermesi ve devamlı mü'minleri uyarmasının pek çok gayesi ve faydası vardır.

Nûr Sûresinde, yüce Rabbimiz Peygamber Efendimize şöyle hitap ediyor:

"Mü'min erkeklere söyle, gözlerini haramdan sakınsınlar, nâmuslarını da korusunlar. Bu, onların temizliği için daha uygundur. Muhakkak ki Allah, onların yaptıklarından hakkıyla haberdardır.

"Mü'min kadınlara da söyle, gözlerini haramdan sakınsınlar, nâmuslarını da korusunlar. Ziynetlerini ise, görünmesi zarurî olan kısımlar müstesnâ, açığa vurmasınlar. Başörtülerini de yakalarının üzerini kapatacak şekilde iyice örtsünler.

"Kocalarından, babalarından, kocalarının babalarından, oğullarından, kocalarının oğullarından, kardeşlerinden, kardeşlerinin oğullarından, kızkardeşlerinin oğullarından, mü'min kadınlardan, câriyelerinden, cinsî iktidarı olmayan hizmetçilerinden ve şehvet çağına gelmemiş çocuklardan başkasına ziynet yerlerini göstermesinler. Gizledikleri ziynetleri belli olsun diye ayaklarını yere vurmasınlar. Hepiniz Allah'a tevbe edin, ey mü'minler, tâ ki kurtuluşa eresiniz."[1]

Erkeğin ve kadının birbirlerine göstermesi câiz olmayan kısımlara avret denir. Avret sayılan yerleri açmak ve başkalarına göstermek haramdır. Açan da, bakan da sorumlu olur.

Karı ve kocanın birbirlerine karşı avreti yoktur. Her ikisi de diğerinin tepeden tırnağa her tarafına bakabilir. Çünkü birbirlerine helâldirler.

Bunun dışında erkeğin avret sayılan yerleri göbeği ile diz kapağı arasıdır (diz kapağı dahil). Erkek erkeğin avret sayılan yerlerine bakamaz. Ayrıca kadının yabancı erkeklerin avret yeri dışında kalan yerlerine şehvet duygusu olmadan bakmasında sakınca yoktur.

Kadının kadına karşı avret sayılan yerleri, erkeğin erkeğe olan avreti gibidir. Müslüman kadınlar birbirlerinin göbeği ile diz kapakları arasındaki kısımdan başka yerlerine bakabilirler.

Fakat bir gayr-ı müslim kadın, Müslüman kadının yalnız yüz ve ellerine bakabilir.

Bir kadının kendisine nikâhı düşmeyen mahremleri dışındaki erkeklere yüz ve ellerinden başka her tarafı avrettir.

Bir kadının şehvet duygusu dışında yalnız yüz ve ellerine bakılabilir. Zaten bazı âlimlere göre âyet-i kerimede "görünmesi zaruri olan kısım"dan yüz ve eller kastedilmiştir.

---

[1] Nur Sûresi, 30-31.

Kadının ayakları âlimlerin ekserisinin görüşüne göre avretten sayılır.

Âyette geçen "ziynet"ten maksat, kadının mahremlerine göstermesi caiz olan yerleridir.

Bu ziynetten kadının ziynet eşyası ve taktığı yerler anlaşılır. Böylece, kadının başı, saçı, kulağı, göğsü, kolları, ayakları ve dizden aşağı kısmı ziynet yerleri sayılır.

Kadın mahremleri ile zaman zaman beraber olur. Yolculuk yapar veya bir arada yalnızca kalabilir.

Ayrıca kadın çalışırken ve evde iş yaparken sözü edilen bu yerleri açılabilir. Her zaman ev içinde bu yerlerini tam olarak kapatamaz.

Bir fitne korkusu olmadığı için mahremlerin, kadının bu ziynet yerlerine bakmalarında bir sakınca yoktur. Ancak her iki taraftan hiçbirisinde şehvet korkusu bulunmamalıdır. Aksi takdirde haram olur.

Zaten insanda mahremlerine karşı daha çok saygı ve şefkat duyguları ön plandadır. Yolculuk anında arabaya indirip bindirirken veya hastalık halinde yardım ederken mahrem kadının bu uzuvlarına dokunma ve bakma zorunluluğu meydana gelir.

"Kadın bir çiçektir"

Bir Fransız kadın yazar, kadınlara verdiği ahlâk derslerinin bir yerinde şöyle der:

"En çok övünülecek bir kadın, kendinden hiç söz edilmeyendir. Kadın bir çiçektir ki, yalnız evi ve ailesi içinde kokular yayar."

Yine bir yerde şöyle der:

"Kadınlar görünen ziynetlerini temin edebildikleri gibi, maneviyat güzelliğin de kazanabilirler. Böylece yalnız modayı takip eden, sadece süslenmeye iltifat edip öteki yönden habersiz geçinen kadınlar suçlu görünürler."[1]

[1] Mehmed Fâik, Aile Saadeti, s. 69.

Mahrem olmayan yakın akrabalar kimlerdir?

Erkeğin geçici olarak mahremi sayılan hanımının akrabalarıyla münasebeti sınırlıdır. Bunlar, hanımının kız kardeşi (baldızı), hanımının halası, teyzesi, kayınbiraderinin ve baldızının kızıdır. Erkek, hanımı hayatta olduğu sürece ve boşanıp ayrılmadıkça bu kadınlarla evlenemez.

Mahremiyet meselesinde, en çok birbirine mahrem olmayan yakın akrabalar arasında dikkat edilmelidir.

Çünkü bu kimseler her ne kadar kan bağı ve evlilik dolayısıyla akraba sayılsalar da, birbirlerine nâmahremdirler. Yani birbirlerine nikâhları düşer.

İşte çok kere mahrem sayılmayan erkek ve kadın akrabalar arasındaki münasebetler önemsenmiyor, hassas davranılması gereken yerlerde ihmal ediliyor.

Halbuki erkek ve kadın ancak kendisine ebedî olarak nikâhı düşmeyen kimselerle bir arada bulunup rahat hareket edebilir. Mahremi sayılmayan kimseler kadın ve erkek için bir yabancıdan farksızdır ve münasebetler de sınırlıdır.

Erkeğin geçici olarak mahremi sayılan hanımının akrabalarıyla da münasebeti sınırlıdır. Bunlar, hanımının kız kardeşi (baldızı), hanımının halası, teyzesi, kayınbiraderinin ve baldızının kızıdır.

Erkek, hanımı hayatta olduğu sürece ve boşanıp ayrılmadıkça bu kadınlarla evlenemez. Çünkü iki kız kardeşi ve hanımının teyze ve halasını bir nikâh altında bulundurmak âyet ve hadislerde yasaklanmıştır.

Ancak, erkek bu kadınlarla da üçüncü bir kişi bulunmadan tek başına bir arada bulunamaz. Yolculuk yapamaz. Yüz ve ellerinden başka uzuvlarına bakamaz. Onlarla tokalaşamaz veya birbirlerinin elini öpemezler. Böyle bir durumun sınırını da Peygamberimiz (a.s.m.) çizmişlerdir.

Hz. Âişe validemizin anlattığına göre, bir gün Hz. Ebû Bekir'in kızı Hz. Esma, tenini gösterecek kadar şeffaf bir elbise ile Peygamberimizin (a.s.m.) huzuruna gider.

Bunu görür görmez Peygamberimiz yüzünü bir tarafa çevirerek, **"Ya Esma, bir kadın büluğ çağına erince vücudunun şu ve şu yerlerinden başkasının görünmesi doğru değildir"** buyurur ve yüzüyle ellerini gösterir.[1]

Bilindiği gibi Hz. Esma, Peygamberimizin (a.s.m.) hanımı Hz. Âişe'nin kız kardeşidir. Peygamberimiz ona kendisi yanında, yalnız yüz ve ellerini açabileceğini hatırlatmıştır.

Peygamber Efendimiz bu meselede çok titiz davranmaktadır. Bir keresinde **"Kadınların bulunduğu yere girmekten sakının"** buyurunca, Ensardan bir zât, **"Ya Resulallah, kayınlar (erkeğin akrabaları) hakkında ne buyurursunuz?"** diye sordu.

Bunun üzerine Peygamberimiz (a.s.m.), **"Kayın ölümdür"**[2] buyurdular.

Kayınlar zaman zaman kadının evine girip çıktıklarından aile içinde bazı sırlara vakıf olabilirler. Kadınla bu kayınlar arasında istenmeyen bir durum meydana gelirse, aile içinde büyük bir huzursuzluk ve önü alınmayan bir tehlike meydana gelmiş olur.

Sonuçta akrabalar arasında kötü zanlar düşünülür, şüpheler başlarsa akrabalık münasebetleri kopmaya yüz tutar.

İşte Peygamberimiz meydana gelmesi ihtimali olan bu tehlikeyi ölüme benzetmiştir. Durumun önemini göstermek için de ürkütücü bir ifade kullanarak dikkatli olunmasını tavsiye buyurmuştur.

Birbirine nâmahrem olan erkekle kadının yanlarında üçüncü birisi bulunmadan yalnız başlarına kalmalarını Peygamberimiz yine şiddetle yasaklamıştır:

"Allah'a ve âhiret gününe iman eden kimse mahremi olmayan yabancı bir kadınla bir arada bulunmasın, zira üçüncüleri şeytandır."[3]

---

[1] Ebû Dâvud, Libâs: 32.

[2] Müslim, Selâm: 20.

[3] Buharî, Nikâh: 111.

Kadınla erkeğin bir arada bulunması ateşle barutun yan yana bulunması gibidir. Şeytan bu durumda her iki cinsteki kötü duyguları tahrik edip, onları yoldan çıkarabilir.

Erkeğin yakın akrabalarının, kadınla bir işleri olduğu takdirde veya kocası evde bulunmadığı zaman eve uğradıklarında ihtiyaçlarını kapı dışından görmeleri gerekir.

Evde, hayra şerre aklı eren üçüncü bir kimse yoksa içeri girmelerine cevaz verilmez. Bu durumda dahi kadının tesettüre tam mânâsıyla riayet etmesi gerekir.

"Eşimin amcası nâmahrem midir?"

Eşinizin amcası size mahrem olmaz, nâmahremdir.

Âyette de açıkça geçtiği üzere evlilik yoluyla sizin mahreminiz olan tek erkek vardır, o da kayınpederiniz, bir de eşiniz daha önce bir hanımla evlenmişse ondan olan oğlu...

Bu ikisinin dışında eşinizin hiçbir erkek akrabası size mahrem değildir, hepsi nâmahremdir. Yani onlar sizin için dinen yabancı erkek sayılır.

"Annemin amcaoğulları nâmahrem midir?"

Kendi amcanız ve dayınız sizin mahreminizdir.

Çünkü âyette geçtiği üzere siz onların erkek veya kız kardeşlerinin kızısınız.

Babanızın ve annenizin amcası ve dayısı da size mahremdir. Çünkü siz onların erkek veya kız kardeşlerinin torunusunuz.

Yani amcanız ve dayınızla evlenemediğiniz gibi, amcanızın amcası ve dayınızın dayısı ile de evlenemezsiniz.

Ancak gerek sizin amcanızın ve dayınızın erkek çocukları, gerekse anne ve babanızın dayı ve amcalarının erkek çocukları size mahrem olmaz, nâmahremdirler. Çünkü siz onlarla evlenebilirsiniz.

Misafirlikte karışık oturmak doğru mu?

Kadın ve erkek dâvetlilerin ayrı ayrı oturmaları ve zaruret olmadan birbirlerini görmemeleri en güvenli yoldur. Ancak kötü duygulara kapılmaktan emin olunduğu zaman, kadının tesettüre riayet ettiği ve tahrik edici davranışların bulunmadığı zamanlarda ev hanımının erkek misafirlere hizmet etmesi caizdir.

Zaman zaman yakın ve uzak akrabalarımızı, dost ve ahbaplarımızı ziyaret ediyoruz. Bir araya gelip sohbet ve görüşmelerde bulunuyoruz.

Bazen bu gelip gitmelere düğün, taziye, dâvet gibi durumlar da sebep oluyor. Bu karşılaşma ve görüşmeler çok defa ailece oluyor.

Haliyle gerek biz dostlarımızın veya nâmahrem sayılan akrabalarımızın kız ve hanımlarıyla, gerekse onlar bizimkilerle karşı karşıya gelebiliyor.

Bazı zaruri hallerde aynı ortamda geçici de olsa yer darlığı veya birtakım sebeplerle bir arada oturabiliyoruz.

Bu durumda dikkat etmemiz gereken hususlar nelerdir?

Sözünü ettiğimiz bu kimseler dinen birbirlerine yabancı olduğu için, yani mahremleri sayılmayıp, nikâhları birbirine düştüğü için mahremiyet sınırını aşmamaya dikkat etmeleri gerekir.

Bu hususa uyulmadığı takdirde bazı istenmeyen hallerin ve sakıncalı durumların meydana gelme ihtimali vardır.

Bunun için Kur'ân-ı Kerim, **"Mü'min erkeklere söyle, gözlerini haramdan sakınsınlar ve namuslarını da korusunlar"**[1] buyurmakta, aynı şekilde kadınlar için de, **"Mü'min kadınlara da söyle, gözlerini haramdan sakınsınlar, nâmuslarını da korusunlar. Ziynetlerini ise, görünmesi zarurî olan kısımlar müstesnâ, açığa vurmasınlar"**[2] ikazı yapılmaktadır.

---

1 Nûr Sûresi, 30.

2 Nûr Sûresi, 31.

Bu âyetler "birisinin evine girmek için izin isteme" âyetlerinden sonra zikredilmektedir. Bu âyetin zikredilmesindeki asıl maksat, ev sahibi erkeğin, aile kadınlarına bakmaları helâl olmayan misafirin bakışından sakınması ve yabancı erkeklere göstermemesidir.[1]

Buharî'de bu âyetin tefsirinden sonra, **"Allah hem hain gözlerin (tecessüslerini) hem de (fasit) gönüllerin gizlediği temayülleri bilir"**[2] mealindeki âyeti zikreder. İbni Abbas ise bu âyeti tefsir ederken şu açıklamayı yapar:

Hain gözlü o kimsedir ki, bir mecliste otururken yanından güzel bir kadın geçse veya misafir bulunduğu bir evde güzel bir kadın görse yanındakilere sezdirmeden kadına sinsi sinsi bakar. Yanındakiler de kendisine bakınca hemen gözünü ayırır. Fakat Allah bilir ki, o hain gözlü kimse kadının mahremiyet dairesine girmeye gücü yetse harama tevessül edecektir.[3]

Bu hususta Bediüzzaman'ın **"Bir meclis-i ihvana (dost meclisine) güzel karı girdikçe riya ile rekabet, haset ile hodgâmlık debretir damarları"**[4] şeklindeki tespiti ne kadar mânidardır.

Her ne kadar bakmak zina derecesinde bir sorumluluk getirmese de o tarafa açılan bir kapı olduğundan mü'minler sakındırılmışlardır.

İnsanların diğer âzalarının da zinadan nasibinin olduğu ve bunların küçük günahlar sınıfına girdiği hakkında bir hadis rivayet eden Ebû Hüreyre şöyle demektedir:

"Hiç şüphe yok ki, Allah, Âdemoğlunun zinadan nasibini yazmıştır. Buna behemehal erişecektir. Gözlerin zinası bakmak, kulakların zinası dinlemek, dilin zinası konuşmak, elin zinası tutmak, ayağın zinası da yürümektir. Kalp ise heves eder, temennî eder. Tenasül uzvu bunu tasdik eder veya yalanlar."[5]

Mecazî zina sınıfına giren bu hallerden, bakışta şehvet ve lezzet bulunur, helâl olmayan gayr-ı meşru konuşmalar yapılır ve dinlenir ve nefis, şiddetli arzu ederse sorumluluk sahası büyümüş olur.

Bu hususlar küçük günahlar sınıfına girdiği için, zinaya yol açmadığı sürece, tevbe edildiği zaman Allah'ın affına yaklaşmaktadır.

---

1 Aynî, Umdetü'l-Kâri, 22:231.

2 Mü'min Sûresi, 19.

3 Aynî, Umdetü'l-Kârî, 22:231; Tecrit Tercemesi, 12:171.

4 Sözler, s. 678.

5 Müslim, Kader: 21; Buharî, İstizan: 12.

İşte, bu tür istenmeyen hallere meydan verilebileceği için, kadın ve erkek dâvetlilerin ayrı ayrı oturmaları ve zaruret olmadan birbirlerini görmemeleri en güvenli yoldur.

Ancak bu kötü duygulara kapılmaktan emin olunduğu zaman kadının tesettüre uyduğu ve kendini kontrol altında tuttuğu sürece, evin hanımının erkek misafirlere hizmet etmesi caizdir.

Bu konuda şöyle bir hadis zikredilir:

Hz. Ebû Üseyd, düğününde Peygamberimizi ve bazı sahabileri davet etti. Misafirlere hizmeti hanımı (gelin) yapıyordu. Geceden, bir taş kabın içine hurma ıslatmıştı. Peygamberimiz yemeği bitirince, hurmaları ezdi, sulandırdı, şerbet yapıp misafirlere ikram etti.[1]

Bu hadisi zikreden hadis bilginleri, fitneden emin olmak şartıyla bir kadın, kocasının misafirlerine hizmet edebileceği hükmünü çıkarırlar.[2]

Erkek kadın birbiriyle tokalaşabilir mi?

Bir erkek kendisine nikâhı düşebilen yabancı bir kadınla; bir kadın da baba, kardeş ve amcaları gibi mahremleri sayılan erkeklerin dışında diğer erkeklerle tokalaşamaz. Bu hususta Resul-i Ekrem Efendimizin (a.s.m.) nasıl hareket ettiği bizim için şaşmaz bir ölçüdür.

Efendimiz, kendisine biat için gelen sahabi hanımlara şöyle buyurmuşlardır:

"Ben kadınlarla tokalaşmam. Benim yüz kadına söylediğim söz bir kadına söylediğim söz gibidir."[3]

---

1 Buhari, Nikâh: 77; Müslim, Eşribe: 86.
2 Aynî, Umdetü'l-Kâri, 20:164-165.
3 Neseî, Bîy'a: 18; İbni Mâce, Cihad: 43.

Hz. Âişe Validemiz (r.a.) ise Resulullah'tan (a.s.m.) gördüğünü şöyle nakleder:

"Resulullah'ın (a.s.m.) mübarek eli hiçbir yabancı kadının eline kesinlikle değmedi."[1]

Bundan dolayı gerek iş hayatında, gerekse diğer görüşmelerde erkeğin kendisine yabancı bir kadınla veya kadının yabancı bir erkekle tokalaşması konusunda bir "izin" verilmemektedir.

Ayrıca bu bir zaruret de değildir. Yani, "Bu zaruri bir haldir" diye insan gönül rahatlığı içinde bu yasağı işleme yoluna gidemez.

"Zaruret", ancak insanın "çaresiz" halde kaldığı, haram olan o şeyi yapmadığı zaman canına, malına ve namusuna bir zarar gelebilecekse ve bu durum da kuvvetli bir ihtimalle tahmin ediliyorsa, ancak o zaman yapılır.

Yoksa her akla gelen sıkıntılı bir hal, her karşılaşılan acil ve âni bir durumda "Bu zarurettir" diyerek haram olan bir şeyi yapmak ve uygulamak gerekir ki, bu da istenmeyen sonuçlar doğurur.

O zaman her önüne gelen kendi ölçülerine göre bir "zaruret" bahanesi ileri sürer, böylece sakıncalı şeyler normalleşiverir.

Halbuki mesele böyle değildir. Zaruret ancak dine uygun bir çerçeve içinde kalmanın mümkün olmadığı durumlarda söz konusu olabilir.

Bir Müslüman, sosyal ilişkilerine zarar vermeden meşru daire içinde kalabilir, yaşayabilir.

Öyle ise, "zaruret-mecburiyet" prensibini hatıra getirerek erkeklerin nâmahrem olan kadınlarla, kadınların da yabancı erkeklerle tokalaşmasının bugün artık zaruret gerekçesiyle uygulanmasının haklı bir dayanağını bulmak kolay değildir.

Çünkü, böyle bir zaruret yoktur. İnsan yapmadığı zaman ne canına, ne malına, ne de namusuna bir eksiklik ve zarar gelmez.

Çevrenin garip karşılayacağı ihtimalinin, kişinin yabancı kadınla tokalaşmadığı an medeni ilişkilerde bir eksiklik olacağı düşüncesinin, "gerici, yobaz" olarak karşılanmanın haklı sebeplerini bulmak mümkün olmasa gerektir.

---

[1] Buharî, Ahkâm, 49; İbni Mâce, Cihad: 43.

Bunlarla birlikte Batıdan gelen bu yanlış âdet ve "görgü kuralı" yaygın bir şekilde yerleşmiş durumda. Bunun için nasıl hareket etmeli?

Hem inancımıza bir zarar getirmeyip sorumlu bir duruma düşmeden; hem de bunun dinen bir sakınca oluşturduğunu tam olarak bilmeyen muhatabımızı kırmadan, incitmeden nasıl davranmalıyız?

Bir kere siz bu hali bir haram olarak biliyor ve inanıyorsanız, ki öyledir; o zaman bu sakıncalı duruma düşmemek için bir gayret sarf edeceksiniz. Onu işlemeye meydan vermeyecek, yerine göre hareket etmeye çalışacaksınız.

Başka bir nokta; bir fırsatını bularak muhataba bu durumun dinen haram olduğunu söylersiniz. Zaten onun sizi anlayışla karşılaması, fikir ve inancınıza saygılı olması medenî olmanın bir gereğidir.

Siz bu konuda tavrınızı belli ederseniz, ileriki karşılaşmalarda meselenin çözüldüğünü veya belli bir akışa girmiş olduğunu göreceksiniz.

Bununla beraber, şayet kişi kendisini mecbur hissediyorsa, tokalaşmayı bir günah olarak bilir de yaparsa, sorumluluğunu peşin olarak kabul etmiş sayılır.

Fakat **"Bunda bir sakınca yoktur"** diye düşünürse, ağır bir sorumluluk altına girmiş demektir.

Bu arada şunu da hatırlatalım: Kadın şehevânî histen kesilmiş yaşta ise, onunla musafaha yapmada, tokalaşmada, elini öpmede bir sakınca yoktur. Çünkü, arada duygusal bir sakınca kalmamıştır.

Ancak erkek kadın gibi değildir. Kaç yaşında olursa olsun, isterse seksen-doksan yaşında bulunsun, haramlık devam eder.

Hz. Ömer kadınlarla tokalaşmış mıdır?

Asr-ı Saâdette yaşanan bu olay sahih hadis kitaplarında yer alır. Şöyle ki:

Sahabi hanımlardan Ümmü Atiyye (r. anhâ) anlatıyor:

"Resul-i Ekrem (a.s.m.) Medine'ye teşrif buyurduğunda sahabi hanımların bir evde toplanmalarını söyledi. Daha sonra da Ömer bin Hattab'ı (r.a.) göndererek bîat almasını istedi.

"Hz. Ömer kapının yanında durdu ve kadınlara selâm verdi. Onlar da selâmını aldılar.

"Sonra Hz. Ömer (r.a.) 'Ben size Resulullah'ın (a.s.m.) gönderdiği elçiyim.'

"Kadınlar, 'Allah'ın Resulüne de, onun gönderdiği elçiye de merhaba' dediler.

"Daha sonra Hz. Ömer (r.a.): 'Allah'a hiçbir şeyi ortak koşmayacağınıza, hırsızlık yapmayacağınıza, zinâ etmeyeceğinize, çocuklarınızı öldürmeyeceğinize, kimseye iftira ve bühtanda bulunmayacağınıza, hakka isyan etmeyeceğinize (cenazeye bağırıp çağırarak ağlamayacağınıza) dâir bana bîat edin (söz verin).'

"Sahabi hanımlar hep birlikte, 'Evet' diye tasdik ederek söz verdiler.

"Sonra, Hz. Ömer kapının dışından elini uzattı, kadınlar da içeriden ellerini uzattılar. Sonra Hz. Ömer, 'Allah'ım şahit ol' buyurdu."[1]

Bu hadiseden Hz. Ömer'in kadınlarla musafaha ettiğini, tokalaştığını anlamamak gerekir.

Çünkü, hadiste, Hz. Ömer'in kapının dışından sadece elini uzattığı, sahabi hanımların da içeriden ellerini uzattıkları ifade edilmektedir.

Burada Hz. Ömer'in kadınlarla musâfaha ettiği şeklinde bir kelime ve cümle yoktur. "Hz. Ömer elini uzattı, hanımlar da ellerini uzattılar, musâfaha ettiler" şeklinde bir mânâ çıkarmak mümkün değildir.

Zaten Hz. Ömer'in böyle bir şey yapması, kadınlarla musafaha ederek bîat alması düşünülemez.

---

1 İmam Ahmed bin Hanbel, Müsned, 6:409; Hayatü's-Sahabe 1:179.

Çünkü, bütün sahabiler, Peygamberimizin (a.s.m.) hanımlarla bîat ederken onlarla musafaha yapmadığını biliyorlardı. Bu hadisenin devamında, Peygamberimizin (a.s.m.) Müslüman hanımlarla nasıl bîat ettiği anlatılmaktadır.

Ümeyye binti Rukayka'nın anlattığına göre, sahabi hanımlar bîat etmek üzere Peygamberimize (a.s.m.) gelirler, bîat ederler. Bundan sonra, "Yâ Resulallah, sizinle musafaha edelim mi?" derler.

Peygamber Efendimiz (a.s.m.) de, "Ben (yabancı) kadınlarla musafaha etmem. Benim bir kadına söylediğim bir söz, yüz kadına söylediğim söz gibidir" buyururlar.

Ayrıca, hiçbir mezhepte erkeklerin yabancı kadınlarla musafaha etmelerini câiz gören, izin veren bir görüş yoktur.

Çünkü, Peygamberimizin (a.s.m.) sözleri, tavır ve hareketleri hadis kitaplarında apaçık bildirilmiştir. Buna aykırı bir görüş de mevcut değildir.

Peygamberimizin (a.s.m.) nasıl davrandığı açıkça bilindiği halde, Hz. Ömer'in elini uzatmasından "kadınlarla musâfaha etmek câizdir" hükmü çıkarılamaz.

Kadın eniştesinin elini öpebilir mi?

Eniştenizle edep çerçevesinde konuşabilseniz de, ellerini öpemezsiniz. Aynı zamanda onun yanında el ve yüzünüzün dışında örtülü olmalısınız. Teyzenizin veya halanızın kocaları da eniştenizdir. Bunlar da hükmen aynen kız kardeşinizin kocası gibidir.

Bir erkek, iki kız kardeşi aynı anda nikâhı altına alamaz. Bundan dolayı enişte ile baldız arasında geçici bir mahremiyet, bir sınırlama vardır.

Bunun için, bir erkek baldızıyla yalnız başına yolculuk yapamaz.

Aynı şekilde, kapalı bir mekânda veya kimsenin göremeyeceği açık bir yerde baş başa da kalamaz. Tokalaşmaları ve ellerini öpmeleri de caiz değildir.

Konuşmalarına gelince, o ayrı bir husustur.

Edebine, haya ve iffetine dikkat ettikten sonra, fitne ve günaha sebep olmayacak bir şekilde görüşmelerinde ve konuşmalarında bir sakıncadan söz edilmez.

Zaten aile olarak zaman zaman bir araya gelme, gidip gelme, oturup kalkma gibi birliktelikler olabilir.

Buna göre eniştenizle edep çerçevesinde konuşabilseniz de, ellerini öpemezsiniz.

Aynı zamanda onun yanında el ve yüzünüzün dışında örtülü olmalısınız.

Teyzenizin veya halanızın kocaları da eniştenizdir. Bunlar da hükmen aynen kız kardeşinizin kocası gibidir. Kız kardeşinizin kocası olan eniştenizle olan sınırlamalar, bunlar için de geçerlidir.

Yani siz hayatta bulunduğunuz ve boşanmadığınız süre içinde beyiniz teyze ve halalarınızla, onların beyleri de sizinle evlenemezler.

Bunların dışında gerek sizin amca ve dayılarınızın kızlarının beyleri, gerekse kocanızın amca ve dayılarının kızlarının beyleri de size yabancıdır, tamamen nâmahremdirler.

Enişteleriniz gibi geçici mahremiyet değil, kalıcı nâmahremlik mevcuttur.

"Teyzemin torunları elimi öpebilir mi?"

Siz, teyzenizin erkek çocuklarına da, torunlarına da nâmahremsiniz. Yani siz onlarla dinen evlenebilirsiniz, bu açıdan yabancı sayılırsınız.

Bunun için büluğ çağına ermişlerse, onların elinizi öpmeleri ve size sarılmaları caiz olmaz.

"Görümcemin oğulları elimi öpebilir mi?"

Görümceniz, beyinizin kız kardeşi olduğuna göre, onun çocukları sizin için nâmahremdir.

Büluğ çağına gelmişlerse, her ne kadar beyiniz onların dayısı olsa da, sizinle bir kan bağı olmadığı gibi, bir akrabalık yönü de yoktur.

Bundan dolayı siz o çocuklarla dinen yabancı sayılırsınız. Çünkü beyinizden ayrılacak olsanız veya beyiniz ölecek olsa, o çocuklarla evlenmenizde dinen bir sakınca yoktur.

Nâmahrem olduklarına göre sizin elinizi öpemeyecekleri gibi, tokalaşamazlar da...

"Yeğenlerimin hanımları elimi öpebilirler mi?"

Yeğenleriniz, sizin kız kardeşinizin veya erkek kardeşinizin çocuklarıdır.

Yani siz o çocukların ya dayısı veya amcası oluyorsunuz.

Bunlar kız olsa dahi aranızda bir yabancılık yoktur, size mahrem olurlar.

Ancak erkek olduklarına göre, onların hanımlarıyla sizin aranızda bir kan bağı ve akrabalık mevcut değildir.

Dolayısıyla dinen onlara yabancısınız ve onlar da size nâmahremdir.

Sizinle tokalaşamayacakları gibi, elinizi de öpemezler.

Ancak onların kız çocuklarıyla aranızda mahremiyet vardır ve elinizi öpebilirler.

Babalarının dayısı veya amcası olacağınıza göre aranızda kan bağı vardır.

Örtülü bir hanım yabancı bir erkeğin yanında oturabilir mi?

Bir hanım ne kadar tesettürlü olursa olsun, yanlarında üçüncü bir şahıs yoksa bir erkekle bir arada oturamaz. Başkaları varsa ve bir ihtiyaç ve zaruret söz konusu ise aynı mekânda oturur, ihtiyacını gördükten sonra da oradan ayrılır.

"Yanında" ifadesinden iki mânâ çıkarılabilir: Birisi aynı odada, aynı yerde; diğeri de başka şahısların bulunduğu bir yerde yan yana oturma şeklinde anlaşılabilir.

Bir kere ne kadar tesettürlü olursa olsun, yanlarında üçüncü bir şahıs yoksa bir arada bulunmaları caiz olmaz.

Başkaları varsa ve bir ihtiyaç ve zaruret söz konusu ise aynı mekânda oturur, ihtiyacını gördükten sonra da oradan ayrılır.

Misafirlikte ise, imkân nisbetinde aynı odada oturmamalı. Erkeklerin kendi aralarında, kadınların da kendi aralarında oturmaları gerekir.

Böylece her iki taraf da rahat etmiş, istediği gibi hareket etmiş olur.

Yan yana oturma şeklinde anlaşılırsa, bu daha çok toplu taşıma araçları, toplantı ve resmî yerler gibi kalabalık ortamlarda söz konusu olabiliyor. Burada da zaten zaruret olmasa, bir iş meselesi bulunmasa ne orada hazır olur ve ne de oturur.

Hepimizin bildiği bir nokta da şudur ki: Tesettürlü olan bir hanım tesettürünü sadece giyinmekle değil, aynı zamanda kendi konumunu da koruyarak tesettürün gereklerini yerine getirmiş olur.

İzzetini, vakarını, iffetini, haya ve ağırbaşlılığını her vesile ile hissettirmeli ki, gerçek mânâda tesettür içinde bulunmuş olsun.

Çünkü, **"Haya güzeldir, ancak hanımlarda daha güzeldir"**[1] gerçeği tesettürün haya ile süslenmesini hatırlatmaktadır.

[1] Muhtaru'l-Ehâdis, s. 100.

"Şeyhimiz bize yabancı sayılır mı?"

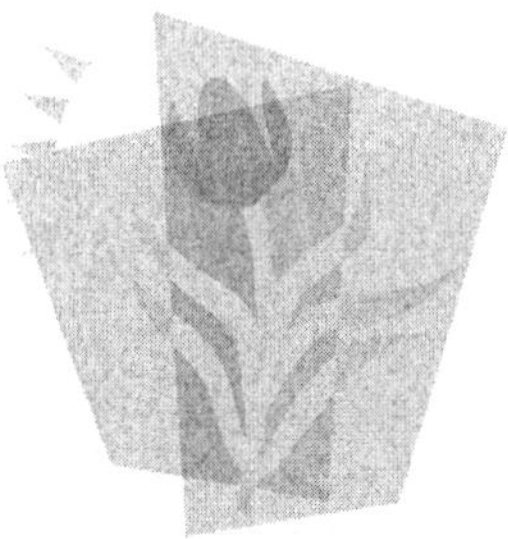

Şeyh size nâmahremdir ve yanına mahremlerinizin yanına çıktığınız gibi çıkamazsınız. Elini de öpemezsiniz. Üçüncü bir şahıs yoksa, aynı mekânda tek başınıza da kalamazsınız. Şeyhin genç ve yaşlı olması durumu değiştirmez, aynı hükümler geçerlidir.

Bir hanımın kimlere mahrem, kimlere nâmahrem olduğu âyetlerde belirtilmiştir.

Eğer aranızda ayrıca bir mahremiyet yoksa, kan bağı mevcut değilse sadece şeyh, mürşit, âlim, imam ve din adamı olması sizinle o erkek arasında bir mahremiyet oluşturmaz.

Peygamber Efendimiz (a.s.m.) bile bir peygamber olduğu halde kendilerini bu durumdan istisna tutmamıştır.

Geçici mahremi bulunan hanımının kız kardeşi Hz. Esmâ'ya kendi yanında iken el ve yüzünün dışında bütün vücudunu örtmesini söylemiştir.

Demek ki şeyhiniz size nâmahremdir ve yanına mahremlerinizin yanına çıktığınız gibi çıkamazsınız. Elini de öpemezsiniz.

Üçüncü bir şahıs yoksa, aynı mekânda tek başınıza da kalamazsınız.

Şeyhin genç ve yaşlı olması durumu değiştirmez, aynı hükümler geçerlidir.

Bu konudaki söylentilere itibar etmemek gerekir.

"Şeyhi insanın babası mevkiindedir, o da onun kızı gibidir" şeklindeki sözlerin dinde hiçbir yeri yoktur.

Zaten kendisine şeyhlik süsü vererek mahremlik konusunda titiz davranmayan kişinin hal ve hareketleri şeriata aykırı olduğu için şeyh olarak kabul etmek de doğru değildir.

Kadınlar, erkek hocadan ders alabilirler mi?

Tebliğ, eğitim ve öğretimde fitne, fesat ve benzeri şekilde, kişiyi dolayısıyla harama iten hallere meydan verilmemelidir. Dinen birbirlerine yabancı olan erkekle kadın kapalı bir mekânda yalnız başlarına kalmamalıdır. Bu mânada hizmetler yapılırken konuşmacı ile dinleyici hanımların çok yakın mesafede yüz yüze gelmesine meydan vermemelidir.

Erkek hocanın hanımlara dinî yönden yardımcı olması birkaç bakımdan olabilir. İlk anda akla gelebilen şunlardır:

Vaaz ve nasihat eder, konferans verir, konuşma yapar, sorularına cevap verir, başta Kur'ân olmak üzere dinî dersler verir.

Hangi yol ve vesileyle olursa olsun, tebliğ görevinde, özellikle erkeklerin hanımlara dinî yönden faydalı olması bakımından rehberimiz Peygamber Efendimizdir (a.s.m.).

Şu hadis-i şerif konuya güzel bir örnek oluşturur:

Ebû Said el-Hudrî rivayet ediyor:

Bir kadın Resulullah'a (a.s.m.) gelerek şöyle dedi:

"Ya Resulallah! Sohbetinizi dinlemek için erkeklerden bize fırsat kalmıyor. Her zaman huzurunuzda onlar bulunuyor, öğreniyorlar. Müsait zamanınızda bize de bir gün ayırın, o gün gelelim, Allah'ın size bildirdiğinden bize öğretin."

Bunun üzerine Resulullah (a.s.m.) **"Falan günde, falan yerde toplanın"** buyurarak sohbet için belli bir gün ayırdı.

Resulullah (a.s.m.) belirlenen günde hanımların bulunduğu yere geldi ve Allah'ın kendisine öğrettiğinden kadınlara anlattı.[1]

Ebû Hüreyre böyle bir hadisenin başka bir zamanda da geçtiğini ve Resulullah'ın (a.s.m.), **"Falan hanımın evinde toplanın"** dediğini

1 Buharî, İ'tisâm: 9; İlim: 35.

beyan ederek, Resulullah'ın oraya gidip, hanımlarla sohbet ettiğini bildirir.[3]

İbni Hacer, bu hadis-i şerifin açıklamasında ayrıca şu hükme de dikkat çeker:

"Bu hadis, sahabi kadınların dinlerini öğrenmek için gösterdikleri hırsı ve ciddiyeti gösterdiği gibi, hanımlara dini meseleleri öğretmek için belli bir zaman tayin etmenin caiz olduğunu gösterir."

Abdullah bin Abbas rivayet ediyor:

"Resulullah (a.s.m.) Mescitte vaaz ettikten sonra kadınlara duyuramadım zannıyla yanında Bilal olduğu halde erkek saflarından çıktı, kadınların tarafına geçti ve kadınlara vaaz ederek onlara sadaka vermeyi emretti. Sözleri o kadar tesir etti ki, kadınların kimi kulaklarındaki küpeyi, kimi parmağındaki yüzüğü çıkarıp atmaya başladı. Bilal de onları eteği içine topluyordu."[4]

Hadis-i şeriflerden açıkça görüleceği gibi, Peygamber Efendimiz (a.s.m.) gerek mescitte, gerekse mescidin dışındaki mekânlarda, hattâ bir hanımın evinde toplanan sahabi hanımlara İslâmı tebliğ etmiştir. Sorularına cevap vermiş; açıklanması istenen konularda izahlarda bulunmuştur.

Bu toplu halde olduğu gibi, ferdî olarak da bazen kendi evlerinde, bazen mescitte, bazı zamanlarda da değişik zemin ve yerlerde hanım sahabilerin dinî ihtiyaçlarını karşılayıcı bilgiler vermişlerdir.

Burada gözden uzak tutulmaması, dikkat edilmesi ve üzerinde durulması gereken noktalar şunlardır:

Birinci nokta: Bu çeşit tebliğ, irşad, eğitim ve öğretimde fitne, fesat ve benzeri şekilde kişiyi dolayısıyla harama iten hallere meydan verilmemelidir.

Bu husus çarşı-pazar, cadde-sokak ve yolculuklarda olduğu gibi, bu gibi ortamlarda da önemlidir.

Yani gerek erkek, gerekse kadın şehevî bakışlarından sorumludur; bunun için gözünü ve kalbini kontrol altına almalıdır.

İkinci nokta: Dinen birbirlerine yabancı olan erkekle kadın kapalı bir mekânda yalnız başlarına kalmamalıdır.

---

3 Fethü'l-Bârî, 1:158.

4 Buharî, İlim: 32.

Çünkü üçüncüsünün şeytan olacağı hadislerde ifade edilir ki, bu hal yasaklanmış ve caiz görülmemiştir.

Üçüncü nokta: Bu mânada hizmetler yapılırken konuşmacı ile dinleyici hanımların çok yakın mesafede yüz yüze gelmesine meydan vermemelidir.

Çünkü böyle bir durumda, konuşmacı ve dinleyiciler bakışlarını kontrol etmekte zorlanacaklardır. Bunun için geniş ve müsait mekânları tercih etmeli, sakıncalı hallere yol açıcı hareketlere engel olmalıdır.

Yalnız başta Kur'ân Kursları, İmam Hatip Liseleri ve İlâhiyat Fakülteleri olmak üzere okullarda erkek hoca kız talebe veya kadın hoca erkek talebe yakınlığı bir eğitim zaruretinden başka bir şey olmasa gerektir.

Burada daha çok hoca-talebe yakınlığı söz konusudur. Burada öğrenilen ilimlerin bir kısmı da farz ilimler sınıfına girmektedir ki, yukarıdaki şartlar çerçevesinde konuyu değerlendirmek doğru olacaktır.

Utanmak öğrenmeye engel olur mu?

Günümüzde birçok mahrem ve cinsel mesele hiçbir ölçü tanımadan, çoğu zaman art niyetle açık açık anlatılıyor. Bu durumda İslâmiyetin bu konularda aydınlatıcı bilgilerini vermek ve sorup öğrenmek Müslümanın gerek aile, gerekse dinî hayatı için çok önemlidir. Bunun için de, bu çeşit meselelerde haya ve utangaçlık öğrenmemize engel olmamalıdır.

Hayâ duygusu, utanma hissi insanı kötülüklerden ve edepsizliklerden korumak için verilmiştir. Yoksa inancımızın gereklerini öğrenmekten alıkoymak için değil...

Bunu Saadet Asrında bütün açıklığı ve ayrıntılarıyla görmekteyiz.

Gerek özel hayatımızı, gerekse aile hayatımızı doğrudan ilgilendiren birçok meseleyi başta Peygamberimizin (a.s.m.) hanımları ol-

mak üzere, kadın sahabilerin rivayet ettiği hadislerden öğreniyoruz.

Kadın sahabiler bazen bizzat, bazen de mü'minlerin annelerini aracı yaparak Peygamberimizden (a.s.m.) pek çok meseleyi sormuşlar. Peygamberimiz de onların sorularına açık açık cevap vermiştir.

Bir defasında Hz. Enes bin Mâlik'in annesi Ümmü Süleym, Peygamberimizin (a.s.m.) huzuruna gelerek, Hz. Âişe'nin de orada bulunduğu bir sırada kadınlara ait özel bir soru sorar:

"Yâ Resulallah, (Şüphesiz Allah hakkı beyan buyurmaktan hayâ etmez) erkeğin uyku esnasında gördüğünü kadın da görse; bundan dolayı erkeğin kendisinde gördüğünü kadın da görüyor" diyerek kadının ihtilâm olunca ne yapması gerektiğini sorar.

Bunun üzerine Hz. Âişe, Ümmü Süleym'e dönerek, "Yâ Ümmü Süleym, kadınları rezil ettin, Allah hayrını versin (kadın ihtilâm olur mu?)" diye çıkışır.

Peygamberimiz (a.s.m.) Hz. Âişe'ye; "Tam tersine, sen... (Bu söze sen daha lâyıksın) Allah senin hayrını versin. Evet, ey Ümmü Süleym, kadın da bunu gördüğü zaman yıkanmalıdır. Kadınların suyu yoksa hangi sebeple çocuğu kendisine benzer?" buyurur.[1]

Görüldüğü gibi, kadın sahabi soru sormaktan utanıp çekinmemiş, ona engel olan Hz. Âişe'yi de Peygamberimiz (a.s.m.) uyarmıştır.

• • •

Yine çok bilinen ve Asr-ı Saadette geçen bir hadiseyi burada anlatmakta fayda var.

Hz. Ebû Bekir'in kızı Hz. Esma bir gün gelerek Peygamberimize (a.s.m.) nasıl gusledeceğini sorar. Peygamberimiz (a.s.m.) de guslün tarifini yapar.

O sırada hazır bulunan Hz. Âişe kardeşinin gelip Peygamberimize (a.s.m.) bu şekilde soru sormasından memnun olur ve şu gerçeği dile getirir:

"Şu Ensar kadınları ne iyi kadınlardır. Dinlerini öğrenmek hususunda kendilerine hayâ mâni olmuyor."[2]

• • •

---

1 Müslim, Hayz: 29-32; İbni Mâce, Taharet : 107.

2 Müslim, Hayz: 61.

İmam-ı Âzam'a, "Siz bu ilmi nasıl elde ettiniz?" diye sordukla-rında şu cevabı verir:

"Başkasına söylemekten cimrilik etmediğim gibi, başkasına sorup öğrenmekten de utanıp çekinmedim."

Günümüzde birçok mahrem ve cinsel mesele hiçbir ölçü tanımadan, çoğu zaman art niyetle açık açık anlatılıyor. Müslümanın aile hayatı dejenere ediliyor.

Bu durumda İslâmiyetin bu konularda aydınlatıcı bilgilerini vermek ve sorup öğrenmek Müslümanın gerek aile, gerekse dinî hayatı için çok önemlidir.

Bunun için de, bu çeşit meselelerde haya ve utangaçlık öğrenmemize engel olmamalıdır.

Kadın, erkek doktora muayene olabilir mi?

Çocuğun olmaması gibi bir tedavi maksadıyla kadın doktordan çare bulamayan hanımın erkek doktora gitmesi bir zorunluluk olarak değerlendirilebilir ve muayene olmanın sakıncası yoktur. Bir erkek, doktor olarak muayene, teşhis ve tedavi maksadıyla kadının mahrem yerlerine bakabilir.

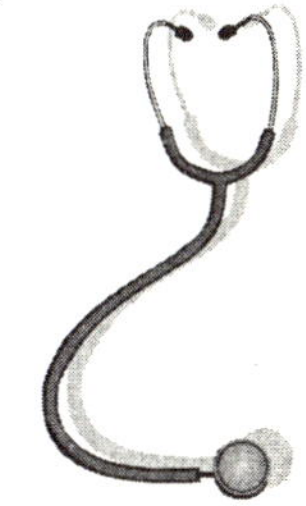

Normal zamanlarda haram ve sakıncalı olan haller, zorunlu durumlarda ve mecburiyet halinde mubah ve meşru olur.

Tedavi olma zarureti de bu sınıfa girer.

Meselâ, bir erkek normalde kendisine yabancı bir hanımın el ve yüzü dışında bedenine bakamaz.

Ancak doktor olarak muayene, teşhis ve tedavi maksadıyla kadının en mahrem yerlerine bakabilir.

Bu da ancak ihtiyaç olduğu kadar, muayene ve tedavi süresi bitinceye kadardır.

Sorunuza da bu çerçevede bakmak gerekir. Tedavi maksadıyla kadın doktora gidildiği halde, arzu edilen çare orada bulunamazsa uzman bir erkek doktora gitme zarureti zaten kendiliğinden ortaya çıkar.

Bazen bu hal bir erkek doktor şeklinde değil de, tıbbî bir kurula bile ihtiyaç gösterebilir.

Çocuğun olmaması gibi bir tedavi maksadıyla kadın doktordan çare bulamayan hanımın erkek doktora gitmesi bir zorunluluk olarak değerlendirilebilir ve muayene olmanın sakıncası olmaz.

Kadın, erkek hastaya iğne yapabilir mi?

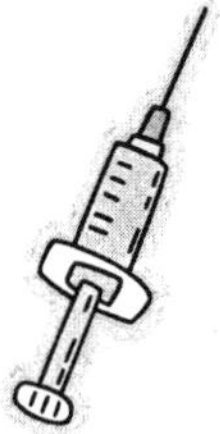

Erkeğin kadına mahremiyeti erkeğin erkeğe olan mahremiyeti gibidir. Ancak iğne vurmak bir tedavi zaruretine girmektedir. Bunun için mümkünse erkeğin erkeğe iğne yapması uygun olur. Ama değilse kadının erkeğe iğne yapmasında bir sakınca olmaz.

Normal şartlarda erkek hastaları erkek sağlıkçının, kadın hastaları da kadın sağlıkçının tedavi etmesi gerekir.

Ancak hastalık hali çok zaman âcil bir durum gerektirir. Bu durumda gerek hasta için, gerekse doktor ve sağlıkçı için mahrem ve nâmahremlik aranmaz olur.

Çünkü âcil müdahale ve hayatî tehlikenin giderilmesi söz konusudur. Veya hastane şartlarında her zaman erkek-kadın ayırımı yapmak mümkün olmaz.

Hasta, evinde tedavi görüyorsa, mümkünse tedavide erkek kadın ayrımı yapar, ama bu her an hazır olmayabilir.

Bütün bu ve buna benzer şartlar göz önüne alındığında âcil hallerde ve hayatî durumlarda hasta için de, sağlıkçı için de bir sakıncadan söz edilemez.

Ancak sadece hasta olan bölgeye bakılabilir, yoksa hiç gerek yokken vücudun başka taraflarına bakmak caiz olmaz.

İğne yapma meselesine gelince; iğne kalçadan yapılıyorsa, burada erkek kadın ayrımı olmaz. Çünkü birbirlerine yabancı olan insanlar erkek olsun kadın olsun erkeğin göbekle diz arasına bakamaz.

Yani erkeğin kadına mahremiyeti erkeğin erkeğe olan mahremiyeti gibidir. Ancak iğne vurmak bir tedavi zaruretine girmektedir.

Bunun için mümkünse erkeğin erkeğe iğne yapması uygun olur. Ama değilse kadının erkeğe iğne yapmasında bir sakınca olmaz.

Tesettürsüz çekilen resimlere yabancı erkekler bakabilir mi?

Tesettüre giren bir hanımın daha önce çektirmiş olduğu resimleri, yakınlarının dışındaki erkeklere gösteremez. Eğer bu resimlerden bir kısmı akraba ve tanıdıklarının albümündeyse ya bunların iadesini istemeli ya da nâmahremlere gösterilmemesi konusunda ricada bulunmalıdır.

Sonradan tesettüre giren bir hanım hayatında çok ciddi değişiklikler yapma ihtiyacı duyuyor. Önceki serbest hayatında yaşamış olduğu birtakım hata ve yanlışları telâfi etme yoluna gidiyor.

Daha önce giymiş olduğu elbiselerden, evinde kullandığı eşyalara, dostluk kurduğu kişilerden okuduğu dergi, kitap ve gazetelere varıncaya kadar hayatında pek çok değişikliklere gidiyor.

Bu değişiklikler ise, "öncekilerin" ne yapılacağı konusunu gündeme getiriyor.

İşte bunlardan biri de açıkken çekilen resimler ve fotoğraflardır.

Bu yanlışlığın giderilmesi hem kolay, hem de zordur.

Kolay olan, kendi elinizde ve evinizde olan resimler. Bunları kendi yakınlarınızın dışındaki erkeklere göstermemelisiniz. Yakınlar derken mahrem olan erkekleri kastediyoruz.

Bu resimlerden bir kısmı da akraba ve tanıdıkların fotoğraf albümünde yer alıyor olabilir. Şayet mümkünse bunların da iadesini istemeli, almaya çalışmalı, yahut nâmahremlere göstermemesi için ricada bulunmalıdır.

Hanımlar erkek satıcıdan alışveriş yapabilir mi?

Hanımın bir dükkândan ve mağazadan alışveriş yaparken dikkat etmesi gereken en önemli nokta şudur: Satıcı erkekse ve dükkânda yalnız bulunuyor, kapı da kapalı ise hanımın da, erkeğin de sorumlu duruma düşmesi söz konusudur.

Hanım her ne kadar tesettürüne, giyim kuşamına titizlik gösterse de, erkekler tarafından devamlı dikkat çeker.

Hele art niyetli kişiler bu konuda daha farklı bir bakış ve tutum içine girebilirler.

Bu meselede Peygamberimizin (a.s.m.) şu ikazı dikkatimizi çekiyor:

Hazret-i Abdullah'ın rivayetine göre Resulullah (a.s.m.) şöyle buyurdu:

"Kadın avrettir (namustur). Bunun için dışarı çıktığı zaman şeytan ondan asla ayrılmaz."[1]

Buradan namuslu, iffetli kadının şeytanla işbirliği yaptığı, nerede kadın varsa orada mutlaka şeytanî bir hal olduğu anlaşılmamalıdır.

Kadında görevli olan şeytan, ona karşı cinsin dikkatini çekecek şekilde bir vesvese verir.

Bunun için kadın her fırsatta evinden dışarı çıkmayı bir alışkanlık haline getirmemeye çalışmalıdır. Ancak ihtiyacı olunca zaten buna müsaade vardır ve serbest bırakılmıştır.

1 Tirmizî, Radâ: 18.

Asr-ı Saadette Sevgili Peygamberimizin (a.s.m.) ailesinin başından geçen hadise güzel bir örnek oluşturuyor.

Hazret-i Âişe rivayet ediyor: Sevde binti Zem'a geceleyin sokağa çıkmıştı. Hazret-i Ömer onu görüp tanımıştı. Ona şöyle dedi:

"Vallahi, ey Sevde seni tanıdık. Sen bizden gizlenmiyorsun."

Bunun üzerine Sevde, Resulullah'ın (a.s.m.) yanına geldi. Resulullah (a.s.m.) o sırada benim odamda yemek yiyordu.

Sevde durumu Resulullah'a (a.s.m.) anlattı. O sırada Resulullah'ın (a.s.m.) elinde etli bir kemik parçası vardı. O anda vahiy indi. Resulullah (a.s.m.) şöyle buyurdu:

"İhtiyaçlarınızı temin etmek için evden dışarı çıkmanıza izin verilmiştir."[1]

Bilindiği gibi, Hz. Sevde, Resul-i Ekrem Efendimizin (a.s.m.) hanımlarından birisiydi. Böylece mü'min hanımlar, mü'minlerin annelerinin şahsında bu izni almış oluyorlardı.

Hanımın bir dükkândan ve mağazadan alışveriş yaparken dikkat etmesi gereken en önemli noktalardan birisi şudur: Satıcı erkekse ve dükkânda yalnız bulunuyor, kapı da kapalı ise hanımın da, erkeğin de sorumlu duruma düşmesi söz konusudur.

Hele satıcı hiç tanımadığı birisi ise ve nasıl bir insan olduğu hakkında bilgisi yoksa hadis-i şerifte geçen sakınca gündeme gelir.

Abdullah bin Ömer'in rivayetine göre Resulullah (a.s.m.) şöyle buyurmuştur:

"Yabancı bir erkekle bir kadın aslâ başbaşa kalmasınlar. Aksi takdirde üçüncüsü şeytan olur."[2]

Hz. Cabir'in rivayetine göre Resulullah (a.s.m.) şöyle buyurmuştur:

"Yanlarında kocaları bulunmayan kadınların yanına girmeyiniz. Çünkü şeytan sizin kan damarlarınızda dolaşmaktadır."

"Biz, 'Sizin de mi?' diye sorduk."

"Buyurdu ki: Benim de. Fakat Allah, şeytana karşı bana yardım etti ve o da teslim oldu."[3]

---

1 Buharî, Nikâh:115.
2 Tirmizî, Fiten: 7.
3 Tirmizî, Radâ: 16.

Hanımların alışveriş yapmaları, hattâ ticaretle meşgul olmaları konusunda Peygamberimizin (a.s.m.) beyanları açıktır. Bu hadis-i şerifi bizzat ticaretle meşgul olan sahabi hanım rivayet ediyor.

Enmaroğullarının anası Kayle anlatıyor:

Resulullah'ın (a.s.m.) umrelerinin birinde Merve'de huzuruna çıktım ve şöyle dedim:

"Yâ Resulallah! Ben alışverişle meşgul olan bir kadınım. Bir şey satın almak istediğimiz zaman arzu ettiğim fiyattan daha düşük bir fiyat teklif ederim. Sonra arzu ettiğim fiyata varıncaya kadar azar azar arttırırım. Bir malı satmak istediğim zaman da arzu ettiğim fiyattan fazla bir fiyat teklif ederim, sonra arzu ettiğim fiyata varıncaya kadar fiyatını yavaş yavaş indiririm."

Bunun üzerine Resulullah (a.s.m.), "Öyle yapma ey Kayle! Sen bir şey satın almak istediğin zaman doğrudan arzuladığın fiyatı teklif et, sonra ister verilsin, ister verilmesin." Sonra devamla şöyle buyurdular:

"Bir mal satmak istediğin zaman müşterinin teklif ettiği fiyata satsan da, satmasan da arzu ettiğin fiyatı söyle."[1]

Kadın tek başına yolculuğa çıkabilir mi?

Şehir içi yolculuklarda belli bir sınırlama yoktur. Şehirlerarası yolculuklarda ise mümkün olan önlemler alındıktan sonra ve otobüs, tren ve uçak gibi vasıtalar kullanılacağına göre, büyük ölçüde emniyet sağlanmış olacaktır. Böylesi hallerde yola çıkmak sakıncalı olmasa gerektir.

"Bir kadın 90 kilometrelik bir mesafeye yolculuk yapabilir mi?"

"Günümüzde hanımların şehirlerarası yolculukta tek başlarına seyahat etmelerinde kilometre olarak ölçü nedir?"

[1] İbni Mâce, Ticaret: 29.

"Bir kadın tek başına şehir içinde taksiye binebilir mi?"

Önce konuya esas teşkil eden hadisleri gözden geçirelim:

Ebû Said el-Hudrî'nin rivayetine göre Resulullah (a.s.m.) şöyle buyurmuştur:

"Allah'a ve âhiret gününe iman eden bir kadının beraberinde babası veya oğlu yahut kocası veya kardeşi yahut nikâhı haram olan biri olmaksızın üç gün veya daha fazla süren bir yolculuğa çıkması helâl değildir."[1]

Hadis-i şerifte üç günlük yol, mesafe olarak, günde altı saatten on sekiz saatlik yaya yürüyüşü olarak kabul edilir. Bu da kilometre hesabıyla 90 kilometrelik bir mesafedir.

Konu başka bir rivayette iki gün olarak ifade edilir. Şöyle ki:

Ebû Said el-Hudrî rivayet ediyor:

"Resulullah (a.s.m.) yanında kocası veya yakın akrabası olmaksızın kadının iki günlük yola gitmesini yasak etti."[2]

Mesele bir başka hadis-i şerifte "bir gün" olarak da belirtilir. Şöyle ki:

Ebû Hüreyre'nin rivayetine göre Resulullah (a.s.m.) şöyle buyurmuştur:

"Allah'a ve âhiret gününe iman eden bir kadının, yanında kendisine nikâhı haram olan biri bulunmadıkça bir gün ve bir gecelik yola gitmesi helâl değildir."[3]

Bu hadisi delil olarak getiren İmam Evzaî ve Ebü'l-Leys şöyle demektedirler:

"Kadın yanında mahremi olmadan bir günlük yola yalnız başına yolculuğa çıkamaz, fakat bundan az olan mesafeye tek başına gitmesi caizdir."[4]

Bu hadislerin açıklamasında hadis âlimleri şu izahı yaparlar:

Hanefi âlimlerine göre, bir kadın beraberinde kocası veya mahremi olan bir erkek bulunmadığı halde üç günlük veya daha fazla mesafeye yolculuk edemez.

---

1 Müslim, Hacc: 423.

2 Müslim, Hacc: 416.

3 Müslim, Hacc: 421. Tirmizî, Radâ: 14.

4 Umdetü'l-Karî, 7:130.

Fakat bundan az mesafeye beraberinde bunlardan kimse olmaksızın yolculuk etmesi caizdir.[1]

Bütün bu rivayetlerden anlaşıldığına göre bir hanım, dinen üç günlük bir mesafe olan 90 kilometrelik yola, yanında kocası veya babası, kardeşi, oğlu, amcası ve dayısı gibi mahremleri olmadan çıkamaz, caiz değildir.

Fakat bundan az bir mesafeye, yanında kimse olmadan da çıkabilir.

İhtiyat açısından ise, bu mesafeye hanımın tek başına çıkmaması tavsiye edilmektedir.

Şehir içi için hadislerde belli bir sınırlama yoktur. Çünkü şehir içi yerleşim bölgesi olduğundan güvenlik bakımından yeterli kabul edilmektedir.

Ancak şehir dışı yolculuklarda bazen zorunlu haller söz konusu olabilir.

Günümüz şartlarında ise mümkün olan önlemler alındıktan sonra, yola da tek başına çıkılamayacağına, yani otobüs, tren ve uçak gibi vasıtalar kullanılacağına göre büyük ölçüde emniyet sağlanmış olacaktır.

Böylesi hallerde yola çıkmak sakıncalı olmasa gerektir. Zaten başta da ifade edildiği gibi yola çıkma mecburiyeti vardır.

Kadının şehir içinde tek başına taksiye binmesi de yine bu çerçevede değerlendirilebilir.

Şöyle ki: Her ne kadar taksinin içi görülse de, tek başına taksiye binen hanım bir yerde şoförle baş başa kalmaktadır. Bunun için arka koltuğa oturmayı tercih etmelidir.

Diğer taraftan bazı art niyetli şoförlere rastlamak mümkün olduğu gibi, rahatsız edici konuşmalara muhatap olmak da mümkündür.

Bir yerde bunun önüne geçmek için akıl ve feraset melekesini kullanmalı, bu gibi insanlarla karşılaşmamaya gayret etmelidir.

Bütün bunlarla birlikte bir hanımın, mecbur kalmadıkça taksiyi tercih etmemesi en güzelidir.

---

[1] İbni Mace Tercümesi, 8:69; Tuhfetü'l-Ahvezî, 4:332.

Kadın sesini dinlemek caiz midir?

Kadının sesi yaratılışı gereği dikkat çekicidir. Özellikle ses normalin dışında bir tonda çıkarsa birtakım sakıncaları beraberinde getirir ve "fitneye" sebep olabilir. "Eğer fitneden emin ise kadının sesi haram olmaz. Ancak, erkeklerin, kadınları fitne ve fesada götüren hallerden uzak tutmaları gerekir."

"Kadının sesi haram mıdır? Hanımlar zikrederken seslerinin dışarıdan duyulmasında bir sakınca var mıdır?"

"Kadınların sesleri hangi şartlarda haramdır? Bir hanım şiir ve ilâhi okuyabilir mi?"

Esas itibariyle başta insan olmak üzere hiçbir varlığın sesi mutlak olarak haram ve günah sınıfına sokulmaz. Çünkü yaratılışında bir haramlık mevcut değildir.

Bunun içindir ki, hiçbir âyet ve hadis kadının sesini haram kılıcı bir hüküm bildirmez. Başta Hanefi ve Şâfiî imamları olmak üzere mezhep sahibi imamlarımızın görüşleri de bu yöndedir.

Şâfiî mezhebi âlimleri ve diğer müçtehitler şöyle derler:

"Kadının sesi avret değildir. Çünkü kadın alışveriş yapar, mahkemede şahitlikte bulunur. Bunun için sesini yükselterek konuşmak zorunda kalır."[1]

Kadının sesinin avret olmadığının gerekçesi, İslâmın ilk uygulamalı devri olan Saadet Asrıdır. Yani Peygamber Efendimizin (a.s.m.) ve sahabilerin uygulayış biçimidir.

Bu uygulanış biçimi üç şekilde görülüyor:

Birincisi: Peygamber Efendimizin (a.s.m.) sahabi hanımlarla konuşması, onların sorularına cevap vermesi, şikâyetlerini dinlemesi, ihtiyaç ve taleplerini karşılamasıdır.

1 Tefsîrü Âyâti'l-Ahkâm, 2:167.

İkincisi: Sahabiler gerek Peygamberimizin (a.s.m.) hanımlarına, gerekse diğer hanım sahabilere hadis ve benzeri durumlarda soru sorarlar, konuşurlar ve bazı konularda bilgi alırlardı.

Üçüncüsü: Yine sahabe döneminde kadınlar, halifelere şikâyetlerini dile getirirler veya dinî meselelerde diğer sahabilere bilmediklerini sorup öğrenirlerdi.

• • •

Ancak bütün mubah meselelerin mahiyet değiştirip sakıncalı bir hal alması mümkündür. Kadının sesi meselesinde de aynı durum söz konusudur.

Kadının sesi mubah, masum ve meşru olmasına karşılık hangi sebeplerden dolayı "avret" olur, nasıl olursa yasak sınıfına girer, yabancı erkeklerin dinlemesi haram olur?

Kadının sesi yaratılışı gereği dikkat çekicidir. Özellikle ses normalin dışında bir tonda çıkarsa birtakım sakıncaları beraberinde getirir ve "fitneye" sebep olabilir.

Demek ki, haram olan sesin kendisi değil de, kontrol dışı bir mahiyet taşımasıdır.

Ahzâp Sûresinin 32. âyet-i kerimesi bu husustaki ölçüyü Peygamber hanımlarının şahsında şöyle veriyor:

"Ey Peygamber hanımları! Siz herhangi bir kadın gibi değilsiniz. Eğer halinize layık bir takva ile korunacaksanız, yabancılarla câzibeli bir şekilde konuşmayın ki, kalbinde fesat bulunan kimse bir ümide kapılmasın. Konuşurken ciddiyet ve ağırbaşlılıkla söz söyleyin."

Müfessir Mehmed Vehbi Efendi bu âyeti tefsir ederken, "Söylediğiniz söz fitneye sebep olmasın. Yani cazibeli ve ecânibi (yabancı erkekleri) şüpheye düşürecek bir halde edalı ve naz ü istiğna ile söylemeyin" şeklinde izah getirmektedir.

Elmalılı'nın ifadesiyle **"Yayılarak, kırıtarak, sınık, yılışık"** olduğunda **"kalbi çürük kötülüğe meyilli kimseler"** bir ümide kapılırlar. Bundan dolayı da günaha girilmiş olur.

Suriye ulemasından Fıkıh Uzmanı Vehbe Zühaylî ise, bunu normal konuşmalardan ziyade dinî muhtevada da olsa aynı gerekçe ile sakıncalı görür:

"Kadının, Kur'ân şeklinde de olsa, coşkulu ve nağmeli olarak okumakta iken seslerini işitmek haramdır. Çünkü bunda fitneye sebep olma korkusu vardır."[1]

Bizim de katıldığımız hükmü Faruk Beşer Hoca veciz bir şekilde şöyle dile getirir:

"Kadın her şeyiyle olduğu gibi sesiyle de çekici, büyüleyici ve tahrik edicidir ve aslında bu onun çirkin olduğunu değil, güzel olduğunu gösterir.

"Birer nimet demek olan çekici yönlerini, bu arada sesini fitneye sebep olmak ve tahrik etmek için kullanırsa, yani konuşmasını kırıla döküle ve kadınsı biçimde yaparsa, ya da nağmeli sözlerle normal konuşurken zaten tahrik edici olan sesini daha da etkileyici hale getirirse, sesi avret olduğundan değil de, fitneye sebep olacağından haram olur. Vakarlı ve karşısındakine ümit kestirici edayla konuşursa haram olmaz."[2]

Son olarak zamanımızın müfessirlerinden Muhammed Ali es-Sabûnî'nin yorumuna yer verelim:

"Eğer fitneden emin ise kadının sesi haram olmaz. Ancak, erkeklerin, kadınları fitne ve fesada götüren hallerden uzak tutmaları gerekir."[3]

Sorudaki unsurlara gelince, şiir ve ilâhide ses incelip kalınlaşır, nağmeli hale gelir ve câzip bir mahiyete bürünür.

Bunun için yabancı erkeklerin duyacağı şekilde söylemek beraberinde bazı sakıncaları getirir. Buna dikkat etmek gerekir.

Hanımların sesli olarak zikretmeleri de, şayet yabancı erkekler duyacaksa, yine aynı kategoriye girer.

Ezanda da birtakım yanlış duyguların uyanmasına sebep olacağından kadının ezan okumasına izin verilmez.

Ancak hanımların kendi aralarında sesli olarak Kur'ân okumalarında, ilâhi söylemelerinde ve zikretmelerinde sakınca yoktur.

---

1 İslâm Fıkhı Ansiklopedisi, 1:467.

2 Hanımlara Özel İlmihal, 314.

3 Tefsîrü Âyâti'l-Ahkâm, 2: 167.

Kadınlarla erkeklerin folklor seyretmesi caiz midir?

Hadislerde, folklor ve benzeri oyunları, tesettüre ve dinî ölçülere uymak şartıyla kadınlarla birlikte seyretmenin hoşgörü ile karşılanması gerektiği anlaşılmaktadır. Kadınların kendi aralarında ahlâka aykırı olmamak şartıyla şiir ve şarkı söylemelerinde, def ile oynayanları seyretmelerinde bir sakınca yoktur.

Asr-ı Saâdette, bugünkü folklora benzer şekilde millî geleneğe dayanan mızrak oyunları ve danslar vardı. Bunu genellikle Habeşistanlılar oynardı.

Buhârî ve Müslim gibi hadis kitaplarında bu hususta Hz. Âişe'den nakledilen bazı rivayetler vardır.

Bir bayram günü Sudanlılar kalkan ve mızrak oyunu oynayıp dans ederken Peygamberimiz (a.s.m.) onları gördü, Hz. Âişe'nin bu oyunu seyretmesine izin verdi.

Hz. Âişe bu durumu şöyle anlatıyor:

"Habeşliler gelerek dans etmeye başlayınca Resulullah (a.s.m.) beni çağırdı. Ben de gelerek başımı onun omuzuna dayadım. Habeşlilerin oyununa bakmaya başladım. Nihayet onlara bakmaktan ilk vazgeçen ben oldum."

Hatta böyle bir oyunda Peygamberimiz Habeşlilere, **"Haydi bakalım Efrideoğulları göreyim sizi!"** buyurarak bir teşvikte de bulunmuştu.

Öyle ki, böyle bir ekibi görünce taşlamak sûretiyle onlara engel olmak isteyen Hz. Ömer'e (r.a.) Peygamberimiz (a.s.m.) **"Bırak onları, yâ Ömer!"** diyerek sakinleştirmişti.[1]

---

[1] Müslim, Îydeyn: 18-22.

Hadislerde, bu ve benzeri oyunların, tesettüre ve dinî ölçülere uymak şartıyla kadınlarla birlikte seyretmenin hoşgörü ile karşılanması gerektiği anlaşılmaktadır.

Kadınların da kendi aralarında ahlâka aykırı olmamak şartıyla şiir ve şarkı söylemelerinde, defle oynayanları seyretmelerinde bir sakınca yoktur. Bunu da Müslim'de geçen hadis-i şeriflerden öğreniyoruz.

Bir bayram günü Ensar kadınlarının def eşliğinde kahramanlık şiirleri söyleyip eğlenmelerini duyan Hz. Ebû Bekir, onlara engel olmak istemişti.

Fakat Peygamberimiz (a.s.m.), **"Yâ Ebâ Bekir, her milletin bir bayramı vardır; bu da bizim bayramımızdır"** buyurarak onları kendi hallerinde bırakmalarını tavsiye etti.[1]

Bunun için bu çeşit meselelerde İslâmın kabul edip hoş karşıladığı ruhsat ve müsaadeleri reddetmemeli, insanların meşru dâiredeki eğlencelerine engel olucu bir girişimde bulunmamalıdır.

Çünkü müziğin ve her türlü dansın ayyuka çıktığı günümüzde meşru çerçevede düzenlenen programlar, gençlerin heveslerini müsbete yönlendirmeye vesile olacağından faydalıdır.

1 Müslim, İydeyn: 16-22; Buhârî, İydeyn: 25.

Şahitlikte kadın neden yarım sayılıyor?

Kadının esas mizacı heyecandır ve heyecanlarıyla yaşar ve fizyolojisi itibariyle erkekten farklıdır. Bir hadise ile karşılaştığında heyecanına bir heyecan daha katar. Bazen de şahitlik yapacağı meselede kıskanç davranabilir, rekabet hissi baskın gelebilir. İşte bu ve benzer sebeplerden dolayı İslâmiyet kadını büyük günahlara düşmekten korumuş, ona şahitlikte yanına yardımcı bir kadın vermiştir.

Kur'ân'daki hükümler incelendiğinde, ilk göze çarpan nokta insanın hem bedenî, hem de ruhî yapısı düşünülerek tespit edilmiş olmasıdır.

Şahitlik meselesinde de bu yönü görmek mümkündür. Şahitlikte bir erkeğin yerine iki kadının kabul edilmesi, hikmetiyle birlikte şöyle ifade edilir:

"Erkeklerinizden iki şahit tutun. Eğer iki erkek bulunmazsa şahitlerden razı olacağınız bir erkek; biri unuttuğunda, şaşırdığında diğeri ona hatırlatacak iki kadın olabilir..."[1]

Buradaki esas mesele kadının yaratılışı ile doğrudan alâkalıdır. Onun psikolojik yapısının bir gereğidir. Kur'ân da, hadis de buna işaret ediyor. Bugünün modern psikolojisi de bu hususu doğruluyor.

Her kadının rahatlıkla benimseyeceği ruhî özellikleri kısaca şöyledir:

Kadının esas mizacı heyecandır ve heyecanlarıyla yaşar.

---

1 Bakara Sûresi, 282.

Bunun için düşünceler, aklından çok kalbine işler, tesirleri de o şekilde gelişir.

Hadiseler karşısında pek tarafsız kalamaz. Muhakemeden ziyade duygularıyla hareket eder. Merhamet ve şefkat tarafı ağır bastığından hadiselere sezgisiyle yaklaşır. O tarzda değerlendirir.

Kadın, fizyolojisi itibariyle de erkekten farklıdır.

Bu farklılık bütün kadınlarda aynıdır. Her ay belli günlerde âdetten dolayı yarı hastadır. Annelik günleri başlayınca bu hastalık biraz daha yoğunluk kazanır.

Dokuz aylık hamilelik devresi, doğum ve lohusalık müddeti çocuğun emzirilmesi, bakımı, geceleri uykusuz kalması ve bu arada ev işleri, eşine karşı görev ve sorumlulukları kadının beden yapısında değişikliklere sebep olur.

Bu özelliklerinden dolayı Kur'ân, **"Kadınlar unutabilirler, onun için şahitlikte onlara bir yardımcı verilmeli"** diyor.

Bunu, kadını yaratan Yüce Allah ifade buyuruyor. Öyle ise bu değişmeyen bir kuraldır.

Kadınların içinde unutkan olmayan, bazı erkeklerden daha güçlü hâfızaya sahip olanlar yok mudur?

Şüphesiz vardır, ama genel olarak kadınlarda bu psikolojik hal daha çok görülür. Hadiseyi akıllarında fazla tutamamaları normaldir. Aklî ve zihnî bir zaaf olan unutkanlık daha galiptir. Hadiste "noksanlık" olarak ifade edilen de budur.

Bu unutkanlığa tesir eden faktörler nelerdir?

Kadınlar hassas bir ruh haline sahipler. Bunun için genellikle çabuk etki altında kalır, âni tepki gösterirler. Ani tepki ile isabetli karar verilemeyeceği ise aşikârdır.

Kadın daha çok içe dönüktür. Kendine has bir dünyası vardır. Özellikle ev hanımları gün boyu ev işleriyle iç içedir. Çocuklarının bakımı ve terbiyesi ile meşguldür.

İç âlemi ile bu kadar alâkadar olan bir kadının, dış dünyadaki meseleler pek ilgisini çekmez. Ticaret, iş hayatı, spor ve siyasetle çok az kadın ilgilenir.

Bugün milyonlarca erkeğin konuşup tartıştığı futbola ve siyasete kadınların uzak durması bu gerçeğin sadece bir boyutudur.

Dış dünyanın bu kadar uzağında olan bir kadın, dış dünyadaki olaylara nasıl vâkıf olacak, mahiyetlerini nasıl öğrenecek, aklında nasıl tutacak, şahitliğini ne oranda tam yapabilecektir?

Hayâ kadının en önemli özelliğidir. Bunun için kadın, hayası ve edebi itibariyle, kadınlık özelliği dolayısıyla olaylara erkekler kadar vâkıf olamaz, ayrıntısını anlayamaz. Sadece bir tarafını gördüğü bir olayın bütününü öğrenemez.

Neticede doğru ve eksiksiz şahitlik yapma imkânını bulamaz.

Kadının bunlar gibi psikolojik, fizyolojik ve sosyolojik özelliklerini bilen bir insan, bir sistem, "Kadına şahitlik meselesinde eşit hak vermiyor" diye İslâma dil uzatamaz, hücuma kalkamaz.

İslâmiyet şahitlik meselesinde kadına erkek kadar bir sorumluluk yüklemeyip, iki kadının şahitliğini, bir erkeğe denk tutmakla; hattâ bazı dâvâlarda onu tamamen muaf göstermekle hakkını zayi etmemiştir. Aksine onu düşünmüş, bir günaha düşmesini önlemiştir.

Çünkü şahitlik büyük sorumluluk gerektiren bir iştir, ağır bir görevdir.

Bu husustaki âyetlerin meâli şöyle:

"Şahitliği gizlemeyin. Onu kim gizlerse şüphesiz kalbi günahın acısından sızlar. Allah işittiklerinizi bilir."[1]

"Ey iman edenler, kendiniz, ana-babanız ve yakınlarınızın aleyhlerinde de olsa, Allah için şahit olarak adaleti gözetin."[2]

Hadis-i şeriflerde şahitliğin ne kadar önemli bir sorumluluk taşıdığına işaret edilirken, yalancı şahitliği de büyük günahlar arasında zikredilir. Peygamberimiz (a.s.m.) büyük günah olarak Allah'a ortak koşmanın ve anne-babaya karşı gelmenin arkasında sayar ve **"Dikkat ediniz, birisi de yalancı şahitliktir"** buyurur.[3]

Hatta bir rivayette yalancı şahitlik günahların en büyüğünden sayılır.[4]

Ayrıca, bir meselede şahitlik yapacak olan kimse o hadiseyi açık seçik bilmelidir.

---

1 Bakara Sûresi, 283.
2 Nisâ Sûresi, 135.
3 Müslim, İman: 143.
4 Müsned, 3:131.

İhtimal ve zan üzerine kanaat bildirmemeli, görülecek şeyleri mutlaka görmeli, duyulacak olanları iyice duymalıdır.

Bunun önemini veciz şekilde hadis-i şerif bildiriyor:

Peygamberimiz, sahabinin birisine güneşi göstererek, "Güneşi görüyor musun? Onun benzerine şahitlik yap, yoksa vazgeç" buyurmuşlardır.[1]

Çünkü şahitlik bir dâvâyı ispat eden güçlü bir vesiledir. Kula ve Allah'a âit bir hakkın ortaya çıkmasıdır. Şahitlikle mühim bir hak yerini bulur, zâyi olmaz.

Evet, İslâmiyet kadını büyük günahlara düşmekten korumuş, onun bazı zaaflarına kapılıp, duygusal davranarak yalancı şahitlik gibi bir günaha girmesine engel olmuştur. Şahitlik esnasında yanına bir yardımcı kadın vererek de bunun önlemini almıştır.

İşte bundan dolayı şahitliklerde iki kadın bir erkek yerine geçmektedir.

Bir hadise ile karşılaşan kadın heyecanına bir heyecan daha katar. Hadiseyi tam olarak tespit edemez, hataya düşebilir. Şahitlik esnasında hatırlayamaz.

Bu arada sorumluluk altında kalmaması için İslâm ona şefkatle yaklaşmış, eksikliklerini tamamlaması için yanına bir kadın daha katmıştır.

Bazen kadınlar şahitlik yapacağı meselede kıskanç davranabilir, rekabet hissi baskın gelebilir.

Bunun için hadisenin bazı taraflarını gizleyerek, adaletin tecellisine gölge düşürebilir.

Fakat iki kadın şahitlik yaparsa, birisinin gizlediğini öbürü açığa vurarak şüpheler ortadan kalkmış olur.

Diğer taraftan iki kadının şahitliğinin bir erkeğin şahitliğine eşit tutulması hiçbir zaman kadının erkeğin yarısına eşit olduğunu göstermez.

Çünkü bu sadece şahitlik meselesinde her türlü teminatın bulunmasına önem verildiğinin hukukî sahada bir uygulamasıdır. Yoksa diğer hususlarda kadınla erkek arasında bir fark yoktur.

---

1 Büluğu'l-Meram, 4:277.

Kadın hangi çeşit dâvâlarda şahitlik yapar, hangilerinden muâftır?

İslâm hukuku, zina, içki ve hırsızlık gibi had cezalarını gerektiren suçlarda ve kısas gibi cezalarda kadını muâf tutmuş, onun şahitliğini kabul etmemiştir.

Bu dâvâlardan zina cezasında dört erkeğin, diğerlerinde ise iki erkeğin şahitliğini esas almıştır.

Alışveriş, ticaret, nikah, talâk gibi muamelâta giren dâvâlarda ise iki erkek yoksa, bir erkekle iki kadının şahitliğini şart koşmuştur.

Fakat erkeklerin vâkıf olamayacağı, bekâretin tespiti, doğum ânında anne ve çocukla ilgili meydana gelecek hallerde, süt kardeşliğinin tespitinde, süt emme gibi meselelerde tek kadının şahitliği de kâfi gelmektedir.

Hattâ, Hz. Ömer boşanma hadisesinde bile bir kadının şahitliğini kâfi görmüş; sahabe-i kiram çocuklar arasında meydana gelen hadisede çocukların şahitliğini kabul etmişlerdir.

Çünkü şahitlikte asıl mesele hakkın zayi olmaması, adâlete gölge düşürülmemesi, hakkın yerine gelmesidir.

Had cezalarında ve kısasta kadının şahitliğine başvurulmamasının bir hikmeti, bu çeşit meselelerde en ufak bir şüpheye yer verilmemesi duyarlılığıdır.

Çünkü kısas gibi bir dâvâda eksik bir beyanla, bir hak zâyi olabilecek veya bir insanın kısas edilmesi söz konusu olacaktır.

Kadınlardaki unutkanlık ve hislerine mağlup olmak gibi bir ârıza bu meseleye gölge düşürebilir.

Hem zaten erkeğe göre o kadar farklılıkları olan, annelik gibi önemli bir görevi bulunan kadına ayrıca böyle ağır meselelerde şahit göstermek, ondan eksiksiz bilgi istemek ona yapılan bir haksızlık değil midir?

Kadın mirastan neden yarım hisse alıyor?

Konuya erkeğin ve kadının sosyal yapısı, ailedeki sorumluluğu, yükümlülüğü ve psikolojik faktörleri açısından bakılmalıdır. Bu şekilde Kur'ân'ın bu hükmünün sırf bir adalet ve hakkaniyet üzerinde olduğu görülecektir. İslâm her iki cinsin yükümlülüğüne ve ihtiyacına göre hakça bir paylaşımı uygun görmüş, hakkaniyet prensibini korumuştur.

İslâm dininin ıslah edip düzenlediği kurumlardan birisi de "miras" hukukudur. Başta Arap Cahiliyesinde olmak üzere Çin, Roma ve Japon hukukunda kadın mirastan tamamen mahrum bırakılmıştı.

Kızın, babasının malında hiçbir hakkı yoktu. Miras doğrudan doğruya erkek evlâda geçer, kız çocuklarına hiçbir şey verilmezdi.

İşin acı tarafı şu ki, bu bâtıl âdet ülkemizin bazı bölgelerinde hâlâ devam etmektedir. Erkek çocuklar mirasla servet ve varlık içinde yüzerken, aynı babanın çocuğu olan kızlar fakirlik ve yoksulluk içinde çırpınmaktadır.

Dinimiz birçok hayatî meselede olduğu gibi bu konuda da köklü değişiklikler yaptı ve yenilikler getirdi. Ve asırlar boyu devam eden bu zulme son verdi.

Mirası hakçasına taksim etti. Bunları da açık ve kolayca anlaşılır bir şekilde Kur'ân'da zikretti.

Nisâ Sûresinin 11. âyeti tamamen miras paylaşımını anlatır. Baş kısmında ise, **"Allah çocuklarınız hakkında erkeğe iki kadının hissesi kadar tavsiye eder"** buyurulur. Böylece açık bir şekilde bu yanlış düzeltilmiş oldu.

İslâmın bu meseledeki köklü değişimini anlama kapasitesinden mahrum olan bazı zihniyet sahipleri, kadına erkeğin yarısı kadar pay verilmesini dillerine dolamaktadırlar. Bununla da İslâmın kadının hakkını korumadığı yorumuna saplanırlar.

Halbuki mesele hiç de öyle değildir.

Konuya erkeğin ve kadının sosyal yapısı, ailedeki sorumluluğu, yükümlülüğü ve psikolojik faktörleri açısından bakılmalıdır. Bu şekilde Kur'ân'ın bu hükmünün sırf bir adalet ve hakkaniyet üzerinde olduğu görülecektir.

Miras meselesi bir paylaşıma, bir hesaba dayanmaktadır. Hesap ve mantık kuralları içinde mesele göz önüne getirilirse şu manzara ortaya çıkar:

İslâmın çizmiş olduğu hayat prensibine göre, kızın çalışıp kazanma zorunluluğu yoktur. O tüketici durumundadır. Bu, ona lâyık görülen bir şefkat ve merhametin sonucudur.

Kız, baba evinde bulunduğu müddetçe ihtiyaçları babası ve onun yerindeki yakın erkek akrabaları tarafından karşılanır, gözetilir, himaye edilir.

Evlendikten sonra da geçimi, nafakası ve ihtiyaçları kocasının üzerine geçer. Kadın, kendi malını evin ihtiyaçları için harcamaya zorlanamaz. Çünkü bir erkeğin özel mülkü olacağı gibi, kadının da pekâlâ özel mülk edinme hakkı vardır. Ancak kadın gönül rızası ile, bir zorlama olmadan, isterse, ortaklaşa harcamada bulunabilir.

Buna göre, kadının hiçbir şeyi yokmuş gibi bakılır; yeme, içme, giyim kuşam ve benzeri bütün ihtiyaçlarını görmek kocasının sorumluluğu altındadır.

Hatta erkek evine bakmaktan vazgeçer, yahut cimri davranarak servetine göre bir harcamada bulunmazsa, kadının kocasını şikâyet etme hakkı vardır. Gider, İslâm hukuku çerçevesinde hakkını arar.

Diğer taraftan kadın evlenirken erkekten mehir alır, bölgenin âdetine göre pek çok hediyeye sahip olur.

Erkek devamlı surette harcarken, kadının malı artarak devam eder, çoğalır. Düğün masraflarını da büyük ölçüde erkeğin çekeceği hesap edilirse kadına göre malî bakımdan ne kadar kaybının olduğu açıkça görülür.

Erkek evlendikten sonra üzerine bir de aile yükü biner. Kendisinin, çoluk çocuğunun, hatta anne-babası ve muhtaç oldukları takdirde dinen bakmakla yükümlü olduğu akrabalarının nafakalarını karşılamak durumunda kalır.

Buna göre biri erkek, diğeri kız iki kardeşten erkeğin aldığı üçte iki miras bu şekilde devamlı sûrette harcanıp azalırken, kız kardeşinin aldığı üçte bir miras hakkı artarak korunabilir.

Şimdi gerçek mânâda erkek kardeşin mi serveti çoktur, yoksa kız kardeşin mi? Erkeğe mi ayrıcalık tanınmış, yoksa kadına mı?

Öyle ki, babasından kalan mirasla geçinemeyecek halde bulunan bekâr veya dul kız kardeşe, erkek kardeşin yardım etme, zaruri ihtiyaçlarını karşılama mecburiyeti vardır.

Ailenin yükünü çeken, masrafı gören, harcamayı yapan erkektir. Şayet kadın erkekle eşit bir hakka sâhip olsaydı, bu durumda erkeğe haksızlık yapılmış olacaktı.

Çünkü erkek, taşıdığı yükümlülük ve sorumluluğa, kadın da kendi sorumluluk ve harcama durumuna göre bir hakka sahip olmuştur.

Demek ki, **İslâm her iki cinsin yükümlülüğüne ve ihtiyacına göre hakça bir paylaşımı uygun görmüş, hakkaniyet prensibini korumuştur.**

Erkeğe "iki", kadına "bir" ölçüsü, sadece bir emek harcamadan ele geçen miras hukukundandır.

Emek harcanıp kazanılan mala gelince; kadın ve erkek ticaret, tarım, sanayi ve benzeri hangi iş kolunda çalışırsa çalışsınlar, ücretlerini eşit miktarda alırlar.

Aynı şirkete ortak olan kadın-erkek hisselerine göre eşit miktarda kâr hak ederler. Yani ne erkek fazla alır, ne de kadın eksik...

Hesap bakımından da mirastaki bu kadın-erkek farklılığı adalet üzerinedir. Kadın mirasın üçte birisini tamamen kendi şahsına harcamak üzere alırken; erkek, almış olduğu üçte iki hisseyi kendi ihtiyacıyla birlikte, ailesinin, çocuklarının, bakmakla yükümlü olduğu yakın akrabalarının ihtiyaçları için harcar.

Aynı konuyu, **"Muhakemesiz medeniyet, Kur'ân kadına sülüs (üçte bir) verdiği için âyeti tenkit eder"** cümlesiyle açıklayan Bediüzzaman Said Nursî, sosyal hayatta hükümlerin çoğunun, çoğunluğa göre olduğunu söyler:

"Ekseriyet (çoğunluk) itibariyle bir kadın kendini himâye edecek birisini bulur. Erkek ise, ona (kendisine) yük olacak ve nafakasını ona bırakacak birisiyle teşrik-i mesaî etmeye (aile ocağı kurmaya) mecbur olur. İşte bu sûrette bir kadın pederinden yarısını alsa, kocası noksaniyetini (eksikliği) temin eder. Erkek, pederinden iki parça alsa, bir parçasını tezevvüç ettiği (evlendiği) kadının idaresine (geçimine) verecek; kız kardeşine müsavi (denk) gelir. İşte adalet-i Kur'âniye böyle iktiza eder (gerektirir). Böyle hükmetmiştir."[1]

Meseleye psikolojik açıdan bakıldığı zaman da bu miras paylaşımında tam bir hakkaniyet gözetildiği görülür. Şöyle ki:

Kız çocuğu evlenip çoluk çocuğa karışıp evi barkı ayrı olsa da yine anne-babasının ve erkek kardeşlerinin merhametine, şefkatine ve bir derece himayelerine muhtaçtır. Bundan dolayı akrabalık bağlarının zedelenmemesi için birbirlerine karşı olan sevgi ve muhabbette de bir eksiklik olmamalıdır.

Bediüzzaman'ın ifade ettiği gibi, "O zaife kız, pederinden şefkate ve kardeşinden merhamete çok muhtaçtır. Hükm-ü Kur'ân'a (Kur'ân'ın hükmüne) göre o kiz pederinden endişesiz bir şefkat görür."

Miras paylaşımında kızın alacağı payı düşünen baba daha ölmeden önce ona olan şefkatinden bir eksilme olmaz ve kızına, **"Benim servetimin yarısını, ellerin ve yabancıların ellerine geçmesine sebep olacak zararlı bir çocuk nazarıyla endişe edip bakmaz, o şefkate endişe ve hiddet karışmaz."**

Erkek kardeş için de durum aynıdır. Kız, erkek kardeşinden bir hisse az almakla, yine Bediüzzaman'ın ifadesiyle "Kardeşinden rekabetsiz, hasetsiz bir merhamet ve himayet görür. Kardeşi ona, hânedanımızın yarısını bozacak ve malımızın mühim bir kısmını ellerin eline verecek bir rakip nazarıyla bakmaz. O merhamete ve himayete bir kin, bir iğbirar katmaz (gücendirmez, kırılmaz.)

"Şu halde, fıtraten, nâzik, nâzenin ve hilkaten (yaratılışça) zaife ve nahife (zayıf ve ince ruhlu) kız, sûreten (görünüşte) az bir şey kaybeder. Fakat ona bedel akaribin (yakınlarının) şefkatinden, merhametinden tükenmez bir servet kazanır. Yoksa 'Rahmet-i Hak'tan ziyade ona merhamet edeceğiz' diye hakkından fazla ona hak vermek, ona merhamet değil, şedit (şiddetli) bir zulümdür. Belki zaman-ı Cahiliyette (İslâm öncesi Cahiliye döneminde) gayret-i vahşiyâneye (vahşi bir anlayışa) binaen kızlarını sağ olarak defnetmek gibi gaddarâne bir zulmü andıracak şu zamanın hırs-ı vahşiyânesi (vahşice açgözlülüğü) merhametsiz bir şenaate (kötülüğe) yol açmak ihtimali vardır?"[2]

İşte daha bunlara benzer pek çok hikmetten dolayı İslâm hukuku mirasta kadına erkeğe oranla bir hisse eksik takdir etmiştir.

---

1 Sözler, s. 382.
2 Mektubat, s. 37.

Kadının okuma yazma öğrenmesi yasak mıdır?

İslâm, kadın-erkek herkesin okumasının, ilim öğrenmesinin gerektiğini bildirir. İlim öğrenmek ise hem okumakla, hem de yazmakla gerçekleşir. Ayrıca Peygamberimizin (a.s.m.) kadına yazı öğretilmesini bildiren açık emirleri varken ve bu beyanlar sahih hadis kitaplarında yer alırken, bunun aksi olan düşüncenin sünnetin ruhuna ve prensiplerine uymadığı açıktır.

Yüce kitabımız Kur'ân'ın emri, kadın-erkek bütün insanları kapsar. Muhatap insanlığın tamamıdır.

Meselâ Kur'ân âyetlerinde "okumak ve ilim öğrenmek"le ilgili emirler kesindir. Yani kadın da, erkek de bu emrin muhatabıdır.

İlk nâzil olan âyet **"Yaratan Rabbinin adıyla oku"**dur.

"Bilmiyorsanız ilim ehlinden sorun."[1]

"Hiç bilenlerle bilmeyenler bir olur mu?"[2]

"Allah'ın kulları arasında Ondan korkan ancak âlimlerdir."[3]

Âyetlerde böyle olduğu gibi, aynı genellik hadislerde de vardır:

"İlim öğrenmek, kadın erkek her Müslümana farzdır."[4]

"En faziletli sadaka, Müslüman bir kimsenin ilim öğrenmesi; daha sonra da onu bir Müslüman kardeşine öğretmesidir."[5]

Bu konuda daha pek çok âyet ve hadis meâli vermek mümkündür.

Bu ifadeler, kadın-erkek herkesi okumaya, öğrenmeye teşvik eder. Dünyanın ve âhiretin ancak okuma ve bilgi kapısından geçmekle kazanılacağını bildirir.

1 Enbiya Sûresi, 7.
2 Zümer Sûresi, 9.
3 Fâtır Sûresi, 29.
4 İbni Mâce, Mukaddime, 18.
5 İbni Mâce, Mukaddime, 20.

Kur'ân ve Peygamberimizin (a.s.m.) emirlerine hakkıyla uyulduğu devir olan ve İslâmın altın çağı olarak kabul edilen Asr-ı Saâdete baktığımız zaman, meselenin uygulama şeklini de görüyoruz.

Hadis kitapları, kadınların pek çok sahada söz sahibi olduklarını ve çeşitli mesleklerle meşgul olduklarını anlatıyor.

Meselâ sahabi hanımlar arasında askerlik, hastabakıcılık, doktorluk, ebelik, ticaret, kuaförlük gibi işlerle uğraşanlar bulunuyordu.

Yine ilimde, özellikle hadis, fıkıh ve tefsir sahasında sahabi kadınlar içinde söz sahibi olanlar ve bu hususta büyük hizmetleri bulunanlar az değildi.

Bunların içinde Hz. Âişe validemiz başta gelir. Öyle ki Hz. Âişe'den başka daha pek çok sahabi kadın, hadis rivayetinde vazife görmüştür.

İbni Sa'd'ın *Tabakat* isimli eserinde 700'den fazla kadın sahabinin ismi ve hal tercemesi verilir.

Muhaddis İbni Hacer, İsâbe isimli eserinde hadis rivayetinde bulunan 1500 küsur kadının kısa hayatlarını anlatır.

Fıkıh alanında da sahabi kadınlardan söz sahibi olanlar vardı. Hz. Fatıma, Hz. Hafsa, Ümmü Seleme, Ümmü Süleym, Hz. Esma, Ümmü Hâni, Ümmü Habibe sadece bunlardan birkaçıdır.

Bu ilim öğrenme aşkı daha sonraki asırlarda da devam etmişti. İmkân ve fırsat bulan mü'min kadınlar çeşitli ilim, sanat ve mesleklerde ilerlemişler, tarihlere geçmişlerdi.

Bunlardan birkaç misâl:

Hz. Âişe'nin zeki bir talebesi olan Amrâ binti Abdurrahman, Ömer bin Abdülaziz'in ifadesiyle Hz. Âişe'nin rivayet ettiği hadisleri en iyi bilendi. Müslümanlar birçok anlaşılmaz ve zor meseleyi ondan sorarak öğreniyorlardı.

Hicri ikinci asırda yetişen ve asrın meşhur hadisçilerinden olan Nefise binti Hasen, İmam Şâfiî'ye hadis hususunda ders verecek derecede bilgiliydi. Mısır âlimlerinin en çok itibar ettiği âlimeler içinde yer alıyordu.

Altıncı asırda Sühde binti Ahmed, hat sanatında şöhret bulmuş, özellikle hadis sahasında müracaat edilecek seviyede bir ilme ulaşmıştı.

Hicri yedinci asırda yetişen Zeynep binti Abdurrahman, birçok büyük âlimden ilim öğrenmiş, hattâ meşhur müfessir Zemahşeri bile kendisine icazet (diploma) vermişti.[1]

İslâm tarihi boyunca, gerek ilimde, gerekse sanat ve ticarette böylesi söz sahibi olmak için hem okumak, hem de yazmak gerekmektedir. Çünkü ilim ancak her iki unsurun bir arada bulunması ile elde edilir.

"İlmi yazı ile kaydedin"[2] hadisi bu hanımlar için bir rehber olmuştur. Bu kadar örnek varken, kadına yazı öğretmeyi yasaklayan bir fikrin doğruluğuna inanılır mı?

Kadınlara yazı öğretilmemesine delil olarak gösterilen, Kütüb-ü Sitte dışında kalan ve farklı lâfızlarla rivayet edilen bir hadis vardır: **"Kadınlara yazı öğretmeyin. Onlara sadece ip eğirmeyi ve Nûr Sûresini öğretin."**

Bu rivayeti hadis ilmi açısından tenkide tabi tutan **İmam Zehebî, hadiste ismi geçen bir kişinin güvene lâyık birisi olmayıp yalancı olduğunu belirterek, hadisin uydurma olduğunu açıklar.**

Bu rivayetin bilhassa Asr-ı Saadette uygulamaya konmadığı, hatta aksine hareket edilmesi de, hüküm bakımından geçersizliğini bildirmektedir.

Diğer taraftan, sahih hadis kitaplarında kadınlara yazı öğretilmesini teşvik eden hadisler vardır. Meselâ *Sünen-i Ebû Davud*'da Şifa binti Abdullah şu hadisi anlatır:

"Ben Hafsa'nın yanında bulunurken Resulullah (a.s.m.) yanımıza geldi. Hafsa'ya beni göstererek 'Buna yazıyı öğrettiğin gibi nemleyi (bedende çıkan bir çeşit yara) ve rukyeyi (şifa dualarını) öğretmez misin?' buyurdu."[3]

Bu hadisi delil olarak zikreden Hattabî ve İbni Cevzî gibi âlimler, kadınlara yazı öğretmenin caiz olduğu hükmünü çıkarmışlardır.[4]

İmam Buharî, *Edebü'l-Müfred* isimli eserinde, "Kadınlara mektup yazma ve onların cevap vermesi" adlı bölümde şu rivayete yer verir:

Âişe binti Talha anlatıyor:

---

1 Hz. Peygamberin Sünnetinde Terbiye, s. 354-357.

2 Dârimî, Mukaddime: 43.

3 Ebû Dâvud, Tıb: 17.

4 Zâdü'l-Meâd, 4:184.

Ben Hazret-i Âişe'nin himayesinde bulunuyordum. Her beldeden ona insanlar gelirdi. Benim onun yanında konumumdan dolayı da yaşlılar sıra ile bana gelirdi. Gençler ise beni kardeş edinir ve hediyeler verirlerdi. Şehirlerden de bana mektup yazarlardı. Hazret-i Âişe'ye derdim:

"Teyzeciğim, bu falanın mektubu ve hediyesidir."

Hazret-i Âişe ise bana, **"Kızım, ona cevap ver ve ona mukabelede bulun. Sende verecek bir hediye yoksa ben sana veririm."**[1]

Bu rivayet açıkça Hz. Âişe'nin bir talebesi hükmünde olan kadına yazı öğrettiğini ve gelen mektuplara cevap vermeye izin verdiğini gösteriyor. Özellikle gelen mektuplara cevap vermeyi tavsiye ve teşvik edişi konumuz açısından dikkat çekicidir.

Kadına yazı öğretilmemesinin asıl sebebi, **"Kadın yazı öğrenirse bozulabilir, yabancı erkeklere istek ve meramını mektupla bildirir"** endişesidir.

Oysa kadın yazı bilmese de, böyle bir kötü düşünce içinde olduğu sürece kendini kolayca o yola sevk edebilir, arzusunu gerçekleştirme yönüne gidebilir.

Kadına yazı öğretmeyi yasaklayıcı tavsiyeler yerine, sünnete göre onun eğitimine, terbiye ve yetiştirilmesine ağırlık veren ifadeler yer alsaydı, herhalde böyle bir yanlış inancın yaygınlaşmasına meydan verilmemiş olurdu.

İslâm, kadın-erkek herkesin okumasının, ilim öğrenmesinin gerektiğini bildirir. İlim öğrenmek ise hem okumakla, hem de yazmakla gerçekleşir.

Ayrıca Peygamberimizin (a.s.m.) kadına yazı öğretilmesini bildiren açık emirleri varken ve bu beyanlar sahih hadis kitaplarında yer alırken, bunun aksi olan düşüncenin sünnetin ruhuna ve prensiplerine uymadığı açıktır.

İlim öğrenmek farz olduğuna ve öğrenmenin de bir yolu yazıdan geçtiğine göre, artık yazıyı yasaklayan tavsiyelerin bir dayanağının kalmadığı görülür.

---

1 Edebü'l-Müfred Ter. 2:482.

Her konuşması Kur'ân olan kadın

İslâm tarihinde zühd ve takvada zirvelere erişen, Allah'ın sevgili bir kulu olarak yüksek derecelere ulaşan nice saliha hanımlar vardır.

Bunlar, Peygamberimizin (a.s.m.) mübarek hanımlarını örnek alan bahtiyar kadınlardır. İşte, mü'minlere örnek olabilecek böyle bir saliha kadını Abdullah bin Mübarek şöyle anlatıyor:

Bir sene hacca gitmeye niyet ettim. Hazırlığımı yapıp yola çıktım. Kafile ile birlikte giderken, bir ara namaz kılmak için geride kaldım. Namazı kılıp bitirdikten sonra deveme bindim ve yola devam ettim.

Giderken, tek başına yaya olarak yürüyen bir kadına rastladım. Başında ve üzerinde siyah bir örtü vardı. Kendi halinde yavaş yavaş gidiyordu. Bir ihtiyacından veya bir özründen dolayı kafileden ayrı kaldığını tahmin ettim.

"Halini sorayım" diye yanına yaklaştım.

"Selâmün aleyküm ey kadın" dedim. "Ve aleyküm selâm ey Allah'ın kulu" dedi ve "Rahîm olan Rab katından onlara selâm vardır" (Yâsin Sûresi, 58) âyetini okudu.

"Allah seninle beraber olsun, bu sahrada yalnız olarak kalmışsın" dedim ve gideceği yolu bilip bilmediğini sordum.

"Allah'ın saptırdığını yola getirecek yoktur" (Âraf Sûresi, 186) âyetini okuyarak cevap verdi.

Yolda kaldığını ve şaşırdığını anladım.

Hangi tarafa gittiğini öğrenmek için, "Nereden gelip hangi tarafa gidiyorsun?" diye sordum.

"Kulu Muhammed'i bir gece Mescid-i Haram'dan, kendisine bir kısım âyetlerimizi göstermek için, çevresini mübarek kıldığımız Mescid-i Aksâ'ya götüren Allah'ın şanı yücedir" (İsrâ Sûresi, 1) âyetiyle cevap verdi.

Bu âyetle Mekke'den Kudüs'e gittiğini anladım.

Yolculuğa ne zaman çıktığını, kaç gündür yolda bulunduğunu öğrenmek için sordum: "Kaç gündür buralardasın?"

Bir âyet daha okuyarak cevapladı: "Senin alâmetin birbiri peşinden insanlarla üç gün, üç gece konuşmamandır." (Meryem Sûresi, 10)

"Azığın, yiyecek içeceğin var mı? Ne yeyip içiyorsun?" diye sordum.

"Beni yediren de içiren de Odur" (Şuarâ Sûresi, 79) âyet-i kerimesiyle cevap verdi.

Azık olarak bir şeyinin bulunmadığını öğrendim.

Beraberinde bir su kabı gibi bir şeyin olmadığını görünce, "Bu çorak yerde ne ile abdest alıyorsun?" deyince, "Su bulamamışsanız temiz bir toprağa teyemmüm edin" (Mâide Sûresi, 6) âyetini okuyarak, namazlarını teyemmümle kıldığını ifade etti.

Azığının olmadığını öğrenince, yemesi için yanımdan bir şeyler vermeyi düşündüm, "Bir şeyler versem yer misin?" dedim.

"Orucu geceye kadar tamamlayın" (Bakara Sûresi, 187) âyetini okudu.

Böylece oruçlu olduğunu anladım.

Ramazan ayı değildi. Bu zorluklar içinde niçin oruç tuttuğunu sormak için, "Bu ay Ramazan değildir" deyince de "Kim gönülden iyilik yaparsa karşılığını görür. Doğrusu Allah şükrün karşılığını verendir ve bilendir" (Bakara Sûresi, 158) âyetini okudu.

Bu cevapla, nafile oruç tuttuğunu anladım.

"Yolculukta iken oruç tutmayabilirsin. Bu hususta dinî bir ruhsat var" dedim.

"Oruç tutmanız -eğer bilirseniz- sizin için daha hayırdır" (Bakara Sûresi, 184) âyetiyle cevap verdi. Bu âyet hastalık ve yolculukta oruç tutmamayı mubah kılan âyetin devamıydı.

Ne sorsam hep âyetle cevap vermesi bana çok garip gelmişti. Bunun hikmetini sorayım dedim:

"Niçin benim gibi konuşmuyorsun da hep âyetle cevap veriyorsun?"

Yine âdetini bozmadı: "İki alıcı melek, yanında hazır birer gözcü olarak, söylediği her sözü zaptederler" (Kaf Sûresi, 18) âyetini okudu.

Kabilesini öğrenmek istedim. "Hangi kabileye mensupsun, kimlerdensin?" dedim.

"Bilmediğin şeyin ardına düşme. Doğrusu kulak, göz ve kalp, bunların hepsi o şeyden sorumlu olur" (İsrâ Sûresi, 36) meâlindeki âyetle cevapladı.

Kabilesini bilmemi istemiyordu.

Bu soruyu sormamam lâzımdı. "Kusura bakma, hata ettim, beni bağışla" dedim. Cevap olarak da, "Bugün azarlanacak değilsin. Allah sizi bağışlar" (Yusuf Sûresi, 92) âyetini okuyarak gönlümü aldı.

Günlerce yaya yürüyüp yorgun düşmüştü. Acıdım, deveme bindirmek istedim. "Seni deveme bindirsem de, bir an önce kafilene yetişsen olmaz mı, istemez misin?" dedim.

"Yaptığınız her iyiliği Allah şüphesiz bilir" (Bakara Sûresi, 215) âyetini okuyarak teşekkür ettiğini söylemek istiyordu.

Ben devemi tutarak önüne çevirdim, "Gel, bin" dedim.

"Mü'minlere erkeklere söyle, gözlerini haramdan sakınsınlar, nâmuslarını da korusunlar" (Nur Sûresi, 30) âyetini okuyarak kendisine bakmamamı hatırlattı. Deveye binmeye de razı oldu.

Yüzümü çevirdim, yönümü bir tarafa döndürerek, "Gel, bin" dedim. Deveye binecek yere gelir gelmez deve birdenbire sıçradı, kalktı.

Kadının elbisesi devenin semerine takıldı ve yırtıldı. Bu duruma üzüldü, fakat "Başınıza gelen herhangi bir musibet, ellerinizle işlediklerinden ötürüdür" (Şûrâ Sûresi, 30) diyerek kendi kendisini teselli etti.

Sonra ben, "Biraz bekle, deveyi tutup bir tarafa bağlayayım da öyle bin" dedim. Bunun üzerine, "Süleyman'a hükmetmeyi belletmiştik" (Enbiya Sûresi, 79) dedi.

Sonra deveyi tuttum. Semerini vurdum, kendisi de gelip bindi. Bindikten sonra, "Bunları emrimize veren, ne yücedir. Zaten bizim takatimiz bunlara yetmezdi. Şüphesiz Rabbimize döneceğiz" (Zuhruf Sûresi, 13) âyetini okudu.

Devenin yularını çekerek yol almaya başladık. Bu arada yüksek sesle ilâhiler söyleyerek hızlı hızlı gidiyordum. Sesim fazla çıkmış olacak ki, "Yürüyüşünde tabiî ol, sesini kıs" (Lokman Sûresi, 19) âyetini okuyarak ihtarda bulundu.

Bundan sonra ben de yavaş yavaş yürümeye başladım. Fakat yine de sessiz duramadım, bildiğim şiirleri kendi kendime söylemeye başladım. Şiir okumamı da istemedi.

"Kur'ân'dan kolayınıza geleni okuyun" (Müzemmil Sûresi, 20) âyetini okuyarak Kur'ân'dan başka şeyler okumamamı hatırlattı.

Bundan çok memnun olmuştum. "Bana büyük hayırların kapılarını açtın" dedim. Kendisi de, "Bunu ancak akıl sahipleri düşünebilir" (Âl-i İmran Sûresi, 7) dedi.

Bir süre gittikten sonra, yine konuşmadan duramadım. Bazı şeyler sormak istedim. "Ey kadın, kafilede kocan var mıydı?" dedim.

Cevap olarak, "Ey mü'minler, size açıklanınca hoşunuza gitmeyecek şeyleri sormayın" (Mâide Sûresi, 101) âyetini okudu.

Bundan sonra artık kafileye ulaşıncaya kadar bir şey sormadım. Sükût ederek yol aldım.

Kafileye yaklaştığımızda, "Kafilenin içinde kiminiz vardır, bir yakınınız var mı?" deyince, "Mal ve oğullar dünya hayatının süsüdür" (Kehf Sûresi, 46) âyetini okudu. Böylece kafilede oğullarının olduğuna işaret ediyordu.

Çocuklarının meşguliyetini, kafiledeki vazifelerini sordum. Bu soruma cevap olarak, "Onlar yıldızlarla da yollarını bulurlar" (Nahl Sûresi, 16) âyetini okudu. Bundan, oğullarının, kafilenin yol gösterici rehberleri olduğunu anladım.

Kafilenin konakladığı yere yaklaşmıştık. "İşte çadırların göründüğü yere geldik. Kafile konaklamış. Kimi çağırayım?" dedim.

"Allah İbrahim'i dost edinmişti" (Nisâ Sûresi, 125), "Allah Musa'ya hitap etmişti" (Nisâ Sûresi, 164), "Ya Yahya, Kitaba kuvvetle sarıl" (Meryem Sûresi, 12) âyetlerini okudu.

Bu âyetlerden oğullarının isimlerini öğrenmiş oldum. Bundan sonra, kafileye doğru "Ya Musa, ya İbrahim, ya Yahya" diye seslenmeye başladım.

Az sonra üç tane güçlü kuvvetli yiğit geldi; annelerinin yanına varıp onu deveden indirdiler.

Kadın deveden indikten sonra oğullarına şu emri verdi: "Paranızla birinizi şehre gönderin, en iyi yiyeceklere baksın ve size getirsin." (Kehf Sûresi, 19)

Annelerinin bu konuşması üzerine içlerinden birisi şehre indi. Bir miktar yiyecek ve içecek alarak döndü. Beni de çadırlarına aldılar. Sofrayı açtılar, yiyecekleri dizdiler.

Çadırın bir köşesinde istirahat eden kadın bana döndü ve şöyle dedi: "Geçmiş günlerde peşinen işlediklerinize karşılık âfiyetle yeyiniz, içiniz." (Hâkka Sûresi, 24)

Kadının bir türlü çözemediğim bu fevkalâde hali beni çok meraklandırmıştı. Her şeyden önce bunu öğrenmek istiyordum.

Gençlere, "Annenizin bu halini, hep bütün konuşmasını Kur'ân'la yapmasının sebebini söylemezseniz yemeğinizi yemem" deyince, içlerinden en büyüğü izah etti:

"Annemizin kırk yıldır durumu böyledir. Biz dahil kiminle konuşursa konuşsun, dünya kelâmından bir kelime söylemez. Dilimden bir hata, bir günah çıkar endişesiyle, bütün konuşması Allah'ın kelâmı olan Kur'ân'dır."

Hayatımda ilk defa karşılaştığım ve beni büyük bir merak içinde bırakan bu halin hikmetini öğrenmek, beni hayretler içinde bırakmıştı. Bu mübarek kadının hayır duasını alarak ayrıldım.

Kadınlar camiye gidebilir mi?

Fıkıh kitaplarında şu hükümleri kolayca görmek mümkündür: "İster gece, ister gündüz kılınan namazlarda, isterse Cuma ve bayram namazlarında olsun, kadınların cemaatle namaz kılmak için camiye gitmeleri helâl olmaz. Cuma, bayram namazı ve vaaz dinlemek için de olsa mutlak sûrette kadının cemaatte hazır bulunması mekruhtur."

Namazı cemaatle kılmanın çok büyük sevabı ve hikmetleri vardır. Beş vakit namazla birlikte Cuma ve bayram namazlarında cemaat şartı aranır ve bu bize namazda cemaatin ne kadar önemli bir yer tuttuğunu gösterir.

Beş vakit namazın cemaatle kılınması Hanefî mezhebine göre vacip derecesinde sünnet-i müekkededir. Şafiî mezhebine göre farz-ı kifâye iken, Malikî mezhebinin bazı âlimlerine göre ise farz-ı ayndır.

Fakat bu hükümler sadece erkekler içindir. Kadınların namazı cemaatle kılma şartı yoktur. Kılabilirler, ancak dinî bir zorunluluk değildir.

Kadınlar evlerinde müsait olduğu zaman imama uyarak cemaatle namaz kılarlar. Ancak camiye gidip cemaatle namaz kılmaları konusunda hüküm farklıdır.

Müslim'de rivayet edilen bir hadis-i şerifte Peygamber Efendimiz, **"Kadınlarınız mescitlere gitmek için sizden izin istedikleri zaman onları mescitlerden men etmeyiniz"** buyururlar.[1]

Nitekim Peygamberimiz (a.s.m.) hayatta iken, camide kadınlar erkeklerin arkasında ayrı bir saf tutar, namaz kılarlardı. Fakat Peygamberimizin (a.s.m.) vefatından sonra bu durum uzun süre devam etmedi. Sahabe-i kiram kadınların camiye gelmelerine razı olmadılar. Hz. Âişe de şöyle diyordu:

"Eğer Resulullah (a.s.m.) bu zamanda yaşamış olsaydı, Beni İsrailin yaptıkları gibi kadınların mescitlere çıkmalarını yasaklardı."[2]

Hz. Âişe'ye bu sözleri söyleten kadınların giyim kuşamlarında göstermiş oldukları bazı aşırılıklardı. Çünkü bazı kadınlar koku sürünerek veya süslü elbiselerini giyip dikkat çekici bir şekilde mescide gelmeye başlamışlardı.

Buharî Şârihi İmam Aynî, Hz. Âişe'nin bu sözü üzerine şöyle der:

"Âişe (r.a.) bu zaman kadınlarının çıkardıkları çeşit çeşit bid'atlarla münkerâtı görmüş olsaydı, elbette sözleri daha şiddetli olurdu. Üstelik o zaman kadınların çıkardıkları yenilikler bu zaman kadınlarının çıkardıkları yeniliklere nisbetle binde bir kalır."

Şâfiî âlimlerinden İmam Nevevî, **"Kadın için ihtiyar da olsa evinden daha hayırlı bir yeri yoktur"** derken, Abdullah bin Mes'ud (r.a.) **"Kadın avrettir. Onun Allah'a en yakın olduğu zaman evinde bulunduğu zamandır"** şeklinde kadının mescidinin evi olduğuna işaret ederler.

Bir hadis-i şerifte de Peygamber Efendimiz (a.s.m.) kadının en faziletli namazının hangisi olduğunu şu şekilde ifade buyururlar:

"Kadının evinin içinde kıldığı namaz, evinin avlusunda kıldığı namazdan daha efdaldir. Evinin avlusunda kıldığı namaz (mahalle) mescidinde kıldığı namazdan daha efdaldir. Evleri onlar için daha hayırlıdır."[3]

İşte bundan dolayıdır ki, fıkıh kitaplarında şu hükümleri kolayca görmek mümkündür: **"İster gece, ister gündüz kılınan namazlarda, isterse Cuma ve bayram namazlarında olsun, kadınların cemaatle namaz kılmak için camiye gitmeleri helâl olmaz, mekruhtur."**

---

1 Müslim Salât: 135.

2 et-Tefsirü'l-Kurtubî, 14:244.

3 Mecmaü'l-Enhür, 1:109.

"Cuma, bayram namazı ve vaaz dinlemek için de olsa mutlak sûrette kadının cemaatte hazır bulunması mekruhtur. Kadın ihtiyar da olsa hüküm aynıdır. Fetva da bunun üzerinedir. Çünkü zaman bozulmuştur."[1]

Hattâ Mülteka şerhleri olan *Berdü'l-Mütteka* ve *Mecmaü'l-Enhür*'de şöyle bir ifade vardır:

"Zamanımızda fitne-fesat çoğaldığından kadınların vaaz ve benzeri haller için de olsa camiye gelmelerine müsaade edilmez."

Bu eserleri yazanlar dört asır önce yaşamışlardı. Yukarıda sözlerini naklettiğimiz İmam Aynî de altı asır önce yaşamıştı. O zamanın durumu ile bu zaman kıyaslanacak olsa, her halde farklı bir sonuca varılamaz.

Kadın peygamber gelmiş midir?

Peygamberlik ağır bir yük, güç bir vazifedir. Kadın ise yaratılışı itibariyle nazik ve zayıf olduğundan böyle ağır ve zor bir işin üstesinden gelemez. Çünkü peygamberlik devamlı bir şekilde sabır ve mücadele etmek ister. İstisnasız bütün peygamberler hak dini anlatırken, çeşitli belâlara ve sıkıntılara uğramışlardır.

Peygamberliğin pek çok özellik ve şartı vardır. Bunlardan birisi de erkek olmasıdır.

Bu husus Yusuf Sûresinin 109, Nahl Sûresinin 43 ve Enbiya Sûresinin 7. âyetlerinde açıkça ifade edilir. Meselâ Nahl Sûresinin 43. âyetinin meâli şöyledir:

"Ey Resûlüm! Senden önce de kendilerine vahiyde bulunduğumuz erkeklerden başkasını peygamber olarak göndermedik. Eğer bunu bilmiyorsanız, bilgi sahiplerine sorun."

Âyetin meâlindeki "erkekler" ifadesi her üç sûrede de "ricâlen" olarak geçer.

1 Reddü'l-Muhtar, 1:380.

Kadından peygamber gönderilmemesinin hikmetleri hususunda da şunlar söylenebilir:

1. Peygamberlik ağır bir yük, güç bir vazifedir. Kadın ise yaratılışı itibariyle nazik ve zayıf olduğundan böyle ağır ve zor bir işin üstesinden gelemez.

Çünkü peygamberlik devamlı bir şekilde sabır ve mücadele etmek ister. İstisnasız bütün peygamberler hak dini anlatırken, çeşitli belâlara ve sıkıntılara uğramışlardır.

Hz. Âdem'den Peygamber Efendimize (a.s.m.) kadar bütün peygamberlere çeşitli iftira ve hakaretler yapılmış, işkencelere tâbi tutulmuş; başta Hz. Zekeriya, Hz. Yahya ve Hz. Cercis olmak üzere yüzlercesi de şehit edilmiştir.

Peygamberlerin hepsi de bütün bu zulüm ve eziyetlere insanüstü bir sabır ve tahammül göstermişlerdir.

Oysa kadının böyle zahmetli işlere dayanabilmesi, erkeklere karşı mücadeleye atılıp, onlardan gelebilecek her türlü eziyet ve işkencelere aldırmayarak hak dini anlatma vazifesini yürütebilmesi mümkün değildir.

2. Peygamberlik Allah'ın emir ve hükümlerini insanlara ulaştırmak ve anlatmaktır.

İnsanların toplandıkları ve bulundukları yerlere gidip onları hak dine dâvet etmek ve anlattıklarını bizzat kendileri uygulayarak yaşamaları ve önder olmaları gerekir. Kadınlar ise, zayıf olduklarından böyle zor ve ağır görevi kaldıramazlar.

3. Kadınların erkeklere göre, âdet görme, doğum, lohusalık, çocuk bakımı gibi birtakım farklılıkları ve doğal görevleri vardır.

En azından bu özellikleri peygamberlik gibi önemli ve ağır bir görevi yürütmeye imkân tanımaz.

4. Başta Peygamberimiz olmak üzere, Hz. Davud ve Hz. Süleyman aynı zamanda birer devlet başkanı idiler. Bir kadının bu görevi kaldırması ve üstesinden gelmesi mümkün değildir.

Günümüz modern sistemlerinde bile devlet başkanlığı, ordu komutanlığı gibi ağır sorumluluk isteyen görevleri –bazı istisnalar dışında– hep erkekler yürütmektedir.

Daha bunlar gibi pek çok sebep ve hikmetlerden dolayı kadınlardan peygamber gelmemiştir.

İmam Eş'arî "Erkeklerin çoğu kemâle erdi, halbuki kadınlardan Firavun'un karısı Asiye ile İmran'ın kızı Meryem'den başkası hiçbir kemâle erişmedi" meâlinde bazı hadisleri delil olarak getirip, **Hz. Havva, Hz. Sâre, Hz. Hâcer, Hz. Musa'nın annesi, Hz. Meryem ve Hz. Asiye gibi muhterem kadınlara peygamberlik vazifesinin verildiğini söylüyorsa** da, yukarıda meâlini verdiğimiz âyetlere dayanan İslâm âlimleri görüş birliğiyle kadından peygamber gelmediğini belirtmişlerdir.[1]

Kadınlar nasıl salavatlaşır?

Gerek erkek, gerekse kadın, mü'minlerin karşılaştıkları zaman selâmlaşmaları, hal-hatır sormaları, musafaha yapmaları, tokalaşmaları, kucaklaşmaları, birbirlerine güleryüz göstermeleri İslâmî kardeşliğin bir gereğidir. Bu davranışların tamamı sadakadır ve ibadettir.

Bir hadiste Peygamberimiz (a.s.m.) musafahanın faziletini şöyle anlatırlar:

"İki Müslüman karşılaşıp musafaha yaparlarsa, Cenâb-ı Hak, onlar ayrılmadan her ikisinin de günahını bağışlar."[2]

Peygamberimizin (a.s.m.) bu hususta nasıl hareket ettiğini de Hazret-i Ebû Zer'den öğreniyoruz. Müslümanlar kendisine sorarlar:

"Resul-i Ekremle (a.s.m.) karşılaştığınız vakit sizinle musafaha yapar mıydı?"

Bu sual üzerine Hz. Ebû Zer (r.a.) kendi başından geçen nurlu bir hatırayı şöyle anlatır:

"Resul-i Ekrem Efendimizle (a.s.m.) karşılaşıp da musafaha etmediğimiz hiç vaki değildir. Her karşılaşmada musafaha ederdi. Beni bir gün evden çağırtmıştı. O gün evde yoktum. Eve geldiğimde haber verdiler. Hemen huzuruna vardım, divanın üzerinde otu-

1 Tecrid-i Sarih Tercemesi, 9:148-150.
2 Ebû Dâvud, Edeb: 143.

ruyorlardı. Beni görünce ayağa kalktı ve kucakladı. Bu manzara benim için çok, hem çok güzel bir şeydi."[1]

Karşılaşınca musafaha yapmak, kucaklaşmak Peygamberimizin (a.s.m.) hem sözlü, hem de fiilî bir sünnetidir. Peygamberimizin (a.s.m.) sünnet olan bu hareketini mutlaka erkekler uygulayacak diye bir kural yoktur. Bu sünneti mü'min erkekler yapabildikleri gibi, mü'min kadınlar da yaparlar.

Yalnız burada dikkat edilmesi gereken nokta, kadınların kendilerine nikâhı düşebilecek erkeklerle musafaha yapmamalarıdır, tokalaşmamalarıdır, bu caiz değildir.

Karşılaşınca Peygamber Efendimizin (a.s.m.) üzerine salavat-ı şerife getirme meselesine gelince; bu konuda da yine bir hadis-i şerifin meâlini okuyalım:

"Birbirlerini seven iki kul karşılaştıkları zaman Resulullah'a (a.s.m.) salavat getirirse, ayrılmadan önce Allah'ın affına ermiş olurlar."[2]

Meâllerini verdiğimiz bu hadislerden, bizim de tâbiî olarak uyguladığımız şu sıralama çıkıyor. İki Müslüman karşılaştıkları zaman önce **"Esselâmü aleyküm"**, **"Ve aleykümüsselâm"** diyerek selâmlaşırlar, musafaha yaparlar ve **"Allahümme salli alâ seyyidinâ Muhammed"** diyerek Peygamberimizin (a.s.m.) üzerine salavat getirirler.

Bunların hepsi de sünnettir. Hiçbir zaman bid'at ve uydurma olamaz. Gerek erkekler, gerekse kadınlar kendi aralarında bu sünneti yaşamaya, yaşatmaya gayret ederler.

Yalnız, kadınlar musafaha ve kucaklaşma sünnetini cadde ve sokak gibi yabancı erkeklerin görebileceği bir yerde yapmamaya dikkat ederlerse daha isabetli olur. Zaten mü'min kadınların her vakit İslâmî edep ve ahlâka uymaları gerekir.

---

[1] Müsned, 5:168.
[2] el-Ezkâr Trc., s. 480.

MÜSLÜMAN KADININ GİYİMİ: TESETTÜR

Müslüman kadın nasıl giyinmeli?

Müslüman kadının giyiminde esas mesele, tesettürü sağlamasıdır. El ve yüzü dışında bütün vücudunu örtmeli, açık bir yeri kalmamalıdır. Giyilen bir elbisenin tesettüre uygun olması için de elbisenin içini göstermeyecek şekilde kalın, avret yerlerini örtecek kadar da uzun olması gerekir.

Bu meseleye esas oluşturan hadis-i şeriflerin meâli şöyledir:

Hz. Âişe'nin rivayetine göre, kız kardeşi Hz. Esma bir gün Peygamberimizin (a.s.m.) huzuruna gitti. Üzerinde altını gösterecek şekilde ince bir elbise bulunuyordu. Resulullah (a.s.m.) onu görünce yüzünü çevirdi ve şöyle buyurdu:

"Ya Esmâ, bir kadın büluğ çağına erince –yüzünü ve ellerini göstererek– bunlardan başka bir tarafının görünmesi sahih olmaz."[1]

Sahih-i Müslim'de Ebû Hüreyre (r.a.) tarafından nakledilen bir rivayette Peygamberimiz, (a.s.m.) giyindiği halde açık olan, yani ince ve şeffaf elbise ile dolaşan kadınların, Cennetin kokusunu bile alamayacaklarını bildirirler.[2]

Alkame bin Ebi Alkame annesinin şöyle dediğini rivayet eder:

"Abdurrahman'ın kızı Hafsa'nın başında, saçını gösterecek şekilde ince bir başörtüsü olduğu halde Hz. Âişe'nin huzuruna girdi. Hz. Âişe başından örtüsünü alarak ikiye katladı, kalınlaştırdı."[3]

---

1 Ebû Dâvud, Libas: 31.
2 Müslim, Libas: 125.
3 Muvatta', Libas: 4.

Hz. Ömer (r.a.) ise, cam gibi şeffaf olmasa da, giyindiği zaman altını iyice belli eden elbisenin kadınlara giydirilmemesi hususunda mü'minleri uyarmıştır.[1]

İmam Serahsî bu nakilden sonra, "Kadının giydiği elbise çok ince de olsa yine aynı hükmü taşır" şeklinde bir açıklama getirir. Daha sonra da, "Giyindiği halde açık" olan mealindeki hadisi kaydeder ve şöyle der:

"Bu çeşit bir elbise şebeke (ağ) gibidir, örtünmeyi temin etmez. Bunun için yabancı erkeklerin bu şekilde giyinmiş bir kadına bakması helâl olmaz."[2]

Elbisenin şeffaf olmasındaki ölçü, tenin rengini belli etmesidir. Dışarıdan bakıldığı zaman elbisenin altından insanın teni görünüyorsa, elbise ince de olsa, kalın da olsa böyle bir elbise ile örtünme gerçekleşmiş olmaz.

Bu mesele *Halebî-i Sağîr*'de şöyle belirtilir:

"Elbise altını, tenin rengini belli edecek şekilde ince olursa, bununla avret yeri örtülmüş olmaz. Fakat kalın olsa da, bedene yapışsa ve bedenin şeklini alsa (bedenin şekli görünür hale gelse), bu durumda örtünme hasıl olduğu için men edilmemesi gerekir, namaz caiz olur."[3]

Bu hüküm namazla ilgilidir. Böyle bir giyimle tesettür sağlansa da, yabancı erkeklerin yanına böyle çıkılmamalı, gezilmemelidir.

Mesele diğer mezheplerde de aynı şekilde ifade edilir.

Mâlikî mezhebinin görüşü şöyledir:

Elbise şeffaf olur, cildin rengini belli ederse, bununla örtünme olmaz. Bu şekilde kılınan namazın mutlaka iade edilmesi gerekir. İnce ve dar olduğu için azanın şeklini belli eden elbiseyi giymek de mekruhtur. Çünkü bu bir şahsiyetsizlik sayılır ve selef ulemasının giyim tarzına muhalif hareket edilmiş olunur.[4]

Hanbelî mezhebinin görüşü ise şu şekildedir:

Vacip olan örtünme, cildin rengini belli etmeyecek şekildeki örtünmedir. Eğer giyilen elbise cildin rengini belli edecek tarzda ince olur da bedenin beyazlık ve kırmızılığı görünürse namaz caiz olmaz.

---

1 Beyhakî, Sünen, 2:235.
2 el-Mebsût, 10:155.
3 Halebî-i Sağîr, s. 141.
4 Menânü'l-Celîl, 1:136.

Çünkü bununla örtünme gerçekleşmiş olmaz. Şayet rengini örter de, hacmini belli ederse namaz caiz olur. Çünkü örtü kalın da olsa bundan kaçınmak mümkün değildir.[1]

Şâfiî mezhebinin görüşü ise şöyledir:

Vacip olan, cildin rengini belli etmeyecek elbiseleri giyinmektir. İnceliğinden dolayı cildin rengini belli eden bir elbiseyi giymek caiz olmaz.

Çünkü böyle bir elbise ile tesettür gerçekleşmiş olmaz. Yani, inceliğinden dolayı cildin beyazlığını veya siyahlığını gösteren elbise tesettür için kâfi gelmez.

Yine, elbise kalın olsa da, dokunuşu itibariyle altından avret yerlerinin bir kısmını gösterecek olsa, yine yeterli şekilde örtünme sağlanmamış olur.

Diz kapakları ve uyluklar gibi bedenin incelik ve kalınlığını belli eden bir elbise ile kılınan namaz sahihtir, çünkü tesettür sağlanmış demektir. Fakat âzaları belli etmeyecek şekilde bir örtü kullanmak müstehaptır.[2]

Bütün bu nakillerden şöyle bir neticeye varmak mümkündür:

Kadının yabancı erkeklerin yanında giymiş olduğu şey tenin rengini belli edecek ve gösterecek şekilde ince ise bununla örtünme gerçekleşmiş olmayacağından giyilmesi caiz olmaz.

Bu giyecek, bir elbise, gömlek ve etek olduğu gibi, başörtüsü ve çorap da olabilir. Fakat gerek çorap olsun, gerekse başörtüsü ve diğer giyecekler olsun kalın oluyor da, altını göstermiyorsa böyle bir elbisenin giyilmesi caizdir.

Çünkü çorap ve başörtüsü ne kadar kalın olursa olsun mutlaka bacağın ve başın şeklini belli edecektir.

Fakat vücudun azalarını iyice belli edecek şekilde giyilen dar pantolon ve dar gömlekle namaz sahih olsa da, bakanların dikkatini çekip tahrik edeceğinden meşru görülmez. Merhum İbni Âbidin de eserinde bu hususa işaret eder.[3]

---

1 İbni Kudhame. el-Muğnî, 1:37.

2 Nevevî, el-Mecmû, 3:170-172.

3 Reddü'l-Muhtar, 5:238.

Kırmızı elbise giyilebilir mi?

Kadınlar her renkten elbiseyi giyebilirler. Ancak yabancı erkekler tarafından dikkati çeken ve süs yerine geçebilecek şekilde ev içinde giyilebilecek her türlü renkteki elbiselerle sokağa çıkmak, namahrem erkeklere o şekilde görünmek caiz değildir.

Elbisede renk ayrımı kadınlar için söz konusu değildir. Kadınlar her renkten elbiseyi giyebilirler, onlar için mekruh değildir.

Hatta, altının ziynet olarak kullanılması ve ipek elbise giymek erkekler için haramken, kadınlar için helâldir.

Ancak yabancı erkekler tarafından dikkati çeken ve süs yerine geçebilecek şekilde ev içinde giyilebilecek her türlü renkteki elbiselerle sokağa çıkmak, namahrem erkeklere o şekilde görünmek caiz değildir.

Yoksa kadın evinin içinde her türlü süsü, ziyneti ve her renkte dikilmiş olan elbiseyi giyebilir, kullanabilir.

Hatta kırmızı renkteki elbiseyi erkeklerin bile giymesi mekruh değildir. *el-Feteva'l-Hindiyye*'de kaydedildiğine göre, İmam-ı Âzam Hazretleri kırmızı renkte elbise giymede bir sakıncanın olmadığını söyler.[1]

Mekruh sayan âlimler, kırmızı ve sarı renkte elbise giyen erkek, bunda kadınlara benzemeyi düşünür ve bir gurur duyarsa mekruh olur, derler.

Ebû Dâvud'da yer alan bir hadis-i şerifte sahabiden Berâ bin Âzib şöyle der:

"Resûlullah (a.s.m.) bağdaş kurmuş oturuyordu. Üzerinde kırmızı renkte bir elbise vardı ki, ondan daha güzelini görmemiştim."[2]

Buna göre kırmızı giymenin sünnet olduğu bile anlaşılmaktadır.

---

1 Ebû Dâvud, Libas: 17.

2 Tirmizi, Daavât: 38.

Açık gezmenin sorumluluğu ne kadardır?

Başlarını açan kadınlar ırz ve namuslarını muhafaza etseler de, bu Allah'ın emrine uygun bir koruma sayılmamaktadır. Allah ve Resulünün emrini dinlemediği için günahkâr olmakta, büyük bir sorumluluk altına girmektedir. Bir günahı işlemeye devam eden insan zamanla o günaha alışır, terk edemez bir hale gelir.

Önce, örtünme konusunun dinî yönüne bakalım. Bu hususta Kur'ân-ı Kerimde iki âyet mevcuttur. Bu âyetlerde Cenâb-ı Hak gayet açık bir şekilde meâlen şöyle buyurmaktadır:

"Ey Peygamber! Hanımlarına, kızlarına ve mü'minlerin hanımlarına söyle, evlerinden çıktıklarında dış örtülerini üzerlerine alsınlar."[1]

"Mü'min kadınlara da söyle, gözlerini haramdan sakınsınlar, nâmuslarını da korusunlar. Ziynetlerini ise, görünmesi zarurî olan kısımlar müstesnâ, açığa vurmasınlar. Başörtülerini de yakalarının üzerini kapatacak şekilde iyice örtsünler."[2]

Âyetlerde mü'min kadınların nasıl örtünecekleri, hangi yerlerini açabilecekleri açıkça belirtilmiyor. Fakat şu meâldeki hadîs-i şerif âyetleri tefsir ediyor. Peygamberimiz (a.s.m.) baldızı Hz. Esma'ya hitaben şöyle buyurmuştur:

"Ey Esmâ! Bir kadın âdet görmeye başlayınca el ve yüzünden başka yerini yabancılara göstermesi caiz değildir."[3]

Demek ki, büluğ çağına gelmiş olan Müslüman bir hanımın başını kapatması, hem Allah'ın, hem de Peygamberin emridir. Yani yüz kısmı açık kalacak şekilde başın kalan kısmını, boyun ve göğüsleri örtmek farz-ı ayndır. Açmak ise bir farzın terki sayıldığından haramdır.

Zaten âyetten de açıkça anlaşılacağı gibi, **"ırz ve namusun korunması" başı örtmenin bir hikmeti, aynı zamanda bir sebebi sayılmaktadır.**

---

1 Ahzâp Sûresi, 59.
2 Nur Sûresi, 31.
3 Ebû Davud, Libas: 33.

Başlarını açan kadınlar ırz ve namuslarını muhafaza etseler de, bu Allah'ın emrine uygun bir koruma sayılmaz. Allah ve Resulünün emrini dinlemediği için günaha girer, büyük bir sorumluluk altına girmiş bulunur.

Bir mü'min kadının başı açık gezmesi caiz olmadığına göre, bu sorumluluktan kurtulmak için ne yapabilir?

Yapılacak şey bellidir. Başını kapattığı zaman hayatî bir tehlike veya yanık ve benzeri sağlıkla ilgili bir sakıncayla karşılaşacaksa, o tehlike ve sakınca ortadan kalkıncaya kadar açık bırakılabilir. Fakat böyle bir durum yoksa, kapatmak gerekir.

Kapatmayınca ne olur? Başta da söylediğimiz gibi günaha girmiş olur. Günaha giren kimse, bu günahından kurtulmak için tevbe istiğfar eder, Allah'tan affını diler. Fakat nasıl bir hatâ ve günahın akabinde tevbe edilir? Tevbenin şartı nedir?

Âl-i İmrân Sûresinde şu meâlde bir âyet-i kerime yer alır:

"Ve bir günah işledikleri veya nefislerine zulmettikleri zaman, Allah'ı anarak günahlarının bağışlanmasını isteyenler, hem de yaptıkları günahta bile bile ısrar etmemiş olanlar—İşte onların mükâfatı, Rablerinden bir mağfiret ve ağaçları altından ırmaklar akan Cennetlerdir. Orada ebedî olarak kalacaklardır. Güzel amel yapanların mükâfatı ne güzeldir."[1]

Demek ki, bir tevbenin kabul olması, bir günahın affa liyakat kazanması için hiçbir mazeret yokken o günahta ısrar edilmemesi şartı aranmaktadır. Bir insan sadece nefsini yenemediğini, çevresinin nasıl karşılayacağını bahane ederek aynı günahı işlemeye devam ederse ne olur? Bu husustaki bir hadisin meâli şöyle:

"Mü'min bir günah işlediği zaman kalbinde siyah bir nokta belirir. Eğer o günahtan el çeker, Allah'tan günahının affını dilerse, kalbi o siyah noktadan temizlenir. Eğer günaha devam ederse, o siyahlık artar. İşte Kur'ân'da geçen 'günahın kalbi kaplaması' bu mânâdadır."[2]

Evet, **"Her bir günah içinde küfre gidecek bir yol vardır"** sözü mühim bir gerçeği dile getiriyor. Şöyle ki:

Bir günahı işlemeye devam eden insan zamanla o günaha alışır, terk edemez bir hale gelir. Bu alışkanlık onu gün geçtikçe daha büyük

---

1 Âl-i İmran Sûresi, 135-136.

2 İbni Mâce, Zühd: 29.

mânevî tehlikelere sürükler. Günahın âhirete ait bir cezasının olmayacağına inanmaya, hattâ Cehennemin bile olmaması gerektiğine kadar gider. Yani kalpte yer tutan o günah tohumu zaman içinde –Allah korusun– yeşillenerek bir zakkum ağacı haline dönüşebilir.[1]

Böyle bir tehlikeye maruz kalmamak ve şeytanın telkinlerine kanmamak için, insanın bir an önce tevbeyi gerektirecek günahı terk etmesi gerekir.

Böylece hem Allah'ın emrini her şeyin üstünde kabul ederek bir farzı işlemiş olur, hem de bu hususta vesvese veren şeytanı reddetmiş olur. Zaten bir Müslüman, hem Allah'ın rızasını kazanmaya çalışacak, hem de bazı haramları işleyerek şeytanı küstürmeyecek, böyle bir şey mümkün değildir.

Hanımlar kendi aralarında nasıl giyinmeli?

Hanımlar kendi aralarında başları, kolları ve dizden aşağı kısımları açık olarak oturabilirler. Bu husus iyi ahlâkı ile tanınmış kadınlar arasında geçerli olabilir. Ancak bugün genelde Müslüman hanımlar kendi aralarında uygulamada tam tesettürlü oluyorlar; en güzeli ve ideali de zaten budur.

Bir Müslüman hanımın kendi mahremlerinin yanında ziynet yerlerinin açık olması caiz olduğu gibi, kendisi gibi diğer bir Müslüman hanımın yanında açık olması da caizdir. Bunu Nur Sûresinin 31. âyetinde geçen "Mü'min kadınlardan" ifadesinden anlıyoruz.

Buna göre bir hanımın diğer hanıma avreti, dizi ile göbeği arasıdır. Yani bir hanımın diğer hanımın bedeninin bu kısmına bakması caiz değildir. Bu ruhsat tarafıdır ve meselenin fıkhî açıdan son sınırıdır.

Hanımlar kendi aralarında başları, kolları ve dizden aşağı kısımları açık olarak oturmaları dinen caizdir. Ancak bu husus iyi ahlâkı ile tanınmış kadınlar arasında geçerli olabilir.

---

1 Lem'alar, s. 7; Mesnevî-i Nuriye, s. 115.

Yoksa kadınlar arasında fitneye sebep olabilecek kimseler varsa, yani bir hanımda gördüğü özellik ve güzellikleri gidip kocasına veya başka bir erkeğe anlatacak ve o kişilerin de yanlış bir kanaat ve düşünceye kapılmalarına sebep olacaksa, böyle bir kadın Müslüman da olsa sadece el, yüz ve ayaklarının açık olmasına izin verilir.

Bunun ölçüsü de şöyle tespit edilebilir: Tanımadığı, ahlâk ve karakterini bilmediği bir hanımın yanında Müslüman hanım tesettürüne dikkat etmeli, güzellik ve cazibesini böyle insanların yanında sergilememelidir.

Yani bir hanımın, iyi niyetli hanımlar arasında iken başını açmasına müsaade edilmiştir. Fakat "başını açması lâzımdır, hep öyle oturması gerekir" şeklinde anlaşılmamalıdır. Bu bir müsaade ve ruhsattır. Ancak bugün genelde Müslüman hanımlar kendi aralarında uygulamada tam tesettürlü oluyorlar; en güzeli ve en ideali de zaten budur.

Hanımlar kendi aralarında nasıl rahat ediyorlarsa o şekilde giyinebilirler. Burada kesin bir sınırlama yoktur. Herkes arzu ettiği ve kendine yakışanı giyer. Önemli olan, yanlış yorumlara meydan vermemektir.

Kadın namazda nasıl örtünmeli?

Namaza duracak bir hanım, geniş ve ayaklarını örtecek kadar uzun bir elbise, boynunu ve başını örtecek bir başörtüsü ile gömleğin üstünden bürüneceği sabahlık gibi bir elbise giymelidir. Ayrıca namazda aranan en önemli husus avret yerlerinin örtülmesidir.

Namazın farzlarından birisi de setr-i avrettir, yani namazda örtülmesi gereken yerleri örtmektir.

Kadının namaza durmadan önce örtmesi gereken yerleri; eli, yüzü ve ayaklarının dışında bütün bedenidir.

Bazı müçtehitlere göre hanımın ayakları da avretten sayıldığından, namaz kılarken ayaklarını kapatması gerekir. Ancak Hanefi mezhebine göre, namazda hanımın ayakları avretten sayılmaz.

Dolayısıyla kendi evinde ve mahremleri (babası, kardeşi, oğlu, amcası ve dayısı gibi) yanında ayakları açık olarak namaz kılması caiz olsa da, takvaya en uygun olanı çorap giymesidir. Çünkü diğer mezheplere göre kadının ayakları da avretten sayılmaktadır.

Meselâ Hanbelî mezhebinin bu husustaki delili şu hadis-i şeriftir: Ümmü Seleme Vâlidemiz (r.a.) anlatıyor: **"Yâ Resulallah! Kadın bir entari ve başörtüsü ile namaz kılabilir mi?"** diye sordum. Şu cevabı verdiler: **"Bu elbise ayaklarını örtecek derecede uzun ise, evet."**[1]

Giyilen elbise bedenin rengini belli edecek kadar ince olmamalıdır. Böyle bir elbise ile kılınan namazı yeniden kılmak gerekir.

Başörtüsü de alttan saçını gösterecek şekilde ince olmamalı, sık dokunmuş başörtüsü kullanmalıdır. Namazda giyilen elbise fazla dar olmamalıdır. Bu takvaya ve namazın âdabına uygun düşmez.

Dize kadar çorap giyilecek olsa, etek ancak diz kapağına varsa, her ne kadar namaz sahih olsa da mekruh olur. Bunun için namazda uzun bir elbise veya etek giymek gerekir.

Giyilen çorabın da alttan ayağı gösterecek şekilde şeffaf ve ince olmaması gerekir. Bunun için koyu renk veya sık dokunmuş çorap giyinmelidir.

Kadın kısa kollu elbise ile namaz kılamaz. Yani dirseklerine kadar uzanan bir elbise ve gömlekle namaza durulmaz. Çünkü namaz kılan bir kimsenin avret sayılan azalarından birinin tamamı veya dörtte biri açık olursa namaz sahih olmaz.

Meselâ, dirseklere kadar kol ve kulak birer azadır. Bunun için bir hanım kısa kollu bir gömlekle ve elbiseyle namaz kılarsa sahih olmaz.

Yani en güzeli, namaza duracak bir hanım, geniş ve ayaklarını örtecek kadar uzun bir elbise, boynunu ve başını örtecek bir başörtüsü ile gömleğin üstünden bürüneceği sabahlık gibi bir elbise giymelidir.

Bir erkeğin hanımının giydiği gömlek ve kazakla, hanımın da beyinin gömlek ve kazağıyla namaz kılmasında bir sakınca yoktur. Zaten bir yerde bu durum bir zaruretten kaynaklanmaktadır.

Ayrıca namazda aranan en önemli husus avret yerlerinin örtülmesidir. Namaz için farz olan örtünme sağlandıktan sonra mesele halledilmiş demektir.

---

1 Ebû Dâvud, Salat: 83.

ÂDET (AY HALİ) VE LOHUSALIKLA İLGİLİ MESELELER

Kadının dini yarım olur mu?

Peygamberimiz (a.s.m.), kadının dininin eksik oluşunu âdet gördüğü zaman bazı ibadetleri yapamaması olarak izah ediyor. Bu hal kadının yaratılışında vardır. Her kadın her ay belli günler âdet görür. Bugünlerde bazı ibadetleri yapamaz. Bu ibadetlerin bir kısmından muaf tutulmuş, bir kısmını da daha sonra kaza edebileceği esası getirilmiştir.

Önce bu meseleye esas oluşturan bir hadis-i şerifin meâlini okuyalım.

Ashab-ı Kiramdan Ebû Said el-Hudrî anlatıyor:

Bir Ramazan veya Kurban Bayramıydı. Resul-i Ekrem Efendimiz bayram namazlarını kıldığımız namazgâha geldi. Bir tarafta kadınlar da bulunuyordu. Onların yanından geçti ve şu hitapta bulundu:

"Ey kadınlar, sadaka veriniz (istiğfarı çok yapınız). Çünkü bana cehennemlikler gösterildi, çoğu sizler idiniz."

Bunun üzerine o kadınlar: "Yâ Resulallah, bizler ne yaptık da cehennemliklerin çoğu bizden olmuş?" diye sordular.

Resulullah (a.s.m.) şöyle cevap verdi:

"Çünkü sizler ötekine berikine çokça lânet eder, kocalarınıza karşı nankörlükte bulunursunuz. Ne gariptir ki, kendine hâkim, akıllı ve dinine bağlı bir kimsenin aklını, sizin kadar eksik dinli hiçbir kimsenin çelebildiğini görmedim."

Kadınlar tekrar sordular:

"Aklımızın ve dinimizin noksanlığı nedir, yâ Resulallah?"

Resulullah (a.s.m.) "Kadının şahitliği erkeğin şahitliğinin yarısı değil midir?" diye sordu.

Kadınlar "Evet" cevabını verdiler.

Resul-i Ekrem Efendimiz izah etti ve tekrar sordu:

"İşte bu aklın eksikliğinden hayız gördüğü zaman (günlerce bekler) namaz kılmaz, (Ramazan'da bir müddet) oruç tutmaz değil mi?"

Kadınlar, "Evet" dediler.[1]

• • •

Hadis-i şerifte açıkça görüleceği üzere, Peygamber Efendimiz (a.s.m.), kadının dininin eksik oluşunu, âdet gördüğü zaman bazı ibadetleri yapamaması olarak izah ediyor.

Bu hal kadının yaratılışında vardır. Her kadın, her ay belli günler âdet görür. Bugünlerde bazı ibadetleri yapamaz. Bu ibadetlerin bir kısmından muaf tutulmuş, bir kısmını da daha sonra kaza edebileceği esası getirilmiştir.

Kadın, âdet günlerinde namaz kılamaz, oruç tutamaz, hac ibadetini edâ ederken farz olan ziyaret tavafını yapamaz.

Oruç ve tavafı daha sonra kaza ederken, kılamadığı namazlardan muaf tutulmuştur. Bu arada bir çeşit ibadet olan Kur'ân'ı ele alma, okuma ve camiye girme gibi işleri de yapamaz.

Belli günler içinde bu ibadetleri yapamayan kadın, belli bir müddet için de olsa bazı dinî hizmetlerden, vazifelerden ayrı durur.

Görünüşte dinî yaşayışında bir eksiklik bulunmamaktadır. Çünkü namaz, oruç ve hac İslâm dininin beş esasından üç mühim rüknünü oluşturmakta, dolayısıyla bazı vakitler bunları yapamayan kadın erkeğe göre eksik olmaktadır.

Demek ki, buradaki noksanlık nisbîdir. Müslüman bir erkek senenin bütün günü beş vakit namazı kılabilmekte, Ramazan boyu bir aylık orucu tutabilmektedir. Bu anlamda Müslüman kadına göre bu ibadetleri eksiksiz yapma bakımından mükemmel olmakta; kadın da eksik kalmaktadır.

Yani, meselâ her ay bir hafta âdet görebilen bir kadın, sene içinde yaklaşık üç ay namaz kılmamakla, bu hususta erkeğe nisbetle nâkıs kalmaktadır.

---

[1] Buharî, Hayz: 6; Müslim, İman: 132.

Ancak bu nâkıslık keyfiyet bakımından değil, kemiyet bakımındandır. Yani kadın bu zaman zarfında namaz kılmamakla aynı zamanda bir farzı yerine getirmektedir. Çünkü kadının âdet günleri içinde sözünü ettiğimiz ibadetleri yapmaması farz, yapması ise haramdır.

Demek ki, kadın namaz kılmazken de bir çeşit ibadet yapmakta; yine Allah'ın emrine uymakta, dolayısıyla sevabını o cihetten almaktadır.

Meseleye bu açıdan baktığımızda kadının ibadetteki eksikliği başka bir yolla telâfi edilmektedir.

Diğer taraftan hadis-i şerifte kadınlar kötülenmiyor, erkekler dikkate sevk ediliyor. Aklı başında, dinine bağlı erkeklerin kadınlar vasıtasıyla fitneye kapılmamaları, imanlarına zarar vermemeleri istenmektedir.

Çünkü günümüzde pek çok örneklerini gördüğümüz gibi, erkeklerin bir kısmı kadınlara uyarak dinî yaşayışlarında eksiklik göstermektedir.

Özel halini İmam-ı Âzama nasıl sordu?

Müslüman kadınların günlük hayatlarında sık sık karşılaşmış oldukları meselelerden birisi de âdet, hayız meselesidir.

Bu hal, doğrudan kadının ibadeti ile alâkalı olduğundan, bütün ayrıntısıyla bilinmelidir.

Âdet günlerinde neler yapılır, neler yapılmaz, öğrenilmesi; ne zaman başlar, kaç gün sürer, hangi vakitte kesilir, bilinip dikkat edilmesi gerekir.

Bütün bu meseleler, kitaplarımızda genişçe anlatılmaktadır. En kolayı bu kitaplardan okuyup öğrenmektir.

Daha da anlaşılmayan, tereddüt edilen hususlar varsa; kadın, bilen bir yakınına, o da olmazsa bir din âlimine sorup öğrenebilir.

Bu, ya bir yakını vasıtasıyla, ya mektupla veya uygun bir vakitte bizzat sorarak yapılabilir.

Bu gibi önemli ve özel meselelerde utanıp sıkılmaya hiç gerek yoktur. İslâm kadınları ile âlimler arasında buna benzer hadiseler yaşanmıştır.

Bunlardan birisi de İmam-ı Âzam'la ilgilidir.

■ ■ ■

Bir gün İmam-ı Âzam medresede talebelerine ders verirken huzuruna iffetli ve tesettürlü bir kadın girdi.

Elinde bir tarafı kırmızı, diğer tarafı da sararmış olan bir elma vardı. Bir şey sormak istiyordu.

Elindeki elmanın önce kırmızı, sonra da sarı tarafını göstererek elmayı İmam-ı Âzam'a uzattı. Böylece sualini imâlı bir şekilde sormuş oldu.

Feraset ve zekâvet timsali İmam-ı Âzam elmayı eline aldı, kadına, hiçbir şey sormadan bıçakla ikiye böldü, içini kadına göstererek geri verdi.

İmam-ı Âzam bu hareketiyle kadına, sorusuna göre istediği cevabı vermiş oldu. Arzu ettiği cevabı alan ve müşkülü hallolan kadın medreseden ayrıldı, gitti.

Talebeler merak içinde kalmışlardı. Bu muammalı sual ve cevaptan bir mânâ çıkaramamışlardı.

"Ya Üstad!" dediler. "Biz bu bilmece şeklindeki sualden ve verdiğiniz cevabınızdan bir şey anlamadık. İzah eder misiniz?"

Büyük İmam meseleyi şöyle anlattı:

"Suali soran hayâ, iffet sahibi bir Müslüman kadındı. Müşkülünü açıkça söylemekten utandı. Yanında getirmiş olduğu elmanın kırmızı ve sarı tarafını bana gösterdi ve 'Âdet günlerimde bazen kırmızı kan, bazen de sarı bir akıntı görüyorum. Acaba bunun her ikisi de hayız kanı mıdır, yoksa yalnız kırmızı olan hayız da, sarı olanı bir şey değil midir?' demek istedi.

"Ben de elmayı ikiye ayırıp içinin beyaz kısmını gösterdim. Beyaz bir akıntı görünceye kadar temizlenmiş olmadığını; kırmızı ve sarı akıntı devam ettiği müddetçe de hayız halinde bulunduğunu işaret yoluyla sorduğu sualine, ben de bu şekilde işaretle cevap vermiş oldum."

Hanımlar özel hallerinde Kur'ân okuyabilirler mi?

Cünüp, âdetli veya lohusa olan kadın Kur'ân âyetlerinden hiçbirini okuyamaz. Ancak Fâtiha, Âyetü'l-Kürsî, Felâk, Nâs ve İhlâs Sûrelerini zikir maksadıyla, Allah'ı hatırlamak düşüncesiyle okuyabilir. Bunun yanında, kelime-i tevhid, istiğfar, salavat-ı şerife gibi tevhid ve zikir cümlelerini de söyleyebilir.

Bu hususta Resulullah (a.s.m.) şöyle buyururlar:

"Cünüp ve âdetli kadın Kur'ân'dan hiçbir şey okuyamaz."[1]

Yani sırf Kur'ân-ı Kerim okumak niyetiyle bir âyetten daha az bile okuyamaz. Ancak dua, senâ, Allah'a sığınma, zikir veya bir işe başlangıcında yahut öğretmek maksadıyla Kur'ân'dan bazı âyetleri okuması caizdir.

Meselâ, bir ulaşım aracına binerken okunması sünnet olan *"Sübhânellezî sehhara lenâ hâzâ vemâ künnâ lehû mukrinîn (Her türlü noksandan münezzehtir o Allah ki, bunu bizim hizmetimize verdi, yoksa bizim buna gücümüz yetmezdi.)"*[2]

Aynı araçtan inerken de *"Rabbenâ enzilnî münzelen mübâreken ve ente hayrü'l-münzilîn (Ey Rabbim, beni hayır ve bereketi bol bir yere indir. Misafir ağırlayanların en hayırlısı Sensin).*[3]

Bir musibet ve ölüm haberi alınca, *"İnnâ lillâhi ve innâ ileyhi râciûn (Muhakkak biz Allah içiniz ve muhakkak yalnız Ona dönücüleriz).*[4]

Yine bir işe başlarken *"Bismillâhirrahmânirrahîm"* demek, şükür maksadıyla *"Elhamdülillah"* demek de bu türdendir.

1 İbni Mâce, Tahâret: 105.
2 Zuhruf Sûresi, 13.
3 Mü'minûn Sûresi, 29.
4 Bakara Sûresi, 256.

Aynı şekilde Fâtiha, Âyetü'l-Kürsî, Felâk, Nâs ve İhlâs Sûrelerini zikir maksadıyla, Allah'ı hatırlamak düşüncesiyle okumak haram değildir.

Mâlikî mezhebine göre, hayızlı ve lohusa olan kadının az miktarda Kur'ân okumasında bir sakınca yoktur. Bu az miktar da yukarıda adı geçen sûreler miktarıdır. Bu meseleye delil olarak; kadınların uzun süre bu halde kalmış olduklarından dolayı istihsânen caiz görmüşlerdir.

Hanbeli ve Hanefi mezhebine göre, Kur'ân-ı Kerimin kelimelerini heceleyerek, harf harf okumak caizdir. Çünkü böyle bir okuyuş "kıraat"e girmemektedir. Yine tilâvet olmadan Mushafa bakmayı, sesini çıkarmadan içinden okumayı da caiz kabul etmişlerdir. Çünkü bu durumda da kıraatten (okumaktan) söz edilmez. [5]

Bu hükümlerin yanında şöyle bir fetva da vardır:

"Maliki fakihleri, bazı sahabe ve tâbiîn âlimlerinden rivayet edilen görüşlerin desteğiyle, kadının hayız süresi içinde Kur'ân okuyabileceğini, fakat hayız kanı kesildiği andan itibaren gusledip temizleninceye kadar cünüp hükmünde olup Kur'ân okuyamayacağını belirtmişlerdir.

"İbni Hazm bu şartı da aramaz. Mâlikiler ve İbni Hazm dahil bir grup İslâm bilgini cünüplük halinin iradi (isteğe bağlı), hayızlık halinin ise gayr-ı iradi (istek dışı) oluşundan hareketle hayızlı kadın lehine bir ayırım yapmayı gerekli görmüş, Malikiler kadının Kur'ân öğretimi ve eğitimi için böyle bir ruhsata ihtiyacı bulunduğu noktasından hareket etmişlerdir."[1]

Dileyen kimse bu fetvaya göre de amel edebilir.

Bütün bu görüşler müçtehit imamların çeşitli delillere dayanarak vardıkları içtihat farklılıklarıdır ve hepsi de doğrudur.

Bunun yanında, kelime-i şehâdet, kelime-i tevhid, istiğfar, salavat-ı şerife gibi tevhid ve zikir cümlelerini bir veya birden fazla okumak caizdir.

Hanımların bugünlerde Kur'ân-ı Kerimin dışında tefsir, hadis ve fıkıh gibi dinî kitapları ellerine almaları İmam-ı Âzam'a göre caizdir. Ancak bu kitapların içinde bulunan âyetlere el sürmemeleri gerekir.

---

1 Türkiye Diyanet Vakfı, İlmihal, Heyet, 1:213.

Kur'ân âyetlerinin bu durumda iken yazılması meselesinde *el-Feteva'l-Hindiyye*'de şu kayıtları okuyoruz:

"Cünüp veya hayızlı olanların yazmakta oldukları satırların arasına Kur'ân'dan bir âyet yazmaları mekruhtur. Fakat yazdıkları bu âyetleri okumazlarsa mekruh olmaz.

"İmam-ı Muhammed ise, bu kimselerin Kur'ân yazmamaları bana göre en sevimli davranıştır, diyerek bu hususta ihtiyatlı ve dikkatli olmayı tavsiye etmektedir."

Buna göre, Besmele de Kur'ân'dan bir âyet olduğundan hayızlı iken yazılmaması daha isabetli olur.

Bu arada hangi mezhebe bağlı olursa olsun, bu haldeki bir kadın Kur'ân'ın bir âyetine bile el süremez. Ancak Kur'ân'a yapışık olmayan temiz bir bez ve kâğıtla tutabilir.

Özel haldeyken kılınamayan namazlar kaza edilir mi?

Kadınlar gerek hayızlı günlerinde, gerekse lohusalık süresi içinde kılamadıkları namazları kaza etmezler. Cenâb-ı Hak bir lütuf ve kolaylık olarak kadınların bugünlerdeki namaz borçlarını affetmiştir.

Allah kullarına kolaylık ister, zorluk istemez. Oysa kadın ortalama olarak ayda bir hafta âdet görmekte ve bu durum yılda üç ayı bulmaktadır. Yılda üç aylık kaza namazı ise insana ağır gelir.

Bunun için kadınlar gerek hayızlı günlerinde, gerekse lohusalık süresi içinde kılamadıkları namazları kaza etmezler.

Bu hususta şu hadis rivayet ediliyor:

Bir kadın Hz. Âişe'ye sordu:

"Hayızlı kadının hayızdan temizlendikten sonra hayız zamanında kılamadığı namazları kaza etmesi gerekir mi?"

Hz. Âişe şöyle cevap verir:

"Sen Haruriyye misin? (Haricilerden misin?) Biz Peygamberin (a.s.m.) yanında hayız âdetini görürdük, sonra temizlenince güslederdik. Peygamber (a.s.m.) namazı kaza etmemizi bize emretmezdi."[1]

Fakat oruç böyle değil, Ramazan orucu yılda bir ay olduğundan daha sonra bir hafta, on gün oruç kazasını yapmak pek o kadar zor gelmez.

Âdet geciktirmek için ilâç alınabilir mi?

Ramazan'da kazaya oruç bırakmamak, Kur'ân okuyabilmek ve daha rahat ibadet edebilmek için bazı ilâçlar kullanarak âdet geciktirilebilir. Bu hususta dinî bir sakınca yoktur.

Bu şekilde âdeti geciktirme şekli Asr-ı Sâadette de vardı. O zamanlar bunun için "arak suyu" denen bir su kullanılır, böylece âdet geciktirilirdi.

Abdullah bin Ömer (r.a.) bu suyun kullanılmasında bir mahzurun olmadığını söylemektedir. Bugün bu artık ilâçla yapıldığından bu şekilde âdeti geciktirmek mümkündür.

Ancak bununla birlikte böyle bir uygulamadan dolayı tıbbî ve sıhhî açıdan bazı rahatsızlıklar ortaya çıkacağından tıbben tavsiye edilmemektedir.

Bu durum tıbbî açıdan şöyle açıklanmaktadır:

İlâç kullanmak normalden sapmadır. Kadının kendi bünyesine has hormonal ve metabolik bir özelliği vardır. Ağızdan alınan hormon hapları ile âdetin öne alınması veya geciktirilmesi sun'i bir yol olup, her zaman olmasa da bazen âdet düzensizlikleri meydana getirebilmektedir.

Organizmaya sakıncaları sebebiyle tıbbî bakımdan pek tavsiye edilen bir durum değildir. Yaratılışın gereğine göre davranmak daha doğrudur.

[1] İbni Mâce, Tahare: 119.

Âdet günlerini geciktirmek için Recep ve Şaban ayında böyle bir uygulamaya girişmeye hiç lüzum yoktur.

Zaten bu ayların orucu nafile olduğundan tutmak mecburi değildir. Tutulmasa da Ramazan orucu gibi sonradan kaza edilmesi gerekmez.

Diğer taraftan Recep ve Şaban ayında âdet günlerine rastlayacağı düşüncesiyle hesap edip o günlerin orucunu Recep ayında tutmaya gerek yoktur. Çünkü böyle bir şeye ihtiyaç yoktur.

Rahat bir Ramazan geçirmek, orucunu zamanında tutmak isteyen hanımlar, isterlerse âdeti geciktirici ilâç kullanabilirler.

Ancak kendilerinde âdet düzensizliği ve bundan gelen bir rahatsızlığı bulunanların bu yola girişmemeleri daha yerinde olacaktır.

Âdetli günlerde saç ve tırnak kesilebilir mi?

İhtiyaç olduğunda hayızlı günlerde bir hanım saçını ve tırnağını kesebilir, ancak daha sonraya bırakmak mümkünse, temizlendikten sonra bırakması daha isabetli olur.

Saç kısaltmanın ve tırnak kesmenin esas olarak belli bir zamanı yoktur. Haftanın bütün günlerinde ve günün her saatinde kısaltılabilir ve kesilebilir.

Başta gusül olmak üzere beden temizliğinin yapılmasının en uygun olduğu ve aynı zamanda sünnet olduğu gün Cuma günüdür.

Ayrıca gerek tıraş olmanın, gerek tırnak kesmenin, gerekse saç kısaltmanın abdest ve gusül şartı da yoktur. Yani bir insan cünüpken veya bir hanım hayızlı ve lohusa olduğu günlerde bu işleri yapmasında bir sakınca yoktur.

Ancak bazı rivayetlerde insandan ayrılan parçalar onun lehinde veya aleyhinde şahitlikte bulunacağı ifade edilir. Bundan olsa gerektir ki, İmam Gazalî Hazretleri *İhyâ'*da şu ifadeleri kaydeder:

"Cünüpken tıraş olmak, tırnak kesmek, kasıkları tıraş etmek, kan aldırmak veya bedenin herhangi bir yerinden bir parça koparmak uygun değildir."[1]

Buna göre, ihtiyaç olduğunda hayızlı günlerde bir hanım saçını ve tırnağını kesebilir, ancak daha sonraya bırakmak, mümkünse temizlendikten sonra bunları yapmak daha isabetli olur.

Âdet ve lohusalık dışında gelen kan guslü gerektirir mi?

Hayız ve lohusalık kanının dışında gelen ve kesilen bir kan veya akıntıdan sonra gusül gerekmez. Sadece vücudun kirlenen kısmını, kan veya akıntının bulaştığı çamaşırı yıkamak kâfidir. Aybaşı halinin dışında kan ve benzeri akıntısı olan kimse özürlü sayılır. Her vakit için abdest alır, o vaktin namazını ve istediği kadar başka namazı da kılabilir.

Büluğ çağına eren bir kadında normalde her ay, aybaşı kanı görülür.

Hanefî mezhebine göre, hayız süresinin en azı üç gün, en fazlası on gündür. Şafiî'ye göre ise en azı bir gün bir gece, en fazlası on beş gündür.

Zaten birçok kadında bu süre bellidir. Bazılarında dört, bazılarında yedi-sekiz gün olur.

Ama üç günden az veya on günden fazla devam eden kan, hayız kanı değildir. Buna istihâze denilmektedir ki, bir hastalıktan dolayı gelen akıntıdır.

1 İhyâu Ulûmiddîn, 1:52.

Aybaşı müddeti on günü geçen kadın temizlenir, namazını kılar ve orucunu tutar. Çünkü istihâze kanının gelmesi ayrıca guslü gerektirmez, namaz kılmaya engel olmaz.

Bu durum özürlü kimsenin durumu gibidir. Devamlı burnu kanayan, idrarını tutamayan ve yarasından devamlı kan ve irin akan kimse özürlüdür.

Bu özrün dinî bir özür sayılması için bir namaz vakti devam etmesi, abdest alıp namaz kılacak kadar bir fırsatın bulunmaması, ayrıca her namaz vakti içinde en az bir defa görülmesi gerekir.

Aybaşı halinin dışında kan ve benzeri akıntısı olan kimse özürlü sayılır. Eğer bu hal yukarıda saydığımız şartlara uyuyorsa, her vakit için abdest alır, o vaktin namazını ve istediği kadar başka namazı da kılabilir.

Özürlü bulunması, kadının namazını ve diğer ibadetlerini terk etmeyi gerektirmez.

Devamlı idrarı gelen, burnu kanayan ve vücudunun bir yerinden devamlı kan ve benzeri akıntı gelen kimse abdest alır, o akıntı devam ettiği halde namazını kılar.

Eğer bir vakit namaz kılacak kadar bir süre içinde akıntı durmuyor, devam ediyorsa, bu durumda kirlenen çamaşırını yıkaması gerekmez. Namaz kılıp bitirinceye kadar çamaşırı kirlenmeyecekse yıkar, öyle namaza başlar.

Bu hususta dinî ruhsat geniştir. Fazla sıkıntıya düşmemek lâzımdır. Bu ölçüler dahilinde hareket edilirse, ibadetler huzurlu bir şekilde edâ edilmiş olur.

Özürlü olan kimse, "Kan durmuyor, akıntı devam ediyor" diyerek guslü gerektiren bir hal vardır düşüncesiyle, bilmeden namazlarını kılmamışsa, onları tekrar kaza etmesi gerekir.

Çünkü namazı terk edecek bir durum meydana gelmemiştir. Ayrıca şu hususu da belirtmek isteriz:

Hayız ve lohusalık kanının dışında gelen ve kesilen bir kan veya akıntıdan sonra gusül gerekmez. Sadece vücudun kirlenen kısmını, kan veya akıntının bulaştığı çamaşırı yıkamak kâfidir.

Lohusalık süresi kırk günü geçerse ne yapılır?

Lohusalığın en uzun süresi hususunda Hanefi ve Hanbeli mezhebinin görüşü kırk gündür, bundan sonra görülen kan, hastalık kanıdır. Kırk günü geçen lohusalık için, kan gelmesi devam etse de, temizlenilir, namaz kılmaya ve oruç tutmaya başlanır.

Lohusalık süresinin asgarisi, en azı bir andır, yani bir defa kan görülmesidir. Buna göre bir kadın doğumdan sonra bir an için kan görebilir, bundan sonra bir daha gelmezse, yıkanır ve temizlenmiş olur. Hattâ bazen çok nadir de olsa hiç kan görülmeyebilir.

Nitekim Peygamberimizin (a.s.m.) zamanında bir kadın doğum yaptığı halde hiç lohusalık kanı görmemiş ve kendisine "Zatü'l-cufuf" adı verilmiştir.

Ancak lohusalığın en uzun süresi hususunda Hanefi ve Hanbeli mezhebinin görüşü kırk gündür, bundan sonra görülen kan, hastalık kanıdır. Bunun delili ise Ümmü Seleme (r.a.) validemizin rivayet ettiği şu hadistir: "Resulullah'ın (a.s.m.) döneminde lohusa kadın kırk gün kırk gece beklerdi."[1]

Şâfiî mezhebine göre ise lohusalığın en uzun süresi altmış gündür. Bu hadis-i şerife Şâfiî âlimleri şu yorumu getirirler: "Hadiste loğusalığın fazlası yasaklanmamaktadır. Ayrıca bu hal birtakım kadınlar hakkında kabul edilir."[2]

Buna göre, herkes kendi mezhebine göre amel edebilir. Hanefi mezhebine mensup olanlar kırk günü geçen lohusalık için, kan gelmesi devam etse de, temizlenir, namazını kılmaya ve orucunu tutmaya başlar.

Şâfiîler ise altmış güne kadar gelen kanı lohusalık kanı olarak kabul ederler. Ancak her iki hususta da lohusalık süresi mutlaka kırk veya altmış gün devam edecek diye bir kaide yoktur. Yani daha az ve daha kısa bir sürede de kan kesilebilir.

---

1 Tirmizî, Taharet: 105.

2 İslâm Fıkhı Ansiklopedisi, 1:356.

Bebeğin kırkının çıkması diye bir şey var mıdır?

"Kırkının çıkması" tabiri anne içindir, bebek için böyle bir şey söz konusu değildir. Çünkü bu ifade lohusalık müddetidir. Anne doğumdan sonra en son kırk gün bekler, kan kesilir kesilmez, yıkanır, temizlenir ve namaz-oruç gibi ibadetlerine başlar. Bazen bu süre kırkı bulmaz, daha az bir günde kesilebilir.

Ancak bebek için böyle bir mesele yoktur, olsa olsa anneye izafe edilerek söylenmiş bir sözdür, dinî bir tarafı yoktur. Doğduktan sonra kırk güne kadar yıkanmaması gibi benzeri uygulamalar hem dinen, hem de tıbben doğru değildir.

Lohusa kadının yanına çocuk yaklaşamaz mı?

"Lohusa olan bir kadının yanına 40 gün çocuk yaklaşamazmış, doğru mudur?"

Böyle bir şeyin doğru olduğu söylenemez. Lohusa olan anne bu süre içinde namaz, oruç ve Kur'ân okuma gibi ibadetleri yapamamaktadır. Bunun dışında herhangi bir kısıtlama ve sınırlamaya tabi değildir.

Gerek kendi çocuklarının, gerekse diğer çocukların lohusa kadının yanına yaklaşmasında bir sakınca olmaz. Bunun ne dinî, ne de mantıkî hiçbir gerekçesi yoktur.

Ancak olsa olsa, bu dönemde annenin istirahate ihtiyacının olduğu açıktır. Bundan dolayı kalabalık ve çocuklar tarafından rahatsız edilmemesi için böyle bir iddia ortaya sürülmüş olsa gerektir.

SÜT ÇOCUĞU VE ANNE SÜTÜ

Çocuk kaç yaşına kadar süt emebilir?

Uygulamada, çocuk iki yıl süreyle emzirilmemektedir. Çünkü bebek ek gıdalarla beslendiğinde anne sütüne ihtiyacı kalmamaktadır. Bazı ailelerde ise çocuk üç yaşına kadar da emebilmektedir. İmam-ı Âzamın içtihadına göre, gerek kız, gerekse erkek çocuğunun süt emme süresi otuz ayı geçmemelidir. Ancak çocuğun beslenme problemi varsa, uzatılmasında da bir sakınca bulunmamaktadır.

Çocuğun kaç yıl süt emme hakkı olduğu, hangi şartlarda sütten kesilebileceği Kur'ân-ı Kerimde açıkça ifade edilmektedir. Bu konudaki âyetlerin meâlleri şöyle:

"Anneler, çocuklarını iki tam yıl boyunca emzirirler; bu hüküm, emzirmeyi tamamlamak isteyenler içindir. Annelerin yiyeceği ve giyeceği, babanın gücüne göre ve örf ve âdete uygun şekilde baba üzerine bir borçtur.

"Kimse gücünden fazlasıyla mükellef tutulmaz. Ne bir anne çocuğu sebebiyle, ne de bir baba çocuğu sebebiyle üzerine düşenden fazlasıyla mükellef tutulup da zarara sokulmasın. Babanın ölümü ile, ona vâris olan kimse de, babanın bu husustaki vazifesiyle mükelleftir.

"Eğer anne ile baba aralarında istişare ederek karşılıklı rızâ ile çocuğu iki seneden önce sütten kesmek isterlerse, onlara bir günah yoktur.

"Eğer çocuğunuzu süt anneye emzirtmek isterseniz, emzirme ücretini örfe uygun şekilde verdiğiniz takdirde, üzerinize bir günah yoktur. Allah'tan korkun ve bilin ki, Allah bütün yaptıklarınızı hakkıyla görür."[1]

"Biz insana, anne ve babasına iyilik etmesini emrettik. Annesi onu zaaftan zaafa düşerek taşıdı. Sütten kesilmesi de iki yıl sürdü. Bana, annene ve babana şükret; dönüşün ancak Banadır, dedik."[2]

Bu iki âyeti delil olarak içtihatlarına esas kabul eden **İmam-ı Âzam hariç Hanefi mezhebi; Şâfiî, Mâlikî ve Hanbelî mezhebi âlimleri çocuğun süt emme hakkının iki yıl olduğu görüşünde görüş birliği içindedirler.**

İmam-ı Âzam da içtihadına şu âyet-i kerimeyi delil olarak zikreder:

"İnsana Biz, anne ve babasına iyilik etmeyi emrettik. Annesi onu zahmetle taşıdı, zahmetle doğurdu. Onun anne karnında taşınması ve sütten kesilmesi otuz aydır. Nihâyet olgunluğa erişip kırk yaşına vardığında, 'Yâ Rabbi!' diye duâ etti. 'Bana, anneme ve babama bağışladığın nimetlerin şükrünü edâ etmeye ve râzı olacağın güzel işler yapmaya beni muvaffak et. Neslimden gelenleri de sâlih kimseler kıl. Ben Sana yönelerek günahlarımdan tevbe ettim ve ben Sana teslim olanlardanım."[3]

Âyet-i kerimelerde kız erkek ayırımı olmadığı gibi, kız çocuklarını altı aydan sonra emzirmeme hususunda bir kayıt bulunmuyor. Hatta bu süre otuz aya kadar çıkabilmektedir.

Bu çocuğun hakkıdır, ancak anne-baba iki yıl dolmadan çocuğun süte ihtiyacının olmadığına, normal gıdalarla beslendiği için sütten kesilmesi kanaatine varırlarsa bundan dolayı kendilerine bir günah olmadığı âyette açıkça ifade edilmektedir.

Uygulamada ise, genellikle kız olsun, erkek olsun iki yıl süreyle emzirilmemektedir. Çünkü bebek ek gıdalarla beslendiğinde anne sütüne ihtiyacı kalmamaktadır. Bazı ailelerde ise çocuk üç yaşına kadar da emebilmektedir.

Bu meselede İmam-ı Şâfiî, Kur'ân'da sınırı belirtildiği gibi iki yıldan fazla bebeğin emzirilmemesi gerektiğini belirtirken, çocuk kendi

[1] Bakara Sûresi, 233.
[2] Lokman Sûresi, 14.
[3] Ahkaf Sûresi, 15.

kendine yemeğini yiyinceye kadar emebileceği görüşünü ifade eden âlimler de bulunmaktadır.[1]

İmam-ı Âzamın içtihadına göre, gerek kız, gerekse erkek çocuğunun süt emme süresi otuz ayı geçmemelidir. Ancak çocuğun beslenme problemi varsa, uzatılmasında da bir sakınca bulunmamaktadır.

Anne sütü emen bebek unutkan mı olur?

Öncelikle bunun doğru olmadığını belirtelim. Bir defa anne sütünün bebeğe hiçbir zararı yoktur. Pek çok tespit anne sütünün bir şifa olduğunu gösterirken, çocuğun zihinsel ve ruhsal gelişmesinde en büyük rolü oynamaktadır.

Süt, rahmet musluğundan âciz ve elinden hiçbir şey gelmeyen bebeğin imdadına gönderilmiş sâfi, berrak bir gıdadır.

Çocuğun bünyesine yan tesiri olmadığı gibi, ruhî yapısına da bir zararı yoktur.

Çocuk dünyaya gelmeden önce annenin memesinde bir damla süt bulunmazken, çocuk doğar doğmaz rızkı da beraber gönderiliyor. Çocuğu yaratan, onun bünyesine en uygun gıdayı da hazırlayıp imdadına gönderiyor.

Bu gerçek tıbben de tasdik edilmekte, doğrulanmaktadır. Meselâ, anne sütünde mineraller dengeli bir yapı takip ederken, inek sütünde bu mevcut değildir.

Ayrıca anne sütü ile beslenen bebeklerin kalori ve sıvı ihtiyacı tam olarak karşılanmaktadır. Anne sütünün antiviral ve antibakteriyel (mikropları öldürücü) etkisi tespit edilmiştir.

Bu ve benzeri pek çok tespit anne sütünün bir şifa olduğunu gösterirken, çocuğun zihinsel ve ruhsal gelişmesinde en büyük rolü oynamaktadır.

---

[1] İbni Arabî, Ahkâmü'l-Kur'ân, 1:202.

Anne âdetli günlerinde bebeğini emzirebilir mi?

Anne, çocuğunu her vakit emzirebilir. Bunun dinen bir sınırlaması yoktur. Abdestsiz bulunduğu veya aybaşı halinde olduğu günlerde de emzirebilir. Ayrıca guslü gerektiren bir halde iken yıkanmadan önce de, yine çocuğunu emzirebilir.

Çocuk sahibi olan anne, günün her saatinde çocuğunu emzirebilir. Bunun dinen bir sınırlaması yoktur. Aynı şekilde, abdestsiz bulunduğu veya aybaşı halinde olduğu günlerde de emzirebilir.

Ayrıca guslü gerektiren bir halde iken yıkanmadan önce de, gerektiğinde yine çocuğunu emzirebilir. Böyle hallerde çocuğu emzirmesinde bir sakınca yoktur.

Ancak, çocuk terbiyesinde titiz davranıp sâlih bir evlât yetiştirme gayretinde bulunan bazı büyük zâtların anneleri, abdestsiz iken çocuklarını emzirmediklerini ifade etmektedirler.

Meselâ Bediüzzaman Hazretlerinin annesi Nuriye Hanım, "Siz bu çocuğu nasıl yetiştirdiniz?" şeklinde bir soru soran "Küçük Said'in" hocası Seyyid Nur Muhammed'e şöyle cevap verir:

"Ben Said'e hamile kalınca abdestsiz yere basmadım. Said dünyaya gelince de bir gün olsun onu abdestsiz emzirmedim."[1]

Bu husus, meselenin takva cihetidir. Herkes ne böyle bir şeyi yapabilir, ne de beklenir. Çocuk terbiyesinde ne kadar itinalı davranır, ne kadar hassas hareket edersek, o derece netice ve tesirini görebiliriz.

Burada anneye düşen en mühim görev, İslâmî hayatını ve ibadetini elinden geldiğince en iyi şekilde sürdürmesidir.

Nasıl ki anne üzüntülü olduğu veya hasta bulunduğu zaman çocuğu emzirdiğinde onun da tesir altında kaldığını görüyorsa; manevî hayatındaki eksikliğin çocuk üzerindeki tesirini, ileri senelerde göreceğini de hatırda bulundurması gerekir.

---

[1] Necmeddin Şahiner, Bilinmeyen Taraflarıyla Bediüzzaman Said Nursî, s. 49.

Anne, sütünün çoğalması için bira içebilir mi?

Biranın içinde alkol bulunduğundan içilmesi caiz değildir. Bu konuda Peygamberimiz (a.s.m.) "Sarhoşluk veren her şey haramdır. Çoğu sarhoşluk veren şeyin azı da haramdır" buyurmaktadır. "Anne, sütünün çoğalması için bira içebilir" söylentilerine itibar etmemek lazımdır.

Önce bu meseleye ışık tutması için iki hadis-i şerif meâlini okuyalım. Peygamberimiz (a.s.m.) şöyle buyururlar:

"Sarhoşluk veren her şey haramdır. Çoğu sarhoşluk veren şeyin azı da haramdır."[1]

"Sarhoşluk veren her şeyden sakınınız."[2]

Bu bir tedavi şekli olarak değerlendirilecek olursa, bu hususta da Sevgili Peygamberimizin (a.s.m.) ikazı şöyledir:

"Allah şifayı size haram ettiği şeylerde kılmamıştır."[3]

Buna göre, birada % 2-8 oranında sarhoşluk veren alkol bulunmaktadır. Bundan dolayı içinde az miktarda da olsa alkol olduğundan içilmesi caiz değildir.

Anne sütünün çoğalmasını düşünmek de bir çeşit tedaviye girdiğinden, sarhoşluk veren içecekler de tedavi ve benzeri maksatlar için kullanılmayacağına göre, bu çeşit söylentilere itibar etmemek gerekir.

---

[1] İbni Mâce, Eşribe: 10.
[2] İbni Mâce, Eşribe: 14.
[3] Buharî, Eşribe: 15.

SÜT ANNELİK, SÜT KARDEŞLİĞİ

Süt kardeşliği ne demektir, nasıl olur?

Doğumdan en fazla iki buçuk yıl (30 ay) sonrasına kadar memesinden süt içilen veya emilen kadın süt annedir. Bu emme ile çocukla süt anne, süt annenin mahremleri ve aynı süt anneden süt emip süt kardeş durumuna giren diğer kimseler arasında süt akrabâlık bağı meydana getirir.

Süt hısımlığı, İslâm hukukuna has evlenme engellerinden biridir. Bu yasak Nisâ Sûresinin 23. âyetinde getirilmiş ve bu âyette Cenâb-ı Hak mü'min erkeklerin süt anneleriyle ve süt kardeşleriyle evlenmelerini yasaklamıştır.

Bu yasağın en büyük hikmetlerinden biri, varlıkların en şereflisi olan insanın sütünün de büyük bir kıymete sâhip olması ve süt vâsıtasıyla insanlar arasında ayrı bir akrabâlık ve yakınlık bağının meydana gelmesidir.

Süt, anne ile evlât arasında cismânî bir bağ, ortadan kaldırılması imkânsız ruhî ve mânevî bir irtibat kurar. Süt hısımlığı insanlar için ayrı bir yardımlaşma aracı, başlı başına bir yakınlaşma unsurudur.

Bunun için süt hısımları birbirinin mahremi sayılmış ve evlenmeleri yasaklanmıştır. Aralarında bakış helâl, nikâh haram kılınmıştır.

Evlenecek kişiler arasında süt hısımlığının bulunup bulunmadığına çok dikkat etmek gerekir. Çünkü süt hısımlığı evlenmeye engeldir. Şâyet evlendikten sonra karı kocanın süt hısımı oldukları anlaşılırsa, hâkim kararıyla eşlerin ayrılması lâzımdır.

Bu bakımdan, ayrıntısını diğer kaynaklara bırakarak süt hısımlığı münasebetleri üzerinde kısaca duralım.

İmam-ı Âzama göre doğumdan en fazla iki buçuk yıl (30 ay) – İmam-ı Muhammed'le İmam-ı Ebû Yusuf'a göre ise iki senedir– sonrasına kadar memesinden süt içilen veya emilen kadın süt annedir.

Bu emme ile çocukla süt anne, süt annenin mahremleri ve aynı süt anneden süt emip süt kardeş durumuna giren diğer kimseler arasında süt akrabâlık bağı meydana getirir. Az da olsa sütün mideye inmesi, kâfidir. Bunun için emmek şart değildir, anne sütünün daha başka vâsıtalarla çocuğun midesine gönderilmesi de yeter.

Şafiî ve Hanbelî mezhebinde, bir defa emme ile süt hısımlığı kurulmaz. Çocuğun en az beş defa emmesi lâzımdır.

Âzamî iki buçuk senelik süt emme devresi geçtikten sonra alınan sütte, artık süt hısımlığı meydana gelmez. Yani, iki buçuk yaşından büyük çocuk, memesini emdiği kadının süt evlâdı olmaz.

Süt kardeşleri kimlerle evlenemez?

Bir erkeğin süt hısımlığı sebebiyle evlenemeyeceği kadınlar: Süt annesi, hanımın süt kızları, süt cihetinden ana baba bir veya baba bir yahut ana bir kız kardeşleri, yine süt cihetinden ana baba bir veya baba bir yahut ana bir teyze ve halaları.

Bir erkeğin süt hısımlığı sebebiyle evlenemeyeceği kadınlar şunlardır:

1. Süt anne; süt anne ve babanın gerek nesep, gerekse süt cihetinden anneleri. Buna göre, kişi her şeyden önce süt annesiyle evlenemez. Süt annenin gerek gerçek annesiyle, gerekse süt annesiyle de evlenemez. Aynı yasak, süt babanın nesebî veya süt annesi yahut ninesi için de söz konusudur.

2. Hanımının süt kızları; süt evlâtlarının nesebî veya süt kızları; onların kızları. Şu halde, erkek, karısının süt annelik yaptığı kızlarla evlenemez. Çünkü onlar aynı zamanda kendi süt kızları durumundadır.

Aynı şekilde, süt kızlarının ve süt oğullarının nesep ve süt kızlarıyla, yani süt hısımlığına sahip olduğu kız torunlarıyla evlenmesi de yasaktır. "Fürû" olarak adlandırılan bu alt soy silsile halinde devam eder ve her yeni kuşağın kız torunları ile süt dede arasında evlenme yasağı vardır.

3. Süt cihetinden ana baba bir veya baba bir yahut ana bir kız kardeşleri; süt erkek ve kız kardeşlerinin nesebî ve süt kızları; onların kızları. Kişi süt kız kardeşleri ile de evlenemez.

Aynı kadından süt emmiş olan çocuklar süt kardeşidirler. Süt veren kadınla kocasının gerek nesebî, gerekse süt çocukları, "ana baba bir" süt kardeşidir. Süt veren kadının önceki veya sonraki kocalarından olan nesebî ve süt çocukları ise, "ana bir" süt kardeşi olur.

Aynı kocanın süt veren hanımından ayrı bir zevcesinden olan süt ve neseb evlâdı da, "baba bir" süt kardeşi olur. Kişi bu süt kardeşlerinden hiçbiri ile evlenemez.

4. Süt cihetinden ana baba bir veya baba bir yahut ana bir teyze ve halalar; nesebî anne ve babanın süt anneleri, süt kız kardeşleri, süt teyze ve halaları. Bu durumda, süt babanın nesebî ve süt erkek ve kız kardeşleriyle, süt annenin nesebî ve süt erkek ve kız kardeşleri de, süt emenin süt akrabası durumundadır. Dolayısıyla süt emen, süt teyze ve halalarıyla evlenemez.

Süt anne ve babanın akrabası, süt evlâdın da akrabası olmasına karşılık, süt evlâdın nikâhlısı ile çocukları dışındaki akrabası, süt anne ile süt babanın akrabası olmaz. Meselâ süt anne, süt evlâdın nesebî babasıyla veya kardeşiyle evlenebilir.

Süt hısımlığıyla alâkalı olarak halk arasında yaygın şekilde söylenegelen "Süt aşağı inmez, yukarı çıkar" tâbirinin şer'î bir tâbir olmadığını belirtelim.

Süt emme müddeti içinde olmak kaydıyla aynı memeden süt emen çocuklar, memeyi farklı zamanlarda emseler ve babaları da değişik olsa dahi, süt kardeşidirler.

Bunun için, süt emen kızla süt annesinin oğlu evlenemeyeceği gibi, oğlunun oğlu ile dahi evlenemez. Oğlun, kızın süt emmesinden önce veya sonra doğması ve emme ile doğum arasındaki zaman farkının seneleri bulması dahi bu neticeyi değiştirmez.

Kadına süt kardeşinden başka mahrem olan diğer akrabaları kimlerdir?

"Nesep birliğinden haram olanlar sütten dolayı da haram olur" hadis-i şerifinde ifade edildiği gibi nesep yönünden mahrem olanlar, süt hısımlığı yönünden de mahrem olurlar. Buna göre süt anne ile süt babanın akrabaları süt evlâdının da akrabasıdır.

Bu mesele ile ilgili temel hükümleri şöyle tespit edebiliriz:

Süt emme dolayısıyla mahremiyet anne tarafından sabit olduğu gibi baba tarafından da sabit olur.

Süt annenin kocası süt emen çocuğun süt babası olur. Aynı şekilde süt annenin ve süt babanın anne-babaları ve çocukları süt emen çocuğun mahremleri olurlar.

Bir anneden süt emen çocuk, o annenin gerek önceki, gerek sonraki kocalarından olan bütün çocuklarının süt kardeşleridir. Bu çocukların süt emen çocuktan büyük ve küçük olmaları hükmü değiştirmez.

Aynı şekilde süt babanın süt anneden önce ve sonraki hanımlarından doğan çocuklar da süt emen çocukla süt kardeşi olurlar. Bunların çocukları da emen çocuğun süt bakımından yeğenleri olurlar.

Süt babanın erkek kardeşi emen çocuğun süt amcası olur.

Süt babanın kız kardeşi emen çocuğun süt halası olur.

Süt annenin erkek kardeşi emen çocuğun süt dayısı olur.

Süt annenin kız kardeşi emen çocuğun süt teyzesi olur.

Büyük anne ve büyük babalarla ilgili hükümler de böyledir.

Diğer taraftan süt babaya süt oğlanın hanımı mahrem olduğu gibi, süt oğlana da süt babanın diğer hanımı mahrem olur.[1]

Temel mahremiyet meseleleri bunlar olmakla birlikte, karşılaşılan diğer yakınlar ve akrabalar için ayrıca bu konunun genişçe ele alınan fıkıh kitaplarına bakmak gerekecektir.

[1] el-Feteva'l-Hindiyye Tercümesi, 2:485-487.

"Süt oğlum elimi öpebilir mi?"

"Kaynımın oğluna süt vermiştim. Ben Şafiiyim, onun eli bana değdiği zaman abdestim bozulur mu?"

Kayınbiraderinizin oğlunun sizin süt oğlunuz olması için mezhebinizin şartları yerine gelmelidir. Şâfiî ve Hanbelî mezhebine göre, süt hısımlığının sabit olması için bebeğin anneyi ayrı ayrı beş sefer emmesi gerekir.

Buna göre çocuk sizi beş defa ayrı ayrı emmişse aranızda süt hısımlığı gerçekleşmiş demektir. Siz onun süt annesisiniz, o da sizin süt oğlunuzdur. Onun sizin elinizi tutmasıyla, öpmesiyle, teninize dokunması ile abdestiniz bozulmaz.

Çünkü Şâfiî mezhebine mensup bir kadının dokunmakla abdestinin bozulabilmesi için erkek kadına nâmahrem olmalıdır. Bunun için bir kadının babasının ve oğlunun eline dokunmasıyla abdesti bozulmadığı gibi, süt oğlunun tenine dokunmasıyla da abdesti bozulmaz.

Süt bankasından alınan sütle süt kardeşliği olur mu?

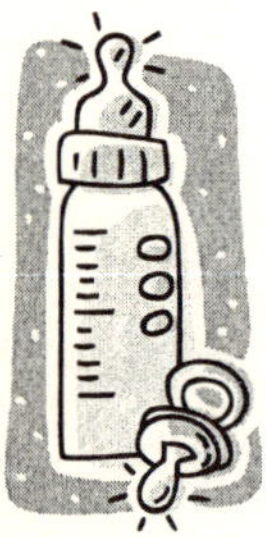

Âlimlerin çoğuna göre; hangi şekilde olursa olsun, süt, çocuğun midesine giderse haramlık mevcut olacağından ihtiyatlı hareket etmek gerektir. Kaldı ki, çocuğun mutlaka anne sütüyle beslenmesi diye bir mesele de yoktur. Bugün artık çocuğun gıdası hayvan sütü ve mama gibi yollarla rahatça giderilmektedir.

"Süt bankası", sütü olan annelerden süt almakta; daha sonra, bu sütü isteyen ve muhtaç olan çocuklara vermektedir.

Burada iki husus karşımıza çıkıyor:

Birisi, eğer süt veren kadının ve süt alan çocuğun isim ve adresi kaydediliyorsa bir mesele yoktur. Çünkü, çocuğun hangi kadının sütünü içtiği belli olmaktadır.

Şayet süt annelerinden alınan süt karıştırılıyor, bir kapta toplanıyor, isteyene buradan veriliyorsa veya süt veren kadının da, süt alan çocuğun da isim ve adresi alınmıyorsa problem buradan çıkar.

Bu meseleye ışık tutacak ve yardımcı olacak benzer fıkhî hükümlere yer vermek faydalı olacaktır:

"Süt haramlığının sabit olması süt annenin bilinmesi iledir. Meselâ, bir kızı bir köy kadınlarının bir kısmı emzirmiş olduğu halde, kimin emzirdiği kesin olarak bilinmese, bilinebilmesine bir işaret olmasa ve ispat da edilemezse, o köy halkının erkekleri bu kızla evlenebilir."[1]

Diğer bir benzer görüş de Zâhirî mezhebinde vardır. Şöyle ki:

"Süt emen çocuk, sütü bizzat süt veren kadının memesinden emmelidir. Şayet bir kadının sütü bir kap içine sağılarak içirilirse veya memesi çocuğun ağzına sağılsa veya sütü bir yemeğe karıştırılarak yedirilse, bunlar ile süt haramlığı sabit olmaz. Velev ki bu, o çocuğun uzun bir müddet gıdası olsun."[2]

Bu iki fıkhî hükme bakarak süt bankasından alınıp içirilen süt hangi kadının olduğu bilinmese de süt haramlığı sâbit olmaz. Ancak, şüpheden uzak durmak için hangi kadından alındığı bilinmeyen sütü çocuğa içirmemek lâzımdır.

Çünkü, her ne kadar İbn Hazm'ın haramlığın sabit olması için çocuğun bizzat memeden emmesi hususunda bir görüşü varsa da, **âlimlerin çoğuna göre; hangi şekilde olursa olsun, süt, çocuğun midesine giderse haramlık mevcut olacağından ihtiyatlı hareket etmek gerektir.**

Kaldı ki, çocuğun mutlaka anne sütüyle beslenmesi diye bir mesele de yoktur. Bugün artık çocuğun gıdası hayvan sütü ve mama gibi yollarla rahatça giderilmektedir.

---

1 el-Fetevâ'l-Hindiyye, 1:345; Nimet-i İslâm, s. 771.

2 Hukuku İslâmiyye ve Istılâhat-ı Fıkhiyye Kamusu, 2:80.

Bir damla süt emmek süt kardeşliğini gerçekleştirir mi?

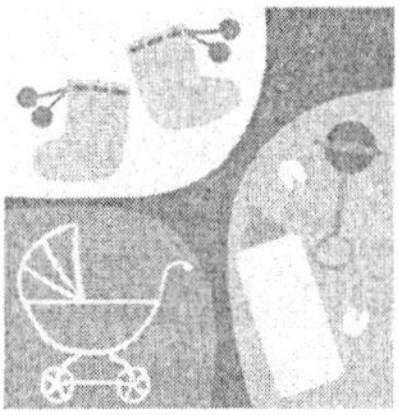

Hanefi mezhebine göre bebeğin ağzına bir defa sütün girmesiyle süt hısımlığı sabit olur. Şayet çocuk memeyi ağzına almakla birlikte süt emip emmediği bilinmediğinden midesine vardığı kesin olarak bilinmezse haramlık sabit olmaz.

Emzirmenin azlığına, çokluğuna dair âyet-i kerimede ve hadis-i şerifte bir kayıt ve şart olmadığından azı da haramlığı sabit kılar.[1]

Sütün süt emen çocuğun midesine varmasının kesin olarak bilinmesi lâzımdır. Bu ister memeden emmek suretiyle olsun, ister kaptan veya biberondan içmiş olsun fark etmez, aynıdır.

Hanefi mezhebine göre bebeğin ağzına bir defa sütün girmesiyle süt hısımlığı sabit olur.

Şayet çocuk memeyi ağzına almakla birlikte süt emip emmediği bilinmediğinden midesine vardığı kesin olarak bilinmezse haramlık sabit olmaz.

Çünkü evlenmeyi engellemeye sebep olan süt emmenin varlığında şüphe bulunmaktadır. Hükümler ise şüphe ile sabit olmaz.

Ancak Şâfiî ve Hanbelî mezhebine göre, süt hısımlığının sabit olması için bebeğin anneyi ayrı ayrı beş sefer emmesi gerekir.

Buna göre Hanefi mezhebine göre bir damla da olsa bebeğin midesine süt girdiği takdirde anneliği sabit olur.

Ancak yukarıda da ifade edildiği gibi süt hısımlığının sabit olması için diğer iki mezhebe göre beş defa bebeğin emmesi gerekir.

Bu durumda hangi mezhebe mensup iseniz ona göre hareket edersiniz.

---

1 Nimet-i Islâm, 768.

Kardeş çocuklarını süt kardeşi yapmanın sakıncası var mıdır?

Kardeş çocuklarını süt kardeşi yapmanın dinen bir sakıncası yoktur. Ama ileride pişman olabileceğiniz bir durumla karşılaşma ihtimalini gözden uzak tutmamak gerekir.

Bu mesele muhtemel akraba evliliğinin önüne geçici bir tedbir olarak düşünülmektedir. **Bu düşünce bir tedbir olabileceği gibi, ileride pişmanlığa da sebep olabilir.** Çünkü o günün şartları için doğru olan bir şey, ileride tersi olabilir.

Zamanla öyle bir evlilik düşünülür ki, fakat o zamanlar yapmış olduğunuz süt kardeşliği bunun önüne set olabilir.

Süt hısımlığı bir zaruretten kaynaklanmaktadır. Çocuk aç kalır, annesi hasta olur veya beslenmesinde güçlük çekilirse bir başka anneye emzirilir. Bu ve benzeri durumların dışında, durup dururken süt kardeşleri olsun diye süt verilmez.

Bununla birlikte kardeş çocuklarını süt kardeşi yapmanın dinen bir sakıncası yoktur.

Ama yukarıda da ifade etmeye çalıştığımız gibi, ileride pişman olabileceğiniz bir durumla karşılaşma ihtimalini gözden uzak tutmamak gerekir.

TÜP BEBEK VE KISIRLAŞTIRMA

"Tüp bebek" metoduyla çocuk sahibi olmak doğru mudur?

Sperm hücreleri kocanın, yumurta da kendi hanımının olursa, bu şekil, neslin karışması gibi bir sakınca taşımadığından ve bir zaruretten dolayı olduğundan meşrudur, helâl ve caizdir. Ancak erkekten alınan sperm hücreleri yabancı bir kadından alınan yumurta hücreleri ile bir tüpte birleştirilir ve bu şekilde çocuk sahibi olunursa bu caiz olmaz, bu bir çeşit zina sayılmaktadır.

İslâmiyet neslin korunmasına büyük önem vermiştir. Bundan dolayı gayr-ı meşru beraberlikler, bilhassa zina bütün hak dinlerde yasaklanmış ve çirkin görülmüştür.

Zinaya giden yolu kapamak için de nikâh yolu dâima açık tutulmuştur. "Tüp bebek" konusunu da öncelikle bu çerçeve içinde ele almak gerekir.

"Tüp bebek" iki şekilde gerçekleşir:

Birincisi, aynı karı-koca arasında gerçekleşir. Bu şekil, neslin karışması gibi bir sakınca taşımadığından ve bir zaruretten dolayı olduğundan meşrudur, helâl ve caizdir.

Bu da şöyle olmaktadır:

Annenin rahmiyle yumurtalığı arasında bulunan kanala "tüp" adı veriliyor. Çocuğun teşekkülü için olgunlaşmış yumurtanın bu kanaldan, yani tüpten geçerek rahme ulaşması ve orada babadan gelen meni (sperm) ile birleşmesi gerekir.

Fakat bazen bu tüp tıkanmış oluyor; yumurta da rahme inemediğinden sperm hücreleriyle buluşamıyor. Neticede ise çocuğun teşekkülü için gerekli olan döllenme gerçekleşemiyor.

İşte tüpü kapalı olan bir kadın, isterse tıbbın bu yeniliğinden istifade ederek çocuk sahibi olabilir. Şöyle ki:

Annenin yumurtalıklarında bulunan yumurta hücresi, geliştikten sonra özel olarak yapılmış bir tüp içerisine alınır. Bu yumurta hücresi babadan alınan sperm hücresi ile döllendikten ve aradan bir buçuk gün gibi bir zaman geçtikten sonra meydana gelen "zigot," yani ceninin ilk safhası annenin rahmine yerleştirilir. Bundan sonra çocuk, gelişmesini annenin rahminde tamamlar.

Görüldüğü gibi, burada sperm hücreleri kocanın, yumurta da kendi hanımınındır.

Tüp bebeğin meşru olmayan, dinimizin caiz görmediği şekline gelince; tüp yoluyla da olsa zayıflık, hastalık gibi birtakım sebeplerle doğum yapamayacak kadınlar vardır. Bazılarının da rahimleri ameliyatla alındığı için çocuk yapmaları mümkün olmamaktadır.

İşte bu durumda erkekten alınan sperm hücreleri yabancı bir kadından alınan yumurta hücreleri ile bir tüpte birleştirilir. Döllenme tüpte gerçekleştikten sonra, mümkünse aynı kadının, değilse başka bir kadının rahmine yerleştirilir. Aradan belli bir müddet geçtikten sonra çocuk meydana gelir. Burada her ne kadar baba varsa da, anne yabancı bir kadındır.

Diğer bir şekli de şöyledir:

Çocuğun doğmaması kadındaki bir hastalık sebebiyle olabileceği gibi, hastalığın erkekte olması da mümkündür. Bu durumda kadın sağlamdır, çocuğu olabilir. Fakat erkeğin çocuğu olmamaktadır. Bu defa da yabancı bir erkekten alınan sperm hücreleri ile kadından alınan yumurta tüpte birleştikten sonra, döllenmiş yumurta kadının rahmine yerleştirilir. Vakti geldiğinde de çocuk doğar.

İşte, ister yumurta hücresinin başka bir kadından, isterse spermin yabancı bir erkekten alınması yolu ile olsun, her iki durumda da doğan çocuğun nesebi sıhhatli olmamakta, nesil karışmaktadır.

Tüp bebeğin bu şekline, yani anneden veya babadan birisinin yabancı olması şekli –namus ve aile mahremiyeti mefhumunu ortadan kaldırdığından– bir çeşit zina sayılmaktadır.

Tüp bebeğin bu şekli özellikle yabancı ülkelerde uygulanmaktadır. Bugün Sağlık Bakanlığı'nın izni ve gözetimi altında yapılan, dinimizce meşru sayılan birinci şekildir.

Evet, nikâh neslin devam ve sıhhatini netice vermek için meşru kılınmıştır. Bu meşru yolun dışında çocuk sahibi olmayı dinimiz caiz görmemektedir. Zaten böyle bir işe yönelenler kadere rıza göstermeyenlerdir. Mü'minler bu nevi gayr-ı meşru muamelelere yaklaşmazlar. Çünkü şu İlâhî emirler onların en büyük tesellî kaynağıdır:

"Göklerin ve yerin mülkü Allah'ındır. Dilediğini yaratır. Dilediğine kız çocukları, dilediğine de erkek çocukları bahşeder. Yahut onları hem erkek, hem kız çocukları olmak üzere çift verir. Dilediğini de kısır bırakır. O her şeyi bütünüyle bilendir. Her şeye gücü yetendir."[1]

Kadının kordonlarını bağlatması doğru mudur?

Gerek erkeğin ve gerekse kadının tüplerinin bağlanması yolu ile bir daha çocuk yapma kabiliyetinden mahrum kalmaları hem dinen, hem tıbben sakıncalı bir metottur. Birçok yan tesiri vardır. Geçici kısırlaştırma ise kısmen benimsenebilir.

"Evleniniz, çoğalınız; çünkü ben Kıyamet gününde sizin çokluğunuzla iftihar edeceğim"[2], "Sevimli, doğuma müsait kadınlarla evlenin" hadis-i şeriflerinden evlilikte esas alınan önemli bir noktayı öğreniyoruz. O da neslin devamını sağlamaktır.

Her meselede olduğu gibi, bu meselenin de şüphesiz birtakım istisnaları vardır. Bazı şartlarda hadis-i şeriflerde de müsaade edildiği "azl"e, bugünkü tabirle doğum kontrolüne ruhsat verilmektedir.

Kordonları bağlatmaya, tıbbî deyimiyle "tüplerin bağlanması" meselesine gelince:

---

1 Şûra Sûresi, 49-50.
2 Beyhakî, 7:81.

Gerek erkeğin ve gerekse kadının tüplerinin bağlanması yolu ile bir daha çocuk yapma kabiliyetinden mahrum kalmaları hem dinen, hem tıbben sakıncalı bir metottur. Birçok yan tesiri vardır.

Geçici kısırlaştırma ise kısmen benimsenebilir. Bazen anne adayının sağlığını ciddi şekilde tehlikeye sokan hallerde kısırlaştırma yapılabilmektedir.

Meselâ, üçüncü sezaryen ameliyatlarından sonra bir yenisi anne için riskler taşıyorsa, batın yavrunun çıkarılması için hazır açılmışken tüpler bağlanarak kısırlaştırma yapılabilmektedir.

Görüldüğü üzere, **bu uygulama hem geçici, hem de herkes için her zaman değildir. Yani ancak zaruret halinde başvurulabilecek bir çaredir.**

Bu çeşit meselelerde tıp müsaade etmiyorsa, din de müsaade etmez. Çünkü dinin esaslarından birisi de neslin ve canın muhafazasıdır. Bunun için böyle bir zaruretle karşılaşınca tek doktorun kararından ziyade, tıbbî bir kurulun kararına itimat etmelidir.

HARAMA BAKMA VE ZİNA

Bakışlarımıza ne kadar sahibiz?

Karşı cins, insanın gözüne iliştiği zaman, gözlerini ayırmadan bakıp durmamalı, başını çevirmelidir. Böylece şehvetle bakma sınırına da yaklaşmamış olur. Çünkü genellikle fuhşun kapısı önce bakışla aralanır. Daha sonra diğer kapılar birbirini açar.

İnsanın kendisine yabancı olan kadınla, kadının da kendisine yabancı olan erkekle münasebeti sınırlıdır; belli ölçülere tâbidir.

Rabbimiz mü'min erkek ve kadınlara şöyle buyurur:

"Mü'minlere erkeklere söyle, gözlerini haramdan sakınsınlar, nâmuslarını da korusunlar. Bu, onların temizliği için daha uygundur. Muhakkak ki Allah, onların yaptıklarından hakkıyla haberdardır.

"Mü'min kadınlara da söyle, gözlerini haramdan sakınsınlar, nâmuslarını da korusunlar. Ziynetlerini ise, görünmesi zarurî olan kısımlar müstesnâ, açığa vurmasınlar. Başörtülerini de yakalarının üzerini kapatacak şekilde iyice örtsünler..."[1]

Bu âyetlerde açık bir şekilde, mü'min erkeklerin kendilerine yabancı olan nâmahrem kadınlara; kadınların da kendilerine yabancı olan erkeklere bakmamalarını bildiriyor.

Yasaklanan bu bakışın sınırı ve mahiyeti nedir, nasıl olacaktır?

Âyette geçen "gözleri sakınmaktan" maksat, gözleri kapatıp başı yere eğerek yürümek, dolaşmak değildir. Zaten bu şekilde davran-

---

1 Nur Sûresi, 30-31.

mak da mümkün olmaz. Bir insan doğal olarak, karşılaştığı erkeği ve kadını görür, bakar.

Ancak burada anlatılmak istenen nokta, karşı cinse şehvetle, cinsel bir duygu besleyerek bakmaktır. Şehvetle bakmanın ölçüsü de, devamlı olarak birkaç sefer bakıp durmaktır.

Bu ölçüyü de Resul-i Ekrem Efendimizden (a.s.m.) öğrenmekteyiz.

Bu hususta Hz. Ali'ye şöyle buyurmuşlardır:

"Yâ Ali, arka arkaya bakma! Birinci bakış hakkındır, fakat ikinci bakışta hakkın yoktur."[1]

Karşı cins, insanın gözüne iliştiği zaman, gözlerini ayırmadan bakıp durmamalı, başını çevirmelidir. Böylece şehvetle bakma sınırına da yaklaşmamış olur.

Çünkü genellikle fuhşun kapısı önce bakışla aralanır. Daha sonra diğer kapılar birbirini açar. Bu sebepten zinaya açılan ilk kapı böylece kapanmış sayılır.

Fahruddin Râzi, tefsirinde Tevrat'tan şu cümleyi nakleder:

"Harama bakış kalbe şehvet tohumunu eker. Her şehvet de insanda derin hüzünler doğurur."

Kalbe düşen her günah tohumu, uygun bir zemin bulup yeşerirse insanın mânevî hayatını tehlikeye sokar. Bir mâneviyat büyüğü olan Zünnün Mısrî'nin dediği gibi, **"Gözleri günahlara kapamak, korunmanın en güzel yoludur."**

Kendisini haramdan muhafazaya çalışan Müslümanın durumunu da Peygamber Efendimiz (a.s.m.) şöyle anlatır:

"Bir kadının güzelliği bir Müslümanın gözüne çarpar da ondan gözünü çevirirse, Cenâb-ı Hak o Müslümana lezzetini kalbinde duyacağı bir ibadet bahşeder."[2]

Bilindiği gibi erkeğin erkeğe ve yabancı kadınlara avret sayılan, göstermesi haram olan yerleri diz ile göbek arasıdır.

Kadının da kendi mahremleri dışındaki erkeklere karşı avret sayılan, caiz olmayan yerleri el ve yüzün dışında kalan vücudunun tamamıdır.

---

1 Ebû Davud, Nikâh: 43; Tirmizi, Edeb: 28.

2 Müsned, 5: 264.

Buna göre kadının, bir erkeğin vücudunun, göbekle dizi arası dışında kalan yerlerine şehvetsiz olarak ve tekrar edilmeden bakması caizdir.

Erkeğin de, kadının el ve yüzüne şehvet hissi olmadığı takdirde bakması helâldir. Ancak cinsel bir zevk duyarak erkeğin veya kadının birbirlerinden bu kısımlarına bakmaları yasak sınırına girer.

İnsan, gerek iş hayatında, gerekse bazı zaruret hallerinde, kendisine yabancı olan kadına bakabilmektedir.

Yukarıda, mealini verdiğimiz âyetin tefsirinde *Tefsir-i Kebir* sahibi Fahruddin Râzi, bu zaruretleri şu şekilde sınıflandırır:

İnsan, evlenmeye niyet ettiği kadının yüzüne ve ellerine bakabilir.

Nitekim bir defasında Ebû Hüreyre, Peygamberimizin (a.s.m.) yanında bulunurken bir adam gelerek, Ensar kadınlarından birisiyle evlenmek istediğini söyler.

Peygamberimiz (a.s.m.), "O kadına baktın mı?" diye sorunca, o zât, "Hayır" der.

Peygamberimiz (a.s.m.) tekrar, "Öyleyse git, ona bak, çünkü Ensarın gözlerinde bir şey vardır"[1] buyurur.

Bu hususta şehvetle de olsa bakılabileceği kaydı zikredilir.

Mahkeme huzurunda, hâkimin veya şahitlerin kadını tanımaları için bakmaları caizdir.

Çünkü burada bir haksızlığın giderilmesi ve bir hakkın yerine gelmesi söz konusudur.[2]

Fetevâ-yı Hindiye'de şu cümleleri görmek mümkündür:

"Fitne ve şehvetten korkulmadığı takdirde kadının eline ve yüzüne bakmak mubahtır."[3]

Yine *el-Mühezzeb* isimli eserde, "Zaruret olduğu takdirde bir tüccar, yüzü açık bir kadına bakabilir. Kötü bir niyet olmazsa Allah indinde mes'ul olmaz"[4] denilmektedir.

---

1 Müslim, Nikâh: 74.
2 et-Tefsîrü'l-Kebîr, 23:203.
3 Fetevâ-yı Hindiyye, 5:329.
4 el-Mühezzeb, 2:34.

İslâmda zina cezası nasıl uygulanmıştır?

Zina cezasının uygulanması için bu suçun kesin olarak aydınlığa çıkması ve tespit edilmesi şartı başta gelmektedir. Bu da üç şekilde mümkün olur: 1. Dört âdil erkeğin zina fiilini kesin olarak gördüklerine dair şahitlik etmeleri. 2. Suçu işleyen kimsenin itirafı. 3. Suçlu kadınsa, hamile kalması.

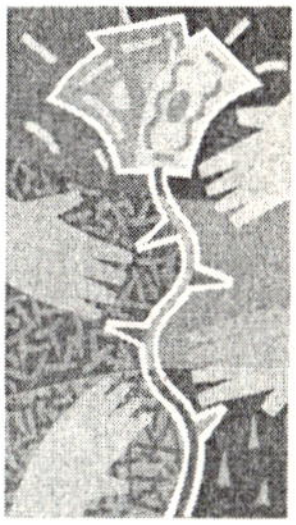

İslâm hukukunda ve bütün fıkıh kitaplarında cezalar mühim bir yer işgal eder. Bu hükümlerin kaynağı Kur'an ve hadislerdir.

En önemli hususiyeti ise, fertleri ve milleti korumak, ahlâkî çöküntüye sürükleyen felâketlere set çekmek, nâmus ve iffeti muhafaza etmek, fertlere hak ve hukuk kavramını yerleştirmek, barış ve esenliği kurmaktır. Başkalarına ibret olması ve caydırıcılığı da diğer bir hikmetidir.

Zina suçuna verilecek cezalar hakkında Nûr Sûresinin ilk âyetlerinde açık bir şekilde izahlar mevcuttur:

"Zina eden kadın ve erkeğin her birine yüzer değnek vurun. Eğer Allah'a ve âhiret gününe iman ediyorsanız, Allah'ın dinini tatbik hususunda onlara acıyacağınız tutmasın. Mü'minlerden bir topluluk onların cezalarına şahit olsun."[1]

Zina cezasının uygulanması için bu suçun kesin olarak aydınlığa çıkması ve tespit edilmesi şartı başta gelir. Bu da üç şekilde mümkün olur:

1. Dört âdil erkeğin zina fiilini kesin olarak gördüklerine dair şahitlik etmeleri.

2. Suçu işleyen kimsenin itirafı.

3. Suçlu kadınsa, hamile kalması.

Bu üç husustan biri gerçekleşmediği sürece cezası uygulanmaz.

Asr-ı Saadette Kur'ân'ın bu emri mü'min kalp ve ruhlara öylesine yerleşmişti ki; hiç şahide, ispata ihtiyaç kalmadan, şeytana ve nefsine

---

[1] Nûr Sûresi, 2.

uyup da bir anlık hissiyatına kapılan bazı kimseler, bu suçu işledikle-rini Peygamberimize itiraf etmişlerdir. Ve kendilerine Kur'ân'da em-redildiği şekilde cezanın uygulanmasını istemişlerdir.

Meselâ Maiz el-Eslemî adında birisi Peygamberimizin (a.s.m.) hu-zuruna gelerek zina yaptığını itiraf etti.

Peygamberimiz (a.s.m.) yüzünü çevirerek dinlemek istemedi. Ma-iz, ikinci, üçüncü ve dördüncü defa aynı şeyi tekrar etti. Peygamberi-miz (a.s.m.) yine dinlemek istemedi.

Nihayet dördüncüsünde, "Sende delilik var mı?" dedi ve "Hayır" cevabını aldı.

"Sarhoş musun yoksa?" sorusu üzerine bir zât kalkarak ağzını kokladı. Sarhoşluğa dair bir belirti bulunmadı.

Bundan sonra Peygamberimiz (a.s.m.), "Belki yalnız öptün, lâf at-tın veya sadece baktın" dedi.

Maiz, "Hayır" diye devam etti.

"Evli misin?" sorusuna da "Evet" deyince, Peygamberimiz (a.s.m.) recmedilmesini emretti ve recmedildi.

Tevbesinin kabul edilip edilmemesi hususunda da Hz. Peygamber (a.s.m.) şöyle buyurdu:

"O öyle bir tevbe etti ki, bir millet arasında taksim edilse idi, hepsi-ni içine alırdı."

Başka bir vesileyle de, "Sen Allah için canını vermekten daha fazi-letli bir tevbe gördün mü?" buyurdu.[1]

Âyet-i kerimede ifâde buyurulduğu gibi, zina suçuna gerektirici ceza iki şekilde mütalâa edilir: Birisi, yüz sopa, diğeri de recm (öl-dürmek).

Bu hükme bir esas oluşturan hadis-i şerifi Hz. Ubeyde bin Sâmit ri-vayet eder. Hadis şu mealdedir:

"Ölçüyü benden alınız, benden alınız! Allah onlara bir yol gös-terdi. Zina edenler bekâr ise yüz sopa ve bir sene sürgün cezası tat-bik ediniz. Evliler ise yüz sopa ve recm tatbik ediniz."[2]

---

1 et-Tâc, 3: 25; Müslim, Hudûd: 24.

2 Müslim, Hudûd: 12.

Bu çirkin suçu işleyen kimse, erkek veya kadın, bir defa olsun hiç evlenmemiş olmalıdır. Bunlara suç tespit edilip hüküm verildikten sonra yüz sopa cezası uygulanır.

Fıkıh kaynaklarında bu sopanın durumu ve vuruş şekli hususunda bir ölçü verilir: Sopa parmak kalınlığında olmalı, yüze ve başa vurulmamalı, cezayı tatbik eden kimse sopayı omuzunun hizasından yukarı kaldırmamalı ve çıplak bedene vurmamalıdır.[1]

Âyet-i kerimede geçen, **"Mü'minlerden bir topluluk onların cezasına şahit olsun"** ifâdesindeki hikmetleri de asrımız müfessirlerinden merhum Elmalılı şöyle belirtir:

Cezayı tatbik eden kimse suistimale girmemelidir. Herkesin gözü önünde cereyan etmesi halinde ceza bir işkence şekline bürünmez. "Tarihin şikâyet edegeldiği zalimane işkenceler hep gizlenerek yapılmıştır." Halbuki bu bir işkence olmayıp cezadır. Bunun için dinin çizmiş olduğu sınırın dışına taşırılmamalıdır.

Cezanın açıktan tatbikinde "İffetin kıymetini, ibret ve terbiyesinin tamimini ifade eden bir iman ve teşhir vardır." Bu şekil aynı zamanda suçlu için psikolojik bir ceza mânâsını da taşımaktadır.[2]

1 Dört Mezhebin Fıkıh Kitabı, 7:105.
2 Hak Dini Kur'ân Dili, 5:3473-4.

EVLİLİK ÖNCESİ HAZIRLIK

Evlenmek ne kadar önemlidir?

Nikâhtaki en mühim hikmet neslin devâmıdır. İnsanın şehevânî hislerini helâl dairede tatmin etmesidir. Bu sâyede sırat-ı müstakim olan iffet hasletine kavuşulmuş, zulüm ve tecavüzden sakınılmış olur. Bilhassa zamanımızda en büyük bir fitne olan fuhuş yolu, nikâh sayesinde kapatılır.

"Size hemcinslerinizden kendilerine ısınasınız diye eşler yaratmış olması, aranıza bir sevgi ve şefkat koyması, Onun ve kudretinin delillerindendir"[1] meâlindeki âyet-i kerime, aile kurumunun temelini ifade eder.

Her meselede zaman, mekân ve şartlar gözetildiği gibi, evlenmede de aynı hususlar dikkate alınmalıdır. Âyet ve hadislerde evlenme hakkında geçen emir ve tavsiyeler belli kaide ve esaslara bağlanmıştır.

"Kadınlardan hoşunuza gidenleri nikâhlayınız"[2] İlâhî emri ile **"Evlenin çoğalın"**[3] hadis-i şerifindeki emir mutlak olmadığı gibi, belli şartlara bağlıdır ve **"herkes için her vakit değildir."**

Nikâh, İslâm fıkhında mühim bir yer tutar. Fıkıh kitaplarımızdaki sıralamalarda ibâdetlerden hemen sonra gelir. Bu da gösteriyor ki, karı koca arasında akdedilen nikâh muâmelesi, bir ibâdet hüviyetini taşımalıdır. Kurulan yuva da küçük bir nur ve irfan mektebi şekline bürünmelidir. Tasarlanan beraberlikte sadece dünyevî bakış açıları değil, ebedî bir arkadaşlık nazara alınmalıdır.

1 Rûm Sûresi, 21.
2 Nisâ Sûresi, 4.
3 Beyhakî, 7:81.

Büluğ çağına eren erkek ve kadının evlenebilmeleri bazı şartlara bağlı olduğu gibi, İslâmî hükmü de şahıslara göre değişiklik arz eder. Fıkıh âlimlerinin bu husustaki görüşleri şöyle özetlenebilir:

Evlenmediği takdirde nefsini gayr-ı meşru yoldan çekemeyecek durumda bulunan ve evleneceği kadının nafakasını temin imkânına sahip olan erkeklerin evlenmeleri farzdır. Aksi takdirde harama girme tehlikesi söz konusudur.

Hadis-i şerifte gücü yeten gençlerin evlenmeleri, fakir olanların da oruç tutmaları, bu hikmete göre tavsiye buyurulmuştur.[1]

Diğer taraftan, aile hukukunu uygulamaya gayret eden ve itidal içinde bulunan, aşırı bir iştiyak hissetmeyen erkekler için nikâh sünnet-i müekkededir. Başka bir görüşe göre, bu halde nikâh âdeta cenaze namazı gibi bir farz-ı kifâyedir.

Evlenmek, aile hukukunu ihlâl edip, evleneceği kadına eziyet ve zulmedeceğinden korkulan bir kimse için tahrîmen mekruhtur. Bu hukuku ihlâl edeceği kesin olan kimse için de haramdır. Ayrıca sağlık yönünden müsait olmayıp, evlenince hastalığı artabilecek kimse için aynı hüküm geçerlidir.

Mâlikî mezhebine göre, birinci ve ikinci şıkka giren kimselerin evlenmeleri menduptur. Aynı hüküm birinci şık için Hanbelî'ye göreyse, vâciptir. Fakat Şâfii mezhebine göre nikâh esasta sünnet, bazı durumlarda ise müstehaptır. Yalnız fâcir erkeklerin tecavüzünden sadece evlendikleri zaman kurtulabilecek kadınlara evlenmek vâciptir. Yine Şafii'ye göre mehir ve nafakaya gücü yettiği halde, nikâha ihtiyacı olmayan kimseler için nafile ibadetle meşgul olmak daha faziletlidir.

Bu hükümler ışığında fertler hayatlarını düzenleyebilecekleri gibi, farz olan ilim ve iman yolunda çalışan kimselerin geçici veya devamlı olarak fedâkarlık gösterip, kendilerini muhafaza ederek, genel olarak bir sünnet olan bu görevi yerine getirmeyip bekar kalmaları "ruhbaniyet" olarak telâkki edilemeyeceği gibi, bir fedâkarlık nümunesi sayılmalıdır.

1 Tirmizî, Nikâh: 1.

En hayırlı nikah hangisidir?

"Her yiğidin gönlünde bir aslan yatar" hesabı, herkesin hayalinde yaşattığı bir gelin veya damat adayı vardır. Onu buluncaya kadar arıyor, araştırıyor. Ama nedense "hayatın gerçekleri" göz ardı ediliyor. "Makul" olanı, "takdir" edileni değil de, arzular öne çıkıyor. Böylece bir yerde kendi elimizle "nikâh yolunu" kapama ve evliliği zorlaştırma gibi bir yola girmiş oluyoruz.

Bediüzzaman, bundan tam altmış yıl önce büyük bir tehlikeye dikkat çekiyordu. O da "Nikâh yolunu kapayıp, fuhuşhâne yolunu genişletme" tehlikesi...

Bu düşüncenin fikriyatını "Zındıka dalaleti", şimdiki adıyla dinî değerleri ve manevî dinamikleri yok etmeye çalışan, ahlâksızlığı ve hayasızlığı hâkim kılmaya yönelen inançsız kesim yapıyor.

Bu kesim, İslâma karşı açmış olduğu savaşta, "azgınlaşmış nefsin planı ve şeytanın kumandası" doğrultusunda hareket ederek açık saçıklığı yaygınlaştırıyor.

Nikâha açılan kapıları kapalı tutarak "çokların nefislerini birden esir edip, kalp ve ruhlarını kebâirle (büyük günahlarla) yaralıyorlar. Belki o kalplerden bir kısmını öldürüyorlar."

Haya ve iffet mefhumundan uzak kalmış, kadınlık mefhumunu ayaklar altında çiğnenmesine sebep olan bazı iffetsiz kadınlar, bedenlerini sergiledikleri ve gençleri sefahatin bataklığına çektikleri için âhiretteki cezalarının yanında **"dünyada emniyet ve sadakati kaybettiği için hilkaten (yaratılışı gereği) çok istediği ve fıtraten çok muhtaç olduğu münasip kocayı daha bulamaz, bulsa da başına belâ bulur."**

Bunun sonucu olarak hadiste ifade edildiği gibi, "âhirzamanda bazı yerlerde nikaha rağbetsizlik ve riayetsizlik yüzünden kırk kadına bir erkek nezaret edecek (düşecek) derecede ehemmiyetsiz, sahipsiz bir surete girecek."[1]

Zamanımızda nikâhla alay edip küçümseyen ve evliliğin önemsizliğini vurgulayarak, halkın gözünün içine baka baka "nikahsız beraberliği" savunan ve böyle bir yaşantıyı teşvik eden vicdanen çökmüş bazı "şöhretler"in bilinçli olarak yaptıkları bu tahribatın, günümüz gençliğini nerelere sürüklediğini anlamak hiç de zor olmayacaktır.

Bu zihniyet mensuplarının maksat ve hedefi, Üstadın ifadesiyle "İnsanın, hususan Müslümanın tahassungâhı (sığınağı) ve bir nevi cenneti ve küçük bir dünyası aile hayatı"nı zehirlemektir.[2]

• • •

Oysa İslâmın insanlığı sunduğu en önemli nimetlerden birisi de "nikah" kurumu, evlilik müessesedir. İslâm öncesi Arap toplumunda başta kadınlar olmak üzere, aile hayatı çok büyük yara almış, ağır bir yıkıma uğramış, neredeyse yok olmaya yüz tutmuştu.

Bunun için özellikle Medine döneminde, Kur'ân bu hususa mü'minlerin dikkatini çeker ve "emir kipinde" şu hakikati dile getirir:

"Aranızdaki bekârları, kölelerinizden ve cariyelerinizden elverişli olanları evlendirin. Eğer bunlar fakir iseler, Allah kendi lütfu ile onları zenginleştirir. Allah, lütfu geniş olan ve her şeyi bilendir."[3]

Müslümanlar, asırlar boyu bu emri yerine getirmişler, nikahı ciddiye almışlar, gençler evlilik çağına basar basmaz onları evlendirmişlerdir.

Herkes kendi durumu, konumu, seviyesi ve çevresini dikkate alarak oğlunu veya kızını bir yuva sahibi yapmıştır. İmkanları varsa, imkanlarını kullanmışlar, yoksa borç harç ederek gençlerin bekâr kalmaması için ellerinden gelen gayreti geri bırakmamışlardır. Onlara aracı olmuşlar, bunu da bir ibadet bilinci içinde yapmışlardır.

Şu hadis-i şerif onlar için bir rehber niteliğindeydi:

"Evlenme işi için, iki kişi arasında aracılık yapmak, en faziletli aracılıklardandır."[4]

---

1 Risale-i Nur Külliyatı (İman ve Küfür Muvazeneleri), Nesil Yayınları, s. 2247.
2 Risale-i Nur Külliyatı (Lem'alar, Yirmi Dördüncü Lem'a), Nesil Yayınları, s. 690.
3 Nur Sûresi, 32.
4 İbni Mâce, Nikah: 49.

Son otuz-kırk seneye kadar bu âdet ve hizmetler aksamadan, aksatılmadan uygulanmış, yaşamıştır.

Fakat gün geçtikçe bazı bölgelerimizde aşırı miktardaki başlık parası talebi, şehirlerde ve büyük yerleşim merkezlerinde hayat şartlarının ağırlaşması, ev kiralarının yükselmesi, bir eve lazım olan ev eşyalarının sayıca üstesinden gelinemeyecek biçimde artması, kız tarafının aşırıya kaçacak biçimde ziynet eşyası istemesi, evliliği iyice zorlaştırmıştır.

Meselenin en acı tarafı ise, kız ve erkek tarafının, gelin ve damat adayında aradıkları şartların ve beklentilerin değişmiş olması, böylece mevcut ölçüler çığırından çıkmış olmasıdır.

"Zengin mi, evi, arabası var mı? Boyu posu yerinde mi? Güzel mi, yakışıklı mı? Annesi babasıyla birlikte mi yaşayacak? Üniversite mezunu mu?"

Daha bunun gibi birbiri peşi sıra dizilen sorular ve sorunlar yumağı, beklentiler ve talepler listesi, arzular, istekler ve öncelikler dizisi...

"Her yiğidin gönlünde bir aslan yatar" hesabı, herkesin hayalinde yaşattığı bir gelin veya damat adayı vardır. Onu buluncaya kadar arıyor, araştırıyor. Ama nedense "hayatın gerçekleri" göz ardı ediliyor. "Makul" olanı, "takdir" edileni değil de, arzular öne çıkıyor.

Bu da çoğu kere gerçekleşmiyor. Çünkü aradığını bulamıyor, istediği karşısına çıkmıyor. Aradan zaman geçiyor, bir de bakıyor ki, yaş ilerlemiş. Bu sefer de kendisinde varolan özellikler azaldığı için "kısmetimiz bağlanmış" diyerek teselli sözcüklerine sığınmaya çalışıyor.

Böylece bir yerde kendi elimizle "nikâh yolunu" kapama ve evliliği zorlaştırma gibi bir yola girmiş oluyoruz ki, bunun sorumluluk ve vebali taşınacak gibi değildir.

Bunun için şartlar ve hayatın getirdikleri ne olursa olsun, nikah kapısını devamlı açık tutmaya çalışmalı, kapamaya çalışanlara fırsat vermemelidir.

Evlilikte ilk tercih ne olmalıdır?

Mü'min yuvasını hazırlarken, hayat arkadaşını tercihte, dinî hayatına ortak olup ona yardımcı ve destek olacak birisini seçme konusunu öncelikle dikkate almalıdır. Çünkü kadının dinini bilen birisi olması, hem karı-kocanın mânevî hayatının sıhhati, hem de yetişecek çocukların terbiyesi için önemlidir.

Huzurlu bir aile hayatı Allah'ın bir nimeti ve ihsanıdır. Kişinin maddî ve mânevî hayatının pürüzsüz devam etmesi, evinin bir saadet yuvası haline gelmesiyle mümkündür.

Ailenin oluşumunda iki temelden biri olan kadın, kurulan ocağı bir huzur kaynağı haline getirebileceği gibi, sıkıntı ve meşakkat yuvasına da dönüştürebilir. İşte bu mukaddes haneyi bir Cennet köşesine çeviren sâliha kadını Peygamberimiz (a.s.m.), "dünyanın en hayırlı nimeti" olarak vasıflandırmıştır.[1]

Evlilik hazırlıkları belli ölçüler içinde düşünülerek yapılırsa, Cennet köşesinin kurulması için ilk adımlar atılmış olur. Eşsiz bir hayat düzeni olan İslâmiyet, insanlığa bu hususta da yardımcı oluyor. Ona şaşmaz prensipler, değişmez kâideler veriyor. O esaslara uyan kimse ne Batının çarpık usullerine muhtaç olur, ne de aile hayatını temelinden sarsmak için sunulan modalara kapılır.

Erkeğin, evleneceği kızı seçmesi, kız velisinin de damat adayını seçmek için dikkatli davranması, kurulacak yuvanın selâmeti ve doğacak çocukların sıhhati ve terbiyesi açısından çok mühimdir.

Gelin ve damat adaylarının belirlenmesinde dikkatli olunmasını ve kişinin evleneceği hanımı titizlikle seçmesini tavsiye eden Sevgili Peygamberimiz (a.s.m.), "İnsanlar iyilik ve kötülükte madenler gibidir"[2] buyurarak bizleri dikkat ve özene dâvet eder.

Hz. Ömer, kendisine çocuğun babası üzerindeki hakkını soran oğluna şu üç şeyi sayar:

---

1 Müslim, Rıdâ: 64.
2 Müsned, 2:539.

"Temiz ve iyi ahlâklı bir anne seç, güzel bir isim koy ve ona Kur'ân öğret."[1]

Her şeyden önce, evlilikte esas maksat ve gayelerden biri, hayırlı bir neslin vücuda gelmesidir. İnsanın bazı muhtemel günahlara girmesine mani olması ve düzenli bir hayata kavuşması için de ayrıca ehemmiyeti vardır.

Yoksa sırf nefsin arzusundan kaynaklanan ve sadece geçici bazı zevklerin tatmini düşüncesine dayanan bir girişimin ilerisi için devamlı bir rahatsızlık unsuru olacağı şüphesizdir.

Dinimizin bu husustaki prensiplerini İmam-ı Gazalî sekiz maddede inceler. Kadında bulunması gereken vasıflar şunlardır:

1. Dindarlık
2. Güzel ahlâk
3. Güzellik
4. Mehirinin az istenmesi
5. Çocuk yapmaya elverişli olması
6. Bâkire olması
7. Dindar ve belli bir aileden olması
8. Yakın akrabadan birisi olmaması[2]

Aile yuvasının ileride bozulmaması için eşler arasındaki denklik büyük önem taşımaktadır. Dindar bir kız ile dinî hayatı zayıf bir erkeğin denk olmayacağı muhakkaktır. Böyle bir evliliğin ileride bozulma ihtimali kuvvetlidir. Çünkü dünyaları ayrı iki insan arasında uyumun sağlanması çok defa mümkün olmaz.

Aynı şekilde, dindar bir erkeğin, dindar olmayan bir kadınla evlenmesi ve hayat arkadaşlığı kurması, beraberinde pek çok problem getirir. Böyle bir yuvanın da devamı zor olur. İşte İslâmiyet, sonradan olabilecek hadiseleri, önceden tedbir alarak engeller. Böylece toplum düzenini sağlam esaslar üzerinde devam eder.

İşte bundan dolayı, mü'min yuvasını hazırlarken, hayat arkadaşını tercihte, dinî hayatına ortak olup ona yardımcı ve destek olacak birisini seçme konusunu öncelikle dikkate almalıdır. Çünkü kadının dinini bilen birisi olması, hem karı-kocanın mânevî hayatının sıhhati,

---

1 Terbiyetü'l-Evlâd, 1:38.

2 İhyâ, 2:38.

hem de yetişecek çocukların terbiyesi için önemlidir. Bu hususa dikkatimizi çeken Peygamberimiz (a.s.m.) mü'minlere şu tavsiyede bulunur:

"Kadınlarla dört hasletleri için evlenilir: Malı için, asâleti için, güzelliği için ve dini için. Sen dindar olanı tercih et, mesut olursun."[1]

Kadının diğer vasıfları yanında, bilhassa dinî yönüne ağırlık verilmesi bir Peygamber tavsiyesidir. Dolayısıyla, Müslümanın da göz önüne alması gereken en hayatî noktadır.

Çünkü Allah'ı tanıyan sâliha bir kadın, en büyük hususiyeti olan namus ve hâyasını da korur. Kocasının evine ve malına sahip olur.

Kadın dindar olunca kocasına dinî bakımdan yardımcı olacağını da dile getiren Peygamberimiz (a.s.m.), Hz. Ömer'in **"İhtiyacımızı gidermek için nasıl bir servet elde edelim?"** diye sorması üzerine şu tavsiyede bulunurlar:

"Servetin (dünya nimetlerinin) en faziletlisi zikreden bir dil, şükreden bir kalp ve âhiretle ilgili hizmetlerde ona yardım eden imanlı bir hanım."[2]

Kocasına İslâmî hizmetlerde destek olan hanımı, Peygamberimiz (a.s.m.), dünya nimetlerinin en mühimlerinden birisi saymıştır.

İnsan her ne kadar inancına bağlı olsa, gayretli ve hamiyetli bir bünyeye sahip olsa, fakat hanımından imanî hizmetleri ve İslâmî yaşayışı hususunda bir yardım görmeyip, teşvik edilmez ve bazı fedakârlıklar görmezse huzurlu olamaz.

Bunun aksine, hanım o hizmetlere engel olsa ve her seferinde bir bahane bularak kocasını alıkoysa, işte o zaman esas sıkıntı başlamış demektir.

İşte bu noktadan sık sık ikazlarda bulunan Peygamberimiz (a.s.m.) şu sözlerinde daha da dikkatli davranılmasını istemektedir:

"Kadınları sırf güzellikleri için nikâhlamayınız. Çünkü onların güzellikleri onları tehlikeye atabilir. Sadece malları için de nikâhlamayınız. Çünkü malları onları azdırabilir. Dindar olanını nikâhla-

---

[1] İbni Mâce, Nikâh: 6.

[2] Tirmizî, Tefsirü'l-Kur'ân: 48; İbni Mâce, Nikâh: 5.

yın. Şüphesiz, burnunun bir kısmı kesik, kulağı delik ve teni siyah dindar bir cariye (dindar olmayan bir kadından) faziletlidir."[1]

Şu bir gerçektir ki, başlangıçta kadının dinî tarafını göz önüne almayan kişi, daha sonra karşılaştığı bazı sıkıntılar dolayısıyla, hanımının yerinde, hadiste tarif edilen bir cariyenin olmasını isteyebilmektedir. **Çünkü kadının kadınlık vasıfları çok çabuk geçer. Onun özelliklerini devam ettiren ve parlatan, imanı, edebi ve hayâsıdır.**

Evlenecek kadında dindar olma şartı arandığı gibi, kız velisinin de erkekte öncelikle dinî tarafını araması bir vazifedir. Bilhassa dinî yönden kadınla erkek birbirine denk olmalıdır. Yani, her iki eşin de dindar olmaları dikkate alınmalıdır.

Nitekim hadis-i şerifte belirtildiğine göre, **Peygamberimiz** (a.s.m.), **"Dindarlığını ve ahlâkını beğendiğiniz bir adam sizin ailenizden bir kıza talip olursa, onunla evlendirin. Şayet bunu yapmazsanız yeryüzünde fitne ve bozgunculuk olacaktır" buyururlar.**

Sahabilerin, "Erkekte zenginlik ve makam gibi (bir yönden) noksanlık olursa ne yapalım?" şeklindeki sorusuna karşı Peygamberimiz aynı sözü üç defa tekrarlar.[2]

Kızlarını verecekleri adamda sadece güzellik, zenginlik ve makam gibi üstünlükler arayıp, dinî cihetine itibar etmeyen kimseler hadiste bahsi geçen bozgunculuğa ve fitneye meydan vermiş olurlar. Çünkü böyle bir tercihte geçici, izafî ve hissî olan maddî kıstaslar kullanılacaktır. Bunlar da aile yuvasının temeli olma vasfından uzaktır. Ailenin sağlam esaslarına oturmaması ise, toplumdaki huzursuzlukların en önemli sebeplerinden biridir.

Kızının talipleri olan bir adam Hasan-ı Basrî'ye gelerek "Kızımı nasıl bir kimseye vereyim?" diye fikrini sorar. Hasan-ı Basrî de, "Allah'tan korkan bir adama ver. Çünkü böyle bir kimse kızını severse ona iyilikte bulunur, şayet ondan nefret duyacak olsa zulmetmez" buyururlar.[3]

"Şer'an, koca karıya küfüv olmalı, yani birbirine münasip olmalı" diyen Bediüzzaman Hazretleri de devamında, "Bu küfüv ve denk olmak, en mühimmi diyanet noktasındadır. Ne mutlu o kocaya ki, kadının diyanetine bakıp taklit eder, refikasını hayat-ı ebediyede kay-

---

1 İbni Mâce, Nikâh: 6.
2 Tirmizî, Nikâh: 6.
3 İhyâ, 2:43.

betmemek için mütedeyyin (dindar) olur. Bahtiyardır o kadın ki, kocasının diyanetine bakıp 'Ebedî arkadaşımı kaybetmeyeyim' diye takvaya girer" demektedir.[1]

Her iki dindarlık cihetini nazara aldıktan sonra, doğal olarak, diğer yönlere de ehemmiyetine göre yer verir.

Kadında aranan başka bir vasıf da iyi huylu ve temiz ahlâklı olmasıdır.

Zaten dinî hayatına dikkat eden kadınların çoğu, İslâm ahlâkını yaşamaya çalışacaktır. Bunun aksine olarak, kocasının sırrını saklamayan, yerli yersiz her şeyde çok konuşan, kocasının istek ve arzularına dikkat etmeyip umursamaz davranan kadınlar tavsiye edilmemiştir.

Hadiste belirtildiği üzere, kadının güzel olması da aranan bir vasfıdır.

Dindarlık ciheti dikkate alındığı takdirde, kadının, erkeğin beğeneceği şekilde güzel olması da aranan bir özelliktir. Bu husus erkeğin gözünü haramdan koruması, onu evine bağlaması ve birbirlerini daha çok sevmeleri açısından da mühimdir.

Ama çok kere, öncelikle kadının güzelliği arandığı ve dinî ciheti ihmal edildiği için, İslâmiyet dindar olmasını birinci şart koşmuştur.

Nitekim Peygamberimiz (a.s.m.), **"Çöplükte yetişen yeşillikten (çiçekten) sakının"** buyurunca, sahabiler açıklama isterler. Peygamberimiz (a.s.m.), **"Kötü çevrede yetişen güzel kadındır"**[2] buyurarak, mü'minleri sakındırır.

Bununla birlikte, kadının erkek hakkında fikir ve tercihi de unutulmamalı, ihmal edilmemelidir. Çünkü ömür boyu sürecek ve sonsuz hayatta da devam edecek bir beraberlik olacaktır.

Dikkate alınması gereken diğer bir konu da kadının mehirinin az olmasıdır. Yani fazla masrafa yol açmayan bir çevreden alınmasıdır.

Bugün hâlâ bazı bölgelerimizde bir Cahiliye âdeti olan başlık parası nikâh yolunun kapanmasına sebep olmaktadır. Aynı şekilde, bazı yerlerde de kız tarafının fazla ziynet ve eşya alınmasını istemesi ve

1 Lem'alar, s. 186.
2 İhyâ, 2:42.

şart koşması toplum dengesini sarsmakta ve aile yuvasının kurulmasını fevkalâde zorlaştırmaktadır. Bir sünnet olan nikâh yolunun açık bulunması için fazla masrafa meydan vermeyen bir nikâh tercih edilmelidir.

Nikâhın en mühim hikmetlerinden birisi de neslin devamını sağlamak olacağından, Peygamberimiz (a.s.m.) "Sevimli ve doğurucu bir kadınla evlenin"[1] buyurmuşlardır. Kadının sağlığı ve gençliği bu özelliklerini belli edebilecek hususlardır. Hattâ Peygamberimiz (a.s.m.) çocuğu olmayan bir kadınla evlenilmesine de ruhsat vermemiştir.

Evlenilecek kadında bekârlığı da ehemmiyetle tavsiye eden Peygamberimiz bunun hikmetini de şöyle açıklar:

"Çünkü onların ağızları daha tatlı (konuşmaları güzeldir, lüzumsuz konuşmazlar), rahimleri daha çok çocuk yapmaya müsaittir ve daha az meşakkatli olup aza kanaat ederler."[2]

Evlenilecek kızın dindar, sâlih ve bilinen bir aile kızı olması da hadiste tavsiye edilen hususlardan birisidir.

Bir hadiste Peygamberimiz (a.s.m.), "Nutfeleriniz (soyunuz) için araştırma yapın. Çünkü kadınlar erkek kardeşlerine ve kız kardeşlerine benzeyen çocukları doğururlar"[3] buyurmaktadır.

Başka bir hadiste de "Tohumlarınız için (verimli bir arazi) seçin. Çünkü damar çok çekicidir"[4] buyurularak, doğacak çocuk için kadının aile durumunun mühim olduğu ifade edilmiştir.

Eşler arasında mâlî bakımdan, zenginlik-fakirlik açısından denkliğe gelince; İmam Buharî bu hususta bir hadis-i şerif rivayet eder.

Resulullah'ın (a.s.m.) yanından bir zengin erkek geçer, Resulullah (a.s.m.) bu zengin kimse hakkında sahabilere sorar. Sahabiler, onu överken, "Bu kimse bir kadınla evlenmeye talip olsa nikâh olunmaya lâyıktır" diyerek hakkında şahitlik ederler.

Aynı esnâda Müslüman fakirlerden birisi daha geçer. Resulullah (a.s.m.) onun hakkında da sorar. Sahabiler "Bu kimse bir kadının nikâhına talip olsa, nikâh olunmaya lâyık bir kimse değildir" diyerek

1 Ebû Davûd, Nikâh: 7.
2 İbni Mâce, Nikâh: 7.
3 Terbiyetü'l-Evlâd, s. 37 (İbni Adî ve İbni Asâkir'den rivayetle).
4 İhyâ, 2:42.

Resulullah'a (a.s.m.) cevap verirler. Resulullah Efendimiz (a.s.m.) bu cevaplar karşısında şöyle buyurur:

"Bu fakir, öbür zengin gibi dünya dolusu insandan daha hayırlıdır."[1]

İşte bu hadis-i şerife dayanarak âlimler, hayırlı ve faziletli bir adayın fakirliğinin karı-koca arasındaki denkliğe mâni ve nikâha zarar veren bir durum olmadığını açıklamaktadırlar.[2]

O halde, **eşler arasında karşılıklı rıza ve diğer yönlerden denklik söz konusu olduktan sonra zenginlik ve fakirlik noktasındaki bir dengesizlik evliliğe ciddi bir engel teşkil etmez.**

Bunun yanında, dindarlığı ve ahlâkı istenen vasıfta olduktan sonra, kadının zengin bir aileden olması, malî cihetten yeterli bulunması da ayrı bir tercih sebebi olabilir. Hadiste de bu şık ayrı bir özellik olarak zikredilmiştir.

Evlilikte yaş sınırı ne kadardır?

Evlenecek eşler arasında yaş bakımından bir denkliğin olması önemlidir. Yirmi yaşındaki genç bir kızın elli-altmış yaşında bir erkekle evlenmesi yaş farkı bakımından birtakım sakıncaları doğurur. Ancak erkekle kadın arasında aşırıya kaçmamak kaydıyla birkaç yaş farkının bulunması uygun görülmektedir.

Bu meseleye ölçü olacak noktaları Peygamberimizin (a.s.m.) hayatında görüyoruz.

Hz. Fatıma validemiz evlilik çağına gelince, Hz. Ebû Bekir ve Hz. Ömer gelerek onu Resulullah'tan (a.s.m.) istediler. Fakat Peygamber Efendimiz (a.s.m.), "Henüz küçüktür" buyurarak nikâha rıza göstermedi. Aynı talep Hz. Ali'den gelince, uygun gördü ve Hz. Fatıma'yı

1 Buharî, Nikâh: 15.

2 Tecrid-i Sarih Tercemesi, 11:266-7.

Hz. Ali ile nikâhladı.[1] Nitekim, o sıralar Hz. Ebû Bekir 51, Hz. Ömer 42 ve Hz. Ali 24 yaşlarında idiler. Hz. Fatıma ise 18 yaş civarında idi.

Erkekle kadın arasında aşırıya kaçmamak kaydıyla birkaç yaş farkının bulunması uygun görülmektedir. Peygamber Efendimiz (a.s.m.) ile Hz. Ümmü Seleme validemiz arasında birkaç yaş farkı vardı. Peygamberimiz (a.s.m.) ondan birkaç yaş büyüktü. Bunda bir sakıncanın olmadığını Peygamberimiz (a.s.m.) şöyle dile getirdiler:

"Bir kadının kendisinden daha yaşlı bir erkekle evlenmesinde bir mahzur yoktur."

Kadının erkekten yaş bakımından biraz farklı ve küçük olmasının fizyolojik açıklaması da vardır. Kadın erkeğe göre daha çabuk yıpranır, 40-50 yaşlarında menopoza girer. Böylece arada 5-10 senelik bu yaş farkı bu dengesizliğe engel olacaktır.

Yakın akraba evliliği yapmak doğru mudur?

Yakın akraba ile evlilikte esas itibariyle dinî bir yasaklama yoktur. Sözü edilen sıhhî sakıncalar da mutlaka olacak diye bir durum da mevcut değildir. Ancak, çocukta görülebilecek sakatlık ve benzeri hususlar, yabancı kadınla olan evliliğe oranla akraba evliliklerinde belli bir ölçüde daha fazla görülmektedir.

Bazı bölgelerimizde yakın akraba evliliği çok yaygınken, bazı bölgelerimizde böyle bir evlilik hiç hoş karşılanmaz. Hattâ uğursuz sayılarak karşı çıkılır.

Her iki anlayışta da ifrat ve tefrit vardır. Her ne kadar âdetlere hürmet edilir, bazı içtihadî meselelerde âdetler dikkate alınırsa da, aslında dinî bakımdan bağlayıcılık tarafı yoktur. Yaşayışımızda esas olan, dinin ölçüleridir.

[1] Neseî, Nikâh: 7.

Yüce Kitabımız Kur'ân-ı Kerim yakınlık cihetiyle evlenilmesi haram olan kadınları açıklamıştır. Bunlar, kız kardeş, hala, teyze gibi yakın akrabalardır.

Bunların dışında kalan amca, dayı, hala ve teyze çocuklarıyla evlenmeye ruhsat vermiştir. Peygamber Efendimiz de bu ruhsatı kendisi ve yakınları üzerinde kullanmıştır.

Bilindiği gibi, Peygamberimizin (a.s.m.) hanımlarından Zeyneb binti Cahş, halasının kızıydı. Ayrıca kendi kızı Hz. Fâtıma'yı amcası oğlu Hz. Ali'ye nikâhlamıştı. Peygamberimizin (a.s.m.) Hz. Zeynep'ten çocuğu olmamakla beraber, mübarek nesli Hz. Ali vasıtasıyla devam etmiştir.

Dinimizde her ne kadar böyle bir ruhsat mevcutsa da, birtakım kalıtımsal ve sağlık sakıncalarından dolayı bazı hâdislerde yakın akraba ile evliliğin tavsiye edilmediğini görmekteyiz.

Bu durum, tatbikî sünnetle bağdaşmıyor gibi görünse de; birisinde cevaz vardır, diğerinde de dikkat ve itinaya dâvet bulunmaktadır.

Bu meseleye *İhya-u Ulumiddin*'de temas eden İmam-ı Gazâlî Hazretleri, sünnet ölçüleri içinde evlenecek eşlerde aranan vasıfları sayarken, cinsel duygunun zayıf olacağından dolayı kızın yakın akrabalardan olmamasını da zikreder.

"Pek yakınınız olan bir kadınla evlenmeyin; çünkü çocuk zayıf, çelimsiz olur"[1] hadis-i şerifi ile **"Zayıfladınız, neslinizin güçlenmesi için akraba olmayan yabancı kadınlarla evlenin"**[2] meâlinde Hz. Ömer'in bir sözüne yer verilen *İhyâ*'da bu hususu müellif şöyle izah eder:

Çocuğun cılız ve zayıf olması şehevî arzuların zayıflığından ileri gelir. Çünkü insandaki cinsel duygu, bakmak ve dokunmak yoluyla meydana gelir. Bu duygu ise insanın yeni gördüğü yabancı bir kadınla daha kuvvetli olur.

Halbuki insan, yakın akraba kızlarının (genellikle) çocukluğundan beri görüp geldiği ve tanıdığından dolayı, akrabalık ciheti cinsel arzuya perde olmaktadır. Bu durumda kişi, yakın akrabasıyla evlendiği

---

1 Terbiyetü'l-Evlâd, 1:39; İhyâ, 2:42.
2 İhyâ, 2:42.

takdirde yabancıya oranla ona karşı olan şehevî hissi az olacağından çocuk zayıf düşer.

İmam-ı Gazâlî'nin bu fizyolojik ve psikolojik izahını, sanıyoruz, bugünkü ilim de inkâr edemez. Çünkü, bugünkü tıbbın da kabul ettiği gibi, yakın akraba evliliğinde aileden gelen bazı irsî hastalıkların devam etme ihtimali bulunabilmektedir.

Diğer evliliklere göre belli bir oranda akraba evliliklerinde doğan çocuk zayıf, çelimsiz, zekâca geri ve hatta sakat olabilmektedir.

İşte bu sakıncalara sebep olmamak için, çok yakın akraba ile evlenilmesi tavsiye edilmemektedir.

Yine bu hususta, **"Yabancılarla evlenin, yakınlarınızla evlenmeyin"**[1] meâlindeki hadis de bu hikmetleri dikkate vermektedir.

Bu konuda ehemmiyetli bir sakınca da, zamanla eşler arasında bir geçimsizlik olduğu takdirde, akrabalar arasında devam etmesi gereken mânevî bağların zayıflamaya yüz tutmasıdır.

Hadis imamlarından Deylemî'nin bir rivayetinde, akraba ile evliliğin sıla-i rahim bağlarının kopmasına sebep olacağı bildirilmektedir. Halbuki akrabaya iyilik ve sıla-i rahim farz olan bir ibadettir. Bu farza gölge düşürmemeye dikkat edilmelidir.

Bunun yanında akraba olmayan kadınlarla yapılan evliliklerde insanın çevresi daha da genişlemekte, yeni yeni akrabalar edinmekte, neticede insanlara daha çok faydalı olma yolları açılmaktadır.

Bütün evliliklerde olduğu gibi özellikle akraba ile olan bir evlilikte kan uyuşmazlığının tespit edilmesinin sıhhî bir önlem olarak düşünülmesinde büyük fayda vardır.

Yakın akraba ile evlilikte esas itibariyle dinî bir yasaklama yoktur. Sözü edilen sıhhî sakıncalar da mutlaka olacak diye bir durum da mevcut değildir.

Ancak, çocukta görülebilecek sakatlık ve benzeri hususlar, yabancı kadınla olan evliliğe oranla akraba evliliklerinde belli bir ölçüde daha fazla görülmektedir.

---

[1] Kadı Beydâvî, Gâyetü'l-Gusvâ, 2:721.

Evlenmeden önce erkekle kızın görüşmesinin ölçüsü nedir?

Evlenmek düşüncesiyle görüşecek olan tarafların yanında mutlaka üçüncü bir şahıs hazır olmalıdır. Bu görüşmenin içine konuşma, sohbet etme, tarafların birbirlerinden talep ve isteklerini dile getirmeleri de mümkündür. Dinî müsaade bir defalık görüşme için vardır.

Sünnette bu hususta iki yol görüyoruz:

Birisi, kişinin güvendiği bir kadını evlenmek istediği bir kıza bakması için göndermesidir.

Enes bin Mâlik'in bu konuda şöyle bir rivayeti vardır:

"Resulullah (a.s.m.) Ümmü Süleym'i bakması için bir kadına göndermiş, 'ayak üstlerine bak, ağzını kokla' buyurmuşlardır."

Bu isteklerden gaye, bacaklarının düzgün olup olmaması, diğeri de ağız kokusunun olup olmadığıdır.[1]

Bu mesele iki taraflıdır, yani aynı husus kadın için de söz konusudur. Evlenecek kız da, evlenme niyetinde olduğu erkeğe birisini göndererek, aradığı özellikler neyse onu öğrenebilir.

Bu hususta İmam-ı Gazâlî Hazretleri şu tavsiyede bulunur:

"(Erkek tarafı) kadının gerek ahlâkını ve gerekse güzelliğini, ancak, doğru, basiret sahibi, iyi ve kötüyü birbirinden ayırt edebilen birisinden öğrenmelidir. Kendisiyle istişare edilen kişi, istenilen kıza fazla taraftar olmamalı ki, kızın vasıflarını olduğu gibi anlatsın.

"Aynı zamanda bu kişi kızı sevmeyen birisi de olmamalı ki, onun iyi vasıflarını gizleyip meziyetlerinden gereği gibi bahsetmemesi durumu ortaya çıkmasın. Çünkü insan tabiatı, evliliğin başlangıcında ve kendisiyle evlenilmek istenen kadınların vasfında ya ifrata veya tefrite meyledicidir.

---

1 Hâkim, el-Müstedrek, 2:166.

"Bu hususta normal hareket edip gerçeği söyleyen pek azdır. Bu sebeple, ihtiyatlı hareket etmek, hanımından başkasına gönül vermekten korkan bir mü'min için çok mühimdir."[1]

Evlenecek tarafların birbirini araştırmasının sünnetteki diğer bir şekli de doğrudan birbirlerini görmeleridir. Bunda erkek evleneceği kızın yüz ve beden güzelliğini öğrenir. Burada ancak yüzüne, ellerine ve boyuna bakabilir. Yüz güzelliğe, eller zerafete ve hayra delalet eder. Boy da uzunluk ve kısalığı hakkında kanaat verir.

Bu meselede Peygamberimizin (a.s.m.) bizzat verdiği ruhsat vardır. Ebû Humeyd'in rivayetine göre Peygamber Efendimiz (a.s.m.) şöyle buyurmuşlardır:

"Sizden biriniz bir kadınla evlenmek istediğinde ona bakmasında bir sakınca yoktur. Ancak evlenme niyetiyle bakması caizdir. Bunu baktığı kadın bilmese de hüküm değişmez."[2]

Yine bir hadis-i şeriften Peygamberimizin (a.s.m.) bu konuda nasıl yol gösterdiğini de öğreniyoruz:

"Sizden biriniz bir kadınla evlenmek istediği zaman onunla evlenmesini teşvik edici özelliklerine bakabilirse baksın."[3]

Ashaptan Muğire bin Şûbe, bir gün Peygamberimize gelerek bir kadınla evlenmek istediğini söyler.

Resul-i Ekrem Efendimiz (a.s.m.), **"Onu gördün mü?"** diye sorunca, **"Hayır"** der.

Bunun üzerine Peygamberimiz, **"Git, o kadına bak. Çünkü bakman, evlendiğinizde aranızda ülfet (uyuşma, geçim) ve sevginin devam etmesi için daha uygundur"** buyururlar.

Hz. Muğîre, Peygamberimizin (a.s.m.) dediğini yapar, daha sonra kadınla evlenir.

Hz. Muğîre, Peygamberimizin (a.s.m.) tavsiyesi üzerine yaptığı bu evlilikten mesut olduğunu ve çok iyi anlaştıklarını söylemektedir.[4]

Muhammed bin Mesleme'ye de Peygamberimiz (a.s.m.) şöyle buyurmuşlardır:

---

[1] A.g.e.
[2] Neylü'l-Evtâr, 6:110.
[3] Hâkim, el-Müstedrek, 2:165.
[4] Neseî, Nikâh: 17; İbni Mâce, Nikâh: 9.

"Allah, bir erkeğin kalbine bir kadınla evlenme isteğini attığı zaman, artık onun o kadına bakmasında hiçbir beis yoktur."[1]

Ulemâdan Âmeş ise bu hususta şöyle der:

"Hangi evlenme ki bakmaksızın ve tetkik etmeksizin olmuştur, sonu üzüntü ve sıkıntıdır."[2]

Bu hadis-i şerifler bakmanın lüzumunu, faydasını ve hikmetlerini anlatıyor. Bakma ve görüşme esnasında bazı sınırlamalar da vardır. Birincisi, görüşme yeri ile alâkalıdır. Bu meseleye şu hadis-i şerif ışık tutuyor:

"Sizden kim Allah'a ve âhiret gününe inanıyorsa, yanında mahremi olmayan bir kadınla başbaşa kalmasın. Zira bunu yaparsa üçüncüleri şeytan olacaktır."[3]

Bunun için evlenme düşüncesiyle görüşecek olan tarafların yanında mutlaka üçüncü bir şahıs hazır olmalıdır. Aksi halde "halvet" olarak tabir edilen **"baş başa yalnız kalma"** söz konusu olur ki, bu caiz değildir.

Bu görüşmenin içine konuşma, sohbet etme, tarafların birbirlerinden talep ve isteklerini dile getirmeleri de mümkündür. Çünkü gerek konuşmadaki tutukluk veya kekemelik, gerekse ses tonu; tarafların düşünce ve kültür seviyeleri daha çok konuşunca açığa çıkar.

Dinî müsaade bir defalık görüşme için vardır. Üç-beş defa görüşme hem ciddiyetten uzaktır, hem de kurulacak ailenin sağlığı açısından bir faydası yoktur.

Bu meseleye Şâfiî mezhebinin bakışı, aile kurumunun vakar ve ciddiyetini göstermesi bakımından dikkat çekicidir:

Evlenmek isteyen kişinin, istemeden önce kıza bakması gerekir. Bundan kızın ve ailesinin haberinin olmaması lâzımdır. Bu şekilde davranmak kızın ve ailesinin şerefi açısından daha uygundur. Eğer kızı beğenirse istekte bulunur, böylece kız da, ailesi de incinmemiş olur. Makul ve tecrübeye şayan olan görüş de budur. Kızın izni olsun olmasın, bakmanın caiz olduğunu gösteren hadis-i şerifler de bu görüşü teyid etmektedir.[4]

---

1 İbni Mâce, Nikâh: 9.

2 İhya, 2:40.

3 Buharî, Nikâh: 111.

4 İslâm Fıkhı Ansiklopedisi, 9:24.

Nikâha kadar bundan sonraki görüşmelerde, herhangi yabancı bir kadına bakmada olduğu gibi, şehevî bir duygu taşımamak kaydıyla bakmakta bir sakınca olmadığı açıktır.

Zorla evlilik ne kadar geçerli olur?

Kız veya erkek, ölüm, şiddetli dayak veya uzun müddet hapis tehdidiyle nikâha zorlanırlarsa, yapılan evlenme akdi geçersiz olur. Zorlama, rızayı ortadan kaldırdığından evlilik sahih olmaz.

İmam Neseî'nin rivayet ettiği şu hadis-i şerif bu meseleye çok güzel bir ışık tutmaktadır:

Ensar'dan Hidame'nin kızı Hansa, Hz. Âişe'nin huzuruna girer ve şu şikâyette bulunur:

"Babam itibarını artırmak için beni kardeşinin oğlu ile evlendirdi. Ben ise istemiyorum."

Hazret-i Âişe, **"Resulullah (a.s.m.) gelinceye kadar bekle"** diye oturtur.

Resulullah (a.s.m.) teşrif edince, Hz. Âişe durumu ona anlatır. Resulullah (a.s.m.) hemen kızın babasını çağırtır ve evlenme yetkisini kıza verir.

Bunun üzerine Hansâ Resulullah'a (a.s.m.) şöyle der:

"Yâ Resulallah! Ben babamın yaptığı bu nikâhı kabul ediyorum, ancak babaların, kızlarına evlilikte böyle yetkisinin olmadığını bildirmek istedim."[1]

Burada babaların yetkisinin alınmasından maksadın, kızlarını zorla evlendiremeyeceklerini anlıyoruz.

Yukarıdaki her iki hadis de, kızın rızasının evliliğin sahih olmasının şartlarından birisi olduğunu göstermektedir. Zorlama, rızayı ortadan kaldırdığından evlilik sahih olmamaktadır.

---

1 Neseî, Nikâh: 36.

Peygamberimiz (a.s.m.) hangi evliliğe engel oldu?

Hadise Hicretten sonra meydana gelmişti. Ebû Cehil'in kabilesinden bazı kimseler Peygamberimize (a.s.m.) müracaat ederek, kızlarını Hz. Ali'ye nikâhlamak istediklerini bildirdiler.

Bunun üzerine, ileride duyulduğu zaman herhangi bir dedikoduya meydan verilmemesi için Peygamberimiz (a.s.m.) Mescid-i Şerifin minberine çıktı ve durumu sahabilerine anlattı:

"Gerçek şu ki, Hişam bin Muğire oğulları kızlarını Ali bin Ebî Talib'e nikâhlamak için benden izin istediler. Ben onlara izin vermiyorum. Sonra yine ben onlara izin vermiyorum. Sonra yine ben onlara izin vermiyorum.

"Meğer ki, Ebû Talib'in oğlu benim kızımı boşayıp onların kızını almak isteye. Çünkü kızım Fâtıma benden bir parçadır. Onu şüpheye düşüren beni de şüpheye düşürür. Ona eziyet veren şey bana da eziyet verir.

"Ben ancak ve ancak onu belâya sokmalarından endişe ediyorum. Ben ne helâli haram kılarım, ne de haramı helâl. Vallahi, Resulullah'ın kızı ile Allah düşmanının kızı bir adamın yanında ebediyen bir araya gelemez."[1]

Evet, Peygamber Efendimizin de açıkça ifade buyurduğu gibi, Peygamberimizin (a.s.m.) bu evliliğe razı olmayışının iki mühim sebebi vardı:

Birisi ve en önemlisi, İki Cihan Güneşinin bahtiyar kızı ile Ebû Cehil gibi bir Allah ve Peygamber düşmanının kızının bir araya gelmesinin mümkün olmadığıdır. Çünkü böyle bir evlilikte Hz. Fâtıma'nın rahatsız olacağı, sıkıntı çekeceği, eziyet göreceği kaçınılmazdır. Hz. Fâtıma'ya verilen eziyet aynı şekilde Peygamberimize verilmiş olur ki; bu hem haramdır, hem de eziyet verenin helâkine sebep olur.

İşte Peygamberimiz Hz. Ali ile Hz. Fâtıma'ya duyduğu sonsuz şefkatten dolayı böyle bir nikâhı istememiştir.

İkinci sebep de, kıskançlıktan dolayı bir geçimsizliğin, bir fitnenin meydana gelmesidir.

1 Müslim, Fedailü's-Sahabe: 93-96; el-Fethu'r-Rabbânî (Müsned Şerhi), 22:94.

Hz. Fâtıma validemiz her ne kadar çok üstün meziyetlere sahip olsa da, her kadın gibi kıskançlık duygusu taşıyan bir insandır.

İşte Peygamberimiz, Hz. Fâtıma'nın kıskançlık göstererek başına bir fitnenin geleceğini bildiği için bu evliliğe razı olmamıştır.

Diğer taraftan Peygamber Efendimiz, Ebû Cehil'in kızı ile Hz. Fâtıma'nın bir nikâh altında bulunmasını haram kılıyor değildi. Allah'ın lütfu ve bildirmesiyle bunların geçinemeyeceklerini bilmiş, bunun için uygun bulmamıştır.

Bu meseleyi başka türlü anlamaya, bir mü'mine yakışmayacak şekilde yanlış yorumlama yoluna gitmemelidir. Çünkü Peygamberimiz (a.s.m.) her meselede Allah'ın rızasını esas alıyor ve o istikamette hareket ediyordu.

"Kapanmama karşı olan kişiyle evlenebilir miyim?"

Bu konuya ileri görüşlülükle bakmakta yarar var. Bugün sizin başınızı açmanızı isteyen kişi, yarın namazınıza karışır, ileriki günlerde İslâmdan kaynaklanan edep ve ahlâkınıza müdahale eder. Bunun biraz daha ilerisi helâl-haram tanımamak, kârla faizi ayırt etmemek gibi önü alınmaz yanlışlıklara doğru sürüklenir gider.

Bu meselede bir ölçü olması bakımından şu ifadeleri bir gözden geçirelim: "Şer'an (dinen), koca, karıya küfüv olmalı, yani birbirine münasip olmalı. Bu küfüv ve denk olmak, en mühimmi diyanet (dindarlık) noktasındadır.

"Ne mutlu o kocaya ki, kadınının diyanetine (dindarlığına) bakıp taklit eder, refikasını (hanımını) hayat-ı ebediyede (sonsuz hayatta) kaybetmemek için mütedeyyin (dindar) olur.

"Bahtiyardır o kadın ki, kocasının diyanetine bakıp, ebedî arkadaşımı kaybetmeyeyim diye takvaya girer.

"Veyl (yazıklar olsun) o erkeğe ki, sâliha kadınını ebedî kaybettirecek olan sefâhete girer.

"Ne bedbahttır o kadın ki, müttaki (takva sahibi) kocasını taklit etmez, o mübarek ebedî arkadaşını kaybeder.

"Binler veyl o iki bedbaht zevc ve zevceye ki, birbirinin fıskını (fasıklığını) ve sefâhetini taklit ediyorlar, birbirine ateşe atılmasında yardım ediyorlar."[1]

Bu ifadelerden başlıca iki ölçü alıyoruz: **Birincisi eşlerin birbirlerine dindarlıkta denk olmalarıdır.** Yani İslâma bakışlarında, dinî uygulamalarında ve ibadet hayatlarında ortak görüş, müşterek kanaat ve aynı düşüncede olmaları başta gelmektedir.

Diğeri de, dinî hayatı yaşamalarında birbirlerine destek olmalılar. Dinî bilgi ve kültürlerini tamamlayıcı, eksiklerini ve noksanlıklarını giderici bir çaba ve gayret içinde olmalılar.

Bunun aksine günaha girmekte, sefahet ve gayr-ı ahlâkî davranışlara dalmakta birbirlerini teşvik ederlerse hem dünyada, hem de âhirette birbirlerinin kuyularını kazmış, felâketlerini hızlandırmış ve yekdiğerlerini ateşe atmış olurlar.

Eğer baştan bu mesele sıkı tutulmaz, ciddiye alınmaz ve prensipler işletilmezse, sandalın küreğini akışın seyrine bırakmak olur ki, bu imanlı bir insanın yapacağı bir iş değildir.

Yani bugün sizin başınızı açmanızı isteyen kişi, yarın namazınıza karışır, ileriki günlerde İslâmdan kaynaklanan edep ve ahlâkınıza müdahale eder. Bunun biraz daha ilerisi helâl-haram tanımamak, kârla faizi ayırt etmemek gibi önü alınmaz yanlışlıklara doğru sürüklenir gider.

Sizin kapanmanıza karşı olan kişi sadece o örtüye karşı değildir; örtüyü emreden dine de, Kur'ân'a ve diğer mukaddeslere de karşıdır veya mukaddeslere önem vermeyen bir yapı içindedir. Bunun için önce görüş, düşünce, anlayış, bakış açısı ve inançta birleşin, ondan sonra ortak bir hayata adım atın.

1 Lem'alar, s. 188.

Aksi halde ayrı dünyaların insanı olarak yaşama gibi bir sıkıntıyı baştan kabul etmiş olursunuz ki, bu hayatın bazen bir saati bir sene gibi çekilmez bir azap haline döner.

Böyle bir tercihle karşı karşıya olanlar, henüz vakit erkenken, iradelerini kullanma imkânları varken şu âyeti hayatlarında uygulamaya çalışmalılar:

"Kötü kadınlar kötü erkekler için, kötü erkekler de kötü kadınlar içindir. Temiz kadınlar temiz erkekler için, temiz erkekler de temiz kadınlar içindir."[1]

Örtüneceğine söz veren kızla evlenmek doğru mu?

Geçerli bir mazereti olmadığı halde "Evlendikten sonra örtüneceğim" diyen ve tesettürü "olsa da olur, olmasa da olur" gibi bir yaklaşımla değerlendiren bir insanla müşterek bir hayata "evet" demek, beraberinde birtakım geçim riskleri getirecektir. Böyle bir teşebbüste bulunmamak en güzelidir

Burada unutulmaması gereken bir nokta vardır: Bazen problemleri zamana havale edersiniz, tedrici olarak, yani üstüne fazla gitmeden yavaş yavaş kendi seyrinde ve olgunluğunda çözümlenmesini beklersiniz.

Bazı problemler de vardır ki, zamana havale etmek çare olmaz, teşhisini yapar yapmaz çözümü için belli prensipleri çalıştırmak gerekir. İşte sualde geçen mesele bu ikinci sınıf probleme girmektedir. Şöyle ki:

Böyle bir hanım ya çalışıyordur, işi gereği hemen tesettüre girmesi mümkün gözükmemektedir. Evlenince işten ayrılacaktır, böylece örtünmeyi engelleyen durum ortadan kalkacak ve örtünecektir.

[1] Nur Sûresi, 26.

Veya çevresi, ailevî durumu itibariyle birtakım engelleri tek başına aşamamakta, mücadelede yeterli performansı gösterememektedir; netice itibariyle bir türlü arzu ettiği kıyafete girememektedir.

Bu iki halin dışında bir başka hal daha vardır: **İleride, evlendikten sonra tesettüre gireceğini, sizin istediğiniz gibi giyinip kuşanacağına söz veren kişi, bir kere bu konuda sizin kadar hassas ve bilinçli değildir. Tesettürü, "olsa da olur, olmasa da olur" gibi bir yaklaşımla yanlış bir değerlendirmeye tabi tutmaktadır.**

Birinci ve ikinci durum zaten açıktır, bu konuda prensip anlaşmasına vardıktan sonra ilk adımı atabilirsiniz, ama her ihtimale karşı yine de açık bir kapı bırakmak gerekir.

Üçüncü durum ise pek inandırıcı gözükmemektedir. Meseleyi hem "sallantıya" bırakmakta, hem de bir hanımın hayatında bu konunun önemli bir değer taşımadığı kanaatindedir. Böyle bir insanla müşterek bir hayata "evet" demek beraberinde birtakım geçim riskleri getireceğinden teşebbüs etmemek en güzelidir. **Çünkü evlilikte en başta gelen husus, inanç ve düşüncede birlik ve ortaklıktır.** Diğer şartlar zamana bırakılabilir.

Nişanlısı namaz kılmıyorsa kız ne yapabilir?

Damat adayında aranan en önemli şartlardan biri de dinî görevlerini yerine getiren, ahlâksızlık, haram ve sefahet gibi gayr-ı meşrû yol ve alışkanlıktan uzak yaşamış olmasıdır. Hadis-i şerifte, kızın fasık kimseye verilmemesi tavsiye edilmektedir. Namaz kılmama ise bir "fısk" alâmetidir.

Evlenmek için tâlip olunacak kızda birtakım şartlar aranması gerektiği gibi, erkekte de bazı şartların bulunması gerekir. Çünkü evlilik tek taraflı kurulan bir beraberlik değildir. Birbiriyle uyuşabilecek, anlaşabilecek erkekle-kızın yapacağı anlaşma ve hayat ortaklığıdır.

İmam-ı Gazâlî Hazretleri bu hususta özetle şu bilgileri verir:

Erkekte de aranacak vasıf ve hasletler vardır. Bunun için veliye düşen vazife, kızını vereceği adamın ahlâkını araştırmasıdır. Kılık ve kıyafeti, ahlâkı, dini bozuk olup aile hukukuna riayet etmeyen veya dengi olmayan bir erkeğe kız vermemelidir.

Nitekim Resul-i Ekrem (a.s.m.) Efendimiz, "Nikâh bir çeşit cariyeliktir. Kişi kızını kime teslim ettiğine bakmalıdır"[1] buyurmuşlardır.

Kız hakkında uyanık olmak ve tedbirli hareket etmek daha önemlidir. Çünkü tamamen erkeğin eline teslim ediliyor. Erkek ise dilediği anda kadını boşayabilir. Zalim, fâsık, bid'at sahibi, içkici ve kumarcı bir kimseye kızını veren, kızına hıyanet ve dinine ihanet ettiği ve mahremlik hakkını yerine getirmediği için Allah'ın gazabına uğrar.

Adamın biri Hasan-ı Basrî'ye, "Kızımı isteyenler çok, hangisine vereceğimi bilemiyorum" deyince, Hasan-ı Basrî, "Allah'tan korkana ver, severse iyi; sevmezse Allah'tan korktuğu için ona zulmetmez" demiştir.

Resul-i Ekrem (a.s.m.) Efendimiz de, "Kızını fasık kimseye veren, onunla ilgisini kesmiş ve onu ateşe atmıştır" buyurmuştur.[2]

Bu nakil de açıkça göstermektedir ki, damat adayında aranan en önemli şartlardan biri de dinî görevlerini yerine getiren, ahlâksızlık, haram ve sefahet gibi gayr-ı meşrû yol ve alışkanlıktan uzak yaşamış olmasıdır.

Hadis-i şerifte, kızın fasık kimseye verilmemesi tavsiye edilmektedir. Namaz kılmama ise bir "fısk" alâmetidir. Çünkü imandan sonra gelen en önemli gerçek namazdır. Hiçbir mazereti olmadan namaz kılmayan kimse kulluk görevini yapmıyor demektir.

Yaratıcısına karşı kulluk görevini yapmayan insanın, diğer dinî ve ahlâkî meselelerde de ihmalkâr olacağı şüphesizdir. Bunun için hiç namaz kılmaması veya "daha sonra namaz kılarım" şeklindeki ifadeleri pek ciddiye almamak gerekir. Evlilik kurumunu böyle ciddiyetsiz ve mesnetsiz sözler üzerine kurmamalıdır.

Bu hususta çevrenize şöyle baksanız, namaz kılacağını söz verdiği halde, daha sonra bu sözü yerine getirmeyen çok örneklerle karşılaşacaksınız.

---

1 İhyau Ulûmuddin Terc., 2:108.

2 İhyâu Ulûmiddin Terc., 2:108.

"Dua ile evleneceğim kişiyi değiştirebilir miyim?"

Diyelim ki, nişanlınızın veya beyinizin dinî yaşantısında birtakım hatalar ve eksiklikler var. Namaz kılmıyor, içki içiyor, kumar oynuyor, yuvasına ihmalkâr davranıyorsa; onun bu mânevî musibetten kurtulması için dua edersiniz; inşaallah ihlâslı duanız onu bu halden kurtarır.

İnsan kaderini bilmediğine göre, mubah ve meşru olan her şeyi ister. Bizi bizden daha iyi bilen, bizi bizden daha çok düşünen, kaderimizi, geçmişimizi, geleceğimizi, her şeyimizi bilen, bizim için hayırlı olanı bizden daha güzel takdir eden Cenâb-ı Hak, arzu ettiğimiz, istediğimiz şeylerin en iyisini, en güzelini, en faydalısını bize verecektir.

Biz hastayız, muhtacız, bizi yoktan var eden Yüce Allah, hastanın derdini bilen doktor misali bizim istek ve arzularımızı ihtiyacımıza göre verir.

Bazen zenginlik isteyenimiz olur, Cenâb-ı Hak onun varlık sebebiyle azacağını bildiği için vermez, fakat ona sağlam bir iman, ailevî bir huzur, sağlıklı bir vücut verir; birçok musibet ve belâlardan muhafaza eder. Demek ki, duaya cevap verilmiş, fakat en layık olanı ihsan edilmiştir.

Dua kaderi nasıl değiştirir? Bu hususta Sevgili Peygamberimiz (a.s.m.) şöyle buyururlar:

"Kaderi ancak dua geri çevirir. Ömrü ancak iyilikler arttırır. Kişi ancak işlemiş olduğu günah sebebiyle rızıktan mahrum kalır."

Bir başka hadiste ise aynı mesele şöyle ifade edilir:

"İhtiyat ve dikkat etmek Allah'ın takdir ettiği şeye fayda vermez. Ancak dua, inen ve inmeyen musibetlere fayda verir. Belâ iner, fakat onu dua karşılar ve kıyamete kadar ona karşı durur."[1]

1 et-Tergîb ve't-Terhîb, 2:481-482.

Duanın kaderi değiştirmesi, diğer bir ifade ile çevirmesi şöyle açıklanmaktadır:

Burada değişen kader değil, kazadır. Kader bir şey hakkında verilen karar, kaza da o şeyin uygulanmasıdır. Yani bir insan içten, samimi olarak bir dua eder, Cenâb-ı Hak mükâfat olarak o kimsenin başına gelebilecek bir belâyı kaldırır. Burada değişen kader değil, kaderin uygulamadan geri çevrilmesidir.

Meseleyi sizin sorunuza getirecek olursak şunlar söylenebilir:

Diyelim ki, nişanlınızın veya beyinizin dinî yaşantısında birtakım hatalar ve eksiklikler var. Namaz kılmıyor, içki içiyor, kumar oynuyor, evine yuvasına ihmalkâr davranıyorsa; onun bu mânevî musibetten kurtulması için dua edersiniz; inşaallah ihlâslı duanız onu bu halden kurtarır.

Bu arada fiilî dua dediğimiz, bizzat ilgilenme, konuşma, dilinizin döndüğü kadarıyla anlatmayı da ihmal etmezsiniz. Bu arada anlattıklarınızı, onda görmek istediklerinizi de kendiniz bizzat uygular, yaşarsınız; halinizle, davranışlarınızla ona örnek olursunuz. İmrenilecek, taklit edilecek bir tavır sergilersiniz.

Evliliği engelleyen durumlar nelerdir? (Hurmet-i Müsahare)

Evliliğe mâni haller, insanın annesi, kızı, halası, teyzesi gibi yakın akrabalar; emişme yoluyla meydana gelen yakınlıktır. Bir de evliliklerden sonra meydana gelen akrabalıktır ki, buna "sıhriyet, müsaheret" denmiştir. Yâni, akrabalığa benzeyen bir yakınlık, bir vasıftır.

Biraz mahrem olan, fakat bilinmesi gereken bu husustaki dinî bazı bilgileri hatırlattıktan sonra asıl konuya geçelim.

Bilindiği gibi, evliliğe mâni haller, insanın annesi, kızı, halası, teyzesi gibi yakın akrabalar; emişme yoluyla meydana gelen yakınlıktır. Bir de evliliklerden sonra meydana gelen akrabalıktır ki, bu-

na "sıhriyet, müsaheret" denmiştir. Yâni, akrabalığa benzeyen bir yakınlık, bir vasıftır.

Esas itibariyle sıhriyet yoluyla meydana gelen haramlık şu dört sınıfta toplanır:

1. Baba ve dedelerin hanımları olan üvey anne ve üvey nineler.
2. Çocuk ve torunların hanımları olan gelinler.
3. Hanımın anne-babaları olan kayınvalide-kayınpederler.
4. Üvey kızlar.

Bir insan bu sınıfa girenlerle hiçbir şekilde evlenemez.

Müsaheret yoluyla haramlık, diğer bir ifâdeyle hurmet-i müsahere sahih akid denilen meşru nikah yoluyla olduğu gibi, mut'a nikâhı gibi fasit akidle ve zinâ yoluyla da sabit olur. Bu haramlık aynı zamanda dokunma ve bakma yoluyla da meydana gelir.

Bu mesele Hanefî mezhebine göre şöyledir:

Zinâ yoluyla meydana gelen haramlık: Bir insan bir kadınla zinâda bulunursa, artık o insan o kadının kızları, torunları ve annesiyle evlenemez.

Dokunma yoluyla haramlık: Şu şartların bir arada bulunmasıyla meydana gelir:

1. Erkek kadının bedeninin herhangi bir yerine dokunduğunda dokunulan yerde elbise olmamalı, çıplak ten olmalı.
2. Kadının üzerinde elbise bulunuyor, fakat dokunduğunda vücudun sıcaklığını hissediyorsa, elbise ince olduğu için sıcaklığına mâni olmuyorsa.
3. Dokunma kadının saçına olmuşsa, bu dokunma sarkan saça değil de başın üzerindeki saça olmuşsa.
4. Dokunmada şehevî hissin bulunması. Bu, erkekte âletinin hareketi, dikleşmesi; kadında ise kalbinin hareketi ve lezzet duymasıdır.
5. Alınan lezzetin dokunmaya yakın olması. Dokunduktan sonra lezzet alıyor, şehevî hissi uyanıyorsa; bu, haramlığa sebep olmaz.
6. Dokunulan kadının dokuz yaşından aşağı olmaması.

Bütün bu şart ve haller bir arada bulunursa haramlık sâbit olur, aksi takdirde birinin olmamasıyla hurmet-i müsahere gerçekleşmez.

Bakma yoluyla haramlık: Bunun meydana gelmesi için şu şartların bulunması lâzımdır:

1. Erkek, kadının tenâsül uzvunun dâhiline bakmış olması. Dış kısmına bakmasıyla haramlık sabit olmaz. Kadın da erkeğin tenasül uzvuna bakmasıyla haramlık meydana gelir. Fakat, gerek kadının, gerekse erkeğin birbirlerinin bedenlerinin diğer kısımlarına bakmalarıyla haramlık sabit olmaz.

2. Gerek erkekte, gerekse kadında bakarken şehevî bir his bulunması –dokunmada olduğu gibi– şehevî hisse işaret olan hallerin mevcut olması gerekir.

3. Birbirlerinin aynaya veya suya yansımış, aksetmiş olan uzuvlarının görüntüsüne bakmamış olması. Çünkü, aynadaki veya sudaki görüntüler hakiki olmadıkları için haramlığa sebep olmaz. Fotoğraf ve filmdeki görüntüler de bu şekildedir.

4. Şehevî lezzetin bakıldığı anda duyulmuş olması, baktıktan sonra meydana gelmiş olmamasıdır.

Hurmet-i müsahere, kişinin kayınvalidesine yukarıdaki şartların bir arada bulunması halinde dokunduğu veya baktığı hallerde de meydana gelir. Yâni, Hanefî mezhebine göre, bu durumda insanın hanımı kendisine ebedî olarak haram olur.

Aynı şekilde bir insanın kadınlık vasfına hâiz olmuş olan kızına bu şartların mevcut olmasıyla baktığında veya dokunduğunda yine hanımı kendisine ebedî olarak haram olur.

Bu bakma veya dokunmanın kasten, bilerek olmasıyla unutarak, yanlışlıkla, zorlama ve uyurken olması arasında bir fark yoktur.

Yine bu hususta ayık ile sarhoş, büluğ çağına ermiş olanla, mürahik, büluğ çağına gelmiş olan ve akıllı ile deli arasında da bir fark bulunmamaktadır. Ayrıca haramlığı meydana getirecek şartların, yâni şehevî duygu ve belirtinin sadece bir tarafta bulunması kâfidir. Her iki tarafta bulunmasına lüzum kalmaz.

Yalnız bu meseleler Hanefî mezhebine göredir. Hanbelî mezhebine göre sadece "birleşme" hurmet-i müsahereyi gerektirirken; Şâfiî mezhebine göre zinâ, dokunmak veya bakmakla hiçbir şekilde hurmet-i müsahere gerçekleşmez. Mâlikî'ye göre ise, ancak şehvetle elini, yüzünü öpmesi halinde haramlık sâbit olur.[1]

Bu meselede gerektiğinde bu mezhepler de taklit edilebilir. O görüşlerden istifâde edilebilir.

---

1 el-Mezâhibü'l-Erbaa, 4:63-68; Hukuk-u İslâmiyye ve Istılâhat-ı Fıkhiyye Kamusu, 2:92-96; İbni Âbidin. Reddü'l-Muhtar, 2:278-248.

MEHİR VE BAŞLIK PARASI

Mehir evliliğin şartı mıdır?

İslâm hukukuna göre, bir Müslüman erkekle evlenen kadın, mehir adı altında bir mal alma hakkına sâhip olur. Nikâh kıyılırken mehirin zikredilmesi tavsiye edilmektedir. Ancak nikâh esnâsında mehir zikredilsin veya edilmesin, hattâ yok sayılıp inkâr edilse bile, kadın mehir almaya hak kazanır. Yâni, mehir kadının en doğal hakkıdır.

Evlilik bir sözleşme, karı ile koca arasında yapılan maddî ve mânevî bir anlaşmadır. Bu beraberliği devam ettiren birinci unsur, daha çok tarafların birbirlerini ebedî hayat arkadaşı olarak görmeleri ve bu anlayış içinde kutsal olan bu kurumu yaşatmalarıdır.

Bunun yanında yüce dinimiz bu kurumun yaşaması için birtakım yaptırım ve bağlayıcı hususlar getirmiştir. İşte bunlardan birisi mehirdir.

Fıkhen nikâhın devam ve sebatı "mehirin vücubu"na bağlıdır. Çünkü, mehiri daha sonra ödemek için söz vermiş olan erkek, ailede bir geçimsizlik baş gösterince böyle bir yaptırımı aklına getirerek "boşanma" gibi yuvayı yıkacak şeye teşebbüse cesaret edemez.

İslâm hukukuna göre, bir Müslüman erkekle evlenen kadın, mehir adı altında bir mal alma hakkına sâhip olur. Nikâh kıyılırken mehirin zikredilmesi tavsiye edilmektedir.

Ancak nikâh esnâsında mehir zikredilsin edilmesin, hattâ yok sayılıp inkâr edilse bile, kadın mehir almaya hak kazanır. Yâni, mehir kadının en doğal hakkıdır. Bu aynı zamanda İlâhî bir haktır.

Sonradan kadın, erkeğin vermek için söz verdiği mehiri kocasına bağışlayabilir. Kadın gönül rızâsı ile hibe etmediği takdirde bu hak devam eder.

Nisâ Sûresinin 4. âyet-i kerimesinde bu husus meâlen şöyle ifade buyurulur:

"Kadınların mehirlerini gönül hoşluğu ile verin. Eğer kendi istekleriyle bir kısmını size bağışlarlarsa onu da âfiyetle yeyin."

Evlilik işlemleri tamamlanıp, damat ile gelin karı koca olur ve bir odada birlikte bulunmak gibi cinsel bir temas olmasa bile "halvet" meydana gelirse, erkek mehir vermek mecburiyetinde kalır. Ve bu mehiri vermek erkeğe vâcip olur.

Mehir daha çok iki tarafın karşılıklı rızâlarıyla tespit edilip edilmemesi itibâriyle **mehr-i müsemma** ve **mehr-i misil** olarak iki kısma ayrılır.

Konuşulup kararlaştırılan mehir (mehr-i müsemma) muaccel (peşin) ve müeccel (veresiye) olmak üzere iki şekilde mütâlaa edilir.

Nikâh akdi yapılırken veya birkaç gün içinde verilen mehire muaccel (peşin) adı verilir.

Daha sonra vermek üzere söz verilen mehire de müeccel (veresiye) mehir denir. Her iki çeşit mehirin bir kısmı peşin verilerek bir kısmı da sonraya bırakılabilir.

Müeccel mehir için bir tarih verilmişse, vaktin girmesinden sonra kadın mehiri hak eder, verilmesi gerekir. Hattâ verilen süre bitmeden erkek ölse bile, kadına vaad edilen, mehir borç para gibi erkeğin geriye kalan mal varlığından ayrılarak verilmesi gerekir.

Müeccel olan mehirde bir müddet belirlenmemişse boşanma veya vefat haline kadar ertelenmiş sayılır. Boşanma yahut vefat vuku bulursa ödenmesi gerekir. Kocanın veya vârislerinin söz verilen meblağı ödemesi vaciptir, bunu ödemekle yükümlüdürler.

Bir de mehr-i misil vardır ki, bu da başta mehir tayin edilmese, tâbiî olarak kadın yaş, ahlâk, güzellik, mal gibi evsaflarda benzeri olan kadınlar göz önüne alınarak tespit edilen bir mehir esas alınır. Kararlaştırılan miktar peşin olarak veya daha sonra ödenir.

Kıza ne kadar mehir verilmelidir?

Peygamberimiz "Nikâhın en hayırlısı en kolay olanıdır" buyurarak, nikâhta herkesin kaldırabileceği ve kolayına gelen kadar bir masrafa girmesini tavsiye etmişlerdir. Nikâh işlemini kolaylaştırıp gençlerin meşru olmayan yollara düşmelerine set çekilmesini isteyen Peygamberimiz, hiç parası olmayan, mâlî durumu pek zayıf bulunan sahabileri de yuva sahibi yapmıştır.

Evliliğin ilerleyen seneleri içinde ortaya çıkan meselelerden birisi de, kız için mehir konuşulurken erkek tarafının bir araya getirmekte güçlük çekeceği külliyetli bir paranın talep edilmesidir. Veya hediye ve ev eşyası alınırken kız veya erkek tarafın bütçesini zorlayan nisbet ve kalitede eşya istenmesidir.

Bu durum karşısında taraflar imkân ve mâlî kaynaklarını zorlayarak, gerektiğinde borç altına girerek istenileni yapmakta ve tedarik etmektedir.

Her ne kadar ilk başta mesele çözülmüş, istekler yerine getirilmiş olsa da, ya anne-babanın üzerine veya eşlerin payına büyük bir külfet ve ağır bir yük gibi miras kalmış olacaktır.

Bazen bu borç ödeme müddeti seneleri bile aşmaktadır. Böylece genç evlilerin gamsız tasasız geçmesi gereken ilk yılları taksit veya borç ödeme sıkıntısıyla geçmiş olacaktır.

Her meselede olduğu gibi, bu hususta da bize en sâlim ve mâkul yolu gösteren Peygamberimiz (a.s.m.) **"Nikâhın en hayırlısı en kolay olanıdır"**[1] buyurarak, nikâhta herkesin kaldırabileceği ve kolayına gelen kadar bir masrafa girmesini tavsiye etmişlerdir.

Kadının bir hakkı olarak erkek tarafından verilmesi gereken mehirin miktar ve ölçüsü de yine sünnette mevcuttur. Bu husus gerek Peygamberimizin (a.s.m.) kendi uygulamasında, gerekse seçkin sahabilerine gösterdiği örneklerde ayan beyan görülmektedir.

1 Ebu Davud, Nikâh: 31.

Peygamberimizin (a.s.m.) Hz. Âişe'ye verdiği mehir 500 dirhem (1500 gram) gümüş iken[1], Hz. Fâtıma için Hz. Ali'den istediği mehir bedeli de sadece bir zırhtı. Yine Hz. Fâtıma'nın çeyizi ve ev eşyası zarurî olarak evde bulunması gereken birkaç parça eşyadan ibaretti.

Nikâh işlemini kolaylaştırıp gençlerin meşru olmayan yollara düşmelerine set çekilmesini isteyen Peygamberimiz, hiç parası olmayan, mâlî durumu pek zayıf bulunan sahabileri de yuva sahibi yapmıştır. Nitekim bir seferinde evlenmek isteyen bir sahabiye "Demirden bir yüzük bile olsa kadına mehir olarak ver" buyurur.

Sonra o zât Peygamberimize, **"Demirden bir yüzüğüm de yoktur"** deyince, Resul-i Ekrem Efendimiz (a.s.m.), **"Kur'ân'dan ezberindeki sûreleri kadına öğretmen şartıyla seni onunla evlendirdim"** buyururlar.[2]

Mehir ve kız için verilen bütün hediyeler kızın kendi malıdır. İzni ve rızası olmadan, babası dahil, hiç kimse sahiplenemez, harcayamaz. Bu hususta hadis çok açıktır:

"Nikâh akdinden önce verilmiş olan mehir, hediye ve hibe kadınındır. Ve nikâh akdinden sonra verilmiş olan mal kime verilmiş veya hediye edilmiş ise onadır."[3]

Mehirin ölçüsü ne kadardır?

Mehirin en az miktarı 10 dirhem (34 gram) gümüştür. En çoğunun ise belli bir miktarı yoktur. Erkeğin mâlî gücüne, bölgenin örf ve âdetine göre değişiklik arz eder.[4]

Meselâ, Ümmü Habibe Habeşistan'a hicret eden kafilenin arasındaydı. Kocası orada vefat etti. Habeş kralı Necaşi, Ümmü Habibe validemizi Peygamberimize (a.s.m.) nikâhladı ve mehir olarak da 4000 dirhem (12.800 gram) gümüş verdi.

O devirde beş dirheme bir koyun satın alınabiliyordu. Ancak bilindiği gibi, bu mehir parasını Necaşi kendisi vermiştir.

1 Ebû Dâvud, Nikâh: 29.

2 Müslim, Nikâh: 76.

3 A.g.e., Nikâh: 41.

4 el-İhtiyar, 1:163.

Mehirle "başlık parası" aynı şey midir?

İslâm hukukunda "başlık parası" değil, mehir vardır. Bazıları mehirle başlık parasını karıştırır. Halbuki arada en küçük bir bağlantı yoktur. Aşırı derecede bir mehir veya mehir adı altında "başlık" hiçbir şekilde hoş karşılanmayan bir Cahiliye âdetir.

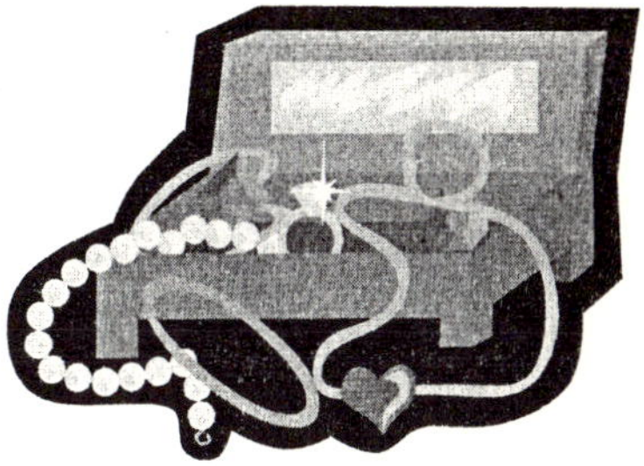

Mehir doğrudan kıza, erkeğin bir hediyesi olarak verilirken, başlıkta kızın babasının, kızına karşılık kendi hesabına istediği bir para söz konusudur.

Damat adayından istenen bu para evliliği maddî bir pazarlık konusu haline getirmektedir.

Âdeta kızın "satılığa çıkarılması" gibi insan onuruna yakışmayan bir neticeyi beraberinde getiren başlık parası, hem insanî anlayış ve değerlere, hem de İslâma ters düşer.

Bazıları bu parayı tamamen kızın ihtiyaçları için ve kızlarına vermek üzere aldıklarını söylese de, evlilikte böyle bir pazarlığa girilmesi hiç uygun bir davranış değildir.

Mehir, çeyiz ve ev eşyası meselesinde sünnete uygun olan ve çevrenin normal âdetine muvafık bulunan hususları da dikkate almak gerekir.

İslâm hukukunda "başlık parası" değil, mehir vardır. Bazıları mehirle başlık parasını karıştırır. Halbuki arada en küçük bir bağlantı yoktur.

Aşırı derecede bir mehir veya mehir adı altında "başlık" hiçbir şekilde hoş karşılanmayan bir Cahiliye âdetinden başka bir şey değildir.

Mehir ne kadar fazla olursa o kadar iyi mi olur?

Bu meseleyi Hz. Ömer'in (r.a.) bir hitabesiyle cevaplayalım. İnsanların aşırı derecede mehir istemeleri üzerine Hz. Ömer şu hitabede bulundu:

"Ey mü'minler! Kadınların mehirini çoğaltmak hususunda aşırı gitmeyiniz. Çünkü bunda aşırı gitmek, eğer dünya hayatında övünülecek bir şey veya Allah katında bir takva olmuş olsaydı, buna en çok hakkı ve liyakatı olanınız Muhammed (s.a.v.) olacaktı. Halbuki o hanımlarından hiçbir kadının mehirini on iki ukiyyeden (500 dirhem) fazla yapmamış ve onun kızlarından hiçbirinin mehiri de on iki ukiyyeden fazla yapılmamıştır."[1]

Kadın mehirini kocasına bağışlayabilir mi?

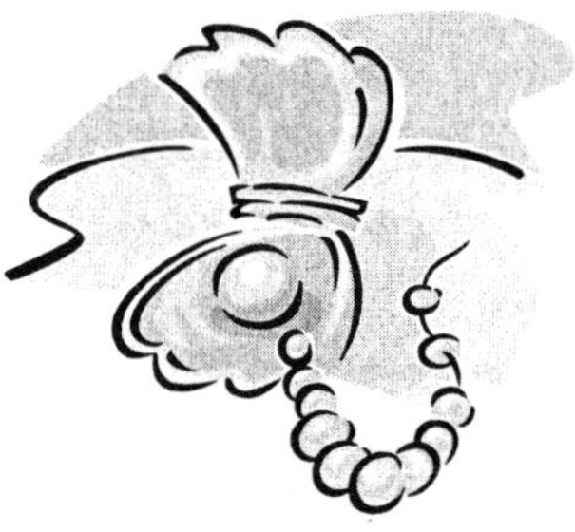

Mehir, evlenen kadının kocasından alacağı hakkıdır. Bu alacağını baştan istemeyeceği gibi, evlendikten sonra da kocasına hibe edebilir, yani alacağı mehirden vazgeçebilir. Kadın mehirini baştan bağışlayabileceği gibi, aldıktan sonra da bağışlayabilir.

Hukuk-u İslâmiye ve *Istılâhât-ı Fıkhiyye Kamusu*'nda bu mesele hakkında özetle şöyle denir:

Ergenlik yaşına gelmiş, aklı başında bir kadın mehirini kocasına veya öldükten sonra mirasçılarına kalmak kaydıyla bağışlayabilir. Böyle bir hanımla zifaf olsun olmasın aynıdır. Bu konuda kadının velilerinin, yakın akrabalarının hiçbirinin itiraza yetkisi yoktur.

---

1 İbni Mâce, Nikâh: 17.

Bu mesele diğer mezheplere göre de esas olarak aynı şekildedir.

Bu hüküm mehirin tamamı için söz konusudur. Bir de mehirin yarısının hak edilmesi ve bağışlanması vardır. Hem yukarıdaki hükmün, hem de bu hükmün esaslarını şu âyet-i kerimeler bildiriyor:

"Eğer onları daha temas etmeden boşar da onlar için bir mehir takdir etmiş bulunursanız, o halde mehirin yarısını vermek gerekir. Eğer kadın kendi hakkından vazgeçer ve mehiri bağışlarsa veya nikâhı elinde bulunduran erkek tamamını verirse, o başkadır."[1]

"Evlendiğiniz kadınlara mehirlerini gönül hoşluğu ile verin. Eğer onlar kendi rızalarıyla mehirlerinden bir şeyi size bağışlarlarsa, onu da âfiyetle yeyin."[2]

Bu konuyu şöyle açmak mümkün: Tarafların nikâhları kıyıldıktan sonra karı-koca ilişkisi olmadan veya bir mekân ve odada başbaşa kalmadan (halvet) boşanırlarsa koca, belirlenen mehirin yarısını vermekle yükümlüdür. Fakat böyle bir şey olmuşsa, ayrıldıklarında belirlenen mehirin tamamını vermekle mükelleftir.

1 Bakara Sûresi, 237.

2 Nisâ Sûresi, 4.

NİŞAN VE NİKÂH

Söz kesmenin İslâmda yeri var mıdır?

Nikâh kıyılmadıkça nişanlılar dinen birbirlerine yabancıdır. Kendisinden emin olmak kaydıyla erkek nişanlısının sadece el ve yüzüne bakabilir; tokalaşma, elini tutma gibi hallerden uzak durur. Yanlarında üçüncü bir şahıs olmadan başbaşa kalamazlar, gezip tozamazlar.

Söz kesmenin, yüzük takmanın İslâm hukukundaki adı "hıtbe"-dir; dilimizdeki ifadesiyle nişan. Nişanın hikmeti ise, evlenmek isteyen tarafların birbirlerini yakından tanıma imkânını temin eder.

Nişanlılar ve aileler bu vesile ile birbirlerini ahlâk, alışkanlık ve eğilim itibariyle tanımaya çalışırlar. Bilindiği gibi bu tanıma ve görüşme de İslâmî çerçeve ve sünnet ölçüsünde devam eder.

Taraflar geçinebilecekleri, evliliği yürütebilecekleri hususunda belli bir kanaate varırlar. Mutluluk, güven ve huzur içinde hayatlarını sürdürebileceklerine inanırlarsa, artık karara varırlar ve gerekli hazırlıklara girişirler.

Bu esnada artık söz kesilir ve âdet olduğu üzere yüzük takılır. Bu ilk adımdır. **Burada unutulmaması gereken en önemli nokta nişanın, söz kesmenin, yüzük takmanın bir nikâh olmadığıdır. Yani nişan, evlilik olmayıp sadece bir evlilik vaadidir.**

Nikâh kıyılmadıkça nişanlılar dinen birbirlerine yabancıdır. Kendisinden emin olmak kaydıyla erkek nişanlısının sadece el ve yüzüne bakabilir; tokalaşma, elini tutma gibi hallerden uzak durur. Yanlarında üçüncü bir şahıs olmadan başbaşa kalamazlar, gezip tozamazlar.

Burada önemli bulduğumuz için bir nakle yer vermek istiyorum:

"**Evlilikten önce flört, yani birlikte gezip dolaşmak ve halka açık çeşitli yerlere gitmek şer'an yasaktır.** Üstelik böyle bir beraberlikten beklenen fayda da hasıl olmaz. Çünkü nişanlılar o dönemde birbirlerine gerçek yüzlerini göstermezler. Halk arasında, 'Her nişanlı yalan söyler' tabiri vardır.

"Erkek bazı hususlarda aceleci davranabilir. Zira insan bazen arzularına yenilir ve bir kadınla baş başa kaldığında, nefsine karşı koyması güç olabilir. Bunun zararı da en fazla kıza dokunur. Zira böyle bir beraberliğin ardından nişan bozulduğunda şerefi ve saygınlığı lekelenmiş olur."[1]

Nişanlılık döneminde nelere dikkat edilmelidir?

Evlilik akdi yapılıncaya kadar her iki taraf da meşruiyet sınırını aşmamaya özen göstermelidirler. Nişanlılar, nikâhları akdedilene kadar yalnız başlarına görüşüp konuşamayacakları gibi, tokalaşmaktan da kaçınmalıdırlar. Düğün merasimi esnasında dahi henüz nikâhları kıyılmadıkça, mahremiyet sınırını muhafaza etmeleri gerekir.

Evlenecek taraflar görüşüp, konuştuktan ve anlaştıktan sonra aralarında bir nişan merasimi düzenlenir. Nişan bir çeşit sözleşme sayıldığı için, tâlip olunan kızı artık bir başkası gelip isteyemez.

Nişanlanma memleketimizde yaygın bir âdet olduğu gibi, İslâmda da yeri olan bir husustur. Nitekim, Peygamberimiz (a.s.m.), Hz. Âişe ile üç sene kadar nişanlı kaldıktan sonra evlenmişlerdir. Böylece, nişan aynı zamanda bir sünnet sayılmaktadır.[2]

1 Vahbe Zuhaylî, İslâm Fıkhı Ansiklopedisi, 9: 24.
2 Müslim, Nikâh: 69.

Nişan merasiminden sonra, aileler arasında akrabalık bağı kurmanın ilk teşebbüslerine başlanır. Taraflar karşılıklı olarak birbirlerine hediye gönderirler ve artık yavaş yavaş düğün hazırlığına başlarlar.

Evlenecek kimselerin nişanlılıkları da bir yüzükle belli edilir. Erkeğin altın ve diğer madenlerden yapılmış yüzük kullanması uygun olmadığı için, ancak gümüş yüzük takabilir.

Nişan, sadece bir evlenme vaadi ve nikâhın başlangıcıdır. Böyle bir vaadden dönmek İslâmî edebe aykırı olduğu için, ölüm ve sonradan ortaya çıkan bir hastalık gibi, haklı bir sebep yokken, ahdi bozmak doğru olmaz.

Fakat sadece nişanlanmakla nikâh hükümleri gerekmediğinden, iki taraftan hiçbirisi, İslâm hukuku açısından sözünü yerine getirmek zorunda değildir. Çünkü nişanda, nikâhta bulunan icap ve kabul yoktur. Yani evlenecek eşler iki şahit huzurunda sözlü olarak nikâh akdini yapmış değillerdir.

Nişanlanmanın her iki taraf için sağladığı en mühim fayda, evliliğin sağlam esaslar üzerine kurulması için başvurulan bir ihtiyat tedbiri olmasıdır. Çünkü, birtakım haklı sebeplerle nişanın bozulması, ileride meydana gelmesi muhtemel ve mümkün olan boşanma hadisesinden daha hafif düşmektedir.

Her ne kadar "dünürlük" devresinde her hususun enine boyuna konuşulması gerekse de, nişanlıların mutlu bir yuva kuramayacakları hususunda ciddi belirtiler çıkarsa, nişan sözleşmesine nihayet verilebilir.

Nişanlılık devresinde, zaman zaman ihmal edilen ve dikkat edilmeyen husus, tarafların birbirlerini evliymiş gibi zannedip aradaki mahremiyet sınırını ihlâl etmeleridir.

Daha önce de belirttiğimiz gibi, evlenecek kimseler birbirlerini ancak istemeye gittikleri zaman görebilirler. Bunun dışında, bir nikâh akdi yapılmadığı müddetçe, nişanlıların yalnız olarak görüşmeleri, konuşmaları, beraber gezmeleri uygun olmaz. Çünkü birbirlerine karşı bir yabancıdan farksızdırlar. Görüşme zarureti hâsıl olsa, yanlarında kadının bir mahremi bulunmalıdır. Bu hususta Peygamberimizin (a.s.m.) ikazı açıktır:

"Kim Allah'a ve âhiret gününe inanıyorsa, yanında mahremi olmayan bir kadınla yalnız kalmasın. Çünkü bu takdirde üçüncüleri şeytandır."[1]

Nişanı, bir evlilikmiş gibi görerek nişanlılar arasındaki mahremiyet sınırına dikkat edilmemesi sonunda, toplumda pek çok üzücü ve aileleri sıkıntıya sokacak durumlar görülmekte ve duyulmaktadır.

Bu hususta titizlik gösterilmemesi sonunda tarafları pişmanlığa düşüren bazı hataların çıkma ihtimali göz ardı edilmemelidir. Evlilik akdi yapılıncaya kadar her iki taraf da meşruiyet sınırını aşmamaya özen göstermelidirler.

Nişanlılar, nikâhları akdedilene kadar yalnız başlarına görüşüp konuşamayacakları gibi, tokalaşmaktan da kaçınmalıdırlar. Düğün merasimi esnasında dahi henüz nikâhları kıyılmadıkça, mahremiyet sınırına dikkat etmeleri gerekir. Ancak nikâhları akdedildikten sonra birbirlerine helâl olurlar.

Bazı bölgelerimizde nişan merasimi esnasında dinî nikâh kıyılmakta; böylece tarafların birbirleriyle rahat bir şekilde görüşmeleri için sakınca ortadan kalkmaktadır. İslâm hukuku açısından eşler, karı koca olmaktadırlar; fakat resmî nikâhları daha sonraya bırakıldığından, evlilik muamelesi resmen gerçekleşmemektedir.

Bununla beraber, iki şahit huzurunda icap ve kabul esaslarına uyularak kıyılan bir nikâh, tarafları birbirine helâl kılar. Başbaşa görüşüp konuşabilirler, tokalaşabilirler, gezebilirler.

Her ne kadar taraflar birbirlerine, "Evet" dedikten sonra birbirlerinin helâli olmuşlar, ömür boyu bir ve beraber olmaya karar vermişler, birtakım riskleri göze almışlar ise de, en kötü ihtimalleri de hesaba katarak, nişanlılık devresinde, ölçülü olmanın sayılamayacak kadar çok faydaları vardır.

Özellikle damat adayının, kız tarafının hassasiyetini anlayışla karşılaması gerekir. Bu hassasiyetin bir itimatsızlıktan değil de, haklı bir ihtiyattan kaynaklandığı bilinmelidir. Allah göstermesin, bir nişan bozulması sırasında tarafların vicdan azabı çekmemesi ve ikinci evlilik teşebbüslerinin akamete uğramaması için böylesine bir ihtiyata ihtiyaç vardır.

Bu vesileyle şu hususa da açıklık getirelim:

---

1 Müsned, 3:39.

Nikâhlı olduğu halde nişanı bozulan kadının başka bir erkekle evlenmesi dinen caiz değildir. Başkasıyla yaptığı nikâh sahih olmaz. Kadının nikâhının sahih olması için önceki nişanlısının (kocasının) kadını boşaması gerekir. Boşadığı takdirde, kadın başka bir erkekle evlenebilir. İddet beklemesine gerek kalmaz.

Aksi takdirde, eski nişanlısı boşamadan kız bir başkasıyla evlenemez. Bu hususta karı-koca olup olmaları şart değildir; yani cinsel temasta bulunmasalar da taraflar dinen karı-kocadırlar. Yapılmış olan nikâh tarafları nikâhlı gösterir. Kız boşanmadan bir başkasıyla evlendiği takdirde nikâhı batıl olduğundan bu evlilik sayılmaz.

Erkeğin durumu ise farklıdır. Erkek nikâhlı olduğu halde başka bir kadınla evlenebilir.[1]

Nişandan dönülünce hediyelerin iadesi gerekir mi?

Nişandan erkek dönmüşse verdiği hediyelerin hiçbirini alamaz; ancak kız tarafı dönerse erkek hediyelerini geri alabilir. Hediyeler kaybolmuş veya kullanılmışsa kız tarafının tamamını ödemesi gerekir. Hak ve adalet bunu göstermektedir.

Nişan bir evlilik vaadi sayıldığından taraflar birbirlerine ısınamaz, bazı konularda anlaşamaz ve yuvayı kurup devam ettireceklerine kanaatleri olmazsa nişandan vazgeçebilirler. Nikâh olmadığı için herhangi şer'î hüküm söz konusu olmaz.

Karşılıklı verilen hediyelerin ve takıların iadesine gelince; bu hususta **Hanefi mezhebinin görüşü şöyledir:**

Nişan hediyeleri hibe ve hediye sayılır. Bundan dolayı, şayet verilen hediyeler zayi olmuş veya tüketilmiş, kullanılmışsa karşı taraftan ödenmesi istenmez.

1 Nisa Sûresi, 3.

Mesela, takılar kaybolmuş, kumaşlar elbise yapılmışsa bunlar ödetilmez. Ancak verilen hediyeler duruyorsa onları geri ister ve alır.

Şâfiî ve Hanbeli mezhebine göre, erkek verdiği hediyeleri, ister verdiği gibi dursun, isterse kullanılmış olsun geri alamaz.

Malikilerin bu husustaki görüşü ise, her iki tarafın mağdur olmaması bakımından daha isabetli görünmektedir. Mâlikî âlimleri meseleye tarafların nişandan dönmeleri açısından bakıyor. Şöyle ki:

Nişandan erkek dönmüşse verdiği hediyelerin hiçbirini alamaz; ancak kız tarafı dönerse erkek hediyelerini geri alabilir.

Hediyeler kaybolmuş veya kullanılmışsa, kız tarafının tamamını ödemesi gerekir. Hak ve adalet bunu gösterir.[1]

Nikâh nedir, nasıl kıyılır, nelere dikkat edilir?

Nikâh ciddiye alınması, üzerinde titizlikle durulması gereken bir meseledir. Üç meselede şaka olmayacağını bildiren Resul-i Ekrem Efendimiz, bunları, "Evlenme, boşanma ve köle âzadı" olarak ifade ederken, bunlarda gösterilmesi gereken ciddiyeti belirtmektedir.

Nikâh kavramını Türkçe'de "evlenme" olarak karşılıyoruz. Nikâh karşılıklı bir sözleşmeyi, antlaşmayı getirdiği için bu yönüyle bir çeşit muamele sayılır. Mahiyeti ve fonksiyonu itibariyle de bir ibadet hüviyeti içinde değerlendirilir.

Gerek âyet-i kerimelerde, gerekse pek çok hadîs-i şerifte nikâha yapılan teşvik, bunun, Müslümanın yaşayışında ve İslâm hukukunda çok önemli bir yerinin bulunduğunu gösterir. Nikâh bu yönüyle dinîdir, İslâmî bir kurumdur. Zaten İslâm dışı toplumların nikâha karşı olmaları, onun dinî bir mahiyet taşımış olmasından ileri gelir.

1 İslâm Fıkhı Ansiklopedisi, 9:26; Hukuk-u İslâmiyye ve Istılâhât-ı Fıkhiyye Kamusu, 2:13.

Din, insandan beş şey ister:

1. Aklı muhafaza,
2. Dini muhafaza,
3. Canı muhafaza,
4. Nesli muhafaza,
5. Malı muhafaza.

Aklın, dinin, canın, malın ve neslin muhafazası birbirine bağlı, hepsi de insan hayatının ayrılmaz bir parçasıdır.

İşte İslâm, nikâhı kurumsallaştırarak neslin muhafazasını hedef alır. Bunun için pek çok kural, yaptırım ve prensipler getirir, evlenecek eşleri birbirine bağlayacak esaslar koyar.

Nikâh ciddiye alınması, üzerinde titizlikle durulması gereken bir meseledir. Üç meselede şaka olmayacağını bildiren Resul-i Ekrem Efendimiz (a.s.m.), bunları, **"Evlenme, boşanma ve köle âzadı"** olarak ifade ederken, bunlarda gösterilmesi gereken ciddiyeti belirtir.

Nikâh bir akit olması dolayısıyla bazı şartları vardır. Bu şartlardan birisi yerine getirilmezse nikâh sahih olmaz. İslâm hukukuna göre bu şartlar şunlardır:

1. Tarafların hazır bulunması. Kız ile erkeğin veya onlara vekâlet edecek vekillerin mevcut olması.

2. İrade beyanı. Bu icap ve kabulle gerçekleşir. Yani iki tarafın "Kabul ettim" lâfzını söylemesi veya nikâhı kıyan kimsenin "Falan adamı, veya falan hanımı eş olarak kabul ettin mi?" sorusuna, onların "Evet" veya "Kabul ettim" demesi.

3. Şahitlerin hazır bulunması. Bu şahitler ergenlik çağına ermiş, aklı başında iki erkek veya bir erkek ile iki kadın olmalıdır. Şahitlerin mutlaka yabancıdan olması gerekmez. Bunlar, kardeş, amca, dayı gibi yakın akrabalardan olabileceği gibi, bizzat nikâhı kıyan kimse de olabilir. Bunlar bir şahit yerine geçebilir. Bunun için nikâh kıyan kimseden başka bir kişi daha olsa yeterlidir.

4. Nikâhı ilân. Nikâh akdi tamamlandıktan sonra gizli tutulmayıp çevreye duyurulması, ilân edilmesi gerekir. Bu hususta Peygamberimizin (a.s.m.) teşvikleri de bulunmaktadır.

5. Kızın velisinin izninin alınması. Hanefî mezhebinden farklı olarak, diğer üç mezhebe göre nikâhın sahih olabilmesi için kızın velisinin izninin alınması lâzımdır. Bu, nikâhın şartlarından birisidir.

Bu şartlar gerçekleştiği zaman, nikâh kıyacak bir kimse bulunmasa da eşler iki şahit huzurunda, irade beyanıyla icap-kabul akitlerini yapabilirler. Ancak akdin resmîleşmesi ve ileride çocuklar arasında miras meselesinde bir anlaşmazlık çıkmaması için resmî nikâhın yapılması da gerekir.

Nikâhta kız velisinin müsaadesi şart mıdır?

Nikahta velinin müsaadesini, rızasını almak hem bir İslâmî vecibedir, hem de büyüklere gösterilmesi gereken edep ve terbiyeye daha uygundur. Fakat bazı anlar da olur ki, pek çok bakımdan kızla erkek birbirlerine denk iken, babanın bazı peşin fikirleri öne sürerek engel olması halinde, onun rızasının bağlayıcı olmaması daha isabetli olacaktır.

İslâm hukukuna göre nikâhın sahih olması için bazı şartlar vardır. Bu şartlardan birisi de evlenecek olan kadının velisi durumunda olan kişinin izninin ve rızasının alınmasıdır.

Bu mesele Hanefî mezhebi dışında kalan üç mezhebe göredir. Velinin izni, Mâlikî ve Şâfiî mezhebine göre nikâhın bir rüknü, Hanbelî mezhebine göre ise şartıdır. Her üç mezhebe göre kadının velisinin izni alınmadıkça yapılan nikâh sahih olmaz, bâtıldır.

Hanefî mezhebine göre ise henüz büluğ çağına ermemiş kız çocuklarının, kendini idare edemeyecek durumda aklen noksan olanların ve bunakların velilerinin izni olmadan nikâhları câiz olmaz. Bunların dışında kalan kadınlar, velilerinin izni olmadan da evlenip nikâh akdedebilirler. Çünkü nikâhta kadının ifadesi şarttır.

Bu fıkhî bir hüküm olmakla beraber, gerek İslâmî bir âdet, gerekse ailevi bir âdâb olarak velinin müsaade ve rızasının alınması en doğru olanı ve isabetlisidir. Zaten bazı istisnalar dışında kızın evliliğinde velisinin iznine müracaat edilmekte, önce o muhatap a-

lınmaktadır. Daha sonra kızın rızası da alınırsa nikâh akdine başlanmaktadır.

Hanefî mezhebi dışındaki üç mezhebe göre nikâhın rüknü olan veli, "mücbir veli" durumundadır. Sırasıyla baba, dede; ana-baba bir erkek kardeş mücbir veli olurlar. Bâkire olan kızın rızası olmasa da esas itibariyle bunlar kızı evlendirebilirler.

Şâfiî mezhebine göre, bir kıza denk ve uygun bir erkek tâlip olur, kız da arzu eder, fakat velisi evlendirmeye yanaşmaz ve engel olursa, sorumlu sayılacağı gibi, veli olma özelliğini de kaybeder.

Yine **kıza denk ve uygun bir erkek tâlip olur, kız da râzı olursa, fakat yine velisi (babası) bazı bölgelerimizde olduğu gibi fazla başlık talebinde bulunursa "mücbir" veli olamaz, velâyetine itibar edilmez.** Artık velinin izni şartı aranmaz. Mümkün olursa kız o tâlipli ile evlendirilir. Veli engel olursa büyük bir vebal altına girmiş olur.

İşte başlık belâsının yaygınlaştığı vilâyetlerimizde bu sakıncalı durumlar sık sık görülmekte, kızın velisi de, "velayet" yetkisini kullanarak bazı günah ve huzursuzlukların doğmasına sebep olmaktadır.[1]

Nikâhta velinin izninin şart koşulması mezhepler arasında farklı olmakla beraber, bölgenin ve ailenin kendi şartları ve âdetleri açısından önemlidir.

Öyle zamanlar olur ki, kız tecrübesizliğinden, ilk anda bazı hususları tam düşünemediğinden, velilerinin memnuniyetsizliklerine rağmen diretir, isteyen bir erkekle nikâhlanırlar. Fakat ileride pişman olacaklarını, kocasının kendisine denk olmadığını görür ve bir huzursuzluktur gider.

Böyle durumlarda velinin müsaadesini, rızasını almak hem bir İslâmî vecibedir, hem de büyüklere edep ve terbiyeye uygundur.

Fakat bazı anlar da olur ki, yukarıda da sözünü ettiğimiz gibi, pek çok bakımdan kızla erkek birbirlerine denk olduğu, fikren ve mizaç itibariyle birbirleriyle uyuşabilecekleri mümkünken, babanın bazı peşin fikirleri öne sürerek engel olması halinde, onun rızasının bağlayıcı olmaması daha isabetli olacaktır. Bu durumda zaten Hanefî mezhebine göre nikâh câiz olduğundan ona uyularak hareket edilir.

---

1 el-Ümm, 5:20; Şâfiî İlmihali, s. 443.

Dinî nikâha neden imam nikâhı deniyor?

Nikâh ve evlilik bazı şartlar taşıdığından, bu meseleyi bir bütün olarak âlimler ve din görevlileri bilmektedir. Ve öteden beri nikâh akdini imamlar yapmaktadır. Bunun için nikâhın halk dilindeki adı "imam nikâhı"dır.

Nikâh ve talâk, diğer bir ifade ile evlilik ve boşanma dinî bir müessesedir; aynı zamanda ibadetler içinde değerlendirilir. Çünkü kaynağı Kur'ân ve hadistir. Bu hususta yüzlerce âyet-i kerime, binlerce hadis-i şerif vardır.

Bu âyetler hem evlilik kurumunun sınırlarını çizer, hem de sorumluluk ve yükümlülükleri belirler. Bazı âyetlerde mesele bütün ayrıntılarıyla verilir. Hadisler ise evlilik ve aile kurumunun bütün ayrıntılarını belirler, anlatır ve öğretir. Aynı şekilde İslâm hukuku kitaplarında nikâh ve talak bölümü apayrı bir bölüm oluşturur.

Cumhuriyet devrine kadar "dinî nikâh, resmî nikâh" diye bir ayrım yoktu. İslâm hukuku yürürlükten kaldırılıp "medenî hukuk" devreye girince ve nikâh işlemleri belediyelere verilince bu çeşit sorular gündeme geldi.

Oysa Yahudilik ve Hıristiyanlık gibi semâvi kaynaklı dinlerde önceden olduğu gibi şimdi de nikâh merasimleri sinagog ve kiliselerde yapılır. Esasen İslâmda da böyledir.

Peygamberimizin (a.s.m.) **"Nikâhı duyurun ve onu camilerde yapın"** mealindeki hadis-i şerif bu prensibi hatırlatmaktadır.

Bu işlem camilerden alınıp belediye nikâh salonlarına taşınınca, nikâhın "dinî" bir mahiyet taşıyıp taşımadığı akıllara gelmeye başladı.

Nikâh ve evlilik bazı şartlar taşıdığından, bu meseleyi bir bütün olarak âlimler ve din görevlileri bilmektedir. Ve öteden beri nikâh akdini âlimler ve imamlar yapmaktadır. Bunun için nikâhın halk dilindeki adı "imam nikâhı"dır.

Aslında bu işlem imamlık, hocalık işi değildir. Her Müslüman nasıl ibadetlerini önceden öğrenerek yapıyorsa, nikâhı, nikâhın şartlarını ve sorumluluklarını araştırıp öğrendikten sonra bu hazırlığa girecek, şahitler huzurunda taraflar birbirlerini karı-koca kabul ederek nikâhlarını kıyacaklardır. Yani cemaatle namazda olduğu gibi, nikâhta mutlaka imam bulunacak diye bir şart yoktur. Şartları bellidir ve ona göre akit yapılır.

Sadece resmî nikâh yeterli midir?

Nikâh dinî bir kurumdur ve belli şartları vardır. Aynı şart ve esaslar resmî nikâhta, yani belediye memuru tarafından kıyılan nikâhta mevcutsa nikâh nikâhtır. Ancak şart ve esaslara dikkat edilmiyor, hattâ kaale alınmıyorsa mesele değişir, nikâha gölge düşebilir.

Resmî nikâhta evlenecek kişiler evlendiklerine dair ifadelerini açıkça belirtirler. Ancak bu **ifadelerin kesinlik bildirmesi gerekir.** Başka türlü bir yoruma müsait olmamalıdır.

Bir diğer önemli nokta, **şahitlerin Müslüman olması ve iki şahitten birisinin erkek olmasıdır.** Oysa resmî nikahta şahidin vatandaş olması kâfi geliyor.

Evlenecek taraflar süt kardeşi olmamalıdır. Oysa resmî nikâhta bu husus araştırılmadığı gibi, memur tarafından da sorulmuyor.

Müslüman bir hanım gayr-ı müslim bir erkekle evlenemez. Halbuki yürürlükte olan mevzuatta bu meseleye dikkat edilmiyor, memur sormaya gerek duymadan nikâhı kıyıyor.

Bu sakıncalar söz konusu değilse, sadece resmî nikâhla da helâllik mümkün olur. Zaten nikâhın rüknü, iki şahit huzurunda tarafların birbirlerini karı-koca olarak kabul etmeleridir.

Ancak bütün bunlarla birlikte İslâmî ölçüler çerçevesinde nikâh akdini ihmal etmemeli, yaptırılmalıdır.

İki bayram arasında nikâh yapılır mı?

Şartlar ve imkânlar hazır olduğu sürece, senenin bütün gün ve saatlerinde düğün yapılabilir, evlenilebilir, nikâh kıyılabilir. Yani nikâh için belli bir zaman ve vakit yoktur. "Nikâh şu gün câiz olur, şu gün câiz olmaz" diye bir şart yoktur.

Halk arasında konuşulan bazı meseleler yarım ve yanlış anlaşılmıştır. Bunlardan birisi de "İki bayram arasında düğün yapılmaz, nikâh kıyılmaz" düşüncesidir. Bu meselenin aslı şudur:

Bilindiği üzere, Ramazan ve Kurban gibi yıllık iki bayramımızın yanında bir de haftalık bayramımız vardır: O da Cuma günü. **Yani Ramazan veya Kurban Bayramı Cuma gününe rast gelir, düğün de bugünlerde yapılırsa; bu arada nikâh kıyma ile meşgul olunur da Cuma namazına yetişememe gibi bir tehlike baş gösterirse o saat içinde nikâh kıymak câiz olmaz.**

Çünkü bu saat içinde nikâhla meşgul olmak farz-ı ayn olan bir ibâdetin terkine sebep olur. Hayır yapalım derken, şer işlenmiş olur.

Fakat böyle bir sıkışıklığa meydan verilmeden Cuma namazından bir müddet önce veya namaz kılındıktan sonra nikâh kıyılırsa pekâlâ olur, bir sakınca da kalmaz. Zaten böyle bir hal de pek yaşanmaz.

"İki bayram arasında nikâh olmaz" sözünün bâtıl da olsa tarihî bir geçmişi vardır. Bilhassa bu inanç İslâmdan önceki Cahiliye Arapları arasında yaygındı. Onlar Ramazan'dan sonra başlayan Şevval ayında evlenmeyi uğursuz sayar, düğünlerini başka bir tarihte yaparlardı.

Her Cahiliye âdetinde olduğu gibi, bu âdeti de bizzat Peygamber Efendimiz yıkmış, geçersiz kılmıştır.

Resul-i Ekrem Efendimiz (a.s.m.) Hz. Âişe validemizle Şevval ayında nişanlanmış, üç sene sonra da yine Şevval ayında evlenmiştir. Böylece iki bayram arası olan Şevval ayında düğün yapmak ve nikâh kıymak sünnet olmuştur.[1]

---

1 Müslim, Nikâh: 73.

Baba, kardeş ve nikâhı kıyan hoca şahit olabilir mi?

Nikâhta kardeş, amca ve dayı şahit olabildiği gibi, baba ve oğul da şahit olabiliyor. Ancak ileride muhtemel bazı anlaşmazlıklarda ve davalarda yakınların davacı ve davalı lehine şahitlik yapamayacağından dolayı, varsa ve müsaitse, birinci derecede akrabalardan nikâh şahidinin olmamasına dikkat edilebilir.

Buradaki yakınlardan iki sınıf anlaşılır. Birisi, tarafların anne-baba, dede-nine gibi usulleri, oğul-kız ve torunları gibi füruları; diğeri de tarafların kardeşleri, amcaları, dayıları, teyze ve halaları gibi ikinci derecede yakınlarıdır.

Bunlardan ikinci kategoriye girenlerin şahitliği bütün mezheplere göre ittifakla caizdir, şahitlik yapabilirler. Birinci sınıfa girenler hususunda ise, başta Hanbeliler olmak üzere bazı müçtehitler karşı çıksa da, Hanefi ve Şâfiî mezheplerine göre mümkün ve caizdir.

Şâfiî mezhebinin bu husustaki görüşü şöyle:

"Evlenenlerin çocukları ve babalarının şahitliğiyle nikâh sabit olur ve akit gerçekleşir."[1]

Hanefî mezhebine göre ise şöyledir:

"Nikâh hususunda hâtip ile mahtubenin usul ve füruu da şahit olabilirler. Şu kadar var ki, bunların bilâhare bu nikâha müteallik bir dâvada şehadetleri muteber olmaz. Şöyle ki: Şahit zevcin veya zevcenin usul ve füruundan ise onun aleyhinde şehadet edebilirlerse de lehinde şehadet edemez."

Yani, evlenecek erkek ve kızın usulları (anne-baba-dede-nineleri), füruları (oğul-kız-torunları) nikâhta şahit olabilirler. Yalnız bunların daha sonra nikâhla alâkalı bir dâvada şahitliklerinin geçerliliği

---

1 İslâm Fıkhı Ansiklopedisi, 9:75.

yoktur. Aleyhte şahitlik yapabilirler, ama lehlerinde şahitlik yapamazlar.[1]

"Eğer baba, akıl baliğ olmuş kızını, kızın izni olmasa dahi bir erkeğin veya iki kadının yanında evlendirir ve kızı da hazır olursa, baba ikinci şahit sayıldığından nikâh sahihtir. (Burada, baba kızının nikâhını bir erkeğin veya iki kadının yanında kıydığında ve evlilik çağına gelmiş olan kızı da hazır olduğunda sahih oluyor. Şart olan iki şahitten biri de nikâhı kıyan baba oluyor. Binaenaleyh nikâh kıyan kimsenin şahit de olabildiğini anlamış oluyoruz)."[2]

Bu nakillerden sonra şu hükmü anlıyoruz: **Nikâhta kardeş, amca ve dayı şahit olabildiği gibi, baba ve oğul da şahit olabiliyor. Ancak ileride muhtemel bazı anlaşmazlıklarda ve davalarda yakınların davacı ve davalı lehine şahitlik yapamayacağından dolayı, varsa ve müsaitse, birinci derecede akrabalardan nikâh şahidinin olmamasına dikkat edilebilir.**

Diğer bir husus da, nikâhı kıyan kişi de şahitlerinden birisi olabiliyor. Yani nikâhı kıyan kişiden ayrı olarak bir erkek veya iki kadın daha olunca nikâh sahih oluyor.

1 Hukuk-u İslâmiyye ve Istılâhât-ı Fıkhıyye Kamusu, 2:29.

2 Mülteka Tercümesi, 1:330.

DÜĞÜN VE EVLİLİK

Düğünlerimiz nasıl olmalı?

Düğün merasimlerini İslâmın umumi haram ve helâl esasları çerçevesinde düşünmek gerekir. Çünkü evlenecek kimselerin yaşadığı çevre şartları, örf ve âdetler çeşitlidir. Bunları teker teker tahlile tâbi tutup ayıklamak çok güç olacağından bu merasimlerde aranacak vasıf, İslâma zıt olmamasıdır.

Sünnette belirtildiğine göre, nikâhta aranan şartlardan birisi de ilân edilmesidir. Böyle bir ilân meşrû evlilikle gayr-ı meşru beraberliği birbirinden ayırır. Bu hususu Peygamber Efendimiz (a.s.m.) **"Bu evlenme işini ilân edin, halka duyurun"**[1] buyurarak tavsiye eder.

Hangi erkeğin hangi kızla, kimin oğlunun kimin kızıyla evlendiği çevreye duyurulmalıdır. Evlilik merasimi olan düğünün açıktan, çevrenin geleneklerine göre İslâmî çerçevede kalmak kaydıyla birtakım eğlence ve şenliklerin yapılması bu "duyurma" işini gerçekleştiren şeylerdir.

Düğünler birer sevinç ve sürur günüdür. O gün herkes sevinçlidir, neşelidir. Bu sevinç, bazen birtakım eğlence ve oyunlarla süslenerek dile getirilir. Fakat bu oyun ve eğlencelerdeki ölçü nasıl olmalıdır? Söylenecek türkü ve şarkılarda, oynanan oyunlarda mubahlık ve haramlık ölçüsü nedir?

Esas itibariyle, bizzat kendisi güzel olsa da, dinen yasak olan bir fiilin işlenmesine sebebiyet veren hareket meşru görülmez. Makamla söylenen sözlerde, oyun ve eğlencelerde haram olan unsurlar bulunuyorsa ona göre hüküm alır.

---

[1] Buharî, Nikâh: 48.

Bunun için, **"Yetimâne hüzünleri, nefsânî hevesatı tahrik eden sesler haramdır."** Aynı şekilde tek başına veya musikî aletleri eşliğinde söylenen parçalar, hayatta olan bir kadını vasfediyor, içki içmeye teşvik ediyor, fazla vakit kaybına, kişinin birtakım görevleri yapmasına engel oluyorsa helal sınırını aşmış olur. Söyleyen de, dinleyen de aynı şekilde sorumlu olur.

Bunun yanında **"ulvî hüzünleri, Rabbanî aşkları îrâs edip" hatırlatan sesler; hikmet, ibret dolu ifadeleri içinde bulunduran çiçek, gül, yeşillik, renk, su ve buna benzer güzelliklerle, bir fitne uyandırmayan ve muayyen olmayan bir insanın güzelliğini dile getiren sözlerle şarkı ve türkü söylemek mubahtır.**[1]

Hz. Âişe'nin (r.a.) bir rivayetine göre Resul-i Ekrem Efendimiz (a.s.m.) Ensar'dan bir zâtın düğününün olduğunu haber aldı ve şarkı söyleyebilen cariyelerin kendi aralarında şu beyitleri söyleyerek eğlenebileceklerine cevaz verdi ve "Ensar eğlenceyi sever" buyurdular.

Size geldik, size geldik,
Allah bize de size de ömür.
Esmer çiğit tanesi olmasaydı,
Vadinize inmezdik.[2]

Musikî âletleri ise, çalındığında nefsânî hevesleri tahrik etmiyor, insanları kötülüklere teşvik etmiyorsa nikâhı ilân, evlenmeyi duyurmak maksadıyla çalınması mubahtır.

Hadis-i şerifte Peygamberimiz (a.s.m.), **"Haram beraberlikle helâl beraberlik arasındaki fark; evlenmek, def çalmak ve duyurmaktır"**[3] buyurarak esas itibariyle meşru dairede kalmak kaydıyla müzikli düğün merasimi düzenlemenin mubahlığına işaret eder.

Hatta bunun içindir ki, sırf nikâhı ilân etmek maksadıyla davul, zurna ve boru gibi musikî âletlerinin düğünlerde çalınabileceğine cevaz verilir.

Davul ve zurna bazı yerlerde olduğu gibi kahramanlık türküleri ve mehter marşlarının söylenmesine eşlik edince meşru çerçevede kalmış olur. İnsanın şehevî duygularına hitap etmediği için mubah sayılır.

---

[1] el-Mezâhibü'l-Erbaa, 2:41-42-43.
[2] A.g.e.; et-Tâc, 2:301.
[3] İbni Mace, Nikâh: 20.

Fakat bugünkü düğünlerde davul-zurnanın eşliğinde yapılan merasimlerde gayr-ı meşru unsurlar karıştığından, onlar da haliyle haram yolda kullanılıyor. Bunun için de çalınmasına ruhsat verilmiyor

Düğünlerde ve diğer zamanlarda müzik eşliğinde oynanan oyunlara gelince, bunun da birtakım şartları vardır. Bir kere çalınan âlet ve söylenen parçalar belli çerçevede kalmalıdır.

Oyun tutan kimseler yalan ve kötü sözler söylememeli, başkalarına gösterilmesi haram olan avret yerlerini açmamalı, kadınlar kendilerine nâmahrem olan erkeklerin yanında oynamamalıdır. Oyun esnasında bunlardan birisi olursa, mesele meşruluktan çıkar.

İmam Gazalî, düğün, bayram ve şenlik günlerinde erkeklerin kendi aralarında oyun tertip etmelerinde, oynamalarında bir sakıncanın olmadığını kaydederek, ancak kadınların erkekler karşısında oynadığı oyunun caiz olmadığını söyler.

Oyunun meşruluğuna delil olarak da Peygamberimizin (a.s.m.), Mescid-i Nebevi'de Habeşlilerin kılıç kalkan oyununu Hz. Âişe ile birlikte seyretmelerini zikreder. Bu durumu Hz. Âişe şöyle anlatır:

"Bir bayram günü Habeşliler kalkan ve mızrak oyunu oynuyorlardı. Ben bakmak için Resulullah'tan (a.s.m.) **izin istedim, o da razı oldu."**[1]

Bunun için düğünlerde kadınlar kendi aralarında, yabancı bir erkek olmadan oynayıp eğlenebilirler. Aynı şekilde erkekler de yukarıdaki şartlar ve meşru ölçüler çerçevesinde eğlenip oynayabilirler. Bu şekilde oynamak mubah olduğu gibi, onları seyretmek de mubahtır.

Bütün bunlar tamamen ihtiyarîdir, kişinin arzusuna bırakılmalıdır. "Düğün sahibidir, yakınıdır" diye mecbur tutulmamalıdır.

Düğünlerde dikkatten uzak tutulan önemli bir husus da, kadınlarca yapılanlardır. "Düğündür, dernektir, ne yapılsa mubahtır" gibi yanlış bir kanaate varılması sonunda en güzel elbiselerini giyip, takılarını takıp, süslenip püslenerek namahrem olan erkeklerin dikkatini çekecek şekilde ortalarda dolaşıyorlar.

Eğlenip oynarken yine aynı şekilde yabancı erkeklerden sakınmayarak meşruiyet sınırını aşıyor, bilerek veya bilmeyerek günaha girmiş oluyorlar. Bu gibi yanlışlıklardan da uzak durulmalıdır.

---

1 el-Mezâhibü'l-Erbaa, 2:42-43.

Düğünler, sünnetteki tavsiyelere uyularak, İslâmın nezahet ve temizliği çerçevesinde yapılırsa aynı zamanda güzel bir örnek olur. Çünkü evlilik gibi ebedî bir hayat arkadaşlığının temeli geçici dünyevî heveslerin, çürük ve bâtıl âdetlerin üzerine kurulmamalıdır.

Buna hassasiyet gösterecek Müslümanların artması, aynı zamanda yaygın bir belâ gibi düğün merasimlerimize musallat olmuş örf, âdet ve millî geleneklerimize ters hareketlerden bizi milletçe kurtaracaktır.

Unutulmamalıdır ki, güzel örneklerin artması nisbetinde şikâyetçi olduğumuz kötülüklerin önü alınacaktır. Yoksa hem şikâyetçi olup, hem de nefsimizi tesirinden kurtaramazsak, yanlışlıkların önü alınmaz.

Düğünlerde sünnet olan ve onu mânâlandıran güzel alışkanlıklardan birisi de düğün dâveti ve ziyafetleridir. Bu hususta hadis-i şeriflerde teşvik edici tavsiyeler vardır. Peygamber Efendimiz (a.s.m.) Hz. Zeynep'le evlendiklerinde bir koyun keserek sahabe-i kirama ziyafet vermişti.[1]

Hz. Abdurrahman bin Avf'ın evlendiğini öğrenince, ona da şöyle buyurmuştu: **"Allah sana mübarek kılsın, bir koyun kesmek suretiyle de olsa düğün ziyafeti ver."**[2]

Düğünler eş dost, akraba ve çevre ile birlikte yapılır. Bu da daha ziyade dâvet usûlüyle yapılır. Böyle bir dâvet geldiği zaman da gitmek gerekir. Bu, hem dinî bir görev, hem de, İslâm kardeşliğini pekiştiren bir haldir. Bunun içindir ki Resul-i Ekrem Efendimiz (a.s.m.) bunun ihmal edilmemesi hususunda şöyle buyururlar:

"Biriniz yemeğe dâvet edilince hemen icabet etsin. Artık isterse yer, istemezse yemez."[3]

Ciddi bir mâzeret olmadığı takdirde düğün dâvetlerine gitmek bir Müslüman kardeşimizin gönlünü hoş edeceği gibi, aynı zamanda bir sünnetin yerine getirilmesini sağlamış olur.

Fakat bu düğün İslâma aykırı davranışların açıkça işlendiği bir düğün ise, bu kişinin bilgisine göre değişik hüküm alır. Dâvet edilen kimse bu düğünde içki içilmesi, çalgı çalınması gibi meşru olmayan işlerin işleneceğini biliyorsa, buna katılmaması gerekir. Çünkü böyle bir dâvete icabet edilmez.

---

1 Müslim, Nikâh: 90.

2 İbni Mâce, Nikâh: 90.

3 Müslim, Nikâh: 105.

Fakat dâvet edildiği halde günahların işlendiğini bilmiyorsa, oturup yemeklerinden yiyebilir. İşlenen günahlara engel olabiliyorsa engellemeye çalışır; şayet gücü yetmiyorsa sabreder.

Ancak bu şahıs toplumun ileri gelenlerinden, örnek alınan bir kimse ise gitmemesi daha uygundur. Fakat dâvete katıldığı zaman birtakım gayr-ı meşru hareketlerin önüne geçebilecekse, yahut kendisinin orada bulunmasıyla insanlar bazı haramları işlemeyecekse gitmesi uygun olur. Çünkü bunda günaha ve kötülüklere engel olma söz konusudur.[1]

Düğünlerde ve ziyafetlerde yapılan bir yanlışlık da, zenginlerin ve itibarlı kimselerin çağırılıp fakirlerin ihmal edilmesidir. Bu âdeti hoş görmeyen Peygamber Efendimiz (a.s.m.) bu hususta şu ikazda bulunurlar: **"Kendisine zenginlerin çağırılıp fakirlerin çağırılmadığı dâvet yemeği ne kötü bir yemektir."**[2]

Düğün salonunda düğün yapılabilir mi?

Evlenmek Peygamberimizin (a.s.m.) hem kavlî, hem de fiilî sünnetidir. Bunun için evliliğin bütün safhaları; nişandan nikâha, çeyizden düğüne kadar nasıl olacağı, nasıl yapılacağı, nelere dikkat edilmesi gerektiği bütün ayrıntısıyla hadislerde bildirilmiştir. Düğün merasimi de evliliğin önemli bir safhasıdır.

"Düğünlerinizi mescitlerde yapınız"[3] hadis-i şerifi düğünlerde nelere dikkat edilmesi hususunda önemli bir ölçüyü verir. **Demek ki, mescitte yapılması yasak olan şeyler düğün merasimlerinde de yasaktır. Diğer bir ifade ile, mescitlerde yapılamayan, düğün salonlarında da yapılmamalı.**

Bugünkü düğün salonlarında ise, çalgılı, danslı, kadınlı-erkekli merasimler yapılıyor ki, bunun ne sünnette yeri vardır, ne mescitler-

---

1 el-Feteva'l-Hindiyye, 5:343.
2 İbni Mace, Nikâh: 25.
3 Feyzü'l-Kadîr, 2:11, Hadis no: 1198.

de... Ayrıca kutsal bir kurum olan aile; günah, hata ve yanlış bir temel üzerine kurulursa, doğacak neslin bundan etkilenmemesi mümkün mü?

Uygun bir zemine ekilmeyen tohumdan nasıl verimli bir ürün alınamazsa, sünnete aykırı olarak yapılan düğün ve nikâhlardan da iyi nesiller beklemek hayal olur.

Bundan dolayı kendi inanç ve tercihlerimizde haklı olarak ısrar etmemiz bize çok şey kazandıracaktır. Böyle bir ısrar Allah ve Resulünü razı edeceği için aynı zamanda bir ibadet, sünnet çerçevesinde hareket edildiği için de insanı vicdanen huzur ve rahata götürür.

Ayrıca hakkın hatırı gözetildiğinden dolayı başkaları için canlı bir örnek sergilenmiş olur. Yoksa, "delidir, ne yapsa yeridir" sözünde olduğu gibi, "düğündür, ne yapılsa mubahtır" şeklindeki bir yaklaşım ölçüsüz bir harekettir ve kimseye bir faydası olmaz.

Buna benzer meselelerde baştan sıkı tutulmaz, tavizler verilmeye başlanırsa, "taviz tavizi getirir" sözünde olduğu gibi, her yanlış hareket için bir kılıf ve bahane bulunur, aile hayatı önü alınmaz sıkıntılarla çalkalanır durur.

Netice olarak, böyle bir uygulamaya rıza gösterilmemelidir. Kabul edilemeyeceği gibi, sorumluluk da alınamayacağı belirtilmeli, açıkça tavır konulmalıdır.

Gelinlik giymek caiz midir?

Gelinin vücut hatlarını örtmeyecek kadar şeffaf, başı, kolları ve diğer yerlerini kapatmayacak ölçüde dikilmiş gelinliklerin tesettüre uymak isteyen hanımlarca giyilemeyeceği ve tesettür yerine geçmeyeceği açıktır. Kadın ve erkeklerin karışık olarak bulundukları düğün merasimlerinde bu tarz gelinlikler giyilmemelidir.

Müslüman kadının nasıl örtüneceği, nâmahrem erkeklerin yanına veya sokağa çıktığı zaman nasıl bir örtü takınacağı Kur'ân-ı Kerimde açıkça bildirilir. Hadis-i şeriflerde, sahabi hanımların uygulamalarında da bu açıkça görülür.

Bilineni bir tekrardan öte, bir tespit bakımından bu husustaki âyetlerin meâlini verelim:

"Ey Peygamber, hanımlarına, kızlarına ve mü'minlerin kadınlarına, dışarı çıkarken üstlerine cilbab (örtü) almalarını söyle. Bu onların hür ve namuslu bilinmelerini ve bundan dolayı incitilmemelerini daha iyi sağlar. Bununla beraber Allah bağışlar ve merhamet eder."[1]

Bu âyetle birlikte, **"İslâmdan önceki Cahiliye kadınlarının yaptığı gibi süslerinizi göstererek ve görünmek için dışarı çıkmayın"**[2] ve **"Kendiliğinden görünenleri müstesnâ, süslerini açmasınlar. Başörtülerini yakalarının üzerinden iyice bağlasınlar"**[3] ifadeleri mü'min kadınların nasıl giyineceklerine birer ölçüdür.

İlk âyette geçen "cilbab" kelimesini, müfessirler, vücudu baştan aşağı örten çarşaf, ferâce gibi dış kisve, elbisenin üzerinden giyilen dış kıyafet olarak açıklarlar.[4]

Bu ifadelere göre, âyet-i kerimede anlatıldığı gibi, mü'min kadınların dışarı çıkarken, nâmahrem erkeklere görünürken, onların yanında bulunurken, ev içinde giymiş oldukları elbiseden başka onun üzerine giyebilecek ayrı bir örtüyü de üzerlerine almaları, giyinmeleri gerekir.

Dikkat edileceği gibi, Ahzap Sûresinin 59. âyetinde kadınların mahrem yerlerini örten elbisenin dışında bir de sokağa çıkarken ayrıca giyecekleri bir örtünün giyilmesinin gerektiği ifade edilmektedir.

Gerçek mânâda tesettür ancak bu şekilde mümkün olur. Yoksa, ev içinde kadının mahremleri arasında giydiği elbise ile dışarı çıkması, Kur'ân'ın istediği şekilde bir tesettürün yapılmamış olduğunu gösterir.

Bu örtünün adı çarşaf, ferâce, pardösü, manto... ne olursa olsun, esas olan bedeni bütünüyle örten bir dış örtü olmasıdır.

Zaten sahabi hanımların, âyet iner inmez nasıl örtündükleri de bu şekle müşahhas bir misaldir.

---

1 Ahzâp Sûresi, 59.
2 Ahzâp Sûresi, 33.
3 Nur Sûresi, 31.
4 Hak Dini Kur'ân Dili, 6:3927.

Peygamberimizin (a.s.m.) bahtiyar hanımlarından Ümmü Seleme Hazretleri, bu âyet nâzil olduktan sonra Ensar kadınlarının üzerlerine siyah örtüler alarak başları üzerinde kuşlar varmışçasına tam bir edep ve sükûnet içinde dışarı çıktıklarını söyler.

Âyet-i kerimenin sonunda "Allah bağışlar ve merhamet eder" ifadesi yer alır. Bu bağışlama, kadınların bu âyet inmeden önceki Cahiliye âdeti üzerine giyiniş şeklini içine alıyor.

Mü'min hanımların, ince dokunmuş, altlarını belli edecek şekilde elbise giymeleri de tesettüre aykırı bir giyim şeklidir.

Bir seferinde Beni Temim kabilesinden bir grup kadın Hz. Âişe'nin yanına gelirler. Üzerlerinde ince elbiseler vardır. Bu durumu gören Hz. Âişe, "Nur Sûresine inanan mü'min bir kadın bu şekilde giyinemez" diye hatırlatmada bulunur.[1]

Hazret-i Âişe, mü'min kadınların, yabancı erkeklerin dikkatini çekecek bir elbise ile görünmemelerini istemiş, onları ikaz etmiş, Nur ve Ahzâp sûrelerinde tarif ve emredildiği şekilde giyinmelerini hatırlatmıştır.

Bu izahlardan sonra meseleyi gelinlik giymeye getirmek istiyoruz. Herkesin bildiği gibi gelinlik; manto, elbise, pardösü gibi içeride ve dışarıda giyilen alışılmış kıyafetlerden değildir. Belli bir zamanda giyilmek üzere özel olarak hazırlanmış bir kıyafettir. Maksat, gelini daha câzip hale getirmektir.

Gelinin vücut hatlarını örtmeyecek kadar şeffaf, başı, kolları ve diğer yerlerini kapatmayacak ölçüde dikilmiş gelinliklerin tesettüre uymak isteyen hanımlarca giyilemeyeceği ve tesettür yerine geçmeyeceği açıktır. Kadın ve erkeklerin karışık olarak bulundukları nikâh salonlarında ve düğün merasimlerinde bu tarz gelinliklerin dinen giyilemeyeceği bellidir.

Ancak böyle gelinliklerin sırf hanımlar arasında yapılan merasimlerde, erkeklerin bulunmaması şartıyla giyilmesi câiz olabilir. Buna rağmen bu meselede hassas olan kimselerin böylesine tesettür ölçüsünden uzak gelinlikleri giymedikleri şüphesizdir.

Tesettüre dikkat eden mü'min hanımların bu davranış ve titizlikleri tesettüre uygun gelinliklerin üretimini sağladı. Bugün artık bütünüyle tesettürü sağlayan ve giyildiğinde hiçbir yeri açık olmayan ge-

1 Tefsîr-i Kurtûbî, 14:244.

linlikler tercih ediliyor ve yaygın bir şekilde her tarafta bulunuyor ve uygulanıyor.

Gelinlik giymekte arzulu olanlar ancak böylesine tesettürü yerine getiren gelinlikler giymek şartıyla merasimlerde ve törenlerde bulunurlar.

Dinî hassasiyet taşıyan aileler zaten bugün düğün merasimlerinde de haremlik selâmlık hususuna dikkat ettiklerinden muhtemel sakıncalar da böylece ortadan kalkmış bulunuyor.

Birden fazla evlilik ne zaman gerekli olur?

İslâmiyet her ne kadar birçok kadınla evlenmeye izin vermişse de, bir tek kadınla evlenmeyi esas olarak kabul etmiştir. Birden fazlasına müsaade ahlâkî ve sosyal zaruretler haline tahsis edilmiştir.

İslâm dinî Arabistan Yarımadasına yayıldığı sırada bir kısım Cahiliye âdetleri de bütün tesirleriyle hükmünü icra ediyordu.

İslâmiyet bu âdetlerden bazılarını tamamen kaldırıyor, bazılarını insanların fıtratına uygun bir şekle getiriyordu. Bunlardan birisi de Cahiliye dönemindeki sınırsız kadınla evlenme meselesidir.

İslâmiyet gelmeden önce Arap Yarımadasında erkekler sayıya bakmadan istedikleri kadar kadınla evlenebilirlerdi.

Kur'ân-ı Kerim bu kötü âdete bir sınırlama getirdi. En fazla dörde kadar evlenebileceğini açıkladı. Cenâb-ı Hak, **"Eğer hanımlarınız arasında adaleti yerine getiremeyeceğinizden korkarsanız, sadece bir tane ile yetinin"** buyurdu.[1]

Böylece dörde kadar evliliği Kur'ân getirmedi. Ancak daha önce sınırsız olan âdedi sınırlandırdı.

[1] Nisa Sûresi, 3.

Meselâ, Giylan ismindeki bir sahabi, Müslüman olduğu zaman on hanımla evliydi. Müslüman olunca dörtten fazlasını boşadı.

Dörde kadar kadınla evlenmeye müsaade veren âyet-i kerimenin iniş sebebi şöyle açıklanır.

Arap Yarımadasında baskınlar ve savaşlar sebebiyle birçok kız çocuğu yetim kalıyordu. İster istemez bir erkeğin himayesine sığınmak mecburiyetinde kalıyorlardı. Bu şekilde bir erkek, çok az mehir ödeyerek himayesine aldığı yetim kızların haklarını korumuş oluyordu.

İşte İslâmiyet, konulan esaslara uymak şartıyla erkeklerin birden fazla kadınla evlenebileceğini açıkladı. Özellikle erkeğin adalet noktasındaki eşitliğe uymasına dikkati çekti.

İslâm her ne kadar birçok kadınla evlenmeye izin vermişse de, bir tek kadınla evlenmeyi esas olarak kabul eder. Birden fazlasına müsaade ise, ahlâkî ve birtakım sosyal zaruretler haline tahsis edilir.

Bu durumda kadınlar arasında adaletin şart olduğu açıklanırken psikolojik eğilimlerde eşit davranmanın pek mümkün olmadığına dikkat çekilir:

"Ne kadar isteseniz de kadınlar arasında adaletli davranmaya güç yetiremezsiniz."[1]

Cenâb-ı Hak bir âyette adaleti emrederken, diğer âyette de insanların hanımları arasında adaleti gerçek mânâda gerçekleştiremeyeceklerini açıklar. Bu birden fazla kadınla zaruret olmaksızın evlenme ruhsatının imkânsız derecede dar tutulduğuna işaret içindir. Bu da bireysel ve toplumsal bir zaruret ve ihtiyaç üzerine izin verilmiş ve sınırlandırılmıştır.

Tarihin her döneminde milletler arasında ortaya çıkan kanlı savaşların acımasız etkisiyle erkek nüfusu azalıp kadın nüfusu birkaç misli artar. Böyle bir durumda bir erkeğin birkaç kadını koruması bir vazife olur. Türkiye, Birinci Dünya Savaşından, Almanya da İkinci Dünya Savaşından sonra bu durumu yaşamıştır.

Almanya'da İkinci Dünya Savaşından sonra kadınların sayısı erkeklerin üç katı kadardı. Alman milleti şiddetli bir sosyal dengesizlik tehlikesiyle yüz yüzeydi. Çünkü kadınların hemen hemen üçte ikisi çaresizlik ve kimsesizlik içinde bulunuyordu.

---

1 Nisa Sûresi, 129.

Böylece Almanya hükümeti bir erkeğin birden fazla kadınla evlenmesine imkân tanımak zorunda kaldı. Bir Alman Profesör, Alman kadınının kurtarılması için İslâmın bu ruhsatını kabul etmekten başka çare olmadığını ısrarla belirtiyordu.

Aynı durum, 1980'li yıllarda İran-Irak Savaşında ve 1990'lı yıllarda da Bosna-Hersek Savaşından sonra yaşandı.

Almanya'nın İkinci Dünya Savaşı sonundaki durumunda olduğu gibi, şayet bir toplumda bir erkeğe karşı üç kadın bulunsa, problemin halledilmesi için üç durum söz konusu olur:

1. Her erkek bir kadınla evlenecek ve her üç kadından ikisi aile hayatını, çocuk sevgisini, annelik şefkatini tadamayacaktır.

2. Her erkek bir kadınla evlenecek ve diğer kadınlarla gayr-ı meşru münasebetler kuracak; kadın bu durumda yine aile hayatını, annelik şefkatini ve çocuk sevgisini yaşayamayacaktır.

3. **Bir erkek birkaç kadınla evlenecek, meşru daire dahilinde aralarında adalet prensiplerine uyarak haysiyet ve şereflerini koruyacak, vicdanî rahatsızlıktan kurtaracaktır. Toplum da cinsiyet ve nesep karmaşasından kurtulmuş olacaktır.**

Akl-ı selim sahibi her insan üçüncü şıkkı kabul eder. Çünkü insan fıtratı bunu gerektirir.

İslâmın dörde kadar kadınla evlenmeyi bir ruhsat olarak göstermesinin insan fıtratına, akla ve hikmete uygun olduğunu açıklayan Bediüzzaman ise şöyle diyor:

"Dörde kadar taaddüd-ü zevcât (birden fazla evlilik), tabiata, akla, hikmete muvafık (uygun) olmakla beraber, şeriat bir taneden dörde çıkarmamış, belki sekizden dörde indirmiştir.

"Bâhusus taaddütte (özellikle fazla evlilikte) öyle şerait (şartlar) koymuştur ki, ona mürâat etmekle (uymakla) hiçbir mazarrata müeddî olmaz (hiçbir zarara sebep olmaz).

"Bazı noktada şer olsa da ehven-i şerdir (küçük şerdir). Ehven-i şer ise bir adalet-i izafiyedir. Heyhat! Âlemin her halinde hayr-ı mahz (mutlak hayır) olamaz."[1]

---

[1] Münazarat, s. 69.

Hz. Âdem'in çocukları birbirleriyle nasıl evlendi?

İnsanlar Hz. Âdem'le Hz. Havva'dan doğarak çoğalmışlardır. Havva anamız hep ikiz doğum yapıyordu. Bunlardan birisi erkek, diğeri de kızdı.

Hz. Âdem, aynı anda doğan ikizleri, bir önce veya bir sonra doğan ikizlerle evlendiriyordu. Habil'le beraber doğan kız çirkin, Kabil'le birlikte doğan kız ise güzeldi.

Bu durumda Hz. Âdem, Habil'in, Kabil'le beraber doğan kızla, Kabil'in de Habil'le beraber doğan kızla evlenmesini istedi. Fakat Kabil buna razı olmadı, kendisiyle doğan güzel kızı Habil'e vermek istemeyerek kendisi almak istedi.

Hz. Âdem buna müsaade etmedi ve meseleyi Allah'a havale etti. Cenâb-ı Hak'tan gelen emir üzerine her ikisinin de Allah'a birer kurban takdim etmelerini, hangisinin kurbanı kabul edilirse Kabil'in bacısının ona ait olacağını söyledi.

Bunun üzerine Kabil bir demet buğday, Habil de bir koyunu kurban olarak takdim etti. Gökten inen bir ateş Habil'in kurbanını aldı, Kabil'inki olduğu yerde kaldı. Bu durumda Habil haklı çıkmış ve kızı almaya hak kazanmıştı Fakat Kabil iyice çileden çıkmıştı. Bu hadise Kur'ân'da şöyle anlatılır:

"Onlara Âdem'in iki oğluna dair haberi hak ile oku. Onlar birer kurban takdim ettiklerinde, birisinin kurbanı kabul olunmuş, diğeri kabul olunmamıştı. Kurbanı kabul olunmayan diğerine, 'Ben seni öldüreceğim' dedi. O da, 'Allah ancak takva sahiplerinin kurbanını kabul eder' diye cevap verdi.

"Habil şöyle devam etti: 'Eğer sen öldürmek için elini bana uzatırsan, ben seni öldürmek için elimi kaldıracak değilim. Çünkü ben Âlemlerin Rabbi olan Allah'tan korkarım. Dilerim ki, sen benim günahımı yüklenesin de, Cehennem ateşinin ehlinden olasın. Bu da zalimlerin cezasıdır.

"Sonra nefsi, kardeşini öldürmeyi ona kolay ve hoş gösterdi; o da kardeşini öldürüp hüsrana uğrayanlardan oldu. Sonra Allah, kardeşinin cesedini nasıl örteceğini göstermek için, ona, yeri eşeleyen bir kargayı gönderdi.

"Kabil, 'Yazıklar olsun bana!' dedi. 'Şu karga kadar olup da kardeşimin cesedini örtemedim!' Artık o yaptığına pişmanlık duyanlardan olmuştu."[1]

Hz. Âdem'in çocuklarının birbirleriyle evlenmelerinin dindeki yerine gelince; Hz. Âdem'den Peygamber Efendimize gelinceye kadar bütün peygamberler hak dini tebliğ etmişlerdir.

Dinin temeli olan iman esasları hep aynı kalmıştır. Fakat şeriat dediğimiz, ibadet ve dünyaya ait işlerde Hz. Âdem'den Peygamberimize kadar her devrin gereklerine, insanların ihtiyaçlarına göre bazı hükümler değişerek gelmiştir.

Cenâb-ı Hak her devrin insanının yaşayışını ve menfaatini gözeterek her ümmete ayrı bir şeriat göndermiştir. Mâide Sûresinin 48. âyetinde bu hususta, "Sizin her biriniz için Biz bir şeriat ve açık bir yol tayin ettik" buyurulur.

Bediüzzaman da bu meseleyi şöyle izah eder: "Asırlara göre şeriatlar değişir. Belki bir asırda kavimlere göre ayrı ayrı şeriatlar, peygamberler gelebilir ve gelmiştir. Hâtemü'l-Enbiya'dan (a.s.m.) sonra şeriat-ı kübrası (büyük şeriatı) her asırda, her kavme kâfi geldiğinden muhtelif şeriatlara ihtiyaç kalmamıştır."[2]

Meselâ, Yahudiler ancak havralarda, sinagoglarda, Hıristiyanlar sadece kiliselerde ibadet edebilirlerken, biz Müslümanlar her yerde namaz kılabiliyoruz. Yine sığır ve koyun gibi hayvanların iç yağları Hz. Musa'nın şeriatında haramken, bizim dinimizde helâldir.

Hz. Âdem ise ilk insan ve ilk peygamberdir. Allah ona da bir din ve bir şeriat göndermiş ve öğretmişti. O da Allah'ın kendisine gösterdiği şekilde hareket ediyordu.

Cenâb-ı Hak, Hz. Âdem'in çocuklarının birbirleriyle evlenmesini de bir zaruretten dolayı helâl kılmıştı. Çünkü insan neslinin artması gerekiyordu. Başka insan da olmadığına göre, bir zaruret olarak kardeşlerin birbirleriyle evlenmesi gerekiyordu. Bu âdet bir süre devam etti, fakat insanlar çoğalınca böyle bir evliliğe ihtiyaç ve zaruret kalmadı ve bu tatbikat da kalkmış oldu.

---

1 Mâide Sûresi, 27-31.
2 Sözler, s. 454.

Kadınların Cennette evliliği nasıl olacak?

Cennet ehli kadınlar güzellikte o kadar ileride bulunuyorlar ki, sadece bir tek tırnağı dünyaya görünse güneşin ışığını kapatacak kadar parlaklıkta olan hurilerden daha güzel olacaklar. Bir kadının bundan daha güzel bir şey hayal etmesi mümkün müdür?

Geçici dünya hayatından sonra, mü'min için sonsuz bir saadet başlayacaktır. Orada Allah'ın rahmeti, lütuf ve ihsanı bütün haşmetiyle görünecektir.

İşte bu ebedî saadetin ve sonsuz nimet ve güzelliklerin merkezi Cennettir. Cennet hem mü'min erkeklerin, hem de mü'min kadınların nimetler içinde yüzdüğü bir mekândır. Yani Cennetin nimetlerinden erkekler kadar kadınlar da istifade edecek, bütün nimet ve ihsanlar her iki cinse de verilecektir.

Cennet ve Cennetlikler en güzel ve tatlı bir şekilde Kur'ân'da anlatılır. Çoğu yerde mü'min erkeklerle birlikte, mü'min kadınlar da zikredilir. Meselâ, Tevbe Sûresinin 72. âyetinin meâli şöyledir:

"Allah, mü'min erkeklere ve mü'min kadınlara devamlı kalacakları, içlerinden ırmaklar akan Cennetler, Adn Cennetlerinde hoş meskenler vaad etmiştir. Allah'ın rızası için en büyük mükâfattır. İşte büyük kurtuluş budur."

Cennetlikler ve Cennet nimetleri Kur'ân'da anlatılırken Cennet ehli için "muttakiler (Allah'tan hakkıyla korkanlar)" ifadesi geçer. Bu kelime hem erkekler, hem de kadınlar için ortak kullanılır. Biri öbüründen ayırt edilmez, ayrı tutulmaz.

Hadis-i şeriflerde geçen ifadeler de hem erkekler, hem de kadınlar içindir. Bütün müjdeler, taltifler, nimetler, ikramlar herkese aynıdır. Bir hadisin meâli şöyle:

"Cennet ehli Cennete girdiklerinde bir vazifeli şöyle seslenir: 'Şüphe yok ki, siz Cennette ebedî yaşayacak ve hiç ölmeyeceksiniz. Hastalanmayacak ve devamlı sağlıklı bulunacaksınız. Sonsuz nimetlere mazhar olacak ve hiçbir zaman hüzün ve keder görmeyeceksiniz."[1]

Başka bir hadis-i şerifte de Cennet ehlinin bir hali şöyle anlatılır:

"Muhakkak, sizden biriniz Cennetin en alt derecesinde bulunsanız bile, ona Allah'ın emri ile melekler tarafından, 'Gönlünden geçenleri iste!' denir. O da devamlı temenni eder durur.

"Bunun üzerine ona, 'Kalbinden geçenleri tamamen temenni ettin mi?' diye sorulur. 'Evet' cevabı verince, 'Muhakkak temenni ettiğin şeyler bir misli fazlasıyla sana verilecek' denir."[2]

Esas itibariyle Cennetin nimetleri hem erkek, hem de kadın mü'minler için ortak iken, bazı hususlarda her iki cins de birbirlerinden üstünlüklere sahiptir.

Bu üstünlüklerin bir kısmı erkeklere mahsus iken, büyük bir kısmı da kadınlara mahsustur. Kur'ân'da Cennetlik kadınlar **"Ezvâcün mutahharatün"** yani **"temiz kadınlar"** olarak vasfedilir.

Bu ifadenin içinde şu mânâlar saklıdır: Cennet kadınlara mekân ve meskendir. O kadınlar o yüksek Cennete lâyıktırlar. Aynı zamanda Cennet derecelerinin yüksekliği nisbetinde onların güzellikleri de artar. Ve Cennet onlarla güzelleşir ve süslenir.[3]

Yani Cennetlik kadınlar, Cennetin güzelliğine güzellik katar, Allah'ın ebedî yurdunu süsleyen canlı bir unsur olur. Bu "mutahharatün (temiz)" ifadelerinden ayrıca şu mânalar da çıkar:

"Dünya kadınları Cennete girdikten sonra kötülüklerden, kıskançlık ve benzeri çirkin huylardan arınacaklar, içleri de dışları gibi berrak ve ter temiz olacak. Güzellikte hurileri geçecekler."

Peygamberimiz (a.s.m.) Cennetlik kadınları şöyle anlatır:

"Onların vücutlarının güzelliği ile letâfetinden dolayı her birinin baldırındaki kemiğin iliği etinin üstünden görünür. Onların aralarında ne ihtilâf vardır, ne düşmanlık, ne de çekememezlik."[4]

Yani Cennet ehli kadınlar güzellikte o kadar ileride bulunurlar ki, sadece bir tek tırnağı dünyaya görünse güneşin ışığını kapatacak kadar parlaklıkta olan hurilerden daha güzel olacaklar. Bir kadının bundan daha güzel bir şey hayal etmesi mümkün müdür?

---

1 Müslim, Cennet: 22.
2 Müslim, İman: 301.
3 İşaratü'l-İ'caz, s. 175.
4 Müslim, Cennet: 14-17.

Cenâb-ı Hak hem erkek, hem de kadın mü'minlere kalplerinden geçenlerin bir misli fazlasını vereceğine göre nimet ve ihsanın derecesini siz düşünün.

Artık bu kadar lütuf ve ikramdan sonra **"Allah, Cennette bir erkeğe çok sayıda huri veriyor da, Cennet ehli kadınlara neden böyle bir imkân verilmiyor"** denmez. Çünkü **Cennette "yok yoktur."** Allah insanın fıtratına en uygun şekilde her türlü nimeti ve ihsanı verecek, kimseyi mahrum bırakmayacaktır.

Esas mesele Allah'ın rızasına ermek, ebedî saadete liyakat kazanmaktır. Fâni dünyadan imanlı olarak ayrılıp, Cennetin kapısına ulaşabilmektir.

Kocası olmayan veya Cehenneme giden kadın Cennette kiminle evlenecek?

Cehennemlik erkeklerin Cennetlik hanımlarını Cenâb-ı Hak mü'min erkeklere verecektir. Cennetin şartları kendine göre olacağı için orada kıskançlık, haset ve benzeri duygular olmayacaktır. Hiç evlenmeden vefat eden hanımlar için de aynı hususlar geçerli olsa gerektir.

Sebep ve hikmetler dünyasında yaşıyoruz. Burada her şeyin bir sebebi ve hikmeti vardır. Ama ücret ve kudret yeri olan ebedî âlemin kendine has yönleri vardır. Buradaki ölçüler oraya uymadığı gibi, buradaki şartlar ve esaslar da o âleme benzemez.

Bunun için o âlemi kendi ölçüleri içinde değerlendirmek lâzım. Ebedî âlem hakkında tam bir bilgiye sahip olmamız mümkün değildir. Ancak bazı âyet ve hadislerde bu meseleye esas oluşturacak işaretler vardır. Biz de bu işaretlerin gösterdiği ölçüde o âlem hakkında bir şeyler biliyoruz.

Bu meseleyi bir hadis-i şeriften öğreniyoruz.

Peygamber Efendimiz (a.s.m) şöyle buyuruyor:

"Allah Azze ve Celle sizden Cennete dahil ettiği her mü'mine yetmiş iki hanım verir. Bunların ikisi hurilerden ve yetmişi Cehennemlik olanların Cennetlik hanımlarındandır."[1]

Hadis âlimi Hişam bin halid, bu hadisin izahında şöyle der:

"Bazı erkekler ebedî olarak Cehenneme girerler. Cennet ehli olan erkekler Cehenneme girenlerin hanımlarını alacaklardır."

Meselâ, Firavun'un hanımı Hz. Âsiye gibi.

Hz. Âsiye'nin durumunu da yine bir başka hadisten öğreniyoruz:

"Allah, İmran kızı Meryem'i, Firavun'un hanımı Âsiye'yi ve Musa'nın kız kardeşi Gülsüm'ü Cennette bana zevce olarak vermeyi hükmeyledi."[2]

Bu hadis-i şeriflerden anlaşıldığı üzere, Cehennemlik erkeklerin Cennetlik hanımlarını Cenâb-ı Hak mü'min erkeklere verecek. Cennetin şartları kendine göre olacağı için orada kıskançlık, haset ve benzeri duygular olmayacaktır.

Hiç evlenmeden vefat eden hanımlar için de aynı hususlar geçerli olsa gerektir.

---

1 İbni Mâce, Zühd: 39.

2 İbni Mâce Tercümesi, 10:649.

BOŞANMA, ÖLÜM VE VASİYET

Boşanma hangi hallerde söz konusu olur?

Boşama, her ne kadar, evlilik nimetine bir nankörlük olsa da, bazen bir zaruret haline gelebilir. Karı koca arasındaki geçimsizlik had safhaya varır, karşılıklı bir kin ve nefret baş gösterir de, boşama artık son çare olarak gözükürse, bu durumda boşama tarafların huzur ve rahatını sağlayan bir vesile olur.

Birbirine yabancı iki insanın meydana getirdiği aile hayatında hâkim olması gereken en mühim esas, karşılıklı anlayış ve hoşgörüdür.

Erkek kendisinden beklenen şefkat ve merhameti göstermeli, kadın da hürmet ve itaatte kusur etmemelidir. Ve her ikisi de birbirlerini ebedî hayat arkadaşı olarak bilmeli ve Allah için sevmelidirler. Ancak bu şekilde mesut ve sağlıklı bir yuvanın temeli atılmış olur.

Şayet bu hususlardan birisi aksar veya ihmale uğratılırsa, istenmeyen bazı durumların meydana gelmesi de kaçınılmaz olur.

Bu durum, çoğu kere insanın kendisini kontrol edememesi veya bazı alışkanlıklarından vazgeçememesi durumunda ortaya çıkar. Çünkü erkek ve kadının yaratılıştan gelen birtakım huyları veya sonradan edindikleri bazı alışkanlıkları vardır. İşte bazen bu zaaflarının esiri olarak bir kusur işleyebilir, bir hatada bulunabilirler.

İnsanın bir anda, bir kısım alışkanlıklarından arınması ve mükemmel bir insan olması çok zaman mümkün olmaz. Zaten mükemmel insan, kusur ve yanlışlarının farkında olup kabul eden ve onları düzeltmek için gayret harcayan, aksaklıkları gidermeye çalışan kişidir.

Aile içinde meydana gelen bir rahatsızlık erkekten olabildiği gibi, bazen kadın tarafından da ortaya çıkar. Aile hayatının seyri içinde görülen böyle bir davranışı, tarafların büyütmeden kendi aralarında halletmeye çalışmaları gerekir. Yoksa en küçük bir yanlışlık aile yuvasının yıkılmasını netice verebilir.

Halbuki dinimiz evlilik kurumuna çok önem vermiş, teşvik etmiş; onu bozacak bir hal olan boşamadan sakındırmıştır. Çünkü esas itibariyle boşama, hoş olmayan bir harekettir.

Hiçbir haklı sebep ve gerekçe yokken boşamaya yeltenmeyi Peygamberimiz (a.s.m.) hiç hoş karşılamamış ve mü'minleri sakındırmıştır. Hadis-i şeriflerde şöyle buyurulmuştur:

"Helâl şeyler içinde Allah'ın sevmediği şey boşamadır."[1]

"Evleniniz, fakat dinî bir sebep yokken boşamayınız. Çünkü Allah zevklerine düşkün erkek ve kadınları sevmez."[2]

"Hiçbir sebep yokken kocasından boşamasını isteyen kadın Cennetin kokusunu alamaz."[3]

Boşama, her ne kadar, evlilik nimetine bir nankörlük olsa da, bazen bir zaruret haline gelebilir. Şöyle ki: Karı koca arasındaki geçimsizlik son sınıra gelir, karşılıklı bir kin ve nefret baş gösterir de, boşama artık son çare olarak gözükürse, bu durumda boşama, tarafların huzur ve rahatını sağlayan bir vesile olur.

Çünkü şiddetli geçimsizliğin hüküm sürdüğü bir halde evlilik hayatını devam ettirmek, ileride önü alınamayacak felâketlerin meydana gelmesini netice verecektir.

Boşamanın bir zaruret halini almadan önce erkeğin nasıl davranacağı hususunda Kur'ân'ın tavsiyesi yerindedir. Nisâ Sûresinin 34. âyetinde meâlen şöyle buyurulur:

"İyi kadınlar gönülden boyun eğenler ve Allah'ın korunmasını emrettiğini, kocasının bulunmadığı zaman da koruyandır. Geçimsizlik yapmalarından endişelendiğiniz kadınlara öğüt verin. Dinlemezlerse yataklarında yalnız bırakın. Yine uslanmazlarsa hafifçe dövün. Size itaat ediyorlarsa aleyhlerinde yol aramayın..."

Görüldüğü gibi boşama dördüncü merhaledédir ve artık hiçbir yol bulunmazsa başvurulacak son çaredir.

1 Ebû Davud, Talak: 3.
2 Feyzü'l-Kadîr, 3:242.
3 Feyzü'l-Kadîr, 3:138.

Boşama nasıl yapılmalı?

Boşama iki şekilde olur: Sünnet üzere boşama, bid'at üzere boşama.

1. Sünnet üzere boşama:

Bu da iki şekilde olur:

a) Ahsen şeklinde boşama:

Evlendikten bir müddet sonra, henüz cinsel yakınlıkta bulunmadan, âdetten temizlenmiş halde iken bir talakla boşamasıdır. Erkek iddet süresi bitinceye kadar hanımına yaklaşamaz.

b) Hasen şeklinde boşama:

Bir kimsenin hanımını ayrı ayrı üç temizlik halinde üç talakla boşamasıdır. Bu üç temizlik müddetinde ona yaklaşamaz, ayrı durur.

Kadının hayız ve nifas hallerinden temizlenmiş bir haldeyken boşanmasının sebebi; bu iki haldeyken, erkek, hanımına karşı tâbiî bir nefret duyabilir. Bu şartlarda tam ve doğru bir muhakeme yapacağından da emin olamayacağı için, bu nefret, kendisini boşamaya sevk edebilir.

Sünnet üzere olan boşamaların pek çok hikmeti vardır. Bir kere böylece insan düşünme imkânı ve fırsatını elde etmiş olur.

Yani hanımını boşamaya karar veren kimse, onu bir temizlik halinde bir talak ile boşar, iki talakı vereceği zaman gelinceye kadar bir müddet bekler. Bu arada düşünür, pişman olur, ayrılığa sabır edemeyeceğini anlayarak tekrar hanımına dönebilir. Kadın da hatalarını anlayacağından evliliğin devamını sağlayacak şekilde hareket eder. Böylece eşler fazla zarar görmeden tehlikeden kurtulurlar.

Fakat anlaşmalarına ve uyuşmalarına imkânı yoksa, erkek ikinci talakı verir. İkinci talaktan sonra bir talak daha kalmıştır; ancak bunu vermek için bir aylık süre daha vardır. Bu bir ay zarfında yine uzun bir süre düşünme payı bulunmaktadır. Erkek bu süre içinde de artık tam kararlı ise üçüncü talakı da verir; böylece hanımından iyice ayrılmış olur.

Fakat bid'at talakta böyle bir düşünme payı bulunmaz. Bir kere boşayıp da hanımından ayrıldıktan sonra artık bir daha birleşme imkânı kalmamıştır.

Kur'ân'da tarif edilen boşama şekli de böyledir:

"Boşanma iki defadır. Ondan sonrası ya iyilikle tutmak veya güzellikle bırakmaktır.

"Bundan sonra kadını boşarsa, kadın başka birisiyle evlenmedikçe bir daha kendisine helâl olmaz. Eğer ikinci koca da onu boşarsa, Allah'ın hudutlarını koruyacaklarını ümit ediyorlarsa eski karı-kocanın birbirlerine dönmelerinde bir engel yoktur..."[1]

2. Bid'at üzere boşama:

Bu boşama şekli de, bir kimsenin hanımını sünnete aykırı olarak bir defada üç talak vermesiyle yahut bir temizlik süresi içinde kısa aralıklarla üç talakla boşamasıdır. Böyle bir boşama ile boşama gerçekleşir, ancak kişi sünnete aykırı hareket ettiği için günah işlemiş olur.

Hanım âdet halinde iken boşamak ve ilişikide bulunduğu temizlik halinde boşamak da yine bid'at boşamaya girer.

Sarhoş bir insanın boşaması ile boşanma gerçekleşmiş olur.

Sağır ve dilsiz bir insanın işaretle boşaması da boşama sayılır.

Boşamanın mahiyeti nasıldır?

Esas itibariyle boşama iki şekilde olur: Ric'î talâk ve bâin talâk.

1. Ric'î talâk:

Boşanmayı ifade eden açık sözlerle üçten az, yani bir-iki defa ile yapılan boşamadır. Ric'î talak, ancak nikâh kıyıldıktan sonra birleşme olursa meydana gelebilir.

Bu boşama şeklinde yeni bir mehir ve nikâh akdine gerek kalmaz. Erkek isterse, kadının rızasını da almadan iddet süresi içinde "Sana müracaat ettim, döndüm" der veya şehvetle öperek yahut cinsel ilişkide bulunarak da dönebilir.

1 Bakara Sûresi, 229-30.

Ric'î boşamanın hikmeti, bir hatâ işleyen kocaya bir düşünce fırsatı vermek ve yeniden evlilik hayatına dönebilme imkânı tanımaktır.

Ric'î boşamayı netice veren sözlerin başlıcaları şunlardır:

"Sen boşsun, seni boşadım, sen benden boş ol, sen buradan Mısır'a kadar boşsun" gibi açık sözler; boşama yerinde kullanılan "şart olsun" gibi bir söz ric'î talâkı gerektirir.

Bazı kinâî tabirler vardır ki, boşamaya niyet edilirse, yine ric'î talâk meydana gelir. Bu lâfızlar şunlardır:

"İddet bekle, rahmini uzak tut, sen bilirsin."

Bu sözleri söyleyen kimse boşamayı niyet etmiyorsa boşama gerçekleşmez.

2. Bâin talak:

Bu da iki şekildedir: Birisi "beynûnet-i suğra" denen "küçük ayrılık", diğeri de "beynûnet-i kübrâ" denen "büyük ayrılıktır."

Beynûnet-i suğrâ (küçük ayrılık):

Bir veya iki talâk ile nikâh bağının kopmasına sebep olan, fakat eşlerin arzusu ile ve yeni bir mehirle iki şahit huzurunda yeniden nikâhlanmadıkça normal aile hayatına dönüş imkânı bırakmayan boşama şeklidir.

Bâin talâk, kinâî sözlerle veya mübalâğa ve şiddet ifâde eden sözlerle meydana gelir. Ayrıca tekrar evliliğin devam edebilmesi için sadece erkeğin rızası kâfi gelmez; kadının da rızası gerekir.

Ric'î talâkta sözü edilen kinâî sözlerin dışında kalan bütün kinâî sözlerde bâin talâk vâki olur. **Gerçekte talâkı gerektirmeyen, ancak hanımını boşama niyetinde olan veya boşama psikolojisi içinde bulunan bir kimsenin şu sözleri söylemesiyle boşama gerçekleşmiş olur.**

"Aramızdaki nikâhı bozdum, benden uzak ol, sen ayrıldın, seni serbest bıraktım, işin elindedir, git, çık, kendine başka koca ara, Cehenneme git, seni bıraktım, seni terk ettim, benden kurtuldun, artık bana haramsın, seni istemiyorum, kimi istersen ona git, hangi yola istersen git" gibi sözler boşama niyeti ile söylenir veya karı kocanın ayrılma gibi bir duruma geldikleri anda erkek söylerse ve bununla da bir veya iki talâk niyet etmişse kadın bâin talâkla boşanmış olur.

Bazı abartılı ve şiddet ifade eden sözler vardır ki, bunları söyleyen kimse de hanımını bâin talâkla boşamış olur:

"Sen en kötü talâkla boşsun, kesin olarak boşsun, ev dolusu boşsun, dağ gibi boşsun" gibi sözler sadece bir bâin talâkı gerektiren lâfızlardır.

Gerek kinâî, gerekse şiddet ve abartı ifade eden sözleri söylemek, hanımını bir veya iki talâkla boşayan kimsenin tekrar evliliği devam ettirebilmesi için kadının beklediği iddet içinde veya iddet bittikten sonra yeniden nikâhlamak suretiyle evlenme hakkına sahip olur.

Bunun için yeni bir mehir tespit edilir, iki şahidin huzurunda erkek, "Seni nikâhlamak istiyorum" der, kadın da rıza göstererek "Kabul ettim" derse, yeni bir nikâh akdi yapılmış ve evlilik hayatı yeniden kurulmuş olur.

Bâin talâkla boşanma durumunda evlilik bağı son bulmuş olur. Yeniden nikâh tazelenmezse tamamen boşanmış sayılırlar. Karşılıklı haklar düşer ve biter. Sadece iddet sonuna kadar kadının kocasının evinde kalması ve nafakasının da kocaya ait bulunması bir hak ve mükellefiyet olarak baki kalır.

Beynûnet-i kübrâ (büyük ayrılık):

Bu da nikâh akdini tamamen iptal eden ve yeni bir nikâh tazelemeyle evliliğin mümkün olmadığı boşama şeklidir ki, bunda erkek hanımına "Sen üç talâkla boşsun" veya üç defa tekrar ederek "Boşsun, boşsun, boşsun" derse, kadın tamamen boş olur.

Bunda, kadın başka birisiyle evlenip, tekrar ondan boşanmadıkça yeniden eski kocasıyla evlenemez. Zaten uygulaması pek mümkün olmayan ve dinimizin de hoş karşılamadığı bu davranışa "hulle" denir.

Ric'î talâkta erkek iddet süresi içinde kadına dönmediği takdirde talâk bâin olur ki, artık yeniden nikâh kıyılmazsa erkek hanımına dönemez.

İddet:

Gerek ric'î talakta, gerekse bâin talâkta kadın iddet bekler.

İddet, kocası ölen yahut boşanan veya evliliği bozulan kadının, bu evlilikle ilişkisinin kesilmesi için beklemesi gereken süredir.

Boşanan kadının iddet süresi, üç hayız süresidir. Üçüncü hayızdan sonra temizlenirse iddeti bitmiş olur. Kocası ölen kadının iddet süresi dört ay on gündür.

Boşanan veya kocası ölen kadın hâmileyse, çocuğun doğumuyla iddet tamamlanmış olur. Nikâhtan sonra birleşme meydana gelmeden boşanma olursa, kadının iddet beklemesine gerek kalmaz.

Bâin talakla boşanan kadın, iddet süresi içinde kocasından ayrı durur. Üçüncü bir şahıs yokken ikisi bir evde tek başlarına kalamazlar. Çünkü aralarında karı-koca münasebetleri kalkmıştır.

Hanımını bir veya iki talakla boşamışsa tekrar nikâhı yenilemeden ona dönemez. İddeti bitinceye kadar nafakasını vererek ayrı yaşarlar.

Ric'î talâkta ise zaten erkeğin hanımına yaklaşmış olması beraberliklerini sağlar. Ric'î talâktan sonra kişi hanımına dönerken, "Boşadığı kadınla tekrar beraber yaşıyor" denmemesi için iki şahit tutması da müstehaptır.[1]

Hangi sözler boşamaya sebep olur?

Erkek, hanımına "Defol git, seni istemiyorum" gibi sözleri söylerken o anda boşama niyetini taşıyor ve bunda da bir veya iki talâk niyet ediyorsa, hanım bâin talâkla boş olur. Bu sözü söyledikten sonra pişmanlık gösterirse tekrar hanımına dönebilir.

İslâmiyet kadar nikâha ve aile kurumuna önem veren bir din ve sistem yoktur. Aile yuvasını kurmak ne kadar önemliyse, yıpranmasına meydan vermeden yaşatmak da o kadar önemlidir ve büyük bir maharet ve akıllılık isteyen bir iştir.

Aileyi yıpratan ve yaralayan sebeplerin başında yersiz tartışmalar, lüzumsuz münakaşalar ve mânâsız tavırlar gelir. Fakat şu da bir gerçektir ki, hepimiz nefis taşıdığımız için şöyle veya böyle tartışmanın ve münakaşanın olmadığı aileyi göstermek de mümkün değildir.

Burada en büyük rol erkeğe düşer. O, ailede her meselede babadır, idarecidir ve sorumluluğu büyük ölçüde omzunda taşır. Bunun için, baba geçimsizliğin büyük ölçüde hanımdan kaynaklandığını

[1] Hukuk-u İslâmiyye ve Istılâhat-ı Fıkhiyye Kamusu, 2:210-230.

biliyorsa, Kur'ân'ın tavsiyesine uyarak "öğüt verir", yani elbirliğiyle aileyi yaşatmanın yollarını arar.

Bunda bir başarı elde edemezse, yatağını ayırır; hattâ ailenin yıkılmaya, yuvanın dağılmaya doğru gittiğini fark ettiği an, daha büyük şerre meydan vermemek için ehven-i şer olan güç kullanma yolunu bile deneyebilir.

Ancak geçimsizliğin had safhaya vardığı, arabulucuların netice alamadığı zamanlarda boşama ifadelerine müracaat edilebilir. Bunda da talâkın üçü birden verilmez, belli aralıklarla teker teker verilir ki, tekrar dönebilecek açık bir kapı kalsın.

Boşamayı ifade eden sözleri, olur olmaz zamanlarda kullanmamak lâzımdır. Çünkü böyle ifadeler kızgınlıkla da söylense, korkutmak için de söylense, psikolojik bir baskı gayesiyle de söylense, hatta şakayla da söylenecek olsa netice değişmez; yerine ve niyete göre birden üçe kadar talâk vuku bulabilir, boşama gerçekleşir.

Sözünü ettiğiniz ifadelerin nikâha zarar verip vermeyeceğine gelince; erkek, hanımına **"Defol git, seni istemiyorum"** gibi sözleri söylerken o anda boşama niyetini taşıyor ve bunda da bir veya iki talâk niyet ediyorsa, hanım bâin talâkla boş olur. Bu sözü söyledikten sonra pişmanlık gösterirse tekrar hanımına dönebilir.

Şöyle ki: Bundan sonra kadın iddet bekler ve bu süre içinde erkek tekrar hanımına dönmek isterse, yeni baştan nikâh yapıyormuş gibi, şahitler ve mehirle birlikte nikâh kıyılır; fakat bu esnada kadının da "kabul ettim" diyerek rızasını belirtmesi gerekir.

Ancak erkeğin eve birkaç gün gelmemesi ve **"Seni sevmiyorum, senden bıktım, yeter artık, bu evliliğe son verelim, seninle evlendiğime pişmanım"** gibi sözleri söylemesi nikâha bir zarar vermese de, insanın dilini bu çeşit sözlere alıştırmaması gerekir. Çünkü farkında olmadan aileyi yıkacak bir ifadenin ağızdan çıkması mümkündür.

Dine imana küfredenin nikâhı gider mi?

Dine, îmâna, kitaba ve mukaddes şeylere -hâşâ- küfreden kimsenin îmânı da, nikâhı da gider. Pişman olduğu takdirde, imanını tazelemesi ve nikâhını bâin talâkta olduğu gibi yenilemesi lâzımdır. Çünkü bu durumda nikâhı bozulmuştur.

Kadın kendini boşayabilir mi?

Erkek, kadının kendi kendisini boşama hakkını ona nikâh esnasında verebileceği gibi, daha sonra da verebilir. Buna fıkıh dilinde "tefviz" denir. Bu esnada boşamanın şekil ve sayısını belirtir. Kadın da tespit edilen şartlara göre bu hakkını isterse kullanabilir.

Gerektiğinde başvurulabilecek olan boşama hakkını İslâmiyet erkeğe vermiştir. Normal hallerde bu hakkı ancak erkek kullanabilir. Eğer kadın da aynı hakka sahip olsaydı, yaratılışı icabı hataya düşebilirdi. Çünkü kadında his ve heyecan hâkimdir. Çok kere arzu ve isteklerine mağlup olarak söz ve hareketlerinde acele eder. Bazen iradesini kontrol altına almadan karar verebilir.

Erkek ise, kadına nisbeten hislerine daha hâkim, irade ve kararlarında daha isabetlidir. Basit bir kızgınlık eseri olarak yetkisini hemen kullanmaz. İyice düşünüp taşındıktan sonra karar safhasına varır.

Ayrıca türlü masraflara girerek aile yuvasını kuran erkektir. Ailenin refah ve huzuruna çalışma, hanımının mehirini verme, geçimini temin etme gibi yükümlülükleri vardır. Çoluk çocuğunun uğruna çeşitli meşakkatlere girer. Bütün gününü onların rahatına harcar.

İslâmın, bu kadar zahmetlere katlanan erkeğe boşama hakkını vermesi de çok görülmemelidir. Bununla birlikte erkek çok haklı bir sebep olmadığı müddetçe boşamaya yanaşmaz. Güçlükle kurduğu ve yaşatmaya çalıştığı yuvayı dağıtmaya yanaşamaz. Çocuğu da bulunuyorsa, onları annesiz yetiştirme zahmetini göze alamaz.

İşte bu ve buna benzer sebeplerden dolayı, **İslâmiyet boşama hakkını erkeğe vermiştir. Ancak bazı durumlarda ve bazı sözlerin sarfı halinde boşama hakkının kadına da geçebileceği belirtilmiştir.**

Erkek, kadının kendi kendisini boşama hakkını ona nikâh esnasında verebileceği gibi, daha sonra da verebilir. Buna fıkıh dilinde "tefviz" denir.

Bu esnada boşamanın şekil ve sayısını belirtir. Kadın da tespit edilen şartlara göre bu hakkını isterse kullanabilir. Erkek verdiği bu yetkiyi tekrar kadından alamaz. Fakat ayrıca boşama hakkı kendinde de bâki kalır.

Boşanan kadın nafakasını nasıl alır?

Evli bir kadın ister ric'î talakla, isterse bâin talakla boşansın, iddeti tamamlanıncaya kadar nafakasının kocası tarafından karşılanması gerekir. Kocası ölen bir kadına nafaka verilmez.

Bu hususta Talâk Sûresinin 5. ve 6. âyetlerinde meâlen şöyle buyurulur:

"Boşadığınız, fakat iddeti dolmamış kadınları gücünüz nisbetinde, kendi oturduğunuz yerde oturtun. Onları sıkıntıya sokmak için zarar vermeye kalkışmayın. Eğer hamile iseler, doğum yapmalarına kadar nafakalarını verin. Çocuğu sizin için emzirirlerse onlara ücretlerini ödeyin. Aranızda uygun bir şekilde anlaşın. Eğer güçlükle karşılaşırsanız çocuğu başka bir kadın emzirebilir."

"Varlıklı olan kimse nafakayı varlığına göre versin. Rızkı ancak kendisine yetecek kadar verilmiş olan kimse, Allah'ın kendisine verdiğinden versin. Allah kimseye gücünden fazlasını yüklemez. Allah güçlükten sonra bir kolaylık verir."

Ayrılan ailelerde çocukların durumu nasıl olacak?

İslâm hukuku açısından çocuğun dinî terbiye ve eğitiminde ebeveynden hangisi daha bilgili ve yeterli ise, vazife büyük ölçüde onun üzerine düşmektedir. İmam Nevevî, "Her ne kadar çocuk annenin yanında kalsa da, babanın bunu ihmal etmemesi gerekir; terbiye ve eğitimiyle ister bizzat, ister dolaylı olarak ilgilenmesi ve ihtiyaçlarını temin etmesi gerekir" der.

Hem İslâmî açıdan, hem de çocuk psikolojisi ve terbiyesi bakımından, erkek olsun kız olsun, "temyiz" yaşı olarak bilinen 7-8 yaşına kadar çocuğun, annenin himaye ve terbiyesi altında bulunması daha uygundur.

Çünkü, kadın yaratılışı gereği şefkat ve merhamet yönünden erkekten daha farklıdır ve üstündür. **"Temyiz" yaşı geçtikten sonra ise erkek çocukların babaya, kız çocuklarının da anneye teslim edilmesi ve onların muhatap olması daha faydalıdır.**

Bu hususa dikkat çeken Hanefi ulemâsından İmam Kâsânî *Bedaiu's-Sanâî* isimli eserinde şu tespitlere yer verir:

"Temyiz yaşına gelen erkek çocuk terbiyeye, erkeklerde var olan özellikleri kazanmaya, pek çok fazileti elde etmeye, çeşitli ilimlerin önceliklerini benimsemeye muhtaçtır. Bunların gerçekleşmesi için de baba daha münasip ve güçlüdür.

"Erkek çocuk bu yaştan sonra annenin eline teslim edilirse, kadınların ahlâkı ile ahlâklanır, onların hal ve tavırlarına alışır. Bu durum onlar için zararlıdır. Oysa, aynı hususlar kız çocukları için söz konusu değildir.

"Bundan dolayı kızlar annelere terk edilir. Hatta onların büluğ çağına gelinceye kadar annelerinin yanında kalmaları zaruridir. Çünkü, onlar kadınlık halini, anneliği, ev hizmetlerini öğrenmek durumundadır. Bu da ancak anneleriyle birlikte bulunmalarıyla mümkündür."[1]

Fakat, büluğ çağından itibaren de, kız çocuğu anneyi seçmiş veya onun yanında bulunuyorsa "babaya düşen vazife ve mesuliyet yoktur, kalkmıştır" denilemez. Çünkü, çocuğun babadan öğrenmesi gereken çok şey vardır.

İslâm hukuku açısından da çocuğun dinî terbiye ve eğitiminde ebeveynden hangisi daha bilgili ve yeterliyse, görev büyük ölçüde onun üzerine düşmektedir.

Büyük hadis âlimi ve İslâm hukukçusu İmam Nevevî, **"Her ne kadar çocuk annenin yanında kalsa da, babanın bunu ihmal etmemesi gerekir; terbiye ve eğitimiyle ister bizzat, ister dolaylı olarak ilgilenmesi ve ihtiyaçlarını temin etmesi gerekir"** der.

Çünkü, çocuk birlikte yaşaması itibariyle annenin yanında kalıp onun kontrol ve eğitimi altında bulunsa da, gerek hissen, gerekse fıtrî bağlılık yönünden tamamen babadan kopamaz. Bir kere resmî veya gayr-ı resmî olarak sorulduğunda annesinden çok babasının adının sorulmasıyla karşılaşacaktır. Yine çevrenin müsbet veya menfî kanaatlerinde çocuk, "Ahmed'in kızı, Ali'nin oğlu" diye anılacaktır.

---

[1] Bedaiu's-Sanâî, 4:42-43.

Sadece basit bu iki husus bile göz önüne alınacak olsa, babanın çocuk üzerindeki görev ve sorumluluğu devam ediyor demektir.

Bu durumda baba, elinden geldiği kadar, imkânı ölçüsünde çocuklarına faydalı olmaya, mânevî eksikliklerini tamamlamaya, dinî ve ahlâkî terbiyelerini kuvvetlendirmeye çalışmalıdır.

Her zaman buluşup konuşmak, bir araya gelmek mümkün olmasa dahi, dergi, kitap gibi vasıtalarla da bu ihtiyacı gidermeye çalışmalıdır. Onların babaya olan sevgi ve ilgilerinin devamını temin için de çeşitli hediye ve armağanlar alınması faydalıdır.

Bu şekilde yapılan müsbet telkinler, şefkatle yaklaşmak, gönüllerini hoş ederek ruhlarını sevindirmek hiçbir zaman sonuçsuz kalmaz.

Zaten çocuk, yaratılışı gereği babaya olan ihtiyacını her zaman duyar. Onun bu ihtiyacına cevap verici davranışta bulunmak hem baba için, hem de çocuk için, zamanla güzel sonuçlar verir.

Ayrılan eşler ev eşyasını nasıl paylaşır?

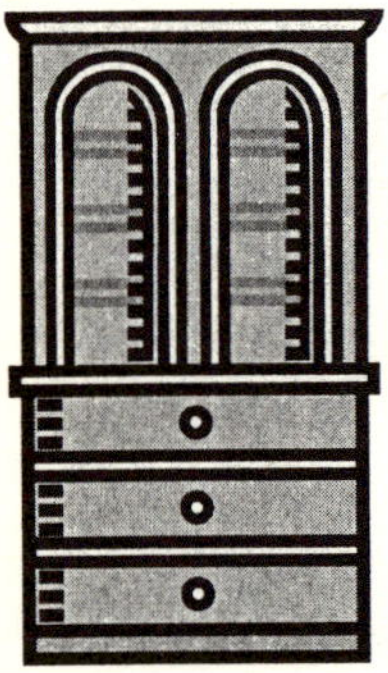

Bugün ülkemizde her bölgenin kendi âdetine göre erkek ile kızın ihtiyaçları görülmektedir. Bazı bölgelerimizde ev için lâzım olan eşya kız ve erkeğin ailesi tarafından paylaşılmış durumdadır. Taraflar hangi eşyayı alacağını bilmekte ve ona göre masraf yapmaktadır. Bunu hem tarafların kendileri, hem de aileler bilmektedir. Eşler ayrıldığında da eşyaların paylaşılması bu esasa göre olacaktır.

Aile yuvası, evlenen tarafların birlikte kurdukları, geliştirdikleri, devam ettirdikleri bir yerdir.

Meselâ, erkek tarafı halı, beyaz eşya, mobilya gibi eşyaları alırken; kız tarafı da yatak odasına ait eşyaları alır. Diğer ev eşyalarını da çoğunlukla erkek tarafı aldığından; böylece genel olarak eşyanın kimler tarafından alındığı belli olur.

Tarafların boşanması, birisinin yahut her ikisinin ölmesi durumunda kadının sahip olduğu ziynet eşyası ve ev eşyası kime âit olacaktır?

Karı-koca boşanmışlarsa, her ikisi de hayatta olduklarından ev eşyasını almakta hazır bulunan aileler de meydanda olunca, evdeki belli başlı eşyanın kim tarafından satın alındığı bilindiğinden paylaşılması kolay olacaktır. Satın alındığı şekilde paylaşılır, herkes kendi aldığı eşyaya sahip olur.

Fakat evde bulunan bazı eşyalar üzerinde anlaşmazlık çıkar, her iki taraf da kendisine ait olduğunu iddia ederse, şöyle bir çözüm bulunur:

Eğer erkek eşyanın kendisine ait olduğuna dair bir delil buluyorsa, eşya ister erkeğin işine yarasın, ister kadının; isterse hem erkeğe, hem kadına yarasın fark etmez, o eşya erkeğindir. Bunda, oturulan evin kadının veya erkeğin olması fark etmez. Fakat delili erkek getiremiyor da, kadın bulabiliyorsa eşya kadına verilir.

Eşyanın kendisine âit olduğuna dair her iki taraf da delil buluyorsa ve eşya da kadının işine yarıyorsa kadına verilir; erkeğin işine yarıyorsa erkeğe verilir.

Eşyanın daha çok kadının mı, erkeğin mi işine yarayacağı hususunda anlaşmaya varılamıyor, deliller de çatışıyorsa, bu durumda deliller geçersiz kalır, yemine başvurulur. Erkek yemin ederse erkeğe, kadın yemin ederse kadına verilir.

Yine eşyanın kime âit olduğu hususunda delil getirilemiyorsa, eşyaya bakılır; erkek elbisesi, erkeğin meslekî eşyası ise yemin ettirilerek kendisine verilir; yemin edemezse kadına iade olunur. Şayet eşya, çeyiz, ziynet, kadın giyim eşyası gibi kadının işine yarayan cinsten ise, yemin ettirilerek kadının olur. Etmezse erkeğe geçer.

Ancak ev eşyası koltuk, kanape, yatak, yorgan, kap kacak gibi hem kadının, hem de erkeğin işine yarayabilecek çeşitten olunca, İmam-ı Âzam ile İmam Muhammed'e göre, bu hususta erkeğe yemin ettirilir, yemin ederse kendisine verilir, etmezse kadına terk olunur. İmam Ebû Yusuf'a göre ise, bölgenin âdetine itibar olunur.

Meselâ alınan eşyanın sadece kadının kendisine ait olduğu biliniyorsa, burada söz sahibi kadın olacağından, yemin ettirilerek âdete göre ayrılan eşya verilir.

Karı-kocanın ortaklaşa gayretleri ve çalışmaları sonunda eve konan eşya ne kadar olursa olsun erkeğe âittir. Çünkü kadın kocasının ailesi ve onun idaresi altında bulunduğundan ona yardımcı olmuş demektir. Ancak kadın kendi hususi çalışması sonunda bir eşya almışsa o kendisine verilir. (Bu fetva Şeyhülislâm Ali Efendiye âittir.)

Karı-kocadan birisi ölmüşse; durum nasıl olacaktır? Şayet her iki taraf aldıkları eşyayı biliyorlarsa, buna göre taraflar arasında eşya taksim olunur. Fakat ihtilâf çıkmışsa, bazı eşyaların kime âit olduğunda anlaşmazlığa düşülmüşse, kadınla erkeğin mirasçıları bir araya gelir. Kim eşyanın kendilerine ait olduğuna dair delil getirirse eşya onun olur.

Fakat delil getirilemiyor, eşya da hem erkeğin, hem de kadının işine yarayan türden ise, eşya yeminle birlikte hayatta olana âittir. Çünkü bunun malı sahiplenmesi mirasçılarınkinden daha öncedir ve öncelik hakkı vardır.

Ziynet eşyasına gelince; genellikle ziynet eşyasını erkek tarafı alır ve kadına verilir, ona hibe edilir. Artık o kadının kendisinindir. Kocanın mirasçılarına verilmez.

Şayet karı-koca her ikisi de ölmüşse, mirasçılar da eşya üzerinde anlaşamazlarsa, her iki tarafa elverişli olan eşya yeminle birlikte erkeğin mirasçılarına verilir.[1]

Vasiyet nedir ve malın ne kadarı vasiyet edilebilir?

Vasiyet edilecek miktar kişinin malının üçte birini geçmemelidir. Bir kimse malının tamamını mirasçılarını düşünmeden vasiyet edemez. Bu meseleye hadis-i şerifte de işaret buyurulmuştur.

Vasiyet, bugün sosyal hayata mal olmuş İslâmî bir kurumdur. Mesele dinî bir mahiyete sahip olduğu için, onun ancak İslâm hukukunun tespit ve tayin ettiği çerçevede bakmak gerekir. Makul ve gerçekçi olan da budur.

Kelime mânâsı, "emir", "bir işi birine ısmarlama" demek olan vasiyetin dinî ıstılâhımızdaki tarifi de şöyledir: Bir malı veya bir menfa-

1 el-Ahvâlü'ş-Şahsiyye, s. 124; Hukuk-u İslâmiyye ve Istılâhât-ı Fıkhiyye Kamusu, 2:165.

ati öldükten sonra geçerli olmak üzere başkasına vermek, karşılıksız bağışlamaktır.

Vasiyet daha ziyade hali vakti yerinde olan, ekonomik durumu müsait bulunanlar tarafından yapılagelen bir şeydir. Bu yönüyle de vasiyet daha ziyade farz ve vacibin dışında kalan ve sırf sevabı için yapılan bir iştir.

Yani, servetinin bir kısmını mirasçılarına bırakır. Bir kısmını da fakirlere, kimsesizlere, yetimlere ve hayır kurumlarına ayrılmasını vasiyet eder. Böylece dünyaya gözünü kapadıktan sonra da mânevî bir kazanç kapısını açmış olur.

Vasiyet edilecek miktar kişinin malının üçte birini geçmemelidir. Bir kimse malının tamamını mirasçılarını düşünmeden vasiyet edemez. Bu meseleye bir hadis-i şerifte işaret buyurularak şöyle denir:

"Şüphesiz, Cenâb-ı Hak amellerinizi arttırmak için mallarınızın üçte birini vefatınız zamanında size tasadduk etti, vasiyet etme yetkisi verdi."[1]

Sahabe-i kiramdan Sa'd bin Ebî Vakkas malının tamamını vasiyet etmek istemişti. Ancak Peygamberimiz (a.s.m.) bu teklifini kabul etmemiş ve ancak servetinin üçte birini vasiyet edebileceğini hatırlatmış ve şöyle buyurmuştu:

"Üçte biri olur. O da çok ya! Zira senin malından verdiğin şey sadakadır. Çoluk çocuğuna verdiğin mal da sadakadır. Hanımının senin malından yediği miktar da sadakadır. Aileni hayırla bırakman, onları başkalarına el açarken bırakmandan daha hayırlıdır."[2]

Vasiyetin diğer bir şekli de, ölmek üzere olan bir Müslümanın sağlığında iken yapamadığı bazı ibadetlerini hayatta kalanlarca yapmaları için ricada bulunması demektir.

Bir insan ibadetlerine, dinî görevlerine ne kadar dikkat ederse etsin, yine de birtakım eksikleri, noksanlıkları bulunur. İşte bu çeşit eksikleri vasiyet yoluyla gidermeye çalışır.

Bunlardan bir kısmı doğrudan kul hakkını ilgilendiren şeylerdir. Meselâ insan, kendisine bırakılmış olan emanetlerin kime ait olduğunu, nereye, kime, nasıl verilmesi gerektiği hususunda; veyahut senedi

1 İbni Mâce, Vesâya: 5.

2 Müslim, Vesâya: 8.

bulunmayan borçların ödenmesi için vasiyette bulunur. Böylece kul hakkından kurtulma yolunu aramış olur.

Bunun dışında bir de, sağlığında tutamadığı oruçların, yerine getiremediği adak ve keffaretlerin "fidye"lerinin verilmesini vasiyet eder. Hac farz olduğu halde gidememişse yerine birisinin gönderilmesini söyler, vermediği zekâtların çıkarılıp verilmesini beyan eder.

Bu şekilde ibadetle ilgili eksikliklerini giderir. Böyle vasiyetler insanın ebedî hayata daha rahat gitmesini temin eden hususlardır.

Hangi vasiyetler yerine getirilmemeli?

Bazı vasiyetler vardır ki, kişiye sevap değil, günah kazandırır. Mirasçıya mirastan hak ettiği malın dışında ayrıca malın bir bölümünü vasiyet etmek doğru olmadığı gibi, mirasçının hakkı olan paydan mahrum bırakıcı veya azaltıcı mahiyette vasiyetler de insanın ebedî hayatını tehdit etmektedir.

Vasiyetleri kendi içinde sınıflandırırsak, karşımıza şöyle bir durum çıkar. Vasiyetler beş kısma ayrılır:

1. Vacip olan vasiyetler: Teslim edilmesi gereken emanetler, verilmesi gereken borçlar: Hac, zekât ve keffaretlere ait vasiyetler. Bunlarla ilgili vasiyet yapmak vaciptir. Bu hususta vasiyet yapılmadığı takdirde, insan âhirete borçlu ve sorumluluk yüklenerek gideceğinden bir an önce bunların yerine getirilmesini vasiyet etmelidir.

2. Müstehap olan vasiyetler: Hiçbir yere borcu olmayan bir Müslümanın bütün malını, servetini birisine veya bir hayır kurumuna verilmek üzere vasiyet etmesidir. Burada mirasçıları bulunmadığından kimseye karşı bir haksızlık söz konusu değildir. Dolayısıyla bir insan mirasçıları yoksa, varlığının tamamını vasiyet edebilir.

3. Mendup olan vasiyetler: Zengin ve varlıklı olan kimselerin ilim ve takva ehli kimselere yapılan vasiyetidir. Bu da tamamen gönülden gelen bir hürmet duygusundan kaynaklanan vasiyet çeşididir. Böyle bir vasiyeti yapmak da caizdir.

4. Mubah olan vasiyetler: Yabancı olan, akrabadan bulunmayan kimseler için yapılan vasiyetlerdir.[1]

5. Mekruh olan vasiyetler: Bazı vasiyetler de vardır ki, ölüm döşeğinde veya daha önce böyle bir vasiyette bulunmuş olan kimsenin vasiyeti sahih olmadığı gibi, bu şekilde bir vasiyeti yerine getirmek de lüzumsuzdur. Çünkü vasiyetin kendisi sahih değildir.

Sahih kabul edilmeyen vasiyetler şunlardır:

a. Cenaze namazını falan kişinin kıldırmasını vasiyet etmek.

b. Cenazesinin falan beldeye nakledilmesini vasiyet etmek.

c. Şu veya bu renk bir kumaş ile kefenlenmesini vasiyet etmek.

d. Cenazesinin istediği bir yere gömülmesini vasiyet etmek.

e. Mezarının yapılmasını, üzerine kubbe ve benzeri yapılar ilâve edilmesini vasiyet etmek.[2]

Bu çeşit vasiyetler hem sünnete aykırı, hem de mirasçılara maddî ve lüzumsuz külfet getirdiği, gösteriş ve riyaya sebep olduğu için mekruhtur.

Böyle vasiyetleri ciddiye alıp uyma mecburiyeti de kendiliğinden ortadan kalkar. Yani bu çeşit vasiyetlerin dinî bir yaptırımı olmadığı gibi, bağlayıcılığı, mutlaka yerine getirilmesi gerekir diye bir yönü de yoktur.

Annesinden, babasından veya bir yakınından bu çeşit bir vasiyete muhatap olan bir kimse, **"Bu vasiyeti mutlaka yerine getirmeliyim. Getirmediğim zaman sorumlu olurum. Günaha girerim. Yakınımın ruhunu azap içinde bırakırım"** gibi şeylere de kapılmaması gerekir.

Böyle bir vasiyeti yerine getirmemek değil, getirmek kişiyi sorumluluk altına sokar. Çünkü bu çeşit vasiyetler, mekruh vasiyetler içine girer, sünnete ters düşer. Bir Müslüman da ölmüş bir insanın vasiyetini yerine getirirken, mekruh olan ve sünnete aykırı gelen bir teşebbüse girmemelidir.

Vasiyet, müstehap, hattâ mubah iştir. Bunun için vacip vasiyetlerin dışında kalan vasiyetleri yapmak gibi bir mecburiyet yoktur. "Herkes mutlaka ölmeden önce vasiyet yapmalıdır" diye dinî bir mecburiyet de söz konusu değildir.

---

1 Hukuk-u İslâmiyye ve Istılahât-ı Fıkhiyye Kamusu, 5:120.

2 A.g.e., 5:142.

Birtakım vasiyetler de vardır ki, kişiye sevap değil, günah kazandırır. Bu çeşit vasiyetler doğrudan kul hakkına ve miras hukukuna tecavüz eden vasiyetlerdir.

Mirasçıya mirastan hak ettiği malın dışında ayrıca malın bir bölümünü vasiyet etmek doğru olmadığı gibi, mirasçının hakkı olan paydan mahrum bırakıcı veya azaltıcı mahiyette vasiyetler de insanın ebedî hayatını tehdit eder.

Ebû Hüreyre'nin (r.a.) rivayet ettiği bir hadiste Resul-i Ekrem Efendimiz (a.s.m.) şöyle buyururlar:

"Bir erkek altmış sene güzel ameller işler veya bir kadın altmış sene Allah'a itaatte bulunur, sonra her ikisine de ölüm gelir çatar da bu anda yaptıkları vasiyetlerle başkalarına zarar verirlerse Cehennem ateşi onlara vacip olur."[1]

Yani böyle bir kimse Cehennem azabını hak edecek kötü bir amel işlemiş olur. İyilik yapayım derken, cahilliğinden veya bir an için hakkı gözetemediğinden kendi eliyle kendisini tehlikeye sokmuş sayılır.

Bunun için **"Malımın yarısını küçük oğluma, kalan kısmını da diğer çocuklarıma vasiyet ediyorum" şeklinde bir vasiyet câiz olmadığı gibi, böyle bir vasiyete uyarak miras taksimi yapmak da sahih değildir.**

Çünkü, "Cenâb-ı Hak her mirasçıya mirastan olan hakkını tayin etti. Artık hiçbir mirasçıya vasiyet etmek câiz olmaz" hadis-i şerifi gayet açıktır.

Hem Kur'ân âyetlerinde miras meselesi esas itibariyle tespit edilmiş, kimin ne kadar mirastan hisse alacağı bildirilmiştir. Gerek böyle bir vasiyete, gerekse başka usullere uyarak miras hissesi ayırmak Allah'ın emirlerini bir tarafa bırakmak kadar kötü bir iştir.

Bu arada hayata gözlerini yumacak mü'min, vasiyetini sâlih, takvâ sahibi, dinî vecibelerine dikkat eden kimselere yapmalıdır. Fâsık, günahkâr kimselere vasiyet yapmak mekruhtur. Hattâ vasiyet edilen miktarın onlarca gayr-ı meşrû yollara harcanacağı bilinirse, günah işlenmesine vesile olunduğu için, bu durumda vasiyeti yapan kimse de sorumlu olur.

---

[1] Tirmizi, Vesâya: 2.

ABDEST VE GUSÜL

Sünnete göre temizlenme nasıl yapılır?

Tuvalete girmeden önce cepte âyet yazılı bir kâğıt parçası varsa onlar çıkarılır. Kıbleyi öne ve arkaya almamaya dikkat edilir. Bir mecburiyet olmadığı takdirde ayakta su dökülmez. Temizlik esnasında sol el kullanılır. İdrardan sonra sızıntının tamamen kesilmesi beklenir. Tuvalette iken konuşulmaz, müezzine icabet edilmez.

Namazın farzlarından birisi de "necasetten taharettir." Yâni, namaz kılacak kimsenin bedeninde, elbisesinde ve namaz kılacağı yerde namaza engel olacak nispette pisliğin bulunmamasıdır.

Bundan dolayı, abdestten önce insanın bedenindeki necaseti gidermesi farz bir vazifedir ve bu işi yapmakla insan ibadet etmiş olur.

"İstinca" tuvalete girip, büyük ve küçük hâcetini gördükten sonra insanın edep yerlerini temizlemesidir. Bugün pek çok insan, bilhassa namaz kılmayan kimseler bu konuda dikkat göstermiyorlar.

Tuvalete girme, temizlenme ve çıkma âdabı hadis ve fıkıh kitaplarında bütün ayrıntısıyla anlatılır, nasıl yapılacağı, nelere dikkat edileceği açıklanır.

Bu çeşit meseleleri hiçbir zaman "ayıp" olarak vasıflandırmayan dinimiz, ibadet ve insan sağlığı ile ilgili temizlik kurallarına büyük önem verir. Her fırsatta insanları bu hususlara uymaları için teşvikte bulunur.

"Orada günahlardan ve pisliklerden iyice temizlenmeyi seven kimseler vardır. Allah da çok temizlenenleri sever"[1] meâlindeki â-

[1] Tevbe Sûresi, 108.

yet-i kerime, Medine'ye yakın bir köyde yaşayan Kubalılar hakkında nazil olmuştu.

Vahiyden sonra Peygamberimiz (a.s.m.) onlara, **"Ey Ensar cemaati! Temizliğinizden dolayı Allah sizi övdü. Sizin bu methinize sebep olan temizliğiniz nedir?"** diye sordu.

Kubalılar şöyle cevap verdiler: **"Biz namaz için abdest alırız. Cünüplükten dolayı gusül ederiz. Abdest bozunca su ile istinca yaparız."**

Bunun üzerine Peygamberimiz (a.s.m.), **"İşte gerçek temizlik budur. O halde bu temizliğe sımsıkı sarılınız"** buyurdu.[1]

Hadislerin ışığında ve fıkıh kitaplarımızda yer aldığı kadarıyla, tuvalet âdâbı hakkında şu hususlar zikredilebilir:

Tuvalete girmeden önce paçalar sıvanır, mümkünse çoraplar çıkarılır.

Cepte âyet yazılı bir kâğıt parçası ve Kur'ân'dan bir parça varsa onlar çıkarılır. Âyetten sayılmayan dua ve evrad kitapları cepte kalsa da caizdir. Yine küçük boyda Kur'ân-ı Kerim ve âyet yazılı kâğıt; muşamba, naylon ve benzeri bir kap içindeyse çıkarılmadan cepte kalsa da olabilir.

Bundan sonra *"Bismillah"* deyip, *"Allahümme innî eûzü bike mine'l-hubsi ve'l-habâis"* (Allah'ım, pisliklerden ve şeytanlardan Sana sığınırım) duası okunur.[2] Bu duâyı bilmeyen sadece *"Eûzü billah..."* söyler.

Kıbleyi öne ve arkaya almamaya dikkat edilir. Tuvaletin yapılışı bu şekilde oturmaya müsait değilse, artık zaruret olduğundan istenildiği şekilde oturulabilir.

Otururken sol tarafa meyilli olarak gevşek bir şekilde oturulur. Bu şekilde rahatlık sağlanmış olur.

Bir mecburiyet olmadığı takdirde ayakta su dökmemelidir. İdrar sıçramasından korunmak mümkünse ayakta su dökülebilir. Fakat oturarak su dökmek gerek temizlik, gerekse sağlık bakımından daha uygundur.

Temizlik esnasında sol el kullanılır. Su kullanılırken şiddetli çarpılmaz, önce ön kısım, sonra arka taraf bol su ile temizlenir.

---

1 İbni Mâce, Taharet: 28.

2 A.g.e., Taharet: 9.

İdrardan sonra sızıntının tamamen kesilmesini beklemeli, kesildiğine kanaat geldikten sonra temizlenmelidir. Taharet tamamlandıktan sonra temiz bir bezle veya tuvalet kâğıdı ile kurulanılır. Bunlar olmadığı zaman da elle taharetten arta kalan ıslaklık giderilmeye çalışılır. Temizlik bittikten sonra tuvalet temiz olarak bırakılmalıdır.

Tuvalette iken konuşulmaz, müezzine icabet edilmez. Aksırıldığı zaman içinden hamd edilir. Tuvalette tükürülmez, burun temizlenmez.

Su bulunmadığı zaman, taşla, pamukla, bezle ve tuvalet kâğıtlarıyla da temizlik yapılabilir.

Tuvaletten çıkarken sağ ayakla çıkılır ve şu duâ okunur: *"Elhamdülillahilezi ezhebe annî'l-ezâ ve âfânî."* (Bana sıkıntı veren şeyleri benden gideren ve âfiyet bahşeden Allah'a hamd olsun.)

Çıktıktan sonra sabunla eller iyice yıkanmalı.

Diğer taraftan rüzgâra karşı, durgun ve akar sulara idrar yapılmaz. Meyve ağaçlarının altına, insanların oturabileceği gölgelik yerlere, ekili tarlalara, karınca yuvalarına ve gelip geçilen yol üzerine def-i hacet için oturmak mekruhtur.

Abdest alırken suyu nasıl kullanmalı?

Abdestte azaları bir kere yıkamak farz, ikincisi sünnet, üçüncüsü ise sünneti tamamlamaktır. Bile bile üçten fazla yıkamak mekruhtur. Suyun nasıl kullanılacağı konusunda da Peygamber Efendimiz (a.s.m.), "Akar su kenarında da abdest alacak olsan suyu israf etme" buyurmuşlardır.

Abdest azalarının kaçar defa yıkanacağı hususunda bazı hadisler vardır. Bu hadislerden birisinin meâli şöyle:

İbni Abbas'ın rivayetine göre Peygamber Efendimiz (a.s.m.) abdest azalarını birer kere yıkamış ve bu hususta, "Abdest ancak böyle bir abdestle makbul olur" buyurmuşlardır.

Azalarının ikişer defa yıkadığında ise, "Bu abdest de Allah'tan iki kat sevap almak isteyen kimsenin abdestidir" buyurmuşlardır.

Her azasını üçer defa yıkadığında ise, **"Bu abdest benim ve benden önce gelen peygamberlerin abdestidir. Kim bundan fazla veya eksik yıkarsa haddi aşmış ve zulmetmiş olur."**[1]

Hadisteki haddi aşma ve zulmetme hakkında şu izahlar getirilir:

Hadiste zikredilen tehdit, sünnetin terki sayılmaktadır. **Bile bile üçten az veya çok yaparsa sünneti terk etmiş ve bid'at işlemiş olur.** Fakat üç kere yıkayıp yıkamadığı hususunda şüpheye düşmüşse, kalbinin rahat etmesi için fazla yıkamakta bir sakınca yoktur.

Yine abdestliyken tekrar abdest almak istiyorsa, azalarını tekrar yıkamakla sünneti terk etmiş olmaz. Çünkü abdest üzerine abdest almak, nur üzerine nurdur.

Abdestte azaları bir kere yıkamak farz, ikincisi sünnet, üçüncüsü ise sünneti tamamlamaktır. Bununla birlikte, "ikinci ve üçüncü yıkayışlar sünnettir" diyenler de vardır. Fakat her ne halde olursa olsun bile bile üçten fazla yıkamak mekruhtur.

Azaları üçten fazla yıkamamanın gerektiğini belirten İbni Âbidin, bunun aksinin bid'at olduğunu kaydeder ve şu hususları ilâve eder:

Şer'i sınırın dışında abdestte suyu israf etmek mekruhtur. İsraf ise, üç kere yıkamanın sünnet olduğunu bildiği halde bundan fazla yapmaktır ve bu mekruhluk tahrîmidir.[2]

Abdest suyunu israf etmenin mekruhluğu hususunda İmam Serahsî de şu hadis-i şerifi delil olarak zikreder:

Hz. Said (r.a.) suyu bolca dökerek abdest alıyordu. Bunu gören Peygamber Efendimiz (a.s.m.), **"Suyu israf etmekten sakın"** buyurdu.

"Yâ Resulallah, abdestte israf olur mu?" diye sorunca, Resulullah (a.s.m.):

"Evet, akar su kenarında da abdest alacak olsan suyu israf etme" buyurdu.[3]

Abdest alırken suyu israf etmeme hususunda ise Şâfiî mezhebinin görüşü şöyledir: Her âzâyı üçten fazla yıkamak tenzihen mekruhtur,

[1] Ebu Dâvud, Taharet: 52.
[2] Reddü'l-Muhtar, 1:90.
[3] el-Mebsût, 1:45.

tahrimen değil. İmamü'l-Harameyn şöyle demiştir: "Dördüncü yıkayış mekruh olsa da, günah değildir."

Şâfiî müçtehitlerinden İmam Nebevî, **"Bizim âlimlerimiz abdest ve gusülde suyu israf etmeyi hoş görmemişlerdir"** der.

İmam Remlî ise, **"Nehir kenarında da abdest alınsa suyu israf etmek mekruhtur. Fazla kullanmaya mezun olmadığımız için böyle yapmak haramdır"** der.[1]

Sakat kimse nasıl abdest alır, nasıl namaz kılar?

Ayakları kesik ve yüzü de yaralı olan kimse abdest alamadığı gibi, teyemmüm de etmeden abdestsiz ve teyemmümsüz olarak namazını kılar. Yine bir eli bulunmayan kimse akar su veya suyu döktürecek birini bulamazsa, suyu kullanamayacağından su ile temizlik yapmaktan ve abdest almaktan muaf tutulmuştur. Dinimizde bunlara benzer kolaylıklar vardır.

Cenab-ı Hak, kullarına güçlerinin yetmeyeceği, üstesinden gelemeyecekleri bir şeyi teklif etmez. Kur'ân-ı Kerimde şöyle buyurulur: **"Allah kimseyi gücünün yettiğinden fazlasıyla mükellef tutmaz."**[2]

Dinî emirlerin hiçbirisinde hakikatte zor olan, insanın gücünü aşan ve yapmaktan âciz olduğu bir teklif yoktur. Allah'ın kullarına böylece kolay olanı emretmesi, Onun bizlere bir lütfu ve ihsanıdır.

Allah'ın ihsan ettiği bu kolaylıklar, bütün ibadetlerde bulunduğu gibi, namaz ve taharette de görülür. Meselâ, dinen necis sayılan bir maddenin bulaştığı kısmın üç defa yıkamakla temizlenmiş olacağı, temizlik hususunda gösterilen açık bir kolaylıktır.

1 Nihâyetü'l-Muhtac, 1:172-173
2 Bakara Sûresi, 286.

Namaza başlamadan önce bedenî bir özründen dolayı vücut ve elbisesini istenilen şekilde temizlemeye güç yetiremeyenlere de dinimiz istisnaî bir kolaylık getirir.

Fıkhî kaynaklarımızda bu hususta geniş izah ve bilgiler bulunur. Şöyle ki:

Meselâ, ayakları kesik ve yüzü de yaralı olan kimse abdest alamadığı gibi, teyemmüm de etmeden abdestsiz ve teyemmümsüz olarak namazını kılar. Yine bir eli bulunmayan kimse akarsu, çeşme, musluk ve lavabo gibi suyu kendi başını kullanabileceği bir imkân bulamazsa veya suyu döktürecek biri yoksa, suyu kullanamayacağından su ile temizlik yapmaktan ve abdest almaktan muaf tutulur.

İki eli de bulunmayan veya bulunsa dahi iş yapamayacak durumda olan bir kimse su ile temizlik yapmaktan ve abdest almaktan muaftır. Bu haldeyken namazını kılar.

İmam-ı Âzama göre, **"Başkasının yardımı ile muktedir olan kimse âcizdir, kadir sayılmaz."** Yani zarurî işlerini ancak başkalarının yardımıyla görebilen kimse, temizlik ve ibadet bakımından sağlam, gücü kudreti yerinde olan bir adam gibi sayılmaz.

Bunun için böyle bir kimse temizlenirken hanımının yardımından istifade edebilecekse su ile temizlenmeyi terk etmez. Fakat suyu kullanamayacak kadar hasta veya sakat olan bir kadının kocası; erkeğin de hanımı bulunmazsa taharetlenmeleri aslından kalkmış olur. Yani bu kimseler tahareti terk ederek abdest alıp veya teyemmüm edip ibadetlerini yaparlar.

Ayrıca, abdest alamayacak kadar hasta olan, fakat hanımı da bulunmayan bir kimseye oğlu veya kardeşi abdest aldırabilirler. Ancak bu kimselerin kendisine taharette yardımcı olmaları caiz değildir. Çünkü bu kimseler hastanın yakın bir akrabası da olsalar onun avret yerine bakamazlar, el süremezler. Böyle bir durumda o kimseden istinca düşmüş olur.

Abdest alamayacak kadar hasta olan bir kadın için de aynı şeyler geçerlidir. Yani hasta olan kadına kızı ve kız kardeşi gibi yakın akrabaları abdest aldırabilseler de, taharet yaptıramazlar. Çünkü onların da hastanın avret yerine bakması ve dokunması caiz olmaz. Böylece ondan "necasetten temizlenme" şartı düşmüş olur.[1]

---

[1] İbni Âbidin, 1:55, 227.

Özür sahibi olan bir kimsenin çamaşırına özründen dolayı kan, idrar gibi pis şeyler akıp bulaşacak olsa, özrü devam ettiği müddetçe bu pislikler namazın sıhhatine engel olmaz. Namazın sıhhatine engel olan dirhem miktarından fazla da olsa, hüküm aynıdır.

Meselâ, bir hastanın özründen dolayı devamlı olarak sızan idrarı çamaşırına bulaşsa, bu miktar el ayası kadar bir yer de kaplasa, yıkadığı takdirde namazı kılıp tamamlayamadan tekrar kirlenecekse, yıkamadan o şekilde kılması câizdir. Fakat namaz kılıncaya kadar yeniden kirlenmeyecekse, o pisliği yıkayıp temizledikten sonra namaza durması lâzımdır.

Namaz kılarken ayaklarını bükemeyen hasta, ayaklarını kıbleye doğru uzatır, îmâ ile namazını kılar. Yani rükûa varırken başını ve belini hafifçe eğer. Secde için de rükûdan biraz fazla eğer, bu şekilde namazını edâ eder.

Bu haldeyken bile üzerine farz olan namazını ihmal etmeyen, kılmak için gayret gösteren bir mü'min Allah'a olan kulluk vazifesinin şuuruna varmış olacağından sevabı da o nisbette fazla olur.

Bu şekilde namazını kılan kimse ibadetlerini yerine getirerek vicdanen rahatlamış olur, huzura kavuşur. Bunun için, "Eksik oldu, arzu ettiğim gibi olmadı" şeklindeki vehimlere kapılmaması lâzımdır.

Dinî kitaplar abdestsiz ele alınabilir mi?

Bazı fıkıh kitaplarında, dinî kitapların abdestsiz olarak ele alınması mekruh sayılmaktaysa da, İmam-ı Âzam'dan rivayet edilen bir görüşe göre –ki sahih olan budur– mekruh olmadığıdır. Çünkü insan bu kitapları elle tutup okumakla doğrudan Kur'ân'a dokunmuş bulunmamaktadır.

Kur'ân-ı Kerim için abdest almak farz iken; fıkıh, hadis ve akaid kitaplarını alıp okumak için, onlara hürmeten abdest almak menduptur.

Hanefî mezhebinin büyük âlimlerinden İmamı Serahsî bir gece Kur'ân okumakla meşguldü. Fakat bir karın ağrısından dolayı sık sık tuvalete çıkmak mecburiyetinde kalmıştı. Elindeki kitabı abdestsiz olarak da okumak istemiyordu. Bunun için bir gecede 17 kere abdest alma durumunda kaldı.

Bu husus, meselenin takva cihetidir. Zaten o zâtların yücelmesindeki bir sır da ilme ve kitaba olan bu hürmetlerinden dolayı değil midir?

Halebî-i Sağîr gibi bazı fıkıh kitaplarında, dinî kitapların abdestsiz olarak ele alınması mekruh sayılmaktaysa da, İmam-ı Âzam'dan rivayet edilen bir görüşe göre –ki sahih olan budur– mekruh olmadığıdır. Çünkü insan bu kitapları elle tutup okumakla doğrudan Kur'ân'a dokunmuş sayılmaz. Çünkü bu kitaplardaki âyetler esas kitabın muhtevasının az bir kısmını oluşturur. Dolayısıyla, mekruh olmaz, denilir.[1]

Tefsir kitapları hususunda Hanefî mezhebinin görüşü, onları abdestsiz olarak ele alınmasının mekruhluğu şeklinde ise de, Tahtavî'de şöyle bir hükme yer verilir:

"Tefsirlerdeki Kur'ân âyetlerine el sürülmesi câiz değildir. Fakat diğer kısımlarına el sürülebilir."[2]

Şâfiîlere göre ise, eğer tefsir kısmı Kur'ân'dan fazla ise abdestsiz olarak ele alınabilir. Şayet Kur'ân kısmı fazla ise dokunmak câiz olmaz.[3]

Bu açıklamalardan sonra şöyle denilebilir:

Tefsir kitapları içindeki âyetlere el sürmeden alınıp okunabilir. Ayrıca Risâle-i Nurlar da birer Kur'ân tefsiri olduklarından onlar da abdestsiz olarak okunabilir; ancak bu halde iken içindeki âyetlere dokunulmaması gerekir.

Fakat efdal olanı, mümkün olduğu kadar abdestli halde iken okumaktır. Kur'ân meallerinde ekseriyetle Kur'ân-ı Kerim'in tamamı bulunduğundan onları okurken abdestli olmaya gayret edilmelidir.

---

1 İbrahim Halebî, Halebî-i Sağîr, s.40.

2 et-Tahtâvî, Hâşiyetü't-Tahtâvî alâ Merâki'l-Felâh, s. 66.

3 Abdurrahman el-Cezerî, Kitabü'l-Fıkhı ale'l-Mezâhibi'l-Erbaa, 1:49.

Kadın başı açık olarak abdest alabilir mi?

Müslüman bir hanım, nâmahrem erkeklerin yanında, kendisine nikâhı düşebilecek erkeklerin görebileceği yerde, başını, kollarını ve bacağını açamaz; aynı zamanda onların yanında abdest de alamaz. Ama kendi evinde, mahremlerinin görebileceği bir yerde başı açık olarak abdest alabilir.

Önce iki hususu hatırlayalım:

Birincisi: Nur Sûresinin 31. âyet-i kerimesinde, kadınların, kendilerine nikâhı düşebilecek, nâmahrem, yabancı erkeklerin yanında başlarını iyice örtmeleri emredilir.

Bunun yanında, yine aynı âyetten, kadının başını, kollarını, boynunu ve dizden aşağı bacağını, mahremlerinin (babası, kardeşi, oğlu gibi) görmelerinin bir sakıncasının olmadığını anlıyoruz.

Bu hüküm fitne korkusu olmadığı zamandır. Yani –pek olmaz ya– kadına yakınları kötü niyetle bakarsa yine caiz olmaz. Ayrıca bu ifadelerden, kadın mahremlerinin yanında bedeninin bu kısımlarını açmalıdır hükmünü de çıkarmamak lazımdır.

İkincisi: Kadının kendi evinde gerek tek başınayken, gerekse beyinin, çoluk çocuğunun yanında başının açık olmasında da bir sakınca yoktur.

Yani bir kadın kendi evinde, bu sözü edilen şartlar içinde başı, boynu, kolları, bacağı açık olarak abdest alabilir. Zaten kadın abdest alırken kollarının ve bacağının bir kısmı haliyle açık olmaktadır. Çünkü yıkarken açık olacaktır.

Ancak nâmahrem erkeklerin yanında, kendisine nikâhı düşebilecek erkeklerin görebileceği yerde, başını, kollarını ve bacağını açamaz; bu haliyle onların yanında abdest de alamaz. Bunun için sakin ve kimseye görünmeyecek bir mekânda abdestini alır.

Demek ki, bir kadın, kendi evinde, mahremlerinin görebileceği bir yerde başı açık olarak abdest alabilir.

Kadın başını açınca abdesti bozulur mu?

Hanımın başını açmasıyla hiçbir şekilde abdesti bozulmaz. Çünkü abdesti bozan şeyler arasında hanımın başını açması şeklinde bir madde mevcut değildir. Bu durum gerek kendi evinde olsun, gerekse evin dışına çıktıktan sonra olsun fark etmez.

Bu mesele daha çok namaz kıldığı halde başı açık gezen hanımlar için söz konusudur.

Bu durumdaki hanımlar, çalıştıkları için başlarını kapatmaya ya işyerleri müsaade etmiyordur, ya kendilerine göre bir mazeret buluyorlardır veya–en çok karşılaşıldığı gibi–nefsinin ve çevresinin baskısından kurtulamamışlardır.

Bütün bu haller dinî bir mazeret değildir, baş açık gezmeyi meşru ve helâl kılmaz. İnsan bir an önce bu farzı yerine getirmek için çareler aramalı, Allah'a dua ederek Ondan inayet ve yardım istemelidir.

Bütün bunlarla birlikte namaz kılmak da farzdır, başın kapatılması da bir farzdır.

Başı açık gezen, "Nasıl olsa ben başımı kapatamıyorum, öyle ise namazı kılmama da gerek yok" gibi bir yanlışlığa girmemelidir.

Bu durum şu misale çok benzer:

Evinin bir tarafı yıkılan kimse, onu tamir etmesi gerekirken, "Nasıl olsa bir tarafı yıkıldı, öbür tarafını da ben yıkayım" gibi bir yanlışlığa girerse bütün bütün evsiz kalır.

Evet, karşımıza meşhur kaide çıkıyor: "Bir şey bütünüyle elde edilemezse, bütünüyle de terk edilmez."

Hanımın başını açmasıyla hiçbir şekilde abdesti bozulmaz. Çünkü abdesti bozan şeyler arasında hanımın başını açması şeklinde bir madde mevcut değildir.

Bu durum gerek kendi evinde olsun, gerekse evin dışına çıktıktan sonra olsun fark etmez.

Kadın erkeğe dokunursa abdesti bozulur mu?

Şâfii mezhebine göre, bir erkeğin teni kadının tenine dokunursa; kadının da, erkeğin de abdesti bozulur. Ancak bu hüküm Şâfiî mezhebine göredir; Hanefi mezhebine göre böyle bir hal abdesti bozmaz. Erkek ve kadından hangisi Şâfiî mezhebine mensupsa dokunmakla onun abdesti bozulur.

Şâfii mezhebine göre, bir erkeğin teni kadının tenine dokunursa; kadının da, erkeğin de abdesti bozulur. Yalnız bu dokunmanın abdesti bozabilmesi için şu şartların bulunması gerekir:

1. Erkeğin de, kadının da erginlik çağına ermiş olması gerekir. Burada her ne kadar yedi yaş sınırı esas alınmış olsa da, çocukların cinsel bakımdan gelişme yaşları bölge ve iklimlere göre değişebilmektedir. Demek ki, erkeklik ve kadınlık duygularının gelişmiş olması kâfi geliyor. Kadın ve erkek ne kadar yaşlı olursa olsun hüküm değişmiyor. Yani seksen yaşında da olsalar dokundukları takdirde abdestleri bozuluyor.

2. Her iki cinsin birbirlerine tenlerinin dokunmasıyla abdest bozulur. Bunun için saça, tırnağa ve dişe dokunmak abdesti bozmaz.

3. Erkeğin de, kadının da birbirlerine nâmahrem olması gerekir. Mahrem olmaları durumunda abdest bozulmaz. Erkeğe mahrem olan hanımlar, evlenmesi caiz olmayan hanım akrabaları demektir: Annesi, ninesi, kızı, kız kardeşi, halası, teyzesi; süt annesi, süt kardeşi; kayınvalidesi gibi...

Ancak hanımının kız kardeşi, halası ve teyzesi her ne kadar geçici mahrem iseler de bunlara dokunması halinde abdesti bozulur. Kadın için de mahrem olan, yani evlenmesi caiz olmayan erkekler ise; dedesi, babası, kardeşi, oğlu, amcası, dayısı, kayınpederi; süt babası, süt kardeşi gibi...

Burada ayrıca karı kocanın birbirlerinin tenlerine dokununca abdestlerinin bozulduklarını da belirtelim.

4. Arada bir engelin olmaması gerekir. Arada bir engel varsa abdest bozulmaz. Elbisenin, çorabın veya eldivenin üzerinden dokunmakla abdest bozulmaz.

Buna göre Şâfii mezhebine mensup bir erkeğin teni, meselâ annesinin veya kızının tenine dokunmasıyla; kadının da teninin babasının veya oğlunun tenine dokunmasıyla abdestleri bozulmaz.

Erkek ve kadından hangisi Şâfiî mezhebine mensup ise dokunmakla onun abdesti bozulur.

Yukarıda maddeler halinde sayılan hükümler Şâfiî mezhebine göredir; Hanefi mezhebine göre böyle bu haller abdesti bozmaz.

Bu meselenin kitap ve sünnetten delili şöyledir:

Abdestin ve guslün farzlarını, hangi durumlarda abdest ve gusül alınması gerektiğini bildiren Mâide Sûresinin 5. âyetinde, "kadınlara dokunmuşsanız" mânâsında *"ev lâmestümü'n-nisâe"* ifadesi geçiyor.

Buradaki "lems'i (dokunmayı)" Şâfiî mezhebi lügat ve mecaz mânasında kullanıyor. Bu kelimenin lügat mânası, "elle dokunmak, yoklamak, tenlerin birbirine değmesi" şeklindedir.

Hanefi mezhebi ise, "lems'i (dokunmayı)" cinsel ilişki mânasında tefsir ediyor, bu durum da abdesti değil, guslü gerektiriyor.

Hanefi mezhebi, dokunmakla abdestin bozulmamasına Hz. Âişe Validemizin (r.a.) rivayet ettiği şu hadisleri delil olarak getiriyor:

"Resulullah (a.s.m.) hanımlarından birisini öper, sonra da abdest almadan namaza dururdu."[1]

"Önünde cenaze gibi boylu boyuna uzanıp yatmış olduğum halde Resulullah (a.s.m.) namaz kılardı. Vitir namazını kılmak istediği zaman da ayağıyla bana dokunurdu."[2]

"Bir gece Resulullah'ı (a.s.m.) yatağında bulamadım. Aramaya çıktım, mescitte gördüm. Namaz kılıyordu. Secdede ayaklarını dikmiş haldeydi. Ayaklarının altına elimle dokundum."[3]

Şâfiî mezhebi âlimleri bu hadislerden birisini senet bakımından zayıf görürler; diğer ikisini de Resulullah'a (a.s.m.) has bir özellik olarak içtihatta bulunurlar.

---

1 Ebû Dâvud, Taharet: 68; Tirmizî, Taharet: 63; İbni Mâce, Taharet: 69.

2 Müsned, 6: 182.

3 Neseî, İftitah: 137.

Hanbelî ve Mâlikilere göre bu halin abdesti bozabilmesi için dokunmanın şehvetle olması gerekir; şehvetsiz olarak dokunmak abdesti bozmaz.

Her iki mezhebin de görüşü birer içtihat olduğundan ikisi de doğrudur. Buna göre herkes kendi mezhebine göre ibadetini yapar.

Bebeğin altını temizleyen annenin abdesti bozulur mu?

Annenin, bebeğin altını temizlemesiyle veya çocuğunu tuvalete tutmasıyla abdestine bir zarar gelmez. Yani abdesti varsa, tekrar abdest alması gerekmez.

Ancak bu esnada annenin üzerine namaza engel olacak miktarda necaset bulaşmışsa yıkamadan namaza durmaması gerekir.

Burada namazın farzlarından olan "necasetten taharet", namaz kılan kimsenin bedeninde, elbisesinde veya namaz kılacağı yerde namaza mâni olacak kadar sıvı ve katı necaset varsa yıkamasının farz olması hükmü karşımıza çıkıyor. Bu, katı necasette bir dirhem (3,5 gram), sıvı necasette ise el ayasını kaplayacak kadardır. Yıkanması, giderilmesi gerekir.

Bebek emzirmek abdesti bozar mı?

Abdesti bozan hallerin esas olarak nelerden ibaret olduğu başta Mâide Sûresinin 6. âyet-i kerimesi olmak üzere pek çok hadis-i şerifte belirtilir.

Bu âyette bedenden çıkan şeylerin abdesti bozacağı ifade edilirken, def-i hacet meselesine temas edilir. Bu arada bazı hadislerde insandan kan, irin ve sarı su gibi sıvı maddelerin bedenden ayrılması sonucunda abdesti bozacağı bildirilir.

Bununla birlikte hiçbir âyette ve hadiste, hiçbir fıkıh kitabında kadın anne olsun veya olmasın hiçbir şekilde göğsünden çıkan sütün abdesti bozacağına dair bir kayıt yoktur. Bundan dolayıdır ki, annenin bebeğini emzirmesiyle abdesti bozulmaz.

Topraktan başka bir şeyle teyemmüm yapılabilir mi?

Teyemmüm yeryüzü cinsinden her şeyle yapılabilir. Bunlar, toprak, kireç, alçıdır. Şayet bunlar yoksa toprak cinsinden olmayan ve üzerinde temiz toz bulunan madde ve eşya üzerine teyemmüm yapılabilir.

Teyemmümün ne ile ve nasıl yapılacağı Mâide Sûresinin 6. âyet-i kerimesinde şöyle ifade edilir:

"Eğer hasta olup suyu kullanamayacak halde bulunursanız veya yolculukta olursanız veya sizden biri abdest bozmaktan gelirse yahut kadınlarınızla temasta bulunmuş olursanız ve bu hallerde su bulamazsanız, o zaman temiz bir toprakla teyemmüm edin ve yüzünüzü ve kollarınızı onunla meshedin."

Bir hadis-i şerifte de Peygamber Efendimiz (a.s.m.) şöyle buyurmuşlardır:

"Su bulamadığımız zaman toprak bize temizleyici bir vasıta olarak kılındı."[1]

Âyet-i kerimedeki açık beyandan dolayıdır ki, Şâfiî ve Hanbelî mezhebine göre ve İmam-ı Ebû Yûsuf'a göre teyemmüm sadece toprakla yapılır, başka bir madde ile yapılmaz.

Ancak bu meselede Hanefi mezhebinin görüşü şöyledir:

Teyemmüm yeryüzü cinsinden her şeyle yapılabilir. Bunlar, toprak, kireç, alçıdır. Bunun yanında üzerinde toz olmasa bile kum, kiremit, tuğla, taş ve mermerle teyemmüm yapılabildiği gibi, beton, kireç ve çamurla sıvanmış duvar üzerinde de teyemmüm yapılabilir.

Bunların dışında üzerinde temiz toz bulunmak ve üzerine el vurulduğunda tozun ele çıkması şartıyla her türlü maden, elbise, mefruşat, odun ve benzeri şeyler üzerine teyemmüm yapılabilir.

1 Müslim, Mesâcid: 3.

Bunlarla birlikte, toprak ve toprak cinsinden bir madde bulunduğu takdirde onlara teyemmüm edilir.

Şayet bunlar yoksa toprak cinsinden olmayan ve üzerinde temiz toz bulunan madde ve eşya üzerine teyemmüm yapılabilir.

İlk gusül abdestini kim aldı?

Âdem Aleyhisselâmdan itibaren her peygamberin bir şeriatı, Allah'ın birer emri olan kulluk vazifesini uygulama şekli vardı.

Allah'a inanıp bir peygambere tabi olan her mü'min birtakım ibadetler yapıyordu. İsmi gusül olmasa da, bizim gibi yıkanıyor, temizleniyor, üzerindeki maddî ve mânevî kirleri atıyordu.

Vakti ve şekli bütünüyle bizim kıldığımız namaz gibi değilse de, namaz kılıyor, belli zamanlarda oruç tutuyor, hac yapıyor, malının sadakasını veriyordu.

Ancak geçmiş peygamberlerin ve ümmetlerin şeriatları, yani amelî ciheti tam olarak, her yönüyle bize kadar ulaşmamıştır.

Nasıl abdest alıyorlardı, nasıl namaz kılıp oruç tutuyorlardı, bütün teferruatıyla bilemiyoruz. Bu hususta elimizde kesin ve sıhhatli bir delil yoktur.

Son din olan İslâmiyet ise bütün dinlerde mevcut olan ibadeti kendi bünyesinde toplamış ve kıyamete kadar da devam edecektir.

Gusül için de aynı şeyleri söylemek mümkündür. Farz olan gusül abdesti ilk insan ve ilk peygamber Hz. Âdem'le başlamış bulunmalıdır.

Çünkü insanın ilk teşekkül maddesi olan "erlik suyu" Hz. Âdem'de de mevcuttu. Biz gusül gerektiren halden önce nasıl bir his duyuyor, bedenden nasıl bir sıvı çıkıyorsa, ilk insanda da aynı şeyler görülüyordu.

Buradan şöyle bir neticeye varabiliriz:

Temizlik ve ibadetlere temel teşkil eden esas ve şekiller ilk insan Hz. Âdem'den itibaren her peygamber ve her ümmette mevcuttu.

Diş dolgusu ve kaplama gusle engel olur mu?

Bir zaruretten dolayı dişe dolgu veya kaplama yaptırılırsa, artık o dolgu ve kaplama maddesi dişin kendisinden sayılır. Bu bakımdan da gusle bir engel teşkil etmez. Ayrıca boyacının tırnağındaki boya, dişlerin arasındaki ve oyuk dişin içindeki yiyecek artıkları da gusle mâni değildir.

Hanefî mezhebine göre ağız ve burnun içi vücudun dış kısmından sayılmaktadır. Bundan dolayı farz olan gusül esnasında ağız ve burna su verip iç kısmını ıslatmak gerekir.

Diş dolgusunun ve kaplatmanın gusle mâni olduğunu söyleyen kimseler bu esastan hareketle, dişine kaplama ve dolgu yaptıranların gusüllerinin sahih olmadığı kanaatini taşımaktadırlar.

Bilindiği gibi, diş çürüyünce ve içi oyulunca, ya çekilip protez yapılmakta veya oyuk kısım doldurulmaktadır. Protez esnasındaki yandaki dişler inceltilerek üzerine kaplama geçirilmektedir. haliyle bu tedavi bir zaruretten dolayı yapılmaktadır.

Bugün diş tedavisinde bu iki yoldan birisi mutlak sûrette uygulanmaktadır. Dolgu yapılmadığı takdirde çürümeye engel olunamadığından, çürüyen diş kaybedilmektedir. Bunun önüne geçmek için de dolgu yapılarak diş uzun bir müddet koruma altına alınmaktadır. Böylece bu işlemin zaruret olduğu kendiliğinden anlaşılmaktadır.

İşte böyle bir zaruretten dolayı dişe dolgu veya kaplama yaptırılırsa, artık o dolgu ve kaplama maddesi dişin kendisinden sayılır. Bu bakımdan da gusle bir engel teşkil etmez.

Bu meseleye ışık tutacak bir hâdise Asr-ı Saâdette de meydana gelmişti. Sahabilerden Afrece bin Es'ad'ın İslâmiyetten önce vuku bulan bir savaş esnasında burnu kesilmişti. Bundan sonra gümüşten bir burun taktırdıysa da kötü bir koku neşrettiğinden rahat edemedi. Sonunda durumu Resulullah'a (a.s.m.) anlattı. Peygamber Efendimiz, altından bir burun yaptırıp taktırmasını tavsiye etti.[1]

1 Tirmizi, Libas: 31; Ebû Dâvud, Hâtem: 7.

İşte bu hadisten hareket eden, başta İmam Muhammed olmak üzere bazı İslâm âlimleri takma ve doldurma diş yaptırmada bir sakıncanın bulunmadığını; hattâ bunun altın madeninden yapılması hususunda ruhsat bulunduğunu ifâde etmektedirler. Bu meselenin esasını, meâlini verdiğimiz hadis-i şerifin izahında bulmak mümkündür.[1]

Ayrıca boyacının tırnağındaki boya, dişlerin arasındaki ve oyuk dişin içindeki yiyecek artıklarının gusle mâni olmadığı fıkıh kitaplarımızda ifâde edilmektedir. Dış dolgusu da buna benzer bir durumdur.

Diş arasındaki yemek artıklarını gidermek ve tırnaktaki yağlı boyayı temizlemek mümkün olsa da, gusül esnasında dolgu yapılan dişin içini boşaltıp yıkamak mümkün değildir. Bunun için dolgu da gusle mâni olmaz.

Diş kaplaması veya dolgusu bir zarûretten dolayı yapılırsa -ki genellikle öyledir– bu bir nevi çürüyen dişi tedâvi şeklidir; o zaman gusle mâni olamaz. Bu zarûretin dindar ve salâhiyetli bir doktor tarafından tespit edilmesi gerekmektedir.

Bu vasıfta bir doktorun tavsiyesiyle yapılan kaplamanın dinen bir sakıncasının olmadığını ve altta kalan dişin, ağzın görünen kısmından çıkıp, görünmeyen kısmın hükmüne geçtiğini ifâde eden Bediüzzaman Hazretleri bir mektubunda, bir sual vesilesiyle bu durumu şöyle izah eder:

"(Kaplamanın altının) gusülde yıkanmaması guslü iptal etmez. Çünkü, üstündeki kaplama yıkanıyor, onun yerine geçiyor. Evet, cerihaların (yaraların) üstündeki sargıların zarar için kaldırılmadığından ceriha yerine yıkanması, şer'an o yaranın guslü (yıkanması) yerine geçtiği gibi, böyle ihtiyaca binâen sabit kaplamanın yıkanması dahi dişin yıkanması yerine geçer, guslü iptal etmez.

"Ve'l-ilmü indallah, madem ihtiyaca binaen bu ruhsat oluyor, elbette yalnız süs için, ihtiyaçsız dişleri kaplamak veya doldurmak bu ruhsattan istifâde edemez. Çünkü, hattâ zarûret derecesine geldikten sonra böyle umûmü'l-belvâda eğer bilerek sû-i ihtiyariyle olsa o zaruret ibâheye (mubah olmasına) sebebiyet vermez. Eğer bilmeyerek olmuş ise zarûret için elbette cevaz vermez."[2]

1 Serahsî, el-Mebsût, 1:132.
2 Barla Lâhikası, s. 157.

Ancak çıkarılıp takılabilecek diş ve protezlerin gusül sırasında, ağzı yıkarken çıkarmak gerekir.

Bu mesele sadece Hanefi mezhebinde mevcuttur. Diğer mezheplere, meselâ, Şâfiî mezhebine göre gusülde ağzın yıkanması farz olmayıp sünnettir.

Bu mezhebe göre, dişin gerek dolgu, gerekse kaplama ve protez yapılması hiçbir şekilde gusle mâni olmaz.

Gusletmeden önce bir şey yenip içilebilir mi?

Erkek olsun, kadın olsun cünüp olan bir insanın ellerini yıkamadan ve ağzını çalkalamadan bir şey yiyip içmesi mekruhtur.

Bunun için, mümkünse bir şey yiyip içmeden önce eli ve ağzı yıkamalıdır. Zaten diğer zamanlarda yemekten önce elleri yıkamak sünnettir. Böylece aynı zamanda bir sünnet de yerine getirilmiş olur.

Âdet gören kadın için böyle bir kerahet yoktur. Fakat onun için de müstehap olan her seferinde elini yıkamasıdır.

Kadın hangi durumda iki gusül yapar?

"Bir kadın eşiyle temastan sonra henüz gusletmeden aybaşı olsa gusletmesi gerekir mi, yoksa temizleninceye kadar bekler mi?" Esas olarak gusletmesi gerekmez, âdeti bitinceye kadar beklemesi gerekir.

Farz olan gusülden maksat, insanın kendisinde mevcut olan cünüplük halini üzerinden atması, ibadetlerini eda etmeye engel olan durumdan kurtulmasıdır.

Fakat, **guslü gerektirecek bir halden sonra yıkanıp cünüplükten kurtulmadan guslü gerektirecek başka bir hal meydana gelse, o insan gusletse de üzerinden cünüplük halini atmış olmaz, dinen temizlenmiş sayılmaz.**

Dolayısıyla guslü gerektirecek ikinci hal olan aybaşı hali bitip temizlenmeden gusletmek gerekmez, yani farz olmaz.

Zaten bu süre içinde gusletse dahi üzerindeki o hali atmış oluyor. Ancak, sadece vücut temizliği için bugünler içinde gusledilmesi mümkündür. Bu da maddi bir temizlikten öte bir şey değildir, cünüplüğü kaldırmaz.

Bu arada şu hususu da hatırlatalım:

Guslü gerektirecek birinci halde iken yıkanmadan o arada bir namaz vakti girse, vakit çıktıktan sonra aybaşı olsa; daha sonra, geçen bu namazın kazası gerekir.

Erkek doktora muayene olan kadının gusletmesi gerekir mi?

Bu meseleye ışık tutması bakımından gusülle ilgili bir prensibi hatırlayalım:

Ön ve arka yoldan birisine parmak veya başka bir cismi iletmek guslü gerektirmez. Parmağın erkek parmağı ile kadın parmağı olması arasında bir fark yoktur.

Fakat cinsel bir lezzet duyma düşüncesiyle ön tarafa parmak sokulursa bundan dolayı gusül gerekir.

Şöyle ki: Kadının cinsel organına plastik bir âletin sokulması halinde kadın şehvet duymuşsa yıkanması gerekir, duymamışsa gerekmez.

Bunun için bir kadın, kadın hastalığından dolayı doktora muayene olurken, cinsel bir haz duyarsa bundan dolayı gusül gerekirken, cinsel haz duymazsa hiçbir şey gerekmez. Doktor kadın da olsa, erkek de olsa hüküm aynıdır.[1]

---

[1] Reddü'l-Muhtar, 1:112.

Kadının fitil kullanması guslü gerektirir mi?

Gerek ağız, burun, kulak gibi yollardan, gerekse makat veya ön taraftan ilâç kullanılmasıyla abdest bozulmadığı gibi, gusül de gerekmez. Kullanılan ilâcın mahiyetinin değişik olması da bu hükmü değiştirmez.

Yani gerek ağızdan alınan hap ve şurup, gerekse burun ve kulağa konan merhem ve damla abdesti ve guslü gerektirmediği gibi, makat ve ön taraftan konan fitil ve benzeri ilâçlar da hiçbir şekilde abdesti ve guslü gerektirmez.

Bu arada damardan ve kalçadan yapılan iğnenin hiçbir sûrette abdeste ve gusle zarar vermediğini de belirtelim. İğne yapılan yerden kan çıkmış ise haliyle abdest bozulur.

KUR'ÂN

Kur'ân'a el basarak yemin olur mu?

İslâmî anlamdaki yemin, genellikle Allah adına yapılır. Bu da "Vallahi, Billahi" gibi ifadelerin söylenmesiyle olur. Fakat bu arada başta Kur'ân-ı Kerim ve Kâbe olmak üzere mukaddesler üzerine yapılan yeminler de yemin mefhumuna girer ve bunlar üzerine yapılan yeminler geçerlidir.

Yeminler çok kere örf ve âdete göre şekillenir ve ona göre yemin edilir. Bilhassa ülkemizde bölgeden bölgeye değişen pek çok yemin çeşitleri vardır. Kur'ân-ı Kerim üzerine yapılan yeminler de âdet haline gelmiş olan yeminlerden birisidir. Meselâ, "Kur'ân üzerine yemin ederim ki, Kur'ân hakkı için şu işi mutlaka yapacağım veya yapmayacağım" gibi...

Önceden beri ülkemizde Mushaf üzerine, yani Kur'ân-ı Kerime el basılarak yemin edilir. Hattâ bu yemin halk arasında diğer yeminlerden daha büyük ve sorumluluğu daha ağır bir yemin çeşidi olarak bilinir.

Bir mesele üzerinde anlaşamayan, uyuşamayan taraflar birbirlerini Kur'ân'a el basmaya davet eder. Zaten çok ciddi bir mesele olmadıkça ve insan haklılığından tam emin olmadıkça böyle bir yemine teşebbüs ve cesaret de edemez.

Meselenin fıkhî yönüne gelince; Şâfiî, Hanbelî, Mâlikî ve Hanefî ulemasına göre Kur'ân'la yemin etmek caizdir ve bu yemin sayılır. Çünkü, bu Allah'ın İzzet ve Celâline yemin etmek gibi Allah'ın ezelî bir kelâmı olan Kur'ân'la yemin etmektir.

İbni Kudame, *el-Muğnî* isimli eserinde şöyle der: "Kur'ân'la, ondan bir âyetle ve kelâmullah ile yemin etmek yemin sayılır. İbni Mes'ud,

Katâde, İmam Mâlik ve Şâfiî ve bütün âlimler aynı şeyi söylemişlerdir."[1]

Yukarıda da ifadeye çalıştığımız gibi, Kur'ân üzerine yemin denilince, insanlar "Mushaf'" üzerine el basarak yapılan yemin olarak bilirler. Bu da bir çeşit Allah'ın Kelâm sıfatı üzerine yemin etmektir ki, o da yemindir.

Sahih-i Buharî'yi 32 ciltlik eseriyle şerh eden Bedrüddin Aynî şunları söyler: **"Bana göre, bir kimse Mushaf ile yemin ederse veya üstüne elini koyarsa veya 'Bunun hakkı için' derse, o yemin sayılır. Bilhassa yalan yere yapılan yeminlerin çoğaldığı ve halkın Mushaf'la yemin etmeye çok rağbet ettikleri bu devirde..."**

Son devir âlimlerinden Allâme Kemâl de bu hususta şöyle der:

"Şüphesiz, Kur'ân-ı Kerimle yemin etmek şimdi âdet haline gelmiştir. Öyle ise onunla yemin etmek yemin sayılır. Çünkü yeminler örf ve âdete göredir."

Bütün bu izahlar açıkça göstermektedir ki, Kur'ân üzerine el basılarak edilen yemin bağlayıcılığı olan ve bozulunca keffareti gereken yemin sınıfına girer. Bu yemini her Müslüman yapabilir.

Yattıktan sonra Kur'ân ve dua okunabilir mi?

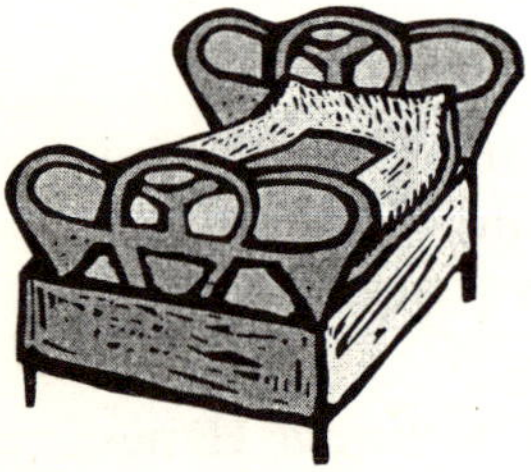

Yatağa girmeden önce duâ etmek, İhlâs, Felâk, Nâs sûreleri gibi duâ âyetlerini okumak Peygamberimiz Efendimizin devamlı âdetlerindendi. Hadis kitaplarında bu hususta pek çok hadis mevcuttur. Bu duaları yatmadan önce okumak mümkün olduğu gibi, yattıktan sonra da okumak câizdir.

Hz. Âişe Vâlidemiz, Peygamberimizin (a.s.m.) yatmadan önce neler yaptığını şöyle anlatır:

[1] El-Muğnî, 9:407 (7981. Mesele).

"Resulullah (s.a.v.) her gece yatağına girdiği vakit iki elini birleştirir, onlara üfler, daha sonra, *'Kul hüvallahu ehad,' 'Kul eûzü bi-Rabbi'l-felâk,' 'Kul eûzu bi-Rabbi'n-nâsi'*yi okur, sonra başından ve yüzünden başlayarak yetişebildiği yere kadar vücudunun her tarafını elleriyle meshederdi. Bunu üç defa yapardı."[1]

Berâ bin Âzib (r.a.) de Peygamberimizden (a.s.m.) şu meâlde bir hâdis-i şerif rivâyet eder:

"Yatağına gireceğin zaman namaz için abdest alır gibi abdest al, sonra sağ tarafına yat ve şöyle duâ et:

"Allah'ım nefsimi Sana teslim ettim. Seni sevdiğim ve Senden korktuğum için sırtımı Sana dayadım. Ancak Sana sığınır ve ancak Sana iltica ederim. İndirdiğin kitabına ve gönderdiğin resûlüne iman ettim.'

"Şayet bu gece ruhunu teslim edersen İslâm üzere, imanlı olarak görürsün. Son söylediklerin bunlar olsun."[2]

Her iki hadiste de görüldüğü gibi bu duâlar yatağa girildikten sonra okunmaktadır.

Peygamber Efendimiz (a.s.m.) duâ mânâsındaki sûreleri oturdukları yerde okuyup mübârek vücutlarını meshettikleri gibi, ikinci hadiste geçen duâyı da yattıktan sonra okudukları anlaşılmaktadır.

Bu durumda **yatmadan önce okumak mümkün olduğu gibi, yattıktan sonra da okumak câizdir.**

el-Feteva'l-Hindiyye'de bu hususta şöyle bir kayda yer verilir:

"Yan tarafını yere vererek Kur'ân okumakta bir beis yoktur. Ancak bu esnâda ayakları uzatmayıp toplamak gerekir.

"Yatağa girdikten sonra Kur'ân'dan bir sûre ve âyet okumakta da bir mahzur yoktur. Fakat bu esnâda başını yorganıyla kapatmaması gerekir. Çünkü yorgan bir nevi elbise hükmüne geçmektedir."[3]

---

1 Tirmizî, Duâ: 21.
2 Müslim, zikir: 56.
3 el-Feteva'l-Hindiyye, 5:316.

Kur'ân'ın sevabı hayattaki insana bağışlanabilir mi?

Bir mü'min Kur'ân'ı hatmeder de onu bir mü'min kardeşine bağışlarsa, Cenâb-ı Hak, o mü'minin duasını ve bağışını karşılıksız bırakmayacaktır. Diğer taraftan rahmete, duaya, sevaba hayatta olan insan ölmüş insandan daha fazla muhtaçtır.

Bir Müslüman diğer Müslüman kardeşine çeşitli şekillerde yardımda bulunur. Bu yardımların bir kısmı maddî şekilde olduğu gibi, daha güzeli ve tesirli olanı mânevî yardımdır.

Meselâ duâlarında onun bağışlanmasını, günahının affolunmasını, Allah'ın rızasına ermesini ister. Tahiyyatta iken "Allah'ım, beni, anababamı ve bütün mü'minleri bağışla" mânâsında *"Allahümma'ğfirlî..."* şeklinde yaptığımız dua bunun bir örneğidir.

Bir mü'minin diğer mü'mine en iyi yardımın ona gıyabında yaptığı dua olarak ifade eden Peygamberimiz (a.s.m.) mü'minlerin mânevî açıdan birbirlerine destek olmalarını tavsiye etmektedir.

Bediüzzaman, *Lem'alar* isimli eserinin "ihlâs" bahsinde dünyada mâlî bakımdan şirket kurulduğu takdirde ortakların hepsinin "hârika bir kuvvet, bir menfaat elde ettiklerine" dikkat çeker. Fakat, aynı şirket uhrevî ameller için kurulduğunda ondan daha fazla zararsız kazançlar sağlandığını ifade eder.

Uhrevî mallarda ihlâs sırrıyla kurulan ortaklık, kardeşlik sırrıyla dayanışma, birlik sırrıyla ortak çalışma, o ortaklıktan meydana gelen nur, her birinin amel defterine eksiksiz olarak girer.

Yani aynı hakikatlere, aynı dâvâya, aynı mukaddeslere gönül verip o sahada çalışan mü'minler bir ortaklık kurmuş olurlar. İhlâs sırrıyla birlikte hareket ettiklerinden mânevî kazançları da aralarında ortak olarak taksim olunur. Hepsine de eksiksiz olarak aynı sevap verilir.

Bunun gibi, Kur'ân okumak da bir ibadettir, bir hizmettir, bir sevap hazinesinin kapısını çalmaktır. Bir mü'min Kur'ân'ı hatmeder de onu bir mü'min kardeşine bağışlarsa Cenâb-ı Hak, o mü'minin duasını ve bağışını karşılıksız bırakmaz.

Diğer taraftan rahmete, duaya, sevaba hayatta olan insan ölmüş insandan daha fazla muhtaçtır. Çünkü hayattaki kişi, devamlı sûrette şeytan, nefis ve çevresiyle mücadele halindedir. Oralardan gelen tehlikeler, mânevî yaralar devamlı kendisini rahatsız eder; kalbini, ruhunu rencide eder.

Yine bu yollarla mü'mini birçok günahlar kuşatır, kıskacına alır. Bu kadar tehlike karşısında bir mü'min tek diliyle onlara nasıl karşı koyabilir? Diğer yüz binler mü'min kardeşi de mânen imdadına yetişir, onu duâsı, ibadetleri ve sevaplarıyla desteklerse o da kendisini ancak kurtarabilir, mânevi uçuruma yuvarlanmaz.

Kur'ân ise bu hususta en büyük şefaatçi ve destekçidir. Bir insanın din kardeşine Kur'ân'ı şefaatçi yaparak duâ etmesi ve onun sevabını bağışlaması kadar güzel ne vardır? Böyle bir yardımlaşmanın olmamasını düşünmek, mü'minler arasındaki mânevî bağların mevcut olmadığını iddia etmek olur ki, bu da mümkün değildir.

Kur'ân'ı dinleyerek hatim yapılır mı?

Bugün cami ve mescitlerimizde hafızlar her gün bir cüz okuyor; okumasını bilen Müslümanlar Kur'an'dan takip ediyor, bilemeyenler de sadece dinliyorlar. Burada Kur'ân okuyan hâfızlar gibi, Kur'ân'ı takip eden ve bir ay boyu muntazaman dinleyenler de Kur'ân'ı hatmetmiş sayılıyorlar.

Kur'ân mukabelesinde Kur'ân okumasını bilen birisi okuyanı takip etmekle, bilmeyen de sadece dinlemekle Kur'ân-ı Kerimi hatmetmiş olur mu? Ayrıca teyp, radyo, TV veya CD'den okunan Kur'ân'ı, Kur'ân'dan takip ederek veya sadece dinlemekle hatim yapılmış olur mu?"

Kur'ân mukabelesi âdeti, ilk olarak Peygamber Efendimizle (a.s.m.) Hz. Cebrail'in Kur'ân'ı karşılıklı okumaları, birisinin okuyup diğerinin dinlemesi tarzında başlamıştı. Hadiste Peygamberimizle (a.s.m.) Hz. Cebrail'in Kur'ân mukabelesi için *"Fe-yüdârisuhû"* ifadesi kullanılır. Bu ibareyi *Buharî* mütercimi Aynî şöyle açıklar:

"Kur'ân-ı Kerimi Resul-i Ekrem Aleyhissalâtü Vesselâmla Hz. Cebrail karşılıklı okurlardı. Bu okuyuşu daha sonra Kur'ân hâfızları devam ettirmişlerdir. Yani, meselâ on âyet birisi okur, diğeri dinler, on âyet de birisi okur, diğeri dinlerdi; bu müşterek bir okumaydı."[1]

Bugün cami ve mescitlerimizde ise bir veya birkaç hâfız her gün bir cüz'ü paylaşarak okuyor; okumasını bilen Müslümanlar Kur'an'-dan takip ediyor, bilemeyenler de sadece dinliyorlar. Ramazan'ın son gününde de 30. cüz okunarak Kur'ân hatmedilmiş oluyor.

Burada sadece Kur'ân okuyan hâfızlar değil, hem Kur'ân'ı takip edenler, hem de bir ay boyu aralıksız dinleyenler Kur'ân'ı hatmetmiş sayılıyorlar ve sevabını alıyorlar.

Kur'ân'ı dinlemek, okumaktan daha sevaplıdır. Bu husustaki hadislerin meâlleri şöyle: "Kur'ân okuyan için bir sevap, dinleyen için iki sevap vardır."[2]

"Kim Allah'ın kitabından bir âyeti can kulağıyla dinlerse, onun için iki kat sevap yazılır."[3]

Demek ki, Kur'ân-ı Kerimi dinlemek, onu okumaktan daha sevaplıdır. Kur'ân'ı dinleyen kimse onu dinleme sevabını aldığı gibi, tamamını dinleyen de aynı sevabı kat kat almaktadır.

Kur'ân'ı bizzat okuyandan dinleyenin durumu böyle olduğu gibi, teyp, TV ve CD'lerden dinleyenler de aynı sevabı alırlar. Çünkü bu âletler ses yansıması olmayıp okuyanın sesinin aynısıdır.

Okuyandan bizzat dinlemekle, böyle bir vasıtayla dinleme arasında bir fark yoktur. Her iki halde de değişen bir şey bulunmuyor. Yani Kur'ân'ın lafzında, kelime ve âyetlerinde bir değişiklik söz konusu değildir. Yani **Kur'ân'ı dinlemek sûretiyle Kur'ân sevabını alan kimse, aynı zamanda hatim sevabını da alıyor demektir.**

Hangi vesileyle olursa olsun, zamanını Kur'ân'la değerlendirenlere ne mutlu!

---

1 Umdetü'l-Karî, 1:75.

2 Dârimî, Fedâilü'l-Kur'ân: 10.

3 et-Tergîb ve't-Terhîb, 2:345.

EZAN VE DUA

Ezan okunurken başka şeylerle meşgul olunabilir mi?

Mümkün mertebe ezan okunurken başka şeylerle meşgul olmamalı. Bir an için konuşmaya, meşguliyetlere ara vermeli. Bir hürmet ve tâzim içinde, huşû içinde ezanı dinlemeye çalışmalı. Hattâ, Kur'ân okunurken bile, durup ezanı dinlemek, icâbet etmek daha faziletlidir.

Günde beş defa minarelerimizden yükselen ezan-ı Muhammedî İslâmın en mühim şeâir, işaret ve alâmetlerinden birisidir. Ezanın her tekrar edilişinde tevhid ve risâlet ilân olunuyor, imandan sonra en mühim hakikat olan namaza dâvet ediliyor. Bundan dolayı ezanı duyan bir mü'minin İlâhî dâvete icabet etmesi imanının bir gereğidir.

Ezana icabetin esas mânâsı, o vaktin namazını kılmaktır. Fakat, ezan okunduğu anda da müezzine icabet etmek sünnettir. Müezzine icabet etme hakkında rivayet edilen hadislerden hareket eden âlimler, ezan işitildiği zaman müezzine icabet etmenin, söylediklerini tekrar etmenin vacip olduğunu söylerler. Fakat, çoğunluğun kabul ettiği görüş, müezzinin okuduğu ezanın tekrar edilmesinin sünnet olduğudur.[1]

Mümkün mertebe ezan okunurken başka bir şeyle meşgul olmamalı. Bir an için konuşmaya, meşguliyetlere ara verilmeli. Bir hürmet ve tâzim içinde, huşû içinde ezanı dinlemeye çalışmalı.

Bedaiu's-Sanâî ve *el-Fetâva'l-Hindiyye* gibi fıkıh kaynaklarında, "Ezan okunurken müezzinin söylediklerini tekrar etmekten başka bir şeyle meşgul olmak, konuşmak uygun değildir" denir. **"Hattâ, Kur'-**

[1] Neseî, Ezân: 33.

ân okunurken bile olsa, durup ezanı dinlemek, icâbet etmek daha faziletli olur" kaydı yer alır.[2]

Fakat, çabuk yetiştirilmesi gerek bir işi vakit geçirmeden bitirmeye çalışmak gibi meşrû meşguliyetlerde bulunan bir kimsenin ezan okunurken işine devam etmesi onu günaha sokmaz.

Yatıldığı yerde ezanı dinlemenin de bir sakıncası yoktur. Niyetinde ezana karşı bir hürmetsizlik bulunmadığı sürece bir mesuliyet getirmez. Zaten insanın yatarken zikir, tesbih, tekbir getirmesi, hatta Kur'ân âyetlerini okuması bile câizdir. Peygamberimizin (a.s.m.) bazen yatağa girdikten sonra duâ âyetleri okuduğunu biliyoruz.

Ezan kelimeleri tekbir ve şehadetlerden ibarettir. Bunlar da yatakta iken dinlenebilir. Ancak imkân nisbetinde kalkıp oturarak dinleyip icabet etmek daha uygundur.

Gerek bir ihtiyaç için, gerekse abdeste hazırlık için ezan okunurken tuvalete girmek, tuvalette bulunmak bir sakınca oluşturmaz. Zaten insan tuvalette iken namazın farzlarından birisi olan necâsetten tahareti yerine getiriyor, temizlik yapıyor. Orada tabiî bir ihtiyacını gideriyor.

Özet olarak, ezan okunduğu esnâda, insan müsait olduğu ve imkân bulduğu zaman durur, ezanı dinler, icâbet eder.

Kadınlar ezan ve kamet okuyabilir mi?

İçinde Hanefi imamlarının bulunduğu müçtehitlerin çoğuna göre, kadının ezan okuması ve kamet getirmesi mekruhtur. Çünkü sesleri nağmeli olarak çıkacağından fitneye sebep olur. Kılınan namazın edâ veya kaza olması hükmü değiştirmez. Ancak bazı imamlara göre, kadın kendisi için ve diğer hanımlar için ezan ve kamet getirebilir.

Meselâ, İmam-ı Mâlik, "Kamet getirirlerse güzel olur" derken, İmam-ı Şâfiî, "Ezan ve kamet okumaları güzeldir" hükmünü verir.

Buna göre, bir kadın ezan ve kamet okumakla mükellef değildir, ancak isterse kendi başına okursa sevabını alır. Ancak sesini namahrem erkekler duymamalıdır.

---

2 Bedayi, 1:155.

İstihare niçin ve nasıl yapılır?

İstihare, çıkmazda kalan mü'minler için ruhî ve mânevî bir kuvvettir. Bir işte tereddütte kalan bir mü'min iki rekât namaz kılarak Cenâb-ı Hakka yönelir. Teşebbüs edeceği iş veya seçeceği hayat arkadaşı, dini, dünyası ve âhireti için hayırlıysa, gönlünde bu işe karşı bir ferahlık uyandırmasını, vücudunda bu işi yapabilmeye kudret ve kuvvet yaratmasını Cenâb-ı Haktan diler.

Ticaret, evlilik, seyahat ve benzeri bir işe teşebbüs eden kimse, o işin kendisi için hayırlı olup olmayacağı hususunda tereddüde düşerse, şüphesini giderecek, tereddüdünü ortadan kaldıracak hal çareleri aramak ister.

Bu hususta yapılacak ilk iş, yapılması istenen meselenin meşrûluğunun ve helâlliğinin araştırılmasıdır. Dinî ölçülere uyup uymadığının incelenmesidir.

Kişinin kendisi bir sonuca varamadığı takdirde en sağlıklı yol, o meseleyi ehliyetli birisine danışmak, onun fikrini almaktır. Gerekirse meseleyi enine boyuna bütün ayrıntısıyla konuşmak, kısaca istişare yapmaktır. İstişare yapılacak insanın da tecrübeli, bilgili ve sözüne güvenilir olması gerekir.

Bir meseleyi kendi aralarında istişare etmeyi, oturup konuşmayı mü'minlerin vasıflarından sayan Kur'ân-ı Kerim, **"Onların işleri aralarında müşavere iledir"**[1] buyurmaktadır. Aynı zamanda, istişare ederken ehil kimselerin seçilmesini, fikren ve inanç bakımından yabancı olanlarla istişare yapılmaması hususunda da ikazda bulunmaktadır:

"Ey iman edenler! Sizden olmayan kimseleri içli dışlı dost edinip sırlarınıza ortak etmeyin. Onlar sizi zarara sokmakta kusur etmezler. Size sıkıntı verecek şeylerden hoşlanırlar. Size düşmanlıkları sözlerinden belli olmuştur; açığa vurmayıp da kalplerinde giz-

[1] Şûra Sûresi, 38.

ledikleri düşmanlık ise daha büyüktür. Biz size dostunuzu ve düşmanınızı böylece gösterip âyetlerimizi açıkladık—eğer akıl ederseniz."[1]

Görüldüğü gibi basiret sahibi mü'min, kendi özel meselesini, her önüne gelene açmamalı, rastgelenin fikrini almamalıdır. Çünkü kendisine yardımcı olacak birisini ararken çok kere onunla konuşması neticesinde yanlış karara varmasından dolayı hatâya düşeceğini hesap etmelidir.

İstişareyi kendimize alışkanlık haline getirmeli, en basit meselemizi dahi tecrübeli ve ehliyetli birisine sormadan yapmamalıyız.

Bütün hayat safhalarıyla ümmetine mükemmel bir örnek olan Sevgili Peygamberimiz (a.s.m.) her meselesini yakınları ve sahabileriyle istişare eder, onların da fikrini alır, öyle karar verir, işe başlardı.

Halbuki kendisi bir peygamber olması hasebiyle vahye mazhardı; herkesten zeki, akıllı, derin fikirli, sâlim düşünceli bir insandı. Vahiyle sâbit olmayan hemen hemen bütün meselelerde ashabıyla istişarede bulunurdu. Ümmetini de istişaresiz iş yapmamaları için tembih eder ve istişare edenin hiçbir zaman pişman olmayacağını ifade buyururdu:

"İstihare eden kimse zarar görmez, istişare eden pişmanlık duymaz, iktisada riayet eden maişetçe aile belâsını çok çekmez."[2]

Dikkat edileceği gibi hadis-i şerif mü'minin sosyal hayatını üç temel esasa riayet etmeye bağlamıştır: İstişare, istihare ve iktisat.

Hadis-i şerifte tavsiye edilen istihare, istişare ettiği halde kalben rahat olmayan ve hissen tatmin olamayan kimselerin başvurabileceği bir sünnettir.

İstihare, lügat mânâsı itibariyle, Allah'tan hayır dilemektir. Yani yapılacak bir işin iyi mi, kötü mü olduğunu yahut o işi hemen mi, yoksa bir müddet sonra mı yapmanın daha iyi netice vereceğini anlamak ve kalbin o meseleye yatışmasını Allah'tan dilemek ve istemektir.

İstihare Peygamberimizin (a.s.m.) bir sünnetidir. Ümmetine tavsiye ettiği bir duâ ve ibadet şeklidir. Peygamberimiz (a.s.m.) istiharenin nasıl yapılacağını, hangi duânın okunacağını bizzat öğretmiştir.

---

1 Âl-i İmrân Sûresi, 118.

2 Tecrid Tercemesi, 4:135.

İstiharenin ehemmiyeti hususunda Câbir bin Abdullah şöyle demektedir:

"Resulullah (a.s.m.) bize Kur'ân'dan bir sûre öğretir gibi büyük küçük işlerimizin hepsinde istihareyi öğretti ve şöyle buyurdu:

"Sizden biriniz bir işe kalben azmettiği zaman, iki rekât namaz kılsın."[1]

İstihare namazı iki rekâttır. İmam Gazalî bu namazın birinci rekâtında Fâtiha'dan sonra *"Kul yâ eyyühe'l-kâfirûne"*, ikinci rekâtında da *"Kul hüvellahu ehad"* sûrelerinin okunmasını tavsiye eder.[2]

Namazı kıldıktan sonra Peygamberimizden (a.s.m.) rivayet edilen şu duâ okunur:

"Allah'ım, bu işimin hakkımda hayırlı olacağını yalnız Sen bildiğin için bana doğrusunu göstermeni niyaz ediyorum. Senin sonsuz kudretine iltica ediyor, yardım bekliyorum. Yüce lütfundan ihsan etmeni istiyorum. Muhakkak Senin her şeye gücün yeter; ben ise hiçbir şeye güç yetiremem. Sen her şeyi bilirsin, ben ise hiçbir şey bilmem; Sen bütün gaybları bilirsin.

"Allah'ım, bu iş benim dinim, yaşayışım, işimin âkıbeti, dünyam ve âhiretim hakkında hayırlı ise bunu bana nasip eyle. Sonra bunda benim için feyiz ve bereket vücuda getir. Şayet bu iş benim dinim, yaşayışım, işimin âkıbeti, dünyam ve âhiretim hakkında hayırlı değilse, bunu benden, beni bundan vazgeçir. Bu hususta gönlümde bir meyil bırakma. Benim için hayırlısı ne ise onu kolaylaştır. Sonra da beni takdir buyurduğun bu hayırla hoşnut eyle."[3]

Dua okunurken, "bu iş" şeklinde geçen yerlerde yapılması istenen iş zikredilir. Bu şekilde duanın Türkçesi okunabileceği gibi, Arapça aslını okumak daha faziletlidir.

Kişi istihare ettikten sonra kalbi hangi tarafa meylederse onu yapmalı, istihareden önceki peşin hüküm ve kanaatini bırakmalı, kendi temayülüne dayanmalıdır.

İstihareye rağmen bir temayül ve gönül yatışması görülmediği takdirde, istihareyi tekrarlayabilir. Bu sünnettir. Bununla alâkalı olarak Enes bin Mâlik'in (r.a.) rivayet ettiği bir hadiste Resulullah (a.s.m.) şöyle buyurmuştur:

---

1 Buharî, Küsuf: 75.

2 İmam Gazalî, İhyâu Ulûmiddîn, (Daru İhyâi'l-Kütübü'l-Arabî) 1:207.

3 İbni Mâce, İkametetü's-Salât: 188; Buharî, Küsuf: 75.

"Ey Enes, bir işi yapmayı niyet ettiğin zaman o iş hakkında yeniden yedi defa istihare et. Sonra kalbinden geçen temayüle, eğilime bak. Çünkü hayır kalbinde doğan mânâdadır."[1]

İş acele olup da istihareyi tekrarlamak mümkün değilse şöyle duâ edilir: **"Allah'ım, hakkımda hayırlı olan ne ise onu nasip et. Beni kendi halime bırakma."**

Asıl itibariyle istiharenin uyku ve rüya ile bir ilgisi olmamakla beraber, Hanefi fıkıh âlimlerinden İbni Abidin, istihare eden kimsenin dileğinin uygun olup olmadığına işaret olarak şöyle bir kayda yer verir:

"Yatmadan önce dua okunur ve abdestli olarak kıbleye yönelerek yatılır. Rüyada beyaz veya yeşil görülürse o işin hayır olduğuna, siyah ve kırmızı görülürse de şer olduğuna işaret eder. Şerli olandan kaçınmak icap eder."[2]

Dua ederken eller tersine çevrilebilir mi?

Mü'minler dualarında Allah'tan sıhhat, âfiyet, huzur, sükûn, bereket ve bolluk dilerken ellerinin iç kısmını kaldırırlar. Kötülük, kıtlık, kuraklık, belâ, musibet, maişet darlığı, ihtilâf ve düşmanlıklardan sakınmak için, Allah'a iltica ederken de ellerinin dış kısmını çevirirler. Namaz tesbihatında "ecirna" derken de fitne ve belâlardan sığınma vardır. Bu anda da ellerin tersi çevrilir.

Müslümanın esas vazifesi sünneti yaşatmak, Peygamber (a.s.m.) âdetini devam ettirmektir. Bu durumda bütün hareket ve davranışlarımızda değişmez ölçümüz, sünnet-i seniyenin prensipleri ve esasları olmalıdır. Aynı şekilde ibadet ve taatimizin şekil ve âdabında da Peygamberimizin (a.s.m.) yapış şekli bize rehber olmalıdır.

---

[1] Tecrid Tercemesi, 4:143.

[2] İbni Âbidin, 1:461.

Bir mü'min olarak çoğumuz elinden geldiği kadar Peygamberimizi (a.s.m.) taklit etmeye gayret eder, sünnete uygun hareketlerimizle de yakınlarımıza ve çevremize örnek olmaya çalışırız.

Duanın âdâbı ve dua ederken ellerin nasıl duracağına gelince, bu hususta Peygamberimizin (a.s.m.) uygulaması belli ve açıktır. Sahabilerin ifadesine göre, **Peygamberimiz (a.s.m.) ellerini göğüs hizasına getirip, avuç içlerini yüzüne meyilli açarak dua buyururlardı.**

Hatta yağmur duası esnasında ellerini iyice yukarı kaldırdığını ve koltuk altlarının beyazlıkları görülünceye kadar dua ettiğini on yıl hizmetinde bulunan Hz. Enes bin Mâlik bildirir.[1]

Peygamberimizin (a.s.m.) yağmur duası dışındaki dualarında da ellerini fazla kaldırdığını rivayet eden hadis âlimleri vardır.

Her hususta Allah'a karşı fakir ve âciz olduğumuz için, bütün ihtiyaçlarımızı bizzat Yaratıcımızdan, "Kâdiü'l-Hâcat"tan isteriz. İnsanlık icabı işlediğimiz kusur ve günahlarımızın affı için Allah'tan af dileriz. Yine başımıza gelecek belâların def'i ve gelmiş olanların uzaklaşması için Rabbimize sığınırız.

İşte, Allah'tan bir şey isterken veya arzu etmediğimiz bir şeyden korunmak için dua ettiğimizde, ifadelerimizde değişiklikler olduğu gibi, ellerin duruşunda da farklılık vardır.

Nitekim, Hallad bin Sâbi'l-Ensarî Peygamberimizin (a.s.m.) dua ederken ellerini nasıl tuttuğunu şöyle anlatmaktadır:

"Peygamber (a.s.m.) Allah'tan bir şey istediği zaman avuçlarının içini semâya kaldırır, bir şeyden Allah'a sığındığı zamanda da avuçlarının dışını (ellerinin tersini) semâya çevirirdi."[2]

Yine Peygamberimiz (a.s.m.) yağmur duası esnasında da ellerinin dışını çevirdiğini rivayet eden Enes bin Mâlik (r.a.) şöyle demektedir:

"Peygamber (a.s.m.) yağmur duası yapmış ve avuçlarının sırtı ile semaya işaret etmiştir."[3]

Çünkü yağmurun kesilmesi ve uzun müddet yağmaması bir musibettir. Bu belânın def'i için yağmur duası yapılmaktadır. Kıtlığın, yağmursuzluğun gidip, bereketin ve bolluğun gelmesi istenmektedir. İşte

---

1 Müslim, İstiska: 5.

2 Müsned, 4:56.

3 Müslim, İstiska: 6.

bu susuzluğun gitmesi için dua esnasında elin tersi döndürülmektedir.

Müslim Şârihi ve Şafiî mezhebinin güçlü âlimlerinden İmam-ı Nevevî Hazretleri bu hadisi açıklarken şöyle demektedir:

"Bizim âlimlerimizden bir cemaat ve diğer bazı âlimler kıtlık ve benzeri belâların def'i için edilen dualarda elleri kaldırıp avuçların sırtlarını semaya çevirmiş, Allah'tan bir şey isterken ve tahsil ederken de avuçların içini semâya kaldırmanın sünnet olduğunu, bu hadisi delil getirerek söylemişlerdir."[1]

İsrâ Sûresinin 90. âyetinin, duanın âdâbını bildirdiğini söyleyen müfessirler, bu âyete göre dua esnasında yerine göre ellerin bazen içi, bazen de tersi çevrilir demektedirler. Âyetin meali şöyledir:

"Gerçekten bütün bu peygamberler hayır işlerinde yarışırlar. Umarak ve korkarak bize dua ederlerdi. Onlar bizim için derin saygı gösterirlerdi."

Âyette geçen "rağaben" rağbet ve ümit mânâsına gelirken, "rahaben" kelimesi de korku hali demektir. İşte bazı müfessirler bu âyetten murad, "Allah'tan bir şey istenildiği zaman avuçların içi, korku ânında Allah'a sığınırken de avuçların dışı semaya kaldırılır" demektedirler.[2]

İşte mü'minler dualarında Allah'tan sıhhat, âfiyet, huzur, sükûn, bereket ve bolluk dilerken ellerinin iç kısmını kaldırırlar; kötülük, kıtlık, kuraklık, belâ, musibet, maişet darlığı, ihtilâf ve düşmanlıklardan sakınmak için, Allah'a iltica ederken de ellerinin dış kısmını çevirirler.

Namaz tesbihatında "ecirna (bizi muhafaza et)" derken de fitne ve belâlardan sığınma vardır. Bu anda da ellerin tersi çevrilir. Bediüzzaman Hazretleri de, dualarında ve namaz tesbihatında aynı şekli tatbik etmekteydi.

---

1 Nevevî, Şerhü Sahih-i Müslim, 5:190.

2 Büluğu'l-Merâm Tercümesi, 2:230.

Tefriciye salavatı niçin ve hangi niyetle okunur?

Okunması ve fazileti büyük olan bu salavât-ı şerife esas itibariyle bir duadır. Aynen salât-ı münciye gibi okunmasında büyük sevap olan bir salavattır. Bu çeşit duaların hem maddî hayatımız, hem de uhrevî istikbalimiz için şüphesiz pek çok fayda ve tesirleri vardır.

"Salât-ı nâriye" olarak bilinen salavât-ı şerifenin Arapça olarak okunuşu şöyledir:

"Allahümme salli salâten kâmileten ve sellim selâmen tâmmen alâ seyyidinâ Muhammedi'nillezî tenhallü bihi'l-ukadü ve tenfericü bihi'l-kürabü ve tükdâ bihi'l-havâicü ve tünâlü bihi'r-regâibü ve hüsnü'l-havatimi ve yüsteska'l-ğamâmü bi-vechihi'l-kerîmi ve alâ âlihî ve sahbihî fi-külli lemhatin ve nefesin bi-adedi külli ma'lûmin lek."

Meâli de şöyledir:

"Allah'ım, sayesinde çözümsüz işlerin çözüldüğü, sıkıntıların dağıldığı, ihtiyaçların karşılandığı, isteklerin elde edilerek güzel bir sonla dünyadan göçme bahtiyarlığına erişildiği ve mübarek yüzü suyu hürmetine buluttan yağmur inmesi için Sana dua edildiği Efendimiz Muhammed'e, onun âl ve ashâbına, her göz açıp kapamada ve her nefeste sonsuz ilminle bildiğin şeyler sayısınca mükemmel bir salât ve eksiksiz bir selâm eyle."

Okunması ve fazileti büyük olan bu salavât-ı şerife esas itibariyle bir duadır. Aynen salât-ı münciye gibi okunmasında büyük sevap olan bir salavattır. Bu çeşit duaların hem maddî hayatımız için, hem de uhrevî istikbalimiz için şüphesiz pek çok fayda ve tesirleri vardır.

Birçok ihtiyaç ve arzu bu duanın vakti ve zamanıdır. Okunur, Cenab-ı Haktan tesirinin yaratılması ve istenen şeyin meydana gelmesi için niyazda bulunulur.

Şayet vakti "kazâ" olmuş, şartlar yerine gelmişse, duânın aynısı kabul olunur, istenen ihtiyaç da verilir. Fakat bilemediğimiz, aklımıza gelmeyen bazı hikmetlerden dolayı istediğimizin aynısının verilmesi uygun değilse; verilse bile zararımıza olacaksa, bunun için bir sıkıntı ve üzüntüye kapılmamalıdır.

Kur'ân-ı kerimin şu âyetleri bu hususta İlâhî takdirin karşısında en büyük tesellisi olmalıdır:

"Göklerin ve yerin mülkü Allah'ındır. Dilediğini yaratır. Dilediğine kız çocukları, dilediğine de erkek çocukları bahşeder. Yahut onlara hem kız, hem erkek çocuklarını bir arada verir. Dilediğini de kısır bırakır. O her şeyi bütünüyle bilendir. Her şeye gücü yetendir."[1]

Bunun için Allah'tan hakkımızda hayırlı olan ne ise onu istemeli. Dua ederken bu hususu dikkatten uzak tutmamalıdır.

---

1 Şûra Sûresi, 49-50.

Namazda "tâdil-i erkân" ne demektir?

Peygamberimiz (a.s.m.) namazın bir rüknünü giderecek kadar aceleye getiren ve yarım yamalak yapanlara aslâ müsaade etmiyordu. Namazda eksiklik yapılmasını hırsızlık sayıyordu. "Namazda hırsızlık yapan, namazın rükûunu ve sücudunu tam itidal üzere yapmaz" buyuruyorlardı.

Namaz en büyük bir ibadet, en tatlı ve zevkli bir kulluk vazifesidir. Bütün ibadet şekillerini içinde bulundurması bakımından da ibadetlerin bir fihristesi ve bir hülâsası hükmündedir. Namazın zevkine varmak için rükünlerine ve şartlarına riayet etmek başta gelir.

Tadil-i erkân; namazın, kıyam, rükû, sücut ve tahiyyat gibi her rüknünü tam bir sükûnet içinde yapmak, bu rükünleri yerine getirirken de her âzayı yerli yerinde kullanmak, aceleye getirip bir an önce bitirmeye çalışmamaktır.

Tâdil-i erkânla kılınan namazda ibadet hem usulüne göre edâ edilmiş, hem de bir vacip yerine getirilmiş sayılır. Hanefi mezhebi imamlarından İmam Ebû Yusuf'a göre, namazda tâdil-i erkân farzdır. Bu durumda, tâdil-i erkânsız kılınan namazın iadesi de gerekir.

Her hususta en büyük rehberimiz olan Sevgili Peygamberimizin (a.s.m.) namaz kılış şeklini sahabiler dikkatle takip ediyorlardı. Resul-i Ekremin (a.s.m.) namaz kılarken kıyamı, rükûu, rükûdan sonraki i-tidali, secdeleri, iki secde arasındaki oturuşu, tekrar secdesi, selâm vermekle kalkıp gitmesi arasındaki durumu hep aynı itidal ve ciddiyet içinde cereyan ettiği rivayet edilir.[1]

---

[1] Müslim, Salat: 38.

Bilindiği gibi namazda tâdil-i erkâna dikkat edip uymak esas olarak dört yerde gerekir:

1. Rükûa varırken avuç içlerinin tam diz kapaklarının üzerinde bulundurmak, dizleri kırmamak, gözlerle secde yerine bakmak.

2. Rükûdan doğruluşta elleri yana bırakarak tam kıyamdaki duruş şeklini almak.

3. Secdeye varışta tam itidal üzere olmak, yani dizler, eller, burun ve alın yere temas ederken kolları dik tutmak.

4. İki secde arasındaki bekleme oturuşunda tahiyyatta oturur gibi düzgün şekilde oturmak. Bütün bu hareketlerde en az "Sübhanallah" diyecek kadar oturup beklemek.

Sevgili Peygamberimiz (a.s.m.), kendisi ibadeti tam hakkıyla yaptığı gibi, ümmetinin de aynı şekilde titiz davranmasını istemektedir: "Benim namaz kıldığımı nasıl gördüyseniz, siz de öyle kılın."[1]

Bu tavsiyeye uyan sahabiler, namazda gereken dikkat ve itinayı ellerinden geldiği kadar gösterirlerdi.

Hz. Vesile bin Mâbed, **"Resulullah'ın (a.s.m.) namaz kıldığını gördüm. Rükûa vardığı zaman sırtı o kadar düz olurdu ki, hattâ üzerine bir miktar su dökülse, bir tarafa akmadan dururdu"**[2] şeklindeki müşahedesini anlatır. Çünkü namazda rükû ve secde, şekil ve mânâ bakımından namazın esasını teşkil etmektedir.

Ali bin Şeyban (r.a.) ise, namazdaki tâdil-i erkâna uymayan bir mü'mini Peygamberimizin (a.s.m.) ikaz edişi hususunda şöyle bir hatırasını kaydeder:

"Biz Resulullah'a (a.s.m.) biat ettik ve arkasında namaz kıldık. Sonra namazı tâdil-i erkânıyla kılmayan bir adamı gördü. Namaz kılan adamın rükûu düzgün değildi. Resulullah (a.s.m.) namazı bitirince şöyle buyurdu:

"Ey İslâm cemaati! Rükûda ve sücutta tâdil-i erkâna riayet etmeyen kişinin namazı sahih değildir."[3]

Görüldüğü gibi, Peygamberimiz (a.s.m.) tâdil-i erkânda en küçük bir ihmale ve hatâya dahi müsaade etmiyordu. Namazın bir rüknünü giderecek kadar aceleye getiren ve yarım yamalak yapanlara aslâ mü-

---

1 Buharî, Edeb: 27.

2 İbni Mâce, İkame: 16.

3 A.g.e.

saade etmiyordu. Namazda eksiklik yapılmasını hırsızlık sayıyordu. "Namazda hırsızlık yapan, namazın rükûunu ve sücudunu tam itidal üzere yapmaz"[1] buyuruyorlardı.

Namazın rükünlerinde yapılan ve hırsızlığa benzetilen bu hareketlerde, ibadetin tam bir şuur içinde edâ edilmemesi ile beraber namazı vaktin sonunda aceleyle kılınmasının da büyük payı vardır. Bir vaktin namazını ikinci vakit gireceği anda kılmaya kalkmak, muhakkak aceleye getirecek ve dolayısıyla bazı şart ve rükünlerinden "kırpmaya" gidilecektir.

Namazı vaktinde ve huşu içinde kılan bir mü'min bu nevi hatâları zaten yapmaz. Aceleye getirmeye sebep olarak da ayrıca bazı dünyevî işler ve meşguliyetler bahane olarak gösterilebilir. Halbuki böyle kimseler, dünyevî ticaretinde kâr ederken mânevî kazancından zarara uğramaktadır. İşte bu hareket de Peygamberimizin (a.s.m.) lisanında "hırsızlık" olarak vasıflandırılır.

Fâni ömrümüzü ebedileştiren ve kişiyi en yüce makama yükselten namazı hakkını vererek kılmak, en güzelidir. Bunun için tâdil-i erkâna riayet edelim ki, kulluk vazifemizi eksiksiz yapmış olalım.

Üzerinde Kâbe resmî olan seccadede namaz kılınır mı?

Üzerinde Kâbe-i Muazzama, Mescid-i Nebevî, Mescid-i Aksâ ve diğer câmi resimlerinin bulunduğu seccadelerin üstünde namaz kılınabilir. Zaten resmin bulunduğu kısım secde mahalline gelmektedir. Fakat, bir tâzim ve hürmet olarak mescidin üzerine basmamak iyi olur.

Üzerinde âyet yazılı bulunan seccadeleri yere sermek ve üstünde namaz kılmak doğru değildir. Çünkü, bir âyet dahi olsa Kur'ân-ı Kerimden bir parçayı göbekten aşağı bir mahalle koymak, yere sermek Kur'ân'a olan hürmetimize ters düşer. Bunun için bu çeşit seccadelerin üzerinde namaz kılmak mahzurludur.

Âyet ve hadisin dışında, üzerinde Kur'ân harfleriyle başka bir söz yazılı bulunan seccadeleri yere serip üzerinde namaz kılmanın bir mahzuru yoktur.

[1] Müsned, 3:56.

Seferilikte namaz kaç rekat kılınır?

Seferîlik müddeti içinde öğle, ikindi ve yatsı gibi dört rekâtlı farz namazları iki rekât kılmak vaciptir. Kastî olarak terk edildiği zaman mesuliyet altına girilmiş olur. Seferî sayılabilmek için vasıtanın ismi ve şekli nazara alınmaz. Sadece mesafeye itibar edilir. Bu mesafe de normal yürüyüşle 18 saatlik yoldur. Yâni, yaklaşık 90 kilometredir.

Dinen seferî sayılan bir kimse için birtakım ibadetler hafifletilmiş, bazı kolaylıklar getirilmiştir. Meselâ, seferî sayılan, yâni yolculuğa çıkan kimse, farz olan oruçları daha sonra tutmak üzere erteleyebilir. Mestlere mesh müddeti seferde üç güne çıkar. Farz namazları da iki rekât olarak kılar.

Yolculuk esnâsında dört rekâtlı farz namazların ikişer rekât olarak kısaltılacağı hususunda âyet, hadis ve içtihatlar vardır. Nisa Sûresinin 101. âyetinde, yolculuk esnasında namazları kısaltmakta bir mesuliyet olmadığına işaret edilmiştir.

Hadisten delil ise, Abdullah bin Ömer'in şu rivayetidir:

"Ben Resulullah (a.s.m.) ile seferde bulundum. Resulullah'ın seferde iken iki rekâttan fazla namaz kıldığını görmedim."[1]

Mezhep imamları, yukarıda geçen âyet ve hadisten hareket ederek bazı fıkhî hükümler çıkarmışlardır. **Hanefî mezhebine göre, seferîlik müddeti içinde öğle, ikindi ve yatsı gibi dört rekâtlı farz namazları iki rekât kılmak vaciptir. Kastî olarak terk edildiği zaman mesuliyet altına girilmiş olur.**

Ayrıca, dört rekât kılındığı takdirde, ilk iki rekât farz, geri kalan iki rekât nafile olmaktadır. Yine dört rekât kılınırsa ilk iki rekâtın sonunda verilmesi vâcip olan selâm tehir edilmektedir. Farz, nâfileye eklendiğinden ve ayrıca iki rekât farza nafile ilâve edilirken, nafilenin iftitah tekbiri de terk edilmiş olacağı için bazı mekruhlar işlenmiş ol-

[1] Müslim, Salatü'l-Misafir: 8.

maktadır. Bütün bu mahzurlardan kaçınmak için farzları kısaltmak gerekmektedir.[1]

Seferde namazın kısaltılması hususunda, Mâliki mezhebi de Hanefi mezhebine yakın görüştedir. Ancak Mâlikide dört rekâtlı farz namazları kısaltmak vacip olmayıp sünnet-i müekkededir.

Hanbelîler ise, seferde namazı kısaltmanın, dörde tamamlamaktan daha faziletli olduğu görüşündedirler.

Şâfiî mezhebinin bu husustaki görüşü biraz farklılık arz eder. Şâfiîlere göre, seferde dört rekâtlı farz namazların iki rekât olarak kısaltılması caizdir. Bu mezhebe göre, sefer esnasında namazı kısaltmayıp tam kılmak azimete daha uygundur.

Seferî sayılabilmek için vasıtanın ismi ve şekli nazara alınmaz. Sadece mesafeye itibar edilir. Bu mesafe de normal yürüyüşle 18 saatlik yoldur. Yâni, yaklaşık 90 kilometredir. 90 kilometrelik bir yolculuğa çıkan kimse, seferî olmaya niyet ettiği takdirde; ister yaya, ister otobüsle ve trenle, isterse uçakla gitsin seferî sayılır. Dört rekâtlı namazları iki rekât olarak kılar.[2]

Ayrıca, seferîlikte zahmetin olup olmaması fark etmez. Bu mesele Asr-ı Saadette sahabenin de zihnini meşgul etmişti. Çünkü, seferde namazı kısaltmakta bir mesuliyet olmayacağını haber veren âyet-i kerimede, buna hikmet olarak "düşmandan korunmak" gösteriliyordu. Ve "Seferde düşmanın size fenalık yapacağından endişe edersiniz, namazı kısaltmanızda bir mesuliyet yoktur" buyuruluyordu.

Müslümanlar emniyete çıkıp da düşman korkusu ortadan kalkınca, "Madem düşman korkusu kalmadı, öyleyse niçin namazı kısa kılıyorsunuz?" diye bir fikre sahip oldular.

Hattâ bir defasında Ashaptan Hz. Ya'la (r.a.) bunu Hz. Ömer'e (r.a.) sordu. Hz. Ömer, meseleyi önceleri kendisinin de anlamadığını, bir defasında Resulullah'tan (a.s.m.) sorduğunda ondan şu cevabı aldığını söyledi:

"Bu Allah'ın size verdiği bir sadakadır. Binaenaleyh, siz Onun sadakasını kabul edin."[3]

Görüldüğü üzere bu bir ruhsattır ve Allah'ın mü'minler için bir armağanı ve kolaylığıdır. Diğer taraftan, bir hükmün illeti, yâni sebebi

1 İbni Âbidin, 1:530.
2 Bilmen, Büyük İslâm İlmihali, s. 174.
3 Müslim, Salatü'l-Misafir: 4.

ayrıdır; hikmeti ayrıdır. Dinî bir hüküm, hikmetle değil, illetle esasa bağlanır. İllet olsa da hikmet bulunmasa, hüküm yine geçerlidir. Yine hikmet olsa da illet görülmese o hüküm geçersiz sayılır.

Bediüzzaman Hazretleri, İçtihad Risalesi'nde bunu şöyle ifade ediyor:

"Bir hükmün hikmeti ayrıdır, illeti ayrıdır. Hikmet ve maslahat ise tercihe sebeptir, îcaba, icada medar (sebep) değildir. İllet ise, vücuduna medardır. Meselâ, seferde namaz kasr edilir (kısaltılır), iki rekât kılınır. Şu ruhsat-ı şer'iyenin (dinî ruhsatın) illeti seferdir, hikmeti ise meşakkattir. Sefer bulunsa meşakkat hiç olmasa da namaz kasr edilir. Çünkü illet var. Fakat sefer bulunmasa, yüz meşakkat bulunsa, namazın kasr edilmesine illet olamaz. İşte bu hakikatin aksine olarak şu zamanın nazarı ise, maslahat ve hikmeti, illet yerine ikâme edip ona göre hükmediyor."[1]

Sabah namazına nasıl kalkılır?

Gece yatağa girerken maddî tedbir olarak çalar saati kurmanın yanında, mânevî tedbir olarak da "İnnâ â'taynâ" ve "Âyete'l-kürsi" gibi sûreleri okumak ve dua etmek uyanmamıza yardım edecektir. Çünkü Cenâb-ı Hakkın bu iş için vazifelendirdiği melekler vardır. Zaten asıl mesele, kalkmayı şuur altına yerleştirmektir.

Beş vakit olarak emredilen namazların hepsi de kıymetli ve ehemmiyetlidir. Birisi diğerinin yerine geçmez. Yalnız, bir kısmı daha faziletli ve daha sevaplıdır. Sabah namazı da bunlardan birisidir.

Cenâb-ı Hak bir âyette meâlen "Resulüm, sen onların söylediklerine sabret. Güneşin doğmasından önce de, batmasından önce de Rabbini hamd ile tesbih et, gecenin bir kısım saatleriyle, gündüzün de tesbih et ki Allah rızasına eresin" buyurmuştur.[2]

---

[1] Sözler, s. 451.

[2] Tâhâ Sûresi, 130.

Müfessirler bu âyette "hamd ile tesbih"ten maksadın namaz olduğunu bildirirler. Güneşin doğmasından önceki tesbih, sabah namazına işaret etmektedir.

Sabah namazının ehemmiyeti ve fazileti, uyku vaktine tesadüf ettiği içindir.

Sabah namazını kılan mü'min, uyku gibi tatlı ve nefse hoş gelen bir şeyi bırakıp her şeyin Yaratıcısına yönelir. Onun huzurunda el bağlayıp huşû ile secdeye gider. Nihayetsiz âciz, fakir ve zayıf iken, sonsuz kudret, zenginlik ve kuvvet sahibi olan âlemlerin Rabbine dayanır. Onu tesbih ve hamd eder ve Ona tâzimde bulunur. Böylece kudsî bir lezzete, ulvî bir hazza mazhar olur.

Bu mazhariyetle beraber Allah'ın huzuruna kabul edilmenin, Ona muhatap ve dost olmanın, ayrıca mukaddes bir vazifeyi yerine getirmenin rahatlığı ve huzuru insanın bütün benliğini kaplar.

Sabah namazı uyku saatine rastladığından uyanmak nefse ağır gelir. İslâm âlimleri, uykusu ağır olan kimselerin erken yatıp namaz için uyanmalarını tavsiye etmişlerdir. Geç saatlere kadar oyalanıp namazı geçirmelerini doğru bulmamışlardır.

Sırf ihmalden yahut gaflet ve önemsememekten dolayı kazaya kalan namazların meşru mazereti olamaz. Böyle hareketler, ihmaller insanı günaha sokar.

İnsanın ilk hesaba çekileceği amel namazdır. Bir vakit namazı bilerek ve isteyerek kazaya bırakmanın, cezâyı netice vermesi, bizi daima dikkate ve ihtiyata sevk etmelidir.

Sabah namazına kalkabilmek için her türlü tedbiri almak gerekir. Hattâ bir sefer esnasında, Peygamberimiz (a.s.m.) Hz. Bilâl'i sabah namazı için nöbetçi bırakmıştır.

Aslında dinimizde zorluk yoktur. İbadetlerimizi yapmak çok kolaydır. Sadece yapacağımız şey, dikkatli ve uyanık olmaktır. Sırf ihmal yüzünden namazı kılmamak bize çok pahalıya mal olur.

Sabah namazını kıldığımız gün daha canlı ve şevkli oluruz. Kılmadığımız gün ise dünyevî işlerimizde bile bir isteksizlik, aksilik olduğu gibi psikolojik yapımızda da huzursuzluk meydana gelir. Meselenin uhrevî sorumluluğu ise daha acıklıdır.

Gece yatağa girerken maddî tedbir olarak çalar saati kurmanın yanında, mânevî tedbir olarak da *"İnnâ â'taynâ"* ve *"Âyete'l-kürsi"* gibi sûreleri okumak ve dua etmek uyanmamıza yardım edecektir. Çünkü Cenâb-ı Hakkın bu iş için vazifelendirdiği melekler vardır.

Zaten asıl mesele, kalkmayı şuur altına yerleştirmektir. Dünyevî küçük bir menfaat için gerektiğinde uykusuz kalırız. Önemli bir iş için, arzuladığımız saatte uyanırız. Bu durumda sadece sünneti, "dünya ve içindekilerden daha hayırlı"[1] olan bir ibadet için nelere katlanabileceğimizi düşünmek pek zor değildir.

Sabah namazının vaktiyle ilgili bir husus daha var ki, o da güneşin doğmasına pek az bir vakit kaldığında yapacağımız şeylerdir. Böyle bir halde vakit çok darsa hemen abdest almak lâzımdır. Tuvalete çıkmak gibi başka şeylerle vakit kaybetmek câiz değildir. Zira namazın vakti çıkmak üzeredir.

Yine zaman kazanmak için abdestte sadece farz olan âzaları yıkamak, farzı eda edebilmek için iki rekât sünneti terk etmek caiz olduğu gibi, çok dar vakitlerde vâciptir.

Teheccüd namazı kaç rekâttır, ne zaman kılınır?

Teheccüd namazını bir miktar uyuduktan sonra kalkıp kılmak daha faziletli ise de, yatağa girmeden önce teheccüd niyetiyle namaz kılmak da mümkündür. Bu namaz iki rekâttan sekiz rekâta kadar kılınabilir.

Teheccüd namazı, yatsı namazından sonra bir miktar uyuyup kalkınca kılınan bir gece namazıdır. İslâmın ilk devirlerinde henüz beş vakit namaz farz kılınmadan önce teheccüd namazı bütün mü'minlerin üzerine farzdı.

Miraç'la birlikte beş vakit namazın farziyeti sâbit olunca, teheccüd namazı ümmet için nâfile bir namaz olarak kalırken, bir Peygamber

1 Riyazü's-Sâlihîn, 2:411.

hassası olması cihetiyle sadece Peygamberimiz (a.s.m.) için farziyeti devam etti.

Bu da İsrâ Sûresinin 79. âyetinde beyan edilmiştir. Çünkü sadaka ve zekât almaması ve nikâh gibi bazı meselelerde sadece Peygamberimize (a.s.m.) has, onun zatına mahsus ibadetler vardır. Teheccüd namazı da bunların içine dahildir.

Bu namaz iki rekâttan sekiz rekâta kadar kılınabilir. Yani, imkân nisbetinde iki, dört, altı ve sekiz rekât olarak kılınabilir. Mutlaka sekiz rekât kılınacak diye bir mecburiyet yoktur. Bu namazı insan kendi evinde kılabildiği gibi, gece çalıştığı işyeri, fabrika gibi yerlerde uygun bir vakitte de kılabilir.

Teheccüd namazının fazileti hakkında pek çok hadis rivayet edilir. Bu hadislerden birisinin meâli şöyledir:

"Gecenin üçte birisi kalınca her gece Rabbimiz Tebâreke ve Teâlâ şafak sökünceye kadar şöyle buyurur:

"Kim Benden bir şey isterse ona vereyim. Kim Bana duâ ederse onun duâsına icabet edeyim. Kim istiğfar ederse, ona mağfiret edeyim."

Hadisin râvisi Ebû Hüreyre şu cümleyi ekler:

"Bunun içindir ki, Sahabiler gece sonunda namaz kılmayı gecenin evvelinden daha çok severdi."[1]

Teheccüd namazını bir miktar uyuduktan sonra kalkıp kılmak daha faziletli ise de, yatağa girmeden önce teheccüd niyetiyle namaz kılmak da mümkündür.

Bununla birlikte *İbni Mâce*'de ve *Halebî-i Sagîr*'de kaydedildiğine göre, Peygamberimiz (a.s.m.) vitir namazından sonra oturarak iki rekât nafile namaz kılardı. Birinci rekâtta *"İzâ zülzileti'l-ardu"* Sûresini, ikinci rekâtta ise *"Kul yâ eyyühe'l kâfirûne"* Sûresini okurdu.

Bu hadisin izahında muhaddisler, bu namazı Peygamberimizin (a.s.m.) her zaman kılmayıp birkaç kere kıldığını söylemektedirler.

"Geceleyin kıldığınız namazın sonunu vitir yapın" mealindeki hadisinden de anlıyoruz ki, vitir namazıyla geceleyin kılınacak namaz tamamlanmış olmaktadır. Fakat teheccüd namazı müstesnadır. Çünkü, teheccüd namazı uyuduktan sonra kalkarak kılınan husûsî bir namazdır.

---

1 İbni Mâce, İkametü's-Salât: 182.

Namaz sureleri niçin gündüz sessiz, gece sesli okunur?

Peygamberimiz (a.s.m.) İslâmın ilk yıllarında namaz kıldırdığı zaman kıraatte sesini yükseltirdi. Müşrikler sesli kıraati duyunca şiirlerle ve uydurdukları sözlerle karıştırmaya başladılar. Bunun üzerine bir âyet-i kerime indi. Bundan sonra Peygamberimiz, öğle ve ikindi namazlarında, kıraati gizli; akşam, yatsı ve sabah namazlarında da kıraati açıktan yaptı.

Öğle ve ikindi namazları tek başına da kılınsa, cemaatle de kılınsa kıraatin gizli yapılması vaciptir. Tek başına kılan kimse veya imam kendi işiteceği kadar bir ses çıkararak Fatiha ve sûreyi okur. Gündüz kılınan nafile namazlarda da gizli okumak aynı şekilde vaciptir.

Cemaatle kılınan sabah, Cuma, bayram, teravih ve vitir namazlarının bütün rekâtlarında, akşam ve yatsı namazlarının ilk iki rekâtında kıraati sesli okumak vaciptir.

Akşam namazının üçüncü rekâtında, yatsı namazının da son iki rekâtında gizli okumak vaciptir. Ancak, tek başına sabah, akşam ve yatsı namazını kılan kimse, isterse kıraati sesli yapar, dilerse gizli olarak okur.

Bu kıraat şekillerinin gündüz namazlarında gizli, gece namazlarında, Cuma ve bayram namazlarında açıktan okunmasının hikmeti de tefsirlerimizde şöyle anlatılmaktadır:

Resul-i Ekrem Efendimiz (a.s.m.) İslâma dâvetin ilk yıllarında tebliğ vazifesini gizli olarak yapıyordu. Sahabîlere namaz kıldırdığı zaman da kıraatte sesini yükseltirdi, yani cehrî okurdu.

Müşrikler Peygamberimizin (a.s.m.) sesli kıraatini duyunca şiirlerle ve uydurdukları sözlerle karıştırmaya başladılar. Peygamberimize de hakaret ederek işi alay etmeye kadar vardırdılar.

Müşriklerin bu çirkin hareketine meydan verilmemesi ve Müslümanların eziyetlere maruz kalmamaları için bir âyet-i kerime nazil oldu:

"Namazında sesini ne çok yükselt, ne de fazlaca kıs; ikisi ortasında bir yol tut."[1]

Âyette, müşriklerin duymalarına mâni olmak için Peygamberimizin (a.s.m.) sesini yükseltmemesi isteniyordu.[2]

Bundan sonra Peygamberimiz, öğle ve ikindi namazlarında, müşriklerin eziyetiyle muhatap olamamak için kıraati gizli yaptı. Akşam namazı vakti ise onların yemek saati, yatsı ve sabah da uyku saatleri olduğundan bu namazlardaki kıraati açıktan yaptı.

Cuma ve bayram namazları da zaten Hicretten sonra farz ve vacip kılındığından, müşriklerin de bir zararı olmayacağından kıraatler cehrî oldu.

Müzik sesi gelen yerde namaz kılınır mı?

Esas itibariyle namaz kılarken kulağa gelen müzik sesinin namazın sıhhatine bir zararı yoktur, fakat sevabını gidermeye sebep olabilir.

Bunun için namazdaki huzuru ve huşûu bozacak, onun lezzetini ve hazzını kaçıracak mekân ve yerlerden uzak durma yollarını aramalıyız.

Namazda aranan en büyük hallerden birisi de "huşû" denilen namazı tam bir kalp ve ruh sakinliği içinde kılmaktır. Bunun için de camide kılmak mümkün değilse, namaza durmadan önce sâkin ve sessiz bir mekân seçmek gerekir.

Maddî rahatımızı temin eden uykumuz için nasıl sükûnetli bir mekân, sessiz bir ortam seçiyorsak, kalp ve ruhumuzun gıdası ve huzuru olan namaz için de böyle bir mekânı tercih etmeliyiz.

Fakat müzik ve benzeri gürültülerin geldiği yerlerden başka namaz kılacak bir yer yoksa, namaz geciktirilmez.

---

1 İsrâ Sûresi, 110.

2 İmam ez-Zemahşerî. Tefsîrü'l-Keşşâf. (Kahire: Dârü'l-Mushaf, 1397-1977), 3:196.

Sünnetlerin yerine kaza namazı kılınabilir mi?

Namaz borcundan bir an evvel kurtulmak için, hakkında Peygamberimizin (a.s.m.) hadisi bulunmayan nâfile namazların yerine kaza kılmak daha isabetli olur. Kaza namazları fazla olan Hanefîlerin sünnetleri terk ederek kaza namazı kılmalarında bir mes'uliyet olduğu söylenemez.

Meşrû bir mazeretin dışında namazı kazâya bırakan kimse, bir günah işlemiş olur.

Bu itibarla kazâya kalan namazın, en kısa zamanda kılınması gerekir. Çünkü beş vakit namazın edâsı farz olduğu gibi, kazası da farzdır.

Kazâya kalan namazın kılınmasıyla sadece borç ödenmiş olur. Günahın affedilmesi için de ayrıca tevbe istiğfar etmek lâzımdır.

Namaz borcundan bir an evvel kurtulmak için, hakkında Peygamberimizin (a.s.m.) hadisi bulunmayan nâfile namazların yerine kaza kılmak daha isabetli olur.

Ancak, **Hanefî mezhebine göre, hakkında hadis bulunan nafile namazların yerine kaza kılmak uygun değildir**. Bu hususta Hanefî fıkıh kitaplarında şu hüküm yer alır:

"Kazaya kalmış namazları kılmak, nafile namaz kılmaktan çok daha ehemmiyetli ve çok daha uygundur. Fakat beş vakit namazın sünnetleri, kuşluk, tesbih, tahiyyetü'l-mescid ve evvabin namazı bundan müstesnadır. [Yani bu sünnet ve nafileler kaza namazları için terk edilmezler.]"[1]

Her şeyden evvel, namazlardan önce ve sonra kılınan sünnetler bir yerde farz namazların tamamlayıcısı hükmündedir ve Peygamberimizin (a.s.m.) şefaatine vesiledir.

---

1 Mevlâna eş-Şeyh Nızâm, el-Fetâvâl-Hindiyyc, (Bulak: Matbaa-i Emiriyye, 1310), 1:125; İbni Âbidin, 1493; el-Mezahibü'l-Erbaa, 1:492; Halebî-i Sağîr, s. 349.

Bunun için, namazını kazaya bırakan kimse bir yandan namazlarını kaza etmekle borçtan kurtulurken, diğer taraftan da sünnetleri kılarak Peygamberimize olan bağlılığını göstermiş olur.

Mesele, Hanefî mezhebine göre böyleyken, diğer üç mezhebe göre, kaza namazı olan bir kimsenin nafile namazları ile meşgul olması, sünnet kılması caiz değil, haramdır.

Mâlikî mezhebine göre, üzerinde kaza namazı bulunan bir kimsenin nafile namazı kılması haramdır. Ancak beş vakit namazların sünnetleri ile tahiyyetü'l-mescidin kılınabileceğine dair ruhsat vardır.

Bunların dışında meselâ teravih namazı ile meşgul olunduğu takdirde sevap alınsa da, kaza namazı geriye bırakıldığı için günah işlenmiş olur.

Şâfiî mezhebine göre de, üzerinde kaza namazı borcu olan bir insanın, bu namazları kılıp borcundan kurtuluncaya kadar gerek beş vakit namazların sünnetlerini, gerekse diğer nafileleri kılması mekruhtur. Çünkü bir an önce kazaların kılınıp bitirilmesi gerekir.

Hanbelî mezhebine göre ise üzerinde kaza namazı olan bir kimsenin nafile ile meşgul olması haramdır. Ancak vitir ile beş vakit namazın sünnetlerini kılması caizdir.

Fakat, kazaları çoksa bunları da kılmayarak kaza namazlarıyla meşgul olması daha iyidir. Yalnız sabah namazının sünneti bundan hariçtir, onu kılmak gerekir.[1]

Netice olarak; kaza namazları fazla olan Hanefîlerin sünnetleri terk ederek kaza namazı kılmalarında bir mes'uliyet olduğu söylenemez. Gerek vakit namazlarının, gerekse diğer nafilelerin yerine kaza namazının kılınmasının uygun veya evlâ olmaması demek, "Sünnet yerine kaza kılmak caiz değildir" mânâsına gelmez.

Ancak bununla beraber kaza namazları fazla olmayan kimseler ise her farzdan sonra bir vakit kazâ namazı kılmayı alışkanlık haline getirirlerse güzel bir âdeti devam ettirmiş olurlar.

Ayrıca Cenab-ı Hakkın mahşer günü eksik gelen farz namazları sünnetlerle tamamlayacağı hususunda rivayetler bulunduğunu da hatırdan çıkarmamak gerekir.

---

1 el-Mezahibü'l-Erbaa, 1:492.

Ölen Müslümanın namaz ve oruç borcu nasıl ödenir?

Ölen Müslümanın tutamadığı farz ve vacip oruçlar ve nezir oruçları için birer fidye ayrılır. "Fidye" bir fakiri bir gün doyuracak şekilde yemek yedirmek veya onun bedelini vermektir. Bu da Ramazan'da verdiğimiz "fitre" miktarıdır. Namaz için ise, kıyas yoluyla aynı şekilde kılınamayan her namaz için bir fidye verilmesi bazı Hanefî âlimlerince uygun görülmüştür.

Oruç ve namaz gibi ibadetler mükellef olan her Müslümanın yapması gereken şahsî farzlardır. Bunun için her Müslüman bizzat namazını kılmak, Ramazan orucunu tutmak sûretiyle borcunu edâ etmiş olur.

Ölmeden önce hayatta iken bu ibadetlerini kendi yerine yakını veya bir başkası kılamayacağı gibi, öldükten sonra da kimse kılamaz.

Bir hadis-i şerifte Peygamber Efendimiz (a.s.m.) bu hususu şöyle ifade ederler:

"Hiç kimse başkası adına oruç tutamaz, kimse de başka biri adına namaz kılamaz; ancak onun adına yemek yedirebilir."[1]

"Yemek yedirme" meselesi ise Bakara Sûresinin 184. âyet-i kerimesinde ve bazı hadislerde beyan edildiği gibi, tutulamayan her oruç için her gün bir fakiri doyuracak şekilde yemek yedirmektir.

İbni Ömer'in rivayet ettiği bir hadiste Peygamberimiz (a.s.m.) şöyle buyururlar:

"Bir Müslüman ölür de, üzerinde bir aylık oruç borcu kalırsa, her gün bir fakiri doyurmak üzere onun yerine yakınları yemek yedirsin."[2]

Yine İbni Abbas'ın bir rivayetine göre Resul-i Ekrem Efendimiz (a.s.m.) şöyle buyururlar:

---

1 Neseî
2 et-Tâc, 2:78

"Bir kimse Ramazan'da hastalanır, sonra ölürse, oruçlarını tutamamış olursa, onun adına yemek yedirilir, kaza edilmez. Fakat adarsa velisi onun yerine kaza eder."[1]

Bu hadis-i şerifler, hayatta iken oruç tutamayanların daha sonra mirasçıları onun malından her orucu için fidye verileceğini bildirmektedir. Bunun için mirasçılarına vasiyette bulunur.

Bu bir ibadet olduğu için ancak kendisinin vasiyet etmesi halinde yapılması gerekir. Kendisi bir vasiyette bulunmamışsa, mirasçı durumunda olan evlât ve yakınları onun adına fidye vermek mecburiyetinde değildir. Fakat kendiliklerinden fidye verirlerse bu caizdir ve sevabı kendisine ulaşır. Bu ihtiyarîdir, yakınlarının onun adına bir ikramı sayılır.[2]

Ölen Müslümanın tutamadığı Ramazan gibi farz oruçları, adayıp da tutamadığı nezir oruçları ve nafile olarak başlayıp bozduğu, daha sonra tutamadığı vacip oruçlar için birer fidye ayrılır.

"Fidye" yukarıda da belirtildiği gibi bir fakiri bir gün doyuracak şekilde yemek yedirmek veya onun bedelini vermektir. Bu da Ramazan'da verdiğimiz "fitre" miktarıdır.

Hanefî, Şâfiî ve Mâlikî âlimlerinin görüşleri bu istikamettedir. Oruç şahsî bir ibadet olduğu için bir başkasının onun yerine oruç tutması caiz olmaz. Üç mezhebin âlimleri, içtihatlarına yukarıdaki meâlini verdiğimiz hadisleri delil olarak zikrederler.

Başta Ahmed bin Hanbel olmak üzere Hanbelî mezhebi âlimleri ve tâbiîn ve bazı Sahabiler ise Buharî ve Müslim gibi hadis kitaplarında geçen şu hadis-i şerifi zikrederler.

Resulullah'ın huzuruna bir Sahabi geldi ve şöyle dedi:

"Yâ Resulallah, annem öldü, üzerinde bir aylık oruç borcu var. Onun yerine kaza edebilir miyim?"

Resulullah (a.s.m.) sordu: "Annenin borcu olsaydı, onu öder miydin?"

Sahabi, "Evet" diye cevap verdi.

Bunun üzerine Resul-i Ekrem Efendimiz şöyle buyurdu: "Allah, borcu ödenmeye daha lâyıktır."[3]

---

1 A.g.e.
2 el-İhtiyar, 1:135.
3 et-Tâc, 2:78.

Fakat bu meselede, içinde Hanefî âlimlerinin de bulunduğu mezhep âlimlerinin çoğunun içtihadına göre amel etmek daha isabetli olacaktır.

Oruç için "fidye" vermek, hususunda âyet ve hadisler delil olarak getirilirken, namaz için ise ibadet olması dolayısıyla kıyas yoluyla aynı şekilde kılınamayan her namaz için bir fidye verilmesi bazı Hanefî âlimlerince uygun görülmüştür.

Yani ölen kimse kılamadığı namazlar için malından fidye verilmesini vasiyet etmişse, mirasçıları bu arzusunu yerine getirirler. Her namaz için bir fidye verirler.[1]

Ailece cemaatle namaz nasıl kılınır?

Evde ailece cemaatle namaz kılınabilir. Aile fertleri şu düzene göre dururlar: Baba imam olur, erkek çocuklar onun arkasına, anne bir saf gerisine, kız çocukları da onun bir saf gerisine dururlar. Fakat yer müsait değilse, bunlar birer ayak boyu geri dururlar.

Beş vakit namazı cemaatle kılmak mü'min erkekler için vacibe yakın müekked sünnettir.

Peygamber Efendimiz (a.s.m.) bütün namazlarını cemaatle kıldığı gibi, birçok hadislerinde de namazı cemaatle kılmanın faziletini dile getirmiş, cemaat sevabından mahrum kalınmamasını tavsiye etmiştir.

Namazın cemaatle kılınması kadınlar için müekked sünnet olmamakla beraber, onlar da imkân nisbetinde bu sevaptan nasiplerini alabilirler.

1 Nimet-i İslâm, s. 964.

İmamlıkta aranan bir şart da imamın erkek olmasıdır. Bunun için kadın erkeğe imam olamaz. Kadının kadına imamlığı ve namaz sahihse de mekruhtur.

Şayet kadınlar kendi aralarında cemaatle namaz kılacak olurlarsa imamlığa geçecek kadın ortada, aralarında durur, önlerine geçmez. İmam olan kadının biraz önde durması mekruhtur. En iyisi ve efdal olanı, kadınların cemaat yapmayıp namazlarını tek başlarına kılmalarıdır.

Evde ailece cemaatle namaz kılınabilir. Aile fertleri şu düzene göre dururlar:

Baba imam olur, erkek çocuklar onun arkasına, anne bir saf gerisine, kız çocukları da onun bir saf gerisine dururlar. Fakat yer müsait değilse, bunlar birer ayak boyu geri dururlar. Hep beraber cemaatle namazlarını eda ederler.

Evde sadece karı-koca varsa, bu durumda erkek imam olur, kadın da cemaat olur. Kadın imamdan bir saf boyu geride durur. Fakat yer müsait değilse, kadın imamın topuk hizasını geçmeyecek şekilde yanında durabilir. Tam hizasında durursa namaz bozulur.

Namazı bu şekilde cemaatle kılmak sünnettir, kılanlar cemaat sevabını alırlar. Bu namazın, cemaatle kılınan diğer namazlardan farkı sadece yukarıda sözünü ettiğimiz hususlardır.

Bu arada şu durumu da hatırlatalım:

Karı-koca aynı namazın farzını cemaatle değil de, ayrı olarak kılacak olsalar bir hizada durmalarında mahzur yoktur.

Evde kılınan cemaatle namaza, erkeğin kendisine nikâhı düşen veya düşmeyen kadın akrabaları da katılabilirler. Erkek yakınları varsa, yukarıda tarif ettiğimiz saf tertibine göre cemaat olurlar.

Namazın evde cemaatle kılınması, evde mânevî bir havanın oluşmasına sebep olması açısından önemlidir.

Böylece namaz kılma çağına gelmemiş olan çocuklar bile cemaate katılma sevinciyle ruhlarında namazın zevkini yaşarlar.

Bu vesileyle ayrıca evde namazın vaktinde kılınması gerçekleştirilmiş olur.

Kadın erkeğin namazını nasıl bozar?

Kadının, erkeğin namazına tesir etmesi, namazını bozması ancak cemaatle kılındığı zaman olur. Yani bir erkekle bir kadın meselâ akşam namazını cemaatle birlikte kılıyorlarsa kadın erkeğin hizasında veya önünde durmuşsa erkeğin namazı bozulur.

Bir erkek yanında veya ön tarafında hanımı yahut bir başka nikâhı düşen bir kadın bulunsa kıldığı namaz caiz olur mu? Yani bir insan hanımı yarım metre yakınında olduğu halde namaz kılabilir mi?

Kadının, erkeğin namazına tesir etmesi, namazını bozması ancak cemaatle kılındığı zaman olur. Yani bir erkekle bir kadın meselâ akşam namazını cemaatle birlikte kılıyorlarsa kadın erkeğin hizasında veya önünde durmuşsa erkeğin namazı fâsit olur.

Diğer bir misal: Cemaatle kılınan bir namazda cemaatte kadın da varsa; kadınlar erkeklerin önünde veya tam hizasında olursa erkeklerin namazı fâsit olur, bozulur. Burada kadının, erkeğin mahremi olup olmaması da mühim değildir. Bunda aranan şart kadının büluğ çağına ermiş bulunmasıdır.

Cemaatle namaz kılındığında erkeğin yanında aynı namazı cemaatle kılan annesi, kızı ve kız kardeşi gibi mahremleri de olsa, yabancı bir kadın veya hanımı da olsa fark etmez, yine namazı bozulur.

Ancak erkekle kadın aynı namazı veya değişik bir namazı yan yana durarak tek başlarına kılsalar, aynı hizada bulunmaları erkeğin namazına zarar vermez. Hatta kadın veya erkekten birisi imama uymuş, diğeri de tek başına kılacak olsa namazları yine fâsit olmaz.

Soruda yer alan meseleye gelince; **namaz kılan erkeğin yanında veya önünde büluğ çağına gelmiş bir kadının olması erkeğin namazına bir zarar vermez.** Yalnız kadının önde oturması gibi bir zaruret varsa arada bir sütre bulunmalıdır.

Yani namaz kılmayan kadınların namaz kılan erkeğin yakınında bulunması erkeğin namazını bozmaz. Erkek namaz kılarken hanımının yarım metre yakınında bulunması da namazına zarar vermez.

Erkeğin gördüğü yerde kadının namazı bozulur mu?

Kadın namaz kılarken kendisini yabancı bir erkeğin görmesi namazını bozmaz, bundan dolayı kadın sorumlu da olmaz. Ancak kadın rükûa eğilirken ve secdeye varırken erkeğin aklına birtakım yanlış düşünceler gelebileceğinden, mümkünse müstakil bir oda, sakin bir köşe veya perde ile bölünmüş bir mekânı tercih etmeli.

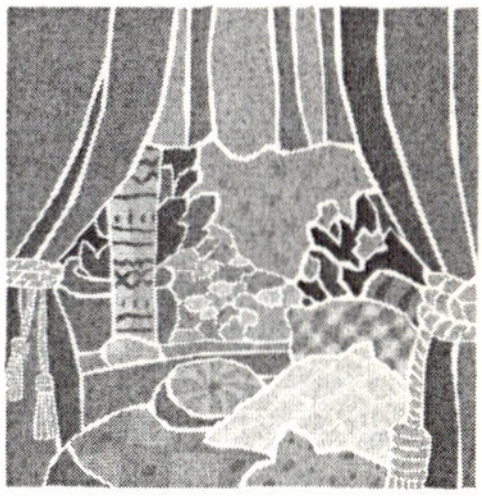

Kadınlar namaz kılarken nâmahrem bir erkek kendilerini görürse namazları bozulur mu? Bir hanım başkasının evinde namaz kılabilir mi, kılarsa nasıl kılmalı? Bir erkek namaz kılarken, kendi hanımı veya bir başka kadın yanından geçerse namazı bozulur mu?

Kadın namaz kılarken kendisini yabancı bir erkeğin görmesi namazını bozmaz, bundan dolayı kadın sorumlu da olmaz. Ancak kadın rükûa eğilirken ve secdeye varırken erkeğin aklına birtakım yanlış düşünceler gelebileceğinden, mümkünse müstakil bir oda, sakin bir köşe veya perde ile bölünmüş bir mekânı tercih etmeli.

Zaten kadının ibadet yeri ve mescidi kendi evidir. Bu hususta Efendimizin (a.s.m) tavsiyeleri şöyledir:

"Kadınları mescitlere gitmekten alıkoymayın. Evleri ise onlar için daha hayırlıdır."[1]

"Kadınların en hayırlı mescitleri, evleridir."[2]

Bununla birlikte namaz vaktinin geçmek üzere olduğu zamanlarda, yolculuk esnasında, kalabalık yerlerde ve mekânın müsaadesizliği durumlarında bir an önce farzın eda edilmesi gerekeceğinden başka türlü zanlara kapılmadan namaz kılınmalıdır.

Bu arada bir noktayı da hatırlatalım: Peygamberimizin (a.s.m.) zamanında Mescid-i Nebevîde erkekler ön saflarda namaza dururken, kadınlar arka saflarda yerlerini alır ve cemaate katılırlardı.

---

1 Ebû Dâvud, Salât: 53.

2 Feyzü'l-Kadîr, 3: 491. Hadis no: 4087.

Bugün de başta Kâbe'de, Harem-i Şerifte olmak üzere büyük cami ve mukaddes yerlerde çok kere hanımlar erkeklere yakın bir mekânda namaz kılıyorlar. Hattâ Harem-i Şerifte kadınların erkeklerin önünde bile namaza durdukları oluyor.

Netice olarak denebilir ki: Kadınlar beş vakit namazlarını evlerinde kılarlar, kendi evlerinin dışında başka yerlerde kıldıklarında ise yabancı erkeklerin göremeyeceği bir yeri aramalılar.

Camilerimizde ise pek çok yerde ya mahfel bulunuyor veya ayrı kat ve bölümler tahsis edilmiş olduğundan özellikle Ramazan'larda teravih namazlarını oralarda kılıyorlar.

Bir erkek namaz kılarken, kendi hanımı veya bir başka kadın yanından geçerse namazı bozulur mu?

Bu durumda erkeğin namazı bozulmadığı gibi, namaz kılan kadın da olsa, yanından bir erkeğin geçmesiyle namazı bozulmaz. Ancak namazı cemaatle kılarlarken, kadınlarla erkekler aynı hizada bulunurlarsa erkeklerin namazı bozulur.

Bu mesele de yalnız Hanefi mezhebine göredir. Diğer mezheplere göre böyle bir durum namazı bozmaz. Camilerin kalabalık olduğu ve yer darlığında ve Harem-i Şerifte bu hükme göre amel ediliyor.

Erkekler Cumadan çıkmadan önce kadınlar öğle namazı kılabilir mi?

Cuma namazı sadece erkeklere farzdır. Kadınlar Cuma günleri diğer günlerdeki gibi öğle namazını kılabilirler. Onlara Cuma namazı farz olmadığından Cuma cemaatini beklemelerine gerek yoktur. Ezan okunduktan sonra öğle namazını kılarlar.

Ancak hanımlar müsait iseler camide Cuma namazı da kılabilirler. Bu durum daha çok Ramazan ayında büyük camilerde mümkün olmaktadır.

Bu vesile ile bir hususu da belirtelim: Hasta, yolcu ve âmâ gibi kendilerine Cuma namazı farz olmayan erkeklerin öğle namazını, Cuma namazı kılındıktan sonra kılmaları müstehaptır. Çünkü o vakte kadar hasta iyileşebilir, yolcunun sefer süresi sona erebilir.

Kız çocukları kaç yaşından sonra namaz kılmalılar?

Kız olsun, erkek olsun aklı başında bulunan bir Müslümana namazın farz olması için büluğ dediğimiz ergenlik çağına ermiş olması gerekir. Genellikle erkek çocukları 12-15, kız çocukları ise 9-15 yaşları arasında ergenlik çağına girerler.

Kız çocukları âdet görmeye başladıkları yaştan itibaren mi namazdan sorumludurlar? Eğer kazaya kalmış ise bu borçları 'ilk âdet görmeye başladıkları yaşa kadar mükellef oldukları' ne derece doğrudur?

Kız olsun, erkek olsun aklı başında bulunan bir Müslümana namazın farz olması için büluğ dediğimiz ergenlik çağına ermiş olması gerekir. Genellikle erkek çocukları 12-15, kız çocukları ise 9-15 yaşları arasında ergenlik çağına girerler.

Erkek çocuğu büluğa erdiğini, ihtilam denilen rüyâda iken cinsel boşalma ile; kız çocuğu ise aybaşı veya âdet denilen halin ortaya çıkmasıyla yani, rahimden kan gelmesiyle ergenlik devresine girmiş olurlar. İnsanın bu devreden sonra namaz, oruç ve hac gibi ibadetleri yerine getirmesi farzdır.

Ancak namaz ve oruç gibi ibadetlerin daha önceki yaşlarda çocuğa öğretilip alıştırılması tavsiye edilmiştir. Hayrı şerden, iyiyi kötüden ayırt etme yaşı olarak bilinen bu temyiz devresi hususunda çeşitli rivayetler vardır.

Meselâ bir hadis-i şerifte, kız-erkek ayırımı yapılmadan yedi yaşına gelen çocuğa namazın emredilmesi ifade edilir.[1] "Çocuk sağını solunu tefrik edince namazı emredin" meâlindeki rivayet de çocuğun belli bir anlayış seviyesine gelmesini esas almıştır. Çocuğun süt dişlerini dökmeye başlaması devresi veya yirmiye kadar sayabilmesi şartını namazı öğretme yaşı olarak ifâde edilmesi de birbirini destekleyen hususlardır.[2]

[1] Ebû Dâvud, Salat: 25.
[2] İbni Ebî Şeybe, Musannaf, 1:347.

Yani, bu devre ve yaşa gelen çocuğa namazla ilgili bilgiler verilir, namazın nasıl kılınacağı, farzları, vacipleri, sünnetleri, namazda okunacak sûre ve dualar öğretilir. Yavaş yavaş namaz kılmaya alıştırılır.

On yaşını geçtikten sonra da artık namaz kılmasını temin edici tedbirler alınır. Çocuğa namazın önemi anlatılır, bir yaratılış ve kulluk vazifesi olduğu açıklanır. İkna ederek, makul bir şekilde namaz kılması sağlanır. Çünkü, artık çocuk bu yaştan sonra her vakit büluğ çağına erebilir. Bu bir hazırlık devresi sayılır. Büluğ alametleri görülünce de farz olan vazifesini yapmaya devam eder.

Esas itibariyle namazın farz olması büluğ çağıyla başladığına göre, ancak ondan sonra kazaya kalan namazların kılınması farz olur. Çünkü, farz olan bir namazın edası gibi kazası da farzdır.

Kızların ilk âdeti görmeden, erkeklerin de ilk ihtilam olmadan önceki kılamadıkları namazları kaza etmesi farz olmamakla birlikte kaza etmelerinde de bir sakınca yoktur. Kılınmasında sevap vardır.

Karanlıkta namaz kılınabilir mi?

Karanlık veya yarı karanlık bir yerde namaz kılmanın mekruh olduğuna, ne namazın mekruhları bölümünde, ne de başka yerlerde rastlamıyoruz. Yalnız namaz kılarken gözleri yummanın mekruh olduğu bildirilmektedir. Bunun da sebebi, namaz esnasında bakılması mendup olan secde mahallinin görülmesini engellediği içindir. Çünkü, kıyamdayken secde edilecek yere bakmak namazın âdâp ve menduplarındandır.[1]

Karanlık veya yarı karanlık bir yerde namaz kılmak, ancak şu şekilde sakıncalı olur.

Namaz kılınacak veya secde edilecek yerin temiz olup olmadığı hususunda şüphe ediliyor veya pis olduğuna dâir bir ihtimal varsa orada namaz kılınmaz. Çünkü necasetten taharet namazın farzlarındandır.

Fakat, seccadenin veya secde edilecek yerin temizliği hakkında kesin bir bilgi ve kanaatiniz varsa, karanlık da olsa böyle bir yerde namaz kılmak mekruh olmaz. Çünkü, burada bir de zaruret vardır. Zira, insan, ancak mecbur kaldığı zamanlarda karanlık bir yerde namaz kılar.

---

1 Tahtâvî, s. 288.

Kadın makyajlı ve ojeli olarak namaz kılabilir mi?

Deodorant, parfüm ve kolonyadaki alkol Hanefi mezhebinin bazı imamlarına göre necis kabul edilen alkol cinsine girmediğinden elbiseye veya bedene sürülmesiyle namaza mâni olmaz. Oje ise tırnağa bütünüyle sürüldüğünden ve suyun alta geçmesine engel olduğundan, abdeste, dolayısıyla namaza engeldir.

Öncelikle bir hususa işaret etmekte fayda vardır: Bir kere alkollerin hepsi sarhoş edici değildir. Yani Kur'ân'da "hamr" olarak geçen ve "sarhoş edici" özelliği bulunan alkol türleri necistir ve haramdır.

Bunun dışında, meselâ, etil alkol cinsinin sarhoş edici bir yapısı olmadığından haram sınıfına girmemekte ve necis sayılmamaktadır.

Bakara Sûresinin "hamr" ile ilgili âyetlerinin tefsirinde Elmalılı Hamdi Yazır bu konuda şu hususlara temas etmekte ve şöyle demektedir:

"Üzüm şarabından yapılmayan ispirto, bira vesaire müskirat içilemezse de elbiseye veya bedene sürülmesi de namaza mâni olur diye iddia edilemez."[1]

Bu nakilden de anlaşılacağı gibi, deodorant, parfüm ve kolonyadaki alkol Hanefi mezhebinin bazı imamlarına göre necis kabul edilen alkol cinsine girmediğinden elbiseye veya bedene sürülmesiyle namaza mâni olmaz. Şâfii ve Hanbeli gibi diğer mezheplere göre pis sayıldığı için sürülen yeri yıkadıktan sonra namaza durmak gerekir.

Makyaj sürüldükten sonra namaz kılınıp kılınmayacağına gelince, bu meselede iki noktaya dikkat etmek gerekiyor:

Birisi, makyajda kullanılan malzemede ve kozmetikte pis ve zararlı bir madde bulunmamalı, abdest alırken suyu altına geçirmeli-

[1] Hak Dini Kur'ân Dili, 2:763.

dir. Şayet içinde pis madde var ve altına suyu geçirmiyorsa, bu halde iken namaz kılınmaz, bir an önce giderilmelidir.

İkinci nokta ise, kadın makyaj yapıyorsa, bunu kocasından ve emin olduğu mahremlerinden (oğlu, babası ve kardeşi gibi) başkasına göstermemelidir. Yabancı erkeklere o şekilde görünmesi ve dışarı çıkması insanı günaha iter.

Oje ise, namazdan önce abdestle alâkalıdır. Bilindiği üzere, abdestin sahih olabilmesi için suyun abdest azalarının dış kısmına temas etmesi gerekir. Eğer abdest azalarına sürülen madde suyun temasına engel oluyorsa abdest sahih olmaz. **Oje tırnağa bütünüyle sürüldüğünden suyun alta geçmesine engel olmaktadır.**

Meselâ mumun abdeste engel olduğu fıkıh kitaplarımızda açıkça belirtilmektedir. Mumu gidermeden nasıl abdest olmazsa, ojeyi gidermeden de abdest olmuyor.

Kadınların secdesi nasıldır?

Esas olarak namazın farz ve vaciplerinde kadınla erkeğin namazı aynıdır. Secdede hem alnın, hem de burnun yere değmesi gerekir. İki ayağın veya bir ayağın parmaklarını da yere koymadıkça secde caiz olmaz. Secde süresince her iki ayak yerden kesilince namaz bozulur.

Örtünmesi gereken avret yerleri ve saf düzeni hariç, esas olarak namazın farz ve vaciplerinde kadınla erkeğin namazı aynıdır, değişen bir şey yoktur. Değişiklikler namazın sıhhatine engel olmayan bazı sünnet ve müstehaplardandır.

Meselâ, kadın secdeye vardığında erkekler gibi kollarını yana açmaz, yan taraflarına iyice yapıştırır, dirseklerini de yere koyarlar. Erkeklere nisbetle biraz daha alçalırlar.

Secdede hem alnın, hem de burnun yere değmesi gerekir. Bir rahatsızlığı yoksa yalnız alnı yere koymak mekruhtur. Çünkü burnun yere teması vaciptir.

İki ayağın veya bir ayağın parmaklarını yere koymadıkça secde caiz olmaz. Secde süresince her iki ayak yerden kesilince namaz bozulur. Bir özür yokken sadece bir ayağını yere temas ettirip diğerini kaldırmak mekruhtur. Yine, yalnız bir ayağının bir parmağını veya ayağının üstünü yere koymak secde için kâfi gelmez.

Secdenin nasıl yapılacağı hususunda Peygamber Efendimizin (a.s.m.) vermiş olduğu ölçü şudur:

"Ben yedi kemik üzerine secde etmekle emrolundum: Alın, iki el, iki diz ve iki ayağın parmak uçları üzerine..."[1]

Kadın namazda sesli okuyabilir mi?

Hanımlar da erkekler gibi, sabah, akşam ve yatsı namazlarında isterlerse seslerini hafifçe çıkararak okuyabilirler. Kadınların açıktan okuması, erkeklerin açıktan okumasına göre daha hafif sesle olur. Namaz kıldıkları yerde nâmahrem bir erkek varsa, gizliden okurlar.

Cemaatle kılınan namazlarda, imamın öğle ve ikindi namazlarının farzlarında gizli okuması, sabah, akşam, yatsı, cuma, bayram, teravih ve vitir namazlarında açıktan okuması vaciptir.

Bu hüküm Hanefi mezhebine göredir. Diğer mezheplere göre bu şekilde okumak sünnettir. Peygamber Efendimiz (a.s.m.) namazlarını bu şekilde kılmışlardır.

Namazı tek başına kılan kimse ise serbesttir. Açıktan okunan namazlarda isterse açıktan okuyabilir. Ancak imam gibi sesini fazla yükseltmez.

Hanımlar da sabah, akşam ve yatsı namazlarında isterlerse seslerini hafifçe çıkararak okuyabilirler. Kadınların açıktan okuması, erkeklerin açıktan okumasına göre daha hafif sesle olur.

---

[1] Müslim, Salat: 231.

Hanımların namaz kıldıkları yerde nâmahrem bir erkek varsa, gizliden okurlar. Ancak gündüz namazlarında (öğle, ikindi) sadece kendileri duyacak kadar okurlar.

Buna göre bir hanım, evde kimse yokken sesli okunan namazlarda sesini fazla yükseltmeden açıktan okuyabilir.

Aynanın ve vitrinin karşısında namaz kılınır mı?

Namaza durulduğunda insanın karşısına gelen ayna ve vitrin gibi şeyler ve birtakım manzaralar dikkatimizi dağıtıyor, bizi kendisiyle meşgul ediyor ve dolayısıyla namazdaki huşûa zarar veriyorsa, şüphesiz bu hal mekruh sınıfına girer. Ancak karşıda bulunan ayna, vitrin ve manzara dikkatimizi dağıtmıyorsa mekruh sayılmaz.

Namaz esnasında mekruh sayılan birtakım hareketler vardır ki; bunlar her ne kadar namazı bozmasa da, namazın ruhu hükmünde olan mânevî haz ve zevkine gölge düşürür. Bunun için dikkat edilmesinde fayda vardır.

Namazda mekruh olan pek çok haller vardır. Bunlar genişçe fıkıh kitaplarından öğrenilebilir. Fakat mekruh olan her hale her kitapta rastlamak mümkün olmaz. Sözü edilen mesele de bunlardan birisidir.

Bu hususta genel bir kaide vardır: **Namazdaki huşûa zarar veren, yani namaza duran insanın dikkatini dağıtan, kendisini bütünüyle namaza vermesine engel olan şeyler mekruh sınıfına girer.**

Cami ve mescit dışında namaz kılınan yerlerde, namaza durulduğunda insanın karşısına gelen ayna ve vitrin gibi şeyler ve birtakım manzaralar dikkatimizi dağıtıyor, bizi kendisiyle meşgul ediyor ve dolayısıyla namazdaki huşûa zarar veriyorsa, şüphesiz bu hal de mekruh sınıfına girer. **Ancak karşıda bulunan ayna, vitrin ve manzara dikkatimizi dağıtmıyorsa mekruh sayılmaz.**

Namaz kılarken göz kapatılabilir mi?

Namaz kılarken gözleri yummak mekruhtur. Bir hadis-i şerifte Peygamber Efendimiz (a.s.m.), "Sizden biriniz namaza kalktığı zaman gözlerini kapamasın" buyurmuşlardır.

Namaz kılarken secde yerine bakmak sünnettir. Gözleri yummak da bu sünneti terk sayılır. Yalnız buradaki mekruhluk tenzihîdir, büyük bir vebali yoktur.

Ancak namazda bakılması caiz olmayan bir şey görmemek için veya dikkati dağıtacak bir şey gözüne ilişirse yahut görülen şeylerden ilgisini kesmek düşüncesiyle namazın mânevî hazzı olan huşûu temin maksadıyla göz yumulabilir. Bunda kerahet olmaz.

Pijama ve gecelikle namaz kılınır mı?

Erkeklerin pijama veya eşofmanla, kadınların da tesettürü sağlayabilecek şekilde dikilmiş olan gecelik ve sabahlıkla evlerinde namaz kılmaları mekruh olmaz. Askılı atletle namaz kılmak ise, namazda bulunması gereken ciddiyete pek uygun düşmez. Namazın sıhhatine bir zarar vermemekle beraber, bunun üzerine bir gömlek giymek daha uygun olur.

Bir mü'min namaz kılarken İlâhî huzura çıkmanın şevk ve heyecanını yaşar. Rabbiyle birlikte olmanın, Ona en yakın bulunmanın zevk ve hazzını tadar. Çünkü, insanın Allah'a en yakın olduğu an namazın en mühim rüknü olan secde ânıdır.

İşte böyle bir halette bulunan mü'minin namaza hazırlanırken de ayrı bir hassasiyet, itinâ ve titizlik içinde bulunması gerekir.

Namazın farz, vacip ve sünnetleri yanında, müstehap ve âdâbına da azamî ölçüde riâyet etmelidir. Bu onun namazdaki mânevî hisse ve feyzinin derecesini arttıracaktır.

Aynı şekilde namazın mânâ ve ruhuna ters düşen, namazı bozan, mekruh kılan davranış ve hareketlerden kaçınmak, uzak durmak da o nisbette namazın sevap ve faziletini çoğaltacaktır.

Namaz kılarken insanın işlemiş olduğu mekruh sayılan birtakım davranışlar vardır.

Bunların bir kısmı vacip veya sünnet-i müekkedenin terkiyle meydana gelir ki, bu çeşit hareket tahrimen mekruha girer.

Sünnet-i gayr-ı müekkede, müstehap ve menduplardan birini terk etmek ise tenzihen mekruha girer.

Tahrimen mekruhlar namazın sıhhatine zarar verdiği, sevabını azalttığı halde, tenzihen mekruhlar için aynı şeyler bulunmamaktadır.

Bilerek ve kasdî olarak yapıldığı zaman belki ibadetin faziletine bir eksiklik getirse de, esas itibariyle namazın kendisine, sıhhatine bir zarar vermez.

Pijama veya gecelikle namaz kılmaya gelince; Mehmed Zihni Efendi *Nimet-i İslâm* isimli eserinde şöyle der:

"Namazda müstehap olan, giyilmesi âdet olan bir elbisedir. Çünkü, mütevaris olan odur. (Yani Resul-i Ekrem Efendimiz (a.s.m.), Sahabe-i Kiram ve İslâm ulemâsı hep kendi bölgelerinde giyilmesi âdet olan elbiseyle namaz kılmışlardır.) Gecelikler de lübs-ü mutad olmakla (giyilmesi âdet olan bir elbise) olmakla, onunla namaz kılmakta kerahet olmaz."[1]

Buna göre erkeklerin pijama veya eşofmanla, kadınların da tesettürü sağlayabilecek şekilde dikilmiş olan gecelik ve sabahlıkla evlerinde namaz kılmaları mekruh olmaz.

Dürer gibi bazı fıkıh kitaplarında "siyab-ı bezl ile namaz kılmak mekruhtur" denir.

Bunun mânâsı, evin dışında giyilemeyecek kadar pejmürde ve hırpânî olan bir elbisedir. Bundan, kirli, sadece ev işlerinde giyilebilen bir elbise veya büyüklerin yanında giyilemeyen elbise mânâsını anlayanlar da vardır. Böyle bir elbise ile namaz kılmak ise sadece tenzihen mekruhtur.

Askılı atletle namaz kılmak ise, namazda bulunması gereken ciddiyete pek uygun düşmez. Namazın sıhhatine bir zarar vermemekle beraber, bunun üzerine bir gömlek giymek daha uygun olur.

---

[1] Nimet-i İslâm, s. 579 (Osmanlıca nüsha)

Kadın, dışarıda giydiği elbise ile namaz kılabilir mi?

Böyle bir soru, giyilen elbiseyi nâmahrem erkeklerin görmesinden dolayı akla gelebiliyor. Ne çeşit bir elbise olursa olsun, yabancı erkeklerin kadının giydiği elbiseyi üzerinde görmesinin namazla bir alâkası yoktur.

Tesettürü sağlamak ve temiz olmak kaydıyla dışarı çıkılan veya çıkılmayan elbise ile namaz kılmakta bir mahzur yoktur. Yalnız tam tesettürü sağlamayan elbise ve etekle dışarı çıkmamak gerekir.

RAMAZAN VE ORUÇ

Ramazan'ı karşılamak için oruç tutulabilir mi?

Peygamber Efendimiz (a.s.m.) Ramazan ayına hürmetten dolayı Şaban ayında oruç tutulmasını tavsiye ederdi. Fakat bugün, "şek günü" olmamalıdır. Ramazan'dan sonra tutulan oruca gelince; Ramazan'ı "uğurlama" niyetiyle oruç tutulmaz. Böyle bir oruç da yoktur. Ancak sırf sevabı için Şevval ayında altı gün oruç tutulabilir.

Ramazan'dan önce "şek günü", yâni şüphe günü diye bir gün vardır. Bugün, Şaban ayının son günü mü, yoksa Ramazan ayının ilk günü mü olduğu hususunda şüpheye düşülen gündür. Şüpheli görülen böyle bir günde oruç tutmak mekruhtur.

Fakat, şek günü olmadığı hususunda kesin bir bilgi varsa oruç tutulabilir. Hattâ Ramazan gelmeden iki-üç gün önce oruca başlamak da mümkündür. Çünkü, bu oruç, Şaban ayında tutulan nâfile oruçtur. Bunun da sevabı vardır.

Günümüzde Ramazan hilâlinin tespiti ve başlangıcı astronomik hesap ve takvim yoluyla yapıldığından Ramazan'dan bir gün önce oruç tutmak câizdir. Bunun adına "Ramazan'ı karşılama" denmesinin hikmeti de şuradan kaynaklanmış olabilir.

Peygamber Efendimiz (a.s.m.) Ramazan ayına hürmetten dolayı Şaban ayında oruç tutulmasını tavsiye ederdi. Enes bin Mâlik'in rivâyetine göre, bir seferinde sahabiler Peygamberimize (a.s.m.) sordular:

"Yâ Resulallah, Ramazan'dan başka fazileti en çok olan oruç hangi aydadır?"

Bu soruya Peygamberimiz (a.s.m.) şöyle cevap verdiler:

"Ramazan'a hürmeten Şaban ayında tutulan oruçtur."[1]

Bu hadiste sözü edilen faziletten dolayı Ramazan'dan birkaç gün önce Şaban ayı içinde oruç tutmak câiz ve sevaplıdır.

Ramazan'dan sonra tutulan oruca gelince; Ramazan'ı "uğurlama" niyetiyle oruç tutulmaz. Böyle bir oruç da yoktur. Ancak, **"Kim Ramazan orucunu tutar, sonra bunun arkasından Şevval'den altı gün oruç tutarsa, onun tutmuş olduğu oruç, yıl boyunca tutulan oruç gibidir"**[2] mealindeki hadisten hareket eden müçtehitlerden bazıları Ramazan'ı müteakip Bayramın birinci gününden sonra Şevval ayı içinde oruç tutmayı müstehap saymışlardır. Bu oruç nafile bir oruçtur.

Fakat, başta İmam-ı Âzam olmak üzere İmam-ı Mâlik ve Ebû Yusuf gibi âlimler de, halk bu orucu vacip bir oruç zanneder endişesiyle Şevval ayında oruç tutulmamasını daha uygun bulmuşlardır. Selef ulemâsından da hiçbir âlim Şevval orucu tutmamıştır.

Bununla beraber sevabı hatırı için Şevval ayında oruç tutulabilir. Fakat, bunu vacip bir oruç olarak değil de, nafile olarak bilmek lâzımdır.

Cuma ve Cumartesi günleri oruç tutulabilir mi?

Peygamber Efendimiz Cuma ve Cumartesi günleri oruç tutmamayı tavsiye etmektedir. Bugünlerde oruç tutmanın mekruhluk derecesi tenzihî-dir, yani harama yakın olan mekruh değildir. Ancak bugünlerde oruç tutmak için bir gün öncesini veya bir gün sonrasını oruçlu geçirmekle mekruhluk yönü ortadan kalkmış olur.

Farz ve vacip oruçların dışında hafta içerisinde sadece Cuma ve Cumartesi günü oruç tutmak mekruhtur. Bu meseleye esas teşkil eden hadis-i şerifler şöyledir:

1 Tirmizî, Zekât: 28.

2 İbni Mace, Sıyam: 33.

"Cuma günü bir bayram günüdür. Bayram gününüzü oruç günü yapmayın."[1]

"Üzerinize farz olan oruç müstesna, Cumartesi günü oruç tutmayınız."[2]

"Cumartesi ve Pazar günleri müşriklerin bayram günleridir. Ben onlara muhalefet etmek isterim."[3]

Bu hadis-i şerifler sadece Cuma ve Cumartesi günleri oruç tutmamayı tavsiye etmektedir. Ancak bugünlerde oruç tutmanın, yani sadece Cuma ve Cumartesi oruçlu bulunmanın mekruhluk derecesi tenzihîdir. Yani harama yakın olan mekruh değildir.

Fakat bugünlerde oruç tutmak için bir gün öncesini veya bir gün sonrasını oruçlu geçirmekle mekruhluk ciheti ortadan kalkmış olur. Cuma günü oruçlu bulunmak isteyen kimse, ya Perşembe gününden itibaren oruç tutar veya Cuma ile birlikte Cumartesi'yi de oruçlu geçirmesi gerekir. Yine Cumartesi'yi oruçlu geçirmek isteyen kişi Cuma'yı veya Pazar'ı o güne eklemesi lâzımdır. Bu meselede fıkıh âlimlerimizin izahı bu şekildedir.

İlâç almak orucu bozar mı?

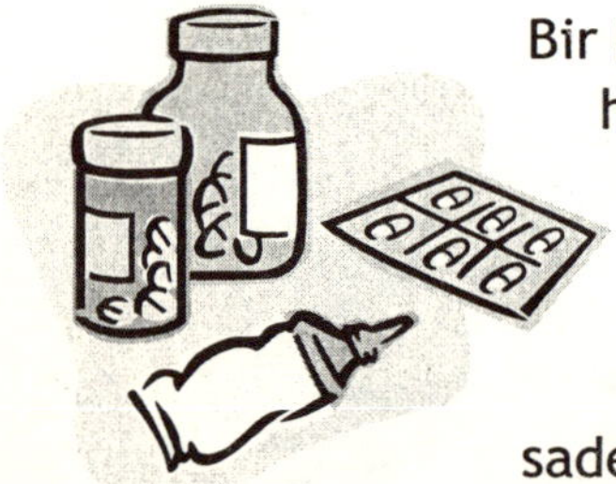

Bir kimse, güneş batmadan önce gündüz vakti hastalansa, ilâç almadığı takdirde hastalığı artacak, daha da fenalaşacaksa ilâç alabilir. Aldığı ilâç orucunu bozar, ancak sadece gününe gün kazası gerekir. Ancak ağza alınan bir ilâcı yutmamak şartıyla sadece tadının boğaza varması orucu bozmaz. Dil altı tableti olarak bilinen kalp ilâcı böyledir.

Bir kimse hastalık gibi orucu bozmayı gerektiren bir özrü yokken, kasten tedavî veya beslenme maksadıyla bir ilâç yutsa, bu durum keffareti gerektirir.

1 Müsned, 2:303.
2 İbni Mâce, Sıyam: 38.
3 Neseî, Cum'a: 1.

Fakat güneş batmadan önce gündüzleyin hastalansa, ilâç almadığı takdirde hastalığı artacak, daha da fenalaşacaksa ilâç alabilir. Yuttuğu ilâç orucunu bozar, ancak sadece gününe gün kazası gerekir.

Ağza alınan bir ilâcı yutmamak şartıyla sadece tadının boğaza varması orucu bozmaz. Bu meseleye fıkıh kitaplarında yer alan "dişe konan karanfil" misali ışık tutmaktadır.

Ramazan günü oruçlu olan bir kimse, dişi ağrısa, ağrıyı teskin için dişine karanfil koysa, meydana gelen tükürük boğazına kaçsa, fakat karanfili yutmamış olsa orucu bozulmaz. Karanfili yutsa dahi ancak kaza gerekir.[1]

Bu misal ışığında dil altı tableti olarak bilinen kalp ilâcını oruçlu iken almak zorunda kalanlara bakılırsa, bu bir sıhhî özür sayıldığından alınabilir. Orucu bozup bozmaması ise diğer yutulan normal tabletlere benzemez. Dil altına konduğu için ağız derisi denen "mukoza" tarafından emilmektedir. Bu hal, cildin üzerine sürülen yağ ve merheme benzemez. Bunlar derinin gözenekleri tarafından emildiğinden orucu bozmaz.

Ağza konulan bu tablet çözüldüğünde parçalar haline geliyor, bir kısmı yutuluyorsa oruç bozulur. Fakat yutulmadığından emin olunursa sadece tadının boğaza varmasıyla oruç bozulmaz.

Doktora muayene olmak orucu bozar mı?

Kişinin makatına, kadının vajinasına kuru olarak parmağını iletmesi orucu bozmaz. Su veya yağ ile ıslanmış bir parmağın ön veya arka tarafa iletilmesi orucu bozar. Muayene esnasında tıbbî âletin bir kısmı dışarıda kalacak olsa oruç bozulmaz. Fakat, bir ilâç sürülerek konursa oruç bozulur.

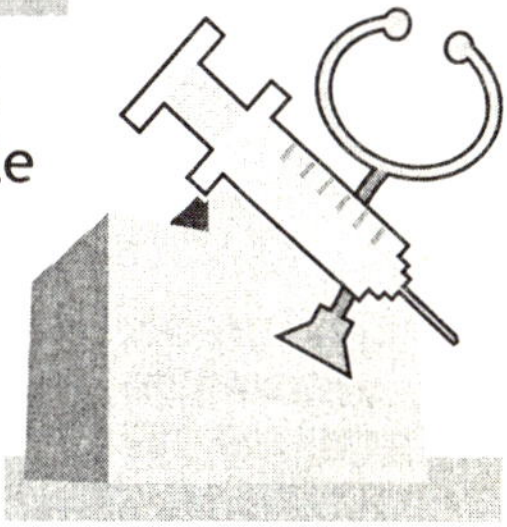

Bu mesele ilk anda her ne kadar "ayıp" gibi görülse de, insanın dinî hayatını ve ibadetlerini doğrudan alâkadar eden meseleleri öğrenmesi ve bilerek hareket etmesi "ayıp" değil, aynı zamanda bir i-

[1] İbni Âbidîn, 2:98; Nimet-i İslâm, s. 466.

lim olduğundan sevaptır. Bilhassa kadınları ilgilendiren meselelerde bu hususlar daha büyük önem kazanmaktadır.

Pek çok Müslüman hanım, araştırıp öğrenmeyi "ayıp" olarak telâkki ettiğinden birçok yönden yanlış hareket etmekte ve bilmeden hataya düşmektedir. Netice itibariyle de ibadeti, ya eksik veya tamamen fasit olmaktadır.

Sorduğunuz meseleye aynı ölçülerde bakmak mümkündür. Bu mesele bilinmediği an, yapıldığında büyük bir hata işlenmişçesine endişeye düşülmektedir.

Mesele esas itibariyle şöyledir: **İnsanın makatına, kadının vajinasına kuru olarak parmağını sokması orucu bozmaz. Su veya yağ ile ıslanmış bir parmağın ön veya arka tarafa sokulması orucu bozar. İnsan ön tarafına pamuk koyar da iyice kaybolursa, bu takdirde oruç bozulur.**[1]

Muayene esnasında tıbbî âletin bir kısmı dışarıda kalacak olsa oruç bozulmaz. Fakat, bir ilâç sürülerek konursa oruç bozulur. Fakat, bir zaruret olmadığı müddetçe Ramazan ayının dışında muayene olmak gerekir.

1 İbni Abidin, Reddü'l-Muhtar, 2:99.

ZEKÂT

Ticarî malların zekâtı nasıl verilir?

Altın ve gümüşte olduğu gibi, ticaret mallarında da verilecek zekât nisbeti kırkta birdir. Ticaret malları ya altına göre veya gümüşe göre hesap edilir. Ticaret mallarının zekâtı hesap edilirken kıymetleri, bulundukları yerdeki piyasa şartlarına göre takdir edilir. Bunda malın rayiç bedeli ve satış fiyatı değil de, alış fiyatı ve maliyeti esas alınır.

Alım ve satımı yapılan ve kâr etmek maksadıyla elde bulundurulan her türlü mal ticaret malı sayıldığından bunlar zekâta tâbidir.

Ev, arsa, dükkan, han, hamam gibi gayr-ı menkuller; manifatura, halı, kilim, beyaz eşya gibi ihtiyaç malzemeleri; buğday, arpa, pirinç, mercimek gibi hububat; demir, bakır, alüminyum gibi tartılan maddeler; koyun, sığır ve at gibi hayvanlar hep birer ticaret malıdır.

Her şeyden önce ticaret mallarının zekâtı hesap edilirken üzerinden bir yılın geçmiş olması ve nisap miktarına ulaşması gerekir.

Ticaret mallarının nisabında altın ve gümüşteki nisap miktarı esas alınır. Buna göre yıl başında 20 miskal (85 gram) altın veya 200 dirhem (595 gram) gümüş miktarı nisaba ulaşan bir ticaret malının zekâtı için yıl sonundaki değerine itibar edilir.

Yıl içindeki eksilip artması zekâta tesir etmez. Fakat yıl sonundaki değeri nisap miktarının altına düşerse artık zekâtı verilmez.

Yine yıl içinde tüccarın iflas etmesi veya elinde hiç mal ve paranın kalmaması durumunda da "üzerinden bir yıl geçme" şartı kalkmış ve zekâtın farziyeti düşmüş olur.

Şâfiî ve Mâlikî mezheplerine göre, ticaret mallarının nisap miktarına ulaşma şartı sadece yıl sonundaki miktarına itibar edilir. Yılın başında veya ortasında malın değerinin nisap miktarının altına düşmüş olması zekâtın farziyetine engel olmaz.

Meselâ, yıl başında 10 miskal (42,5 gram) altın değerinde bir sermaye ile ticarete başlayan bir kimsenin sermayesi bir yıl sonra nisap miktarına ulaşmışsa, bu artan miktarın üzerinden bir yıl geçmesine gerek kalmadan malın tamamından zekât verilir.

Hanbelî mezhebine göre ise, bir ticaret malının zekâta tâbi olabilmesi için, yılın başından sonuna kadar nisap miktarından aşağı düşmemesi gerekir.

Yıl içinde malın değeri nisap miktarının altına düşmesi halinde "üzerinden bir sene geçme" şartı kalkmış sayılır, böylece zekâtı da verilmez. Bu malın zekâta tâbi olabilmesi için nisaba ulaştıktan sonra yeniden üzerinden bir yıl geçmesi gerekir.[1]

Ticareti yapılan bir mal yıl içinde kendi cinsiyle veya başka bir cins malla değiştirilse "üzerinden bir yıl geçme müddeti" kalkmış olmaz. Yıl sonunda yapılan hesaba göre zekâtının verilmesi gerekir.

Meselâ, yıl başında nisap miktarı tutarında inşaat demiri bulunan bir kimse, yıl içinde bunu satıp yerine tuğla alsa, daha sonra bunu da satarak çimento alacak olsa, bu mal yıl sonunda nisap miktarının altına düşmediği müddetçe zekâtını hesaplayıp vermesi gerekir.

Ticaret mallarının zekâtı hesap edilirken kıymetleri, bulundukları yerdeki piyasa şartlarına göre takdir edilir. Bunda malın rayiç bedeli ve satış fiyatı değil de, alış fiyatı ve maliyeti esas alınır.

Çünkü çoğu defa bir malın satış fiyatı ancak piyasa şartlarına, arz-talep dengesine ve müşterinin durumuna göre değişiklik arz eder. Bu da ancak satış olunca kesin olarak belli olur.

Oysa henüz mal elden çıkmamış, kesin satış fiyatı belli olmamıştır. Bunun yanında maliyeti veya alış fiyatı bellidir. Bunun için ticaret malının zekâtı hesap edilirken maliyet yahut alış fiyatının esas alınması daha sıhhatli ve kolay olur.

---

[1] Yusuf el-Kardâvî, Fıkhu'z-Zekât, 1:329-31.

Altın ve gümüşte olduğu gibi, ticaret mallarında da verilecek zekât nisbeti kırkta birdir. Ticaret malları ya altına göre veya gümüşe göre hesap edilir.

Fakat bunlardan birisine göre malın değeri nisaba ulaşmayıp diğerine göre ulaşsa, ulaşan maddeye göre verilir. Meselâ, bir malın değeri altına göre nisap miktarını bulmasa da, gümüşe göre bulsa gümüş üzerinden hesap edilerek zekâtı verilir.

Ticaret malının zekâtı, malın değeri üzerinden para olarak verilebileceği gibi, malın kendi cinsinden de verilebilir.

Meselâ, kumaş ticareti yapan bir kimse malının zekâtını para olarak verebileceği gibi, kumaş olarak da verebilir. Bunda fakirin ihtiyacını göz önünde bulundurmakta fayda vardır. Hangisi fakirin işine yarayacaksa o tercih edilir. Ticaret mallarının zekâtı hesap edilirken borçlar düşülür, kalan meblağ zekâta tâbi kılınır.

Hangi malların öşrü verilir?

Hanefi mezhebine göre, ot ve odunun dışında kalan bütün tarım ürünleri zekâta tabidir. Öşür için belli bir miktar yoktur. Mahsul az olsun, çok olsun içinden zekâtının çıkarılması gerekir. Öşrü verilecek mahsul elde edildikten sonra üzerinden bir yıl geçme gibi bir şart aranmamaktadır.

Hanefi mezhebine göre, ot ve odunun dışında kalan bütün tarım ürünleri zekâta tabidir.

İmameyne göre, bir mahsulün zekâta tâbi olabilmesi için çürümeden en az bir yıl kalabilecek vasıfta bulunması gerekir. Fakat Hanefi mezhebinde tercih edilen görüş birincisidir.

Şafiî ve Mâlikî mezhebine göre ise, ancak bir yıl muhafaza edilip depolanabilen maddeler zekâta tâbidir. Hububattan arpa, buğday, mercimek, nohut, mısır, pirinç ve bakla gibi ürünler; meyvelerden sadece üzüm ve hurma...

Bu mezheplere göre tâbii gıda sınıfına girmeyen fındık, fıstık ve ceviz gibi gıdalar zekâta tâbi değildir.

Öşür için belli bir miktar yoktur. Mahsul az olsun, çok olsun içinden zekâtının çıkarılması gerekir.

Bu İmam-ı Âzamın görüşüdür. Fakat İmameyne göre bir mahsulün zekâta tâbi olabilmesi için 5 vesk, günümüz ölçüsüyle 653 kilograma ulaşması gerekir. Bundan az bir mahsulün zekâtı verilmez.

Hadis-i şerifte de belirtildiği gibi, eğer bir arazi yağmur, ırmak, dere suyu ile sulanıyorsa burada üretilen mahsulden onda bir zekât verilir. Fakat taşınarak ve motor gücü gibi belli bir emek ve masraf yapılarak sulanıyorsa bundan da yirmide bir nisbetinde zekât verilir.

Bir arazi hem yağmur ve nehir suyu ile, hem de motor ve benzeri bir yolla sulandığı takdirde, hangisi ile daha fazla sulanıyorsa o esas alınır.

Meselâ, yağmur suyu ile daha fazla sulanıyorsa onda bir, herhangi bir şekilde emek sarf edilerek sulanıyorsa yirmide bir oranında zekâtı verilir.

Öşrü verilecek mahsul elde edildikten sonra üzerinden bir yıl geçme gibi bir şart aranmamaktadır. Bir yıl içinde kaç kere mahsul alınıyorsa, her seferinde derlenip toplandığı vakitten itibaren zekâtının verilmesi gerekir.

Mahsul için yapılan tohum, gübre ve işçi ücreti gibi masraflar dikkate alınmaz; öşür, masraflar çıkarılmadan önce tespit edilip ayrılır.

Zeytin, ayçiçeği ve susam gibi ürünlerin öşrü verildikten sonra, ayrıca üretilen yağlarından öşür verilmez.

İçinden öşrü çıkarılmamış olan hububatı ve meyveleri yememelidir. Çünkü içinde kul hakkı vardır. Ancak sonradan ödemek şartıyla yenen miktar hesap edilerek yemekte bir mahzur yoktur.

Arazi belli bir ücret karşılığında ekilip biçilmek maksadıyla kiralanmışsa, elde edilen mahsulün öşrünü İmam-ı Âzama göre mal sahibi, İmameyne göre ise kiralayan verir. Fetva da bu görüşe göredir. Yani öşrü kiralayanın vermesi gerekir.

Zekât nasıl hesap edilir?

Hali vakti yerinde olan her Müslüman servetinin ve kazancının zekâta tâbi olup olmadığını araştırır; mal varlığını hesap eder, borçlarını çıkardıktan sonra geride kalandan zekât verir. Hiç hesap kitap yapmadan göz kararı ile zekât verilmesi bu ibadetin tam olarak yapılmadığını gösterir. Bunun için hesap ettirir, malının zekâtını çıkarır.

Zekâtı verilecek bir malın hesabı Hicrî yıla göre yapılabildiği gibi, Miladî yıla göre de yapılır. Mal sahibine hangisi daha kolay geliyorsa ona göre hareket eder. Fakat bazı malların durumu zekâtın vaktini de belirler. Tarım ürünlerinden verilen zekât gibi.

Ticaret mallarının zekâtı muhasebe kolaylığı açısından Miladî yıl başlarına göre yapılabildiği gibi, fakirin ihtiyacı ve sevabının daha fazla olması sebebiyle Ramazan'dan Ramazan'a da yapılabilir.

Menkul veya gayr-ı menkullerin zekâtı, ticaret maksadıyla kullanılıp kullanılmadıklarına göre işleme tâbi tutulur. Altın, gümüş ve diğer ticareti yapılan malların hepsi yıl sonunda paraya dökülür, elde mevcut olan çek, senet ve nakitler de toplanarak mal varlığının tespiti yapılır. Ortaya çıkan miktardan borçlar ve yıl boyu yapılan harcamalar düşülür, geriye kalan miktar üzerinden kırkta bir, yani % 2,5 nisbetinde zekât hesap edilir.

Meselâ, giyim mağazası olan bir kimse zekâtını şöyle hesap eder.

Mağazayı açalı bir yıl olmuşsa, yıl sonunda, meselâ 31 Aralık'ta mağazada mevcut olan bütün malların alış fiyatlarına göre dökümünü yapar. Bulduğu miktarın üzerine mevcut para, çek ve senet olarak alacaklarını, altın veya gümüş olan tasarruflarını, varsa ayrıca ticaretini yaptığı ev, arsa, dükkân, araba ve benzeri taşınır ve taşınmaz diğer malların alış fiyatları üzerinden değerlerini ekler. Borçlarını da çıkardıktan sonra toplamı üzerinden % 2,5 nisbetinde zekâtını ayırır.

Mağazadaki demirbaş eşyayı, kullandığı arabayı, oturduğu evi, mağaza kendisininse dükkânı zekât malının içine katmaz.

Serbest meslek sahibinin zekât hesabı:

Doktor, mühendis ve avukat gibi serbest meslek erbabı zekâtlarını hesap ederken, bürosunda kullandığı demirbaş malzeme ve âletlerden ayrı olarak yıllık kazancını ve diğer mal varlığını hesap eder, toplamından borcunu düşerek % 2,5 üzerinden zekâtını ayırır.

Şirketlerin zekât hesabı:

Şirketler ticarî ve sınâî olmak üzere iki kısımdır:

Ticarî şirket:

Sermayesinin pek az bir kısmı sabit tesislere yatırılmış, ekserisi hareketli olup ihracat, ithalat veya iç pazarda devamlı mal ile nakit arasında yer değiştiriyor, çeşitli şekillerde ticarî sahada kullanılıyorsa, bu şirket ticarî bir şirkettir. Bu çeşit şirketlerin sermayeleri alım satım sûretiyle kâr elde ettikleri için zekâta tâbidirler.

Böyle bir şirketin zekâtı hesap edilirken, yıl sonunda, sabit malzeme, vasıta ve büro gibi şeyler için yatırılmış olan sermayesi dışında kalan gelir ve giderinin hesabı yapılır, arta kalan hareketli sermaye ile yıllık kazancını tespit eder, borçlar ve yapılan her türlü masraflar düştükten sonra, toplam meblağın % 2,5 nisbetinden zekâtını ayırır.

Böyle bir şirket kâr etmeyip zarar etse bile mevcut sermayeden zekât ayrılır.

Sınâî şirket:

Sermayesinin çoğu fabrika, makine, otel, gemi, nakil vasıtaları gibi üretim ve kâra vesile teşkil eden sabit şeylere yatırılmış bulunan şirketlerdir. Bu kuruluşların sadece işletme sermayesi ve kârı üzerinden zekâtı verilir.

Meselâ, yıl sonunda hesabı yapılırken bir fabrikanın binası, makineleri, demirbaş malzemeleri, âlet ve edevatı ile bakım giderleri, işçi ücreti, yapılan masraflar, devlete verilen vergiler zekât dışı bırakılır. Geriye kalan mevcut işletme sermayesi ile elde edilen kârın üzerine ham madde, mamül ve yarı mamül malların kıymetleri eklenir, toplam miktarın % 2,5 üzerinden zekâtı verilir.

Hisse senetlerinin zekât hesabı:

Bir şirketin hisseleri senetlere taksim edildikten sonra ortaklara dağıtılmışsa, böyle bir şirketin zekâtı iki şekilde hesaplanır:

Birincisi, zekâtı bizzat şirketin ödemesidir. En güzeli ve kolay olanı budur. Fakat bir şirkette hisse senedi bulunan bir ortak şirketin zekât vermediğini öğrenirse, şirket ister ticarî, ister sınâî olsun, işletme sermayesinden kendi payına düşeni öğrenir, bu miktara yıllık kârını da ilâve ederek % 2,5 üzerinden zekâtını verir.

Meselâ, bir kimsenin bir şirkette 10 bin liralık hisse senedi bulunsa, bunun 5 bin lirası demirbaşlarda, 5 bin lirası da işletmede bulunsa, yıllık geliri de 6 bin lira ise, bu senedin zekâtı 11 bin lira üzerinden hesap edilir, % 2,5 üzerinden zekâtı verilir.

Senet borsada alınıp satılıyorsa, zekâtı hesap edilirken, senedin borsadaki en son değeri ile yıllık kârının toplamı üzerinden % 2,5 zekât olarak verilir.

Zekât kimlere ve nerelere verilir?

Tevbe Sûresinin 60. âyet-i kerimesinde zekâtın kimlere verileceği meâlen şöyle bildirilir: "Zekâtlar Allah'tan bir farz olmak üzere fakirlere, miskinlere, zekât işinde çalışanlara, kalpleri İslâma ısındırılacaklara verilir. Kölelerin, borçluların, Allah yolunda olanların ve yolda kalmışların uğrunda harcanır..."

Âyet-i kerimede sekiz sınıf zikredilmektedir ki, sırasıyla şöyledir:

Fakirler ve miskinler:

Fakir, zekât verebilecek kadar nisap miktarı malı olmayan, geliri ihtiyaçlarını karşılamayan ve geçimine kâfi gelmeyen kimsedir. Miskin ise, hiçbir malı ve geliri olmayan yoksuldur.

Bir fakire veya miskine zekât, ihtiyacını karşılayacak, borcunu ödeyecek ve onu muhtaç durumdan kurtaracak kadar verilir. Bir fakiri zekât parasıyla zengin kılmak, borcundan ve ihtiyacından fazla nisap miktarını bulacak miktarda zekât vermek mekruhtur.

Zekât işinde çalışanlar:

İslâm devletinde zekât devlet eliyle toplanır. Zekâta tâbi olan malın tespiti, ne kadar verileceği, toplanması, depolanması ve muhafaza edilmesi devlet tarafından vazifelendirilen kimseler tarafından yapılır. Bu işte çalışanlara da zekâttan bir hisse verilir. Bunlar fakir olmasalar da hizmetleri karşılığında verilen bu hisse kendilerinin hakkıdır.

Kalpleri İslâma ısındırılacaklar:

"Müellefe-i kulûb" olarak bilinen bu kimseler, kalpleri İslâma ısındırılmak istenen, kötülüklerinden emin olunmaya çalışılan veya herhangi bir şekilde Müslümanlara faydası dokunması umulanlardır. Hanefi mezhebi fakihleri, Hz. Ömer'in (r.a.) bir içtihadına dayanarak bu maddenin Peygamberimizden (a.s.m.) sonra uygulamadan kalktığını ifade ederler.

Hanbelî mezhebi âlimleri ise müellefe-i kulûb hükmünün bâki olduğunu belirterek, bu kabil kimselere de zekâttan pay ayrılabileceğini söylerler. Çağdaş İslâm âlimlerinin bazıları da zamanımızda bu sınıfa dahil olabilecek kimselerin bulunduğunu belirterek, belli bir nisbette müellefe-i kulûb için zekâttan pay ayrılmasının lüzumunu dile getirirler.

Köleler:

Bir bedel karşılığında serbest bırakılmak üzere efendisiyle anlaşma yapmış köle ve cariyelerdir. Bugün ferdî mânâdaki kölelik dünyadan bütünüyle kalkmıştır. Buradan, İslâmın insan haysiyet ve şerefine, onun hürriyet ve hakkına ne kadar değer verdiği görülmektedir.

İslâm her vesile ile insan yaratılışına aykırı düşen kölelik gibi bir âdetin kaldırılması için en büyük bir ibadet ve yardımlaşma olan zekât müessesesini bu meselede destek kılmıştır.

Borçlular:

Borçlu, borcundan başka nisap miktarı malı olmayan kimsedir. Yiyecek, içecek, giyecek gibi zaruri ihtiyaçlarını karşılamak için borçlanan, yangın, sel ve deprem gibi bir felâkete maruz kalan, hastalanan veya bu yüzden borçlanan kimseler muhtaç durumda bulunuyorlarsa, ihtiyaçlarını karşılayacak miktarda zekât verilir.

Evlenmek, çocuğunu evlendirmek, ev yahut ev eşyası almak gibi meşru bir sebep ve ihtiyaç dolayısıyla borçlananlar da zekât verilecek borçlular sınıfına girerler. Zekât verirken borçlular diğer fakirlerden daha önce düşünülürler.

Yolda kalmış olanlar:

Cihat, hac, rızık temini ve ilim tahsili gibi sebeplerle memleketinden ayrılan ve gurbette muhtaç hale düşen kimseler bu gruba girer.

Bunlar aslında zengin olmakla birlikte, sadece o an sıkıntıya düşmüşlerse, ihtiyaçlarını karşılayacak miktarda; fakirseler fazla miktarda zekât verilebilir.

Hayır kurumlarına zekât verilir mi?

Zekât gibi İslâmın en güçlü mâlî yardım kurumunu dinî hizmetlerin mesafe almasına harcamak bu zamanda âdeta vazgeçilmez bir görev haline gelmiştir. Müslüman gençliğin eğitim hizmetlerine yardımcı olan, çeşitli faaliyetleriyle İslâmın sesini geniş kitlelere duyurmaya, İslâmî meselelerin savunma ve korunmasına gayret gösteren kuruluş ve vakıfları zekâtla güçlendirmeye çalışmak en güzelidir ve en isabetlisidir.

Bir önceki yazıda zekât verilecek yerlerin sekiz sınıf olduğu bildirilmişti. Bunlardan birisi de "Allah yolunda olanlar" mânâsında "Fî sebîlillah"tır. Mevcut fıkıh kitaplarımızda bu ifade açıklanırken, silâhla cihada iştirak etmiş olan gaziler ve yolda kalmış hacılar olarak sınırlandırılır. Oysa meşhur tefsirlerde ve güvenilir fıkıh kitaplarımızda bu mesele daha geniş ve etraflı bir şekilde ele alınır.

Bunlardan birkaç misal vermek gerekirse şunlar söylenebilir:

İmam Kâsânî, *Bedâiü's-Sanâî* isimli eserinde şöyle der:

"Allah yolunda olanlardan maksat, Allah'a yaklaştıran her şeydir. Eğer ihtiyaç hâsıl olursa, bu mânâya Allah'a itaat yolunda çalışan herkes ve bütün hayır yolları girer."[1]

Fahrüddin er-Râzî, *et-Tefsîrü'l-Kebir*'inde, **"Fî sebîlillah tabiri sadece gazilere mahsus değildir. Zekât bütün hayır yollarına verilir. Ölülerin teçhiz ve kefenlenmesine, kalelerin yapılması ve cami inşası bunlara girer..."** gibi ifadelerle meseleyi genelleştirir.[2]

---

1 Bedâyiü's-Sanâî, 2:451.

2 Fahru'r-Râzî, et-Tefsîrü'l-Kebîr, (Beyrut: İhyâü't-Türâsi'l-Arabî) 16:113.

Elmalılı Hamdi Yazır da aynı görüşü benimseyerek zekâtın bütün cihat yollarına verilebileceğini zikreder.[1]

Zekât musluğunun daha çok nerelere akıtılması gerektiği hususunu Bediüzzaman Hazretleri veciz bir şekilde anlatır. Üstad Bediüzzaman, kendisine yöneltilen bir soru vesilesiyle zayıflamaya yüz tutan, İslâmî duyguların canlanması ve Müslümanların güç kazanması için zekâtı mühim bir çeşme olarak gösterir. Üstadın bu husustaki görüşlerini sadeleştirerek şöyle özetlemek mümkündür:

Büyük bir çeşme var. Şimdiye kadar yanlış yerde kullanılarak verimsiz topraklara akıtılıp bazı dilenci ve acezenin gelişip yeşermesine sebep oldu. Bu çeşmeye güzel bir kanal yapınız. İslâmî hizmetlerinizle şu havuza dökünüz. Sonra da kemâlat bostanınıza su veriniz. Bu hiç tükenmez ve bitmez bir kaynaktır.

Devam eden ifadelerde de İslâmın yayılması ve milletin ilerlemesi ve diğer gelişmiş milletlerin seviyesine ulaşılabilmesi için zekâtın millet menfaatine harcanmasını istemektedir:

"Eğer ezkiya (zeki insanlar) zekâvetlerinin (zekâlarının) zekâtını ve ağniya (zenginler) velev zekâtın zekâtını milletin menfaatine sarf etseler, milletimiz de başka milletlere yolda karışabilir."[2]

Osmanlı Devletinin son devrinde işlemez ve kendisinden arzu edilen hizmeti veremeyecek şekilde bozulmaya yüz tutan medreselerin maddî ihtiyaçlarının temininde zekâtı en büyük bir kaynak olarak gören Bediüzzaman Said Nursî, bu müesseselerin gelişmesi için zenginlerin zekâtlarının zekâtını buralara aktarmalarının kâfi geleceğini belirtmektedir.

Evet, zekât gibi İslâmın en güçlü mâlî yardım kurumunu dinî hizmetlerin mesafe almasına harcamak bu zamanda âdeta vazgeçilmez bir görev haline gelmiştir. Zekâtı bazı fakir ve yoksullara özgü kılarak o geniş daireyi daraltmak, güç şartlarla dinî hizmette bulunan kişi ve kuruluşların hareket imkânını kısıtlamaz mı? İslâmın kurduğu ve diriltmeye çalıştığı bir kurumu yine onun gelişmesi için harcamak kadar doğal ne olabilir?

Bunun için, Müslüman gençliğin eğitim hizmetlerine yardımcı olan, çeşitli faaliyetleriyle İslâmın sesini geniş kitlelere duyurmaya, İslâmî meselelerin savunma ve korunmasına gayret gösteren kuruluş ve vakıfları zekâtla güçlendirmeye çalışmak en güzelidir ve en isabetlisidir.

---

1 Hak Dini Kur'ân Dili, 4:2578-81.

2 A.g.e., s. 74.

Ziynet eşyasına zekât düşer mi?

Kadının ziynet eşyası 85 gram altın değerinde ve daha fazla ise o günkü alış fiyatına göre zekâtı hesap edilir, ayrıca para varsa onunla ödenir. Yoksa ziynetin bir kısmı satılarak zekâtı çıkarılıp ödenir. Bu meselede zekât kadına düşmektedir. Dolayısıyla o zengin sayıldığından zekâtı vermekte o yükümlüdür.

Nasıl erkeğin şahsî malı olabiliyorsa, kadının da kendisine ait malı olabilir. Bu malı, kadın bazen miras yoluyla, bazen nişan ve düğünde verilen takılarla, bazen hediyeyle, bazen de bir iş yaparak kazanmasıyla elde eder. Bunun için tasarrufu kendisine aittir.

Zekât verileceği zaman, karı-kocadan hangisi dinen zengin durumda ise zekâtı o verir, kurbanı da o keser. Fakat aile hayatı içinde bu mesele karşılıklı anlayışla halledilir.

Yani, meselâ kadının ziynet eşyası 85 gram altın değerinde ve daha fazla ise o günkü alış fiyatına göre zekâtı hesap edilir, ayrıca para varsa onunla ödenir. Yoksa ziynetin bir kısmı satılarak zekâtı çıkarılıp ödenir.

Bu meselede zekât kadına düşmektedir. Dolayısıyla o zengin sayıldığından zekâtı vermekte o yükümlüdür.

Ziynetinin zekâtını vermediği zaman da kendisi sorumludur. Kocası sadece yardımcı olur, maddî durumu müsait olsa da, olmasa da hanımının ziynetinin zekâtını vermek zorunda değildir.

Fakat Müslüman aileler bu meseleyi kendi aralarında çözmeye çalışırlar, üzerlerinde bir zekât borcunun kalmasına rıza göstermezler. Karı-koca elbirliği ile bu meseleyi çözmeye gayret ederler.

HAC

Bir kadın tek başına hacca gidebilir mi?

Hanefî mezhebine göre yanında mahremi olmayan kadına hac farz değildir. Ancak Şafiî'ye göre, hacca gidecek kadının yanında itimat ettiği iki veya daha fazla kadın bulunması kâfidir. Hattâ yol güvenliği mevcut olduğu takdirde haccını tek başına da gidip yapabilir. Bir kadın, bu meselede Şafiî'yi taklit edebilir.

Hac ibadeti maddî durumu müsait, sağlığı yerinde, aklı başında kadın erkek her Müslümana farzdır. Bir Müslüman erkek, üzerine hac farz olduğu zaman nasıl geciktirmeden hacca gidiyorsa, kadın da aynı şekilde bu farzı yerine getirmeye çalışacaktır. Çünkü, haccın kadının İslâmî hayatında apayrı bir yeri ve ehemmiyeti vardır. Bir hadis-i şerifte bildirildiği üzere, "Hac kadının cihadıdır."[1]

Haccın edâsının şartları içinde erkeklerden farklı olarak kadınlara mahsus bir şart daha vardır. O da, hacca gitmek üzere yolculuğa çıkacak olan bir kadının yanında eşi veya babası, oğlu, kardeşi, amcası, dayısı, damadı ve yeğeni gibi ebedî olarak evlenmesi haram olan bir yakınının bulunması gerekir.

Hanefî mezhebine göre sözü edilen bu mahremlerinden birisi yanında bulunmayan kadına hac farz olmadığı gibi, yolculuğa çıkması da câiz değildir.

Getirilen ve şart kılınan bu sınırlama sadece hava yolculuğu için değil, dinen seferilik sayılan bir mesafeye (yaya 18 saatlik, 90 kilometrelik bir yola) kadının yanında kocası veya bir mahremi olmadan gitmesi de mahzurludur.

---

1 İbni Mâce, Menâsik: 8.

Şafiî mezhebine göre ise mesele farklıdır. Şafiî'ye göre, hacca gidecek kadının yanında kocası veya bir mahremi yahut itimat ettiği iki veya daha fazla kadın bulunursa kâfidir.

Bunlarla birlikte yola çıkar, hac farizasını yapıp gelirler. Hattâ yanına bir kadın yol arkadaşı bulan kadının hacca gitmesi farz olmasa da gittiği takdirde haccı sahihtir. **Hattâ yol güvenliği mevcut olduğu takdirde haccını tek başına da gidip yapabilir.**

Ancak nafile hacda kadının yanında mutlaka mahreminin bulunması lâzımdır. Yanında, hacca gidecek mahremi olan bir erkek bulunmayan kadın, bu meselede Şafiî'yi taklit edebilir.[1]

Hac esnasında âdet gören kadın nasıl hareket eder?

Kadın âdet gördüğü veya lohusa bulunduğu müddet içinde tavaf hariç, bütün hac vazifelerini yerine getirir. Yani Arafat'ta vakfesini yaptığı gibi, Safa ile Merve arasındaki sa'yini yapar, şeytanları taşlar, Mina ve Müzdelife'deki vazifelerini görür. Fakat başta Mescid-i Haram olmak üzere hiçbir mescit ve camiye giremez. Ancak bir kadın, âdetini geciktirmek için ilâç kullanabilir. Bu câizdir ve dinen bir mahzuru yoktur.

Kadınların hac ibadeti esnasında karşılaştıkları bir problem de âdet gördükleri veya lohusa bulundukları zamanlarda tavaf, sa'y, Arafat'ta vakfe ve benzeri vazifeleri yapıp yapamayacaklarıdır.

Bu hususta Hz. Âişe'nin başından geçen hal, müşahhas bir misaldir. Hz. Âişe anlatıyor:

"Hac mevsiminde Resulullah'la (a.s.m.) beraber yola çıktık. Şerif'e veya buraya yakın bir yere vardığımızda ben âdet gördüm. 'Hac vazi-

[1] el-Mezâhibü'l-Erbaa, 1:636.

femi yapamayacağım' diye ağlamaya başladım. Resulullah (a.s.m.) beni ağlar halde görünce yanıma geldi.

"'Neyin var, âdet mi gördün yoksa?' dedi.

"'Evet' dedim.

"Resulullah Aleyhissalâtü Vesselâm (a.s.m.) şöyle buyurdu: 'Bu hal Allah'ın Âdem Aleyhisselâmın kızlarına yazdığı, takdir buyurduğu bir şeydir. Bu itibarla sen hac vazifelerinin hepsini ifa et. Yapmaya çalış; sadece Kâbe-i Muazzamayı hayız halinden çıkıncaya kadar tavaf etme."[1]

Sünen-i Tirmizî'de İbni Abbas'ın rivayet ettiği bir hadis-i şerifte bu hususta Resul-i Ekrem Efendimiz (a.s.m.) şöyle buyuruyor:

"Lohusa olan veya âdet gören kadın yıkanır, ihrama girer, hac vazifelerinin tamamını yapar, ancak temizleninceye kadar Kâbe'yi tavaf edemez."[2]

Hadis-i şeriflerden açıkça anlaşılacağı gibi, kadın âdet gördüğü veya lohusa bulunduğu müddet içinde tavaf hariç, bütün hac vazifelerini yerine getirir. Yani haccın bir rüknü olan Arafat'ta vakfesini yaptığı gibi, Safa ile Merve arasındaki sa'yini yapar, şeytanları taşlar, Mina ve Müzdelife'deki vazifelerini görür. Fakat başta Mescid-i Haram olmak üzere hiçbir mescit ve camiye giremez.

Esas itibariyle kadınlar âdetli bulundukları günlerde bütün bu vazifelerini bitirirler, temizlendikten sonra da farz olan ziyaret tavafını yaparlar.

Ancak kadın hac mevsiminde böyle bir halle karşılaşınca Harem-i Şerife ve mescitlere girememekten dolayı kalben bir acı ve ıztırap duyar, âdetinin kesilmeyip uzaması halinde de ziyaret tavafını geciktirme ve kafilesinden ayrı kalma gibi sıkıntılara girebilir. Bu durumda daha önceden bir tedbir alırsa rahat eder ve hac mevsimi boyunca her türlü vazifesini kolayca yapar.

Bu da âdetini geciktirmek için ilâç kullanmak sûretiyle olur. Uzman doktorların tavsiye edeceği bir ilâcı alarak o ayki âdetini tehir eder. Bu câizdir ve dinen bir mahzuru yoktur.

Bu şekilde âdeti geciktirme şekli Asr-ı Saâdette de vardı. O zamanlar bunun için "arak suyu" denen bir su kullanılır, böylece âdet gecik-

1 İbni Mâce, Menâsik: 36.

2 Tirmizi, Hacc: 100.

tirilirdi. Abdullah bin Ömer (r.a.), bu suyun kullanılmasında bir mahzurun olmadığını söylemektedir. Bugün bu, artık, ilâçla yapıldığından bu şekilde âdeti geciktirmek mümkündür.

Anne-babanın yerine hac yapılabilir mi?

Bir kimse, hayatta olup da kendilerine hac farz olmayan anne-babasının yerine nafile olarak hacca gidebilir. Eğer onlar, üzerlerine hac farz olduğu halde ölmüşlerse, evlâdı borçlarını ödemek maksadıyla hacca gidebilir. Ayrıca kendi namına farz olan hacca giden kimse, ölmüş olan anne-babasından birisini niyet ettiği takdirde onlar da borçtan kurtulmuş olurlar.

Bir iyilik ve ibadeti işleyen mü'min, o ibadetten hâsıl olacak sevabı istediği kimselere bağışlayabilir. Bu sevap, hem şahsın kendisine, hem de diğerlerine eksiksiz olarak aynı miktarda ulaşır. Çünkü nuraniyet sırrıyla, bir sevabın bir kişiye ulaşması ile milyonlarca insana ulaşması sırasında bir fark yoktur.

Bediüzzaman Said Nursî'nin ifadesiyle, "'Nasıl ki, bir lamba yansa, mukabilindeki binler aynaya (her birine) tam bir lamba girer. Aynen öyle de, bir Yâsin-i Şerif okunsa, milyonlar ruhlara hediye edilse, her birisine tam bir Yâsin-i Şerif düşer."[1]

Bu sırrı anlayan mü'minlerin yapmış oldukları ibadet ve hizmetlerinin sevabını bütün Müslümanlara bağışlaması yerinde olur.[2]

Âhiretle ilgili işlerde ortaklık sırrı bulunduğundan, mü'minlerin işledikleri amel ve ibadetler halis bir niyetle herkesin defterine aynı misliyle yazılır.

Meselâ, bir vaktin namazını kılan bir insan, o namazın sevabını bütün Müslüman kardeşlerine bağışlamasıyla hem kendisi kazançlı

1 Bediüzzaman Said Nursî, Şualar, s. 576.

2 Mecmaü'l-Enhür, 1:310.

çıkar, hem de onları hissedar etmiş olur. Çünkü kendisi ayrıca bağışladığı kimseler sayısınca sevap kazanır.

Bu hususta İbni Âbidin, Hz. Ali'nin (r.a.) rivâyet ettiği şu hadisi zikreder:

"Bir kimse mezarlığa uğrar da on bir kere İhlâs Sûresini okur ve sevabını bütün ölülere bağışlarsa, ölülerin sayısınca kendisine sevap yazılır."[1]

Aynı şekilde hacca giden bir mü'min, hac farîzasını edâ ettikten sonra, sevabını istediği kimselere bağışlayabilir. Bu arada, hacca giden bir kimsenin yaptığı haccın sevabını anne-babasına bağışlaması daha güzel ve yerinde bir harekettir.

Ayrıca bir kimsenin anne-babasının yerine hacca gitmesi de câizdir. Bu hususta *Reddü'l-Muhtar*'da meseleye açıklık getiren bazı hadis-i şerifler yer almaktadır. Bu hadislerin meâlleri şöyledir:

İbni Abbas rivayet ediyor:

Resulullah (a.s.m.) şöyle buyurdu:

"Anne-babası için hacca giden veya onların borcunu ödeyen mü'min için bir mükâfat vardır: O kimse Kıyamet gününde sâlih kimselerle birlikte haşrolacaktır."

Câbir bin Abdullah rivayet ediyor:

Peygamber Efendimiz (a.s.m.) şöyle buyurmuştur:

"Bir kimse babası veya annesi namına hacca giderse, onun hac borcunu ödemiş sayılır. Kendisine de on hac sevabı yazılır."

Zeyd bin Erkam rivayet ediyor:

Peygamber Efendimiz (a.s.m.) şöyle buyurmuştur:

"Bir kimse anne-babasının yerine haccederse, bu hac hem kendisi, hem de ebeveyni namına kabul olunur. Anne-babasının ruhları mesrur olur. Kendisi Allah katında sâlih kimseler sınıfına dahil edilir."[2]

Bu esaslara göre, bir kimse, hayatta olup da kendilerine hac farz olmayan anne-babasının yerine nafile olarak hacca gidebilir. Bunun için ayrıca onların emir ve müsaadelerini almasına gerek yoktur.

---

1 İbni Âbidin, 2:237.

2 A.g.e., 2:245.

Çünkü bu meselede vekalete ve niyabete lüzum görülmemektedir. Böylece onları hac sevabından mahrum etmemiş olur.

Eğer anne-babası, üzerlerine hac farz olduğu halde ölmüşlerse, evlâdı borçlarını ödemek maksadıyla hacca gidebilir. Ayrıca kendi namına farz olan hacca giden kimse, ölmüş olan anne-babasından birisini niyet ettiği takdirde onlar da borçtan kurtulmuş olurlar.

Bu meselede İmam Âzam'ın içtihadını bildiren İbni Âbidin, şu hadis-i şerifi delil olarak zikreder:

Sahabe-i kiramdan birisi Peygamberimize (a.s.m.) gelerek, "Babam hacca gidemeden öldü. Ben onun yerine hacca gidebilir miyim?" diye sordu. Peygamberimiz, "Babanın bir borcu olsaydı öder miydin?" diye sorunca, "Evet" cevabını verdi. Bunun üzerine Peygamber Efendimiz şöyle buyurdular:

"Öyle ise Allah'a olan borç ödenmeye daha layıktır."[1]

Bekâr birisi evleneceği parayla hacca gidebilir mi?

Bir kimseye haccın farz olması için birtakım şartlara sahip olması lâzımdır. Bunlardan birisi de bineğe ve yol masraflarını karşılayabilecek mâlî güce sahip olmasıdır. Yani aslî ihtiyaçlarından fazla olarak yol parasını ve masraflarını görebilecek imkânı olan kimseye hac farz demektir.

Bekâr olsun, evli olsun hacca gidecek imkâna sahip olan kimsenin hacca gitmesi farzdır. Müçtehitlerin çoğunluğuna göre, hacca farz olduğu sene gitmek gerekmektedir.

Bekâr bir kimse ise evlenmediği takdirde nefsine hâkim olamayacak bir durumda ise; harama düşme tehlikesinden kurtulmak için önce evlenir, bir sonraki sene hacca gider.

Fakat böyle bir durum söz konusu değilse, imkânı elde eder etmez gider haccını yapar, evlenmeyi de daha sonraki yıllara bırakır. Çünkü bu durumda evlenmek sünnet olmaktadır. Oysa hac şahsî farzlardandır ve İslâmın beş temel esasından birisidir.

---

1 Neseî, Menâsik: 11; İbni Âbidin, 2:246.

Hacca farz olduğu sene hemen gitmeli mi?

Namaz, oruç ve zekât gibi İslâmın beş şartından biri olan haccı bazı dünyevî meşguliyet ve bahanelerle farz olduğu sene değil de, 60-70 yaş gibi ileriki yaşlara bırakmakla kişi ağır bir sorumluluk altına girmiş olur. Bundan dolayı haccı farz olduğu sene yapmak lâzımdır.

Hac ibadeti, aklı başında, hali vakti müsait ve sağlığı yerinde olan her Müslümana ömürde bir defa olmak üzere farzdır.

Buna göre, bir Müslüman bu ibadeti farz olduğu sene mi yerine getirmeli, yoksa daha sonraki senelere erteleyebilir mi? Ertelemekle sorumlu duruma düşüp günaha girer mi?

Bu meselede cumhur-u ulemâ olarak bilinen ekser müçtehitlerin görüşü ile bazı müçtehitlerin görüşü farklıdır.

Meselâ, Mâlikî mezhebinin kurucusu İmam Mâlik'e, Hanbelî mezhebinin kurucusu İmam Ahmed bin Hanbel'e, Hanefî mezhebinden İmam-ı Âzam ve Ebû Yusuf'a göre, üzerine hac farz olan bir kimsenin o yıl hacca gitmesi gerekir.

Çünkü hac fevrîdir; farz olduğu sene hemen gitmelidir. Daha sonraki senelere bırakıldığında günaha girilmiş olur. Hatta bu müçtehitlere göre, hacca gitmesi farz olan, fakat evlenecek durumda olan bir Müslümanın önce hac farîzasını yapması, nikâhı ise sonraya bırakması gerekir. Ancak evlenmediği takdirde nefsine hâkim olamama ihtimali varsa, önce evlenir, hacca da ertesi sene gider.

İmam Şâfiî ile Hanefî mezhebinden İmam Muhammed'e göre ise, kendisine hac farz olan kimse, bu ibadeti farz olduğu sene değil de, daha sonraki senelerde ömrünün sonuna kadar yapabilir. Bu zâtlara göre hac ibadeti ömrîdir; hayatın içinde herhangi bir senede gidilebilir.

Bu hususta Şâfiî mezhebinin açık görüşü şöyledir:

Kendisine hac farz olan bir Müslüman, bu ibadeti aynı sene içinde değil de, daha sonraki bir seneye bırakırsa günahkâr olmaz.

Ancak geciktirmenin meşru olabilmesi için şu iki şartın bulunması gerekir:

Birincisi: Daha sonraki seneye bırakmak sûretiyle yaşlılık, hacca gitmekten âciz düşme veya maddî imkânını kaybetme gibi sebeplerle haccı kaçırmaktan korkmamalıdır. Bu sebeplerden birisi ile hacca gidememe endişesi varsa, o sene içinde hacca gitmesi gerekir, geciktirirse günahkâr olur.

İkincisi: Hacca farz olduğu sene gidilememişse, daha sonraki sene gitmek için azmetmeli, gayret göstermelidir. Fakat daha sonraki senelerde de gitmek için bir gayrette bulunmazsa yine günahkâr olur.[1]

İmam Muhammed ise haccın daha sonraki senelere bırakılmasının caiz olduğunu belirtir. Bu İmama göre, namaz için vakit ne ise, hac için de ömür odur. Yâni namazı vaktin sonuna geciktirmek caiz olduğu gibi, haccı da ömrün nihayetine kadar geciktirmek caizdir. Fakat bu cevaz, "hac mutlaka geciktirilmelidir" mânâsına değil de, "Hemen yapmak lâzım gelmez" mânâsınadır.

Bununla beraber, haccı farz olduğu sene bir defa geciktirmekle insan fâsık olmaz. Ancak şartları mevcut olduğu halde her sene geciktirmeye devam ederse, farzı zamanında yapmadığından bir vacibi terk etmiş ve tahrimî bir mekruh işlemiş olur.

Bir insan, kendisine hac farz olduğu halde, geciktirir, zamanında yapmadan ölürse, borçlu olarak gitmiş olacağından günahkâr olur. Ancak ölmeden birkaç sene önce yapmışsa hac kaza değil, edâ olur. Yani hac ibadetini ilk farz olduğu sene değil de, meselâ, on yıl sonra da yapsa, yine hac borcunu ödemiş sayılır.[2]

Görüldüğü gibi, gerek Şâfiî mezhebinin, gerekse İmam Muhammed'in haccın geciktirilebileceği hususundaki görüşleri tamamen bir ruhsat ve cevazdan ibarettir.

Fakat namaz, oruç ve zekât gibi İslâmın beş şartından biri olan haccı bazı dünyevî meşguliyet ve bahaneleri ileri sürerek farz olduğu sene değil de, 60-70 yaş gibi ileriki yaşlara bırakmak her halde bir vacibin terkine sebep olmakta, müçtehitlerin çoğuna, Hanefî mezhebinin de iki büyük imamına göre kişi ağır bir sorumluluk altına girmiş olur.

---

1 el-Mezâhibü'l-Erbaa, 1:631-632.

2 Mecmaül-Enhür, 1:260; İbni Âbidin, 2:140-141.

Bu meseleye fazla dikkat gösterilmemesinden dolayıdır ki, bilhassa ülkemizde hacca gitmek için ya 60-70 gibi ileriki bir yaş veya emekliliği bekleme gibi yanlış bir kanaat yerleşmiştir. Bu kanaatin temelinde "Haccı tutamama" bahanesi yatmaktadır.

"Haccı tutamama" ne demektir?

Eğer bunun mânâsı, birtakım kötü alışkanlıklardan vazgeçememekse, zaten bir Müslümanın hacca gitmeden önce de haramlardan uzak durması, farzları yerine getirmesi gerekir.

Böyle bir bahane, nefsin aldatmasından ve kuru bir vesveseden öte bir şey olmasa gerektir. Üzerine hac farz olduğu halde bu çeşit bir vesveseye kapılan bir insan, farz bir ibadeti terk etme sorumluluğunun altına girmiş demektir.

Bundan dolayı sorumluluğundan ve vebalinden kurtulmak için haccı farz olduğu sene yapmak lâzımdır. Bütün mezheplere göre kuvvetli olarak kabul edilen görüş budur.

Umreye gidene hac farz olur mu?

Hac mevsiminden önce vazifeli olarak gidip bu vesileyle umre yapan veya herhangi bir sebeple Kâbe'yi gören fakir bir kimseye hac farz olmaz. Üzerine hac farz olan bir kimsenin de herhangi bir sebeple Mekke'ye veya umreye gitmesi hiçbir şekilde üzerindeki hac borcunu kaldırmaz.

Maddi durumu müsait olmayan bir kimse herhangi bir sebeple Mekke'ye gidip Kâbe'yi görecek olsa, orada bulunduğu vakit hac mevsimine rast gelir ve hac yapma imkânını da bulursa, bu ibadeti yerine getirmesi gerekir.

Hac ayları: Şevval, Zilkade ve Zilhicce'nin ilk on günüdür. Fakat Mekke'de bulunduğu vakit hac aylarına rast gelmiyor, ancak orada kalabiliyorsa, bazı Hanefi âlimlerine göre hac mevsimini bekleyip haccı yapması gerekir.

Orada uzun müddet beklemenin zor olacağı ve kişinin bazı işlerinin aksayacağını nazara alan bir kısım âlimlere göre ise, böyle bir insanın Mekke'de kalıp beklemesi mecburi değildir.

Şimdi ise, hac mevsimini beklemek için Mekke'de kalmak mümkün değildir.

Çünkü Suudi Arabistan idaresi, resmî görevlilerden ve orada çalışanlardan başkasına uzun süre ikamet izni vermiyor, Ramazan'dan sonra da orada kimseyi bırakmıyor.

Bu durumda, hac mevsiminden önce vazifeli olarak gidip bu vesileyle umre yapan veya herhangi bir sebeple Kâbe'yi gören fakir bir kimseye hac farz olmaz. Zira hapis korkusu ve devletin sınır dışı etme endişesi vardır. Ayrıca zengin de olmadığına göre haccın farz olduğu söylenemez.

Üzerine hac farz olan bir kimsenin de herhangi bir sebeple Mekke'ye veya umreye gitmesi hiçbir şekilde üzerindeki hac borcunu kaldırmaz.

Görevli olarak hacca gidenin haccı olur mu?

Herhangi bir şekilde görevli olarak hacca giden kimse, her ne kadar oraya kendi imkânlarını kullanarak değil de, devlet veya bir kuruluş tarafından görevli olarak gidiyorsa da, oraya kadar gidebilecek bir imkân bulmuştur. Bu kimse diğer hacılar gibi bütün vazifelerini yapar, haccı da makbuldür.

Kur'ân-ı Kerim'de haccın farz oluşu beyan edilirken, maddi imkanın müsait olması şartı da belirtilir: "Oraya varmaya gücü yeten, bir yol bulabilen kimsenin Kâbe'yi tavaf etmesi, Allah'ın insanlar üzerindeki bir hakkıdır."[1]

Âyetin meâlinde "varma" ve "yol" olarak geçen "sebîl" kelimesinin ne mânâya geldiğini Peygamberimizden (a.s.m.) öğrenmekteyiz.

Sahabe-i kiram, "Sebîl nedir, yâ Resulallah?" diye sorduklarında, Peygamber Efendimiz (a.s.m.), "Zâd ve râhiledir" şeklinde cevap vermiştir.[2] "Zâd ve rahile"den maksat da nakil vasıtası ve yol masrafıdır.

Esas itibariyle hac, dinen zengin sayılan, ailesinin nafakasından ve aslî ihtiyaçlarından fazla olarak yol masrafını karşılayabilecek kadar bir imkâna sahip olan Müslümana farzdır.

Âyet-i kerimeden açıkça anlaşılabileceği üzere, bir yol bulup hac mevsiminde Mekke-i Mükerremeye giden kimsenin hac vazifesini yerine getirmesi gerekir.

Herhangi bir sebeple oraya gidebilen kimse fıkhî tabirle "mustatî" sayılır; yani oraya gitmek için bir güç ve imkâna sahip olmuş demektir. Böyle bir insan hac vazifesini yapabilecek bir vakit bulduğu takdirde bu ibadeti yerine getirmelidir.

Herhangi bir şekilde görevli olarak hacca giden kimse, her ne kadar oraya kendi imkânlarını kullanarak değil de, devlet veya bir kuruluş tarafından görevli olarak gidiyorsa da, oraya kadar gidebilecek bir imkân bulmuştur. Yol masrafları ve nakil vasıtası karşılanmıştır.

Hac yapabilecek, haccın rükün ve vaciplerini yerine getirebilecek bir fırsat ve vakit bulabildiğinden hac yapması artık farz olur. Bu kimse diğer hacılar gibi bütün vazifelerini yerine getirir.

Daha sonra zengin olunca, gidip gitmeme meselesine gelince; hac ömürde bir defalık için farzdır. Birden fazla yapılan hac nafiledir, yani sünnettir. Bu meseleye ışık tutan şöyle bir hadis-i şerif mevcuttur:

İbni Abbas'tan rivayete göre, Akra bin Hâbis (r.a.) Resul-i Ekrem Efendimize (a.s.m.) sorar: **"Yâ Resulallah, hac her sene midir, yoksa ömürde bir defa mıdır?"**

Resulullah (a.s.m.) ise şöyle cevap verirler: **"Yalnız bir defadır. Fazla yapan için o bir nafiledir."**[3]

---

1 Âl-i İmrân Sûresi, 97.
2 el-Kurûbî, el-Câmiü'l-Ahkâmi'l-Kur'ân (Tefsîrü'l-Kurtûbî), 4:147.
3 et-Tâc, 2:1109.

Görüldüğü gibi, hangi vesile ile olursa olsun, ömründe bir kere hac yapan kimse, artık daha sonra zengin de olsa bu farzı yerine getirmiş olduğundan o borçtan kurtulmuş sayılır. Tekrar hacca gitmesi farz değildir. Yapılan böyle bir hac sahih ve makbuldür. İnşaallah Allah katında da makbul olur.

Hacının elinin içi mi öpülür?

Hacı ziyaretine giden Müslümanlar, "hacı efendinin" elinin içinin Hacerü'l-Esved'e değdiğini düşünerek hürmeten elinin içini öperler. Bazı kimseler de, hacının gözleri o mübarek toprakları gördüğü için gözünü öperler. Bu hareketler her ne kadar iyi niyet taşıyarak yapılsa da, sünnette yerini ve kaydını bulmak mümkün değildir.

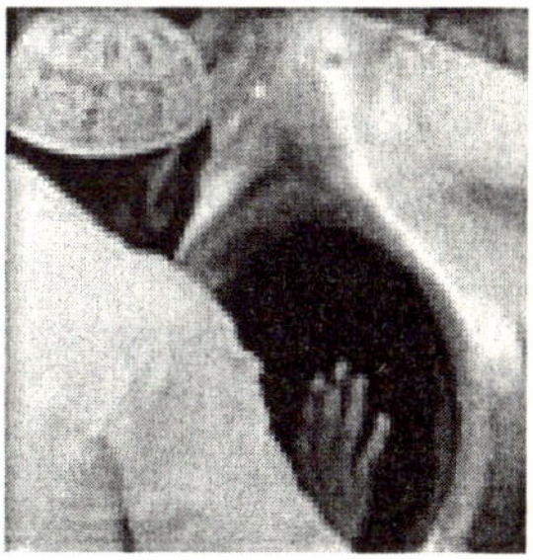

Bu meseleye bir açıklık getirmesi bakımından önce, el öpme hakkındaki mevcut görüşleri aktaralım. Fazilet, ilim ve takva ehli olan zâtlara bu vasıflarından dolayı bir Müslüman olarak sevgi ve saygı gösteririz.

Onlara olan bu sevgi ve saygımızı çeşitli şekillerde ifadeye çalışırız. Karşılaştığımızda selâm verir, musafaha eder, halini hatırını sorarız. Oturuyorsak, kalkar, istirahat etmesi için yer gösteririz. Bazen bu hürmetimizi onların elini öperek de göstermiş oluruz.

İşte İslâm âlimleri, adalet ve fazilet ehli olan devlet büyüklerinin, millete ve Müslümanlara yapmış oldukları hizmetten dolayı, ilim ve hikmet erbabı olan âlimlerin de yine bu vasıflarından dolayı ellerini öpmenin caiz, hatta sünnet olduğunu kaydetmişlerdir.

İbni Âbidin merhum, iyi niyet taşıyarak sırf imanı ve Müslümanlığı için Müslümanların birbirlerinin ellerini öpmelerinin caiz olduğunu ve bunun bir mahzur getirmeyeceğini söyler.[1]

1 İbni Âbidin, 5:245.

Hanefî fıkhının müçtehit âlimlerinden ve mâneviyat ehli olan Ebulleys Semerkandî ise "öpme" meselesini beş şekilde tasnif eder:

1. Sırf bir sevgi ve merhametten dolayı öpme. Anne-babanın çocuklarını öpmesi gibi.

2. Bir saygı ve muhabbetten dolayı öpme. Mü'minlerin birbirlerinin el ve yüzlerini öpmeleri gibi.

3. Şefkat öpmesi. Çocukların anne-babalarını öpmesi gibi.

4. Dostluk öpmesi. Bir Müslümanın din kardeşini alnından öpmesi gibi.

5. İnsanın kendi hanımını öpmesi.

Bazı âlimler de Hacerü'l-Esved'i öpmeyi "sevabından dolayı öpme" sınıfına dahil ederler.[1]

Hanımların gerek karşılaşırken, gerekse ayrılırken birbirlerini öpmeleri ise mekruh sayılmakta, İslâmî âdâba uymadığı belirtilmektedir.

Hacdan dönen hacıların ellerinin içini öpmeye gelince; mevcut İslâmî kaynaklarda bu konuyla ilgili herhangi bir bilgi ve kayda rastlayamadık. Bu âdet, bilindiği kadarıyla şuradan kaynaklanmış olabilir:

Hacca giden mü'minler imkân bulurlarsa Hacerü'l-Esved'e yaklaşıp ellerini sürerler, hatta öperler. O anda fazla izdihamdan dolayı yaklaşamayanlar ise uzaktan istîlam edip selâmlarlar.

İşte hacı ziyaretine giden Müslümanlar da, "hacı efendinin" elinin içinin Hacerü'l-Esved'e değdiğini düşünerek hürmeten elinin içini öperler. Bazı kimseler de, hacının gözleri o mübarek toprakları gördüğü için gözünü öperler. Bu hareketler her ne kadar iyi niyet taşıyarak yapılsa da, sünnette yerini ve kaydını bulmak mümkün değildir.

Bunun yerine hacca giden zât, mukaddes bir yolculuktan döndüğü ve o mübarek mekânları ziyaret ettiğinden dolayı sırf imanı ve Müslümanlığı için, elinin içi değil de, üstü öpülür. Bu da ifade etmeye çalıştığımız gibi mecburi bir şey değildir.

1 el-Feteva'l-Hindiyye, 5:369.

Osmanlı Padişahları neden hacca gitmedi?

Önce şu hususu hatırlayalım: Osmanlı padişahları da bizler gibi birer insandılar. Birçok üstün hizmetlerinin yanında, bir kısmı şahıslarını, bir kısmı da umumu ilgilendiren birtakım hata ve kusurları olmuştur. Fakat hizmetleri bütün bir İslâm âlemini, Müslümanları ilgilendirdiğinden o kadar büyüktür ki, hata olarak görülen bazı halleri bunun yanında çok mühim bir yer işgal etmez.

Böyle bir genel bakış açısından sonra meseleye gelelim: Hac ibadetini, namaz, oruç gibi diğer bazı ibadetlerden ayıran birtakım şartları vardır. Mâlî imkân, yol emniyeti, hürriyet, sıhhî durum gibi hususlar bunlardan önemli olanlarıdır. Bunlarla birlikte, diğer bir şart da, üzerine hac farz olan kimse, bu vazifeyi rahatlıkla yapabilecek yeterli bir vakte sahip olmalıdır. Ömer Nasuhi merhum bu şartı şöyle ifade eder:

"Hac vazifesini meşakkatsiz bir sûrette gidip îfa edebilmeye kâfi bir vakit bulunmalıdır. Binâenaleyh, bir kimse hac farîzası için sâir şartları tamamen hâiz olduğu tarihten itibaren bu vazifeyi îfaya müsait bir vakit bulamadan vefat etse, bu farîza ile mükellef olmuş olmaz."

Çoğu hayatları fetih hareketlerinde ve cihat meydanlarında geçen Osmanlı sultanlarının bu dinî vazifelerini yapacak yeterli zamanı ve vakti bulmaları pek mümkün değildi. Bir kere İkinci Selim'e kadar gelen on bir padişahın hemen hemen hepsinin hayatı cihat meydanında geçmişti.

O devirlerin nakil vasıtaları ve ulaşım imkânları da hesaba katılırsa mesele biraz daha aydınlanmış olacaktır. Çünkü o zamanlar İstanbul'dan kalkıp Hicaz'a ulaşmak için en azından üç dört aylık bir zamana ihtiyaç vardı. Bununla beraber bir padişahın tek başına veya birkaç kişiyle yolculuğa çıkması da mümkün değildi. Sefere çıkılacağı veya bir tarafa "azimet" edileceği zaman üç beş ay öncesinden hazırlıklar yapılırdı.

Bir padişahın o zaman zarfında aylar sürecek bir sefere çıkarken ordusunun mutlak sûrette beraberinde bulunması gerekirdi. Ordunun sadece savaş maksadıyla yola çıkabileceği de unutulmamalıdır.

Diğer taraftan, sadece padişahın şahsî bir hac farîzasını eda etmesi maksadıyla koca bir Osmanlı ordusunu beraberinde götürmesi, maddi-mânevî birçok mahzurları doğururdu. Hac mevsiminin kış aylarına geldiği ve senelerce devam ettiği de düşünülürse, bunun ne kadar imkânsız olduğu kendiliğinden anlaşılır.

Meselenin diğer bir ciheti de, mânevî hayattan yapılan şahsî bir fedakârlık olarak düşünülebilir. Şöyle ki:

Hac ibadetinin her ne kadar umumi ve geniş pek çok hikmet ve faydaları varsa da, Müslümanın bizzat fert olarak kendisine farzdır. Bunun için fert birtakım makul maslahatları düşünerek manevî sorumluluğun getireceği yükleri kabul ederse, hac gibi bir ibadette yaptığı bir eksiklik sadece şahsına ait bir kusur olarak kalır.

İşte padişahlar kendi şahsî rahat ve huzurlarından çok, koca bir İslâm âleminin, bütün Müslümanların emniyet ve selâmetini ön plâna alıyorlardı. Kendi maddi-mânevî hayatlarını Müslümanların rahatı uğruna feda ediyorlardı.

Burada şüphesiz, şahsî mükellefiyetleri bakımından birtakım eksiklikleri olacaktı. Bunun sorumluluğunu da zaten peşinen kabullenmiş oluyorlardı.

Buna bağlı olarak meselenin siyasî ve idarî cihetine baktığımız zaman farklı bir manzara ortaya çıkmaktadır. Osmanlı idaresi merkezî bir yapıya sahipti. Millet padişahı hep başında görmek isterdi. Çünkü padişahın başında bulunmadığı seferlerin ekserisi hezimetle neticelenmişti.

Osmanlı idaresinde her ne kadar vezir, vüzera, divan ve daha bir kısım idarî makamlar bulunsa da, her şey padişaha bağlı, son söz padişaha aitti. Yavuz Sultan Selim'den sonra halifelik de deruhte edilince, padişah sadece Osmanlı tebaasının değil, yeryüzünde bulunan bütün Müslümanların manevî reisi durumundaydı.

Halkta padişaha bağlılık o kadar mühim bir yer işgal ediyordu ki, henüz çocuk denecek yaşta bulunsa dahi, tahtta bir padişahın bulunmasına alışmıştı.

I. Ahmed, II. Osman ve IV. Murad çocuk yaşta tahta oturmuş padişahlardı. Buna rağmen halk onları padişah olarak tanımış, bağlılık göstermişlerdir.

Padişahın uzun bir müddet -savaşların dışında- başta bulunmayışı dahilî karışıklık ve huzursuzluklara sebep olurdu. Hatta Genç Osman iyi bir niyet taşıyarak hacca gitmek için İstanbul'dan yola çıktığı halde, daha İstanbul-Maltepe'ye varmadan çeşitli dedikodular çıkarılarak huzursuzluklar baş göstermiş, sonunda padişah bu teşebbüsünden vazgeçmiştir.

Bu ve bunlara benzer haklı gerekçe ve engelleyici sebepler olmasaydı, Resulullah'ın (a.s.m.) müjdesine mazhar olan bir Fatih Sultan Mehmed'in, oğlu Veli Bayezid'in ve İslâm birliği için hayatını cihat meydanlarında geçiren Yavuz Sultan Selim'in hac farîzasını ihmal etmesine bir mânâ veremeyecektik.

Ayrıca Yavuz devrinde Osmanlı sınırları içine giren Mekke ve Medine, Cumhuriyet devrine kadar devamlı gözbebeği gibi korunmuş, imar faaliyetleri sürdürülmüştür. Sadece Sultan Abdülhamid bu mukaddes topraklara verdiği ehemmiyetten dolayıdır ki, Bağdat'tan Medine'ye kadar demiryolu ağını kurmuştur.

Bu kadar Kâbe ve Resulullah âşıkı olan ve kuvvetli bir dinî tahsil ve terbiye görmüş bulunan Osmanlı padişahları, fırsat ve imkân bulsalardı, hacca gitmezler miydi?

KURBAN VE ADAK

Kimlerin kurban kesmesi gerekir?

Kurban kesmek dinen zengin sayılan Müslümanlara vaciptir. Kurbanda zenginliğin ölçüsü ise şöyledir: Zaruri ihtiyaçlarından fazla olarak elinde 85 gram altın veya 595 gram gümüş, yahut bunların değerinde para ve mal bulunan kimse zengindir.

Zekâtta olduğu gibi, zarurî (aslî) ihtiyaçlar şunlardır: Oturulan ev, evde kullanılan eşya, binek vasıtası, iş ve sanatta kullanılan malzeme ve âlet, kışlık ve yazlık elbise, bir aylık, başka bir görüşe göre bir senelik yiyecek ve içecek gibi erzak. İşte bunlardan fazla olarak elinde nisap miktarı kadar malı olan kimseye kurban kesmek vaciptir.

Zekâtta olduğu gibi kurban nisabı üzerinden bir sene gibi bir sürenin geçmesi şart değildir. Ayrıca koyun, keçi ve sığır gibi otlayan hayvanlar ve ticaret malları nisap miktarında hesaba dahil edilir.

Bu malların çoğalan ve artan cinsten olması da şart değildir. Meselâ yirmi tane koyunu olan bir kişinin koyunlarının toplam tutarı altın ve gümüşteki nisap miktarını buluyorsa, bu insan zengin demektir.

Yine elinde nisap miktarına ulaşan ticaret malı bulunan bir kimse de kurban hususunda zengin sayılır ve kurbanı keser.

Diğer taraftan oturduğu evden başka bir gayr-ı menkulü olan bir insan onun kira geliriyle aylık ihtiyaçlarını karşıladıktan sonra elinde nisap miktarına ulaşan bir meblağ mevcut olursa ona da kurban kesmek vacip olur.

Bunun gibi, borçlu olan bir insan elindeki malını borcuna verdiği takdirde geriye nisap miktarı kadar bir meblağ kalabiliyorsa, buna da kurban kesmek icap eder.

Hattâ yazlık ve kışlık olarak iki takım elbisesinin dışında nisap miktarına ulaşabilecek başka elbiseleri olan kimse de bu hususta zengin sayılmaktadır.

Bazı fıkıh kitaplarımızda şöyle bir hüküm de vardır: Bir kimsenin kendi oturduğu evden başka bir evi olursa, onu ticaret veya kira için kullanmasa bile yine onun için kurban vacip demektir.

Kurban kesmesi vacip olan kimsenin Kurban Bayramından önce olduğu gibi, Kurban Bayramının 1., 2. ve 3. günleri içinde de nisap miktarına ulaşan bir mala sahip olması yeterlidir. Yâni, nisap miktarını tutan malın üzerinden bir yılın geçme şartı aranmaz. Meselâ Kurban Bayramının birinci günü ihtiyaçlarının dışında eline nisap miktarına ulaşan bir para geçen kimsenin kurban kesmesi vâciptir.

Ayrıca, "Kurbansız olur mu, kurban insanın sağlığına düşer" sözünün dinî bir dayanağı yoktur. Hattâ insan zengin olsa da sağlıklı olmayıp hasta veya sakat olsa bile yine kurban kesmesi vaciptir.

Diğer yönden **kurbanın şartları arasında hiçbir yerde "sağlık" aranmaz.** Yalnız kurban kesecek kimse, şu niyette bulunabilir:

"Ya Rabbi, aslında bize ihsan ettiğin bu kadar nimetin karşılığında kendimi sana kurban etmem gerekirdi, yalnız Sen insan kurban edilmesini haram kıldın. Benim yerime bu hayvanı kesiyorum."

Kadın kurban kesebilir mi?

Dinen zengin olan erkek gibi, dinen zengin olan kadının da kurban kesmesi gerekir. Bu hüküm kurban kesebilecek bir insanda aranan şarttır. Kendisine kurban kesmek vacip olan kişi kurban kesebilir. Bunun gibi, erkek nasıl hayvanı kesebiliyorsa, kadın da kesebilir.

Kurban kesmek, Müslüman, aklı başında, ergenlik çağına varmış, mukîm (seferî olmayan), imkânı yerinde olan herkes için vaciptir. **Buna göre dinen zengin olan erkek gibi, dinen zengin olan kadının da kurban kesmesi gerekir. Bu hüküm kurban kesebilecek bir insanda aranan şarttır.**

Bir de kurbanı kesende aranan şartlar vardır. Kendisine kurban kesmek vacip olan kişi kurban kesebilir. Bunun gibi, erkek nasıl hayvanı kesebiliyorsa, kadın da kesebilir. Bunun delili şu mealdeki hadis-i şeriftir:

Muaz bin Sa'd rivayet ediyor. Kâ'b bin Mâlik'in bir cariyesi vardı. Sel' Dağlarında koyunlarını otlatıyordu. Koyunlardan biri hastalandı, cariye hemen yetişerek hayvanı bir taşla kesti. Daha sonra durumu Resulullah'a (a.s.m.) sordular. Resulullah (a.s.m.) şöyle buyurdu:

"Bir mahzuru yoktur, etini yeyiniz."[1]

Bu hadise dayanan kitaplarımızda şöyle bir hüküm yer almaktadır:

"Âdetli olsa dahi olsa kadının kestiği helâldir. Çünkü kadının tam ehliyeti vardır. Şu kadar var ki, hayvanı kesenin erkek olması müstehaptır. Çünkü bu işte erkeğin gücü kadının gücünden daha fazladır."[2]

Zaten bilindiği gibi, gerek Kurban Bayramında, gerekse sair vakitlerde genellikle hayvanı erkekler kesmektedir. Diğer bazı konularda olduğu gibi, bunda da tabiî bir işbölümü oluşmuş bulunmaktadır.

Borç parayla kurban kesilir mi?

Borç para alınarak kurban kesilmez. Şayet insan Kurban Bayramı günlerinde kurban kesebilecek bir zenginliğe ulaşırsa, ancak o zaman kurban kesmesi vacip olur.

"Mahalleden, komşulardan ayıp oluyor" diye borca girip kurban kesmek de doğru değildir. Çünkü Cenâb-ı Hak, kula gücünün üstünde bir sorumluluk yüklemez.

Böyle bir düşünce ihlâsı da zedeler. Çünkü bu takdirde başkaları görsünler, onlara karşı ayıp olmasın diye kurban kesilmektedir ki, kulluk şuuruna aykırı düşer.

Fakat, zengin olmamakla beraber kurbanlık bir hayvan alacak kadar parası olan kimse kurbanı alır, keser, etini de çoluk çocuğuyla birlikte yer. Bununla yine sevaba girer.

1 Muvatta, Zebâyih: 4.

2 İslâm Fıkhı Ansiklopedisi, 4:438.

Adak yaparken nelere dikkat etmeli?

Dinen adanan bir şeyin yerine getirilmesi vaciptir. Çünkü kişi Allah için söz vermiş bulunmaktadır. "Adaklarını da yerine getirsinler"[1] meâlindeki âyet-i kerime, adak sahiplerine Cenâb-ı Hakkın bir emridir. Adakta gaye Allah rızası olmalıdır. Bütün bu meselelerde Allah rızası şart koşulmalı, bir şey adanacaksa Onun hoşnutluğunu kazanmak için yapılmalıdır.

Türkçemizde adak olarak ifade edilen nezir, bir çeşit ibadettir. Zaten nezirin asıl mânâsı da, kişinin Allah rızası için yapması mubah olan bir şeyi yerine getirmeye söz vermesi, adadığı şeyi yapmayı kendi üzerine vacip kılmasıdır.

Peygamberimiz (a.s.m.), **"Bir kimse bir şey adar da, adını koyarsa, belirttiği şeyi yerine getirmesi lâzımdır"**[2] buyururlar.

Ancak burada göz önünde bulundurulması gereken bir husus varsa, o da, adağın, adanan şeyi değiştirmediği, yani İlâhî takdire tesiri bulunmadığıdır. Sevgili Peygamberimiz (a.s.m.) bu meseleye şöyle işaret eder:

"Adak kaderden hiçbir şeyi değiştirmez. Ancak cimri kişiden adağı sebebiyle bir mal çıkarılır."[3]

Adak ancak farz veya vacip olan bir şeyden yapılabilir. Bu vazifeleri yerine getirmek de, şüphesiz insana sevap kazandıracaktır. Böyle olmakla beraber adak yapmadan da bu ibadetler yapılabileceğinden, hayır hasenat işlenebileceğinden, adak âdetine fazla alışmamak en iyisidir.

Adakta gaye Allah rızası olmalıdır. Bütün bu meselelerde Allah rızası şart koşulmalı, bir şey adanacaksa Onun hoşnutluğunu kazanmak için yapılmalıdır.

---

1 Hac Sûresi, 29.

2 Molla Husrev, Dürürü'l-Hukkâm, 2:45.

3 Tirmizî, Nüzûr: 10.

Adakta vakit, yer, para, fakir gibi sınırlanmaya ve belirlemeye itibar edilmez. Ramazan ayında bir kurban keseceğini adayan kimse, onu herhangi bir ayda kesse olur. Yine, meselâ Fatih Camiinde namaz kılacağını nezreden bir kimse, adadığı aynı namazı Süleymaniye Camiinde kılsa caizdir. Falan fakire bir miktar para vermeyi adayan kimse, o parayı bir başka fakire verse de adağı yerine gelmiş olur.

Adağın sahih olması için bazı şartlara da uymak gerekir:

1. Adanan şeyin var olan ve yapılması mümkün olan bir şeyden olması gerekir. Bunun için meselâ, "Allah için dün oruç tutacağım" gibi bir sözle adak yapılmaz.

2. Yapılan adak dinen yasak ve günah sayılan bir şey olmamalıdır. Meselâ, kumar oynamayı, şarap içmeyi adamak bâtıldır.

3. Adağın farz veya vacip cinsinden bir şey olması gerekir. Meselâ, oruç tutmak, namaz kılmak, kurban kesmek gibi. Yolculuğa çıkmayı, seyahat etmeyi, hasta ziyaretine gitmeyi adamak, adak sayılmaz.

4. Yapılan adak, adak sahibinin mâli gücünü aşmamalı ve başkasına ait bir şey olmamalıdır. Meselâ **bir dana keseceğini adayan kimsenin buna gücü yetmezse bir koyunu kesebilir.** Fakat bir başkasının koyununu kesmeyi adayan kimsenin bu adağını yerine getirmesi gerekmez.

Adağın bir insanın veya bir mahlûkun adına yapılması caiz olmaz. Meselâ, bir büyüğün, bir türbenin, bir yatırın adına adak yapılmaz. Yahudilere has bir âdet olan tavuk, horoz gibi kurban için caiz olmayan hayvanlar adanamayacağı gibi, mum yakmak gibi şeylerle de adak olmaz. Böyle şeylere itibar etmemeli, bütün yardım ve şifayı yalnız ve yalnız Allah'tan beklemeli, Ona iltica etmelidir.

Bazı nezirler vardır ki, bunlar yemine girmektedir. Bunlar için keffaret gerekir. Meselâ bir yere gitmemeyi, bir şeyi yememeyi, bir işi yapmamayı adayan kimse, onları yaparsa yemin keffareti vermesi gerekir. Ayrıca bir adak kurbanı kesmesine gerek kalmaz.

Adanan şey eğer koyun, keçi ve sığır gibi kurban olması caiz olan bir hayvansa, bu hayvan kesildiğinde onun etinden nezrin sahibi yiyemeyeceği gibi, usül ve fürû tabir edilen yakınları da yiyemez. Yani, o kişi ile birlikte anası, babası, dedesi ve ninesi, çocukları ve torunları, hanımı yiyemez. Fakat kayın validesi, kayın pederi yiyebilir. Bu hayvanın etini fakire tasadduk etmek gerekir.[1]

Adak zenginlere verilmez. Bu etten adak sahibi ve yakınları yerse, yedikleri etin kıymetini tasadduk etmeleri gerekir. Ayrıca adak etinden istifade eden kimse, o etten adak sahiplerine ikram etse de câizdir, yiyebilirler.

Bu vesileyle bir hususa daha açıklık getirmekte fayda olacaktır. Ev, araba ve benzeri yeni bir şey alan kimse hem bir şükrâne olarak, hem de kazadan masun kalması niyetiyle bir hayvan alıp keser de etini fakir fukaraya dağıtırsa bu hem güzel bir davranış olur, hem de bir çeşit duâ sayılır.

Bu kimse daha önce bir adak niyeti taşımadığından bu hayvan adak olmaz. Fakat, meselâ, "Bir araba alırsam Allah rızası için bir koyun keseceğim" diye niyet ederse, arabayı aldıktan sonra müsait olduğu bir zamanda hayvanı keser, etini de fakirlere tasadduk eder.

1 İbni Âbidin, 5:208.

CENAZEYLE İLGİLİ MESELELER

Ölen bir insan için ilk anda neler yapılır?

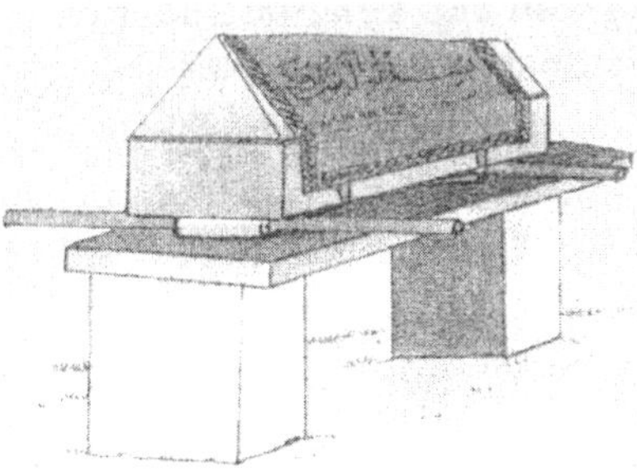

Ölüm sekeratında bulunan mü'min sağ tarafına yatırılır ve yüzü kıbleye getirilir. Bundan sonra hafif bir sesle kelime-i şehadet telkin edilir. Ve yanında Yâsin Sûresini okunur. Vefatından sonra yapılacak iş ise, yıkanması ve kefenlenmesidir. Daha sonra cenazenin namazı kılınır ve uygun bir kabre defnedilir.

Dinimizde, ölüye karşı olan vazifelerimiz ve yapılması gereken hizmetler açık bir şekilde ifade edilmiş ve hiçbir şüpheye yer bırakmayacak derecede açıklanmıştır.

Buna göre, **ölüm sekeratında bulunan mü'min sağ tarafına yatırılır ve yüzü kıbleye getirilir. Bu bir sünnettir**. İmam Şafiî, bazı rivayetlere dayanarak, "Ayaklar kıbleye gelecek şekilde sırt üstü yatırılır ve başı biraz kaldırılır" der.

Bundan sonra yapılacak ikinci iş, kelime-i şehadeti hafif bir sesle telkin etmektir. Nitekim Peygamberimiz (a.s.m.) bir hadis-i şeriflerinde, "Ölülerinize (yani ölmek üzere bulunan hastalarınıza) 'Lâilâhe illallâh' sözünü telkin ediniz"[1] buyururlar.

Bunun sebebi ve faydası başka bir hadis-i şerifte şöyle ifade edilir: **"Kimin sözü 'Lâilâhe illallâh' olursa Cennete girer."**[2] Bu telkin yapılırken bilhassa yumuşak söylemek, bağırmamak, yatakta bulunan hastaya "Sen de söyle" diyerek ısrar etmemek gerekir.

---

1 Müslim, Cenaiz: 1, 2.

2 Buhari, Cenaiz: 1.

Sekerat anında bulunan mü'mine yapılacak bir diğer vazife de yanında Yâsin Sûresini okumaktır. Bu, Resulullâh Efendimiz (a.s.m.) tarafından tavsiye edilir:

"Yâsin Kur'ân'ın kalbidir. Allah'ı ve âhiret gününü niyetine alarak, maddî menfaat beklemeden onu okuyan herkes bağışlanır. Onu ölülerinize okuyun."[1] Bazı rivayetlerde geçtiği gibi Yâsin Sûresinin, sekeratta bulunan kimseler üzerine okunması, ruhlarını teslim etmelerini kolaylaştırır.

Bütün bunlar ölümün başlangıcı olan sekerat anında yapılması gereken vazifelerdir. **Vefatından sonra yapılacak iş, yıkanması ve kefenlenmesidir.** Peygamber Efendimiz (a.s.m.) ölülerin yıkanmasını ve kefenlenmesini emretmiş, bu iki işin nasıl yapılacağını ayrıntısıyla anlatmıştır. Bu sebeple bütün müçtehitler ölünün yıkanmasının ve kefenlenmesinin farz-ı kifâye olduğunda ittifak etmişlerdir.

Bundan sonra borçları varsa ödenir. Nitekim Resulullah Efendimiz (a.s.m.) ölünün borcu varsa yakınları tarafından ödenmeden namazını kılmazdı ve şöyle buyururdu: **"Mü'minin ruhu, ödeninceye kadar borcu yüzünden muallaktır (bağlıdır)."**[2] Bu bakımdan, ölünün borçlarını namazdan önce ödemek sünnettir.

Daha sonra cenazenin namazı kılınır. Bu namaz farz-ı kifâyedir. Namazdan sonra cenaze mezara kadar taşınır. Cenazeyi kabre götürenlerin ölümü ve âhireti düşünmeleri, sükuneti muhafaza etmeleri, dünyevî meseleleri konuşmamaları bu vazifenin âdâbındandır.

Sonra uygun boyda açılan kabre, cenazenin defnedilmesi de bir farz-ı kifâyedir. Kabrin yerden bir-iki karış yüksek yapılması, şeklinin deve hörgücü gibi olması, başına bir taş konması ve ölünün isminin yazılması caizdir.

Definden sonra da şunları söylemek sünnettir: "Kardeşiniz için Allah'tan mağfiret dileyin ve sorguyu şaşırmadan cevaplandırmasını niyaz edin. Çünkü o şu anda sorguya çekilmektedir."[3]

Cenaze sahiplerine, mümkünse evlerine giderek, değilse telefon ederek veya daha değişik vesilelerle taziyede bulunmak, üzüntülerini paylaşmak, teselli etmek, gerekirse ihtiyaçlarını görmek için yardımcı olmak İslâmî kardeşliğin bir gereğidir.

---

1 Müsned, 5:26.

2 Tirmizi, Cenaiz: 76.

3 Buhari, Cenaiz: 60.

Ayrıca yemek yapıp cenaze çıkan eve götürmek veya ölünün yakınlarını yemeğe davet etmek Peygamberimizin (a.s.m.) sünnetidir. Nitekim, Hz. Cafer şehit olunca, Resulullah Efendimiz (a.s.m.) yakınlarına, **"Cafer'in ailesine yemek yapın. Çünkü onların başına yeme içmeye fırsat bulamayacakları bir iş gelmiştir"**[1] buyurarak, onlara yardımcı olunmasını tavsiye eder.

Görüldüğü gibi cenaze için yapılacak vazifeler gayet açık bir şekilde kitaplarımızda ve sünnette yer alır. Dolayısıyla **bazı bölgelerde cenazenin üzerine bıçak ve makas gibi âletler bırakmak, bazı yerlerde ise cenaze taşıyan arabanın önüne ekmek atılması gibi âdetler dinimizde yeri olmayan alışkanlıklardır.**

Bilhassa ekmek gibi bir nimeti vasıtanın önüne atmak, ekmeğe yapılması gereken hürmete ters düşer. O ancak yenmek için kullanılır.

Buna benzer bir âdet de Cahiliye Arapları tarafından yapılırdı. Onlar, cenazenin arkasından meş'aleler yakarak ateş alayları düzenlerlerdi. Peygamber Efendimiz (a.s.m.) bu âdeti kaldırmıştır.[2]

Cenaze gece defnedilebilir mi?

Cenazeyi gece vakti defnetmek mekruh değildir. Gerekirse defnedilebilir, bir sakınca yoktur. Ancak İslâm ulemâsı cenazeyi gündüz defnetmeyi daha uygun bulmuşlardır. Çünkü çoğu kere gündüz vakti cenazenin hem taşınması, hem kabrinin kazılması, hem de defnedilmesi daha kolay ve zahmetsiz olur.

"Cenazeyi defin işleminin ikindi namazından sonra yapılması günümüzde pek uygun görülmüyor. Halbuki Peygamber Efendimiz gecenin geç saatlerinde defnedilmişti. Bu iki mesele arasında bir tezat yok mudur?"

---

1 Ebu Davud, Cenaiz: 30.
2 A.g.e., Cenaiz: 12, 13.

Resul-i Ekrem Efendimiz (a.s.m.) Hicretin 11. senesi Rabiülevvel ayının 12'sinde Pazartesi günü ebedî âleme göç etti.

Müslümanlar o gün halife seçimi ile meşgul oldular. Bunun için Peygamberimizin (a.s.m.) yıkanması, teçhiz ve tekfini Salı gününe kaldı.

Cenaze namazını önce erkekler, sonra kadınlar, daha sonra da çocuklar sırasıyla kıldılar. Çünkü vefat ettiği odaya defnedileceğinden cemaatin tamamını alamamıştı.

Cenaze namazı gece gündüz devam etti. Çarşamba günü geç vakitler olmuştu. Yapılan vazifeler tamamlandıktan sonra o gece mübarek nâşı defnedildi.

Böylece Peygamber Efendimizin (a.s.m.) defni gece yapılmıştı. Aynı zamanda Hz. Osman, Hz. Fatıma ve Hz. Âişe de geceleyin defnedilmişlerdi.

Bu hususlar göstermektedir ki, cenazeyi gece vakti defnetmek mekruh değildir. Gerekirse defnedilebilir, bir sakınca yoktur. Ancak İslâm ulemâsı cenazeyi gündüz defnetmeyi daha uygun bulmuşlardır.

Çünkü çoğu kere gündüz vakti cenazenin hem taşınması, hem kabrinin kazılması, hem de defnedilmesi daha kolay ve zahmetsiz olur.

Böylece cenazeye iştirak eden Müslüman da daha çok olmuş olur. Halbuki gece vakti karanlık olduğundan, yeterli ışık sağlamak güç olacağından gündüzleyin defnetmek daha uygun görülmüştür.

Zaten bu hususta İbni Mâce'nin rivâyet ettiği bir hadis-i şerif vardır. Meâli şöyledir: **"Zaruri bir durum olmadıkça ölülerinizi gece vakti defnetmeyin."**[1]

İşte fıkıh kitaplarımızda yer alan "geceleyin defnetmenin uygun karşılanmadığı" hükmü bu hadisten kaynaklanmaktadır.

Fakat çeşitli sebeplerle cenazeyi bekletmek mümkün olmadığı takdirde akşam vakti de, geceleyin de defnedilebilir.

---

[1] İbni Mâce, Cenaiz: 30.

Ölünün arkasından okunan Kur'ân ona ulaşır mı?

Vefat eden mü'min için Kur'ân okumak, daha ruhunu teslim etme devri olan sekerât anında başlar. Çünkü o anda Kur'ân ona en büyük şifa kaynağıdır. Kur'ân-ı Kerim, mü'mine, ruhunu teslim edeceği anda okunabileceği gibi, kabrine defnedildikten, kabir âleminde beklemeye başlamasından sonra da okunur.

Peygamber Efendimiz (a.s.m.) bir defasında üzgün bir şekilde kendisine gelen ve "Ya Resulallah! Annem ansızın vefat etti. Ben onun adına sadaka versem olur mu?" diyen sahabisine, "Evet, verebilirsin" buyurur.[1]

Diğer taraftan Peygamber Efendimiz (a.s.m.) zaman zaman Bakî Mezarlığına giderek, uzun müddet orada kalır, mevtâlara dua ederdi. Bu ziyaretlerini bazen de geceleri yapardı.

Peygamberimiz (a.s.m.) kabristana vardığı zaman önce orada yatanlara selâm verirdi. **"Esselâmü aleyküm, ey bu diyarın mü'min ve Müslüman halkı! Biz de inşaallah sizlere kavuşacağız. Allah'tan kendimize ve sizlere âfiyet dileriz"** derdi.[2] Mevtâya duada bulunur, tekrar dönerdi.

Peygamberimiz (a.s.m.) bir duasında, **"Allah'ım, dirimizi ve ölümüzü bağışla"**[3] buyurmuştu. Bir başka seferinde de mü'min bir mevtânın başında şöyle dua etmişti: **"Allah'ım, bunu mağfiret eyle, merhamet buyur, afiyet ihsan et. Bunu affeyle, vardığı yerde ona ikramda bulun, mekânını genişlet."**[4]

Bilindiği gibi duanın en güzeli Kur'ân lisanıyla yapılandır. Çünkü Kur'ân-ı Kerim aynı zamanda bir dua ve zikir kitabıdır. Onu kendimiz okuduğumuz, ruhumuzu ve kalbimizi aydınlattığımız, hata ve

1 Müslim, Zekât: 51.
2 İbni Mâce, Cenâiz: 36.
3 A.g.e., 23.
4 Müslim, Cenâiz: 85.

günahlarımıza şefaatçi kıldığımız gibi, onunla vefat etmiş bulunan mü'minleri de hatırlarız.

Hatta vefat eden mü'min için Kur'ân okumak, daha ruhunu teslim etme devri olan sekerât anında başlar. Çünkü o anda Kur'ân ona en büyük şifa kaynağıdır. Nitekim Peygamber Efendimiz (a.s.m.), **"Ölüm döşeğinde olan hiçbir hasta yoktur ki, üzerinde Yâsin okunsun da Allah onun sekerâtını hafifletmesin"**[1] buyururlar.

Kur'ân-ı Kerim, mü'mine, ruhunu teslim edeceği anda okunabileceği gibi, kabrine defnedildikten, kabir âleminde beklemeye başlamasından sonra da okunur. Çünkü onun ruhuna okunup gönderilen Kur'ân nurları, varsa azabının hafiflemesine sebep olur.[2] Zaten bir Müslümanın ruhuna Kur'ân sevabı göndermekten daha güzel bir hediye düşünülebilir mi?

Evet, Resulullah'ın (a.s.m.) güzide sahabileri ölülerinin ruhuna Kur'ân okumuşlar ve okunmasını da tavsiye etmişlerdir. Âlâ bin Leccâc vefatından önce oğluna şöyle vasiyette bulunuyordu:

"Beni kabrime koyacağınız ve tabutumu indireceğiniz zaman 'Bismillâhi ve âlâ sünneti Resulullah (a.s.m.)' deyin. Üzerimi toprakla örtün ve sonra başım ucunda Bakara Sûresinin başından ve sonundan okuyun. Çünkü Abdullah bin Ömer'in böyle bir hareketi hoş karşıladığını görmüştüm."[3]

Zaten kabir ehline Kur'ân okumayı bilhassa Yâsin Sûresini okumayı Peygamberimiz (a.s.m.) de tavsiye etmektedir. İmam Ahmed bin Hanbel'in Müsned'inde şu mealde bir hadis-i şerif vardır:

"Yâsin Kur'ân'ın kalbidir. Onu bir kimse okur ve Allah'tan âhiret saadeti isterse, Allah onu mağfiret eder. Yâsin'i ölülerinizin üzerine okuyun."[4]

Muhaddis İbni Adiy, Hz. Ebu Bekir'den (r.a.) şöyle bir hadis rivayet eder:

"Kim babasının veya annesinin veya bunlardan birisinin kabrini Cuma günü ziyaret ederek orada Yâsin Sûresini okursa, Allah kabir sahibine mağfiret eder."[5]

---

1 El-Fethü'r-Rabbânî (Müsned Şerhi) 7:63.
2 Müsned, 4:105.
3 Beyhakî, Sünenü'l-Kübrâ, 4:56.
4 Sünen, 5:26.
5 İbni Mâce Tercümesi, 4:274.

İslâm âlimleri, ölünün ruhuna Kur'ân okunduğu zaman peşinden bir dua ile bağışlanmasını tavsiye etmektedirler. Kur'ân sevabının ölünün ruhuna ulaşıp ulaşmayacağı hususunda İslâm müçtehitleri arasında bazı ihtilaflar varsa da, bir dua ile bağışlandığı takdirde ulaşacağı hususunda görüş birliği vardır. Bu hususta hem yukarıda zikrettiğimiz hadis-i şerifler, hem de şu mealdeki âyet-i kerime delil getirilir:

"Ve onlardan sonra gelenler, 'Ey Rabbimiz, bize ve bizden önceki iman kardeşlerimize mağfiret eyle' derler."[1]

İntihar edenin cenaze namazı kılınır mı?

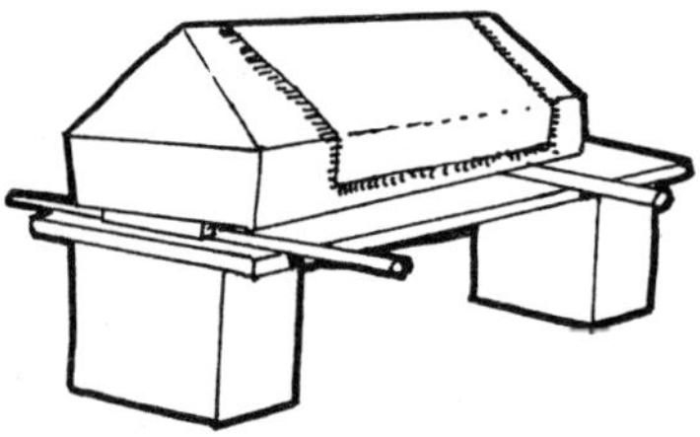

İntihar etmek her ne kadar büyük bir günah ise de; intihar eden küfre girmez, kâfir olmaz. Çünkü, ancak iman esaslarından birisini inkâr etmiş olması kişiyi imansız eder. Bunun için, diğer Müslümanlar gibi cenaze namazı kılınır.

İnsanın kendi canına kıyması, şu veya bu sebepten dolayı intihar etmesi ne aklen, ne dinen hiçbir şekilde meşru karşılanmaz, caiz görülmez. Çünkü, böyle bir teşebbüste bulunan kişi, her şeyden önce Allah tarafından kendisine emanet edilen hayat nimetine tecavüz etmiş, büyük bir vebal altına girmiş olur.

Ayrıca böyle bir insan, Müslümanların gözünde iyi olarak anılmaz, hakkında iyi düşünülmez. Büyük bir günaha girdiği için âhirette de Cehennem azabını hak eder.[2]

Peygamber Efendimiz (a.s.m.) pek çok hadis-i şeriflerinde kendi canına kıyan kimselerin büyük bir günaha girdiklerini, Cehennem azabına uğrayacaklarını bildirmiştir. Zaten toplumda gördüğümüz kadarıyla bu çeşit bir duruma düşen kimse, genellikle dinî ve mânevî yönden zayıf olanlardır.

---

[1] Haşir Sûresi, 10.
[2] Müslim, İman: 175.

İntihar etmek her ne kadar büyük bir günah ise de; intihar eden küfre girmez, kâfir olmaz. Çünkü, ancak iman esaslarından birisini inkâr etmiş olması kişiyi imansız eder. Bunun için, diğer Müslümanlar gibi cenaze namazı kılınır.

Başta İmam-ı Âzam ve İmam-ı Muhammed olmak üzere İslâm âlimlerinin ekserisinin görüşü bu şekildedir. İster kazâen, yani elinde olmadan olsun, isterse kasten canına kıymış olsun cenaze namazı kılınır.

Ancak İmam Ebû Yusuf, "Hata veya şiddetli bir ağrıdan kurtulmak maksadıyla olmadıkça kendi canına kıyan kimsenin üzerine cenaze namazı kılınmaz" demektedir. Fakat, cumhur-u ulemânın görüşü, intihar eden kimsenin namazının kılınacağı şeklindedir.[1]

Mübarek gecelerde ölenler imanlı mı gider?

Başta Cuma günü ve gecesi olmak üzere, Kadir Gecesi gibi diğer mübarek gün ve gecelerde vefat edenlere Cenâb-ı Hak o vakitlerin hürmetine ayrı bir muameleye tabi tutacaktır. Bu vakitlerde ölen mü'minler ayrıca Cenâb-ı Hakkın af ve mağfiretine nail olurlar. Fakat imansız, içinde düşmanlık hissi bulunan kimseler bu bahsin dışındadır.

"Yaşantısı kötü olan bir kişinin mübarek ay ve gecelerde ölmesi onun amelinin iyi olduğunu gösterir mi?"

Bir insanın yaşantısı, onun inancını, amelini ve şahsiyetini gösteren bir ayna gibidir. Tanımadığımız bir insanla biraz konuştuktan, be-

1 el-Feteva'l-Hindiyye, 1:163.

raber yolculuk ettikten veya bir alışverişte bulunduktan sonra onun hakkında belli bir hükme varırız; iyi veya kötü adam deriz.

Fakat bir insanın hem iyi taraflarını, hem kötü taraflarını biliyorsak, onun hakkında karar verme hususunda da ölçümüz bellidir. İyi yönleri kötü yönlerinden fazla ise iyi, kötü yönleri iyi yönlerinden fazla ise kötüdür.

Başka bir ifadeyle, bir insanın iyilik ve kötülüğü Allah'a olan kulluğu ile ölçülür. Bir insan inandığı gibi yaşıyor, kulluk vazifelerini yerine getirmeye gayret ediyorsa, o insan Allah katında iyidir ve makbul bir kuldur. Fakat imanı olduğu halde, İslâma uymayan hal ve hareketleri varsa bu insan günahkâr insandır.

Bu çeşit insanlar ölünce onları nasıl bir âkıbet beklemektedir? Peygamber Efendimizin (a.s.m.) bu konudaki ifadeleri açıktır:

"Nasıl yaşarsanız öyle ölürsünüz; nasıl ölürseniz öyle dirilirsiniz."

Bu gerçek başka bir hadiste de şöyle dile getirilir: **"Kim ne halde iken ölürse, Allah onu o şey üzerine diriltir."**[1]

Allah'a ve diğer iman esaslarına imanı sağlam olan bir insan, öldüğü zaman mü'min ve Müslüman sayıldığından Müslüman muamelesine tâbi tutulur. Böyle bir insanın âhiretteki durumuna gelince, bu hususta Peygamberimizin (a.s.m.) şu meâlde bir hadisi vardır:

"Kim Allah'tan başka bir ilâh olmadığını bilerek ölürse Cennete girer."[2]

Bir insan öldükten sonra Müslümanların onun hakkındaki şehadetleri ve kanaatleri de önemlidir. Müslümanlar o adamın imanlı, iyi bir insan olduğunu söylüyorlarsa, Cenâb-ı Hakkın onların şehadetine göre muamele edeceğine dair rivayetler vardır. Yine, Müslümanların aleyhinde şehadet ettikleri kimse de ona göre muameleye tâbi olacaktır.

Bir insanın amelinin iyi olması için her şeyden önce sağlam bir imana sahip olması gerekir. Bir mü'min mübarek gün ve gecelerin birinde vefat ederse, Cenâb-ı Hakkın ona ayrı bir muamele edeceğine dair bir hadis-i şerifte şöyle buyurulur:

---

1 Feyzü'l-Kadîr, 6: 226.

2 Müslim, İman: 43.

"Bir Müslüman Cuma günü veya gecesi ölürse Cenâb-ı Hak onu kabir fitnesinden (sualinden ve azabından) kurtarır."[3]

Başta Cuma günü ve gecesi olmak üzere, Kadir Gecesi gibi diğer gün ve gecelerde vefat edenlere Cenâb-ı Hak o vakitlerin hürmetine ayrı bir muameleye tabi tutacaktır. Mübarek gün ve gecelerde yapılan amel ve ibadetlerin sevabı, diğer günlere göre daha fazla olacağı gibi, o vakitlerde ölen mü'minler de ayrıca Cenâb-ı Hakkın af ve mağfiretine nail olurlar.

Meselâ hadislerde Kadir Gecesinde Cenâb-ı Hakkın, Benîkelb kabilesinin koyunlarının sayısınca mü'mini affedeceği bildirmektedir ki, şayet o mü'min böyle bir gecede, ölmeden önce Cenâb-ı Hakkın affına mazhar olmuşsa haliyle bu nimetten faydalanacak ve kurtulacaktır. **Fakat imansız, içinde düşmanlık hissi bulunan kimseler bu bahsin dışındadır.**

Kadın cenaze namazı kılabilir mi?

Cenaze namazı farz-ı kifâye olan bir ibadettir. Bunda kadın erkek ayırımı yoktur. Nitekim Resul-i Ekrem Efendimizin (a.s.m.) cenaze namazını hücre-i saadetlerine erkekler ve kadınlar grup grup gelerek kılmışlardır.

Müslümanların bir kısmının cenaze namazını kılmasıyla diğerlerinin üzerinden farziyet düşer. Meselâ, hiç erkek olmasa, bir tek kadının namazı kılması kâfi gelir. Yine erkeklerin bulunmadığı bir zamanda kadınlar cemaat halinde kılabilirler. İmam olan safın ortasında bulunur, diğerleri cemaat olurlar.

Bu hükümler mevcut olduğu halde, cenaze namazlarında kadınlar neden bulunmuyor? Bu sualin açıklanması hususunda şunlar söylenebilir:

1. Cenaze namazı farz-ı kifâyedir. Herkesin kılması şart değildir. Genellikle vakit namazlarının arkasından kılındığından ve vakit na-

[3] Tirmizî, Cenâiz: 73; Müsned, 2:176.

mazlarına da camiye erkekler geldiğinden cenaze namazı hep erkekler tarafından kılınır olmuştur.

2. Kadınlar erkeklere nisbetle duygusal olduklarından acı ve gözyaşlarına hâkim olamadıklarından, bazıları da bağırıp çağırarak ağladıklarından özellikle yakınları tarafından kadınlar cenazeden uzak tutulagelmiştir.

Bu uygulamanın kaynağı bir ölçüde hadis-i şeriflere dayanmaktadır. Ümmü Atiyye (r.anha) şöyle diyor: **"Biz kadınlar, Resul-i Ekrem Aleyhissalâtü Vesselâm tarafından cenazeyi takip etmekten men edildik, yalnız bu yasağa uymak bize vacip kılınmadı."**[1]

Hazret-i Ali (r.a.) rivayet ediyor:

Resulullah (a.s.m.) dışarı çıktı, bir grup kadını oturur halde gördü ve sordu:

"Burada neden oturuyorsunuz?"

"Cenazeyi bekliyoruz."

"Cenazeyi siz mi yıkayacaksınız?"

"Hayır."

"Cenazeyi siz mi taşıyacaksınız?"

"Hayır."

"Cenazeyi, mezara indirenlerle birlikte mi indireceksiniz?"

"Hayır."

Resulullah (a.s.m.) şöyle buyurdular: "Öyle ise günah işlemiş olarak ve sevapsız olarak geri dönünüz."[2]

Burada cenazeyi takibin içinde cenaze namazı yer almıyor, ancak cenazenin namaz kılınacak yere taşınarak gelmesi bulunduğundan, uygulamanın içine girmiştir. Hattâ bu hadis-i şerifi delil olarak getiren Hanefi mezhebi âlimleri, kadınların cenazeyi takibinin tahrimen mekruh olduğu hükmüne varmışlardır.

Bu hadislerin devamı hadislerde ölüye ağlamanın mekruhluğuna temas edilir. Cenaze ile ilgili hadislerin tamamı gözden geçirildiğinde ise başta namaz olmak üzere, cenazenin evden alınıp defnine kadar cenaze merasimlerinde kadınların katılmamaları daha uygun ve yerinde olacağı neticesine varılmıştır.

---

1 İbni Mâce, Cenâiz: 50.

2 İbni Mâce, Cenâiz: 51.

Kadınların mezarlığa gitmesi doğru mudur?

Hanımlar, özellikle gençler tesettüre riayet etmek, yanlarında anneleri ve teyzeleri gibi yaşlı hanımlar ve yakını olan erkekler bulunmak kaydıyla kabir ziyaretine gidebilirler. Böyle bir tedbir daha çok büyük yerleşim bölgelerinde önem taşımaktadır.

Önce bu husustaki hadis-i şeriflere bir göz atalım:

Ebû Hüreyre'nin rivayetine göre Resulullah (a.s.m.) şöyle buyururlar:

"Kabirleri ziyaret ediniz. Çünkü size âhireti hatırlatır."[1]

İbni Mesud'un rivayetine göre Resulullah (a.s.m.) şöyle buyururlar:

"Ben sizi kabirleri ziyaret etmekten men etmiştim. Bundan sonra kabirleri ziyaret ediniz. Çünkü şüphesiz kabirlerin ziyareti, dünyayı küçümsetir ve âhireti hatırlatır."[2]

İslâmın ilk yıllarında Peygamber Efendimiz (a.s.m.) kabir ziyaretini yasaklamıştı. Çünkü insanlar o zamanlar henüz Cahiliye âdetlerinden kendilerini bütünüyle çekip çevirememişlerdi, bazı eski alışkanlıklarından kurtulamamışlardı. Mezarlıkta uygunsuz konuşma, bağırıp çağırma, ölmüş olan meşhur yakınları ile övünme İslâm dışı hal ve hareketlerde bulunuyorlardı.

Bu husus Nesâî'de rivayet edilen bir hadis-i şerifte şöyle dile getirilir:

"Artık kim kabirleri ziyaret etmek isterse, ziyaret etsin; sakın kötü lâf etmeyin."

---

1 İbni Mâce, Cenâiz: 47.

2 İbni Mâce, Cenaiz: 47.

Ancak zaman içinde insanlar İslâmî hükümlere ve âdâba uyum sağladıklarında bu çeşit endişeler de kendiliğinden gitmiş oldu. Bunun üzerine Peygamberimiz yasağı kaldırdı ve kabir ziyaretini serbest bıraktı ve hattâ "dünya hırsını azaltması, aşırı bağlılığı kırması, ölümü ve âhireti hatırlatması" gibi gerekçelerle teşvikte bulundular.

Kadınların kabir ziyaretinin caiz olup olmaması konusuna gelince: Bu hususta yasaklayıcı ve hattâ haramlığına bile delil olan hadisler vardır. Meselâ Ebû Hüreyre'nin rivayetine göre Resulullah (a.s.m.) kabirleri ziyaret eden kadınları lânetlemiştir.[1]

Bu hadis-i şerifin izahında şu açıklamalar dikkatimizi çekiyor:

Kadınlar çoğunlukla mezar ziyaretine gittikleri zaman bağırıp çağırırlar, üstlerini başlarını yırtarlar, yüzlerini gözlerini döverler, kocalarının hukukunu çiğnerler, İslâmî tesettüre riayet etmezler, hattâ süslenerek giderler. Bu olumsuz davranışlarından dolayı İlâhî rahmetten uzak kalmaları yolunda Peygamberimizin (a.s.m.) bedduasına maruz kalmışlardır.

Yukarıda meâlini verdiğimiz hadisi delil olarak getiren bazı Şâfiî, Mâlikî ve Hanefî âlimleri hanımların mezar ziyaretinin haramlığı kanaatine varmışlardır.

Bunun yanında, başta Hanefi âlimlerinin çoğuna, Mâlikî ve Hanbelî âlimlerinin bir kısmına göre hanımların mezar ziyareti caizdir.

Hadiste kadınlara mezar ziyaretinin yasaklanması, mezar ziyaretine izin verilmediği zamandaydı. Daha sonra verilen izin sadece erkekleri değil, aynı zamanda hanımları da içine alıyor.

Ayrıca Hanefî âlimleri Abdullah bin Ebû Müleyke'nin rivayet ettiği şu hadisi de bu meseleye delil olarak getirirler:

"Âişe (r.a.) bir gün mezarlıktan dönüyordu.

"Ben ona, 'Ey mü'minlerin annesi! Nereden geliyorsunuz?' diye sordum.

"Kardeşim Abdurrahman'ın mezarını ziyaretten geliyorum' dedi.

"Ben, 'Resulullah (a.s.m.) mezar ziyaretini yasaklamamış mıydı?' diye sordum.

"Evet, Resulullah mezar ziyaretini yasakladı, ama daha sonra emretti' buyurdu."[2]

---

1 İbni Mâce, Cenâiz: 49.

2 Sünen-i İbni Mâce Terceme ve Şerhi, 4:439.

Hadis şârihleri bu hadislerden şu hususlara dikkat çekerler: Hadisin verdiği izin, örtülü olarak çıkan, âhireti düşünen, kabirde yatanlardan ibret alan, bağırıp çağırmayı, yüzünü dövmeyi, yakalarını yırtmayı ve kötü söz etmeyi terk eden kadınlar içindir. Konulan yasak da, anılan uygunsuz davranışlarda bulunan kadınlara mahsustur.

Netice olarak denebilir ki: **Hanımlar, özellikle gençler tesettüre riayet etmek, yanlarında anneleri ve teyzeleri gibi yaşlı hanımlar ve yakını olan erkekler bulunmak kaydıyla kabir ziyaretine gidebilirler.**

Böyle bir tedbir daha çok büyük yerleşim bölgelerinde önem taşımaktadır. Öyle ki, kabir ziyaretine gidip de sevap kazanayım derken, günaha ve bazı istenmeyen hallerle karşılaşma kaçınılmaz olacaktır.

Zaten hanımlar bu ziyaretleri her zaman tekrarlamazlar. Ölmüş yakınlarına hediye edecekleri duaları kendi evlerinde okuyarak da göndermeleri mümkün ve daha güzeldir. Şayet ölenlerin imanları varsa, dünyanın neresinde olursa olsun mânevi hediyeler onların ruhuna ulaşır. Mesafenin yakınlığı ve uzaklığı aynıdır.

CENNET

Cennette hangi dili konuşacağız?

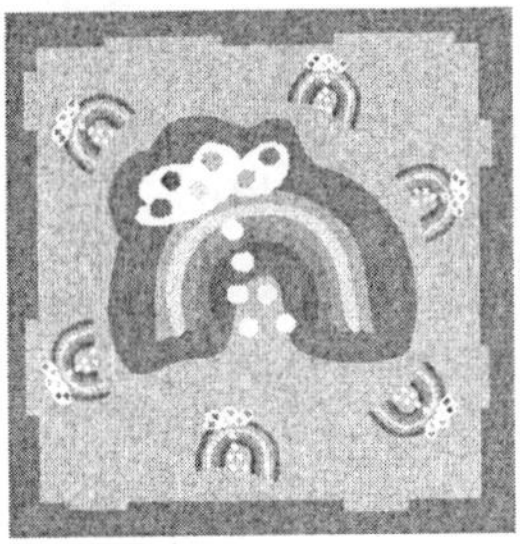

Kur'ân'ın dili, son peygamber Hz. Muhammed'in (a.s.m.) konuştuğu dil Arapça olunca, Cennet dilinin de Arapça olacağı şüphe götürmez bir gerçek olur. Hz. Âdem de yeryüzüne indirilmeden önce Cennette bulunduğu zamanlar Arapça olarak konuşurdu. Ayrıca bu dil Peygamberimizden (a.s.m.) başka diğer peygamberlerden bazılarının da konuştuğu dildir.

İbni Abbas'tan şu meâlde bir hadis-i şerif rivayet edilir:

"Üç hasletten dolayı Arabı seviniz: Çünkü ben Arabım, Kur'ân-ı Kerim Arapça olarak nâzil olmuştur, Cennet ehlinin konuştukları dil Arapçadır."[1]

Arapça, belâgat, edebiyat, fesahat ve zenginlik bakımından dünya dillerinin en güzelidir. Aynı zamanda ses, âhenk ve cümle yapısı bakımından da diğer diller arasında apayrı bir yeri vardır. Cenâb-ı Hak da kendi kelâmı Kur'ân-ı Kerimi Arap diliyle indirmiştir. Peygamber-i Zîşân (a.s.m.) da zaten bu dili konuşuyordu; kendi milletinin, kavminin dilini...

Bu hadis-i şerifi bazı âyetler de tasdik etmekte, desteklemektedir.

"Halkı Allah'ın azabından sakındıran peygamberlerden olsun diye onu apaçık bir Arapça lisan ile senin kalbine Cebrail getirdi."[2]

"Biz hiçbir peygamberi kendi kavminin dilinden başkasıyla göndermedik ki, emrolunduklarını onlara apaçık anlatsınlar"[3] meâ-

1 Feyzü'l-Kadîr, 1:178, Hadis no: 225.
2 Şuarâ Sûresi, 195.
3 İbrahim Sûresi, 4.

lindeki âyet-i kerime de Peygamberimizin (a.s.m.) kendi kavmi olan Araplara kendi dilleriyle tebliğde bulunduklarını bildirir.

Evet, Kur'ân'ın dili, son Peygamber Hazret-i Muhammed Mustafa'nın (a.s.m.) konuştuğu dil Arapça olunca, Cennet dilinin de Arapça olacağı şüphe götürmez bir gerçek olur. Hz. Âdem de yeryüzüne indirilmeden önce Cennette bulunduğu zamanlar Arapça olarak konuştuğu rivayet edilir.

Ayrıca bu dil Peygamberimizden (a.s.m.) başka diğer peygamberlerden bazılarının da konuştuğu dildir. Meselâ, Hz. Nuh, Hz. Hud, Hz. İsmail, Hz. Sâlih, Hz. Şuayb Arapça konuşuyorlardı.

Ayrıca İmam Kastalânî, Hz. Âişe'den **"Cennet ehli Muhammed Aleyhisselâmın diliyle konuşacaklar"** meâlinde bir rivayeti zikreder.[1]

Cennet dilinin Arapça olduğu yukarıda meâlini verdiğimiz hadis-i şerifin ifadesinde ve Hz. Âişe'nin rivayetinde sabit olmakla beraber, Üstad Bediüzzaman *Mektubat*'ta İmam-ı Âzam'ın bir fetvasının hikmetini izah ederken şöyle bir ifadeye yer verir:

"Bir rivayette lisan-ı ehl-i Cennetten sayılan Fârisî lisanı..."[2]

Bu beyanla, yukarıdaki ifadeler bir arada düşünülürse şöyle bir neticeye varmak herhalde yanlış olmaz: **Esas itibariyle Cennet lisanı Arapçadır; fakat Farsça da konuşulabilir. Yani Cenâb-ı Hak her iki dili de Cennet lisanı olarak yaratabilir.**

Hadis-i şerifte "Arabı seviniz" ifadesini mutlak olarak anlamamak lâzımdır. Çünkü Araplar içinde gayr-i müslimler olduğu gibi, günümüzde dinsizler bile vardır. Onların sadece Arap ırkına mensup olmaları, Arapça konuşmaları onları sevmeye yeterli hususlar değildir.

Hadiste yer alan beyandan maksat, Müslüman olan, dinini yaşayan, Resulullah'ın (a.s.m.) izinde olan Araplardır. Zaten bunlar din kardeşimizdir. Onları din kardeşimiz olarak sevdiğimiz gibi, ayrıca Kur'ân'ın, Resulullah'ın (a.s.m.) ve Cennetin lisanını konuştukları, İslâmiyete hizmet ettikleri için de diğer milletlerden farklı olarak bir derece daha fazla sevgiye lâyıktırlar.

---

1 Mevâhib-i Ledünniye, 1:276.

2 Mektubat, s. 406.

Zenciler Cennete beyaz olarak mı girecekler?

Cenâb-ı Hak Cennette mü'minlere nimetleri, sevecekleri, benimseyecekleri, kabul edip hoş karşılayacakları bir şekilde verecektir. "Ten rengi" meselesinde de aynı hususun gerçekleşeceği akıldan uzak değildir. Zenci bir insan dünyada hep beyaz olmak istiyorsa, Cenâb-ı Hak âhirette onun bu arzusunu yerine getirecektir.

Âhiret "kudret yeri"dir. O âlemi, dünyevî ölçülerle mukayese etmek mümkün değildir. Burada gördüklerimizle oradakileri ölçüp tartamayız. Çünkü dünyada her şey bir sebebe, bir hikmete göre ve bir süreç içinde yaratılmaktadır. Âhirette bu hususlara ihtiyaç kalmadan da her şey var edilir, yaratılır, ona göre şekil ve mahiyet alır.

Dünyada ağaç konuşur mu, taş haber anlar mı, su emir dinler mi, hayvan nutka gelir mi? Gelmez. Fakat âhirette her şey hayat sahibi, her şey şuurlu ve her varlık insanın emrinde çalışır. Ağaç konuşur, taş haber anlar, su insanın peşi sıra akıp gelir. Hayalen, kalben ve hissen ne düşünsek, neleri arzu etsek hepsi olur, gerçekleşir. Hiçbir sebep yokken pek çok hadise meydana gelir.

İşte böyle bir âlemde her insan derecesine göre nimetlere erişir. İnsanın bu dünyadaki sûreti, siması, şekil itibariyle sabit kalsa da, güzelliği, nuranîliği, tatlılığı kat kat artar. Kusurları gider, eksiklikleri tamamlanır, her şeyiyle mükemmel ve müstesna bir hal alır.

Cenâb-ı Hak her insanı dünyada ayrı bir güzellikte yaratmıştır. Fakat orada bu güzelliklere türlü türlü güzellikler katılır, mükemmellikler eklenir.

Cenâb-ı Hak Cennette mü'minlere nimetleri, sevecekleri, benimseyecekleri, kabul edip hoş karşılayacakları bir şekilde vereceğine göre, "ten rengi" meselesinde de aynı hususun gerçekleşeceği akıldan uzak değildir.

Meselâ zenci bir insan dünyada hep beyaz olmak istiyorsa, Cenâb-ı Hak âhirette onun bu arzusunu yerine getirecektir.

Konuya Asr-ı Saâdette geçen bir hadisenin ışık tutmasıyla baktığımızda daha rahat anlayacağız.

Habeşli, kömür gibi simsiyah bir simaya sahip olan adı üstünde Esved, Resul-i Ekrem Efendimizin (a.s.m.) huzuruna geldi. Çekingen çekingen duruyordu. "Yâ Resulallah!" diye söze başladı: "Size bir mesele sormak istiyorum, müsaade var mı?"

Şefkat Peygamberi hoş karşıladı, "Buyur, sor, mesele neymiş?" dediler.

"Ey Allah'ın Resulü, siz hem sima, hem renk, hem de peygamberlik cihetinden bize üstün kılındınız. Allah sizi müstesna yarattı. Ne dersiniz, ben de sizin iman ettiklerinize iman etsem, inansam, sizin işlediğiniz güzel amelleri ben de işlesem, sizinle beraber Cennette olabilir miyim?"

Peygamber Efendimiz (a.s.m.), "Evet, olursunuz" dedikten sonra, kalbi İslâma ısınmış, peygamber sevgisiyle coşmuş olan o teni siyah, fakat ruhu ve içi bembeyaz ve aydınlık olan Esved'e şu müjdeyi verdi:

"Nefsim kudret elinde bulunan Allah'a yemin ederim ki, Esved'in Cennetteki beyazlığı bin yıllık yoldan görülüyor."

Bu müjdeyi alan Esved, iman etti ve hüngür hüngür ağlamaya, sevinç gözyaşları dökmeye başladı. Bu Cennet arzusu onu öyle yakmıştı ki, o anda yere yığıldı.

Baktılar, yaşıyor mu diye. Ruhu çoktan uçmuştu. Resulullah (a.s.m.) namazını kıldırdı ve mübarek eliyle kabre koydu.[1]

Evet, Hz. Esved'in bu arzusunu yerine getiren Cenâb-ı Hak inşaallah diğer zenci Müslümanların da bu çeşit arzularını yerine getirecektir.

Aynı husus sarı ırka mensup bir mü'min için de, kırmızı ırktan olan bir Müslüman için de geçerli olur. Cenâb-ı Hak onlara arzu ettikleri şekil, sûret ve simayı bahşedecektir. Bu Onun kudretine ağır gelmeyeceği gibi, uzak da değildir.

---

1 Üsdü'l-Gâbe, 1:83.

Hangi hayvanlar Cennete girecek?

Bütün hayvanların ruhları bâkî kalacaktır. Fakat rivayetlerde geçtiğine göre, Cennete girecek olan on hayvan gibi, bazı hususi fertler de hem ruhu, hem de cesediyle birlikte bâkî âleme gidecektir. Ve ayrıca her bir tür varlığın ara sıra kullanacağı bir cesedinin bulunacağı bildirilmektedir.

Rivayetlere göre şu on hayvan Cennete girecektir:

1. İbrahim Aleyhisselâmın buzağısı.
2. İsmail Aleyhisselâmın yerine kesilen koç.
3. Salih Aleyhisselâmın bir mûcizesi olan deve.
4. Yunus Aleyhisselâmı yutan balık.
5. Musa Aleyhisselâmın ineği.
6. Üzeyir Aleyhisselâmın merkebi.
7. Süleyman Aleyhisselâmın karıncası.
8. Belkıs'ın hüdhüd kuşu.
9. Ashab-ı Kehf'in Kıtmir isimli köpeği.
10. Peygamberimizin (a.s.m.) Kasva isimli devesi.[1]

Ayrıca bu hususta Bediüzzaman Said Nursî ise, "Üçüncü Şua" olan Münâcât isimli eserinde şöyle demektedir:

"Evet, ebedînin sâdık dostu ebedî kalacak ve bâkînin âyine-i zîşuuru bâki olmak lâzım gelir.

"Hayvanların ruhları bâkî kalacağını ve Hüdhüd-ü Süleymânî (a.s.) ve Nemli ve Naka-i Sâlih (a.s.) ve Kelb-i Ashab-ı Kehf gibi bazı efrad-ı mahsusa hem ruhu, hem cesediyle bâkî âleme gideceği ve her bir nev'in ara sıra istimal edeceği bir tek cesedi bulunacağı rivayat-ı

1 Dürretü'n-Nâsihîn, s. 57.

sahihadan anlaşılmakla beraber, hikmet ve hakikat, hem rahmet ve rububiyet öyle iktiza ederler."[1]

Yani, ruh bâkî kalacağına göre, bütün hayvanların ruhları bâkî kalacaktır. Fakat Cennete girecek olan bu hayvanlar gibi, bazı hususi fertler de hem ruhu, hem de cesedi ile birlikte bâkî âleme gidecektir. Ve ayrıca her bir tür mahlukun ara sıra kullanacağı bir cesedinin bulunacağı bildirilmektedir.

Evet, rivayetler değişik olsa da, Cennete girecek olan hayvanlar başlıca bunlardır. Onların Cennetteki hayatını, nerede, nasıl bulunacaklarını ise Ancak Cenâb-ı Hak bilir. Çünkü o âlemin gerçek keyfiyetine bizim idrakimiz yeterli gelmez.

Cennete girecek olan bu hayvanların bu peygamberler ve bu zâtlarla olan münasebeti hakkında ise Peygamberler Tarihi isimli eserlerde geniş bilgi bulmak mümkündür.

[1] Şualar, s. 45.

SELÂMLAŞMA

Selâm alıp vermenin usulü nelerdir?

İki Müslüman karşılaşınca ilk sözleri selâm olmalıdır. Konuşmaya ve sohbete selâmdan sonra başlamalıdır. Bu hususta Peygamberimiz, "Selâm kelâmdan öncedir. Selâm vermeden kim konuşmaya başlarsa ona cevap vermeyin" buyurarak bizleri ikaz etmektedir. Birisiyle karşılaşıldığı veya bir cemaate uğranıldığı zaman girişte selâm verildiği gibi çıkarken ve ayrılırken de selâm vermek gerekir.

Selâm, mü'min kalpleri birbirine bağlayan nurlu bir ip, gönüllerdeki sevgi ve kardeşlik duygularının canlı tutulmasını sağlayan bir duâdır.

Bilhassa zamanımızda unutturulmaya ve çeşitli uydurma laflarla değiştirilmeye çalışılan bir İslâm şeâiri, işareti ve parolasıdır.

Selâm, İslâm toplumunda birlik ve beraberlik ruhunu şenlendiren bir özelliğe sahiptir. Selâmlaşma Rabbimizin bir ihsanı, Peygamberimizin (a.s.m.) bir tavsiyesidir.

Kur'ân-ı Kerimde, **"Bir selâmla selâmlandığınız zaman, siz ondan daha güzeli ile karşılık verin veya aynı ile mukabele edin"**[1] buyurularak selâmın en güzeliyle başlayıp, en güzeliyle mukabele edilmesi emredilmiştir.

Bilindiği gibi, selâmlaşmanın en güzel şekli **"es-selâmü aleyküm"** dür. "Selâm aleyküm" selâm yerine geçmemektedir. Âyette geçen en güzel şekli ile cevap vermek ise, **"esselâmü aleyküm"** denildiğinde

---

1 Nisa Sûresi, 86.

"ve aleykümü's-selâm ve rahmetullah"; "es-selâmü aleyküm ve rahmetullah" denildiğinde **"ve aleykümü's-selâm ve rahmetullahi ve berekâtüh"** şeklindedir.

Selâmın sevgi ve muhabbete vesile olduğunu da Resul-i Ekrem Efendimiz (a.s.m.) şu veciz hadisinde bildirir:

"Allah'a yemin ederim ki, siz iman etmedikçe Cennete giremezsiniz. Birbirinizi sevmedikçe de (hakkıyla) iman etmiş olamazsınız. Ben size, yerine getirdiğinizde onunla karşılıklı olarak birbirinizi seveceğiniz bir şey göstereyim mi? Aranızda selâmı yayınız."[1]

Karşılaştığı zaman Müslüman kardeşine selâm vermeyi ve verildiğinde almayı, Müslümanın birbirlerine olan hakları arasında sayan Peygamberimiz (a.s.m.), ayrıca selâmın dinî bir vazife olduğuna da işaret eder.[2]

Âdem'le (a.s.) melekler arasındaki bir selâmlaşmayla meydana gelen bugünkü selâmlaşmanın mânâ ve mahiyetinin ne kadar ulvî olduğu açıktır.

Her namazda tahiyatta okuduğumuz duâda, Allah'la Resulû (a.s.m.) arasında geçen bir selâmlaşmayı görmekteyiz. Miraçta, Rabbiyle perdesiz olarak görüşen Kâinatın Efendisi (a.s.m.), o ulvî sohbette yaptıkları selâmlaşmayı biz ümmetine de hediye olarak getirmiştir. Biz de her namazda o manzarayı hayal ederek "et-tahiyyatü"yü okumaktayız.

Yine her namazın sonunda sağa ve sola "esselâmü aleyküm ve rahmetullah" derken, hem bütün mü'minleri, hem de melâikeleri selâmlamış oluyoruz.

İşte bütün bu sebeplerden dolayı selâm vermek sünnet, almak ise farzdır.

Böylelikle, selâmlaşma toplumsal hayatımızda dönüp dolaşan dostça bir kelâm olduğu gibi, aynı zamanda ibadetlerimizde de özel bir yer tutmaktadır.

Selâm veren mü'min, kardeşine dünyada ve âhirette Allah'ın rahmetini ve bereketini dilerken, devamlı güven, selâmet ve huzur içinde olması için duâ eder; selâmı alan da aynı duâyı ona yapar.

---

1 Müslim, İman: 93.

2 İbni Mâce, Cenâiz: 1.

İki Müslüman karşılaşınca ilk sözleri selâm olmalıdır. Konuşmaya ve sohbete selâmdan sonra başlamalıdır. Bu hususta Peygamberimiz (a.s.m.), **"Selâm kelâmdan öncedir. Selâm vermeden kim konuşmaya başlarsa ona cevap vermeyin"**[1] buyurarak bizleri ikaz eder.

Birisiyle karşılaşıldığı veya bir cemaate uğranıldığı zaman girişte selâm verildiği gibi çıkarken ve ayrılırken de selâm vermek gerekir. Hatta ayrılırken selâm vermenin daha faziletli oluşu hakkında İbni Âbidin'de bir hadis de zikreder:

Peygamberimiz (a.s.m.), "Bir meclise geldiğiniz zaman cemaate selâm veriniz. Dönüşünüzde de onlara selâm veriniz. Dönerken selâm, birinci selâmdan daha faziletlidir"[2] buyurlar.

Erkek kadına selâm verebilir mi?

Bir erkek, nâmahrem bir kadına şehevî bir duygunun dışında selâm verebilir. Bu da daha çok akrabalar arasında, okulda, iş yerinde veya resmî dâirelerde olur. Yoksa hiçbir münasebet yokken, hiç tanımadığı bir kadına selâm veren iyi niyet taşısa bile, gerek muhatap, gerekse çevredekiler tarafından garip karşılanır.

Toplumun kadın ve erkekten oluştuğu bir gerçek. Özellikle içinde bulunduğumuz ve yaşadığımız toplum hayatı, belli oranda yolculuk, alışveriş, okul hayatı, resmî işlemler ve benzeri durumlarda erkeği kadına, kadını da erkeğe muhtaç kılar.

Müslüman bir erkeğin bir kadına işi düştüğü, bir şey sorup öğrenmesi gerektiği, bir mağazadan alışveriş yaptığı, yahut okul hayatında aynı sınıfta ders gördüğü bir sırada az veya çok onu görecek, bakacak, konuşacak, bir şey alıp verecektir. "O kadın bana nâmahremdir" diyerek kendisini tamamen toplumdan soyutlayamaz.

1 İbni Abidin, Reddü'l-Muhtar, 5:265.
2 A.g.e., 5:267.

Ancak ihtiyaç halindeki bu münasebetler hangi seviyede olacaktır? **Kadın erkeğe, erkek de kadına cinsel bir duygu karıştırmamak kaydıyla bakabilir.**

Bu daha çok, bir şey sormak, bir miktar konuşmak gerektiği zaman olur. Yoksa hiçbir sebep yokken ilk bakışın dışındaki bakmalar lüzumsuz ve sakıncalıdır.

Konuşmaya gelince; bir ihtiyaç söz konusuysa yabancı bir erkek bir kadınla konuşabilir; ancak kadının sesini yükseltmemesi, uzatmaması, yumuşatmaması gerekir. Yâni sesini doğal haliyle çıkarıp konuşmalı.

Çünkü, dikkati üzerine çekecek tarzda "cilveli" bir şekilde konuşmak erkeği tahrike ve onun kendisine yönelmesine sebep olur. Zaten bundan dolayıdır ki, kadının ezan okumasına cevaz verilmemiştir.

Esas olarak kadının sesi avret değildir. Yalnız, yukarıda da ifâde ettiğimiz gibi, "tahrik edici" bir vasıf taşırsa sakıncalıdır.

Selâm meselesinde de aynı şeyler söylenebilir. *Buharî*'nin "İstîzan" bölümünün "erkeğin kadına, kadının da erkeğe selâm vermesi" babının şerhinde hadis âlimi Aynî, fitneden emin olmak şartıyla erkeğin yabancı kadınlara selâm vermesinin cevazına işâret eder.[1]

Yâni bir erkek, nâmahrem bir kadına şehevî bir duygunun dışında selâm verebilir. Bu da daha çok akrabalar arasında, okulda, iş yerinde veya resmî dâirelerde olur.

Yoksa hiçbir münasebet yokken, hiç tanımadığı bir kadına selâm veren iyi niyet taşısa bile, gerek muhatap, gerekse çevredekiler tarafından garip karşılanır.

Nâmahremlerin birbirlerine selâm vermeleri hususunda hadis ve fıkıh kitaplarının selâm bahsinde şöyle görüşe de yer verilir:

"Kadının erkeğin selâmını alması vaciptir. Şu kadar var ki, kadın selâm alırken sesini yükseltmemelidir. Kadın erkeğe selâm verdiği zaman da, selâm veren kadın yaşını başını almış birisi ise erkek selâmı alabilir. Selâm veren kadın genç ise erkek kalben içinden selâm alır."[2]

---

1 Umdetü'l-Kari, 22:243.

2 el-Feteva'l-Hindiyye, 5:326; Reddü'l-Muhtar, 5:236.

Kimlere selâm verilir?

Binekli olan yürüyene, ayakta olan oturana, azlar çoğa, küçük büyüğe, arkadan gelenler önden gidene selâm verir.

Daha büluğ çağına gelmemiş olan çocuklara da selâm verilir. Nitekim Hazret-i Enes, "Biz çocukken Resulullah (a.s.m.) yanımıza geldi ve bize selâm verdi"[1] demekle Peygamberimizin (a.s.m.) çocuklara selâm verdiğini belirtmektedir. Çünkü çocuklara selâm verilmekle, onlara küçük yaşta İslâmın güzel bir âdâbı alıştırılmış olur.

İnsan kendi babasına, dedesine ve diğer büyüklerine de selâm verir. Selâm bir dua olduğuna göre, insanın en çok duâ etmesi gereken babasıdır. Halk, yanlış düşündükleri hürmet ve edepten dolayı babaya selâm vermeyi garip karşılarsa da bu düşünce doğru değildir.

Kimlere selâm verilmez?

Bir ibâdetle meşgul olanlar: Meselâ namaz kılana, Kur'ân-ı Kerim okuyana, abdest alana, zikir ve tesbihle meşgul olana; hadis, fıkıh, tefsir, kelâm gibi dinî kitaplar okuyana, dinleyene; ayrıca ezan okunduğu ve kamet getirildiği esnâda selâm verilmez.

Dinen haram sayılan işleri yapan kimseler: İçki içene, kumar oynayana, gıybet edene bu günahları işledikleri sırada; yine büyük günahları açıktan işleyen fâsık kimselere selâm verilmez.

Çünkü, selâm, kişinin muhatabına "Allah'tan rahmet dilemesi", ona duâ etmesi, ondan hayır beklemesidir. Haramla meşgul olanlar zaten meşru bir iş yapmadıklarından bu duâdan kendilerini peşinen mahrum bırakmış olmaktadırlar.

Bazı mubah işlerle meşgul olup da o anda selâm alamayacak durumda olan kimseler: Yemek yiyene, su içene, uyuyana, uyuklayana selâm verilmez.

Bu sayılan hususların dışında müsâit olan her vakitte ve her yerde selâm vermek câizdir ve lâzımdır.

---

[1] İbni Mâce, Edeb: 14.

NAZAR, BÜYÜ, FAL, UĞURSUZLUK

Nazardan korunmak için ne yapmalı?

Nazarın gerçek olduğu, nazar edilen kimsenin hastalanmasına, hattâ ölümüne sebep olduğu bilinen ve kabul edilen bir gerçektir. Nazardan ve ondan gelebilecek şerden Allah'a sığınmalıdır. Peygamber Efendimiz nazara karşı Muavvizetân (Felâk ve Nâs) sûrelerini okurlardı.

Peygamberimizin (a.s.m.) göz değmesi karşısında ondan korunmak için hangi duaları okuduğunu ve neler yaptığını Ebû Said el-Hudrî (r.a.) şöyle anlatır:

"Resulullah (a.s.m.) (Cinlerin ve insanların nazarından Allah'a sığınırım, gibi dualarla) cinlerin nazarından, sonra da insanların nazarından Allah'a iltica ederdi. Sonra Felak ve Nâs Sûreleri inince bu sûrelere devam etti. Diğer duaları terk etti."[1]

İnsanı tesiri altına alan, hasta eden bazı olaylar vardır ki, tıp ilmi bu konularda çaresizdir. Gerçek sebebi hakkında da açık bir bilgi verememektedir. İşte bunlardan birisi de "nazar etme," "göz değme"-dir.

Nazarın insanın kaderiyle yakından ilgisinin bulunduğunu ifade eden Peygamber Efendimiz şöyle buyurlar:

"Nazar haktır, kader ile yarışan bir şey olsaydı, nazar değme işi yarışıp onu geçerdi (kaderi değiştirirdi)."[2]

1 A.g.e., Tıb: 34.
2 Müslim, Selâm: 42; İbni Mâce, Tıb: 3.

Nazarın kaderle her ne kadar ilgisi varsa da onun tesirini yaratan yine Cenâb-ı Haktır. Yoksa bizzat nazar eden kişi o hadiseyi meydana getirmiş değildir.

Nazarı keskin olan kimse bir şeye baktığı anda Cenâb-ı Hak o şeyde zararı yaratmaktadır. Çünkü iyiliği de kötülüğü de yaratan Allah'tır. Allah'ın iradesi dışında hiçbir şey meydana gelmez.

Nazar etmenin, ölümü, kişinin helâk olmasını sonuç veren yönünü Peygamberimizden (a.s.m.) öğreniyoruz. Câbir bin Abdullah'ın rivayet ettiği hadiste şöyle buyururlar:

"Göz değmesi haktır. Deveyi kazana, insanı da kabre girdirir."[1]

Böylece, nazara uğrayan deve nasıl ki kesilince eti tencereye konuyorsa, aynı şekilde nazar edilen kişi de hayatından olup mezara girebilir. Hadis-i şeriften nazarın tesirinin yalnız insana bağlı kalmadığı, bütün canlılara, hattâ insanın dikkatini çeken her türlü şeye de zarar verebildiği anlaşılır.

Asr-ı Saadette geçen, nazarla ilgili bir hadiseden, mü'minin beğendiği bir şey karşısında nasıl davranması, neler söylemesi gerektiği, nazar etmenin din kardeşini öldürme sayılacağı, nazara uğrayan ve nazar eden kimsenin neler yapması gerektiği hususunda geniş bilgiler çıkarmak mümkündür.

Sahabilerden Amr bin Rebia, Sehl bin Huneyf'i yıkanırken görür, nazar eder. Sehl çarpılmış gibi yere yıkılır. Alıp Peygamberimizin (a.s.m.) bulunduğu yere götürürler.

Durumu öğrenen Peygamberimiz (a.s.m.) "Kimden şüphe ediyorsunuz?" diye sorar.

Sahabiler, Amr bin Rebia'nın ismini verirler. Bunun üzerine Peygamberimiz (a.s.m.) Amr'ı uyararak:

"Sizden biriniz neden din kardeşini öldürüyor? Biriniz kardeşinde beğendiği, hoşuna gittiği bir şey gördüğü zaman ona mübarek olması için dua etsin (Mâşaallah, Bârekallah gibi sözler söylesin)" buyurur.

Daha sonra Peygamberimiz (a.s.m.) bir miktar su ister ve nazar eden Amr'ın abdest almasını emreder.[2]

---

[1] Keşfü'l-Hafâ, 2:76 (Ebû Naim'den naklen).

[2] İbni Mâce, Tıb: 32; Müsned, 3:447.

Bir nevi abdest olan bu uygulamayı fıkıh âlimlerimiz şöyle tarif ederler:

Bir kabın içine su konur. Nazar eden kimse bir avuç alır, ağzını çalkalar, suyu kabın içine püskürtür. Sonra aynı sudan alarak yüzünü yıkar, sonra sol eliyle su alarak sağ elini yıkar, sağ eliyle de alarak sol elini bileklere kadar yıkar.

Daha sonra sağ ve sol dirseklerini yıkar. Sonra dirseğini ve omuzu arasını yıkar. Sonra ayaklarını, sağ ve sol dizini yıkar. Elini ve ayaklarını yıkarken, kolunu ve dizinden aşağısını yıkamaz.

Daha sonra sağ tarafını aşağı doğru yıkar. Bütün bu organlarını yıkadıktan sonra su aynı kapta biriktirilir. Nazar eden kişi bu işi tamamladıktan sonra su kabını alarak nazar ettiği şahsın arkasında durup başına döker.[1] Kullanılan bu su pis sayılır. Bunu Peygamberimizin (a.s.m.) bizzat kendi uygulamasından anlıyoruz.

Peygamberimizin (a.s.m.) kısaca tarif ettiği ve âlimler tarafından da genişçe izah edilen bu yıkamanın şüphesiz bilinmeyen pek çok hikmeti vardır. En azından nazar şüphesini gidermek için bu sünnet yapılabilir.

Bu yıkama ve dökme işi sahabiler tarafından da zaman zaman uygulanmıştır.

Bu iş yapıldıktan sonra nazar eden kimse bereket duasında bulunarak, "Mâşaallah, lâ kuvvete illâ billah" derse, meydana gelebilecek zararı Allah'ın gidereceği bildirilir. Zaten bu yıkama işinin yapılması bir nevi fiilî duadır. Tesir ve şifa ise Allah'tan beklenmelidir.

Nazardan ve ondan gelebilecek şerden Allah'a sığınmalıdır. Hz. Âişe'den öğrendiğimize göre, Peygamberimiz (a.s.m.) ona göz değmesine karşı rukye yapmasını (dua okumasını) emretmiştir.[2]

Başka bir hadiste **"Nazardan Allah'a sığınınız"**[3] buyurularak, şifayı Allah'tan istememiz tavsiye edilmektedir.

Peygamberimizin (a.s.m.) göz değmesi karşısında ondan korunmak için hangi duaları okuduğunu ve neler yaptığını Ebû Said el-Hudrî (r.a.) şöyle anlatır:

---

1 Nevevi, Şerhu Sahih-i Müslim, 14:172-173.

2 İbni Mâce, Tıb: 34.

3 A.g.e., Tıb: 32.

"Resulullah (a.s.m.) (Cinlerin ve insanların nazarından Allah'a sığınırım, gibi dualarla) cinlerin nazarından, sonra da insanların nazarından Allah'a iltica ederdi. Sonra Muavvizetân (Felâk ve Nâs Sûreleri) inince bu sûrelere devam etti. Diğer duaları terk etti."[1]

Şu halde, nazar eden ve zarar verenler yalnız insanlar değildir. Aynı zamanda cinler de nazar edip insana zarar vermektedir. "Cinlerin nazarı oktan daha sür'atli geçer" diyen bazı âlimler göz değmesini, cinlerin çarpması ve nazar etmesi mânâsında da anlamaktadırlar.

Nazar boncuğu takmak doğru mu?

Nazardan korunmak için mânâsı bilinmeyen bazı muskalar yazıp kullanmak veya "nazar boncukları" takmak İslâm inancına uymayan bâtıl âdetlerdir. Bu gibi şeyleri insanın takınması caiz olmadığı gibi, bir hayvana veya bir eşya üzerine takmak da aynı şekilde meşru değildir.

Peygamberimizin (a.s.m.) uyguladığı ve tavsiye ettiği mânevî ilâçlardan başka yollara başvurup şifa aramak mü'mine yakışmaz.

Cahiliye devrinde Araplar bazı hastalıklardan dolayı boyunlarına ve kollarına çeşitli âlet ve boncuklar takarlardı. Deva ve şifayı da o taktıkları şeylerden beklerlerdi.

Şirk kokan, inancına uymayan bu nevi işleri şiddetle yasaklayan Peygamberimiz, **"Kim bir şey takarsa bütün işleri o taktığı şeye teslim edilir"**[2] buyururlar.

Böylece takılan o şeyin bir fayda vermeyeceği, ayrıca kişinin bütün ümidini bizzat ona bağlamasıyla da inancına zarar geleceği anlaşılmış oluyor.

[1] A.g.e., Tıb: 34.
[2] Tirmizi, Tıb: 24.

Nazardan korunmak için mânâsı bilinmeyen bazı muskalar yazıp kullanmak veya "nazar boncukları" takmak İslâm inancına uymayan bâtıl âdetlerdir. Bu gibi şeyleri insanın takınması caiz olmadığı gibi, bir hayvana veya bir eşya üzerine takmak da aynı şekilde meşru değildir. **Peygamberimizin (a.s.m.) haram saydığı bazı şeyler arasında nazarlık takınmak da sayılır.**[1]

Bu işlere benzeyen ve halk arasında mum eritmek, kurşun dökmek veya ot yakıp hastanın başının üzerinde gezdirmek gibi hiçbir mânâsı olmayan uygulamalara girmemek lâzımdır.

Çünkü Cenâb-ı Hak her türlü derdi verirken meşru olarak dermanını da yaratmıştır. Mü'min, ölçü olarak sünneti almalı, o çizgiden çıkmamaya çalışmalıdır. İstikamet ancak bu yolla mümkündür.

Büyü herkeste olur mu?

Büyüye karşı alınacak önlem, Kur'ân'ın öğrettiği ve Peygamberimizin (a.s.m.) tavsiye ettiği gibi, zararlı şeylerin ve zarar vermeye çalışanların şerrinden Allah'a sığınmak, Ona yalvarmak, Ona dua etmek, Ona olan yakınlığımızı arttırmak, Onu her yerde hâzır ve nâzır görerek, huzurunda olduğumuzu fark etmektir. Ondan sonra gönül rahatlığı içinde, "Nârın da hoş, nûrun da hoş" diyebilmektir.

"Dolabın arkasında bir muska buldum, acaba bana büyü mü yapıldı?"

"Geçen gün bahçede bir kâğıt buldum, büyü olabilir mi?"

"Bugünlerde işim tersine gidiyor, bana büyü mü yapıldı yoksa?"

"Eşimle aramız açıldı, bir yakınım büyü yapmış olabilir mi?"

---

[1] Neseî, Ziynet: 17.

"Kızımın kısmeti bir türlü açılmadı, büyü mü yaptılar acaba?"

İnsanımız, bu ve benzeri birçok soruyu soruyor ve "büyü"den dert yanıyor. Büyü şikâyetleri gittikçe artıyor.

Telefonla ulaşan iş adamının derdi de aynıydı. Masasının yerini değiştirirken, kenarda bir yumurta bulmuş. Yumurtanın üzerinde birtakım Arapça yazılar varmış.

Bu arada işleri de durgunlaşmış. Müşterisi azalmış. Satışları düşmüş. İyice morali bozulmuş.

"İşlerim ters gittiğine göre," diyor, "demek ki çok önceleri bana bir büyü yapılmış, büyüyü de getirip dükkana bırakıp gitmişler. Şimdi durgunluğun sebebi ortaya çıktı. Böyle bir duruma karşı bize ne tavsiye edersiniz?"

Ben de bazı noktalara dikkatini çekmeye çalıştım.

İnanıyor ve iman ediyoruz ki, kâinatın idaresi ve işleyişi Allah'ın elinde. Her şeyin takdiri Onun dilemesiyle oluyor. Kur'ân'ın bildirdiği gibi, bir yaprak dahi Allah'ın izni olmadan yere düşmez ve kıpırdamaz.

Bir ağacın yaprağı kendi kendine hareket etmez de, insanın başına gelen ve gelecek olan bütün olaylar Allah'ın ilmi ve bilgisi dışında cereyan eder mi? Çünkü O her şeye hükmünü geçirir ve Onun her şeye gücü yeter.

Bunun için insanlar büyü yapabilir, çeşitli yollarla başkalarına zarar verebilir; elinizde, avucunuzda ne varsa hepsine göz dikebilir, sizi bulunduğunuz konumdan ve durumdan düşürebilir ve hatta sizi felâketten felâkete sürükleyebilir, daha ötesi hayatınızı bile ortadan kaldırmaya teşebbüs edebilirler.

Fakat insanların bu düşündüklerini yapma ve gerçekleştirme güçleri ne kadardır? Her istediklerini yapma imkanına ne kadar sahipler?

Eğer böyle bir şey söz konusu olsa, dünyada müspet anlamda hiçbir şeyin yapılmamış olması gerekir.

Oysa durum öyle değil. O kadar engellemelere, o kadar müdahalelere ve o kadar düşmanlıklara rağmen yine de güzel, olumlu ve faydalı işler çoğunlukta.

O kadar krizlere, yolsuzluklara, darlıklara ve sıkıntılara rağmen iş hayatı ve ticari işlemler devam ediyor, başarılar elde ediliyor.

Bunun için inanan insan, öncelikle elinden geleni yapar, aklını, bilgisini ve tecrübesini kullanır, eksiksiz olarak bütün görevini yerine getirir. Ondan sonra yola koyulur, sonuçları bekler ve hiçbir şekilde de işin ucunu bırakmaz.

Âyetin ifadesiyle insana ancak çalıştığının karşılığı vardır ve çalışmasının sonucunu da yakında görecektir. Bir başka âyette de yer aldığı üzere, "Benim başarım Allah'tandır." Dilimizdeki söylenişe göre, "Allah çalışana verir."

Bunun yanında her müspet davranışın karşısına çok engeller çıkar, hayırlı işlerin çok mânileri olur. Bütün bu mânilerin karşısında yılmamak, yıkılmamak, enerjimizi tüketmeden, hızımızı kesmeden devam etmek durumundayız.

Zaten büyünün asıl etkisi ve etkili büyü, insanın moralinin bozulması, heyecanının bitmesi, ümidinin azalması, geleceğini karamsar görmeye başlaması, kendi eliyle kendi önünü tıkamasıdır.

İnsanın sağda solda, evinde işyerinde, cebinde çantasında, yatağında yastığında "büyü" parçaları görmesi, onları ciddiye alarak başına gelen her şeyin bundan bilmesi, bir an için paniğe kapılması zaten onun içini kemirmeye yetiyor da artıyor bile...

Tedbir ve çare olarak yapılacak tek şey vardır. O da "Allah dilemedikçe kimse bana zarar veremez. Rabbim de benim zararıma olan bir şeyi yaratmaz. Şer gibi görünen, zarar gibi görünen şeylerde bile bir çeşit hayırlı sonuçlar vardır" inancını sağlam tutmak gerekir.

Diğer bir önlem de, Kur'ân'ın öğrettiği ve Peygamberimizin (a.s.m.) tavsiye ettiği gibi, zararlı şeylerin ve zarar vermeye çalışanların şerrinden Allah'a sığınmak, Ona yalvarmak, Ona dua etmek, Ona olan yakınlığımızı arttırmak, Onu her yerde hâzır ve nâzır görerek, huzurunda olduğumuzu fark etmektir.

Ondan sonra gönül rahatlığı içinde, "Nârın da hoş, nûrun da hoş" diyebilmek ve Necip Fazıl gibi söylemektir:

"Güzel Allah'ım, Senden ne gelecekse gelsin.
"Sen ki, rahmetinle de, kahrınla da güzelsin."

Muska ve büyü korkusu insanı nereye götürür?

Sihirbaz ve büyücüler ne kadar zararlı şeyler yapsalar da, Allah'ın izni olmadıkça kimseye bir zarar veremezler. Çünkü gerçek tesir, ne sihirde, ne sihirbazda, ne tabiatta, ne ruhta, ne yerde, ne gökte, ne şeytanda, ne de melektedir. Asıl tesir gücü Allah'a aittir. Fayda ve zarar denilen şey de ancak Onun izniyle meydana gelir. O halde, her şeyden önce Allah'a sığınmalıdır.

Muskanın zararı var mı, yoksa biz bunu duyunca, karşılaştığımız her olayı muskaya mı bağlıyoruz?

"Büyü" ve "efsun" dediğimiz, "sebebi gizli ve ince olan bu gizemli işin" asıl adı "sihir"dir. Bu işi meslek edinmiş kişilere de büyücü, efsuncu veya sihirbaz deniyor.

Asıl ismi "nüsha" olan "muska" da menfi yolda kullanıldığı için bir sihir ve büyü âleti olarak kabul edilir.

Sihir ve büyü vardır, haktır, doğrudur, gerçektir ve kabul edilmektedir.

Kur'ân'ın ifadesiyle eski bir medeniyet merkezi olan Bâbil halkından bazı insanlar ilham yoluyla Hârut ve Mârut isimli iki melekten birtakım gizli bilgiler ve hârika şeyler öğrendiler

Bu melekler, insanları uyarıyorlar ve, "Biz ancak sizi denemek için gönderildik. Sakın sihir yapıp da kâfir olmayın" demeden kimseye bir şey öğretmiyorlardı.

Fakat bu uyarılara rağmen insanlar meleklerden aldıkları bu bilgileri sihir yolunda kullanmaya başladılar. Zaman içinde başkalarına da öğreterek sihir ve büyüyü yaygın hale getirdiler.

Nitekim çağımızda icat edilen atom, dinamit, nükleer enerji gibi insanlığın faydasına yönelik bilimsel verilerin daha sonraları savaşlarda kullanılması gibi...

Elmalılı Hamdi Yazır'ın belirttiği üzere, ilimler iyiye kullanılırsa zehirden ilâç yapılır, kötüye kullanıldığı takdirde de ilâçtan zehir elde edilir.

Ancak insanlar herhangi bir yoldan elde etmiş oldukları bilgileri, her ne kadar sihir ve büyü gibi zararlı yollarda kullansalar da Kur'-ân'ın ifadesiyle, **"O sihri yapanlar, Allah'ın izni olmadan hiç kimseye zarar verebilecek durumda değillerdi. Onlar böylece kendilerine fayda veren şeyleri değil de, zarar verecek şeyleri öğrendiler."**[1]

Elmalılı merhum, âyeti tefsir ederken konuya şöyle bir açıklık getirir ve der ki:

"Sihir yaparak karı-kocanın arasını ayıranlar, bu kadar kuvvetli bir sevgi bağını kıranlar bir topluma daha neler yapmazlar ki?

"Sihrin en büyük etkisi ruh üzerindedir. Fikirleri bozar, kalpleri çeler, ahlâkı perişan eder, toplumun altını üstüne getirir.

"Bunun için sihirbazlardan ve büyücülerden uzak durmalı, hiçbir şekilde onlarla bir araya gelmemeli.

"Fakat bunlar ne kadar zararlı şeyler yapsalar da, Allah'ın izni olmadıkça kimseye bir zarar veremezler. Çünkü gerçek tesir, ne sihirde, ne sihirbazda, ne tabiatta, ne ruhta, ne yerde, ne gökte, ne şeytanda, ne de melektedir.

"Asıl tesir gücü Allah'a aittir. Fayda ve zarar denilen şey de ancak Onun izniyle meydana gelir.

"O halde, her şeyden önce Allah'tan korkmalı ve Allah'a sığınmalıdır ve bunlara karşı koymak için de Allah'ın kitabına sarılmalıdır."

Sihir ve büyü yapmak, insanların arasını bozmak ve zarar vermek için muska yazmak zaten İslâma aykırıdır, en büyük günahlardan biri sayılır ve haram olarak kabul edilmiştir.

Bunun için inanan bir insanın herhangi bir problemini çözmek için sihirbaza ve büyücüye gitmesine müsaade edilmemiştir. Kâğıt, muska ve büyü yapması yasaklanmıştır.

Bir yerde muska ve benzeri büyü malzemeleri bulunsa ve görülse dahi, her şeyden önce bir endişeye düşmemeli, bir telaşa ve heyecana kapılmamalı, moralimizi bozmamalı ve ümitsizlik içine girmemelidir. Hele hele, her şeyi ondan bilme gibi bir hataya da düşmemelidir.

---

1 Bakara Sûresi, 102.

Çünkü her olayın dizgini ve idaresi Allah'ın elindedir. Bundan dolayı doğrudan doğruya Allah'a sığınmalı ve Ona yönelmelidir.

Büyücü hocalara (!) gidip de onlardan bir şey beklemek, bir çareden öte çaresizliktir, dermandan ziyade derdine dert katmaktır. Çünkü işin istismarcısı ve tüccarı olan bu kişiler, insanın moralini bozmaktan başka bir şey yapmazlar.

Varsa bir rahatsızlık veya psikiyatrik bir hal, doktora başvurmalı, tedaviyi ihmal etmemeli; elimiz de devamlı duaya açık olmalıdır.

Ve Peygamberimizin (a.s.m.) uyguladığı ve tavsiye ettiği gibi, Felak ve Nâs Sureleriyle birlikte, Âyetü'l-Kürsî gibi duaları manevi bir siper ve koruyucu olarak görmelidir.

Medyuma, fala ve kehanete inanmak doğru mudur?

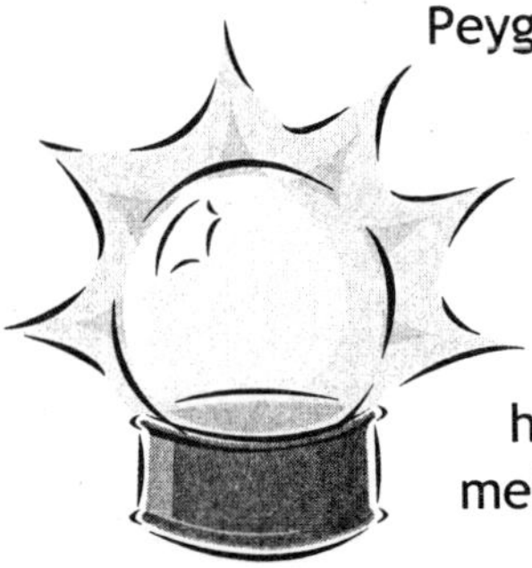

Peygamber Efendimiz (a.s.m.) kâhinlere gitmeyi, onlardan gelecek hakkında bilgi almayı hoş görmemiştir. Hz. Muâviye'nin bir suali üzerine onlara müracaat etmeyi yasaklamış, "Artık kahinlere gitmeyin" buyurmuşlardır. Kur'ân-ı Kerimde de istikbalde olacakları hiçbir kimsenin bilemeyeceği şöyle ifade edilmektedir: "Gaybın anahtarı Allah'ın yanındadır. Onları ancak O bilir."

İslâmdan önce Araplar arasında birçok hurafelerle birlikte kehanet de fazla revaç bulmuştu. Kâhinler ve medyumlar arasında cinlerle irtibat halinde bulunanlar, kendilerine cinler tarafından haberler geldiğini iddia edenler olduğu gibi, bazı işaretlerden ileride meydana gelecek hadiseleri çıkardığını ileri sürenler de vardı.

Ayrıca çalınan malın veya yitik bir eşyanın kim tarafından alındığını ve halen nerede olduğunu bildiğini söyleyenlerle birlikte; gelecekte kimin ne yapacağını, dünyada ne gibi hadiselerin meydana geleceğini bildiklerini zanneden kâhinler de vardı.

Bunların içinde cinlerin getirdiği haberlere dayanarak ahkâm kesen kâhinler bazı hususlarda bir nebze doğru olsalar da genelde gerçekten çok uzaktırlar.

Kur'ân-ı Kerim istikbalde olacakları hiçbir kimsenin bilemeyeceğini şu âyetlerle haber vererek kehâneti reddeder:

"Gaybın anahtarı Allah'ın yanındadır. Onları ancak O bilir."[1]

"Hiçbir kimse yarın ne yapacağını bilemez."[2]

"De ki: Göklerde ve yerde Allah'tan başka kimse gaybı bilemez."[3]

Bütün hurafelerle birlikte her türlü kehaneti yasaklayan Resul-i Ekrem Efendimiz (a.s.m.), kâhinleri dinleyip tasdik etmeyi de yasaklamıştır.

Hz. Âişe'nin rivayetine göre, bazı sahabiler Peygamberimize (a.s.m.) gelerek kâhinler hakkında fikrini sorarlar. Peygamber Efendimiz (a.s.m.) de, **"Kâhinler bir şey değildir"** buyururlar.

İçlerinden bir kısmının tekrar, **"Yâ Resulallah, onlar bazen bir şey söylüyorlar da doğru çıkıyor"** demeleri üzerine Resulullah (a.s.m.) şöyle buyurur:

"Bu söz cinlerindir. Cin bilgiyi kapar da dostunun kulağına tavuğun gıdaklaması gibi gıdaklar. Bu şekilde ona yüz yalandan daha fazlasını karıştırır."[4]

Aynı zamanda şeytanlardan da sayılan sefih cinlerin, çaldıkları haberleri dostu olan insanın gelip kulağına fısıldaması, hadis-i şerifte tavuğun gıdaklaması gibi herkesin anlayabileceği bir benzetme ile ifade edilir.

Cinler, medyumların ve kâhinlerin kulağına haber iletirken orada hazır bulunan diğer şeytanlar da işitmektedirler. Bir dane bulan tavuğun gıdaklayarak diğer arkadaşlarına haber vermesi gibi...

Medyum ve kâhinlere gitmeyi, onlardan gelecek hakkında bilgi sormayı da hoş görmeyen Peygamber Efendimiz (a.s.m.), onlara müracaat etmeyi Muâviye'nin (r.a.) şöyle bir suali üzerine yasaklar.

---

[1] En'âm Sûresi, 59.
[2] Lokman Sûresi, 34.
[3] Neml Sûresi, 65.
[4] Müslim, Selâm: 123.

Bir gün Muâviye (r.a.), "Yâ Resulallah, birtakım şeyleri biz Cahiliye devrinde yapıyorduk. Kâhinlere gidiyorduk" dediğinde, Resul-i Ekrem Efendimiz (a.s.m.), "Artık kâhinlere gitmeyin" buyururlar.[1]

Kâhinin söylediklerini doğrulayan kimsenin küfre gitmek gibi ağır dinî bir sorumluluk altına gireceğini bildiren hadisten[2] hareket eden âlimler, medyumlara ve kâhinlere gitmenin ve onlara inanmanın, kişinin imanına zarar vereceğini söylemektedirler.

Çünkü medyum ve kâhinin söylediğinin çoğu uydurma ve yalan olduğundan, ona inanıp kanan kimse hareket ve geleceğini duyduklarına göre düzenlerse, ya boş ümitlere kapılıp hayal ve düşüncelerini lüzumsuz şeylerle dolduracaktır veya verilen kötü haberler üzerine ümitsizliğe ve karamsarlığa düşecektir. Bu da kişinin mânevî hayatına, hatta aile hayatına zarar verecektir.

İlmin ve teknolojinin zirveye vardığı günümüzde bu çeşit Cahiliye âdetleri değişik usûl ve şekillerde uygulanmakta, insanın merakları istismar edilmektedir.

Günlük gazetelerde çıkan yıldız falı, bu konuda yayınlanan dergi ve kitaplar birer örnek olarak gözümüzün önündedir. Ne yazık ki, pek çok insan bunlara ehemmiyet vererek, ümit ve geleceklerini, uydurulan kehanetlere bağlamaktadır.

Ayrıca, toplumda yaygın olarak bulunan el ayasına, oyun kâğıdına, kahve fincanına ve su dolu tasa bakarak, sözde bilinmezden ve gelecekten haber vermek de kehanetin bir diğer çeşididir.

Bu işi kendisine meslek edinen kişilerin çoğu, toplumumuzda saf ve temiz Müslümanları yanıltan zavallılardır. Görünüşteki itibarlarına rağmen, bayağı insanlar ve toplumun itibarsız kimseleridir. Kendi soğuk hallerini ve yaşayışlarını düzeltemeyen ve gayr-ı meşru hayattan kurtulamayan kimselerin sözlerine ve verdikleri haberlere ne derece güvenilir?

Meâlini verdiğimiz âyet ve hadisler bu nevi fallar için de geçerlidir. Fala bakmak, baktırmak, çıkarılan kehanetlere inanmak mü'minlere yakışmayan bir davranıştır. İtibar edilmemesi gerekir.

---

1 A.g.e., Selâm: 121.

2 İbni Mâce, Taharet: 122.

Uğursuzluğun aslı var mıdır?

Her bölgede halk tarafından farklı ve değişik şeyler uğursuzluk alâmeti sayılmaktadır. Meselâ köpeğin uluması, merkebin anırması, geceleri baykuşun ötmesi gibi... Bunlar aslı astarı olmayan inançlardır. Bir şeyi uğursuz sayarak ondan fayda ve zarar beklemek doğru değildir. Zira her türlü fayda ve zarar ancak Allah'ın takdiriyle meydana gelir.

Saf ve temiz İslâm inancı, fal, medyumluk, kehanet, uğursuzluk gibi her türlü hurafe ve boş âdetlerden uzaktır. Hiçbir faydası olmayan, aksine, Müslümanların sağlam inançlarına zarar veren, kişinin hak ve hakikate olan bağlılığını zedeleyen inançlar hiçbir şekilde hoşgörü ile karşılanmaz, onların yayılmasına göz yumulmaz.

İslâm nuru doğmadan önce bilhassa Araplar arasında o kadar hurafe ve mânâsız inançlar kol gezmekteydi ki, insanlar en ciddi ve hayatî meselelerini bile uydurdukları şeylere göre düzenlerlerdi.

Meselâ Cahiliye devrinde Araplar kuşları ve geyikleri ürkütürler, hayvan sağ tarafa giderse işlerine güçlerine veya yollarına devam ederler; sol tarafa giderse yapacakları şeyden dönerler, uğursuzluk yorumunda bulunurlardı. Böylece, yapacakları birçok işten geri kalırlardı.

İşte böyle şaşkın bir millet içinde çıkan Resul-i Ekrem Efendimiz (a.s.m.), Araplar tarafından "nass" gibi kabul edilen her türlü boş ve mânâsız alışkanlık ve inançlarla mücadele etti, insanları onlardan vazgeçirmeye çalıştı.

Bir hadis-i şerifte **"Hastalığın bir başkasına (Allah'ın takdiri olmaksızın) geçmesi, uğursuzluk, baykuş(un ötmesi), karındaki yılan diye bir şey yoktur"**[1] buyurarak o zamanlar yaygın halde bulunan yanlış inançların asıl ve esaslarının olmadığını bildirdiler.

1 Müslim, Selâm: 102; Buharî, Tıb: 19.

Yine Cahiliye Arapları baykuşun, ölünün ruhundan meydana geldiğine, insanın karnında bir yılanın bulunduğuna ve acıkınca insanı öldürdüğüne inanırlardı. İşte, hadis-i şerifte bunların bir mânâ ve tesirinin bulunmadığı, bir zarar ve menfaatinin de olmadığı belirtilir.

Uğursuzluk görüşü ne ilimle, ne de akıl ve gerçekle bağdaşmaz. Sadece kişinin bazı zaaflarına yenik düşmesinden ve o zaafın arkasından sürüklenerek vehmini doğrulamak için bahane aramasından ibarettir. Çünkü bir şeyi uğursuz saymakta belâyı beklemek vardır.

Meselâ bacasına baykuş konan adam başına bir belâ geleceği zannına kapılır ve onu bekler. Burada İlâhî rahmetten ümidi kesme olduğu gibi, kadere imanın zayıflığı da ortaya çıkar.

Bir şeyi uğursuz sayarak ondan fayda ve zarar beklemek doğru değildir. Zira her türlü fayda ve zarar ancak Allah'ın takdiriyle meydana gelmektedir.

Her memlekette ve her bölgede halk tarafından farklı ve değişik şeyler uğursuzluk alâmeti sayılmaktadır. Meselâ köpeğin ulumasını, merkebin anırmasını, geceleri baykuşun ötmesini uğursuz sayan yerler olduğu gibi, bazı günler temizlik yapmayı, tırnak kesmeyi ve çamaşır yıkamayı uğursuz gören bölgeler de vardır. Bunlar da hadiste zikredilen hususlara benzemektedir. Aslı astarı olmayan inançlardır.

Bu lüzumsuz inançları hoş karşılamayan Peygamberimiz (a.s.m.), "İslâmda teşeüm yoktur, en hayırlısı tefeüldür"[1] buyurarak teşeümün, yani bazı şeyin uğursuzluğuna inanmanın mânâsızlığını ifade ederken, uygun ve müsbet olanı da bildirir.

Ebû Hüreyre'den (r.a.) gelen bir rivayete göre, **"Peygamber (a.s.m.) güzel tefeülden hoşlanır, bir şeyi uğursuz saymaktan hoşlanmazdı."**[2]

"Tefeül" bir şeyi hayra yormak mânâsına gelmektedir. Tefeülün misâlini Peygamberimizde (a.s.m.) görmemiz mümkündür. Nitekim Hudeybiye Sulhunda müşrikler, Müslümanları zor durumda bırakmışlardı. O sırada müşrikler tarafından anlaşma için Süheyl ibni Amr'ın başkanlığında bir heyetin gelmekte olduğu duyulunca, Resul-i Ekrem (a.s.m.) kolaylık ve yumuşaklık ifade eden "Süheyl" adıyla tefeül ederek Ashabına "Artık işimiz kolaylaştı" buyurmuştur.[3]

---

[1] Buharî, Tıb: 43.
[2] İbni Mâce, Tıb: 43.
[3] Tecrid Tercemesi, 12: 93.

Yolculuğa çıkan bir kimsenin, yolda "Salim" diye birisinin çağırıldığını duyduğunda bunu yolculuğunun selâmetle geçeceğine yorması, hasta bir kişinin doktora giderken yolda "Salim" isminin çağrıldığını duyarak bunu hastalıktan kurtulacağına tevil etmesi birer tefeüldür.

Resulullah'ın (a.s.m.) tefeülü sevmesi, sonuç itibarıyla Allah Teâlâdan bir hayır ve fayda ummayı gösterdiği içindir. Çünkü insanın kuvvetli ve zayıf bir sebepten dolayı Allah'tan bir fayda beklemesi hayırdır. Fakat Allah'tan tamamıyla ümidini keserse, bu kendisi için şer olur.

İnsanın bir işin hayır veya şer olup olmadığını, menfaat veya zararını kestiremediği, yapıp yapmamada tereddüt ettiği meselelerde bazı şeyleri uğursuz sayarak ona göre hareket etmek yerine istişarede bulunması, ehil kimselerin görüşünü alması tavsiye edilir.

Ayrıca hadiste geçen istihare namaz ve duâsına başvurabileceği de söylenmiştir. Böylece zor durumlarda istihare ruha ferahlık veren İlâhî bir çaredir.

Kötü haber duyunca kulak çekmenin yeri nedir?

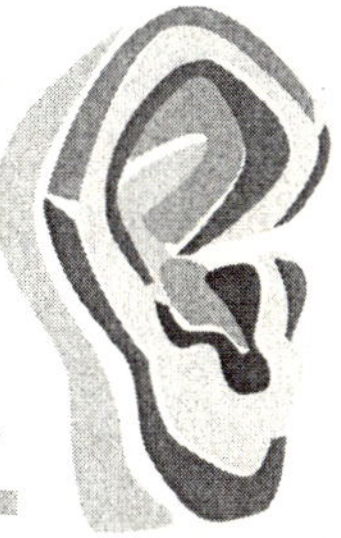

Kötü bir olay olduğu zaman kulak çekip sert bir cisme vurmak ve "Şeytan kulağına kurşun" demek sünnette yeri olmayan bir âdettir. İnsanlar farkında olmadan bu bâtıl âdeti yapmaktadırlar. Bunun yerine hadis ve sünnette tavsiye edilen şeyler vardır.

Halk arasında öteden beri örf ve âdetten kaynaklanan ve uygulanagelen birçok alışkanlıklar vardır. Bunların bir kısmı kaynağını sünnetten aldığı için, farkında olunsun veya olunmasın, uygulanmasında bir sakınca yoktur.

Fakat, hadis ve sünnette yeri olmayan, hattâ aykırı ve ters düşen âdetleri, nereden kaynaklanırsa kaynaklansın ve nereden gelirse gelsin, itibar etmemek, ciddiye almamak lâzımdır. Çünkü, bunların çoğunun sünnette müsbeti ve doğru olanı vardır.

Kötü bir olay olduğu zaman kulak çekip sert bir cisme vurmak ve "Şeytan kulağına kurşun" demek sünnette yeri olmayan bir âdettir. İnsanlar farkında olmadan bu bâtıl âdeti yapmaktadırlar. Bunun yerine hadis ve sünnette tavsiye edilen şeyler vardır. Meselâ bir ölüm hadisesi duyulduğu zaman, "İnnâ lillahi ve innâ ileyhi râciûn" duâsı okunur.

Başına bir musibet gelen görüldüğü zaman o musibetin şerrinden Allah'a sığınmak ve içinden, ona duyurmadan, "Senin başına gelen belâdan beni selâmette kılan ve beni yarattıklarının bir çoğundan üstün tutan Allah'a hamd olsun" demek Peygamberimizin (a.s.m.) tavsiyeleri arasında zikredilir.

Hadisin devamında, "Kim bu duâyı okursa ömür boyu o kimse o belâdan selâmette kalır" buyurulur.

KUŞ BESLEME, AKVARYUM VE HAŞARATTAN KORUNMA

Kuş beslemek ve evde akvaryum bulundurmak doğru mu?

Bazı kimseler kanarya, bülbül, muhabbet kuşu ve papağan gibi kuşları sesleri ve süsleri maksadıyla evlerinde besliyorlar. Burada o hayvanlara bir zulüm söz konusu olmaz. Zaten bu kuşlar kafeste yaşayabilecek yapıdadırlar. Ciddi bir besleme ve bakıma tâbi olduklarından bir zarara uğramış olmuyorlar. Akvaryum için de aynı şeyler geçerlidir.

Çok güzel bir ülkede yaşıyoruz. Gökte süzülen kuştan, denizin derinliklerinde yüzen balıklara; rengi ve kokusu ile gülümseyen güzelim çiçeklerden, rengârenk uçuşan kelebeklere; birbirinden güzel ağaçları bağrında barındırarak semâya uzanan dağlardan, çağıldayan derelere kadar iç içe, yan yana sıralanan güzellikler...

Bu güzelliklerden ve tatlı nimetlerden kuşları Kur'ân-ı Kerim nasıl anlatıyor?

"Gökle yer arasında Allah'ın hükmüne boyun eğerek uçan kuşları görmezler mi? Onları havada tutan Allah'tan başkası değildir. İman eden bir topluluk için şüphesiz bunda deliller vardır."[1]

"Görmedin mi, göklerde ve yerde olanlar ve kanat vuran kuşlar Allah'ı tesbih eder. Onların hepsi ibadetini de bilir, tesbihini de. Allah ise onların işlediklerini hakkıyla bilir."[2]

---

[1] Nahl Sûresi, 79.

[2] Nur Sûresi, 41.

Kur'ân, kuşlardan sadece kuş oldukları için bahsetmiyor. Onları gökyüzünde kimin tuttuğunu, kimin emri altında hareket ettiklerini dikkatimize sunuyor.

Yaptıkları hareketlerin, çıkardıkları seslerin mânâsız ve başıboş olmadığını, her birinin kendine göre bir ibadet ve tesbihinin bulunduğunu anlatıyor. Kısaca, milyarlarca kuştan her biri Allah'ın varlığını ve birliğini ilan eden İlâhî bir mektuptur.

Evet, kuşlar başta Rabbimizi tanımamıza vasıta olan bir nimet. Ötüşleriyle, şakımalarıyla zikirlerini haykıran bir nimet. Rengârenk tüyleri, uçuşları ve duruşlarıyla birbirinden güzel manzaralar sergileyen bin bir nimet...

Özellikle şehir hayatının kendine has tarzı itibariyle bu nimetlerden yeterince istifade edemeyen bazı kimseler kanarya, bülbül, muhabbet kuşu ve papağan gibi kuşları sesleri ve süsleri maksadıyla evlerinde besliyorlar.

Burada o hayvanlara bir zulüm söz konusu olmaz. Zaten bu kuşlar kafeste yaşayabilecek yapıdadırlar. Ciddi bir besleme ve bakıma tâbi olduklarından bir zarara uğramış olmuyorlar.

Nitekim Asr-ı Saadette bu meseleye ışık tutan bir hadise de vardır. Sahabe-i Kiramdan Enes bin Mâlik'in küçük kardeşinin küçük bir kuşu vardı. Bir seferinde Peygamber Efendimiz (a.s.m.) bu çocuğu gördüğünde, "Kuşcağıza ne oldu?" diye sormuştu.[1]

Bu hadiseden de anlıyoruz ki, kuşu hapsetmek caiz olmasaydı, Peygamber Efendimiz (a.s.m.) mutlaka onun serbest bırakılmasını emredip bu fiili yasaklayacaktı.

Fakat burada dikkat edilmesi gereken bir husus vardır. Şöyle ki:

Kuş sevgisi, merakı, hobisi günümüzün büyük bir kısmını almamalı, ibadetimize engel olmamalı, bizi asıl vazifelerimizden alıkoymamalı, işi boş meşguliyete götürmemelidir.

Akvaryum için de aynı şeyler geçerlidir. Birbirinden güzel balıkların yüzüşlerini seyretmek insana birçok mânâları hatırlatacaktır. Balıkların dışında diğer deniz hayvanları da aynı kategoriye tabidir.

---

[1] İbni Mâce, Edeb: 2.

Zararlı haşarattan nasıl kurtulabiliriz?

Mü'min her zaman ve her vakit hep dua halindedir. Namazların sonunda nasıl elimizi kaldırarak dua ediyor, kuraklık zamanında nasıl yağmur duasına çıkıyorsak, sık sık şeytanın ve nefsimizin şerrinden Allah'a sığınıyorsak, böyle zararlı hayvanlara karşı da bazı dualar okumak veya yazarak üzerimizde taşımak sûretiyle onların şerrinden Allah'a sığınırız.

Kaza ve kadere inandığımız için cüz'î irademizi kullanır, muhtemel tehlike ve musibetlere karşı tedbirler alırız, dikkatli hareket ederiz.[1]

Bunlarla birlikte bir de mânevî tedbir vardır. Her ikisi de bir çeşit duadır. Mü'min her zaman ve her vakit hep dua halindedir. Namazların sonunda nasıl elimizi kaldırarak dua ediyor, kuraklık zamanında nasıl yağmur duasına çıkıyorsak, sık sık şeytanın ve nefsimizin şerrinden Allah'a sığınıyorsak, böyle zararlı hayvanlara karşı da bazı dualar okumak veya yazarak üzerimizde taşımak sûretiyle onların şerrinden Allah'a sığınırız.

Bu hususta Peygamberimizden (a.s.m.) rivayet edilen pek çok dua vardır. Bu duaların vakti de zararlı hayvanların yaşadığı yerde bulunmaktır. Bu duaların bir kısmı şunlardır:

Hz. Osman'ın (r.a.) rivayetine göre Peygamber Efendimiz (a.s.m.) şöyle buyurur:

"Sabah ve akşam üç defa şu duayı okuyan kula hiçbir şey zarar vermez: 'Bismillahillezî lâ yedurru maa ismihî şey'ün fi'l-ardi velâ fi's-semâi vehüve's-semîü'l-alîm. (İsmini anmakla ne yerde, ne de gökte hiçbir zarar vermeyen Allah'ın ismi ile korunurum. O her şeyi işitir ve her şeyi bilir.)" [2]

[1] Sözler, (Kader Risalesi), s. 432.

[2] Ebû Dâvud, Edeb: 101.

İbni Abbas'ın nakline göre, zâtın birisi Peygamber Efendimize (a.s.m.) gelerek uğradığı bir felâketten dolayı şikâyette bulundu. Peygamberimiz (a.s.m.) de o zâta şöyle buyurdu:

"Sabahleyin şu duayı okursan sana hiçbir şey zarar vermez: 'Bismillahi alâ nefsî ve ehlî ve mâlî (Kendimi, çoluk çocuğumu ve malımı Allah'ın adıyla korurum.)"

O zât bu duayı okudu ve bütün felâketlerden emin oldu.[1]

Ebû Hüreyre'nin rivayetine göre Peygamberimiz (a.s.m.) şöyle buyurur: **"Kim sabahleyin Mü'min Sûresinin başından üç âyetle âyete'l-kürsî'yi okursa, akşama kadar korunmuş olur. Geceleyin okursa, sabaha kadar korunmuş olur."**[2]

Enes bin Mâlik'in Peygamberimizden (a.s.m.) bir rivayeti de şöyledir: **"Allah'ın, kendisine çoluk çocuk ve mal gibi nimetler veren kimse 'Mâşâallah lâ kuvvete illâ billâh' derse, onlar hakkında ölümden başka bir âfet görmez."**

Buharî'de kaydedildiğine göre, sahabe-i kiramdan bir grup, bir sefer esnasında yılanın sokmasıyla zehirlenen bir kabile reisine uğradılar. Sahabilerden birisi Fâtiha-yı Şerifeyi okuyarak Allah'tan şifa niyazında bulundu ve adam şifa buldu ve hiçbir ağrısı kalmadı.

Haşarattan korunmak için de yine *Buharî*'de İbni Abbas'tan şu rivayete yer verilir:

"Peygamber (a.s.m.) şu duayı Hasan ve Hüseyin'e okur, Allah'a sığınır ve korurdu: **"Eûzü bi-kelimâtillahi't-tâmmeti min külli aynin lâmmetin (Şeytanlardan, zehirli haşarattan ve her türlü kötü gözden sizi Allah'ın kelimeleri ile korurum.)"**[3]

Geceleyin akrep soktuğu için sabaha kadar yatamayan bir sahabisine de Peygamberimiz, "Bu duayı okusaydın sana hiçbir şey zarar vermezdi" buyurmuştur.

Bu duaları her mü'min okuyarak veya yazıp üzerinde taşıyarak tehlikelerin ve zararlı şeylerin şerrinden Allah'a iltica ve niyazda bulunur. Bazen bu duaları bir yiyecek ve içecek üzerine okuyarak içmekle de Allah'tan şifa istenir.

Allah göstermesin, başımıza böyle bir hal gelince de, hemen tıbbî tedavi yollarına başvurur, tehlikenin geçmesine çalışırız.

---

1 Nevevî, el-Ezkâr, s. 78.

2 A.g.e., s. 79.

3 A.g.e., s. 116.

DOĞUM GÜNÜ KUTLAMAK VE MÜZİĞİN HÜKMÜ

Doğum günü, evlilik yıldönümü, anneler günü, yılbaşı gibi kutlamalar yapmak doğru mu?

Bu gibi âdetleri hayra dönüştürme, yönlendirme durumu vardır. Hemen her fırsatta, imkânımız dahilinde anne-babamıza gereken ilgiyi gösterir; bunun yanında "anneler, babalar günü" geldiğinde de o vesileyle gönüllerini hoş edersek, bu güzel bir şey olur. Huzurlu bir aile yuvasını yıldönümünde de güzel bir hâtıra ile yâd ederse, neden güzel bir hareket olmasın? Yılbaşı için de aynı şeyi söylemek mümkündür.

Eski insanların düz mü, yuvarlak mı diye tartışıp durdukları dünya gün geçtikçe iyice küçülüyor. Bu küçülüş, şüphesiz hacmi ve cesâmeti bakımından değildir. Çeşitli ulaşım ve haberleşme vâsıtaları yardımıyla bu gerçeği hepimiz fark ediyoruz. 10-15 saatte dünyanın en uzak bir ucuna gidebilme, haberleşme uyduları kanalıyla bütün ülkelerde olup bitenleri televizyonda seyretme imkânına sahibiz.

Bu gelişme ve ilerleyişin iyi tarafları olduğu gibi, kötü ve zararlı yönleri de vardır. Çünkü, olayları kendi arzularımıza göre yönlendirmemiz, istediğimiz şekle kanalize etmemiz mümkün değildir. Bunun için iyisi de, kötüsü de kapımızı çalmakta, hayatımıza girmek için izin istemektedir. Her "yeniliğe" gümrüksüz olarak geçiş izni verirsek, beraberinde getirdiği her şeyi peşinen kabullenmiş oluyoruz, demektir.

Bu cümleden olarak başta Avrupa ve Amerika olmak üzere yabancı kaynaklı âdet, yaşayış tarzları, görgü kuralları, gazete, dergi, kitap, radyo, televizyon, internet gibi basın ve yayın organlarıyla sosyal hayatımıza karışmakta, günlük yaşantımıza girmektedir. Bunların birkaçı şunlardır:

Doğum günü, evlilik yıldönümü, anneler günü, yılbaşı...

Bu "ithal malı" âdetler bizim ne daha önceki millî âdetlerimizde vardı, ne de sünnette ve İslâmî geleneklerimizde...

Zaten bu alışkanlıkların çoğunun "anayurtlarından" çıkışları bile bir asrı bulmuş değildir. Dinî tâbiriyle "bid'at" sayılan bu âdetlerin bize gelişi çok eski bir tarihe dayanmıyor. Olsa olsa Cumhuriyetten bu yana bir geçmişi vardır.

Fakat öyle hızlı bir şekilde yaşanan hayatta yer tutmaya başlıyor ki, Müslüman aileler bile kendilerini kaptırıveriyorlar. O tören veya kutlama yapılmazsa, bir eksiklik olacağı kanaatini taşıyorlar.

Gerçek İslâmî şuura ermemiş olan günümüz Müslümanının acı halini Peygamberimizle sahabi arasında geçen şu konuşma nasıl anlatıyor?

Resulullah (a.s.m.) buyuruyor:

"Şüphesiz ki, sizler, sizden önceki milletlerin kötü âdetlerine karışı karışına, arşını arşınına öylesine uyacaksınız ki, onlar bir kertenkele deliğine girseler, siz de peşlerinden gireceksiniz."

Sahabiler sordular: **"Ya Resulallah, sözünü ettiğiniz bu milletler Yahudi ve Hıristiyanlar mıdır?"**

Resul-i Ekrem (a.s.m.): **"Onlardan başka kim olacak?"** diye cevap verdi.[1]

Evet, kabul edelim veya etmeyelim; bu âdetleri kendi evimize sokmasak bile, yakınlarımızda ve çevremizde görüyoruz. Bazen kendimizi böyle bir kutlamanın içinde bulduğumuz bile oluyor. Öyleyse bir âdet olarak bu yenilikler karşısında nasıl bir tavır takınmalıyız?

Bir kere bu çeşit meselelerde niyet başta gelir. Neyi düşünerek, aklından hangi maksadı geçirerek yapıyorsa, kişi ona göre karşılık görür.

Meselâ, ihmal ederek yıl boyu görüp gözetmediği, arayıp sormadığı annesini sadece "anneler günü" geldi diye, bir hediye alarak ya-

---

1 Müslim, İlim: 6.

nına varır, halini-hatırını sorarsa; bu ziyâreti dinin kendisinden istediği bir yükümlülük olarak değil de, sadece Batıdan gelen bir âdet şeklinde yaptığı için ne sevâbını alır, ne de mükâfatını görür. İşte, İslâmın benimsemediği bid'at budur.

Hadis-i şerifte bu çeşit meselelere ölçü olacak ifade de şöyledir:

"Kim dinimizde olmayan bir yenilik çıkarırsa o reddolunmuştur."[1]

Yine, aylarca veya senenin birçok günlerinde hanımına güler yüz göstermez, evde huzuru sağlamaz da, sadece "evlilik yıldönümü"nde bir-iki ufak hediye, birkaç gün süren bir güler yüz gösterirse; işte bu da hoş karşılanmayan bir harekettir.

Yılbaşı geldiği zaman da, Hıristiyan dünyası yapıyor diye onlara uyarak çam diker, hindi keser, eğlenceler düzenlerse, şüphesiz, bu da meşru olan bir davranış sayılmaz.

Bütün bunlarda kişi iyi niyet taşımadığı için şu hadis-i şerife muhatap olur:

"Kim bir kavme benzemeye çalışırsa onlardan sayılır."[2] Yâni onları taklit ettiği için sorumlu olur, günaha girer.

Ancak bu âdetleri hayra dönüştürme, yönlendirme durumu da vardır.

Hemen her fırsatta, imkânımız dahilinde anne-babamıza gereken ilgiyi gösterir; bunun yanında "anneler, babalar günü" geldiğinde de o vesileyle gönüllerini hoş edersek, bu güzel bir şey olur.

Huzurlu bir aile yuvasını kurmanın mutluluğunu yaşar, yıldönümünde de güzel bir hâtıra ile yâd ederse, neden güzel bir hareket olmasın? Yılbaşı için de aynı şeyi söylemek mümkündür.

Bir mü'min için yılbaşı, ömür binasından bir taşın daha düştüğünün işâretidir. Âhiret yurduna biraz daha yaklaştığımızın işaretidir. Bu şuur ve uyanıklık içinde her zaman yapmayı bir alışkanlık haline getirdiğimiz gibi, yılbaşında da aynı muhasebeyi yapsak hiç de zararlı bir şey olmaz.

Doğum günü için de aynı husus geçerlidir. Bu, çocuğumuzun bir yaşını daha tamamlayıp büyüdüğünün alâmetidir. Bu vesile ile, bayram günlerinde olduğu gibi, imkânımız kadarıyla bugünde de bir hediye ile yavrumuzu sevindirirsek güzel bir davranış olur.

---

1 Buharî, Sulh: 5.

2 Ebû Davud, Libas: 4.

Bu arada–nasihat dinler yaşa gelmişse– hayatta kendisine lâzım olacak tecrübe ve bilgileri de aktarma fırsatı bulursak nurun alâ nur olur. **Masraflı kutlamalar düzenler, pasta hazırlayıp yaşına göre mum dikip yakarsak bu sünnete aykırı olur.**

Müslümanlar olarak övünç kaynağımız Peygamberimizin (a.s.m.) doğum yıldönümünü mevlidler, hatimler, dualar ve salâvatlarla kutlamıyor muyuz? Yâni, diğer bir ifâde ile Batı kaynaklı bu âdetleri Müslümanlaştırırsak hem kendimiz istifade ederiz, hem de başkalarına örnek oluruz.

Şarkı, türkü ve ilâhi dinlemenin ölçüsü nedir?

İslâma göre bazı sesler helâl, bazı sesler ise haramdır. Yüce ve dinî hüzünleri, İlâhî aşkları, sevgileri hatırlatan sesler helâldir. Şikâyet dolu, acı ve ıstırabı arttıran hüzünleri, kişiyi günaha sürüklemeye vesile olan şehevî ve cinsel duyguları tahrik eden sesler haramdır. Dinin açıkça belirtmediği sesler ise ruh ve vicdana yaptığı tesire göre hüküm alır.

Musikîde iki ses kullanılır: insan sesi ve âlet sesi. Bir eser icra edilirken ya tek başına insan sesi veya müzik âletleri kullanılır; çok kere de her ikisinden birden istifade edilir. Her üç halde de insanın hoşuna giden, onun zevk duyduğu ve tesirinde kaldığı ölçülü, belli bir makamda ses çıkarılır.

Bu sesler mahiyetine, konusuna ve tesirine göre değerlendirilir. Ya insanın ruhuna tesir eder, onda ulvî, dinî, hamâsî hislerin canlanmasına sebep olur; ya da dinlediği bir musikî parçası, nefsine ve süflî hislere hitap ederek yüce hislerin körelmesine sebebiyet verir.

Meşru olan, dinlenilmesinde bir sakınca olmayan ses, insana ulvî hüzünleri, yani dünyanın fâniliğini, ölümün her an gelebileceğini, insanın bir gün gelip toprak olacağını, Allah korkusunu hatırlat-

malı veya İlâhî aşkı, Allah sevgisini, dünya üzerinde Cenâb-ı Hakkın güzel sanat eserlerindeki yüce isimlerinin ve sıfatlarının tecellîlerini hatıra getirmeli. Bu hisleri harekete geçiren her türlü sesi dinlemek helâl ve caizdir.

Fakat yetimane hüzünleri; yani insana ümitsizlik veren, sevdiği kimselerden ve nimetlerden ayrılmanın ıstırabını hatırlatan, insanı kötümserliğe, karamsarlığa iten; insanın şehevanî hislerine hitap eden, dinlediği zaman nefsin hoşuna giden sesler dinlemek ise caiz değildir.

Bu iki sınıfa girmeyen birtakım sesler de vardır ki, insandan insana değişir. Meselâ aynı musikî parçasını dinleyen iki kişiden birisi nefsânî bir his duyarken, diğeri ondan daha ulvî bir mânâ çıkarmaktadır. Meselâ,

"İncecikten bir kar yağar,
Tozar elif elif diye
Deli gönül abdal olmuş,
Gezer elif elif diye"

parçasını bir musikî eşliğinde dinleyen iki kişiden birisi "elif"ten Allah'ı hatırlayıp, İlâhî aşkı düşünürken; öbürü zahirî mânâsına bakarak "elif"ten bir kadını hatırlar, mecâzî bir aşkı düşünür.

Bir başka misâl: Yunus'un,

"Aşkın aldı benden beni
Bana Seni gerek Seni
Ben yanarım dünü gün
Bana Seni gerek Seni

Aşkın şarâbından içem
Mecnûn olup dağa düşem
Sensin dünü gün endîşem
Bana Seni gerek Seni"

şiiri bugün hem ilâhî olarak, hem de türkü formatında söyleniyor. Şimdi biri burada geçen "aşk"tan İlâhî aşkı düşünürken, diğeri zâhirî mânâsına bakarak mecâzî bir aşkı hatırlar.

İmam Gazalî Hazretleri ise musikîyi, haram, mekruh ve mubah olmak üzere üç ana başlık altında inceleyerek şöyle der:

1. Dünya arzusu ve şehvet hisleri ile dolup taşan kimseler için yalnızca bu duyguları tahrik eden sesler haramdır.

2. Vakitlerinin çoğunu buna veren, meşguliyeti âdet haline getiren kimse için mekruhtur.

3. Allah sevgisi ile dolup taşan, duyduğu güzel ses kendisinde yalnızca güzel sıfatları tahrik eden kimse için müstehaptır.

İmam Gazalî daha sonra, musikîyi haram kılan şeyin kendisi değil, sonradan ârız olan bazı sebepler olduğunu ifade eder, bunu da şöyle tasnif eder:

1. Şarkı söyleyen kadın olur, dinleyen de kadın sesinin şehvetini tahrik edeceğinden korkarsa dinlemek haramdır. Burada haram hükmü müzikten değil, kadının sesinden gelmektedir.

2. Şarkı ve türkünün güftesi bozuk, İslâm inancına ve ahlâkına aykırı ise, bunu müzikli veya müziksiz söylemek ve dinlemek haramdır.

3. Gençliği icabı şehevî duyguların mahkûmu olan kimse aşırı derecede müziğe düşer, vaktinin çoğunu bu yolda geçirirse sefih olur.[1]

Semâ dönmek ve ney çalmak caiz midir?

"Raks bir sevinme ve sevinçten doğar. Raksın hükmü ise onu tahrik eden sebebe göre hüküm alır. Eğer raks eden adamı şevke getiren meşru ve ulvî bir duygu ise, onun raksı o sevgiyi arttırdığı için güzeldir. Şayet mubah ise raksı da mubahtır. Eğer meşru olmayan, harama vasıta olan bir şeye sevinmişse raksı meşru değildir." Burada "raks"tan murad "semâ"dır.

Semâ kelime olarak "işitmek ve dinlemek" mânâlarına gelir. Güzel sesle ve musikî eşliğinde coşmak mânâsında da kullanılır.

Tasavvufta semâ bir vasıtadır. Semâdan gaye ise, ondan meşru olarak faydalanmak ve bu vesile ile insanlara Hakkın kelâmını dinletmektir.[2]

---

[1] İhyâ, 2:279-81.

[2] Tasavvuf ve Tarikatler, s. 64.

İslâm mutasavvıfları ve İmam Gazalî gibi büyük zâtlar semâı Peygamberimizin (a.s.m.) mübarek sözlerinden şevke gelip dönen sahabilere kadar dayandırmaktadırlar. Şöyle ki:

Hz. Hamza şehit olunca küçük kızı yetim olarak kalmıştı. Sahabîlerden Hz. Ali, Hz. Cafer ve Zeyd bin Sâbit'ten her üçü de bu yetimi himayeleri altına alıp bakmayı arzu ediyorlardı.

Hepsini de dinleyen Peygamberimiz (a.s.m.), Hz. Ali'ye, "Yâ Ali, sen bendensin, ben de sendenim" buyurdu. Bunun üzerine Hz. Ali sevincinden dönmeye başladı.

Hz. Cafer'e de "Senin simân ve sîretin (ahlâkın) bana benziyor" buyurdu. Bu güzel sözü duyan Hz. Cafer şevkinden dönmeye başladı.

Hz. Zeyd için de, "Sen bizim kardeşimiz ve âzad edilmiş kölemizsin" buyurunca Hz. Zeyd de heyecanından dönmeye başladı. Daha sonra Peygamberimiz (a.s.m.), "Teyze anne yerindedir" buyurarak, kızı Hz. Cafer'e verdi. Hz. Cafer'in hanımı yetim kızın teyzesi idi.[1]

Diğer mutasavvıflar gibi, İmam Gazalî de hadisin metninde geçen "hacel" kelimesini "semâ ve raks" mânâsına alarak bu hususta şöyle demektedir:

"Raks bir sevinme ve sevinçten doğar. Raksın hükmü ise onu tahrik eden sebebe göre hüküm alır. Eğer raks eden adamı şevke getiren meşru ve ulvî bir duygu ise, onun raksı o sevgiyi arttırdığı için güzeldir. Şayet mubah ise raksı da mubahtır. Eğer meşru olmayan, harama vasıta olan bir şeye sevinmişse raksı meşru değildir."[2] Burada "raks"tan murad "semâ"dır.

Başta Zunnûn el-Mısrî, Cüneyd-i Bağdadî ve Şiblî olmak üzere, meşhur evliya ve İslâm mutasavvıfları Allah'ı ve âhireti hatırlatan bir söz duydukları zaman vecde gelip raks etmişlerdir. Semâ yapmışlar ve semâı öven sözler söylemişlerdir.

"Semâ zamana, mekâna ve ihvana göre değişir" diyen Cüneyd-i Bağdadî Hazretleri semâ edenleri üç gruba ayırır: avam, zahid ve ârifler. Semâı ârif ve zahidler için iyi görürken, avam için hoş görmez.

Zunnûn el-Mısrî ise, semâın İlâhî neşveden nasibi olmayan avam için caiz olmadığını söylemekte, riyazet ve mücahedenin meydana gelmesi için zahidlerin yaptıkları semâı mubah görmektedir.

---

1 Müsned, 1:108.

2 İhyâ, 2:300.

Her iki mutasavvıfın da avam için semâı iyi görmemelerinin sebebi, onların semâı gerçek maksadı olan İlâhî vecd ve şevk karşısında yapmamış olmalarıdır.

İmam Şâfiî ise semâın sadece avam için mekruh olduğunu beyan eder. Ayrıca İmam Gazalî *Kut'u'l-Kulûb* isimli eserinde sahabilerden bazılarının semâ yaptıklarını söyler. Bunlar arasında Abdullah bin Zübeyr'i, Mugîre bin Şûbe'yi ve Hz. Muaviye'yi zikreder.

Mevlâna Celâleddin Rumî ise semâın hak âşıklarının gıdası olduğunu, onda Canan ile (hakikî dost ile) buluşup kavuşmanın lâtif bir hayali bulunduğunu söyler. Ve semâın manevî hal sahibi olanların gönülleri için bir döşek olduğunu belirtir.[1]

Semâın caizliği üzerinde âlimler arasında değişik görüşler varsa da, İlâhî aşk, vecd ve cezbeden dolayı semâ yapmanın mubah olduğu hususunda yaygın bir kanaat mevcuttur.

Mevlâna'nın semâ yapıp yapmadığına gelince: Mevlâna'nın zamanına yakın asırlarda yazılan bazı kaynaklar semâ yapmadığını zikrederse de, kaynakların ekserîsi Mevlâna'nın Şems-i Tebrizî ile buluşmasından sonra onun teşvikiyle semâa başladığını naklederler.

Bir gün Şems ona, **"Semâ buyurunuz. Talep ve arzu ettiğiniz şeyi semâda bulursunuz. Semâın halka haram olması, hevâ-i nefsi ile meşgul olmasından dolayıdır"** der.

Mevlâna bu konuşmadan sonra semâa başlamış ve hayatının sonuna kadar da semâ yapmıştır. Hattâ öyle ki, hoşuna giden mânâlı bir söz duyduğunda, Meram Mescidinde, Ilıca'da, Konya meydanında semâ yapmıştır. **O, semâ esnasında Mevlâ'nın azamet ve kudretini, İlâhî sanatlar üzerindeki tecellîleri gördüğünü söyler. Bu semâ esnasında sorulan suallere manzum olarak cevap verdiği söylenmektedir.**

Eflâkî'nin *Menâkıbü'l-Ârifin* isimli eserinde ise ayrıca Mevlâna semâ yaparken defçilerin def çaldıkları, neyzenlerin ney üfledikleri de belirtilir. Mevlâna Hazretleri *Mesnevî*'sine "Dinle neyden çün hikâyet etmede, ayrılıklardan şikâyet etmede" diyerek başlamış ve ney'in çevreye aşk ateşleri saçtığını ifade etmiştir.

Mesnevî şârihleri ney'den maksadın "insan-ı kâmil" olduğunu söylerlerse de, bazı şârihler de ney'i hakikî mânâda kullanmışlardır.

1 Mesnevî-i Şerif Manzum Nahîfî Tercümesi, 1:2.

Mevlâna, bir şiirinde "Âteşes în bânk-ı nây ve nîst bâd. Her ki în âteş nedâret nîst bâd" yani, "Ney'in çıkardığı sesler aşkın ateşleridir. İçine üfürülen maddî bir soluk değildir. Bir kimsede bu (İlâhî aşk ve muhabbet) ateşi olmazsa, o yok olsun daha iyi" der.

Buna göre, Mevlâna semâ yapmış, ney dinlemiş, fakat ney çalmamıştır.

Her sene Aralık ayında Konya'da tekrarlanan Mevlâna ihtifalleri ise, Mevlâna'nın fikir ve görüşlerini etrafa yaymak, onun adına kurulan tarikatı dünyaya ilân etmek üzere yapılmaktadır. Bilindiği gibi, Mevlevî tarikatını oğlu Sultan Veled kurmuştur. Sultan Veled de babasının arzu ettiği şekilde yaşamış bir evlâttır.

Arzumuz, Mevlevîliğin sadece isim ve resimden ibaret kalmaması, asırlar önce kurulan bir tarikatın aslına ve ruhuna uygun bir şekilde devam ettirilmesidir.

ESTETİK AMELİYAT, DÖVME VE ORGAN NAKLİ

Estetik ameliyat yaptırmak caiz midir?

"Bugün estetik veya güzelleştirme ameliyatı" olarak bilinen operasyonlarla vücut üzerinde yapılan değiştirmeler daha çok burun, çene, göğüs ve yüzü hedef alır. Bu, ruh ve ahlâk güzelliğinden ziyade, şekil ve görünüşe önem veren maddeci anlayışın teşvik ettiği bir musibettir. İnsan kendisinde mevcut olan güzellik ve özelliklerle yetinmeli, yaratılışı değiştirecek şekilde daha da "cazipleştirme" düşüncesiyle vücudunu sun'î bir biçime sokmaya yeltenmemelidir.

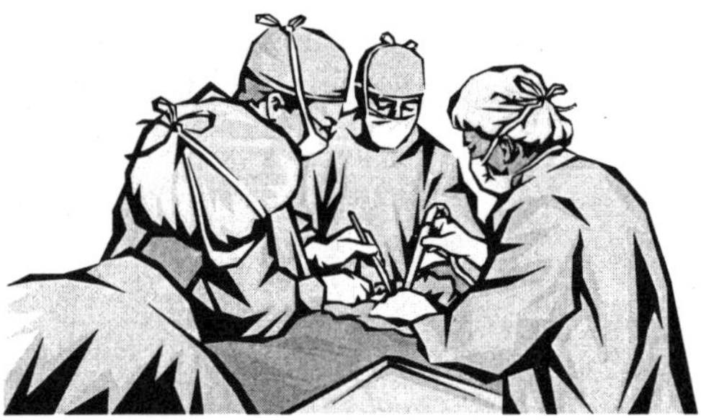

Meseleye dinî açıdan bakıldığında üç husus karşımıza çıkar:

Birincisi: Bu işlem şeytânî bir vesveseden kaynaklanır. Nitekim Şeytan Hz. Âdem'e secde etmeyip Allah'ın rahmetinden uzaklaştırılınca şöyle demeye başladı:

"Onlara muhakkak emredeceğim de Allah'ın yarattıklarını değiştirecekler... Kim Allah'ı bırakarak Şeytanı dost edinirse, şüphesiz, açıktan açığa büyük bir ziyana düşmüş demektir."[1]

İslâmdan önceki Araplar şeytanın bu vesvesesine kulak vererek, ciltlerini maviye boyarlar, putları adına çocuklarının başında bir miktar saç bırakırlardı.

Peygamber Efendimiz (a.s.m.) de birtakım işlemlerde vücutta değişikliklere yönelik hareketleri tasvip etmemiştir. *Buharî* ve *Müslim*'de

1 Nisâ Sûresi, 119.

rivayet edilen hadislerde, güzellik için vücuda dövme yapanın, yaptıranın, dişlerini yontarak inceltip seyrekleştirenlerin, kaşlarının kıllarını yolarak inceltenlerin, peruk takanların, Allah'ın yarattığını değiştirenlerin İlâhî rahmetten uzak oldukları haber verir.[1]

Gerek bu işlemleri yapan ve yaptıranlar, gerekse bugünkü şekliyle yüz ve diğer organlarda estetik ameliyata başvuranlar, Allah tarafından kendilerine verilen şekil ve güzelliği kabul etmiyor, kadere itiraz ediyor ve İlâhî sanatı beğenmiyorlar.

İşte hiçbir mazeret ve ciddi, sıhhî bir sebep yokken, sırf güzellik düşüncesiyle estetik ameliyatı yaptırmak meşru görülmüyor.

Meşru görülmemesine sebep olan ikinci husus: Bedene eziyet verip, azap ve ıstıraba sokmasıdır. Eskiden olduğu gibi dövme yaptıranlar, dişlerini inceltip seyrekleştirenler; şimdilerde de estetik ameliyat yaptıranlar vücutlarını eziyet ve tehlikeye sokmakta, Allah tarafından kendilerine emanet olarak verilen bedene eziyet etmektedir.

Ameliyatta bıçağın altına yatan, narkoz verilerek uyuşturulan insan büyük ölçüde tehlikeyle yüz yüze gelmektedir. Halbuki Cenâb-ı Hak "Kendi elinizle kendinizi tehlikeye atmayın"[2] buyurarak bu çeşit işleri yasaklıyor.

Üçüncü husus: Bu ameliyatın çok pahalıya yapılmış olmasından dolayı büyük bir israfa yol açmasıdır. Üstelik bu israf, bir hakikat ve öz için değil, görünüş ve şekil için yapılıyor. Bugün birçok insan kronik hastalıklardan kurtulmak için para temin edip ameliyat olamazken, sırf vücudu güzelleştirmek için estetik ameliyat olanlar çok büyük rakamlarla para harcıyorlar. İsraf ise bilindiği gibi, haramdır.

Ancak meşru ve mâkul bir mazeret varsa mesele farklılık arz eder. Meselâ doğuma dayalı olarak "tavşan dudak" denilen yarık dudaklı doğanlar veya benzeri bedenî bir kusuru olanlar istisna grubuna giriyor.

Yangın, trafik kazası veya benzeri bir kaza sonunda bedeninde bir kusur olanlar da aynı şekilde değerlendiriliyor. Yani böyle bir kusuru olan kimse, toplum içinde psikolojik bir sıkıntı çekiyor, aşağılık duygusuna kapılıyor, şahsiyeti rencide oluyor; bu hali kendisini hakir ve çirkin gösteriyorsa; böyle bir ârızanın giderilmesi bir çeşit tedavi ma-

---

[1] Müslim, Libas: 119-120; Buhârî, Libas: 82, 85.

[2] Bakara Sûresi, 195.

hiyetini taşır.[1] Dolayısıyla bu ameliyatta bir sakınca yoktur. Çünkü Allah dinde bizim için bir zorluk kılmamıştır.

Yukarıda mealini verdiğimiz hadisteki "güzellik için" kaydı meseleye açıklık getiriyor. Yani estetik ameliyat ve vücuttaki değişiklikler önemli bir kusur ve arızayı gidermek niyeti ile değil de, güzelleşme kastıyla yapılırsa haram olur; bir zararı ve çirkinliği gidermek niyetiyle normal hale getirmek için yapılırsa caiz olur.

Vücuda dövme yaptırmak doğru mudur?

İslâm dövme yaptırmayı yasaklamış, haram saymıştır. Çünkü bunda Cenâb-ı Hakkın yarattığı vücut üzerinde bir değişiklik yapılmış olmaktadır. Peygamber Efendimiz (a.s.m.) de bunları yaptıranın İlâhî rahmete liyakatini kaybettiklerini bildirmiştir.

Cahiliye devrinden beri Araplar vücutlarının çeşitli yerlerine dövme yapagelmişlerdir. Bugün bu âdet özellikle Doğu vilayetlerimizde yer yer sürdürülüyor. Avrupa ve Amerika'da bazı gençler bunu bir "süs" şeklinde yaparken, yurdumuzda da birtakım havâî gençler onları taklit ediyorlar.

Cahiliye Arapları dövmeyi süslenmek için yaparlarken; dövme ile bedenlerine çeşitli şekil ve sûretler yaparak bununla mafsallarının güç kazandığına inanırlardı. Bugün ise bu tamamen bir özentiden öteye geçmiyor.

Dövme, bilinen şekliyle şöyle yapılıyor: Vücut, iğne ve benzeri âletlerle kan akacak şekilde yaralanıyor. Sonra aynı yere iç yağı ve bazı maddeler konarak yara iyileşmeye terk ediliyor. Sonunda deri altında koyu yeşil bir şekil meydana geliyor.

Âlûsî, *Kitabü'l-İrb* isimli eserinde dövmeyi bâtıl ve çirkin bir âdet olarak vasıflandırıyor. Zaten İslâm da bunun için yasaklamış, haram saymıştır. Çünkü bunda Cenâb-ı Hakkın yarattığı vücut üzerinde bir değişiklik yapılmış olmaktadır.

1 Umdetü'l-Karî, 22: 63; el-Kardâvî, İslâmda Helâl ve Haram, s. 103.

Buharî **ve** ***Müslim*'de rivayet edilen hadislerde de Peygamber Efendimiz (a.s.m.) dövme yapmayı ve yaptırmayı yasaklamış, bunları yaptıranın İlâhî rahmete liyakatini kaybettiklerini bildirmiştir.**

Bilmeden dövmeyi yaptıran insan nasıl hareket edecektir? Bundaki hüküm dövmeyi yaparken kullanılan maddeye göre değişir. Şayet bu maddeler dinen necis sayılanların arasında bulunuyorsa, dövme de o hükme girer. Şayet temizse, o da temizdir.

Bunda yapılacak şey, şayet ufak bir müdahale veya ameliyatla hallediliyorsa giderilmeye çalışılır. Şayet giderilemiyor, buna da imkân yoksa hali üzerine bırakılır. Çünkü Cenâb-ı Hak kuluna kaldıramayacağı yükü yüklemez, onun üstesinden gelemeyeceği, yapamayacağı şeyleri istemez.

Abdeste ve gusle mâni olup olmadığına gelince; bir defa dövme derinin altındadır. Yani dış derinin altında yer alıyor. Abdest ve gusülde ise derinin altını değil, üstünü yıkamak farzdır. Dövme de derinin altında kaldığına göre, onun bedenin herhangi bir yerinde bulunması abdeste ve gusle mâni olmaz. Üzerinin yıkanmasıyla abdest ve gusül sahih olur.

Bilmeden böyle bir günahı işlemiş olan kimse de Allah'tan mağfiret diler, tevbe istiğfar eder.

Kadının epilasyon yapması, peruk kullanması ve saçını kesmesi caiz mi?

Fıkıh âlimleri yüzünde sakal ve bıyık biten kadının onları gidermesinin caiz olacağını; ancak kaşları inceltmenin, doğal şeklinden çıkarmanın, kirpikleri düzeltmenin veya takma kirpik kullanmanın câiz olmadığını belirtirler. Aynı şekilde peruk takmak da sünnette yasaklanan şeyler arasında bulunmaktadır.

Cenâb-ı Hak her insanı ayrı bir güzellikte yaratmıştır. Birlik mührünün açıkça okunduğu insan simasındaki güzellik, yaratıldığı gibi ve doğal olanıdır. Bunu korumak, sahip olduğu özellik ve güzelliklere şükredip Allah'ın uygun görüp ihsan ettiği kadarına râzı olmak, kulluğun bir derecesi ve işaretidir.

Bunun için hayatî ve zorunlu bir gerekçe yoksa, vücutta bulunan mevcut durumu değiştirmeye gitmemek lâzımdır. Çünkü böyle rastgele yapılan bir tasarruf insanı ağır bir sorumluluk altına sokabilir.

Fıkıh âlimleri yüzünde sakal ve bıyık biten kadının onları gidermesinin caiz olacağını; ancak kaşları inceltmenin, doğal şeklinden çıkarmanın, kirpikleri düzeltmenin veya takma kirpik kullanmanın câiz olmadığını belirtirler. Çünkü diş, kaş ve kirpik müstakil birer organ sayılıyor.

Aslında olmayıp sonradan biten yüzdeki kıllar ise bu sınıra girmediğinden, kadının bunları gidermesinde bir sakınca görülmüyor. Aynı şekilde kadının bacağındaki kılları gidermesinde de bir sakınca yoktur. Çünkü bu kaş gibi bir uzuv mesabesinde değildir.

Aynı şekilde insan saçından yapılmış olan peruk takmak da sünnette yasaklanan şeyler arasında bulunmuyor. Ancak kadınların hayvan tüy ve kılından, bitkiden ve sun'î malzemelerden bir şey eklemelerinin, bunlardan yapılmış peruğu kullanmanan câiz olabileceği kaynaklarda belirtilir.[1]

Fakat, kadının başına taktığı bu çeşit şeyleri ancak kocası ve kendisine nikâhı düşmeyen yakın erkek akrabaları yanında takabilir. Onun dışında yabancıların içinde hangi maddeden yapılmış olursa olsun peruk kullanması câiz olmaz.

Kadının saçını kesip kesmeyeceği hususunda da, yapılan işin ve taşınan niyetin mahiyetine göre hüküm farklılık arz eder.

Saç kadının doğal süsüdür. Kadını erkekten ayıran önemli bir unsurdur. Bu itibarla kadın saçıyla bir bütünlük meydana getirir. Bundan dolayı saçını mazeretsiz olarak kesip kısaltan kadın erkeğe benzemiş olur.

Nitekim, gerek kılık kıyafeti, gerekse tavır, hareket ve yaşayışıyla erkeğe benzeyen kadınları veya kadına benzemek için özenen erkekleri Peygamber Efendimiz (a.s.m.) iyi karşılamamış, bir hadislerinde şöyle buyurmuşlardır:

---

1 el-Fetava'l-Hindiyye, 5:358.

"Allah, kadınlardan erkeğe benzemeye özenenleri ve erkeklerden de kadınlara benzemeye çalışanları rahmetinden uzak kılsın."[1]

Ancak bir özürden veya hastalıktan dolayı saçını kesen ve kısaltanın durumu elbette ki değişiktir. Bakımında, kurutmasında zorluk çeker, niyetinde de erkeğe benzeme gibi bir duygu taşımazsa, kadının kulak yumuşağına kadar saçını kısaltmasında bir sakınca yoktur.[2]

Zaten İslâmî tesettür gereği, kadının saçını kocasından, baba ve kardeşi gibi yakın akrabalarından başkası görmemelidir. Böylece başkalarına saçını göstermekten doğan sakınca da ortadan kalkmış olur.

Saç boyamak ne kadar doğrudur?

Sünnet olan saç ve sakalı boyama şekli, kına ve kırmızı siyah karışımı (çivit otu gibi) nebati boyalarla boyamaktır. Peygamberimizin (a.s.m.) bu husustaki emri, teşvik ve tavsiye şeklinde kabul edilmiştir. Siyaha boyamak hususunda ise farklı görüşler vardır. Bu meselede kadınlar için bir sınırlama yoktur. Onlara her türlü süslenme meşrudur.

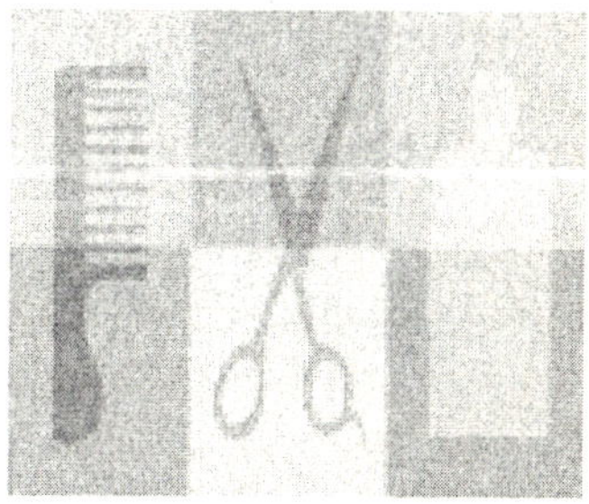

Peygamberimizin (a.s.m.) zamanında Yahudi ve Hıristiyan ihtiyarları beyazlaşan saç ve sakallarını boyamazlardı. Bunu hoş karşılamayan Peygamber Efendimiz (a.s.m.), "Şüphesiz, Yahudi ve Hıristiyanlar saç boyamazlar. Siz onlara muhalefet ediniz" buyurmuştur.[3]

Sünnet olan saç ve sakalı boyama şekli, kına ve kırmızı siyah karışımı (çivit otu gibi) nebati boyalarla boyamaktır. Peygamberimizin (a.s.m.) bu husustaki emri teşvik ve tavsiye şeklinde kabul edilmiştir. Hz. Ebû Bekir'le Hz. Ömer'in boyadıkları bilindiği halde, Hz. Ali ve Hz. Enes gibi sahabilerin saçlarını boyamadıkları görülmüştür.

---

1 Ebû Dâvud, Libas: 31.

2 el-Fetava'l-Hindiyye, 5:358.

3 Müslim, Libas: 80.

Siyaha boyamak hususunda ise farklı görüşler vardır. Başta Hz. Ömer, Hz. Osman olmak üzere Hz. Hasan ve Hz. Hüseyin (r.a.) ve bazı Tâbiîn saçını siyaha boyamışlardı. İmam Ebû Yusuf da insanın saçını siyaha boyayabileceğini söylemiştir. Ancak Şâfiî âlimleri ve pek çok İslâm ulemâsına göre ise saçı siyaha boyamak mekruh görülmüştür.[1]

Bu meselede kadınlar için bir sınırlama yoktur. Onlara her türlü süslenme meşrudur.

Kulak deldirmenin ve küpe takmanın bir sakıncası var mıdır?

Hanefi ve Şâfiî mezheplerinin fıkıh kitaplarında kaydedildiğine göre, kız çocuğunun veya kadının küpe takmak maksadıyla kulağının delinmesinde bir sakınca yoktur. Şâyet kız çocuğu büluğ çağına gelmişse kulak delme işini ya bir kadın veya kardeşi, babası, amcası gibi kendisine nikâhı düşen yakınlarından biri yapmalıdır.

Kadın yaratılışı gereği süsten ve ziynetten vazgeçemez. İmkânı ölçüsünde bazı ziynet eşyalarını takar ve kullanır. Kolye, bilezik ve yüzük gibi ziynet eşyalarının çoğu herhangi bir işleme tâbi tutulmadan vücuda takılır. Fakat küpe öyle değildir. Bugün bazı küpeler doğrudan kulağa takılıyorsa da, çoğu kere küpenin takılması için kulağın delinmesi gerekir.

İşte böyle bir küpenin takılabilmesi için kulağı delmek câiz midir? Bu işlem için vücut üzerinde böyle tasarruf uygun mudur?

Hanefi ve Şâfiî mezheplerinin fıkıh kitaplarında kaydedildiğine göre, kız çocuğunun veya kadının küpe takmak maksadıyla kulağının delinmesinde bir sakınca yoktur.[2]

---

[1] Aynî, Umdetü'l-Kârî, 22:50-51.

[2] Reddü'l-Muhtar, 5:270; el-Feteva'l-Hindiyye, 5:358.

Çünkü bu çeşit bir işlem Peygamber Efendimizin (a.s.m.) zamanında da yapılıyordu, ancak bu yasaklanmıyordu.[1]

Fakat Şâfiî ulemasından bazıları, sebepsiz yere eziyet olacağı için kız çocuklarının kulaklarının delinmesini câiz görmezler. Bugün artık bu sakıncalar da söz konusu değildir. Çünkü hiç acı ve eziyet vermeden ağrısız bir metotla kulak deliniyor.

Bu meselede dikkat edilmesi gereken mühim bir husus şudur:

Şâyet kız çocuğu büluğ çağına gelmişse kulak delme işini ya bir kadın veya kardeşi, babası, amcası gibi kendisine nikâhı düşen yakınlarından biri yapmalıdır. Çünkü ergenlik yaşına gelmiş bir kız çocuğunun bedenine bir yabancı erkek el süremez, el ve yüzünün dışında bedenine bakamaz.

Ancak dinî bakımdan zorunlu bir durum varsa başka meseledir. Bu meselede yani kulağı deldirmekte bir zaruretten bahsetmek mümkün değildir.

Organ bağışı ve nakli caiz midir?

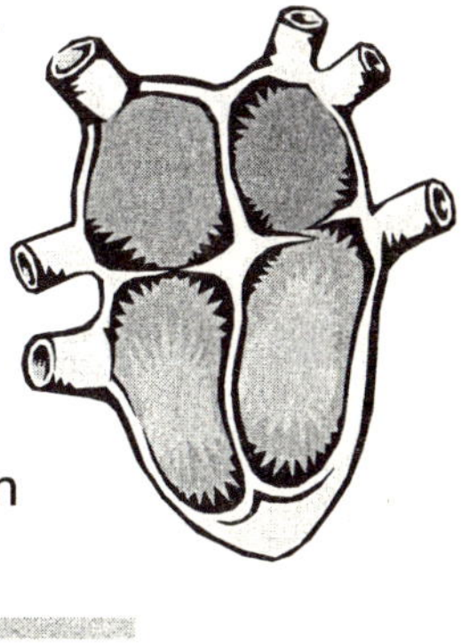

Zamanımız âlimleri organ nakline cevaz vermektedir. Ancak bunu yaparken bazı esasların göz önünde bulundurulması gerekmektedir. Her şeyden önce bu "nakil" hayatî bir zaruretten dolayı yapılmalıdır. Organı alınacak kimsenin hayatta iken organlarını bağışlamış olması ve bu organları alınırken gerçek mânâda ölmüş olması gerekir. Bu arada, organ nakli yapılacak kimsenin izni ve rızası da alınmalıdır.

Normal halde caiz olmayan bazı şeyler vardır ki, zaruret halinde meşru olur. Meselâ, vefat eden hamile bir annenin karnındaki çocuk canlı olup hareket ederse, âlimlerin çoğunun görüşüne göre, annenin karnı sol tarafından yarılır ve çocuk alınır. Çünkü bu du-

1 İânetü't-Tâlibîn, 4:175.

rumda ölünün bir parçası alınsa da, başka bir canlının hayatı kurtarılıyor.[1]

İşte bu fıkhî hükme dayanan Burada bir hastayı ölümden ve herhangi bir organını kaybetmekten korumak için, ölmüş olan bir kimsenin organlarından birisi çıkarılıp hastaya naklediriyor. Bu ameliyat daha çok böbrek, kalp ve göz gibi âzalarda yapılıyor.

Bu meseleye genişçe temas eden Ezher ulemâsından Ahmed eş-Şirbâsî, bu ameliyatı yaparken bazı esasların göz önünde bulundurulmasını ve onlara riayet edilmesini şart koşuyor.

Her şeyden önce bu "nakil" hayatî bir zaruretten dolayı yapılmalıdır. Genel anlamda bir çeşit tedâvidir. Çünkü zaruretlerin bazı haramları mubah kıldığı, bilinen bir kuraldır.

Böyle bir zaruret durumu ortaya çıktığında, ameliyat hem son çare olmalı, hem de kurtulma ümidi "kesin"e yakın bulunmalıdır. Tabiî, bu teşhiste sıradan kimselerin değil de, alanında uzman bir doktorun veya varsa sağlık kurulunun karar vermiş olması lâzımdır.

Kalbi, böbreği veya gözü alınacak ölünün hayatta iken organlarını bağışlamış olması gerekir. Şayet ölen kimse hayatta iken böyle bir şey söylememişse, yakınlarının veya varislerinin rızası alınmalıdır. Ayrıca ölmüş kişi, "Ben ölünce cesedime dokunmayın" şeklinde bir vasiyette bulunmamışsa, bu vasiyete riayet edilmelidir.

Organı nakledilecek kimsenin de gerçek mânâda ölmüş olması gerekir. Hayatta bulunduğu müddetçe alındığı takdirde ölümüne sebep olabilecek kalp gibi bir organının alınıp bir başka hastaya nakledilmesi caiz değildir. Bir müddet sonra öleceği tahmin edilen bir hastanın organı da alınmaz.

Öyle ki, doktorların kesin olarak öleceği hususunda rapor verdikleri pek çok hastanın sağlığına kavuşup yaşadığı vâkidir. Bu itibarla, can çekişen bir hastanın "Nasıl olsa ölecek" düşüncesiyle bir organını alıp başka bir hastaya nakletmek caiz değildir.

Hayatta olan bir insanın ölmek üzere olan bir hastaya iki böbreğinden birisini vermesinde de bir sakınca yoktur. Bu bağış bir fedakârlıktır. Ancak bağışta bulunan kimsenin bundan dolayı bir sağlık problemiyle karşı karşıya gelmeyeceği ve zarar görmeyeceği uzman doktorlar tarafından tespit edilmelidir.

[1] el-İhtiyar, 4:167; Reddü'l-Muhtar, 1:602.

Bu arada, ameliyat yapılacak kimsenin izni ve rızası alınmalıdır. Onun haberi olmadan, imzası alınmadan yapılan bir ameliyat zaten mümkün olmadığı gibi, dinen de uygun olmaz.

Bu meselede İslâmiyetin dikkate aldığı önemli nokta, insan hayatının kurtarılmasının hedef alınmış olmasıdır. Çünkü dinin esaslarından birisi de "hayatı koruma"dır. Bir kişinin hayatının kurtulmasına vesile olmanın bütün insanları hayata kavuşturmak kadar mühim olduğunu bildiren âyetin meâli ise şöyledir:

"Kim bir kimseyi bir cana veya yeryüzünde bozgunculuğa karşılık olmadan öldürürse bütün insanları öldürmüş gibi olur. Kim de bir insanı ölümden kurtarırsa bütün insanları ölümden kurtarmış gibi olur."[1]

Bu gayeye uygun olduğu içindir ki, son dönem âlimleri hastaya ve çok kan kaybına uğrayan kimseye kan naklinin caiz olduğunu belirtmişlerdir. Hattâ alınan kan gayrimüslimden de olsa caizdir.[2]

Ancak her ne şekilde olursa olsun, organını bağışlayan veya böbreğini sağlığında veren, kan bağışı yapan kimse, bunların karşılığında bir para almamalı, menfaat şartı koşmamalıdır. Çünkü insan ve insanın parçaları, istenildiği zaman satılan ve menfaat sağlanan bir meta değildir. Bu itibarla, mecburiyet karşılığında bağışlanan bir organdan veya kandan ücret almak caiz görülmüyor.

Bu vesile ile bu meselede sıkça sorulan bir hususa da açıklık getirelim: **Ölmeden önce göz ve böbrek gibi bir organını bağışlayan kimse, bu organlarının öldükten sonra bir hastaya takılmasıyla şüphesiz sevap kazanacaktır.** Çünkü bu sayede başka bir insan sıhhate kavuşmuş, hayata dönmüştür.

Ancak organ bağışlayan bu kimse bağışlamış olduğu ve sonra da nakledilmiş olan bu uzvunun ikinci bir şahısta gördüğü vazifeden dolayı sorumlu olmaz.

Şöyle ki, bir başkasından nakledilen gözle görmeye başlayan, eğer o gözle harama bakmış, bir günah işlemişse sorumluluk kendisinedir. Ölen kimsenin bundan bir sorumluluğu yoktur. Çünkü o adam ölmesiyle vücut elbisesinden tamamen soyulmuş, artık maddî bedenle bir bağı kalmamıştır.

---

1 Mâide Sûresi, 32.

2 Yes'elûneke Fi'd-Dîn ve'l-Hayat, 1:604-608.

İLÂHÎ VE MEVLİD

Mevlid okutmak doğru mudur?

Müslümanlar arasında devam eden güzel âdetlerden birisi de mevliddir. Doğum zamanı ve yeri anlamına gelen mevlid, Peygamberimizin (a.s.m.) doğum gecesi için kullanılan bir tabirdir. Daha sonraları Peygamberimizin (a.s.m.) doğum ânını, üstün meziyetlerini anlatan manzumelere mevlid ismi verilmiştir.

Peygamberimizin (a.s.m.) doğduğu Rebiülevvel ayının 12. gecesini vesile ederek doğum gecesi (mevlid) merasimleri düzenlemek Hicretin dördüncü asrından itibaren başlar. Daha sonra bu âdet yaygınlaşarak bütün İslâm ülkelerinde ve bilhassa Osmanlılarda devam eder.

Bugünkü İslâm ülkelerinde çeşitli dillerde okunan mevlidler vardır. Arapça Bâned Sûad, Bürde ve Hemziyye kasideleri birer mevliddir. Türkçe'de ise yirmiden fazla mevlid manzumeleri yazılmıştır. Fakat bunların içinde en çok ilgi gören ve okunan, Süleyman Çelebi'nin 1409 yılında yazdığı *Vesiletü'n-Necat* isimli mevlid kitabıdır.

Bilindiği gibi, mevlid manzumeleri Peygamber Efendimizin (a.s.m.) doğum gecesini ve ânını tasvir etmekte, insanlığa örnek olan yüce ahlâkını ve vasıflarını dile getirmekte, ayrıca "Miraciye" manzumeleri de Miraç mûcizesini anlatır.

Önceleri yalnız Peygamberimizin (a.s.m.) doğum gününde okunan ve düzenlenen mevlid merasimleri, daha sonra bütün mübarek gecelerde tekrarlanmış, özellikle memleketimizde daha da yaygınlaşarak ölüm, hastalık ve daha birçok vesilelerle okunur.

Mevlid, Peygamberimizden (a.s.m.) üç-dört asır sonra icad edilen İslâmî bir âdet olmakla birlikte bid'atın "hasene" (güzel) kısmına girmektedir. Hadis ve fıkıh âlimi İbni Hacer Hazretleri, mevlid merasiminin meşruiyeti hakkında şu hadis-i şerifi zikredilir:

İbni Abbas'ın rivayetine göre, Peygamberimiz (a.s.m.) Medine'ye hicret ettiklerinde Âşure günü Yahudilerin oruç tuttuklarını öğrenir. Oruç tutmalarının sebebini sorduğunda Yahudiler şöyle cevap verirler:

"Bu çok büyük bir gündür. Bugünde, Allah, Musa ile kavmini kurtardı da Firavun ile kavmini (suda) gark etti. Musa da buna şükür için oruç tuttu. İşte biz de bugünün orucunu tutuyoruz."

Bunun üzerine Peygamberimiz (a.s.m.), "Öyleyse biz Musa'ya sizden daha yakın ve daha evlâyız" buyurdu. O günden sonra hem kendisi oruç tuttu, hem de tutulmasını tavsiye etti.[1]

İbni Hacer bundan sonra şöyle der:

"Bundan anlaşılıyor ki, böyle bir günde mevlid gecesinde Allah'a şükretmek tam yerindedir. Fakat mevlid merasiminin Peygamberimizin (a.s.m.) doğum gecesine denk gelmesi için dikkat etmek gerekir."[2]

Asrımızın büyük İslâm âlimi Bediüzzaman Hazretleri, mevlidi ve okunmasını hoş karşılamakta, Müslümanlar arasında yaygın olan bu âdetin devamını arzu eder.

Miraciye kısmında yer alan "Ben sana âşık olmuşum" mısraının Cenâb-ı Hakkın kudsiyetine uygun olmadığı gerekçesiyle te'vil ederek "Ben senden razı olmuşum" şeklinde tashih eden Bediüzzaman, geniş bir izah verir, "şu tabir bir mirsad-ı tefekkürdür (tefekkür dürbünü)" dedikten sonra mevlid yazarı Süleyman Çelebi'yi de "Madem Süleyman Efendinin Mevlid'i rağbet-i ammeye (halkın rağbetine) mazhariyet delâletiyle, o zât ehl-i velâyettir ve ehl-i hakikattir" sözleriyle metheder.

Bediüzzaman, mevlidin okunması hakkında da şöyle der:

"Mevlid-i Nebevî ile miraciyenin okunması gayet nâfi (faydalı) ve güzel âdettir ve müstahsen (iyi görülen) bir âdet-i İslâmiyedir. Belki hayat-ı içtimaiye-i İslâmiyenin (İslâmın sosyal hayatının) gayet lâtif ve parlak ve tatlı bir medar-ı sohbetidir (sohbet sebebidir). Belki haka-

---

1 Müslim, Sıyam: 127.

2 el-Hâvî fi'l-Fetevâ, 1:190.

ik-i imaniyenin ihtarı (hatırlatılması) için, en hoş ve şirin bir derstir. Belki imanın envarını (nurlarını) ve muhabbetullah ve aşk-ı Nebevîyi göstermeye ve tahrike en müheyyiç (heyecan uyandıran) ve müessir bir vasıtadır."

Bu ifadelerinden sonra da mevlid âdetinin devamı için dua eder: "Cenâb-ı Hak bu âdeti ebede kadar devam ettirsin ve Süleyman Efendi gibi mevlid yazanlara Cenâb-ı Hak rahmet etsin, yerlerini Cennetü'l-Firdevs yapsın, âmin."[1]

Mevlidin sayılan bu güzel tarafları ve dinleyenlere bazı manevî duyguları hatırlatması yanında, birtakım yerlerde mevlid okunduğu sırada bazı sünnetler ihmal ediliyor ve bazı bid'atlar işleniyor.

Meselâ, mübarek gecelerde yalnız mevlid okuyup dinlemekle, Kur'ân okumak, kaza namazları kılmak ve istiğfarda bulunmak gibi bazı güzel ibadetler ihmal ediliyor. Yine ölünün arkasından yapılması sünnet olan duâ ve istiğfarda bulunmak, sadaka vermek, Kur'ân okumak, kul ve ibadet borçlarını ödemek gibi âdetler terk ediliyor.

Bazı bölgelerde mevlid okutan kişi, bilmediğinden, bununla Allah'a olan kulluk borcunu ödediği düşüncesine kapılıyor. Yine bu güzel âdeti kendisine bir geçim vasıtası yapan kimseler, düzenlenen mevlid cemiyetlerinde dine aykırı bazı davranışlara göz yumuyorlar. Bundan dolayı bu nevi hatalara düşmemek lâzımdır.

Mevlid okuyan kimselerin ücret alması hususuna gelince: Mevlid esnasında Kur'ân okunuyor, salâvat ve tekbir getiriliyor ve duâ yapılıyor. Âlimlerimiz, zaruretten dolayı ücretle Kur'ân öğretmeye cevaz verirken, Kur'ân okumanın ve dua etmenin karşılığında ücret almanın câiz olmadığını beyan ediyorlar.

Hatta İbni Âbidin *Şifaü'l-Alil* isimli kitabında "Bir menfaat karşılığında Kur'ân okuyan men edilir, alan da, veren de günaha girer" der.

Her Müslüman kendisi ve vefat eden yakınları için değişik şekilde hayır yapabilir. İllâ bir ücret vererek mevlid ve Kur'ân okutması gerekmez. Fakat istenmediği halde mevlid okuyan kimselere bir ücret verildiği takdirde de, bu hediyeyi okunan şeylerin karşılığı ve bedeli olarak kabul etmemek gerekir. Bütün bunlarla birlikte ihlâs sırrına en uygun olanı, İlâhî ücreti daha üstün tutmaktır.

---

1 Mektubat, Bediüzzaman Said Nursî, s. 281-285.

İlâhilerin kaynağı nedir?

"Koro halinde söylenen ilâhi gibi manzumelerin Hıristiyanlıktan kaynaklandığı öne sürülüyor. Bunun doğruluk derecesi nedir?"
İlâhi gibi manzumelerin tarihi bir hayli eskidir. İslâm tarihine göz gezdirdiğimizde bunların hiçbir şekilde Hıristiyanlıktan geldiği neticesine varamayız.

Resul-i Ekrem Efendimiz (a.s.m.) hicret edip Medine'ye teşrifleri sırasında Medine halkı, çoluğuyla çocuğuyla tam bir bayram havasına bürünmüşlerdi. Şiirler okuyorlar, ilâhiler söylüyorlardı.

Bugün de hâlâ dillerden düşmeyen ve koro halinde söylenen "Talea'l-bedru aleynâ" ile başlayıp devam eden ilâhi, Medineli Müslümanların hep birlikte söylediği bir manzumeydi. Türkçesi şöyledir:

"Veda yokuşundan doğdu dolunay bize.
Allah'a yalvaran oldukça şükretmek gerekir mes'ut halimize.
Ey bize gönderilen yüce Peygamber, sen,
İtaat etmemiz gereken bir emirle geldin bize!"

Neccaroğullarının mâsum kız çocukları da defler çalarak Peygamber Efendimize "Hoş geldin" diyor, hep birlikte şunları söylüyorlardı:

"Nahnü cevârin min benî'n-Naccar / Yâ habbezâ Muhammedün min câr. (Biz Neccaroğulları kızlarıyız. Muhammed'in komşuluğu ne hoştur!)"

Evet, İslâm tarihinde koro halinde söylenen ilk ilâhi budur diyebiliriz. **Hıristiyanlıkta da dinî mûsikinin olması, koro halinde ilâhi söylenmesi, bugün büyük bir repertuar teşkil eden tasavvuf mûsikimizdeki bize has edâ ve ifadenin onlardan kaynaklandığını söylemek, dayanaktan mahrum bir sözden başka bir şey değildir.**

Ayrıca unutulmamalıdır ki, Hıristiyanlık da semavî bir dindir. İtikatta bazı müştereklikler olması gibi, usulde de müştereklik olması fark etmez. Meselâ onlar da âhirete inanır, biz de; onlar da meleklere inanır, biz de...

KAYNAKLAR

Abdurrahman el-Cezîrî. *Kitâbü'l-Fıkhi ale'l-Mezâhibü'l-Erbaa*. Dârü'l-İrşâd.

Acluni, İsmail bin Muhammed. *Keşfü'l-Hafâ*. Beyrut: 1351

Ahmed bin Hanbel. *Müsned*. Beyrut: 1978.

Alâeddin bin Attar. *Feteva İmam Nevevî*. Kahraman Yayınları: 1986.

Babanzâde Ahmed Naim, Kâmil Miras. *Sahih-i Buharî Muhtasarı Tecrid-i Sarih Tercemesi*. Ankara: 1982.

Beyhakî, Ebu Bekr Ahmed bin Hüseyin bin Ali. *Sünenü'l-Kübrâ*. Dârü'l-Fikr.

Bilmen, Ömer Nasuhi. *Büyük İslâm İlmihali*. Bilmen Yay. İstanbul: 1986.

Bilmen, Ömer Nasuhi. *Hukuk-u İslâmiyye ve Istılâhât-ı Fıkhiyye Kamusu*. Bilmen Yayınevi, İstanbul: 1976.

Buharî, Ebu Abdullah Muhammed bin İsmail. *es-Sahihu'l-Buharî*. Beyrut.

Buhari, Ebu Abdullah Muhammed bin İsmail. *el-Edebü'l-Müfred 1-2 (Ahlâk Hadisleri)*. Müt: A. Fikri Yavuz. Sönmez Neşriyat: 1974.

Canan, Prof. Dr. İbrahim. *Hz. Peygamberin Sünnetinde Terbiye*. Diyanet İşleri Başkanlığı Yayınları, Ankara: 1980.

Damad Efendi, Abdullah bin eş-Şeyh Muhammed bin Süleyman. *Mecmaü'l-Enhür*. Beyrut: 1317.

Davudoğlu, Ahmed. *Sahihu Müslim Tercüme ve Şerhi*. Sönmez Neşriyat, İstanbul: 1983.

Ebu Abdullah Malik bin Enes. *Muvattau'l-İmam Mâlik*. el-Mektebetü'l-İlmiyye, 1979.

Ebu Abdurrahman Ahmed bin Şuayb bin Ali bin Bahr bin Sinan bin Dinar. *en-Neseî*.

Ebu Dâvud, Süleyman bin Eş'as Sicistânî el-Ezdî. *es-Sünen*. İhyaü's-Sünneti'n-Nebeviyye.

Ebu Hâmid, İmam Gazalî. *İhyâu Ulûmiddin*. Dâru İhyâi'l-Kütübi'l-Arabî.

ed-Dârekutnî, Ali bin Ömer. *Sünenü'n-Dârekutnî*. Bilmedineti'l-Münevvere: 1966.

ed-Darimî, Ebu Muhammed Abdullah. *Sünenü'd-Dârimî*. Dârü İhyâi's-Sünneti'n-Nebeviyye.

ed-Dihlevî, Veliyullah. *Huccetullâhi'l-Bâliğa*.

el-Askalânî, İbni Hacer. *Büluğu'l-Merâm Tercüme ve Şerhi*. Müt: Ahmed Davudoğlu. Sönmez Neşriyat, İstanbul: 1968.

el-Askalani, Muhammed İbni Hacer. *Fethü'l-Bârî*. İhyau't-Turasi'l-Arabî, Beyrut: 1402.

el-Aynî, Bedrüddin Ebî Muhammed Mahmud bin Ahmed. *Umdetü'l-Kârî Şerhu Sahihi'l-Buharî*. Daru İhyau't-Türasi'l-Arabî, Beyrut.

el-Bennâ, Ahmed bin Abdurrahman. *el-Fethü'r-Rabbânî fî Tertîb-i Müsnedi'l-Ahmed eş-Şeybânî*. I-XXIV, Kahire: 1356.

el-Cevzî, İbni Kayyım. *Zâdü'l-Meâd*. el-Menârü'l-İslâmiyye.

el-Hanefî, Molla Husrev. *Dürerü'l-Hukkâm fi-şerhi'l-Gureri'l-Ahkâm.* İst. 1976.
el-Kardâvî, Yusuf, *Fıkhu'z-Zekât 1-2.* Beyrut.
el-Kardâvî, Yusuf. *İslam'da Helal ve Haram.* Müt: Mustafa Varlı. Ankara: 1971.
el-Kasânî, Alâüddin Ebî Bekir bin Mes'ud. *Bedaiu's-Sanâî.* Beyrut: 1980.
el-Kastalânî. *Mevâhib-i Ledünniye.* Müt: Şâir-i Meşhûr Abdülbâkî. Âmire Matbaası, İstanbul: 1313.
el-Kurtubî, Abdullah Muhammed bin Ahmed el-Ensârî. *el-Câmiu li-Ahkâmi'l-Kur'ân (Tefsîr-i Kurtûbî).* Beyrut: 1965
el-Mavsilî, Abdullah bin Mahmud bin Mevdûd. *el-İhtiyar li Ta'lîli'l-Muhtar.*
el-Mübarekfûri, Muhammed Abdurrahman bin Abdurrahim. *Tuhfetü'l-Ahvezî bi-Şerhi't-Tirmizî.* Kahire: 1965.
el-Münzirî, Zekiyüddin. *et-Tergîb ve't-Terhîb.* İhyaâü't-Türâsi'l-Arabî, Beyrut: 1968.
en-Nevevî. *el-Mecmû.* Beyrut, t.y.,
en-Nevevî. *Sahihu Müslim bi-Şerhi'n-Nevevî.* İhyâü't-Türâsi'l-Arabî. Beyrut: 1972.
en-Nevevî. *el-Ezkar el-Muntehibe min-Kelâm-i Seyyidi'l-Ebrâr.* el-Mektebetü'l-İslâmiye, İstanbul: 1955.
en-Nevevî. *Riyazü's-Sâlihîn ve Tercemesi.* Müt: Hasan Hüsnü Erdem. Diyanet İşleri Başkanlığı Yayınları, Ankara.
en-Nizam. *el-Fetevâ'l-Hindiyye.* Matbaa-i Emiriye, Bulak: 1310.
Eraydın, Dr. Selçuk. *Tasavvuf ve Tarikatler.* M.Ü. İlahiyat Fakültesi Yayınları, İstanbul: 1994
er-Râzî, Fahruddin. *et-Tefsîrü'l-Kebîr.* Beyrut.
es-Sâbûnî, Muhammed bin Ali. *Muhtasaru Tefsîr-i İbni Kesîr.* Beyrut: 1984.
es-Serahsî, Şemsüddin. *el-Mebsut.* Dârü'd-Dâve, İstanbul: 1324.
es-Seyyid Ebî Bekir. *İânetü't-Tâlibîn.* Dârü İhyâü't-Türâsi'l-Arabî. Beyrut.
es-Suyûtî, Celâlüddin Abdurrahman. *el-Hâvî fi'l-Fetevâ.* Beyrut: 1975.
es-Suyûtî, Celâlüddin Abdurrahman. *Feyzü'l-Kadîr Şerhu Câmiu's-Sağîr.* 1972.
eş-Şâfî, Muhammed bin İdrîs. *el-Ümm.* Dârü'l-Fikr. Beyrut: 1983
eş-Şirâzî, Ebû İshak İbrahim bin Ali. *el-Mühezzeb.* Matbaatü'l-Bâbî el-Halebî, Mısır.
eş-Şirbâsî, Ahmed. *Yes'elûneke Fi'd-Dîni ve'l-Hayat.* Dârü'l-Ceyl, Beyrut: 1980.
et-Taberânî, Ebu'l-Kasım Süleyman bin Ahmed. *el-Mu'cemu'l-Kebîr.* Dâru İhyâu't-Türâsi'l-Arabî.
et-Tahtavî, Ahmed bin Muhammed. *Hâşiyetü't-Tahtâvî Alâ Merâki'l-Felâh.* İstanbul: 1985.
et-Tirmizî, Ebu İsâ Muhammed bin İsâ bin Sevre. *es-Sahih.* Mısır: 1978.
ez-Zemahşerî. *Tefsîrü'l-Keşşâf.* Dârü'l-Mushaf, Kahire: 1397-1977.
Fâik, Mehmed. *Aile Saadeti.* Bedir Yayınevi, İstanbul: 1975.
Gönenç, Halil. *Büyük Şâfiî İlmihali.* İlim Yayınları, İstanbul: 1984.
Hâkim, Ebu Abdullah. *el-Müstedrek.* Dârü'l-Marife, Beyrut.
Halebî İbrahim Efendi. *Halebî-i Sağîr.* (Sad: İsmail Karakaya), Ankara: 1983.
İbni Âbidîn. *Reddü'l-Muhtar ale'd-Dürri'l-Muhtar.* İhyâü't-Türâsi'l-Arabî, Beyrut.
İbni Ebî Şeybe. *el-Musannaf.* el-Hind tab'ı.

İbni Esîr, Muhammed bin Abdilkerîm. *Üsdü'l-Gâbe fi-Mârifeti's-Sahabe*. Mısır: 1386

İbni Hacer, Şihâbaddin Ebi'l-Fadl Ahmed bin Ali. *el-İsâbe fî Temyîzi's-Sahabe*. Mısır: 1328

İbni Kesîr. *Tefsirü'l-Kur'âni'l-Azîm*. Dârü'd-Dâve, İstanbul: 1986.

İbni Kudame. *el-Muğnî*. Dârü'l-Fikr, Beyrut: 1405-1985

İbni Mâce, Ebu Abdullah Muhammed bin Yezîd el-Kazvînî. *Sünen*. Beyrut: İhyâü't-Türâsi'l-Arabî.

İbnü'l-Arabî, el-Kadi Ebu Bekir. *Ahkâmü'l-Kur'ân*. Dârü'l-Mârife, Beyrut: 1987.

İmamü'l-Âzam Ebî Hanife. *el-Fıkhü'l-Ekber*. Dârü'l-Kütübü'l-İslâmî, İstanbul: 1955.

Kandehlevi, M. Yusuf. *Hayatü's-Sahâbe Terc*. Yaylacık Matbaası: 1980.

Mansur, Ali Nasif. *et-Tâcü'l-Camiu li'l-Usûl fî Ehâhîsi'r-Resûl*. Dârü İhyâi'l-Kütübi'l-Arabî, 1961.

Muhammed Alâüddin. *Bedrü'l-Mütteka fî Şerhi'l-Mülteka* (Mecmaü'l-Enhür'ün kenarında). Matbaa-i Âmire, İstanbul: 1319.

Muhammed Zihnî. *Nimet-i İslâm*. İstanbul: 1971.

Müslim bin Haccac. *es-Sahih*. Beyrut.

Nahîfî. *Mesnevî-i Şerif Tercümesi I-III*. Haz: Amil Çelebioğlu. Sönmez Neşriyat, İstanbul: 1972

Nursî, Bediüzzaman Said. *Barla Lâhikası*. Sözler Yayınevi, İstanbul: 1980.

Nursî, Bediüzzaman Said. *Emirdağ Lâhikası*. Sinan Mat. İstanbul: 1960.

Nursî, Bediüzzaman Said. *İşârâtü'l-İ'câz*. Sözler Yay. İstanbul: 1978.

Nursî, Bediüzzaman Said. *Kastamonu Lâhikası*. Sözler Yay. İstanbul: 1980.

Nursî, Bediüzzaman Said. *Lem'alar*. Sözler Yayınevi, İstanbul: 1986.

Nursî, Bediüzzaman Said. *Mektubat*. Sözler Yayınevi, İstanbul: 1981.

Nursî, Bediüzzaman Said. *Mesnevî-i Nûriye*. Sözler Yay. İstanbul: 1980.

Nursî, Bediüzzaman Said. *Risale-i Nur Külliyatı I-II*. Nesil Yay. İstanbul: 1996.

Nursî, Bediüzzaman Said. *Sözler*. Sözler Yayınevi, İstanbul: 1980.

Nursî, Bediüzzaman Said. *Şualar*. Çeltüt Matbaası, İstanbul: 1960.

Nursî, Bediüzzaman Said. *Tarihçe-i Hayat*. Sözler Yayınevi, İstanbul: 1976.

Paksu, Mehmed. *Açıklamalı İslâm İlmihali*. Nesil Yayınları. İstanbul: 1991.

Paksu, Mehmed. *Peygamberimizin Örnek Ahlâkı*. Nesil Yayınları. İstanbul: 1998.

Sâis, Muhammed Ali ve Arkadaşları. *Tefsîru Âyâti'l-Ahkâm*. Beyrut: 1994

Şahiner, Necmeddin. *Bilinmeyen Taraflarıyla Bediüzzaman Said Nursî*. Yeni Asya Yayınları, İstanbul: 1990.

Şevkâni, Muhammed İbnu Ali İbni Muhammed. *Neylü'l-Evtar Şerhu Münte-kâ'l-Ahbâr*. Kahire: 1971.

Türkiye Diyanet Vakfı, *İlmihal 1-2*, Heyet. Divantaş, İstanbul

Uludağ, Prof. Dr. Süleyman. *İbn Arabi*. Diyanet Vakfı Yayınları, Ankara.

Yazır, Elmalılı Muhammed Hamdi. *Hak Dini Kur'ân Dili*. Eser Yayınevi, İstanbul: 1979.

Zuhayli, Vehbe. *İslâm Fıkhı Ansiklopedisi*. Feza Yayıncılık: 1990.